OEUVRES
DE
WALTER SCOTT,

TRADUITES

PAR M. LOUIS VIVIEN,

AVEC TOUTES LES NOTES, PRÉFACES, INTRODUCTIONS ET MODIFICATIONS
AJOUTÉES PAR L'AUTEUR A LA DERNIÈRE ÉDITION D'ÉDIMBOURG ;

ET

DE NOUVELLES NOTES HISTORIQUES ET LITTÉRAIRES PAR LE TRADUCTEUR.

TROISIÈME ÉDITION.

Tome Vingt-troisième.

LES CHRONIQUES DE LA CANONGATE.

PARIS :

Chez LEFÈVRE, Éditeur, rue de l'Eperon,
POURRAT FRÈRES, Éditeurs, ‖ DAUVIN et FONTAINE, Libraires,
Rue des Petits-Augustins, 5. ‖ Passage des Panoramas, 35.

1840.

ŒUVRES
DE
WALTER SCOTT.

TOME XXIII.

Imprimerie de Beaulé, rue François Miron, 8.

OEUVRES

Paris,

Chez LEFÈVRE, Éditeur, rue de l'Éperon, 6 ;
DAUVIN et FONTAINE, Libraires, passage des Panoramas, 35 ;
POURRAT FRÈRES, Éditeurs, rue des Petits-Augustins, 5.

1840.

OEUVRES

DE

WALTER SCOTT

TRADUITES

PAR M. LOUIS VIVIEN,

AVEC TOUTES LES NOTES, PRÉFACES, INTRODUCTIONS ET MODIFICATIONS AJOUTÉES PAR L'AUTEUR
A LA DERNIÈRE ÉDITION D'ÉDIMBOURG;
ET DE NOUVELLES NOTES HISTORIQUES ET LITTÉRAIRES PAR LE TRADUCTEUR.

TROISIÈME ÉDITION.

TOME VINGT-TROISIÈME.

LES CHRONIQUES DE LA CANONGATE.

𝔓𝔞𝔯𝔦𝔰,

Chez LEFÈVRE, Éditeur, rue de l'Éperon, 6;
DAUVIN et FONTAINE, Libraires, passage des Panoramas, 35;
POURRAT FRÈRES, Éditeurs, rue des Petits-Augustins, 5.

1840.

INTRODUCTION

MISE EN TÊTE DE LA DERNIÈRE ÉDITION

DONNÉE PAR L'AUTEUR

DES

CHRONIQUES DE LA CANONGATE.

Le précédent volume de cette collection renfermait le dernier ouvrage originairement publié sous le *nominis umbra* de l'Auteur de *Waverley* ; et en 1827 l'écrivain fit part au public, dans l'Introduction de la première série des *Chroniques de la Canongate*, des raisons qui ne lui permettaient pas de garder plus longtemps son incognito. Cette première série (outre une esquisse biographique du chroniqueur imaginaire) se composait de trois morceaux intitulés *la Veuve highlandaise*, *les Deux Bouviers*, et *la Fille du Chirurgien*. Ces trois pièces sont comprises dans le volume actuel, avec trois autres histoires détachées qui avaient paru l'année d'ensuite dans l'élégant recueil intitulé *le Keepsake*.

Peut-être ai-je assez parlé en d'autres occasions des revers de fortune qui m'ont amené à laisser tomber le masque sous lequel, durant une longue suite d'années, j'ai joui d'une si large part de la faveur publique. Grâce au succès de mes travaux littéraires, j'avais été mis à même de satisfaire la plupart des goûts que l'on peut supposer qu'un homme dans ma position portera dans une vie retirée. Il semblait que dans la plume de ce romancier anonyme je possédasse quelque chose de semblable à la source secrète d'or monnayé et de perles accordée au voyageur du conte oriental ; et je crus assurément pouvoir me hasarder, sans folle imprudence, à porter mes dépenses personnelles fort au-delà de ce à quoi j'aurais pu songer si mes moyens s'étaient bornés aux ressources de mon patrimoine, jointes au modique revenu d'un emploi public. J'achetai, je bâtis, je plantai ; je me regardai et fus regardé par tout le monde comme en possession assurée d'une belle fortune. Mes richesses, cependant, comme les autres richesses de ce monde, étaient exposées à des accidents, sous l'influence desquels elles étaient finalement destinées à prendre leur vol et à disparaître. L'année 1825, si désastreuse pour tant de branches d'industrie et de commerce, n'épargna pas le bazar littéraire ; et on ne pouvait guère s'attendre à ce que la ruine soudaine qui vint fondre sur un si grand nombre de libraires laissât intact un d'entre eux que de toute nécessité sa carrière avait mêlé profondément et sur une vaste échelle aux transactions pécuniaires de cette profession. En un mot, presque sans y avoir été préparé, je me trouvai enveloppé dans la désastreuse catastrophe de l'époque, et appelé à faire face, pour une somme qui ne s'élevait pas à moins de 120,000 livres sterling [1], aux réclamations des créanciers d'une maison à laquelle mes intérêts étaient liés depuis long-temps.

L'auteur s'étant ainsi témérairement confié aux hasards des sociétés commerciales, il dut naturellement subir les conséquences de sa conduite, et, quelle que soit l'impression qu'il en ait pu ressentir, il fit immédiatement, et jusqu'à la dernière parcelle, l'abandon des propriétés que jusque là il s'était habitué à regarder comme siennes. Elles furent remises aux mains de personnes en qui la probité, la prudence et l'intelligence s'alliaient à des dispositions aussi généreuses que bienveillantes, et qui se prêtèrent avec empressement à l'exécution de plans dans le succès desquels l'auteur voyait la possibilité d'une libération complète, et qui étaient de telle nature que si une assistance de ce genre lui eût été refusée il ne lui aurait guère été possible de les réaliser. Entre autres ressources qui s'offraient, était le projet de cette édition complète et corrigée de ses Nouvelles et de ses Romans [2] (dont le véritable auteur

[1] Environ trois millions de francs. (L. V.)
[2] L'auteur parle ici de l'édition complète de ses œuvres donnée par lui à Édimbourg,

avait nécessairement été dévoilé lors des convulsions commerciales que nous venons de rappeler), édition qui maintenant touche à sa fin, et qui a été accueillie avec une faveur jusque là sans exemple; mais comme il se proposait en outre de continuer, au profit de ceux dont il est le débiteur, d'exercer sa plume dans le même genre de littérature aussi long-temps que ses concitoyens paraîtraient goûter et approuver ses efforts, il eût regardé comme une vaine affectation de chercher à reprendre un nouvel incognito, alors que la visière dont il s'était masqué jusqu'alors venait de lui être ainsi arrachée. De là le récit personnel mis en tête du premier ouvrage qu'il publia après que la paternité des *Waverley Novels* eut été publiquement constatée; et quoiqu'un grand nombre de particularités originairement consignées dans cette notice aient inévitablement été reproduites dans les préfaces et dans les notes de quelques uns des précédents volumes de cette collection, elle est maintenant réimprimée telle qu'elle parut alors, par la raison qu'on attache généralement un certain intérêt aux médailles frappées en une occasion spéciale, comme exprimant peut-être plus fidèlement que le même artiste n'eût pu le faire plus tard les sentiments du moment qui leur donna naissance. L'Introduction de la première série des *Chroniques de la Canongate* était ainsi conçue :

édition pour laquelle il écrivit nombre de préfaces, d'introductions et de notes qui n'existent pas dans les éditions antérieures, et que nous avons toutes reproduites dans notre traduction. (L. V.)

INTRODUCTION.

Tous ceux qui connaissent l'ancienne histoire du théâtre italien savent qu'Arlequin, comme on l'avait conçu d'abord, ne se bornait pas à opérer, comme sur notre scène, des merveilles avec son sabre de bois, et à entrer et sortir par les fenêtres, mais que c'était, ainsi que l'indique son vêtement bigarré, un bouffon dont la bouche, loin d'être perpétuellement close comme chez nous, était remplie, de même que celle de Touchstone[1], de quolibets, de pointes et de jeux de mots, très souvent improvisés. Il n'est pas aisé de remonter à l'origine de son masque noir, qui anciennement était fait à la ressemblance d'une face de chat; mais il paraît que le masque était essentiel au jeu du personnage, comme on le voit par cette anecdote de coulisses :

Un acteur du théâtre italien autorisé à la foire de Saint-Germain, à Paris, était renommé pour l'esprit aventureux, extravagant et bizarre, les saillies brillantes et les heureuses reparties dont il assaisonnait à profusion le rôle du bouffon bigarré. Certains critiques, dont la bienveillance pour un acteur favori l'emportait sur le jugement, prirent occasion de faire à l'heureux comédien quelques représentations sur son masque grotesque. Ils arrivèrent adroitement à leur but en lui faisant observer que son esprit attique et classique, sa gaieté délicate, le tour heureux de son dialogue, recevaient de ce déguisement bizarre et insignifiant une teinte de trivial et de burlesque, et que les qualités de son jeu feraient bien plus d'impression si elles étaient soutenues par le feu spirituel de ses yeux et la mobilité expressive de ses traits. La vanité de l'acteur se laissa aller sans peine à tenter l'expé-

---

[1] Pierre de Touche. *Clown* ou comique d'une des pièces de Shakspeare. (L. V.)

rience. Il joua Arlequin à visage découvert, mais on trouva généralement qu'il avait complétement échoué. Il avait perdu l'audace qu'il puisait dans le sentiment de l'incognito, et avec elle tout cet esprit de raillerie souvent hasardée qui donnait tant de vivacité à son premier jeu. Il maudit ses conseillers et reprit son masque grotesque, mais, dit-on, sans que jamais il ait pu retrouver l'insouciante et heureuse légèreté qu'il avait due précédemment à la conscience de son déguisement.

Peut-être l'*Auteur de Waverley* est-il sur le point de courir un danger du même genre et de compromettre la renommée qu'il a acquise, en déposant son incognito. Ce n'est assurément pas une expérience volontaire, comme celle d'arlequin; car dans l'origine mon intention ne fut jamais d'avouer ces ouvrages de mon vivant, et les manuscrits originaux étaient soigneusement conservés (non par moi, cependant, mais par d'autres personnes), à l'effet de fournir à la vérité le témoignage nécessaire quand serait arrivé le moment de la faire connaître [1]. Mais la conduite des affaires de mes éditeurs étant malheureusement passée en d'autres mains, je n'eus pas le droit de compter plus long-temps sur le secret de ce côté-là; de sorte que mon masque, comme celui de ma tante Dinah dans *Tristan Shandy* [2], ayant commencé à s'user un peu vers le menton, il était temps de le mettre de côté de bonne grâce, si je ne voulais le voir tomber en pièces de mon visage, ce qui serait probablement arrivé.

Je n'avais cependant pas la moindre intention de choisir pour faire cette révélation le moment et l'endroit où elle eut lieu; et il n'y avait eu entre mon savant et respectable ami lord Meadowbank et moi rien de concerté à cette occasion. Ce fut, comme le lecteur (écossais) le sait probablement, le 23 février dernier [3], à une réunion publique convoquée pour établir à Édimbourg un fonds théâtral spécial, que se fit la communication. A l'instant de nous mettre à table, lord

---

[1] Ces manuscrits sont en ce moment (août 1831) annoncés pour être vendus publiquement, nouvelle contrariété, quoique peu importante, ajoutée à bien d'autres contrariétés. (W. S.)

[2] Du *Voyage sentimental* de Stern. (L. V.)

[3] 1827. (L. V.)

Meadowbank [1], me demanda de lui à moi si je tenais toujours à garder mon incognito au sujet de ce qu'on appelait les Romans Waverley [2] ? Je ne vis pas tout d'abord le but de la question de Sa Seigneurie, bien qu'assurément j'eusse pu le conjecturer, et je répondis que le secret était alors nécessairement connu de tant de gens que la chose m'était indifférente. Lord Meadowbank fut ainsi amené, en même temps qu'il me faisait l'honneur de proposer ma santé à l'assemblée, à dire quelque chose au sujet de ces romans ; et dans son allocution il m'en désignait si clairement comme l'auteur, que garder le silence eût été accepter implicitement la paternité qui m'était attribuée, ou, ce qui était pis, laisser supposer que je pouvais consentir à recevoir indirectement des éloges auxquels je n'avais pas droit. Je me trouvai donc ainsi soudainement et inopinément placé au confessionnal ; je n'eus que le temps de réfléchir que j'y avais été amené par une main amie, et que peut-être je ne pourrais jamais avoir une meilleure occasion de déposer publiquement un masque qui commençait à ressembler à celui d'un domino reconnu.

Il fallut donc m'avouer devant la nombreuse et respectable assemblée le seul et unique auteur de ces *Waverley Novels*, dont la paternité semblait devoir un jour donner lieu à une controverse de quelque célébrité, car la pénétration avec laquelle certains guides de l'opinion publique établissaient leur opinion à ce sujet était singulièrement persévérante dans les découvertes qu'elle s'attribuait. Je crois maintenant devoir ajouter, en même temps que j'assume tout le mérite et le démérite de ces compositions, que je suis tenu de reconnaître avec gratitude les indications de sujets et de légendes que j'ai reçues de diverses personnes, et dont j'ai fait occasionnellement usage comme base de mes compositions, ou que j'y ai fait entrer sous forme d'épisodes. Je dois en particulier reconnaître l'inépuisable obligeance de M. Joseph Train, inspecteur de l'excise à Dumfries, au zèle infatigable duquel j'ai l'obligation

---

[1] Un des sept juges suprêmes d'Écosse, appelés lords du conseil et des sessions (*lords of council and session*). (W. S.)

[2] *Waverley Novels*.

de nombre de traditions curieuses et de mainte indication intéressante d'antiquités. C'est M. Train qui me remit en mémoire l'histoire d'Old Mortality, bien que moi-même j'eusse vu, vers 1792, ce célèbre personnage errant que je trouvai à sa tâche habituelle. Au moment où je le rencontrai, il était occupé à réparer les tombes des covenantaires morts pendant leur détention au château de Dunnotar, où nombre d'entre eux furent enfermés à l'époque de l'insurrection d'Argyle; leur prison est encore appelée le Caveau des Whigs [1]. M. Train, toutefois, se procura pour moi sur ce singulier personnage, dont le nom était Paterson, des renseignements beaucoup plus étendus que je n'avais été à même d'en recueillir durant ma courte conversation avec lui [2]. Il était né (comme je crois l'avoir déjà dit quelque part) dans la paroisse de Closeburn, comté de Dumfries, et on croit que des chagrins domestiques, aussi bien qu'un sentiment de dévotion, le portèrent à embrasser le genre de vie errant qu'il mena pendant fort long-temps. Plus de vingt ans se sont écoulés depuis la mort de Robert Paterson, qui eut lieu sur le grand chemin près de Lockerby, où on le trouva épuisé et expirant. Le poney blanc, compagnon de ses pèlerinages, se tenait aux côtés de son maître mourant : tableau qui n'était pas indigne du pinceau. Je tiens ces renseignements de M. Train.

Une autre dette, que je reconnais bien volontiers, est celle que j'ai contractée envers un correspondant inconnu (une dame [3]) qui m'a fait connaître l'histoire de cette femme de principes si droits et de sentiments si élevés, que dans le *Cœur de Mid-Lothian* j'ai nommée Jeanie Deans. La double circonstance du refus qu'elle fit de sauver la vie de sa sœur par un parjure, et du voyage à Londres qu'elle ne craignit pas d'entreprendre pour obtenir son pardon, est représentée comme vraie par ma belle et obligeante correspondante; et j'en conçus l'idée qu'il serait possible de rendre intéressant un personnage fictif, rien que par la dignité d'esprit et la rec-

---

[1] *Whigs' Vault.*
[2] *Voyez*, pour de plus amples particularités, les notes d'*Old Mortality*. (W. S.)
[3] Feu mistress Goldie. (W. S.)

titude de principes, jointes à un bon sens et à un caractère exempts de prétention, sans recourir à aucun de ces dons de beauté, de grâce, de talents, d'esprit, de perfections de toute nature, auxquels une héroïne de roman est supposée avoir des droits imprescriptibles. Si le portrait fut reçu du public avec intérêt, je sens combien j'en fus redevable à la vérité et à la force de l'esquisse originale, que je regrette de ne pouvoir offrir au public, tant elle était écrite avec chaleur et sentiment.

De vieux livres dépareillés et une collection considérable de légendes de famille ont été pour moi une autre mine, assez vaste pour qu'il fût très probable que les forces de l'ouvrier seraient épuisées avant que les matériaux lui manquassent. Je puis rappeler, par exemple, que la terrible catastrophe de la *Fiancée de Lammermoor* eut effectivement lieu dans une famille écossaise de rang distingué. La dame par qui cette triste histoire me fut communiquée, il y a plusieurs années, tenait de près par les liens de la parenté à la famille où l'événement arriva, et elle ne m'en parlait jamais qu'avec une expression de tristesse mystérieuse qui en rehaussait l'intérêt. Elle avait connu dans sa jeunesse le frère qui précéda à cheval la malheureuse victime marchant à l'autel où devait se consommer le fatal sacrifice, et qui ne put s'empêcher de remarquer, quoique ce ne fût qu'un enfant presque exclusivement occupé de son bel habit et de l'élégance du cortége nuptial, que la main de sa sœur était humide, et froide comme celle d'une statue. Il est inutile d'écarter plus complétement le voile de cette scène de malheur domestique; et bien que la catastrophe remonte à plus d'un siècle, peut-être de plus amples explications ne seraient-elles pas agréables aux représentants actuels des familles intéressées. Il peut être à propos d'ajouter que l'imitation se borne aux seuls événements; je n'avais ni les moyens ni l'intention de reproduire individuellement les manières et le caractère des acteurs de l'histoire réelle.

Je puis même poser ici en fait général, que bien que j'aie regardé les personnages historiques comme des figures dont on était libre de reproduire les traits, je n'ai jamais violé le respect dû à la vie privée. Il était impossible, à la vérité, que des traits propres aux personnes, mortes ou vivantes, avec lesquelles j'ai eu des relations de société, ne se présentassent pas sous ma plume dans des ouvrages tels que *Waverley* et ceux qui l'ont suivi. Mais je me suis toujours étudié à généraliser les portraits, de manière à ce qu'au total on pût encore les prendre pour des produits de l'imagination, bien qu'ils offrissent certaines ressemblances avec des individus réels. Je dois cependant convenir que mes tentatives sur ce dernier point n'ont pas toutes été également heureuses. Il est des hommes dont le caractère a des traits si particuliers, qu'il suffit d'en retracer quelques uns des plus marqués et des plus frappants pour placer infailliblement la personne dans son individualité tout entière. C'est ainsi que le caractère de Jonathan Oldbuck, dans *l'Antiquaire*, était en partie fondé sur celui d'un vieil ami de ma jeunesse, à qui je dois, entre autres faveurs inappréciables, celle de m'avoir familiarisé avec Shakspeare; mais je croyais avoir si complétement déguisé la ressemblance, qu'aucun contemporain vivant ne pourrait reconnaître ses traits. Je m'étais trompé, cependant, et même je mis en danger ce que je voulais tenir secret; car je sus plus tard qu'une personne très respectable du petit nombre des amis de mon père qui lui ont survécu[1], et de plus critique pénétrant, avait dit, lors de l'apparition de l'ouvrage, qu'elle n'avait maintenant aucun doute sur l'auteur, attendu que dans l'antiquaire de Monkbarns elle reconnaissait un ami très intime de la famille de mon père.

Je puis faire remarquer aussi que l'espèce d'échange de courtoisie qui est représentée comme ayant lieu entre le baron de Bradwardine et le colonel Talbot est un fait littéral. Voici les circonstances réelles de l'anecdote, également honorable au whig et au tory :

Alexander Stewart d'Invernahyle, — nom que je ne puis tracer sans qu'il réveille en moi les sentiments de la plus vive reconnaissance pour l'ami de mon enfance, qui le premier me fit connaître les Highlands, leurs traditions et leurs mœurs, —

---

[1] James Chalmers, esq., avoué à Londres, mort durant la publication de la présente édition de ces romans (août 1831). (W. S.)

avait pris une part active aux troubles de 1745. A la bataille de Preston, chargeant avec son clan, les Stewarts d'Appine, il vit un officier de l'armée ennemie seul près d'une batterie de quatre canons, et qui tirait son épée après en avoir déchargé trois sur les Highlanders qui arrivaient à lui. Invernahyle s'élança sur cet officier en lui criant de se rendre. — Jamais à des rebelles! telle fut la courageuse réponse de l'officier, portant en même temps au Highlander un coup que celui-ci reçut sur son target; et au lieu de frapper à son tour un ennemi maintenant sans défense, Invernahyle employa son épée à parer un coup de *hache de Lochaber* porté à l'officier par Miller, un des hommes de son clan, vieux Highlander à mine revêche que je me rappelle bien avoir vu. Dans l'impossibilité de faire une plus longue résistance, le lieutenant-colonel Allan Whitefoord, gentleman distingué par son rang et sa position dans le monde, autant que brave officier, rendit son épée, et avec son épée sa bourse et sa montre, qu'Ivernahyle accepta pour qu'elles ne lui fussent pas enlevées par les montagnards. Après l'affaire, M. Stewart s'enquit de son prisonnier, et ils furent présentés l'un à l'autre par le célèbre John Roy Stewart, lequel informa le colonel Whitefoord de la qualité de celui dont il était le prisonnier, et lui fit sentir la nécessité de reprendre sa montre et sa bourse, qu'il était disposé à laisser à celui aux mains duquel elles étaient tombées. La confiance qui s'établit entre eux devint telle, qu'Ivernahyle obtint du Chevalier [1] la liberté sur parole de son prisonnier; et peu de temps après, ayant été envoyé dans les Highlands pour y faire des levées, il alla visiter le colonel Whitefoord dans la propre maison de celui-ci, et passa deux heureux jours avec lui et ses amis whigs, sans que de part ni d'autre on pensât à la guerre civile qui était alors dans toute sa fureur.

Quand la bataille de Culloden eut mis fin aux espérances de Charles-Edouard, Invernahyle, blessé et hors d'état de se mouvoir, fut emporté du champ de bataille par les hommes dévoués et fidèles de son clan. Mais comme il s'était fait re-

---

[1] Le Prétendant. (L. V.)

marquer parmi les jacobites, sa famille et ses biens furent exposés au système de destruction vindicative trop généralement suivi dans le pays des insurgents. Ce fut alors au tour du colonel Whitefoord de se donner du mouvement, et il fatigua de ses sollicitations toutes les autorités civiles et militaires pour obtenir le pardon de celui qui lui avait sauvé la vie, ou du moins une protection pour sa femme et sa famille. Ces sollicitations furent long-temps inutiles.—« On me trouvait sur toutes les listes avec la marque de la bête, » telle était l'expression d'Invernahyle. Enfin, le colonel Whitefoord s'adressa au duc de Cumberland, et fit valoir près de lui tous les arguments qu'il put imaginer. Se voyant encore repoussé, il tira sa commission de son sein, et après avoir dit quelques mots de ses services et de ceux de sa famille dans la cause de la maison de Hanovre, il demanda au duc de vouloir bien accepter sa démission, puisqu'il ne lui était pas permis de montrer sa gratitude à l'homme à qui il devait la vie. Le duc, ébranlé par la chaleureuse persistance du solliciteur, lui dit de reprendre sa commission, et accorda la protection requise pour la famille d'Invernahyle.

Le *chieftain* lui-même se tenait caché dans une caverne non loin de sa maison, devant laquelle campait un petit détachement de troupes régulières. Chaque matin il pouvait entendre l'appel nominal, et chaque soir le tambour qui les rappelait au quartier ; on ne pouvait changer une sentinelle qu'il ne le vît. Comme on soupçonnait qu'il était caché quelque part sur la propriété, sa famille était surveillée de près, et forcée d'user des plus grandes précautions pour lui faire parvenir des aliments. Une de ses filles, enfant de huit à dix ans, était employée comme l'intermédiaire le moins susceptible d'éveiller la défiance. On eut en elle un nouvel exemple entre beaucoup d'autres de ce que les temps de dangers et de difficultés peuvent donner à l'intelligence de développement précoce. Elle se fit une connaissance de chaque soldat, jusqu'à ce qu'elle leur fût devenue assez familière pour qu'ils ne fissent plus attention à ses mouvements; et elle avait l'adresse, en rôdant aux environs de la grotte, de laisser le peu d'aliments dont elle s'était munie à cet effet, sous quelque pierre remarquable ou dans le creux de quelque racine, où son père pouvait les venir prendre en se traînant, la nuit venue, hors de sa cachette. Les temps devinrent moins rigoureux, et mon excellent ami fut relevé de la proscription par l'acte d'amnistie. Telle est l'histoire dont j'ai plutôt affaibli qu'augmenté l'intérêt par la manière dont elle est racontée dans *Waverley*.

Cet incident, ainsi que plusieurs autres circonstances relatives aux romans en question, fut communiqué par moi à mon défunt et regrettable ami William Erskine (juge d'Écosse sous le titre de lord Kinedder), qui ensuite rendit compte des Récits de mon Hôte, avec beaucoup d'indulgence, dans le *Quarterly Review* de janvier 1817 [1]. Dans le même article on trouve d'autres anecdotes ayant rapport à plusieurs des romans, anecdotes que j'avais fait connaître à mon honorable ami, qui prit la peine d'écrire l'article. Le lecteur curieux de ces sortes de renseignements trouvera l'original de Meg Merrilees [2], et je crois celui d'un ou deux autres personnages de la même famille, dans l'article auquel nous le renvoyons.

Je puis ajouter encore que les étranges et tragiques circonstances racontées dans la *Légende de Montrose* comme ayant précédé la naissance d'Allan Mac Aulay, arrivèrent réellement dans la famille de Stewart d'Ardvoirlich. La gageure au sujet des chandeliers remplacés par des Highlanders transformés en porte-flambeaux, fut faite et gagnée par un des Mac Donalds de Keppoch.

Il n'y aurait pas grand amusement à trier le petit nombre de grains de vérité contenus dans cette masse de vaines fictions. Je puis cependant, avant de quitter ce sujet, dire quelque chose des diverses localités auxquelles on a voulu rapporter certaines descriptions introduites dans ces romans. C'est ainsi, par exemple, qu'on a voulu identifier Wolf's Hope avec Fast-Castle en Berwickshire, — Tillietudlem avec Draphane en Clydesdale, — et la vallée qui dans le *Monastère* est appelée Glendearg avec celle de la rivière d'Allan, au-

---

[1] Lord Kinedder est mort en août 1822. Eheu! (août 1831). (V. S.)
[2] Personnage de *Guy Mannering*. (L. V.)

dessus de la villa de lord Somerville, près de Melrose. Tout ce que je puis dire, c'est qu'en ces cas-là non plus qu'en d'autres je n'ai eu l'intention de décrire aucune localité particulière, et que conséquemment la ressemblance doit être de cette espèce générale qui existe nécessairement entre des lieux de même caractère. Le pourtour presque inaccessible des côtes d'Écosse offre sur ses caps et ses promontoires cinquante châteaux pareils à Wolf's Hope; il n'y a pas de comté qui n'ait une vallée plus ou moins ressemblante à Glendearg; — et si des châteaux comme Tillietudlem, ou des habitations pareilles à celle du baron de Bradwardine, se rencontrent aujourd'hui moins fréquemment, cela provient de la rage aveugle de destruction qui a ruiné et fait disparaître tant de monuments d'antiquité, quand ils n'étaient pas protégés par leur situation inaccessible [1].

Les lambeaux de poésie qui la plupart du temps ont été placés en tête des chapitres de ces romans sont quelquefois copiés ou cités de mémoire; mais en général, ils sont de pure invention. J'aurais trouvé trop embarrassant de recourir à la collection des poëtes anglais pour y puiser des épigraphes appropriées, et me trouvant dans la situation du machiniste de théâtre qui, après avoir épuisé le papier blanc avec lequel il imitait la neige, continua de faire neiger avec du papier brun, j'avais recours à ma mémoire autant qu'il m'était possible, et quand elle me faisait faute j'y suppléais par l'imagination. Je crois qu'en certains cas où des noms réels sont apposés au bas des citations supposées, il serait à peu près inutile de les chercher dans les œuvres des auteurs auxquels je me réfère. Je me suis parfois diverti de voir fouiller infructueusement les écrits du docteur Watts ou d'autres auteurs plus graves, en quête de vers dont j'étais seul responsable.

Maintenant, le lecteur attend peut-être de moi, tandis que je suis au confessionnal, que je lui explique les motifs qui m'ont fait persister si long-temps à désavouer les ouvrages dont je l'entretiens en ce moment. A cela, il me serait difficile

---

[1] J'indiquerai en particulier le Kaim d'Uric, sur la côte orientale d'Écosse, comme ayant suggéré l'idée de la tour appelée Wolf's Crag, que le public a plus généralement identifiée avec l'ancienne tour de Fast-Castle. (W. S.)

de faire une autre réponse que celle du caporal Nym : —
C'était dans ce temps-là l'humeur ou le caprice de l'auteur.
J'espère qu'on ne m'accusera pas d'ingratitude envers le public, à l'indulgence duquel j'ai dû mon *sang-froid* beaucoup
plus qu'à tout autre chose dont je puisse me faire un mérite,
si je confesse que comme auteur j'ai toujours été et suis encore moins sensible à la réussite ou au manque de succès
que ne le sont peut-être beaucoup d'autres, qui ressentent
avec plus de force la passion de la renommée littéraire, probablement parce qu'ils ont justement conscience d'y avoir un
meilleur titre. J'avais atteint l'âge de trente ans avant d'avoir
fait aucune tentative sérieuse pour me distinguer comme auteur ; et à cette époque de la vie les espérances de l'homme,
ses désirs et ses vœux, ont acquis d'ordinaire un caractère assez
décidé pour qu'il ne soit pas aisé de leur faire prendre un
nouveau cours. Quand je fis la découverte — car pour moi
c'en fut une — qu'en m'amusant à des compositions où je
trouvais une occupation délicieuse, je pouvais aussi procurer
du plaisir aux autres, et que je sentis que les travaux littéraires prendraient probablement à l'avenir une portion considérable de mon temps, j'éprouvai quelque crainte de contracter ces habitudes de jalousie et d'âpreté d'humeur qui ont
rabaissé et même dégradé le caractère même de grands auteurs, et qui les ont rendus, par leurs petites querelles et
leur irritabilité réciproque, la risée des gens du monde. A
cet égard, donc, je pris la résolution de m'armer la poitrine
(peut-être un critique mal disposé pour moi ajouterait-il *et le
front*) d'un triple airain [1], et d'éviter autant que possible
d'arrêter mes pensées et mes souhaits sur les succès littéraires, de peur d'exposer par des chutes littéraires mon calme
d'esprit et ma tranquillité. Je ne dirai pas — ce qui serait
une preuve ou de stupide apathie ou d'affectation ridicule —
que je suis resté insensible aux applaudissements publics
quand j'ai été honoré de leurs témoignages ; et je prise encore plus hautement les inappréciables relations d'amitié

---

[1] Chose que l'on ne regardera pas comme absolument impossible, si l'on considère que j'étais au barreau depuis 1792 (août 1831). (W. S.)

qu'un peu de célébrité passagère m'a mis à même de former parmi les plus distingués de mes contemporains par le talent et le génie, amitiés qui reposent maintenant, j'ose l'espérer, sur une base plus durable que les circonstances qui leur ont donné naissance. Mais tout en appréciant ces avantages comme la nature des sentiments humains en fait un devoir et une nécessité, je puis dire avec confiance et vérité que je crois avoir bu avec modération à cette coupe enivrante, et que jamais, ni dans la conversation ni dans mes correspondances, je n'ai encouragé la discussion touchant mes travaux littéraires. Habituellement, au contraire, un tel sujet, même quand il était amené par les motifs les plus flatteurs pour moi, me paraissait embarrassant plutôt qu'agréable.

J'ai dit franchement quels motifs j'avais de me cacher, autant que ma conscience me les révèle, et le public me pardonnera ce que ces détails ont de personnel, en considération de ce que je ne pouvais les éviter. Long-temps appelé à grands cris, l'auteur a paru sur la scène et fait son salut au public. Jusque là sa conduite est une marque de respect. Y rester plus long-temps serait une indiscrétion présomptueuse.

Il me reste seulement à répéter que je me reconnais maintenant dans ces lignes, comme précédemment de vive voix, pour seul et unique auteur de tous les romans publiés sous le nom de l'*Auteur de Waverley*. Cette reconnaissance, je la fais sans honte, parce que j'ai conscience que dans ces ouvrages il n'y a rien qui mérite le blâme, soit sous le rapport de la religion, soit sous celui de la morale; je la fais aussi sans aucun sentiment d'orgueil, parce que je sais trop bien, quel qu'ait pu être leur succès temporaire, combien leur réputation dépend du caprice de la mode, et j'ai déjà parlé de la nature précaire de cette renommée comme d'une raison de ne pas se montrer avide de la conquérir.

Je dois ajouter, avant de finir, que vingt personnes au moins participaient au secret, soit par suite d'intimité, soit par la confiance que nécessitaient les circonstances; et comme il n'y a pas d'exemple, que je sache, qu'aucune d'elle y ait manqué, je leur en suis d'autant plus obligé, que le peu d'importance et la trivialité du mystère n'étaient pas de nature à inspirer beaucoup de respect à ceux qui avaient été mis dans la confidence. Néanmoins, comme Jack le pourfendeur de géants, j'avais pleine confiance dans ma cuirasse invisible, et n'eût-ce été les circonstances impérieuses, j'y aurais même regardé à deux fois avant de m'en séparer.

Quant à l'ouvrage qui suit, il était conçu, et en partie imprimé, long-temps avant que je me fusse avoué l'auteur des *Waverley Novels*, et il débutait originairement par la déclaration qu'il ne serait précédé d'introduction ni préface d'aucune espèce. Ce long préambule attaché à un ouvrage auquel on n'en voulait donner aucun, peut cependant servir à montrer combien les intentions humaines, dans les affaires les plus insignifiantes aussi bien que dans les plus importantes, sont sujettes à être modifiées par le cours des événements. Ainsi nous commençons à traverser une rivière gonflée, les yeux fermement fixés sur le point de la rive opposée où nous nous proposons d'aborder; mais cédant peu à peu au torrent, nous sommes charmés, peut-être à l'aide d'une branche ou d'une touffe de broussailles, de nous en tirer à quelque point éloigné et peut-être dangereux, beaucoup plus bas que celui que nous nous étions mentalement désigné.

Dans l'espoir que le lecteur courtois ne refusera pas à une connaissance avouée et familière quelque portion de la faveur qu'il avait accordée à celui qui sous un déguisement rechercha ses applaudissements, je lui demande la permission de me dire son humble et obligé serviteur,

WALTER SCOTT.

ABBOTSFORD, 1er octobre 1827.

Telle fut la courte narration que je crus convenable de publier en octobre 1827; et j'ai aujourd'hui peu de chose à y ajouter. Sur le point de paraître sous mon propre nom dans l'arène littéraire, il me parut que quelque chose en forme de publication périodique pourrait apporter avec elle un certain air de nouveauté, et j'étais bien aise d'adoucir, si je puis ainsi parler, ma brusque apparition personnelle, en me créant un collaborateur imaginaire dont l'existence aurait un caractère d'individualité aussi nettement établi pour le moins que celui dont précédemment j'avais jugé à propos d'investir des ombres de la même famille. Il va sans dire qu'il ne m'était jamais venu à l'idée de réclamer l'assistance d'aucun collaborateur réel pour soutenir mes labeurs et mon caractère d'éditeur quasi-périodique. C'était depuis long-temps mon opinion que tout ce qui ressemble à une association littéraire doit en toute probabilité finir par suggérer des comparaisons justement qualifiées d'odieuses, et que par conséquent il faut éviter; et j'avais eu aussi quelques occasions de reconnaître que des promesses d'assistance, dans des travaux de cette nature, sont sujettes à surpasser en magnificence ce que réalisera l'exécution ultérieure. Je conçus donc le plan d'une *miscellanée* où je ne compterais, comme toujours, que sur mes seules ressources; et bien que je comprisse assez que du moment où on avait assigné à l'Auteur de Waverley une habitation spéciale et un nom le charme avait été sérieusement menacé, je me sentis porté à adopter le sentiment de mon ancien héros Montrose, et à me dire à moi-même qu'en littérature comme à la guerre :

« Il se défie trop de sa destinée, ou son mérite est mince, celui qui n'ose pas courir la chance de tout perdre ou de tout gagner. »

Aux détails explicatifs que l'éditeur imaginaire, M. Croftangry, donne au lecteur, dans le chapitre v, sur le plan de ces Chroniques, j'ai maintenant à ajouter que la dame nommée dans le récit mistress Bethune Baliol, était destinée à reproduire dans ses traits principaux l'intéressant caractère d'une amie qui m'était chère, mistress Murray Keith[1], dont la

[1] Les Keith de Craig, comté de Kincardine, descendaient de John Keith, quatrième fils de William, second comte-maréchal, qui eut de son père, vers 1480, les terres de Craig et parties de celles de Garvoch, situées dans ce comté. Le *Baronnage* de Douglas, p. 443 à 445, donne une généalogie de cette famille. Le colonel Robert Keith de Craig (le septième descendant depuis John) eut un fils de sa femme Agnès, fille de Robert

mort, arrivée peu de temps avant, avait attristé un cercle nombreux qui lui était attaché autant à cause des vertus qui lui étaient naturelles et des aimables qualités de son esprit, que pour l'étendue de ses connaissances et la manière délicieuse dont elle savait les communiquer. La vérité est qu'en mainte occasion l'auteur avait dû à l'excellente mémoire de mistress Murray le *substratum*, le fond primitif, de ses fictions écossaises; — aussi, dès l'origine, n'avait-elle pas été en peine d'assigner au vrai coupable la composition des *Waverley Novels*.

On a accusé l'auteur d'avoir introduit dans l'esquisse de l'histoire de Chrystal Croftangry quelques allusions peu polies à des personnes respectables encore vivantes ; mais il croit pouvoir en toute sûreté de conscience passer sur une semblable insinuation. La première des narrations que M. Croftangry soumet ensuite au public, la *Veuve highlandaise*, provient de mistress Murray Keith, et l'histoire diffère très peu, sauf un petit nombre de circonstances additionnelles — dont je suis presque disposé à regretter l'adjonction, — de la manière dont l'excellente vieille dame avait coutume de la raconter. Ni le cicerone highlandais Macturk, ni la grave blanchisseuse, ne sont des êtres imaginaires ; et quand je relis ma composition, après un intervalle de quelques années, et que j'en compare l'effet avec le souvenir que m'a laissé la touchante narration de ma digne amie, je ne puis m'empêcher de craindre d'en avoir gâté la simplicité par quelques unes de ces interpolations que sans doute, au moment où elles sortirent de ma plume, je regardai comme des embellissements.

Murray de Murrayshall, de la famille de Blackbarony, veuve du colonel Stirling de la famille de Keir ; ce fils fut Robert Keith de Craig, ambassadeur à la cour de Vienne, et ensuite à celle de Saint-Pétersbourg. Il occupait ce dernier poste à l'avènement au trône de George III, et il mourut à Edimbourg en 1774. Il avait épousé Margaret, seconde fille de sir William Cunningham de Caprington et de Janet, fille et unique héritière de sir James Dick de Prestonfield, et entre autres enfants issus de ce mariage on compte feu le célèbre diplomate sir Robert Murray Keith, K. B., général d'armée, et pendant quelque temps ambassadeur à Vienne, sir Basil Keith, chevalier, capitaine de vaisseau, et qui mourut gouverneur de la Jamaïque ; enfin mon excellente amie Anne Murray Keith, qui finit par rentrer en possession des biens de la famille, et dont la mort a précédé de peu de temps la date de cette Introduction (1831). (W. S.)

Je tiens la seconde histoire, intitulée *les Deux Bouviers*, d'un autre de mes vieux amis, feu George, constable, esq. de Wallace-Craigie, près Dundee, que j'ai déjà présenté à mes lecteurs comme l'original de l'antiquaire de Monkbarns. Il avait assisté, je crois, au jugement qui fut rendu à Carlisle, et il ne mentionnait pas sans verser des larmes le résumé adressé aux jurés par le vénérable juge, — émotion singulièrement touchante dans une physionomie dont l'expression habituelle était celle de la moquerie et presque du sarcasme.

La réputation de finesse écossaise de ce digne homme, — sa connaissance de nos antiquités nationales, — et l'originalité piquante de son *humour*, ne sont sûrement pas encore oubliées. Quant à moi, je me souviens avec fierté que durant nombre d'années nous avons été, pour employer le langage de Wordsworth,

« Un bon couple d'amis, bien que je fusse jeune, et que depuis ses soixante ans George comptât douze hivers révolus. »

W. S.

Abbotsford, 15 août 1831.

APPENDICE

A L'INTRODUCTION.

On a fait entendre à l'auteur qu'il pourrait être bien de réimprimer ici un récit détaillé du dîner public auquel il sera fait allusion dans les chapitres préliminaires, comme ayant été donné dans les gazettes du temps ; c'est pourquoi on remet sous les yeux du lecteur l'extrait suivant de l'*Edimburgh Weekly Journal* du mercredi 28 février 1827.

DINER DU FONDS THÉATRAL.

Avant de procéder au compte rendu de cette très intéressante réunion, — car on peut la qualifier ainsi, — il est de notre devoir de présenter au lecteur la lettre suivante, que nous avons reçue du président.

« A L'ÉDITEUR DE L'EDINBURGH WEEKLY JOURNAL.

» Monsieur, — je suis extrêmement fâché de ne pas avoir le temps de corriger l'épreuve que vous m'avez envoyée de ce que l'on me fait dire au dîner du fonds théâtral. Je ne suis pas orateur ; et, en des occasions telles que celles dont il s'agit, je dis de mon mieux ce que la circonstance exige.

» J'espère, toutefois, que votre rapporteur a été plus fidèle pour les autres qu'il ne l'a été pour moi. J'ai corrigé un passage où on me faisait parler avec une grande inconvenance et une extrême vivacité de l'opinion de ceux qui n'approuvent pas les délassements dramatiques. J'ai rétabli ce que j'ai dit, mon intention n'ayant nullement été de m'écarter des égards avec lesquels, selon moi, doit être réfutée toute opinion consciencieuse. J'ai laissé d'autres erreurs comme je les ai trouvées, attendu qu'il importe peu qu'en ce qui ne touche qu'à la circonstance du moment j'aie ou non débité des *non-sens*.

» Je suis, Monsieur,

» Votre obéissant serviteur,

» Walter Scott. »

a Édimbourg, lundi.

Le dîner du fonds théâtral, qui a eu lieu vendredi dans les salles de l'assemblée, a été conduit avec un goût admirable. Le président, sir Walter Scott, joint aux éminentes qualités qui le distinguent d'ailleurs, tout ce qui peut amuser une réunion semblable. Ses manières sont extrêmement aisées; son élocution, quoique simple et naturelle, est cependant pleine de vivacité et d'à-propos, et il a l'art, si c'en est un, de montrer une certaine bonhomie qui ne lui enlève pas une parcelle de sa dignité. Il fait ainsi disparaître un peu de cette roideur cérémonieuse propre aux réunions de ce genre, et par son aisance et sa familiarité gracieuse il y sait répandre, jusqu'à un certain point, le caractère agréable d'une réunion particulière. Près de sir Walter Scott étaient assis le comte de Fife, lord Meadowbank, sir John Hope de Pinkie, baronnet, l'amiral Adam, le baron Clerk Rattray, Gilbers Innes, écuyer, James Walker, écuyer, Robert Dundas, écuyer, Alexander Smith, écuyer, etc.

La nappe enlevée, le *Non nobis, Domine*, fut chanté par MM. Thorne, Swift, Collier et Hartley, après quoi les toasts suivants furent portés par le président :

Au roi, — tous les honneurs.

Au duc de Clarence et à la famille royale.

Le président, en proposant la santé suivante, qu'il demanda que l'on entourât d'un silence solennel, dit que c'était à la mémoire d'un prince regretté que nous avions perdu récemment. Chacun devina tout d'abord à qui il faisait allusion. Son intention n'était pas de s'étendre sur ses mérites militaires. On en avait fait l'éloge dans le sénat, cet éloge avait été répété dans les chaumières, et partout où on parlait d'un soldat son nom se présentait de lui-même. Mais c'était principalement en ce qui se rattachait à l'objet spécial de la réunion, que feu Son Altesse Royale avait bien voulu patroniser d'une manière toute particulière, que sa santé était proposée. Il avait souvent sacrifié son temps à cette œuvre de bienfaisance, et y avait consacré le peu de loisirs que lui laissaient les affaires importantes. Il était toujours prêt à assister aux réunions de cette nature, et c'était sous ce point de vue qu'il proposait de boire à la mémoire de feu Son Altesse Royale le duc d'York. — La santé fut portée dans un silence solennel.

Le président invita ensuite ces messieurs à remplir leurs verres jusqu'au bord, tandis qu'il dirait seulement quelques mots. Il avait l'habitude d'entendre des discours, et il savait quelle impression ils produisent quand ils sont longs. Il était sûr que ce serait de sa part chose parfaitement inutile que d'entrer dans aucune justification de l'art dramatique, que leur réunion avait pour objet de soutenir. Il croyait néanmoins que cette réunion était pour lui une occasion convenable de dire quelques mots de ce goût pour les spectacles, qui est un sentiment inné de la nature humaine. C'est le premier amusement qu'ait l'enfance ; — le goût s'en développe avec l'âge, et, même au déclin de la vie, rien ne plaît autant que d'entendre une histoire, même commune, racontée avec l'accent et les gestes appropriés. La première chose que fait un enfant est de singer son maître d'école en fouettant une chaise. Prendre nous-même un caractère d'emprunt ou le voir prendre à d'autres est un plaisir naturel à l'humanité ; le goût de ces sortes de représentations, en temps convenable et dans les occasions appropriées, est inhérent à notre nature même. Dans tous les siècles, l'art théâtral a marché de front avec les progrès de l'humanité et avec ceux des lettres et des beaux-arts. A mesure que l'homme s'est éloigné des périodes les plus grossières de la société, le goût des représentations dramatiques s'est accru, et toutes les œuvres de cette nature se sont améliorées, tant dans leur caractère que dans leur structure. On n'avait qu'à reporter les yeux sur l'histoire de l'ancienne Grèce, bien qu'il ne prétendît pas être très profondément versé dans la connaissance du théâtre antique. Son premier poëte tragique commandait un corps de troupes à la bataille de Marathon ; Sophocle et Euripide étaient à Athènes des hommes d'un rang distingué, à une époque où la célébrité d'Athènes était à son apogée. Leurs discours faisaient sur Athènes le même effet que leurs ouvrages dramatiques sur la scène. Si on portait ses regards sur la France au temps de Louis XIV, cette ère de l'histoire classique de ce pays, on verrait que tous les Français la regardaient comme l'âge d'or de leur théâtre national. De même en Angleterre, au temps de la reine Élisabeth, le théâtre était à son plus haut point, alors que la nation commençait à prendre une part plus intime et plus sagement entendue à la politique générale de l'Europe, non seulement ne recevant pas la loi des autres, mais donnant des lois au monde et défendant les droits du genre humain. (Applaudissements.) Depuis lors, à diverses époques, l'art dramatique est tombé en discrédit. Ceux qui l'exerçaient ont été stigmatisés et des lois ont été rendues contre eux, lois moins déshonorantes pour eux que pour les hommes d'État qui les proposèrent et pour les législateurs qui les ont adoptées. Dans quels temps ces lois furent-elles rendues ? N'était-ce pas alors que la vertu était rarement inculquée comme devoir moral, qu'on nous demandait d'abandonner le plus rationnel de tous nos amusements ? alors qu'on enjoignait le célibat au clergé, et que l'on refusait aux laïques le droit de lire la Bible ? Il pensait que ç'avait dû être par un sentiment de pénitence qu'on avait érigé la scène en un lieu idéal d'impiété, et parlé du théâtre comme des tentes du péché. Il ne voulait pas contester que nombre de personnes recommandables ne fussent d'une opinion contraire à la sienne, et il désavouait la plus légère idée de les accuser à cet égard de bigoterie ou d'hypocrisie. Il admettait pleinement qu'une conscience facile à s'alarmer pût leur suggérer ces objections, bien qu'elles ne lui parussent nullement fondées. Mais ces personnes étant, il aimait à le croire, des hommes pieux et vertueux, il était certain que l'objet de la présente réunion excuserait en partie à leurs yeux ce qu'ils pourraient voir d'erroné dans les opinions de ceux qui y assistaient. Ils approuveraient l'acte de bienfaisance, bien qu'à d'autres égards ils pussent différer d'opinion. Il se pouvait qu'ils n'admissent pas qu'on allât au théâtre, mais du moins ils ne pourraient nier qu'on puisse consacrer quelque part de son superflu au soulagement des malades, au soutien de la vieillesse, à la consolation des affligés. C'étaient là autant de devoirs prescrits par notre religion elle-même. (Bruyants applaudissements.)

Les comédiens atteints par l'âge ou par la détresse ont un droit tout particulier à l'appui et à l'attention de ceux qui ont eu part aux amusements de ces lieux dont ils font un ornement pour la société. Leur art est d'une nature particulièrement délicate et précaire : il leur faut passer par un long apprentissage; il s'écoule un long espace de temps avant que même les génies de premier ordre puissent acquérir la connaissance mécanique de la scène; il leur faut languir long-temps dans l'obscurité avant de pouvoir tirer parti de leurs talents naturels ; et après cela, il ne leur reste qu'un court espace de temps durant lequel ils sont heureux s'ils peuvent s'assurer les moyens d'entourer de bien-être le déclin de la vie. Cela vient tard et ne dure qu'un moment; après quoi ils retombent dans un état de dépendance. Leurs membres s'affaiblissent, — leurs dents tombent, — leur voix se perd, — et après avoir contribué au bonheur des autres, ils restent dans le plus triste état. Le public est libéral et généreux pour ceux qui méritent sa protection. C'est une triste chose que de dépendre de la faveur, on pourrait dire du caprice du public ; et ceci est particulièrement vrai pour une classe que ne caractérise pas une extrême prudence. Il a pu y avoir des cas où les occasions ont été négligées ; mais que chacun se juge lui-même et réfléchisse aux occasions qu'*il* a négligées lui aussi, et à l'argent qu'*il* a dissipé; que chacun regarde dans sa conscience, et dise si en cas de détresse elle serait adoucie chez lui par le souvenir de ces circonstances. Il en appelait à toute âme généreuse, — à tout sentiment bienveillant : — qu'ils disent quelle consolation ce serait pour la vieillesse qu'on vînt rappeler à un homme que dans des temps qu'il a négligés il aurait pu se ménager des réserves — (bruyants applaudissements), — et lui objecter que s'il l'eût voulu il aurait pu être riche.

Jusque là il avait parlé de ce qu'en style de théâtre on nomme les *astres*; mais c'étaient parfois des astres tombés. Il y avait une autre classe de souffre-douleurs naturellement et nécessairement attachés au théâtre, et sans laquelle il était impossible de marcher. Les marins ont un adage qui dit que tout le monde ne peut pas être maître d'équipage. S'il doit y avoir un grand acteur pour jouer Hamlet, il faut aussi des gens qui jouent Laertes, le roi, Rosencrantz et Guildenstern, sans quoi un drame ne pourrait marcher. Garrick lui-même reviendrait-il d'entre les morts, il ne pourrait jouer Hamlet à lui tout seul. Il faut des généraux, des colonels, des commandants et des subalternes. Mais que doivent faire les simples soldats? Beaucoup se sont mépris sur leur talent, et ont été poussés dès leur première jeunesse à essayer du théâtre, pour lequel ils n'étaient pas faits. Il ne saurait trop que dire au poëte médiocre et au mauvais artiste. Les taxerait-il de sottise, et conseillerait-il au poëte de se faire écrivain public, et à l'artiste de peindre des enseignes? — (Rires bruyants.) — Mais vous ne pourriez renvoyer le comédien, car s'il ne peut jouer Hamlet il lui faudra jouer Guildenstern. Là où il y a un grand nombre d'ouvriers les salaires doivent être bas, et personne dans une telle situation ne peut soutenir décemment une femme et une famille, et de plus mettre sur son revenu quelque chose en réserve pour ses vieux jours. Que fera cet homme quand il sera vieux? Le jetterez-vous à l'écart comme un gond hors de service, ou comme une pièce de mécanique devenue inutile? Ce serait traiter d'une manière dure, ingrate et peu chrétienne un homme qui a contribué à notre amusement. Les besoins qu'il a ne sont pas de ladie et la vieillesse. On ne saurait nier qu'il y ait une naturelles, la maladie et la vieillesse. On ne saurait nier qu'il y ait une foule de malheureux à qui la seule imprudence qu'on puisse attrituer est d'avoir adopté leur profession. Après avoir mis la main à la charrue dramatique, ils ne peuvent la retirer; il faut qu'ils y restent attachés et qu'ils travaillent, jusqu'à ce que la mort vienne porter remède à leurs besoins, ou que la charité, par son influence adoucissante, vienne rendre ces besoins plus tolérables. — Il lui restait peu de chose à dire, sauf qu'il espérait sincèrement, d'après le nombre des respectables personnes présentes, que la collecte du jour répondrait aux vues des protecteurs de la société. Il avait l'espoir qu'il en serait ainsi. Ils ne se décourageraient pas. Ne pourraient-ils pas beaucoup faire, ils pourraient toujours faire quelque chose. Ils auraient cette consolation que la moindre parcelle détournée de leur superflu ferait un peu de bien. Ils n'en reposeraient que mieux eux-mêmes quand ils auraient contribué à procurer un peu de repos à d'autres. Ce serait une ingratitude et une dureté de laisser manquer de tout dans leur vieillesse faute de leur donner la récompense qui leur est due, ceux-là qui avaient sacrifié leur jeunesse à notre amusement. Nous ne pouvons nous faire à l'idée que le pauvre Falstaff irait se mettre au lit sans son verre de canarie, ou que Macbeth devrait ronger des os aussi dépourvus de moelle que ceux de Banquo. — (Bruyants applaudissements et rires.) — Comme il les croyait tous aussi passionnés pour l'art dramatique que lui-même l'avait été dans son jeune temps, il leur proposerait de porter trois fois trois santés au fonds théâtral.

M. Mackay se leva pour remercier, au nom de ses confrères du toast qui venait d'être porté. Nombre de personnes présentes, dit-il, n'étaient peut-être pas pleinement au fait de la nature et du but de l'institution, et il pourrait ne pas être hors de propos d'entrer dans quelques explications à ce sujet. Quel que fût celui à qui devait être rapportée la première idée d'un fonds théâtral (et les parents survivants de deux ou trois individus se la sont disputée), ce qui est certain, c'est que le premier fonds théâtral légalement constitué doit son origine à un des plus brillants ornements de la profession à feu D... G....... Cet acteur éminent pensa qu'au moyen d'une souscription recueillie chaque semaine au théâtre, on pourrait constituer parmi les artistes dramatiques un fonds dont une part serait attribuée à leurs camarades moins fortunés, et qu'ainsi une occasion serait offerte à la prudence de se ménager ce que la fortune leur a refusé, — une réserve confortable pour l'hiver de la vie. Toujours préoccupé du bien-être de sa profession, et travaillant avec un zèle infatigable à en soutenir la considération et à pénétrer ses confrères non seulement de la nécessité de l'indépendance, mais du bonheur qui la suit, le fonds devint l'objet de sa constante sollicitude. Il rédigea des statuts pour l'administration de la caisse, obtint à ses frais un acte confirmatif du parlement, laissa un beau legs pour cet objet, et devint ainsi le père du fonds de Druy-Lane. Telle fut la constance de son attachement pour cet établissement naissant, qu'il voulut clore la vie théâtrale la plus brillante dont les annales dramatiques aient gardé le souvenir, en déployant pour la dernière fois son talent transcendant dans une représentation au bénéfice de son enfant d'adoption, qui depuis lors a toujours gardé le nom de fonds Garrick. A l'imitation de son noble exemple, des fonds ont été établis dans plusieurs théâtres provinciaux d'Angleterre ; mais il était réservé à mistress Henry Siddons et à M. William Murray de devenir les fondateurs de la première caisse théâtrale établie en Écosse. (Applaudissements.) Ce fonds commença sous les auspices les plus favorables ; il fut libéralement soutenu par l'administration et hautement patronisé par le public. Et pourtant il n'a pas atteint le but qu'on s'en était proposé. Ce qu'était ce but, il n'avait pas besoin de le rappeler, mais il manqua ; et il n'hésitait pas à convenir qu'un défaut d'énergie chez les acteurs en fut la cause probable. Un nouveau règlement, soumis à une assemblée générale des membres du théâtre et approuvé par elle, avait été rédigé depuis peu, et par suite le fonds avait été réorganisé à partir du 1er janvier dernier. Et ici il croyait n'être que l'écho des sentiments de ses confrères en reconnaissant publiquement leurs obligations envers l'administration pour l'aide que tous les administrateurs avaient donnée à la prospérité du fonds et le chaud intérêt qu'ils y avaient tous pris. (Applaudissements.) Le président avait si bien parlé de la nature et de l'objet de la profession, qu'il n'ajouterait rien à ce qui en avait été dit; il ferait seulement remarquer que des nombreux rejetons de la science et du génie qui courtisent une précaire renommée, l'acteur est celui qui élève le moins haut ses prétentions. Jouets de la fortune, enfants de la mode, victimes du caprice, — on vient les voir, les écouter, les admirer, mais pour les oublier; — ils ne laissent aucune trace, aucun souvenir de leur existence : — « ils apparaissent comme des ombres et s'évanouissent de même. » (Applaudissements). Et cependant, quelque humbles que soient leurs prétentions, il n'est pas de profession, de métier ou de vocation qui exige une telle réunion de qualités, tant du corps que de l'esprit. Dans toute autre carrière, on peut encore pratiquer après avoir été frappé par la main de la Providence, — ceux-ci par la perte d'un membre, — ceux-là par celle de la voix ; — et il en est beaucoup qui peuvent recevoir l'aide affectueuse de leurs enfants ou de serviteurs dévoués, quand les facultés de l'esprit déclinent. Il n'en est pas ainsi de l'acteur : — il faut qu'il conserve tout ce qu'il a jamais possédé de qualités, ou qu'il rentre découragé dans ses tristes foyers. (Applaudissements.) Et néanmoins, tandis qu'ils travaillent pour une gloire théâtrale bien éphémère, combien peu d'entre eux sont à même d'amasser dans leur jeunesse ce qui donnerait du pain à leurs vieux jours! Mais aujourd'hui une perspective plus brillante s'ouvre devant eux, et ils envisagent avec espoir la réussite de cet établissement naissant, retraite douce et paisible ménagée à leur vieillesse. L'orateur conclut en offrant à l'assemblée, au nom de ses camarades des deux sexes, leurs sincères remerciements de l'appui généreux qui leur était prêté, et il demanda la permission de porter la santé des patrons du fonds théâtral d'Édimbourg.

Lord Meadowbank dit que, conformément au désir de son honorable ami le président et du noble ami assis à sa droite, il demandait qu'il lui fût permis de remercier de l'honneur que l'on avait conféré aux patrons de cette excellente institution. Il pouvait répondre pour lui — il pouvait répondre pour eux tous — qu'ils étaient profondément pénétrés et de l'objet méritoire que cette institution avait en vue, et d'une active sollicitude pour sa prospérité. Il espérait, quant à lui, qu'il lui serait permis de dire que c'était avec un sentiment de surprise qu'il avait vu son nom parmi ceux des patrons de l'institution, et associé à tant d'autres noms éminents et d'une haute influence. Mais ce qui servait d'excuse à ceux qui l'avaient placé dans une situation si honorable et si distinguée, c'est qu'à l'époque où fut instituée cette œuvre de bienfaisance, il occupait un poste élevé où l'avait appelé la confiance royale, et où il aurait pu servir l'institution. Sa Seigneurie craignait beaucoup que sa situation présente ne lui laissât désormais que bien peu d'espoir d'être encore utile; mais ce qu'il pouvait assurer en toute confiance, c'est que peu de choses lui causerait un plus grand plaisir que de se voir à même de contribuer à la prospérité et au soutien de l'institution. Lorsqu'on songe au plaisir qu'à toutes les époques de la vie on a trouvé aux représentations théâtrales, ainsi qu'aux laborieux efforts des artistes méritoires en faveur desquels ce fonds a été établi, il faudrait être dépourvu de tout sentiment de gratitude pour ne pas travailler de tout son pouvoir à en assurer la prospérité.

Et maintenant qu'il pouvait jusqu'à un certain point reconnaître le plaisir qui lui avait été fait, il demandait la permission de proposer un toast à la santé de l'un des patrons, homme grand et distingué dont le nom se maintiendra toujours par sa propre illustration, et que dans une réunion telle que celle ci, ou dans toute autre assemblée composée d'Écossais, on n'entendra jamais qu'avec des sentiments, il ne dirait pas seulement de plaisir ordinaire, mais de ravissement et d'enthousiasme. Il sent que ce qu'il propose le met dans une position assez nouvelle. Quiconque eût porté naguère la santé de l'honorable ami dont il s'agissait aurait pu, par suite même du mystère dont certaines matières étaient entourées, se livrer à des allusions aussi agréables pour lui-même que pour son auditoire, en qui ces allusions auraient fait vibrer des cordes sympathiques, et employer le langage — le langage sincère — de l'éloge, sans blesser la modestie du grand écrivain à qui il aurait été indirectement adressé. Mais il n'était plus possible, sans manquer au respect qu'on devait avoir pour ses auditeurs, d'employer à ce sujet ni des expressions ambiguës ni des allusions obscures et indirectes. Les nuages avaient été dissipés, — les *ténèbres visibles* avaient disparu, — et le Grand-Inconnu, — le ménestrel de notre terre natale, — le puissant magicien qui avait fait remonter le cours des temps et évoqué devant nous les hommes et les mœurs d'époques depuis long-temps passées, était révélé au cœur et aux yeux de ses compatriotes, pour lesquels il est un objet d'amour et d'admiration. Quant à lui, lors même que son esprit et sa bouche auraient pu formuler et exprimer tout ce que pourrait inspirer un tel sujet, — tout ce qu'il pourrait éprouver comme ami, comme homme, comme Écossais, — sachant que cet écrivain illustre ne se distinguait pas plus par ses talents éminents que par une délicatesse de sentiments qui lui rendraient pénibles de telles allusions, quelques ménagements qu'on y pût apporter, il ne s'abstiendrait pas moins, par ce motif, d'un sujet qui sans cela lui serait aussi agréable qu'à son auditoire. Toutefois, Sa Seigneurie espérait qu'il lui serait permis de dire (ses auditeurs ne lui pardonneraient pas de dire moins) que nous lui devons comme nation une grande et profonde reconnaissance. C'est lui qui a fait connaître aux étrangers les beautés de notre pays, d'un caractère si grand et si caractéristique ; c'est à lui que nous sommes redevables que nos braves ancêtres et les luttes de nos illustres patriotes — qui combattirent et versèrent leur sang pour obtenir et assurer cette indépendance et ces libertés dont nous jouissons maintenant — aient obtenu un renom qui a cessé d'être confiné dans les limites d'une contrée lointaine et comparativement obscure ; c'est lui qui a appelé sur leurs luttes pour la gloire et la liberté l'admiration des nations étrangères. Il a entouré d'une nouvelle illustration notre caractère national, et assuré à l'Écosse une gloire impérissable, ne serait-ce que celle de lui avoir donné naissance. (Applaudissements bruyants et enthousiastes.)

Sir Walter Scott ne pensait certainement pas, en venant à

cette assemblée qu'il dût y avoir la tâche de confesser devant trois cents personnes un secret que l'on trouvera avoir été remarquablement bien gardé, si l'on considère qu'il avait été communiqué à plus de vingt personnes. Il était maintenant traduit à la barre de son pays, où on pouvait le regarder comme appelé en jugement par lord Meadowbank; néanmoins il avait la certitude que tout jury impartial rendrait un verdict d'acquittement par défaut de preuves. Il ne croyait pas nécessaire de déduire les motifs de son long silence. Peut-être le caprice y avait-il une grande part. Toutefois, il devait dire maintenant que le mérite de ces ouvrages, si l'on voulait bien leur en reconnaître, devait, ainsi que leurs défauts, lui être entièrement imputés. (Applaudissements bruyants et prolongés.) Il craignait d'arrêter sa pensée sur ce qu'il avait fait. « Je n'ose plus y reporter les yeux. » Il avait donc jeté complétement le masque, et il savait que le public en serait informé. Aussi son intention était-elle d'établir sérieusement que se disant l'auteur des ouvrages dont il s'agissait, il entendait l'auteur seul et unique. A l'exception des citations, il ne s'y trouvait pas un seul mot qu'il n'eût tiré de lui-même ou qui ne lui eût été suggéré dans le cours de ses lectures. La baguette était maintenant rompue et le livre magique rentré sous terre. Vous me permettrez d'ajouter, avec Prospero, que c'est votre souffle qui a gonflé mes voiles, et de solliciter un seul toast en ma qualité d'auteur de ces romans. Je voudrais porter une santé en l'honneur de celui qui a représenté quelques uns de ces personnages dont j'avais cherché à ébaucher l'esquisse, avec un degré de vérité dont je lui suis reconnaissant. Je propose la santé de mon ami le bailli Nicol Jarvie [1] (bruyants applaudissements), — et je suis assuré que quand l'auteur de *Waverley* et de *Rob-Roy* boira à Nicol Jarvie, son toast sera reçu avec les applaudissements

---

[1] Personnage de *Rob-Roy*. On lit dans la Vie de Walter Scott, publiée après sa mort par son gendre Lockhart, que notre illustre auteur trouvait un plaisir inexprimable à aller au théâtre d'Édimbourg voir l'acteur Mackay représenter le personnage du bailli Jarvie, donnant ainsi en quelque sorte une seconde vie à ce type d'un comique si vrai qu'avait créé l'auteur encore inconnu de *Rob-Roy*, et qu'il s'y laissait aller aux éclats d'une gaieté d'enfant. (L. V.)

auxquels le bailli est accoutumé, et que l'on aura soin dans l'occasion actuelle que ces applaudissements soient PRODIGIOUS [1]! (Applaudissements vifs et prolongés.)

M. MACKAY prend la parole avec beaucoup d'*humour*, et en reproduisant l'accent et les manières du bailli Jarvie. — Conscience! mon digne père le diacre n'aurait jamais cru que son fils reçût un tel compliment du Grand Inconnu!

Sir WALTER SCOTT. Maintenant le Petit Connu, monsieur le bailli.

M. MACKAY. Il s'est depuis long-temps identifié avec le bailli et il est fier du surnom qu'il porte depuis huit ans. Il doute qu'aucun de ses confrères au conseil ait jamais donné une satisfaction aussi universelle. (Bruyants éclats de rire et applaudissements.) Avant de se rasseoir il demande la permission de proposer la santé du lord prévôt et de la ville d'Édimbourg.

Sir WALTER SCOTT présente les excuses du lord prévôt, que des affaires d'intérêt public ont appelé à Londres.

Air : — *A un mill' d' la vill' d'Édimbourg*.

Sir WALTER SCOTT. — Au duc de Wellington et à l'armée.

Chant : — *Combien gaîment nous vivons!*

— A lord Melville et à la flotte qui combattirent jusqu'à ce qu'il ne restât plus un seul ennemi à combattre, comme un chasseur expert qui abat tout le gibier d'un canton et va ensuite le poursuivre plus loin.

M. PAT. ROBERTSON. — On avait entendu ce soir-là un toast qui avait été reçu avec un plaisir profondément senti ; ce toast serait publié dans toutes les gazettes, et l'Europe entière le saluerait avec joie. Il était une autre santé qu'il portait avec grand plaisir. Assurément le théâtre avait eu dans tous les siècles une grande action sur la moralité du peuple et sur ses mœurs. Il était fort à désirer que le théâtre fût bien réglé, et nul *criterium* n'était plus propre à constater cette régularité, que le caractère moral des acteurs et leur considération personnelle. Il n'était pas de ces austères moralistes qui condamnent le théâtre. Le moraliste le plus rigide ne pouvait rien re-

---

[1] Le lecteur se souviendra peut-être que c'est le mot de prédilection du bon bailli. (L. V.)

douter du théâtre d'Édimbourg sous sa direction actuelle, et tant qu'il serait orné de l'illustre mistress Henry Siddons, dont le jeu sur la scène n'était pas plus remarquable par la grâce et la délicatesse qui le caractérisaient, que son caractère privé par toutes les vertus que l'on peut admirer dans la vie domestique. Il terminerait en citant quelques mots de Shakspeare, non dans un esprit de contradiction à l'égard de ceux qui n'aiment pas le théâtre, mais bien dans un esprit de conciliation : — Voulez-vous voir, mylord, les acteurs se bien conduire? faites qu'ils soient bien traités; car on voit en eux, en abrégé et en résumé, l'histoire du temps. — Il porte alors cette santé : **A mistress Henry Siddons et au succès du théâtre d'Édimbourg.**

M. Murray. — Messieurs, en me levant pour vous remercier de l'honneur que vous faites à mistress Henry Siddons, j'éprouve un certain embarras provenant de la situation extrêmement délicate où se trouve celui qui s'étend sur les droits d'une camarade aux honneurs qui lui sont publiquement rendus. (Écoutez! écoutez!) — Cependant, messieurs, votre bienveillance m'enhardit à dire que, donnerais-je même un libre cours à tous les sentiments d'un camarade, je n'exagérerais pas ces droits. (Bruyants applaudissements.) — Je vous remercie donc du fond du cœur, messieurs, de l'honneur que vous lui avez fait, et je demanderai maintenant qu'il me soit permis de vous soumettre une observation sur l'établissement du fonds théâtral d'Édimbourg. M. Mackay nous a fait, à mistress Henry Siddons et à moi, l'honneur de nous en attribuer l'établissement : c'est à tort, messieurs; l'origine en remonte à une source plus élevée, — à la publication du roman de *Rob-Roy*, — et au succès sans exemple de l'opéra tiré de cette production populaire. (Écoutez! écoutez!) Ce fut ce succès qui affranchit le théâtre d'Édimbourg de ses embarras, et qui permit à mistress Siddons de réaliser ce qu'elle désirait depuis si long-temps, l'établissement d'un fonds, ce dont elle avait été empêchée par l'état précaire de ses intérêts au théâtre. J'espère donc qu'à l'avenir, quand l'acteur âgé et infirme trouvera dans ce fonds secours et soulagement, pour employer le langage du brave

Highlander, « il tournera ses regards vers la bonne vieille Écosse, et n'oubliera pas Rob-Roy. » (Bruyants applaudissements.)

Sir Walter Scott constate ici que c'étaient les moyens et non la volonté qui avaient manqué à mistress Siddons pour commencer le fonds théâtral. Il rend justice au mérite éminent déployé par M. Murray comme directeur, et à son mérite non moins grand comme acteur, carrière où il a montré des talents de premier ordre, qu'ont dû apprécier tous ceux qui fréquentent le théâtre; et après avoir rappelé les embarras dont fut menacé le théâtre à une certaine époque, il conclut en portant la santé de M. Murray, qui est bue *with three times three* [1].

M. Murray. — Messieurs, je voudrais pouvoir croire mériter, à un degré quelconque, les compliments dont sir Walter Scott a bien voulu faire précéder la proposition de porter ma santé, ainsi que la manière très flatteuse dont vous m'avez fait l'honneur de la recevoir. L'approbation d'une telle assemblée est hautement satisfaisante pour moi, et pourrait m'inspirer des sentiments de vanité, si pour m'en préserver je n'avais pas la conviction que dans la situation que j'occupe depuis si long-temps à Édimbourg, et placé dans les circonstances particulières où je me suis trouvé, personne n'aurait pu faillir. Messieurs, je n'insulterai pas à votre bon goût par des éloges directs donnés à votre jugement et à vos sentiments de bienveillance; bien que ce soit à l'un que je doive les progrès que je puis avoir faits comme acteur, et aux autres, sans nul doute, mon succès comme directeur. (Applaudissements.) Lorsqu'à la mort de mon cher confrère, feu M. Siddons, il me fut proposé de me charger de la direction du théâtre d'Édimbourg, j'avoue que je reculai, doutant de ma capacité pour le libérer du fardeau de dettes et d'embarras dont l'entreprise était surchargée. Dans cette perplexité, j'eus recours aux avis d'un homme qui m'avait toujours honoré de sa bienveillante affection, et dont aucun de mes confrères ne peut prononcer

---

[1] Littéralement par trois fois trois.

le nom sans un profond sentiment de respect et de gratitude :
— je veux parler de feu M. John Kemble. (Grands applaudissements.) Je m'adressai à lui; et je n'abuserai plus de vos moments que pour vous répéter ses paroles : — (Écoutez! écoutez!) — Mon cher William, ne craignez rien, me dit-il; l'intégrité et un zèle actif surmonteront toutes les difficultés. Bien que je vous approuve de ne pas vous laisser aller à une vaine confiance en vos propres capacités, et d'envisager avec une respectueuse appréhension le jugement de l'auditoire devant lequel vous avez à paraître, soyez certain, néanmoins, que ce jugement sera toujours tempéré par la pensée que vous agissez pour la veuve et l'orphelin. (Vifs applaudissements.) Messieurs, ces mots ne se sont jamais effacés de mon souvenir, et j'ai la conviction que vous m'avez en effet pardonné bien des erreurs, dans la pensée que mes efforts avaient pour objet la veuve et l'orphelin. (Des applaudissements enthousiastes et prolongés suivent l'allocution de M. Murray.)

Sir Walter Scott porte la santé des commissaires.

M. Vandenhoff. — Monsieur le président, — messieurs, — l'honneur dont les commissaires ont été l'objet, par le compliment si flatteur que vous venez de leur adresser, appelle notre plus vive gratitude. En vous offrant nos remerciements pour l'approbation que vous avez bien voulu accorder à nos humbles efforts, je désirerais qu'il me fût permis de dire quelques mots de l'objet qui nous a occupés. Toutefois, entouré comme je le suis de tant d'hommes distingués par leur génie et leur éloquence, — honneur de cette cité où brillent tant de lumières, — je ne puis me dissimuler combien il y a de présomption à oser vous entretenir d'un sujet si intéressant. Habitué à m'exprimer dans le langage des autres, je me sens tout-à-fait en peine de trouver les termes dont je dois revêtir les sentiments qu'excite en moi la circonstance présente. (Applaudissements.) La nature de l'institution qui a recherché votre puissant patronage, et les objets que cette institution embrasse, vous ont été pleinement expliqués. Au surplus, messieurs, le secours qu'elle promet n'est pas un secours gratuit; — il doit être acheté par le concours individuel des membres de l'institution au bien général. Ce fonds ne donne nul encouragement à la paresse ou à l'imprévoyance ; mais il offre à la prudence encore pleine de vigueur et de jeunesse une opportunité de se prémunir contre les besoins du soir de la vie et des infirmités qui l'accompagnent. Une époque est fixée où nous admettons que l'âge doit dispenser des travaux de la profession. C'est une chose pénible à voir qu'un acteur vieilli au théâtre, contraint par la nécessité de lutter contre la décadence physique, simulant la pétulance de la gaieté en dépit de la faiblesse de l'âge, alors que l'énergie décline, que la mémoire faillit, « et que la voix mâle de l'homme, revenant aux accents de l'enfance, se change en sons frêles et sifflants. » Nous voudrions l'éloigner de la scène, où tout le charme est dans l'illusion ; nous ne voudrions pas voir la vieillesse offrir sa propre caricature. (Applaudissements.) Toutefois, comme nos moyens, au moment du besoin, peuvent se trouver ne pas suffire à la réalisation de nos désirs ; — craignant de susciter des espérances que nous serions hors d'état de satisfaire ; — ne voulant pas faire entendre des promesses qui pourraient se changer en espoir déçu, — nous avons osé rechercher l'appui des amis de l'art dramatique pour fortifier notre institution naissante. Notre appel a été entendu au-delà de tout ce que nous pouvions attendre. Le noble patronage qui nous est assuré par votre présence ici, et l'appui substantiel que votre bienveillance a si libéralement apporté à notre institution, doivent pénétrer chaque membre du comité des sentiments de la plus vive gratitude, — sentiments que le langage ne peut rendre ni le temps effacer. (Applaudissements.) Je n'abuserai pas plus long-temps de votre attention. Je voudrais que la tâche de reconnaître nos obligations fût tombée en des mains plus capables. (Écoutez ! écoutez !) Au nom des commissaires, je vous remercie respectueusement et du fond du cœur de l'honneur que vous nous avez fait, honneur qui nous paie et au-delà de nos faibles efforts. (Applaudissements.)

(Ce discours, quoique imparfaitement rapporté, a été l'un des plus remarquables qui aient été prononcés en cette occasion. Qu'il ait fait honneur au goût et aux sentiments de

M. Vandenhoff, c'est ce que l'ébauche précédente peut faire pressentir, mais ce dont elle ne peut donner qu'une idée bien imparfaite.)

M. J. Cay propose la santé du professeur Wilson et de l'université d'Édimbourg dont il est un des plus brillants ornements.

Lord Meadowbank, après un éloge convenable, propose la santé du comte de Fife, santé qui est portée par trois fois trois.

Le comte de Fife exprime sa haute satisfaction de l'honneur qui lui est fait. Il approuve complétement l'institution, et s'empressera d'en faciliter la réussite par tous les moyens qui seront en son pouvoir. Il termine en proposant la santé de la troupe du théâtre d'Edimbourg.

M. Jones, se levant pour offrir ses remerciements, lesquels sont accueillis par de grands applaudissements, ajoute qu'il est sincèrement reconnaissant de ce bienveillant encouragement, mais que la nouveauté de la situation où il se trouve en ce moment renouvelle en lui tout ce qu'il éprouva quand, pour la première fois, il se vit annoncé sur l'affiche comme un jeune homme débutant au théâtre. (Rires et applaudissements.) Bien qu'en présence de ceux dont l'indulgence l'avait si souvent, dans une autre sphère, abrité contre les peines infligées à l'inhabileté, il était, dit-il, hors d'état de s'acquitter de la tâche qui retombait si inopinément sur lui au nom de ses camarades et de lui-même. En conséquence, il suppliait l'assemblée d'imaginer tout ce qu'un cœur reconnaissant peut inspirer aux plus éloquents : ce serait l'expression de ses sentiments et de ceux de ses camarades. (Applaudissements.) Il demande la permission d'abuser encore un moment de l'attention des personnes présentes, à l'effet d'exprimer les remerciements adressés par les membres du Fonds Théâtral à la Société Musicale d'Edimbourg, laquelle, apprenant que la soirée désignée pour cette réunion tombait le même jour que son propre concert, a consenti à l'ajourner, et cela de la manière la plus empressée. Bien que ce fût pour lui un devoir de mentionner cette circonstance avant le toast qu'il avait à proposer, il était certain que les membres de l'assemblée n'auraient eu besoin que de se rappeler le plaisir que la Société Musicale leur avait souvent procuré dans cette même enceinte, pour se joindre cordialement à la santé qu'il proposait — A la prospérité de la Société Musicale d'Edimbourg. (Applaudissements.)

M. Pat. Robertson propose la santé de M. Jeffrey, dont l'absence est due à une indisposition. Le public n'ignore pas que c'est l'avocat le plus distingué du barreau ; et il ne se distingue pas moins par la bienveillance, la franchise et la cordialité de ses manières avec ses jeunes confrères, dont ses talents brillants commanderont toujours l'estime.

M. J. Maconochie porte la santé de mistress Siddons, — le plus bel ornement de la scène.

Sir Walter Scott dit que si quelque chose peut le réconcilier avec la vieillesse, c'est la pensée qu'il a vu à son lever aussi bien qu'à son coucher l'astre de mistress Siddons. Il se rappelle leurs déjeuners près du théâtre, — leur attente de tout le jour, — la foule qui à six heures s'écrasait aux portes, — l'impatience qui, une fois entrés, leur faisait compter les minutes jusqu'à sept heures. Mais à sa première apparition, — au premier mot qu'elle prononçait, il se sentait surpayé de toutes ses peines. La salle était électrisée; et c'est à l'effet produit par l'admirable talent de la grande artiste qu'il doit d'avoir pu se former une idée du point où pouvait être porté l'art scénique. Les jeunes gens qui n'ont vu que le soleil couchant de cette excellente actrice, quelque beau, quelque pur qu'il fût encore, doivent nous permettre, à nous autres vieillards qui l'avons vu à son lever et à son midi, de porter la tête un peu plus haut.

M. Dundas propose un toast à la mémoire de Home, l'auteur de Douglas.

M. Mackay annonce que la souscription de la soirée se monte à 280 livres [1]; et il témoigne de sa gratitude pour cette preuve de bienveillance positive. (Nous sommes heureux de pouvoir annoncer que depuis lors les souscriptions se sont beaucoup augmentées.)

[1] Sept mille francs.

M. MACKAY chante quelques couplets d'une expression touchante.

SIR WALTER SCOTT s'excuse d'avoir si long-temps oublié la terre natale. Il voudrait maintenant porter un toast à l'Ecosse, le pays des *cakes* [1]. Il voudrait en porter un à chaque rivière, à chaque lac, à chaque montagne, depuis la Tweed jusqu'à Johnnie Groat House ; — à chaque jeune fille dans son cottage, à chaque comtesse dans son château. Puissent ses enfants la défendre comme leurs pères l'ont défendue avant eux, et puisse celui qui ne répondrait pas à son toast ne jamais goûter de whisky [2] !

SIR WALTER SCOTT porte la santé de lord Meadowbank, qui fait ses remerciements.

M. H. G. BELL dit qu'il ne se serait pas hasardé à appeler sur lui l'attention de l'assemblée, s'il n'avait eu la confiance que la santé qu'il demandait à avoir l'honneur de proposer compenserait la manière très imparfaite dont il exprimerait ses sentiments. On a dit que, malgré la supériorité intellectuelle du siècle présent, et quoique la page actuelle de notre histoire fût couverte de noms destinés aussi au livre de l'immortalité, le génie de Shakspeare était éteint et la source de ses inspirations tarie. Il se peut que cette observation soit malheureusement exacte, mais il se peut aussi que nous soyons égarés par un nom au lieu d'être réellement déshérités ; — car si Shakspeare a mis sur la scène un Hamlet, un Othello et un Macbeth, un Ariel, une Juliette et une Rosalinde, n'y a-t-il pas des auteurs vivants qui ont gravé dans nos cœurs une suite de caractères non moins variés, non moins impérissables, et d'une touche non moins supérieure ? Le moule dans lequel le génie verse ses précieux trésors importe assurément peu, — qu'on le nomme tragédie, comédie, ou *Waverley Novels*. Mais il ne pouvait même accorder que parmi les auteurs dramatiques de l'époque actuelle il y eût, par rapport aux siècles

---

[1] *Scotland, the Land of Cakes*, expression du poëte populaire Burns. La *cake* est une sorte de galette ou de gâteau plat. (L. V.)

[2] Le *whisky* (eau-de-vie de grains) est la liqueur nationale et favorite des Écossais. (L. V.)

précédents, un déclin notable et marqué, et son toast seul le porterait à nier la vérité de l'assertion. Après avoir cité avec éloge les noms de Baillie, de Byron, de Coleridge, de Maturin et autres, il demande à avoir l'honneur de proposer la santé de James Sheridan Knowles.

Sir Walter Scott. — Je demande qu'on remplisse les verres jusqu'aux bords. Le dernier toast me rappelle un devoir négligé. Peu habitué à des fonctions publiques de cette nature, les erreurs dans la conduite du cérémonial doivent être excusées, et les omissions pardonnées. Peut-être ai-je fait dans le cours de la soirée une ou deux omissions pour lesquelles j'espère que vous m'accorderez pardon et indulgence. J'ai notamment fait un oubli que je voudrais maintenant réparer par une libation de vénération et de respect à la mémoire de Shakspeare. C'était un homme universel par son génie; et à dater d'une époque voisine du temps où il vivait jusqu'au temps actuel, il a été aussi l'objet d'un culte universel. En abordant ce nom vénéré, je ressemble au malade qui suspendit ses béquilles à la châsse, et fut ensuite obligé de reconnaître qu'il ne marchait pas mieux qu'auparavant. Il est en effet difficile, messieurs, de le comparer à qui que ce soit. Le seul individu avec lequel je puisse lui trouver un point de comparaison est ce merveilleux derviche arabe, qui s'insinuait dans le corps de chacun, et surprenait de cette manière les pensées et les secrets du cœur. Shakspeare était un homme d'origine obscure, et, comme acteur, d'un talent médiocre; mais la nature l'avait évidemment doué d'un génie universel. Son œil embrassait les aspects variés de la vie, et son imagination traçait avec un égal talent le portrait du roi sur le trône, ou celui du paysan qui casse ses noix au coin d'un feu de Noël. Quelque note qu'il frappe, elle rend un son juste et vrai, et il fait vibrer dans nos cœurs une corde à l'unisson. Messieurs, je propose un toast à la mémoire de William Shakspeare.

Air : « *Marchez légèrement, c'est un terrain sacré.* »

Après l'air, sir Walter Scott se lève et demande à porter la santé d'une dame encore vivante, dont le mérite n'honore pas médiocrement l'Écosse. Le toast, ajoute-t-il, est également flatteur pour la vanité nationale d'un Écossais, attendu que la dame dont j'ai intention de proposer la santé est native du pays. Ses ouvrages ont reçu du public l'accueil le plus favorable. Une pièce d'elle, en particulier, a été souvent jouée ici il y a quelques années, et a donné un plaisir peu ordinaire à plus d'une brillante et fashionable assemblée. Dans sa vie privée, qu'il me soit permis de le dire, elle n'est pas moins remarquable qu'aux yeux du public elle ne l'est par son talent. En un mot, le nom que je vais proposer est celui de Joanna Baillie.

Après avoir fait honneur à ce toast, l'assemblée invite M. Thorne à se faire entendre, et il chante avec autant de goût que de sentiment « *L'ancre est levée.* »

M. Menzies, esq., avocat, se lève pour proposer la santé d'un homme qui depuis nombre d'années s'est trouvé par intervalles en rapport avec l'art dramatique en Écosse. Que l'on considère le nombre de ses rôles ou le talent qu'il apporte à ceux dont il se charge, il faut également l'admirer. Dans tous, il est sans rival. Celui dont il veut parler est, dit-il, bien connu des personnes présentes qui l'ont toutes vu remplir les rôles de Malvolio, de lord Ogleby et de l'Homme Vert; et outre ses autres qualités, la perfection avec laquelle il représente ces personnages lui mérite la gratitude de l'assemblée. M. Menzies voulait porter d'abord sa santé comme acteur, mais il n'était pas moins estimable dans sa vie domestique et comme homme privé; et lorsqu'il aurait ajouté que le président l'honore de son amitié, il était certain que toutes les personnes présentes se joindraient à lui du fond du cœur pour porter la santé de M. Terry.

M. William Allan, banquier, dit qu'il ne se levait pas dans l'intention de faire un discours. Il désirait simplement contribuer en peu de mots à la gaieté de la soirée, — soirée qui certainement ne s'était pas écoulée sans quelques bévues. On avait compris, — du moins c'est ce qu'il avait conclu ou supposé des expressions de M. Pritchard — qu'il suffirait de mettre dans la boîte un papier portant le nom du souscripteur, de qui on irait le lendemain matin réclamer l'argent. Pour sa part, il avait fait une bévue, qui pourrait servir à mettre sur leurs gardes ceux qui assisteraient au dîner de l'année suivante. Il avait simplement écrit son nom sur un carré de papier, sans indiquer la somme. Il demandait, quelques personnes pouvant se trouver dans le même cas, que la boîte fît de nouveau le tour, ne doutant pas que ces personnes ne voulussent ainsi réparer leur erreur.

Sir Walter Scott dit que l'assemblée se trouvait à peu près dans la situation de mistress Anne Page, qui avait 300 livres et des espérances. Nous avons déjà recueilli 280 livres, dit-il; mais j'aimerais, je l'avoue, à avoir les 300 livres. Ce serait pour moi chose agréable de proposer la santé d'une honorable personne, le lord *Chief-Baron*, que l'Angleterre nous a envoyé, et de joindre à cette santé celle de son compagnon d'attelage au banc de la cour, comme dit Shakspeare [1], M. le baron Clerk, — cour de l'échiquier.

M. le baron Clerk regrette l'absence de son savant confrère. Personne, assurément, n'était plus généreux de sa nature, ni plus disposé à prêter son aide à une entreprise tout écossaise.

Sir Walter Scott. — Il est un homme qui ne doit pas être oublié dans l'occasion présente, et qui a, en effet, d'excellents titres à notre souvenir reconnaissant; — un homme, en un mot, à qui l'art dramatique doit beaucoup à Edimbourg. Il réussit, non sans peine, et peut-être au prix de sacrifices considérables, à y établir un théâtre. Ce théâtre, les personnes les plus jeunes de la compagnie ne peuvent se le rappeler; mais il en est quelques unes qui peuvent se souvenir comme moi d'une place appelée Carruber's Close. C'est là qu'Allan Ramsay établit son petit théâtre. Sa *pastorale* n'était pas propre à figurer sur la scène; mais elle a ses admirateurs parmi ceux qui aiment le vieux langage dans lequel elle est écrite, et elle n'est pas sans mérite d'un genre tout particulier. Au surplus, toute considération de mérite littéraire à part, Allan était un bon et jovial compagnon, qui pouvait vider une bouteille avec le meilleur buveur. — A la mémoire d'Allan Ramsay!

---

[1] *Yokefellow on the Bench.*

M. Murray, sur la demande qu'on lui en fait, chante « *On était joyeux dans la salle.* » Il est remercié par plusieurs salves d'applaudissements.

M. Jones. — Je pense qu'une omission a été faite. La cause du Fonds Théâtral a trouvé d'habiles avocats, mais je la crois encore susceptible d'être entourée d'un nouveau charme :

> Sans la femme et son doux sourire,
> Que serait l'homme? — un monde sans soleil.

Et il n'y aurait pas en poésie d'endroit plus obscur que ne le serait le coin de Shakspeare-Square, si, comme son vis-à-vis le bureau du greffe, le théâtre était privé de la présence des dames. Et de fait, ce sont pour nous les astres doués de la plus grande puissance attractive. — Aux dames patronesses du théâtre, — aux dames de la ville d'Edimbourg. Je demande à porter ce toast avec tous les honneurs que la table peut conférer.

M. Patrick Robertson serait le dernier qui voudrait mettre sur le tapis un sujet susceptible de troubler la bonne harmonie de la soirée; néanmoins, il sent qu'il marche sur un terrain glissant quand il approche de la région du Nor'Loch [1]. Toutefois, il assure la compagnie qu'il ne veut pas aborder la question du bill d'amélioration. Tout le monde sait que si le public est unanime, — si on obtient le consentement de toutes les parties, — si les droits et les intérêts de chacun sont en cela ménagés, sauvés, réservés, respectés et exceptés, — si chacun y agrée, — et finalement — point fort essentiel — si personne ne s'y oppose, — alors et en ce cas, et pourvu aussi que l'intimation nécessaire soit faite, — le bill en question passerait, — du moins, il pourrait ou devrait passer, — tous les frais étant acquittés. (Rires.) — Il n'était l'avocat d'aucun champion, et il ne voulait non plus ni profiter de l'absence du très honorable lord prévôt, ni prendre avantage de la non-apparition de son ami M. Cockburn. (Rires.) — Mais au i-

---

[1] Le *Nor'Loch*, ou Lac du Nord, était une pièce d'eau maintenant desséchée au nord du Vieil Édimbourg. L'expression de M. Patrick Robertson paraît être un adage local. (L. V.)

lieu de ces dissensions intestines, on avait vu percer un rayon d'espoir qu'un jour à venir, plus tôt ou plus tard, dans Bereford Park ou en quelque autre endroit, si toutes les parties étaient consultées et satisfaites, et que l'intimation fût duement faite dans toutes les paroisses d'Écosse aux portes de l'église, aux termes du statut réglant la matière,—il y avait, disait-il, un certain espoir que les habitants d'Edimbourg pourraient obtenir un nouveau théâtre. —(Rires et applaudissements.) — Mais en quelque lieu qu'il plût aux puissances belligérantes de fonder ce nouveau théâtre, il était certain que tous les assistants avaient l'espoir d'y retrouver l'ancienne troupe. Il proposait donc ce toast : A l'établissement de l'ancienne troupe sur le nouveau théâtre, emplacement inconnu.

L'allocution de M. Robertson a été débitée du ton le plus enjoué, et il se rassied au milieu d'applaudissements et de rires bruyants.

Sir Walter Scott. — En quelque endroit que soit construit le nouveau théâtre, j'espère qu'il ne sera pas grand. Il est deux erreurs dans lesquelles nous tombons communément, — l'une provenant de notre orgueil, l'autre de notre pauvreté. S'il y a douze plans, il y a toujours à parier que ce sera le plus vaste qu'on adoptera, sans aucun égard pour le confort, et sans songer un moment à la dépense probable. On pouvait citer le collége, dont les plans et les travaux ont été conçus et entrepris sur cette échelle : qui en verra la fin? J'y ai vu travailler toute ma vie, et il est probable qu'on y travaillera encore durant la vie de mes enfants et des enfants de mes enfants. Qu'on n'entonne pas, quand nous commencerons un nouveau théâtre, l'hymne prophétique qui fut chanté à l'occasion de la pose de la première pierre de certain édifice :

> « Voyez commencer une œuvre
> Qui ne finira jamais. »

Les gens qui vont au théâtre devraient y trouver quelque peu leurs aises. Il faudrait, en premier lieu, que le nouveau théâtre fût tel qu'on pût l'achever en dix-huit mois ou deux ans ;

et en second lieu, il devrait être disposé de manière à ce que nous pussions écouter à notre aise nos anciens amis. Mieux vaut une salle de dimensions modérées que la foule encombrera de temps à autre, qu'un vaste théâtre avec des banquettes toujours vides, ce qui décourage les acteurs et met les spectateurs mal à l'aise. (Applaudissements.) — Sir Walter Scott parle alors en termes flatteurs du talent distingué de Mackenzie et de ses qualités privées, et conclut en proposant la santé d'Henry Mackenzie, écuyer.

Immédiatement après, il reprend : — Messieurs, — il se fait tard, et je demanderai la permission de me retirer. Je puis dire comme Patridge : *Non sum qualis eram.* A mon âge, il m'est permis de dire ce que lord Ogilvie disait de son rhumatisme : j'éprouve une atteinte. J'espère donc que vous m'excuserez, si je quitte le fauteuil. (Le digne baronnet se retire alors au milieu de vifs et bruyants applaudissements longtemps prolongés.)

M. Patrick Robertson est appelé au fauteuil d'une voix unanime.

— Messieurs, dit M. Robertson, je prends la liberté de vous inviter à remplir vos verres jusqu'au bord. Il n'y a pas un de nous qui ne se souvienne toute sa vie d'avoir assisté au dîner d'aujourd'hui, et à la déclaration que nous a faite ce soir celui qui vient de quitter le fauteuil. Cette déclaration a déchiré le voile qui cachait les traits du Grand-Inconnu, — nom qui doit être remplacé maintenant par celui du Grand Scott, lequel deviendra familier comme un nom de la famille. Nous avons entendu la confession de ses propres lèvres, — de ses lèvres immortelles (applaudissements), et nous ne pouvons ni trop célébrer les louanges ni trop exalter les mérites du plus grand homme que l'Écosse ait produit.

Après que plusieurs autres toasts eurent été portés, M. Robertson quitta la salle à onze heures et demie passées. Un petit nombre des plus courageux convives se rallièrent néanmoins autour du capitaine Broadhead [1] du 7e hussards, qui fut ap-

---

[1] Large-Tête.

pelé au fauteuil, et la fête se prolongea jusqu'au samedi matin.

La troupe du théâtre occupait la galerie et celle du 7ᵉ hussards l'extrémité de la salle, vis-à-vis du président, qui remplit ses fonctions à l'admiration générale. C'est une justice à rendre à M. Gibb, que de rappeler que le dîner fut parfait (quoique servi lentement) et les vins bons. L'attention des commissaires fut exemplaire. M. Murray et M. Vandenhoff, placés l'un à droite et l'autre à gauche de sir Walter Scott, l'entourèrent de prévenances auxquelles présidait le bon goût, et nous savons qu'il a exprimé une extrême satisfaction de leur politesse empressée et de leurs attentions.

CHRONIQUES
DE
LA CANONGATE.

CHAPITRE PREMIER.

COMPTE QUE REND DE LUI-MÊME M. CHRYSTAL CROFTANGRY.

Sic itur ad astra

C'est ici le chemin du ciel. — Telle est l'antique devise attachée aux armoiries de la Canongate, et qui est inscrite, avec plus ou moins de convenance, depuis l'église jusqu'au pilori, sur tous les édifices publics de l'ancien quartier d'Édimbourg, qui est, ou plutôt qui était autrefois à la Bonne Ville ce que Westminster est à Londres, possédant le palais du souverain, après avoir été jadis honoré par la résidence de la principale noblesse et de la *gentry*. Je puis donc assez convenablement mettre la même devise au titre de l'œuvre littéraire par laquelle j'espère rendre illustre le nom jusqu'à présent inconnu de Chrystal Croftangry.

Le public peut désirer savoir quelque chose d'un auteur qui porte si haut ses espérances ambitieuses. Le lecteur courtois — car je tiens beaucoup du capitaine Bobadil, et pour tout autre je n'en ferais pas autant — le lecteur *courtois* voudra donc bien se tenir pour entendu que je suis un gentleman écossais de la vieille école, dont la fortune, le caractère et la personne n'ont pas gagné au frottement des années. Il y a quarante ans que je connais le monde, — car ce n'est depuis guère moins long-temps que je puis me dire homme, — et je ne pense pas qu'il se soit fort amendé. Mais c'est une opinion que je garde pour moi quand je me trouve avec des jeunes gens, car je me souviens que dans ma jeunesse je me moquais des sexagénaires qui reportaient leurs idées d'un état de société parfait au temps des habits galonnés et des triples manchettes, et quelques uns même jusqu'au sang et aux coups de quarante-cinq [1]. Aussi suis-je circonspect dans l'exercice du droit de censure que l'on suppose acquis aux hommes arrivés à cette mystérieuse époque de la vie où les nombres sept et neuf multipliés l'un par l'autre forment ce que les sages ont nommé la grande climatérique, ou qui du moins en approchent.

Tout ce qu'il est nécessaire de dire ici de la première partie de ma vie, c'est que les pans de ma robe balayèrent le plancher de *Parliament-House* [2] pendant le nombre d'années que de mon temps les jeunes lairds consacraient d'ordinaire à suivre les cours de justice; — ne gagnant pas d'honoraires, — riant et faisant rire les autres, — buvant du clairet chez Bayle, à la Fortune et chez Walker, — et mangeant des huîtres au Covenant Close.

Devenu mon maître, je jetai là la robe, et je commençai la vie d'homme dissipé pour mon propre compte. A Édimbourg, je courus toutes les sociétés les plus dispendieuses que la ville offrît. Quand j'allai à ma maison du comté de Lanark j'y fis autant de dépenses que les gens d'une grande fortune; j'eus mes chevaux de chasse, une meute de premier ordre, des coqs de combat et mes parasites. Je puis me pardonner ces folies plus aisément que d'autres d'une nature encore plus blâmable, et si peu voilées que ma pauvre mère se crut obligée de quitter ma demeure, pour se retirer dans une petite maison assez peu commode qui lui appartenait à titre de douaire, et qu'elle occupa jusqu'à sa mort. Je pense cependant ne pas avoir été le seul à blâmer dans cette séparation, et je crois que plus tard ma mère se reprocha d'avoir été trop prompte. Grâce à Dieu, l'adversité qui me priva des moyens de continuer mes dissipations me rendit l'affection du seul auteur de mes jours qui me restât.

Ce genre de vie ne pouvait durer. Je courais trop vite pour courir long-temps; et quand je voulus m'arrêter dans ma course, j'étais peut-être arrivé trop près du précipice. Ma propre folie me prépara quelques mésaventures; d'autres m'arrivèrent à l'improviste. Je mis mon domaine en nourrice entre les mains d'un homme d'affaires gros et gras, qui étouffa l'enfant qu'il aurait dû me ramener fort et bien portant; de sorte que m'étant pris de dispute avec cet honnête homme, je m'aperçus, en général habile, que la meilleure position que je pusse prendre était près de l'abbaye d'Holyrood [3]. Ce fut alors que je fis ma première connaissance avec le quartier que mon petit ouvrage immortalisera, je l'espère, et que je me familiarisai avec ces magnifiques terrains où les rois d'Écosse chassaient jadis la bête fauve, mais dont la principale recommandation à mes yeux était alors d'être inaccessibles aux êtres métaphysiques que la loi du pays voisin nomme John Doe et Richard Roe [4].

---

[1] 1745, année marquée en Écosse par la guerre civile qu'y suscita le Prétendant. (L. V.)

[2] Palais de justice d'Édimbourg. (L. V.)

[3] *Voyez* la note A, fin du volume.

[4] Jean-le-Daim et Richard-le-Cerf. C'est à peu près ainsi qu'on peut rendre ces deux

En un mot, l'enceinte du palais est maintenant connue surtout comme place de refuge contre toute poursuite pour dettes civiles.

Entre mon ci-devant agent et moi la lutte fut acharnée; et tant qu'elle dura, mes mouvements, tels que ceux d'un démon conjuré, furent circonscrits dans un cercle « commençant à la porte du nord de King's Park, et de là court au nord, où il a pour limites sur la gauche le mur d'enceinte du jardin du roi et le ruisseau, sur une ligne qui traverse High-Street au Water-Gate, coupe l'égout et se trouve borné par les murs du Jeu-de-Paume, du jardin de l'école de Médecine, etc. Puis il suit le mur du cimetière, joint le mur nord-ouest des cours de Sainte-Anne, et se dirigeant vers le moulin du Taquet, tourne de là au sud pour revenir au tourniquet du mur du parc royal, renfermant ainsi dans le Sanctuaire le King's Park tout entier. »

Ces limites, que je transcris en les abrégeant de l'exact Maitland [1], marquaient autrefois le *Girth* ou Asile appartenant à l'abbaye d'Holyrood, enceinte qui a conservé, comme dépendance du palais du roi, le droit d'asile pour dettes civiles. On croirait l'espace suffisamment vaste pour qu'un homme y puisse étendre ses membres, puisque, outre une proportion raisonnable de terrain plat (plat pour l'Écosse, bien entendu), il comprend la montagne d'Arthur's Seat, ainsi que les rochers et les pâturages appelés Salisbury Crags [2]. Et cependant je ne saurais dire avec quelle impatience, après qu'un certain temps se fut écoulé, j'attendais la venue du dimanche, qui me permettait de prolonger ma promenade à volonté. Durant les six autres jours de la semaine j'éprouvais un serrement de cœur qu'il m'aurait à peine été possible d'endurer si le retour périodique de mon jour de liberté hebdomadaire eût dû se faire attendre plus long-temps. Je ressentais l'impatience d'un chien de basse-cour, qui tire en vain sa chaîne pour agrandir l'espace dont elle lui trace la limite.

Chaque jour je me promenais le long du ruisseau qui sépare le Sanctuaire de la partie non privilégiée de la Canongate; et quoique l'on fût en juillet, et que le théâtre de ces excursions fût le vieil Édimbourg, je le préférais à l'air pur et au gazon verdoyant dont j'aurais pu jouir dans le parc royal, aussi bien qu'à la fraîcheur et à l'ombre qu'aurait pu m'offrir le portique majestueux qui entoure le palais. Pour un indifférent, les deux côtés eussent été tout-à-fait semblables; — à droite ou à gauche, les maisons lui eussent paru également misérables, les enfants également sales et en guenilles, les charretiers également brutaux, et

---

noms symboliques par lesquels on désigne vulgairement en Angleterre les huissiers et les créanciers. (L. V.)

[1] Auteur d'une Histoire d'Édimbourg. (L. V.)

[2] Le plan du Vieil Édimbourg joint à notre traduction du *Cœur de Mid-Lothian* mettra le lecteur à même de se former une idée plus nette de ces diverses localités. Il verra là aussi quelle est la partie de la Grande-Rue (Higt-street) qui porte le nom spécial de *Canongate*, ou Porte des Chanoines. (L. V.)

l'ensemble de la scène lui eût présenté des deux côtés le même tableau de la vie du bas peuple dans un quartier pauvre et mal peuplé d'une grande vie. Mais pour moi le ruisseau était ce que le Cédron fut jadis pour Séméi : une sentence de mort avait été prononcée contre lui s'il venait à le traverser, sans doute parce que la sagesse de celui qui avait rendu cette sentence savait qu'à compter du moment où le passage du ruisseau serait interdit, le désir de contrevenir à cet ordre deviendrait irrésistible pour l'homme dévoué au trépas, et qu'il ne pourrait manquer d'attirer ainsi sur sa tête le châtiment que déjà il avait justement encouru en maudissant l'oint du Seigneur. Pour ma part, l'Élysée me semblait ouvert de l'autre côté du ruisseau, et je portais envie aux petits garnements qui s'amusaient à en barrer le cours par des digues de boue, et qui pouvaient enjamber de tel côté de ce sale cloaque que bon leur semblait. J'étais moi-même parfois assez enfant pour faire une excursion au-delà du ruisseau, ne fût-ce que de quelques pas, et j'éprouvais alors l'émotion de triomphe d'un écolier qui a fait une incursion dans un verger, et qui se hâte d'en sortir avec une sensation mêlée de joie et de terreur, partagé qu'il est entre le plaisir d'avoir exécuté son dessein et la crainte d'être pris ou découvert.

Je me suis quelquefois demandé ce que j'aurais fait en cas d'emprisonnement réel, puisque je ne pouvais supporter sans impatience une contrainte qui comparativement n'était qu'une bagatelle ; mais réellement je n'ai jamais pu répondre à la question d'une manière qui me parût satisfaisante. J'ai toute ma vie détesté ces expédients perfides qu'on nomme des *mezzi-termini* ; et il est possible qu'avec cette disposition d'esprit j'eusse enduré plus patiemment une complète privation de liberté que les restrictions moins rigoureuses auxquelles m'astreignait ma résidence dans le Sanctuaire. Si pourtant ce que j'éprouvais alors avait dû augmenter d'intensité proportionnellement à la différence qu'il y aurait eue entre un cachot et la situation où je me trouvais, assurément je me serais pendu ou je serais mort de chagrin : il n'y aurait pas eu d'autre alternative possible.

Entre beaucoup de compagnons qui m'oublièrent et me négligèrent, cela va sans dire, quand mes embarras parurent inextricables, j'avais un véritable ami ; et cet ami était un avocat, qui connaissait bien les lois de son pays, et qui, les ramenant à l'esprit d'équité et de justice qui avait été leur point de départ, avait souvent prévenu, par ses courageux et bienveillants efforts, le triomphe de l'égoïsme astucieux sur la simplicité et la folie. Il se chargea de ma cause, avec l'assistance d'un *solicitor* [1] dont le caractère était semblable au sien. Mon ci-devant agent s'était retranché jusqu'au menton dans le dédale presque inabordable de fossés, de fortins et de chemins couverts dont la loi lui avait permis de s'entourer ; mais mes deux protecteurs l'expulsèrent de ses

---

[1] Procureur de première classe. (L. V.)

défenses, et je me vis enfin rendu à la liberté, et pouvant aller partout où m'arrêter à ma guise.

Je quittai mon logement aussi précipitamment que si c'eût été une maison de pestiférés ; je ne m'arrêtai même pas à recevoir le peu d'argent qui me revenait sur le compte que je venais de régler avec mon hôtesse, et je vis la pauvre femme, debout devant sa porte, regarder en secouant la tête ma fuite précipitée, en même temps qu'elle enveloppait dans un papier l'argent qu'elle venait de compter pour me rendre, et qu'elle le mettait à part de celui qui lui revenait et qu'elle renfermait dans sa bourse de peau de taupe. C'était une honnête Highlandaise que Janet Mac-Evoy, et qui aurait mérité une plus grande rémunération si j'avais eu les moyens de l'en gratifier. Mais j'éprouvais un plaisir trop vif pour m'arrêter à une explication avec Janet. Je traversai en courant les groupes d'enfants dont les jeux avaient eu si souvent en moi un indolent spectateur. Je franchis le ruisseau comme si c'eût été le fatal Styx, et moi une ombre échappant à l'autorité de Pluton et au lac des Limbes. Mon ami eut peine à m'empêcher de courir comme un fou le long des rues ; et malgré ses bontés et son hospitalité, qui me retinrent un ou deux jours, je ne fus tout-à-fait heureux que quand je me vis à bord d'un *smack*¹ de Leith, et que poussé par un bon vent en aval du Frith je pus claquer des doigts en signe d'adieu et de triomphe aux contours presque effacés d'Arthur's Seat, au voisinage duquel j'avais été si long-temps confiné.

Mon intention n'est pas de suivre en détail les événements ultérieurs de ma vie. Je m'étais tiré des ronces et des broussailles de la loi, ou plutôt j'en avais été dégagé par mes amis ; mais, comme la brebis de la fable, j'y laissai après moi une bonne partie de ma toison. Il restait quelque chose, cependant ; j'étais dans l'âge du travail, et, comme ma bonne mère avait coutume de dire, qui vit peut vivre. La sévère nécessité donna à mon âge mûr la prudence que n'avait pas connue ma jeunesse. Je fis face aux dangers, j'endurai la fatigue, je parcourus des climats étrangers, et je prouvai que j'appartenais à la nation dont la patience au travail et le mépris de la vie sont passés en proverbe. Comme la liberté pour le berger de Virgile, l'indépendance vint tard ; pourtant elle vint à la fin, non avec une grande affluence de biens à sa suite, mais en apportant assez pour me permettre de faire une figure décente pendant le reste de mes jours, engager les cousins à être civils, et faire dire aux commères : Je voudrais bien savoir qui le vieux Croft fera son héritier ? Il doit avoir ramassé quelque chose, et je ne serais pas surprise si c'était plus qu'on ne pense.

Mon premier mouvement quand je revis mon pays fut de courir au logis de mon bienfaiteur, le seul qui dans ma détresse se fût intéressé

---

¹ Sorte de petit bâtiment. On sait que Leith est le port d'Edimbourg. (L. V.)

à moi. C'était un priseur, et c'était avec orgueil que j'avais mis en réserve les vingt premières guinées que j'avais pu amasser, pour les convertir en une tabatière aussi élégante que pourraient la fournir les ateliers de Rundell et Bridge. Pour plus de sûreté je l'avais placée dans la poche intérieure de mon gilet, pendant qu'impatient de la remettre entre les mains de celui à qui elle était destinée je courais à sa maison de Brown's Square. Quand j'en aperçus la façade, un sentiment d'alarme me retint tout-à-coup. Il y avait long-temps que j'étais parti d'Écosse, et mon ami était de quelques années plus âgé que moi; il pouvait avoir été appelé à la congrégation des justes. Je m'arrêtai à regarder la maison, comme si j'avais espéré pouvoir, d'après son apparence extérieure, former quelques conjectures sur la situation de ceux qui l'occupaient. Je ne sais pourquoi, les fenêtres d'en bas se trouvant toutes fermées et personne ne paraissant, mes prévisions sinistres s'en augmentèrent. Je regrettai alors de ne pas avoir pris quelques informations avant de quitter l'auberge où je m'étais arrêté en descendant de diligence. Mais il était trop tard; aussi m'avançai-je promptement vers la porte, impatient de connaître les nouvelles bonnes ou mauvaises que j'avais à apprendre.

La plaque de cuivre portant le nom et la profession de mon ami était toujours sur la porte, et le vieux domestique qui vint m'ouvrir me parut beaucoup plus vieilli qu'il n'aurait dû l'être, à ce qu'il me semblait, eu égard au temps qu'avait duré mon absence. — M. Sommerville est-il chez lui? demandai-je, tout en faisant un mouvement pour entrer.

— Oui, monsieur, répondit John en me barrant le passage; il est chez lui, mais....

— Mais il n'est pas visible, interrompis-je. Je me souviens de votre phrase d'autrefois, John. Allons, je vais entrer jusque dans sa chambre, et je laisserai un mot pour lui.

Il était évident que ma familiarité embarrassait John. Il voyait bien que j'étais quelqu'un dont il aurait dû se souvenir, et en même temps il était évident qu'il ne se souvenait nullement de moi.

— Oui, monsieur, reprit-il, mon maître est chez lui, il est dans sa chambre; mais...

Sans le laisser achever, je passai devant lui et me dirigeai vers l'appartement qui m'était bien connu. Une jeune dame sortit de la chambre, l'air un peu troublé, à ce qu'il me parut. — John, dit-elle, qu'y a-t-il donc?

— Quelqu'un, miss Nelly, qui insiste pour voir mon maître.

— Un très ancien ami, qui a de grandes obligations à M. Sommerville, repris-je. J'arrive de l'étranger, et je n'ai rien eu de plus pressé que d'accourir chez mon respectable bienfaiteur.

— Hélas, monsieur, répliqua-t-elle, mon oncle serait heureux de vous voir; mais...

En ce moment, on entendit dans l'intérieur de l'appartement comme le bruit d'une assiette ou d'un verre qui serait tombé sur le parquet, et aussitôt après la voix de mon ami appela sa nièce d'un ton d'impatience et de colère. Elle se hâta d'entrer dans la chambre, et je l'y suivis. Mais ce fut pour voir un spectacle auprès duquel la vue de mon ami étendu dans sa bière aurait été une scène de bonheur.

Le fauteuil garni de coussins, les jambes étendues et enveloppées de flanelle, l'ample robe de chambre et le bonnet de nuit, tout annonçait la maladie; mais l'œil terne, cet œil autrefois si plein de feu, le tremblement de ces lèvres relâchées, dont autrefois la dilatation et la compression donnaient un caractère si prononcé à sa physionomie; — le bégaiement de cette langue d'où s'échappaient jadis de tels flots d'une mâle éloquence, qui souvent avait dominé l'opinion des sages auxquels il s'adressait : — tous ces tristes symptômes prouvaient que mon ami était dans la déplorable condition de ceux en qui le principe de la vie animale a malheureusement survécu à celui de l'intelligence. Il me regarda un instant fixement, puis il parut ne plus s'apercevoir de ma présence, et se mit — lui jadis le plus poli et le mieux élevé des hommes — à proférer d'inintelligibles mais violents reproches contre sa nièce et son domestique, parce que lui-même avait laissé tomber une tasse à thé en voulant la poser sur une table placée près de lui. Ses yeux reçurent de son irritation un feu passager; mais il s'efforçait en vain de trouver des mots pour s'exprimer, tandis que portant alternativement les yeux de son domestique à sa nièce et de tous deux à la table, il cherchait à faire comprendre qu'ils l'avaient placée trop loin de lui (quoiqu'elle touchât à son fauteuil).

La jeune personne, dont la physionomie avait naturellement cet air de douce résignation que les peintres donnent à leurs madones, écoutait avec la plus humble soumission les reproches impatients du malade; elle fit taire le domestique, dont l'esprit moins délicat aurait voulu entreprendre sa justification, et peu à peu, par l'accent doux et insinuant de sa voix, elle calma l'irritation sans cause de son oncle.

Elle jeta alors vers moi un regard qui disait : Vous voyez tout ce qui reste de celui que vous appelez votre ami. Ce regard semblait aussi dire : En demeurant plus long-temps ici, vous ne pouvez qu'ajouter à notre affliction à tous.

—Pardonnez-moi, madame, lui dis-je aussi bien que mes larmes me le permirent; j'ai de grandes obligations à votre oncle. Mon nom est Croftangry.

—Seigneur Dieu! et que je ne vous aie pas reconnu, monsieur Croftangry! dit le domestique. Oui, je me souviens que votre affaire donnait bien du tintouin à mon maître. Je lui ai entendu demander de nouvelles chandelles comme minuit sonnait, et en redemander encore après. Vraiment, il a toujours bien parlé de vous, monsieur Croftangry, malgré tout ce qu'on a dit de vous.

— Retenez votre langue, John, dit la jeune dame d'un ton un peu sec; et se tournant vers moi, elle ajouta : Je suis bien sûre, monsieur, que vous devez être peiné de voir mon oncle dans cet état. Je sais que vous êtes son ami. Je l'ai entendu mentionner votre nom, et s'étonner de n'avoir jamais eu de vos nouvelles. — C'était un nouveau coup de poignard, et il m'allait au cœur. — Néanmoins elle reprit : Je ne sais réellement pas s'il est bien que personne... Si mon oncle vous reconnaissait, ce que je ne crois guère possible, il serait fort affecté, et le docteur dit que toute agitation.... Mais voici le docteur *** qui va nous donner lui-même son opinion.

Le docteur entra; c'était un homme de moyen âge quand j'étais parti, et je retrouvais maintenant en lui un vieillard. Mais ce n'en était pas moins toujours le même bon Samaritain, faisant le bien partout où il allait, et regardant les bénédictions du pauvre comme une aussi bonne récompense de son habileté dans sa profession que pouvait l'être l'or du riche.

Il me regarda avec surprise; mais la jeune dame dit un mot d'introduction, et comme j'avais été autrefois connu du docteur, je me hâtai de prendre la parole. Il se rappela parfaitement de moi, et me dit qu'il connaissait les raisons que j'avais de prendre un vif intérêt au sort de son malade. Il me rendit un triste compte de mon pauvre ami, après m'avoir à cet effet tiré un peu à l'écart; — le flambeau de la vie, me dit-il, ne donnait plus chez M. Sommerville qu'une lumière faible et tremblante; c'était à peine s'il espérait lui voir encore jeter un éclat momentané : attendre plus était impossible. Il s'approcha alors de son malade et lui fit quelques questions, auxquelles le pauvre Sommerville, quoiqu'il parût reconnaître une voix amie et familière, ne répondit que d'une manière indistincte et à peine articulée.

La jeune dame, à son tour, s'était retirée un peu à l'écart quand le docteur s'était approché du malade. — Vous voyez quelle est sa situation, dit le docteur, s'adressant à moi; j'ai entendu notre pauvre ami, dans un de ses plus éloquents plaidoyers, faire la description de cette maladie-là même, qu'il comparait aux tortures infligées par Mézence, quand il enchaînait un vivant à un cadavre. L'âme, disait-il, est emprisonnée dans son cachot de chair, et quoique conservant ses facultés naturelles et impérissables, elle ne peut pas plus les exercer que le captif enfermé entre quatre murs ne peut agir librement. Hélas! le voir en proie aux infirmités de cette maladie, *lui* qui savait si bien les décrire chez les autres! Je n'oublierai jamais avec quelle expression solennelle il récapitulait les infirmités du paralytique : — l'oreille devenue sourde, l'œil obscurci, les membres impotents, — en citant les beaux vers de Juvénal :

*Omni
Membrorum damno major, dementia, quæ nec
Nomina servorum, nec vultum agnoscit amici.* »

Tandis que le médecin répétait ces vers, une lueur d'intelligence sembla revivre dans les yeux du malade; — puis elle s'éteignit, — puis elle se ralluma de nouveau, — puis il parla d'une voix plus intelligible qu'auparavant, et du ton d'un homme pressé de dire quelque chose qu'il sent prêt à lui échapper s'il ne le dit sur-le-champ : — C'était une question de lit de mort, une question de lit de mort, docteur, — *reductio ex capite lecti*; — Withering contre Wilibus, — au sujet du *morbus sonticus*. Je plaidais pour le demandeur, — moi et... et... Comment, j'oublierai jusqu'à mon nom! — moi et... Celui qui était le plus spirituel des hommes et de l'humeur la plus gaie...

La description permit au docteur de remplir le blanc, et le malade répéta avec joie le nom qui venait de lui être rappelé. — Oui, oui, dit-il; précisément, — Harry, — le pauvre Harry... L'animation de son regard s'éteignit tout-à-coup, et il retomba sur le dossier de son fauteuil.

— Vous venez de voir de votre pauvre ami plus que je n'aurais osé vous promettre, monsieur Croftangry, me dit le médecin; et maintenant je dois prendre sur moi d'user de l'autorité de ma profession pour vous prier de vous retirer. Miss Sommerville, j'en suis sûr, nous fera prévenir si par hasard il se présente un moment où son oncle puisse vous voir.

Que pouvais-je faire? Je remis ma carte à la jeune dame, et tirant mon offrande de mon sein : — Si mon pauvre ami demandait de quelle part cela vient, dis-je d'une voix presque aussi mal assurée que celle du malade, nommez-moi, et dites-lui que cette boîte lui est offerte par le plus obligé et le plus reconnaissant des hommes. Dites-lui que l'or qui la compose a été mis de côté grain à grain, et amassé avec autant de soin que le fut jamais celui d'un avare. — Je suis venu de bien loin la lui apporter, et maintenant, hélas, faut-il que je le retrouve ainsi!

J'avais posé la boîte sur la table et je me retirais à pas lents. Elle attira l'œil du malade, comme un jouet brillant attire celui d'un enfant, et ce fut aussi du ton impatient de l'enfance qu'il balbutia quelques questions à sa nièce. Avec la plus grande douceur elle lui dit et lui répéta qui j'étais, pourquoi je venais, etc. Je me détournais et j'allais quitter au plus vite une scène si pénible, quand le médecin me posa la main sur le bras. — Restez, me dit-il; il y a un changement.

Il y en avait un, en effet, et un bien marqué. Un faible incarnat se répandit sur ses traits pâles; — sa physionomie semblait avoir recouvré l'air d'intelligence qui appartient à la santé. — Son œil brilla de nouveau, — ses lèvres se colorèrent, — et quittant de lui-même la posture inclinée qu'il avait conservée jusque là, il se leva sans assistance. Le docteur et le domestique coururent à lui pour le soutenir. Il leur fit signe de la main de se tenir à l'écart, et ils se bornèrent à se placer un peu en arrière de manière à prévenir tout accident, dans le cas où les forces qu'il venait d'acquérir l'abandonneraient aussi soudainement qu'elles lui étaient revenues.

— Mon cher Croftangry, me dit-il du ton amical que je lui avais connu autrefois, je suis charmé de vous voir de retour. — Vous me trouvez dans un assez pauvre état ; — mais ma petite-nièce que voici et le docteur*** sont très bons pour moi. — Que Dieu vous protège, mon cher ami! Nous ne nous reverrons plus que dans un meilleur monde.

Je pressai contre mes lèvres la main qu'il me tendait, — je la pressai contre mon sein, — j'aurais voulu me jeter à ses genoux ; mais le docteur, laissant le malade aux soins de la jeune dame et du domestique, qui lui avaient roulé son fauteuil et l'y replaçaient, m'entraîna hors de la chambre. — Mon cher monsieur, me dit-il, vous devez être satisfait ; vous avez vu notre pauvre impotent plus semblable à ce qu'il fut jadis qu'il ne l'avait été depuis des mois et que peut-être il ne le sera jamais d'ici à ce que tout soit fini. La faculté tout entière n'aurait pu garantir cet intervalle lucide ; — il me faut voir si je puis en profiter pour améliorer le système général. — Je vous en prie, retirez-vous. Ce dernier argument me fit obéir sur-le-champ, et je quittai la maison agité d'une foule de sensations pénibles.

Quand j'eus surmonté la douloureuse impression de ce désappointement cruel, je renouvelai graduellement connaissance avec un ou deux anciens compagnons qui m'intéressaient infiniment moins que mon malheureux ami, mais qui ne m'en furent pas moins utiles pour me soulager du fardeau de la solitude, et qui peut-être reçurent d'autant plus volontiers mes avances, qu'ils retrouvaient en moi un vieux garçon nouvellement arrivé de l'étranger et dont la position était indépendante, sinon précisément riche.

Je fus regardé par quelques uns comme un objet passable de spéculation, et je ne pouvais être à charge à personne. Je fus donc, suivant la règle ordinaire de l'hospitalité édimbourgeoise, le bienvenu dans plusieurs familles respectables ; mais je ne trouvai personne qui pût combler le vide que me faisait éprouver la perte de mon meilleur ami, de mon bienfaiteur. J'avais besoin de quelque chose de plus que ne pouvaient me donner de simples relations ; et où l'aurais-je cherché ? Était-ce parmi les débris disséminés de ceux qui avaient été mes gais compagnons d'autrefois ? — hélas ! parmi ceux que j'avais aimés, que de jeunes gens étaient morts, que de jeunes filles étaient devenues vieilles ! D'ailleurs, tout lien commun avait cessé d'exister entre nous, et ceux de mes anciens amis qui étaient encore de ce monde menaient une vie toute différente de la mienne.

Les uns étaient devenus avares, et avaient autant de plaisir maintenant à épargner une pièce de six pence qu'autrefois à dépenser une guinée. D'autres s'étaient faits agriculteurs ; — ils ne parlaient plus que de bœufs, et leur compagnie ne pouvait plus convenir qu'à des éleveurs. Quelques uns étaient restés attachés aux cartes, et quoiqu'ils ne pussent plus risquer que des bagatelles, ils aimaient mieux jouer petit jeu que de ne plus jouer du tout. Ceci était de ma part l'objet d'un mépris tout particulier. La fureur du jeu, hélas! je l'avais connue dans mon temps. C'est une passion aussi violente qu'elle est criminelle; mais elle agite, elle intéresse, et je puis concevoir que des âmes fortes et énergiques s'y laissent entraîner. Mais passer sa vie à échanger autour d'une table verte des morceaux de carton peint, pour le misérable intérêt de quelques schillings, c'est ce que peuvent seuls faire excuser la folie ou le radotage. C'est comme si l'on montait un cheval de bois sur lequel vous pouvez vous agiter toute la journée sans faire un pas en avant; c'est une sorte de roue pareille à la cage d'un écureuil, dans laquelle vous montez sans cesse sans jamais vous élever d'un pouce. D'après cela, mes lecteurs s'apercevront que je suis incapable de goûter un des plaisirs de la vieillesse, plaisir dont ne parle pas Cicéron, mais qui n'en est pas moins aujourd'hui une des ressources les plus fréquentes des gens âgés : — le club et la partie de whist.

Revenons à mes anciens compagnons. Quelques uns fréquentaient les assemblées publiques, comme l'ombre du *beau* Nash [1], ou de tout autre *beau* d'il y a un demi-siècle, laissés à l'écart par une jeunesse moqueuse, et pris en pitié par les hommes de leur âge. Quelques uns, enfin, avaient tourné à la dévotion, comme disent les Français, et d'autres, je le crains, avaient tourné au diable. Un petit nombre trouvait une ressource dans les sciences et dans les lettres; un ou deux s'étaient faits philosophes au petit pied, regardaient dans des microscopes, et s'étaient familiarisés avec les expériences à la mode. Quelques uns s'adonnaient à la lecture, et je fus de ceux-là.

Un certain degré de répulsion à l'égard de la société dont j'étais entouré, — quelques pénibles réminiscences de mes fautes et de mes folies passées, — un certain mécontentement contre la partie contemporaine du genre humain, me portèrent à étudier les antiquités, et en particulier celles de mon pays. Si je puis prendre sur moi de poursuivre le présent ouvrage, le lecteur sera probablement à même de juger, avant que j'en aie atteint le terme, si j'ai fait quelques progrès utiles dans l'étude des anciens temps.

Je dus en partie mon goût pour cette étude à la conversation de mon digne homme d'affaires, M. Fairscribe, que j'ai déjà mentionné comme ayant secondé les efforts de mon excellent ami pour amener à bonne fin la cause dont dépendaient et ma liberté et le reste de ma fortune. Il m'avait fait, à mon retour, l'accueil le plus bienveillant. Il était trop occupé de sa profession pour que je me permisse de le déranger souvent, et peut-être son esprit était-il trop absorbé par les détails où elle l'entraînait, pour qu'on pût aisément l'en détourner. En un mot, ce n'était

---

[1] Nash est un dandy, ou, comme on disait alors, un *beau* célèbre du commencement du dernier siècle. (L. V.)

pas un homme d'un esprit aussi étendu que mon pauvre ami Sommerville ; c'était un homme de loi dans toute l'acception du terme, mais aussi estimable qu'habile. Quand on vendit mon domaine, il conserva par-devers lui quelques uns des anciens titres, qu'il avait jugés plus intéressants pour l'héritier de l'ancienne famille que pour le nouvel acquéreur. Et lorsque je revins à Edimbourg, où je le retrouvai exerçant toujours la profession qu'il honorait, il envoya à ma demeure la vieille Bible de la famille, que mon père avait toujours sur sa table ; deux ou trois volumes vermoulus, et un couple de sacs de peau de mouton pleins de parchemins et de papiers, et dont l'extérieur n'avait rien d'engageant.

La première fois, après cet envoi, que je m'assis à la table hospitalière de M. Fairscribe, je ne manquai pas de lui faire les remerciements que méritait cette attention, remerciements qu'à la vérité je mesurai plutôt sur l'idée que je le savais se former du prix de ces sortes de choses, que sur l'intérêt que moi-même y pouvais attacher. Néanmoins, la conversation venant à tomber sur ma famille, qui autrefois avait possédé un domaine dans l'Upper Ward du Clydesdale, j'y pris peu à peu quelque intérêt ; et quand je fus rentré dans mon petit salon solitaire, la première chose que je fis fut de me mettre à la recherche d'une généalogie, sorte d'histoire de la famille ou maison de Croftangry, jadis Croftangry de Croftangry, et plus récemment Croftangry de Glentanner. Les découvertes que je fis enrichiront le chapitre suivant.

CHAPITRE II.

DANS LEQUEL M. CROFTANGRY CONTINUE SON HISTOIRE.

> Qu'est-ce donc que la propriété, mon cher Swift?
> Je la vois passer de vous à moi, et de moi à Peter Walter.
> POPE.

CROFTANGRY, — Croftandrew, — Croftanridge, Croftandgrey, — car le nom a été orthographié de toutes ces manières, — est bien connu pour une maison de grande antiquité; et on dit que le roi Milcolumb, ou Malcolm, le premier de nos princes écossais qui franchit le Firth de Forth, résida à Edimbourg et y occupa un palais, et qu'il y eut à son service un vaillant homme dont l'emploi était d'avoir la garde du *croft*, ou terre à blé, que l'on cultivait pour la maison du roi, et que de là cet homme fut appelé *Croft-an-ri*, c'est-à-dire le Croft du roi : laquelle place, quoique maintenant couverte de bâtisses, est aujourd'hui appelée Croftangry, et se trouve non loin du château royal. Et dans le cas où quelques uns de ceux qui portent cet ancien et honorable nom le prendraient en mépris à raison de ce qu'il provient du labourage de la terre, occupation que l'on regarde comme servile, je rappellerai que nous devons honorer la charrue et la bêche, attendu que nous descendons tous de notre père Adam, dont le lot fut de cultiver la terre en punition de sa chute et de sa transgression.

» Aussi bien nous avons des témoignages, tant dans les saintes Écritures que dans l'histoire profane, de l'honneur où l'agriculture était autrefois tenue; et nous voyons comment des prophètes ont été pris à la charrue, et comment on y a été chercher de grands capitaines pour défendre leur pays, tels que Cincinnatus et tant d'autres, qui n'en combattirent pas l'ennemi avec moins de vaillance parce que leurs bras avaient été exercés à tenir les mancherons de la charrue, et leur habileté belliqueuse à conduire des chevaux et des bœufs.

» Pareillement, il y a plusieurs honorables familles qui font maintenant partie de notre première noblesse d'Écosse, et qui ont gravi plus haut la montée des honneurs que ne l'a fait cette maison de Croftangry, qui ne rougissent pas de porter sur leur belliqueux écu et parmi les insignes de leurs dignités les instruments et ustensiles avec lesquels leurs premiers ancêtres travaillaient la terre, ce que le poëte Virgilius appelle éloquemment dompter le sol. Et sans nul doute, cette ancienne maison de Croftangry, dans le temps qu'elle était appelée Croftangry de Croftangry, produisit nombre de respectables et fameux patriotes, desquels j'omettrai les noms quant à présent; mon dessein étant, si Dieu me prête vie pour ce pieux office ou devoir, de reprendre la première partie de ma narration touchant la maison de Croftangry quand je pourrai déduire au long les preuves et témoignages historiques relatifs aux faits que j'annoncerai, attendu que les mots, quand ils ne sont pas appuyés de preuves, sont comme de la semence répandue sur le roc nu, ou comme une maison bâtie sur les sables mouvants et changeants. »

Je m'arrêtai ici pour reprendre haleine; car le style de mon grand-père, celui qui avait mis par écrit ces beaux et honorables souvenirs, était quelque peu long dans ses périodes. Au surplus, je réserve la suite du morceau pour l'époque où j'aurai pu me faire admettre au club Dannatyne [1]; et alors je me propose de mettre au jour une édition, limitée conformément aux règles de cette société érudite, avec un *fac simile* du manuscrit accompagné des armoiries de la famille, entourées de leurs quartiers, et avec un noble renoncement à l'orgueil de famille, exprimé par la devise *hæc nos novimus esse nihil*, ou par celle-ci : *Vix ea nostra voco*.

A vrai dire, toutefois, je ne puis m'empêcher de soupçonner que bien que mon digne aïeul ait employé toute la vigueur de ses poumons à enfler la dignité de sa famille, nous ne nous sommes jamais, par le fait, élevés au dessus du rang de moyens propriétaires. Le domaine de Glentanner passa dans la famille par le mariage de mon aïeul avec Tib Sommeril, une fille de cette noble maison que les Southrons [2] nomment Sommerville [3], mais, je le crains, fille du mauvais côté de la couverture, selon l'expression de mon arrière-grand-père. Son époux, Gilbert, fut tué en combattant *sub vexillo regis, apud prœlium juxtà Branxton, ad Floddenfield* [4], comme dit l'*Inquisitio post mortem* [5].

Nous eûmes notre part d'autres calamités nationales. — Nous fûmes frappés de confiscation, comme sir John Colville de Dale, pour avoir suivi nos suzerains à Langside [6]; dans les temps difficiles des derniers

---

[1] Ce club, dont l'auteur de *Waverley* a l'honneur d'être président, fut fondé en février 1823 dans le but d'imprimer et de publier des ouvrages propres à éclaircir l'histoire, la littérature et les antiquités de l'Écosse. Il continue de prospérer, et a déjà sauvé de l'oubli nombre de curieux matériaux de l'histoire écossaise. (W. S.)

[2] Hommes du Sud. Nom populaire que l'Écosse donne aux Anglais. (L. V.)

[3] L'ancienne famille normande des Sommerville vint s'établir dans la Grande-Bretagne avec Guillaume-le-Conquérant; une de ses branches s'établit dans le comté de Gloucester et une autre en Écosse. Après un intervalle de 700 ans, ce qui restait des possessions de ces deux branches fut réuni en la personne de feu lord Sommerville, à la mort de son parent d'Angleterre, l'auteur bien connu de *La Chasse*. (W. S.)

[4] Sous la bannière royale, dans le combat livré près de Branxton à Floddenfield.

[5] L'enquête après la mort.

[6] Dernier combat qui décida du sort de l'infortunée Marie Stuart en Écosse et la

Stuarts, nous supportâmes de lourdes amendes pour avoir donné asile à des ministres de notre communion ; et peu s'en fallut que nous ne donnions un martyr au calendrier du Covenant, dans la personne du père de l'historien de notre famille. Il sauva pourtant la gerbe des dents de la jument, selon les expressions du manuscrit, et consentit à accepter les conditions de pardon que lui offrait le gouvernement, et à signer la promesse de ne plus donner lieu de se plaindre de lui. Mon aïeul adoucit autant qu'il le peut l'apostasie de son père, et se console en attribuant son manque de résolution au désir qu'il avait de sauver du naufrage l'ancien nom de la famille, et d'empêcher ses terres et héritages de tomber sous une sentence de forfaiture.

« Et de fait, dit le vénérable compilateur de l'histoire de notre famille, comme, grâce à Dieu, nous voyons rarement en Écosse de ces voluptueux qui se font un Dieu de leur ventre, et qui sont assez dénaturés pour dévorer, dans la débauche et la dissolution, le patrimoine que leur ont légué leurs ancêtres, de telle sorte que, comme l'enfant prodigue, ils en viennent aux cosses et aux auges à pourceaux ; et comme j'ai moins que personne à craindre qu'il ne se trouve dans ma famille de ces Nérons dénaturés capables de dévorer comme des bêtes brutes la substance de leur propre maison, par pure gloutonnerie et par épicurisme, il me suffit de mettre en garde mes descendants contre l'envie de se mêler trop à la hâte à ces mutations dans l'État et la religion qui ont mis cette pauvre maison de Croftangry à deux doigts de sa perte, ainsi que nous l'avons montré plus d'une fois. Et pourtant, je ne voudrais pas que mes successeurs restassent absolument tranquilles quand ils seraient appelés par leur devoir envers l'Église et le roi ; mais je voudrais qu'ils attendissent que des hommes plus puissants et plus riches eussent pris les devants, de façon à ce qu'ils aient une plus belle chance d'avoir le dessus, ou que, du moins, s'ils ne sont pas les plus forts, le parti vainqueur ayant une proie plus grasse à sa portée, il puisse, comme des faucons gorgés, épargner le menu gibier. »

Il y avait dans cette conclusion quelque chose dont au premier moment je fus extrêmement piqué, et j'eus assez peu de raison pour maudire le tout, comme un pauvre et pitoyable rabâchage dans lequel un sot vieillard dépensait beaucoup de paroles pour rien. Mon premier mouvement fut même de tout jeter au feu, d'autant plus que ce que je venais de lire me rappelait d'une façon qui n'avait rien de très flatteur la perte de ces biens de famille auxquels le rédacteur de notre histoire était si fort attaché, perte arrivée précisément de la manière qui avait encouru sa réprobation. Il me semblait même, dans la fâcheuse disposition où j'étais, que ce coup d'œil jeté sur l'avenir par un homme qui cependant

---

força d'aller chercher un asile en Angleterre, où l'attendait l'échafaud après une longue captivité. *Voyez* les derniers chapitres de *l'Abbé*. (L. V.)

n'avait pas le don de prescience, et qui ne pouvait deviner qu'un de ses descendants aurait la sottise de dilapider tout l'héritage en quelques années de vaines dépenses et de folies, il me semblait, dis-je, que cette espèce d'anticipation était une sorte d'impolitesse personnelle à mon adresse, bien que la chose eût été écrite cinquante ou soixante ans avant que je ne fusse né.

Un peu de réflexion me rendit honteux de ce mouvement d'impatience; et en arrêtant mes yeux sur l'écriture nette et menue, quoique un peu tremblée, du manuscrit, je ne pus me défendre de penser, conformément à une opinion que j'ai ouï soutenir sérieusement, qu'on peut, jusqu'à un certain point, deviner le caractère d'un homme d'après son écriture. Ces caractères, petits et nets, mais serrés et pressés, annonçaient un homme dont la conscience était bonne, et qui savait gouverner ses passions, un homme marchant dans le droit chemin de la vie, pour parler son langage; mais ils indiquaient aussi un esprit étroit, des préjugés invétérés, et donnaient même l'idée d'un certain degré d'intolérance, fruit d'une éducation bornée plutôt qu'elle n'était dans la nature même de l'homme. Les passages de l'Écriture et des classiques, cités avec plus de profusion que de jugement et écrits en caractères plus forts pour en marquer l'importance, annonçaient cette sorte particulière de pédantisme qui regarde toujours comme sans réplique un argument soutenu d'une citation. Et puis les lettres capitales enjolivées qui ornaient le commencement de chaque paragraphe, ainsi que les noms propres de la famille chaque fois qu'ils se présentaient dans la page, n'exprimaient-ils pas forcément l'orgueil et le sentiment d'importance avec lesquels l'auteur avait entrepris et accompli sa tâche? Je me persuadai que le tout était un portrait de l'homme si complet, que détruire son manuscrit eût été un acte non moins sacrilége que de lacérer son image ou même de troubler ses ossements dans son cercueil. Je pensai un moment à l'offrir à M. Fairscribe; mais ce maudit passage relatif à l'enfant prodigue et à l'ange à pourceaux!... Je décidai enfin qu'autant valait l'enfermer dans mon bureau, et cela dans l'intention bien arrêtée de n'y plus jeter les yeux.

Mais je ne sais comment il se fit que je commençai à prendre le sujet plus à cœur que je ne l'avais pensé d'abord, et que maintes fois je me trouvai occupé à lire des descriptions de fermes qui ne m'appartenaient plus, et de bornages marquant la propriété devenue celle d'un autre. L'amour du *natale solum*, dans le cas où Swift aurait eu raison de traduire ces mots par *biens de famille*, commença à s'éveiller dans mon cœur; bien que mes souvenirs de jeunesse y ajoutassent peu de chose, sauf ce qui avait rapport à la chasse. Une carrière de plaisirs dispose mal à acquérir le goût des beautés naturelles, et moins encore à contracter de l'attachement pour les objets inanimés qui nous entourent.

Je n'avais guère songé à mes biens quand je les possédais et que je les dilapidais, si ce n'est comme offrant la matière brute d'où une certaine race de créatures inférieures appelée tenanciers était tenue de tirer pour moi (en plus grande quantité que par le fait elle ne le faisait) un certain produit nommé rentes, destiné à subvenir à mes dépenses. Tel était le point de vue général sous lequel j'envisageais la chose. Quant aux localités particulières, je me rappelais que Garval Hill était un pâturage situé sur les hauteurs, et renommé pour l'élève et les premiers exercices des jeunes poulains; — que Minion Burn [1] nourrissait les plus belles truites jaunes du pays; — que Seggy Cleugh [2] n'avait pas d'égal pour les bécasses; — que Bengibbert Moors [3] offrait une excellente chasse aux oiseaux aquatiques, — et que la source limpide appelée Harper's Well [4] fournissait le rafraîchissement le plus délicieux du monde après une matinée de rude exercice avec mes voisins les chasseurs au renard. Toutefois, ces idées ne me retracèrent pas moins à l'esprit des tableaux dont j'avais appris plus tard à apprécier le mérite : — scènes de solitude silencieuse, où de vastes *moors*, ondulant entre des collines sauvages, ne sont troublés que par le sifflement du pluvier ou le gloussement du coq de bruyère; ravines abruptes dont la partie supérieure sillonne le flanc des montagnes et que tapissent des bois naturels, mais que l'on voit, si on les suit plus bas le long du sentier tracé par les bergers et les chercheurs de noisettes, s'élargir et se creuser graduellement, chacune de ces ravines formant le lit d'un ruisseau, parfois encaissé entre deux rives de terre escarpées, souvent bordé d'une ceinture plus pittoresque de rochers nus ou couronnés de chênes, de frênes des montagnes et de coudriers, — tout cela charmant d'autant plus les regards, que d'après la nature monotone et nue du pays environnant de tels aspects étaient complétement inattendus.

J'avais aussi quelques souvenirs de belles et fertiles plaines basses, ou *holms*, s'étendant entre les élévations boisées qui encaissent la Clyde et le cours impétueux du fleuve, dont les eaux, offrant la couleur de l'ambre le plus pur, ou plutôt ayant la teinte des cailloux appelés *cavingorm*, coulent avec rapidité sur des nappes de rochers ou sur un lit de gravier, et inspirent une sorte de terreur par le petit nombre de gués perfides qu'elles présentent et la fréquence des fatals accidents qui en résultent, bien que le nombre de ces accidents ait diminué depuis que l'on a augmenté celui des ponts. Ces *holms*, produits par les alluvions du fleuve, étaient fréquemment bordés d'une triple ou quadruple rangée de grands arbres, qui en marquaient gracieusement la limite et trempaient l'extrémité de leurs longs rameaux dans le courant écumeux de la rivière. Je me rappelais encore d'autres endroits que le vieux garde-

---

[1] *Burn* signifie ruisseau dans le dialecte écossais. (L. V.)
[2] *Cleugh*, en écossais, rocher et ravine. (L. V.)
[3] *Moors*, landes marécageuses. (L. V.)
[4] La Fontaine du Barde.

chasse citait comme étant le repaire de redoutables chats sauvages, ainsi que les places où la tradition racontait que quelque cerf gigantesque avait été mis aux abois, ou qui avaient vu périr, soit par surprise, soit dans un combat, des héros dont la valeur est aujourd'hui tombée dans le même oubli que les exploits des antiques chasseurs.

On ne doit pas supposer que des paysages si achevés soient devenus visibles aux yeux de mon imagination de même que le point de vue que représentent les décorations d'un théâtre s'offre subitement à nous au lever du rideau. J'ai déjà dit qu'à l'époque de ma vie pressée et dissipée j'avais vu le pays qui m'entourait seulement avec les yeux du corps, nullement avec ceux de l'âme. Ce fut pièce à pièce, comme un enfant apprend sa leçon, que je commençai à me rappeler les beautés pittoresques dont j'avais autrefois été entouré dans la maison de mes pères. Il faut qu'un goût naturel pour ces sortes de beautés, resté caché au fond de mon cœur, se voit réveillé en moi tandis que j'habitais des pays étrangers, et soit devenu par degrés une passion favorite, qui peu à peu tournant ses regards à l'intérieur a mis à contribution les trésors négligés que ma mémoire avait conservés involontairement, et une fois excitée s'est exercée à les réunir et à les compléter.

Je commençai alors à regretter plus amèrement que jamais d'avoir follement dissipé les biens de ma famille, dont je voyais que le soin et l'amélioration auraient pu fournir une agréable occupation à mes loisirs, qui ne servaient qu'à me faire réfléchir aux malheurs passés et à accroître ainsi d'inutiles regrets. — Si seulement une seule ferme avait été réservée, quelque petite qu'elle fût, disais-je un jour à M. Fairscribe, j'aurais un endroit que je pourrais qualifier de *chez moi*, et une occupation que je pourrais appeler *mes affaires*.

— Cela aurait pu s'arranger, répondit Fairscribe; et pour ma part je penchais à conserver l'habitation principale, avec ses dépendances et quelques uns des vieux acres patrimoniaux. Mais M. *** et vous vous fûtes tous les deux d'avis que l'argent comptant serait plus utile.

— C'est vrai, c'est vrai, mon bon ami; j'étais alors un fou, et je ne pensais pas pouvoir m'abaisser à être un Glentanner avec deux ou trois cents livres sterling de revenu, et non plus un Glentanner avec deux ou trois mille livres. J'étais alors un laird écossais ruiné, aussi hautain et d'humeur aussi chagrine qu'ignorant et dissipé; et regardant mon importance imaginaire comme tout-à-fait perdue, peu m'importait d'être bientôt et complètement débarrassé de tout ce qui la rappelait à mon souvenir ou à celui des autres.

— Et maintenant il est vraisemblable que vous avez changé d'avis? Hé bien, la fortune est sujette à des retours, et je crois qu'elle peut vous fournir matière à révision.

— Que voulez-vous dire, mon bon ami?

— Rien, rien; cela porte malheur d'assurer quelque chose avant d'être sûr de son fait. J'ai à parcourir une liasse de journaux, et demain vous aurez de mes nouvelles. Allons, versez-vous; — j'ai vu le temps où vous remplissiez votre verre plus haut.

— Et vous le reverrez encore, dis-je en me versant ce qui restait de notre bouteille de clairet; le vin est excellent : il faut que notre toast en soit digne. — A votre coin du feu! mon bon ami. — Et maintenant nous allons prier ma petite sirène miss Katie de nous chanter une chanson écossaise sans y ajouter de grâces étrangères.

Le lendemain je reçus en effet de M. Fairscribe une missive dans laquelle était inclus un journal, parmi les avis duquel il en était un que l'on avait marqué d'une croix pour y fixer plus particulièrement mon attention. Je lus à ma grande surprise :

« BEAU DOMAINE A VENDRE.

» Par ordre des lords du conseil et des sessions, sera mis en vente dans la nouvelle salle des sessions à Édimbourg, le mercredi 25 novembre 18**, la totalité des terres et baronnie de Glentanner, maintenant appelé Castle-Treddles, situé dans le Middle-Ward du Clydesdale, comté de Lanark, avec les dîmes, bénéfices de la cure et du vicariat, droit de pêche dans la Clyde, bois, landes, marécages, pâturages, etc., etc. »

L'avis déduisait ensuite les avantages de sol et de situation, les beautés naturelles et les améliorations possibles, sans oublier de dire que c'était un domaine de franc-aleu, susceptible, comme le polype, de se diviser en deux, trois, et même, avec un peu d'aide, en quatre franches-tenures jouissant chacune pour les élections des mêmes priviléges que le domaine entier, avec l'insinuation que très probablement la représentation du comté au parlement serait chaudement disputée entre deux grandes familles. La mise à prix « desdites terres et baronnie et autres » était trente fois le revenu constaté, revenu maintenant d'un quart environ plus élevé qu'à l'époque de la dernière vente. Cette augmentation, que l'on mentionnait, je suppose, pour montrer que le domaine était susceptible d'améliorations, aurait fait quelque peine à un autre; mais — qu'il me soit permis de dire de moi le bien comme le mal — à moi elle ne m'en fit aucune. Je fus seulement fâché que Fairscribe, qui connaissait à peu près l'étendue de mes ressources, m'eût imposé le supplice de Tantale en me faisant savoir que les biens de ma famille étaient en vente, puisqu'il aurait dû savoir que le prix était fort au-delà de ma portée.

Mais une lettre qui s'échappa de l'enveloppe et tomba sur le plancher attira mes regards et m'expliqua l'énigme. Un capitaliste, client de M. Faisrcribe, pensait à acheter Glentanner, uniquement comme moyen de placement pour ses fonds; — il était même peu probable qu'il vît jamais le domaine, et le prix total dépassant de quelques milliers de

---

¹ *Freehold.*

livres [1] l'argent comptant dont il pouvait disposer, ce riche accommodant aurait volontiers pris un associé dans l'acquisition pour quelque ferme détachée, et n'aurait fait nulle difficulté à ce que cette partie détachée comprît la partie la plus pittoresque du domaine, pourvu que le prix en fût établi en conséquence. M. Fairscribe aurait soin, me disait-il dans son billet, que je ne fusse pas trompé dans l'affaire, et il croyait, ajoutait-il, que si réellement je souhaitais faire cette acquisition, je ferais bien d'aller revoir les lieux, et me conseillant en même temps de garder un strict incognito : avis assez inutile, attendu que je suis naturellement d'un caractère discret et réservé.

[1] Le lecteur français ne doit pas oublier qu'il s'agit de *livres sterling*, valant à peu près 25 francs.(L. V.)

CHAPITRE III.

> Chantons donc la diligence, et nargue des reproches si nous y montons! Faisons-nous-y cahoter tout le jour, pendant que sifflant et fouettant, — sifflant et fouettant, — le cocher fait galoper ses chevaux.
>
> FARQUHAR.

DÉGUISE au moyen d'un surtout gris qui avait vu du service, coiffé d'un castor blanc, et un fort bambou à la main, la semaine suivante me vit sur l'impériale d'une diligence qui partait pour les comtés de l'ouest.

J'aime et je déteste les diligences. Je les aime parce qu'elles me sont commodes, mais je les déteste parce qu'elles sont cause que chacun court les grands chemins, au lieu de rester tranquillement chez soi à s'occuper de ses affaires, et de garder le cachet d'originalité dont la nature ou l'éducation peuvent avoir marqué le caractère de chacun. Au lieu de cela on quitte ses foyers, et on va se frotter les uns aux autres dans la machine cahotante, tant et si bien qu'on finit par ne plus avoir d'empreinte individuelle, comme tant de schillings dont le frottement a usé la surface. — Tout le monde est le même dans les perruques galloises et les longues redingotes dont on s'affuble, sans conserver d'autre individualité que celle qui appartient à ce que les garçons d'auberge appellent les membres de la compagnie des Messageries du Nord.

Digne M. Piper, vous le meilleur des entrepreneurs qui aient jamais fourni quatre mauvaises haridelles pour l'usage du public, je vous bénis quand il m'arrive à moi-même de me mettre en route; les commodes voitures que vous fournissez rendent sûres, agréables et peu coûteuses les communications entre Johnnie-Groat's House, Ladykirk et Cornhill Bridge[1]. Pourtant, M. Piper, vous qui êtes un excellent arithméticien, ne vous est-il jamais arrivé de calculer combien de têtes de fous, qui auraient pu produire une ou deux idées dans le cours d'une année si on leur avait permis de rester en repos, ont été frappées de stérilité complète pour avoir été constamment cahotées dans ces chars volants dont vous couvrez les routes? — combien d'honnêtes campagnards deviennent des rustres suffisants après un dîner d'exposition de bestiaux dans

Points extrêmes d'Écosse du nord au sud. (L. V.)

la capitale, où ils n'auraient jamais pu assister sans les facilités qu'ils vous doivent? — combien d'honnêtes curés de campagne reviennent d'Édimbourg transformés en critiques et en déclamateurs, sous prétexte d'en importer le goût le plus nouveau? Et de quelle responsabilité votre conscience sera-t-elle chargée un jour à venir, pour avoir fourni à tant de jolies filles le moyen d'aller échanger leur modestie, à la foire de Vanité de la métropole, contre l'infatuation et la légèreté?

Considérez, en outre, à quel taux vous réduisez l'intelligence humaine. Je ne crois pas que les idées de vos pratiques habituelles soient plus étendues que celles de vos chevaux de poste. Elles *connaissent* la route comme le postillon anglais, et elles ne connaissent rien de plus. Elles datent, comme les rouliers de Gadshill, de la mort de John Ostler [1]; la succession des conducteurs forme à leurs yeux une dynastie; les cochers sont leurs ministres d'État, et une voiture qui verse est pour eux un plus grand incident qu'un changement de ministère. Le seul intérêt qu'ils prennent à la route est d'épargner le temps, et de voir si le conducteur est exact à l'heure. C'est là, assurément, une déplorable dégradation de l'intelligence humaine. Suivez mon avis, mon cher monsieur, et soyez assez désintéressé pour faire en sorte qu'une ou deux fois par trimestre votre *fouet* le plus adroit verse une pleine voiture de ces voyageurs superflus, *in terrorem* de ceux qui, comme dit Horace, « se plaisent à la poussière soulevée par vos chars. »

Et puis, vos pratiques ordinaires, les habitués de vos malles-postes, deviennent abominablement égoïstes, chacun ne songeant qu'à s'assurer le meilleur siége, l'œuf le plus frais, la tranche la plus succulente de l'aloyau. La mode des voyages est la mort de la politesse, la mort de toutes les prévenances sociales ; elle tend à démoraliser rapidement le caractère, et le fait rétrograder vers la barbarie. Vous nous allouez d'excellents dîners, mais seulement vingt minutes pour les expédier ; et qu'en résulte-t-il? La beauté modeste s'assied à notre droite, l'enfance timide à notre gauche, et vis-à-vis de nous est placée la vieillesse respectable, mais un peu faible : tous ont droit de notre part à ces actes de civilité qui doivent établir une sorte de niveau entre des convives assis à la même table. Mais avons-nous le temps — nous la partie forte et active de la société — de nous acquitter de ces devoirs de table envers les plus timides et les plus réservés, à qui ces petites attentions sont dues? Il faudrait presser la dame d'accepter de ce poulet, — servir au vieillard cette tranche délicate qu'il préfère, — à l'enfant ce quartier de tarte. Hé bien, nous n'avons pas une demi-minute à donner à personne autre qu'à nous; et les *prout prout — tut tut* discordants du cor du conducteur nous rappellent à la voiture, les plus faibles sans avoir dîné, les plus vigoureux et les plus actifs menacés d'indigestion pour avoir avalé les morceaux comme un paysan de Leicester avale son lard.

[1] *Voyez* la scène d'ouverture de l'Henry IV de Shakspeare, première partie. (W. S.)

Dans l'occasion mémorable dont je parle, je perdis mon déjeuner uniquement pour avoir obéi aux ordres d'une vieille dame à mine respectable, qui une fois me demanda de tirer le cordon de la sonnette, et une autre fois de lui passer la théière. J'ai quelque raison de croire que c'était littéralement une *vieille routière,* qui riait en elle-même de ma complaisance ; aussi ai-je juré au fond de l'âme de me venger sur son sexe, et sur toutes les demoiselles errantes, quel que soit leur âge et leur condition, que je pourrais rencontrer dans mes courses. Tout cela soit dit sans mauvais vouloir à l'égard de mon ami l'entrepreneur, qui, je crois, a approché autant que probablement personne en approchera jamais de l'accomplissement de ce vœu modeste de l'Amatus et de l'Amata du Péri Bathous :

> « Anéantissez, grands dieux !
> Rien que le temps et l'espace,
> Et faites qu'ils soient heureux ! »

Mon intention est de donner à M. Piper revanche complète quand j'en viendrai à discuter l'abomination plus récente des bateaux à vapeur ; en attendant, je dirai seulement de ces deux modes de transport :

> « Avec eux ou sans eux, vivre n'est plus possible. »

Je suis peut-être d'autant plus porté à critiquer la diligence en cette occasion particulière, que je ne trouvai pas, dans l'honorable compagnie que réunissait la voiture de S. M., tous les égards auxquels je crois avoir droit. Je dois dire à mon éloge que, dans mon opinion du moins, mon extérieur n'a rien de commun. Ma figure a vu du service, mais il y a encore un bon râtelier, joint à un nez aquilin et à un œil gris assez vif quoique un peu trop enfoncé sous le sourcil ; et une queue du genre de celles qu'on nommait autrefois à la militaire peut servir à montrer que mes occupations civiles ont été parfois mêlées de travaux guerriers. Néanmoins, deux jeunes drôles qui étaient dans la voiture, ou pour mieux dire sur l'impériale, s'amusèrent tellement de la sage lenteur avec laquelle j'y montai après eux, que je crus un moment qu'il allait me falloir leur tirer un peu les oreilles. Et je ne fus pas de meilleure humeur en entendant derrière moi des rires qu'on ne cherchait pas à retenir, lorsque je descendis à l'embranchement du chemin de traverse qui devait me conduire à Glentanner, dont j'étais encore à près de cinq milles.

C'était un chemin à l'ancienne mode, préférant les montées aux bourbiers, suivant invariablement la droite ligne, et plutôt que d'en dévier montant, descendant, traversant vallées et marécages. Chaque objet près duquel je passais successivement me rappelait les jours de ma jeunesse, et en même temps formait avec eux le contraste le plus absolu. Sans suite, à pied, un petit paquet à la main, regardé tout-à-l'heure comme étant à peine une assez bonne compagnie pour les deux petits-maîtres de bas étage avec lesquels j'étais perché sur le haut d'une voiture publique, je ne paraissais guère être le même homme que le jeune prodigue qui avait eu jadis pour société les plus nobles et les plus élégants du pays, et qui, il y avait trente ans, parcourait si souvent ce même chemin monté sur un cheval vainqueur à la course, ou fumant nonchalamment dans sa chaise de voyage à quatre chevaux. Mes sentiments n'étaient pas moins changés que ma condition. Je me souvenais parfaitement qu'au temps de ma jeunesse impétueuse ma sensation dominante était un désir d'écolier d'être toujours au premier rang dans la carrière où je m'étais engagé ; — de boire autant de bouteilles que M*** ; d'être regardé comme un aussi bon juge en chevaux que M*** ; d'avoir un habit dont la coupe ne le cédât pas à celui de M***. C'étaient là tes dieux, ô Israël!

Maintenant, je n'étais plus que spectateur des efforts de l'humanité, spectateur rarement impassible, quelquefois passionné, mais enfin simple spectateur. Je sentais combien peu mon opinion importait aux gens engagés dans la tourmente ; néanmoins, j'exerçais le droit d'en avoir une avec la profusion d'un vieil homme de loi retiré, qui s'immisce dans les affaires de ses voisins et donne des avis qu'on ne lui demande pas, uniquement pour faire claquer son fouet.

Au milieu de ces réflexions j'arrivai au sommet d'une éminence d'où je m'attendais à voir Glentanner ; habitation d'apparence modeste, mais confortable, dont les murs étaient couverts des arbres à fruit les plus productifs de cette partie du pays, et abrités contre les vents orageux par la masse épaisse d'un ancien bois qui surmontait la colline voisine. La maison avait disparu ; le bois était en grande partie abattu ; et à la place qu'avait occupé le manoir seigneurial, enfoncé et comme enseveli au milieu de ses vieux arbres héréditaires, se dressait Castle-Treddles, énorme et lourd bâtiment carré en pierres de taille, nu comme mon ongle, sauf une misérable bordure d'arbustes exotiques rachitiques et languissants, et une pièce de gazon appauvri qui s'étendait en avant, et qui, au lieu d'offrir à l'œil un épais tapis vert émaillé de marguerites, de pieds-de-corneille et de primevères, ne présentait qu'une triste nudité, râtelée et nivelée, à la vérité, mais où l'herbe qu'on y avait semée avait manqué d'eau, et où la terre, gardant sa teinte naturelle, semblait presque aussi brune et aussi dépourvue de végétation qu'au moment où la bêche venait de la retourner.

La maison était un grand édifice qui n'avait de prétention au titre de château qu'on lui donnait que parce que les fenêtres de la façade se terminaient en arches pointues à la manière gothique (ce qui, par parenthèse, est précisément l'inverse du véritable style d'architecture des châteaux), et que chaque angle était orné d'une tourelle à peu près de la taille d'une poivrière. A tout autre égard, Castle-Treddles ressemblait à une grande maison de ville, qui, comme un gros bourgeois, serait venue le dimanche faire un tour à la campagne et aurait grimpé au haut d'une éminence pour voir les environs. Le rouge brillant de la pierre, les dimensions du bâtiment, la régularité solennelle de sa forme et sa position mal choisie, s'harmonisaient aussi peu avec la Clyde, dont les eaux rapides coulaient en avant du château, ainsi qu'avec le ruisseau sautillant et murmurant qui à droite descendait de la colline, que l'encolure épaisse du citadin, avec sa perruque touffue, sa canne à tête d'or, son habit marron et ses bas de soie chinés, s'accorderaient avec la magnificence sauvage de Corehouse-Linn [1].

Je me dirigeai vers la maison. Elle était dans cet état d'abandon qui est peut-être ce que la vue peut rencontrer de plus attristant; car elle tombait en ruines sans avoir été habitée. L'édifice, quoique désert, n'offrait nulle part la trace de ces lentes et destructives atteintes du temps qui donnent quelque chose de vénérable aux ouvrages des hommes, ainsi qu'au corps humain, tout en les privant de force et de beauté. Les projets avortés du laird de Castle-Treddles avaient ressemblé au fruit qui pourrit avant sa maturité. Des vitres cassées, d'autres raccommodées avec du papier ou bouchées avec des planches, donnaient à tout ce qu'on voyait autour de soi un air de désolation qui semblait dire : Ici la Vanité s'était proposé de fixer sa résidence, mais elle fut prévenue par la Pauvreté.

Après avoir long-temps frappé inutilement à la porte, je fus enfin introduit par un vieux jardinier. La maison était disposée à l'intérieur conformément à toutes les exigences du luxe et du *comfort;* — les cuisines auraient pu servir de modèle, et il y avait sur l'escalier de l'office des réservoirs de chaleur, afin que les plats n'eussent pas le temps de refroidir entre la cuisine et la salle, comme nous disons en Écosse. Mais au lieu des suaves émanations de la bonne chère, ces temples de Comus exhalaient l'odeur humide des voûtes sépulcrales, et ces larges réservoirs en fonte semblaient les cages de quelque antique bastille. La chambre à manger, le salon et un boudoir intérieur, étaient des pièces magnifiques, dont les plafonds étaient ornés d'ouvrages en stuc, ornements déjà brisés en quelques places, et qui en d'autres semblaient humides et détériorés. La boiserie des panneaux avait travaillé et s'était fendue; les portes, en place depuis deux ans à peine, ne tenaient néanmoins déjà presque plus sur leurs gonds. La désolation, en un mot, était là où n'avait jamais été la jouissance; et l'absence de tous les moyens de conservation habituels hâtait rapidement l'œuvre de détérioration.

L'histoire était assez ordinaire, et elle me fut racontée en peu de

---

[1] Superbe cascade formée par la haute Clyde. (L. V.)

mots. M. Treddles, celui qui avait acheté le domaine, était un homme prudent, sachant amasser en même temps que gagner de l'argent; son fils, qui était resté lancé dans les spéculations commerciales, voulut tout à la fois jouir de son opulence et l'accroître. Il se livra à de grandes dépenses, au nombre desquelles il faut compter cette construction. Pour y faire face, il s'aventura dans de hardies spéculations, qui ne furent pas heureuses. C'est une histoire qui peut avoir d'autres applications qu'à Glentanner.

D'étranges sensations de diverse nature s'élevèrent en moi pendant que j'errais dans ces appartements déserts, entendant à peine ce que me disait mon guide de la grandeur et de la destination de chaque pièce. Le premier sentiment, je rougis de le dire, fut un sentiment de dépit satisfait. Mon orgueil patricien était ravi que l'homme de profession mécanique qui n'avait pas trouvé assez bonne pour lui la demeure des Croftangry eût à son tour éprouvé une chute. Ma seconde pensée, sans être aussi blâmable, ne fut pas plus généreuse. — J'ai eu plus d'esprit que cet homme-là, pensai-je. Si j'ai perdu le domaine, j'en ai du moins mangé le prix; au lieu que M. Treddles a perdu le sien dans de misérables spéculations de commerce.

— Malheureux! répondait intérieurement une voix secrète, oses-tu bien triompher dans ta honte? Souviens-toi comment ta jeunesse et ta fortune ont été dilapidées, et ne t'applaudis pas d'avoir joui d'une existence qui te mettait de niveau avec les animaux en qui tout périt. Songe que la vanité de ce pauvre homme a du moins donné du pain au travailleur, paysan et citadin; et que ses profusions, comme l'eau qui se répand sur le sol, ont rafraîchi les herbes et les humbles plantes là où elles sont tombées. Mais toi! qui as-tu enrichi durant ta carrière d'extravagances, sauf ces brocanteurs du démon, les marchands de vins, les procureurs de mauvais lieux, les joueurs et les maquignons? L'angoisse produite par ce reproche que je m'adressais à moi-même fut telle, que je portai soudainement la main à mon front, et que je fus obligé de prétexter près de mon guide une migraine subite pour motiver ce mouvement, ainsi qu'un léger gémissement qui l'avait accompagné.

Je fis alors effort pour donner à mes pensées une direction plus philosophique, et je murmurai à demi-voix, comme un charme propre à assoupir toute pensée d'une nature plus pénible :

Nunc ager Umbreni sub nomine, nuper Ofelli
Dictus, erit nulli propriùs; sed cedit in usum
Nunc mihi, nunc alii. Quocirca vivite fortes,
Fortia que adversis opponite pectora rebus [1]. »

[1] « Ce champ, qui porte aujourd'hui le nom d'Umbrenus, et naguère celui d'Ofellus, n'appartient en propre à personne; tantôt c'est à moi qu'il tombe en partage, tantôt c'est à d'autres. Mettez donc votre vie au-dessus de ces traverses, et opposez à l'adversité un esprit plus fort qu'elle. » (HORACE, sat. 2, lib. II.) — Walter Scott cite en note une imitation qu'a faite Pope de ce passage du poëte latin. (L. V.)

Dans le désir que j'avais de graver dans mon esprit le précepte philosophique, je récitai tout haut le dernier vers ; et cette circonstance, jointe à l'agitation que je venais de montrer, devint, comme je le sus ensuite, l'occasion d'un bruit qui courut dans le pays, qu'un maître d'école fou était venu d'Édimbourg ayant en tête l'idée d'acheter Castle-Treddles.

Comme je vis que mon compagnon désirait se débarrasser de moi, je lui demandai où je trouverais la personne entre les mains de qui était déposé le plan du domaine, et qui pourrait me donner les autres renseignements relatifs à la vente. L'homme d'affaires qui avait ce plan en sa possession, me répondit le gardien, demeurait à ***, endroit qu'il me dit être, ce qu'au surplus je savais fort bien, à cinq milles *et un bout de chemin,* appoint qui pourrait, dans un pays où l'on serait moins prodigue de ses terres, compter pour deux ou trois milles de plus. Quelque peu effrayé de la fatigue d'une si longue course à pied, je m'informai s'il n'y avait pas moyen de me procurer un cheval, ou quelque autre moyen de transport, et l'homme me répondit négativement.

— Seulement, répondit mon *cicerone,* vous pourrez vous arrêter un brin jusqu'à demain matin aux *Armes de Treddles,* une maison très décente, à un mille d'ici tout au plus.

— Une nouvelle maison, je suppose ?

— Non ; c'est une nouvelle auberge, mais la maison est vieille. C'était toujours là que demeurait la dame douairière du temps de la famille des Croftangry ; mais M. Treddles en a fait une maison pour la commodité du pays. Pauvre homme ! il pensait aux autres, quand il en avait les moyens.

— Duntarkin une maison publique ! m'écriai-je.

— Oui-dà ? fit l'homme, surpris de ce que je donnasse à la maison son ancien titre ; il paraît que ce n'est pas la première fois que vous venez dans le pays ?

— Il y a long-temps, répliquai-je. — Et on est bien accommodé, aux *Armes de...* Comment dites-vous ? Il y a un hôte civil ? — Je faisais ces questions évidemment pour dire quelque chose, car l'homme me regarda d'un air ébahi.

— Très décemment accommodé, répondit-il. Vous ne vous mettrez sûrement pas en peine de vin, j'imagine, et il y a abondance de porter et d'ale, et une goutte de bon whisky, — du fairntosh [1] (ajouta-t-il en baissant la voix), — si vous savez vous faire bien venir de la ménagère, — car il n'y a pas d'homme. — On la nomme Christie Steel.

Ce nom me fit presque tressaillir. Christie Steel ! Christie était la femme de chambre de ma mère, c'était son bras droit, et, entre nous, une servante maîtresse ou à peu près. Je me la rappelais parfaitement ;

---

[1] Eau-de-vie de grain distillée en fraude. (L. V.)

et quoique autrefois ce n'eût pas été ma favorite, son nom sonnait en
ce moment à mon oreille comme celui d'une amie, et c'était le premier
mot que j'eusse entendu qui fût un peu à l'unisson des souvenirs que réveillait en moi tout ce qui m'entourait. Je quittai Castle-Treddles, résolu
à gagner de mon mieux Dunterkin, et mon *cicerone* se pendit à mes
basques pendant une partie du chemin, tout en lâchant la bride à son
amour du caquetage : occasion que, dans sa situation de sénéchal d'un
château abandonné, il ne devait probablement pas rencontrer fréquemment.

— Quelques gens pensent, me dit mon compagnon, qu'on aurait pu
mettre ma femme aux *Armes de Treddles* tout aussi bien que Christie
Steele ; car Christie avait toujours été en service, et n'avait jamais tenu
de maison publique, si bien qu'il est probable qu'elle n'entend rien à la
chose, à ce que j'ai ouï dire ; au lieu que ma femme a tenu un cabaret.

— C'aurait certainement été un avantage, repartis-je.

— Pourtant, il n'est pas sûr que j'eusse permis à Eppie de prendre la
maison, si on la lui eût offerte.

— Ceci est une autre considération.

— De toute manière, je n'aurais pas voulu manquer à M. Treddles ;
il était un brin original quand on le frottait à rebrousse-poil : — du
reste, un homme obligeant et bien intentionné.

Il me tardait de me délivrer de ce bavardage. Me trouvant près de
l'entrée d'un sentier qui abrégeait le chemin de Duntarkin, je mis une
demi-couronne dans la main de mon guide, je lui souhaitai le bonsoir,
et je m'enfonçai dans le bois.

— Allons donc, monsieur ! — fi donc, monsieur ! — ce n'est pas de
quelqu'un comme vous... Un moment, monsieur, vous ne trouverez pas
votre chemin par là. — Merci de Dieu ! il faut qu'il connaisse les chemins aussi bien que moi. — Je voudrais tout d'même bien savoir qu'est-ce
que c'est que ce camarade-là.

Ce furent les derniers mots que j'entendis mon guide prononcer de
sa voix traînante et monotone ; charmé d'être débarrassé de lui, je me
mis à marcher rapidement, malgré les grosses pierres, les ronces et
les *mauvais pas* qui se trouvaient à chaque instant dans le chemin que
j'avais choisi. Dans les intervalles, j'essayais de mon mieux, au moyen
des vers d'Horace, de Prior, et de tous ceux qui ont fait l'éloge du mélange de la vie littéraire et de la vie rurale, de rappeler les visions de
la nuit dernière et de la matinée, me figurant me voir établi dans quelque ferme détachée du domaine de Glentanner,

« Que de riants coteaux de tous côtés enclosent, —
Et qu'abritent partout le chêne et le bouleau. »

Là, j'aurais un cottage avec une petite bibliothèque, un petit cellier, un lit de réserve pour un ami, et je vivrais plus heureux et plus honoré qu'au temps où j'avais toute la baronnie. Mais la vue de Castle-Treddles avait renversé tous mes châteaux en Espagne. La réalité des choses, pareille à une pierre lancée dans une source limpide, avait détruit la réflexion des objets environnants qui jusque là sommeillaient sur la surface cristalline de la fontaine, et j'essayais vainement de rappeler les tableaux qui avaient été si brusquement renversés. Hé bien, alors, je l'essaierais d'une autre manière; j'essaierais de décider Christie Steele à quitter son auberge, puisqu'elle n'y faisait pas de bonnes affaires : elle avait été la gouvernante de ma mère; elle serait la mienne. Je connaissais tous ses défauts, et je repassai dans mon esprit les circonstances de son histoire.

C'était, je crois, une petite-fille, ou du moins une parente du fameux covenantaire du même nom, que l'ami du doyen Swift, le capitaine Creichton, tua d'un coup de feu sur son propre escalier, au temps des persécutions [1]; et peut-être était-ce de cette souche native qu'elle avait tiré beaucoup de ses bonnes et de ses mauvaises qualités. Personne ne pouvait dire d'elle qu'elle fût la vie et l'esprit de la famille, quoique du temps de ma mère elle dirigeât toutes les affaires de la maison ; sa physionomie était austère et sombre, et ce n'était qu'à son silence que vous pouviez vous apercevoir qu'elle n'avait pas d'humeur contre vous : si elle avait quelque motif de plainte, réel ou imaginaire, elle criait toujours assez haut. Elle avait pour ma mère l'attachement dévoué d'une sœur cadette; mais elle était aussi jalouse des bonnes grâces que sa maîtresse pouvait accorder à d'autres, qu'un vieux mari le serait d'une femme coquette, et aussi sévère dans ses admonestations qu'une abbesse avec ses nones. L'empire qu'elle exerçait sur ma mère était, je le crains, celui d'un caractère fort et résolu sur une disposition plus faible et plus nerveuse; et quoique Christie Steele usât de cet empire avec rigueur, elle croyait cependant du fond de l'âme diriger sa maîtresse dans la voie la meilleure et la plus convenable, et elle serait morte plutôt que de changer de principe de conduite à son égard. L'attachement de cette femme se concentrait tout entier sur la famille de Croftangry, car elle avait peu de parents; et un cousin débauché, qu'elle avait pris assez tard pour mari, l'avait laissée veuve depuis long-temps.

Elle avait toujours eu pour moi une forte aversion. Même dès ma première enfance, elle était jalouse, tout étrange que cela puisse paraître, de la part que j'avais dans les affections de ma mère; elle voyait mes défauts et mes vices avec horreur et sans le moindre grain d'indulgence, et elle ne pardonnait pas la faiblesse de l'affection maternelle, même quand, par la mort de deux frères, je restai le seul enfant d'une mère veuve. A l'époque où le désordre de ma conduite porta ma mère à

---

[1] *Voyez* la note B, fin du volume.

quitter Glentanner et à se retirer dans la maison que lui assurait son douaire, j'en voulus à Christie Steele d'avoir influencé son ressentiment, et de l'avoir détournée de prêter l'oreille aux promesses que je lui faisais de m'amender, promesses qui parfois étaient réelles et sérieuses, et qui peut-être auraient pu hâter le changement qui depuis a eu lieu en moi, j'aime à le croire. Mais Christie me regardait comme un enfant de perdition tout-à-fait condamné et prédestiné, qu'il était impossible d'arrêter dans sa carrière, et qui y aurait entraîné quiconque aurait pu tenter de le retenir.

Toutefois, bien que sachant quelles avaient été contre moi en d'autres temps les préventions de Christie, je pensais qu'il s'était écoulé depuis lors un assez long intervalle pour en avoir effacé l'impression. Je n'ignorais pas qu'à l'époque où le désordre de mes affaires avait fait éprouver momentanément à ma mère quelques embarras d'argent, Christie, comme une chose toute naturelle, s'était placée sur la brèche, et ayant vendu un petit héritage qui lui était échu, en avait apporté le prix à sa maîtresse, avec ce sentiment profond de dévouement qui inspirait les chrétiens du premier siècle lorsqu'ils vendaient tout ce qu'ils avaient pour suivre les apôtres de l'Église. Je pensai donc que nous pouvions, pour employer l'ancien adage écossais, regarder comme passé ce qui était passé, et ouvrir un nouveau compte. Je résolus néanmoins, en général habile, de reconnaître un peu le terrain avant d'arrêter un plan de campagne définitif, et jusque là je me décidai à conserver mon incognito.

CHAPITRE IV.

M. CROFTANGRY DIT ADIEU AU CLYDESDALE.

> Hélas ! combien elle était différente de ce qu'elle avait été jadis ! — Dégradée au rang de misérable auberge ! GRAY.

Au bout d'une heure de marche, ou environ, je me trouvai en face de Duntarkin, qui me parut avoir éprouvé aussi de grands changements, bien qu'elle n'eût pas été complétement démolie comme l'habitation principale. Une cour d'auberge s'étendait devant la porte de l'ancienne demeure des douairières de Croftangry, et on y distinguait encore les restes de la haie de houx qui avait autrefois abrité le jardin. Et puis une nouvelle route, large et nue, avait fait invasion dans la petite vallée, au lieu de l'ancien sentier si peu fréquenté qu'il était presque entièrement couvert d'herbe. C'est un grand sacrilége, dont se rendent quelquefois coupables messieurs les *trustees* [1] des chemins publics, d'adopter la largeur nécessaire à une avenue des abords de la métropole là où l'on n'a besoin que d'un accès à quelque canton séquestré et peu populeux. Je ne dis rien de la dépense : c'est un point à régler entre les *trustees* et leurs commettants. Mais c'est détruire toutes les beautés agrestes d'un canton, que d'y percer une route disproportionnée par sa largeur avec la vallée qu'elle traverse ; c'est amoindrir nécessairement l'importance des bois et des eaux, et celle des accidents d'un terrain varié, qui autrement auraient attiré l'attention et charmé la vue. Un filet d'eau murmurant le long d'une de ces modernes voies appiennes ou flaminiennes n'est plus qu'un vil ruisseau ; — la petite colline se transforme en monticule, — et le monticule pittoresque en une taupinière sur laquelle les yeux dédaignent de s'arrêter.

C'était cependant un sacrilége de ce genre qui avait détruit le tranquille isolement de Duntarkin, et introduit la poussière d'une large route de gravier, avec son accompagnement habituel de chaises de poste et de diligences, au milieu d'une des localités les plus isolées du

---

[1] Sorte d'ingénieurs civils. (L. V.)

Middle Ward de Clydesdale. La maison, vieille et délabrée, avait dans son apparence extérieure quelque chose de triste, comme si elle eût senti sa dérogation ; mais l'enseigne était solide, neuve et peinte de couleurs resplendissantes, représentant un écusson héraldique, trois navettes sur un champ diapré, une toile à demi déployée pour cimier, et pour supports deux vigoureux géants, chacun d'eux tenant en main un déchargeoir de tisserand. Attacher cet emblème monstrueux à la façade de la maison eût été s'exposer peut-être à entraîner la muraille ; c'est du moins ce qu'on n'aurait certainement pu faire sans masquer une ou une deux fenêtres. Aussi l'avait-on établi en avant de la maison, entre deux poteaux et dans un cadre en fer, le tout renfermant assez de fer et de bois pour en construire un pont ; et ainsi suspendue, craquant, criant et gémissant à chaque bouffée de vent, cette lourde machine portait la terreur à cinq milles à la ronde dans les nids des grives et des linottes, anciens hôtes du petit vallon.

A mon entrée dans la maison, je fus reçu par Christie Steele elle-même, qui parut incertaine si elle me laisserait dans la cuisine ou si elle m'introduirait dans une pièce séparée. Comme je demandai du thé, avec quelque chose d'un peu plus substantiel que du pain et du beurre, et que je parlai de souper et de coucher, Christie me conduisit enfin à la chambre où elle se trouvait au moment de mon arrivée, probablement la seule où il y eût du feu, quoique nous fussions en octobre. Ceci répondait à mon plan ; et la voyant se mettre en devoir d'emporter son rouet, je lui demandai de vouloir bien être assez bonne pour rester et faire elle-même mon thé, ajoutant que le bruit du rouet me plaisait, et que je ne voulais pas la déranger le moins du monde dans ses occupations.

— Je n'sais pas, monsieur, — me répondit-elle d'un ton sec et revêche qui me ramena de vingt ans en arrière ; — je n'suis pas d'ces hôtesses amusantes qui peuvent vous conter les histoires du pays et faire leurs agréables. J'allais vous allumer du feu dans la chambre rouge ; mais, si c'est votre volonté de rester ici, celui qui paie l'écot doit avoir le choix du logement.

Je m'efforçai de nouer conversation avec elle ; mais quoiqu'elle me répondît avec une sorte de civilité roide, je ne pus l'amener à causer librement et d'elle-même, et elle commença bientôt à regarder son rouet et la porte, en femme qui méditait une retraite. Je fus donc obligé d'aborder certaines questions spéciales qui pussent avoir de l'intérêt pour une personne dont les idées étaient probablement d'une nature très bornée.

Je parcourus la pièce des yeux ; c'était celle-là même où pour la dernière fois j'avais vu ma pauvre mère. L'auteur de l'histoire de la famille, mentionné précédemment, s'y faisait grand honneur des améliorations que lui devait Duntarkin, et y racontait complaisamment comment, « à grands frais et avec de grands sacrifices il avait fait boiser les murailles du grand parloir — (celui où j'étais assis en ce moment), — les avait fait garnir de panneaux, avait fait faire un plafond en plâtre, avait embelli la pièce d'une cheminée concave, et l'avait décorée de tableaux, d'un baromètre et d'un thermomètre. » Et notamment, ce que sa bonne mère avait coutume de dire qu'elle prisait plus que tout le reste, il avait fait peindre par une main habile son propre portrait au-dessus du manteau de la cheminée. Et véritablement il y était encore, offrant à peu de chose près le visage que, d'après son écriture, j'avais été disposé à lui supposer, — austère et refrogné, mais non pourtant sans un certain mélange de finesse et de résolution. Il était couvert d'une armure, quoiqu'il n'en eût jamais porté, j'imagine. Le peintre l'avait représenté une main sur un livre ouvert, et l'autre appuyée sur la garde de son épée, bien que j'ose dire que jamais la lecture ne lui donna la migraine, non plus que l'escrime ne lui fatigua les membres.

— Ce portrait est peint sur bois, madame? demandai-je.

— Oui, monsieur, sans quoi on ne l'aurait pas laissé ici ; — on a pris tout ce qu'on a pu prendre.

— Les créanciers de M. Treddles, vous voulez dire?

— Non, répliqua-t-elle sèchement, les créanciers d'une autre famille, qui firent encore mieux maison nette que ceux de ce pauvre M. Treddles, parce que j'imagine qu'il y avait moins à prendre.

— Une famille plus ancienne, peut-être, dont probablement on se souvient plus que des derniers possesseurs, et qu'on regrette davantage?

Ici Christie se rassit et tira son rouet à elle. Je lui avais fourni un sujet sur lequel ses idées pouvaient se reposer avec intérêt, et son rouet était en de telles occasions un accompagnement mécanique dont les révolutions aidaient à la netteté de ses idées.

— Qu'on a regrettée davantage? — qui a fait plus faute? dites-vous... Il y a une personne de l'ancienne famille que j'aimais bien, mais je ne peux pas en dire autant de toutes. Comment est-ce qu'ils auraient fait plus faute que les Treddles? Le moulin à coton faisait tant de bien au pays! Plus les pauvres gens avaient d'enfants, mieux c'était; dès cinq ans, ils gagnaient leur entretien, et une veuve avec trois ou quatre mioches était une femme riche du temps des Treddles.

— Mais la santé de ces pauvres enfants, ma bonne amie; — leur éducation et leur instruction religieuse?...

— Quant à ce qui est de la santé, interrompit Christie en me regardant d'un air assombri, il faut qu'vous n'connaissiez guère le monde, monsieur, si vous ne savez pas que la santé du pauvre, aussi bien que sa jeunesse et ses forces, sont tout aux ordres de la bourse du riche. Il n'y a jamais eu métier si malsain qu'on ne se soit battu pour y avoir de la besogne, pourvu qu'on y pût gagner deux pennies par jour au-dessus des salaires ordinaires. Au surplus, on avait raisonnablement soin des petits en fait d'air et d'exercice, et un jeune homme très capable leur faisait dire leur *carritch* [1] et leur donnait des leçons dans le *Reediemadeasy* [2]. Or, qu'est-ce qu'ils gagnaient auparavant? Peut-être bien que par une journée d'hiver on leur faisait battre les bois pour rabattre les coqs de bruyère ou d'autre gibier, et alors les pauvres petits affamés pouvaient avoir un morceau de pain, peut-être oui, peut-être non, selon l'humeur du sommelier; — c'était tout ce qu'ils avaient.

— Ce n'était donc pas une très bonne famille pour les pauvres, les anciens possesseurs? dis-je avec quelque peu d'amertume; car je m'étais attendu à entendre faire l'éloge de mes ancêtres, bien que je n'espérasse certainement pas être régalé du mien.

— Ils n'étaient pas mauvais pour eux, monsieur, et c'est toujours quelque chose. C'étaient des riches d'une conduite décente; — les pauvres qui étaient assez hardis pour demander recevaient une aumône et étaient les bienvenus; les honteux n'avaient rien et étaient doublement bienvenus. Au surplus, ils suivaient honnêtement leur chemin devant Dieu et devant les hommes, les Croftangry, et, comme je vous le disais tout-à-l'heure, s'ils faisaient peu de bien ils faisaient peu de mal. Ils recevaient leurs revenus et les dépensaient, faisaient rentrer leurs redevances [3] et les mangeaient, allaient à l'église le dimanche, saluaient civilement si on leur ôtait son bonnet quand ils passaient, et avaient un regard noir comme le péché pour ceux qui ne l'ôtaient pas.

— Ce sont leurs armes que vous avez sur l'enseigne?

— Quoi? sur la planche peinte qui grince et qui crie à la porte? — non, ce sont les armes de M. Treddles, — quoique ça ressemble autant à des jambes qu'à des armes. — C'est bien malgré moi qu'on a planté là la machine, qui a coûté autant d'argent qu'il en aurait fallu pour réparer la maison depuis les fondations jusqu'à la dernière poutre du toit. Mais si je suis pour demeurer ici, j'aurai une enseigne décente avec un bol de punch dessus.

— Vous n'êtes donc pas certaine de rester ici, mistress Steele?

— Ne me donnez pas de la mistress, dit la vieille malaisée, dont les doigts faisaient en ce moment manœuvrer le rouet et la quenouille d'une manière qui indiquait une irritation nerveuse; — tout a mal tourné dans le pays depuis que *luckie* [4] est devenue mistress, et mistress myleddy. Et quant à ce qui est de rester ici, si ça vous intéresse de le savoir, j'y peux rester si je paie cent livres sterling pour le bail, et je peux déloger

---

[1] Expression écossaise. Catéchisme. (L. V.)

[2] C'est ainsi qu'on prononce habituellement en Écosse les mots *reading made easy.* (La lecture rendue facile.) (W. S.)

[3] *Kain*, redevance en nature, telle qu'œufs, poulets, etc. (L. V.)

[4] Depuis que chacun a voulu sortir de sa sphère. *Luckie* est en Écosse un terme de familiarité qui peut se rend par *la mère*. (L. V.)

si je ne les paie pas; ainsi, bien le bonsoir, Christie. — Et elle fit aller son rouet avec un redoublement d'activité.

— Et le métier de maîtresse d'auberge est de votre goût?

— C'est ce que je ne puis guère dire. Mais le digne M. Prendergast dit que c'est un métier licite, si bien que je m'y suis accoutumée et que j'y ai gagné honnêtement ma vie, quoique je n'aie jamais enflé mes mémoires, ni fourni à personne les moyens de perdre la raison chez moi.

— En vérité? En ce cas il n'est pas étonnant que vous n'ayez pas amassé les cent livres qu'il vous faudrait pour acheter le bail.

— Que savez-vous si je ne pourrais pas avoir une centaine de livres à moi? répliqua-t-elle d'un ton aigre. Si je ne les ai pas, c'est bien sûr ma faute; et pourtant je ne peux pas appeler ça une faute, car je les ai donnés à une personne qui avait bien droit à tout ce que je pouvais faire pour la servir. — Une seconde fois elle tira brusquement le chanvre de sa quenouille, et le rouet repartit avec une nouvelle vigueur.

— Ce vieux gentilhomme, repris-je en arrêtant mes regards sur le panneau peint, paraît avoir eu aussi ses armes aussi bien que M. Treddles; — c'est-à-dire si ce qui est là peint dans le coin est un écusson.

— Oui, oui, — un cusson [1], c'est bien ça; il leur faut à tous leurs cussons. Il n'y a guère de gentillâtre sans ça; aussi vous pouvez voir les armes, comme on dit, de la maison Glentanner sur une vieille pierre làbas au bout de la maison. Pourtant il faut leur rendre justice; ils n'en faisaient pas autant gloriole que ce pauvre M. Treddles; — c'est peut-être qu'ils en avaient plus l'habitude.

— Très vraisemblablement. — Reste-t-il encore quelqu'un de l'ancienne famille en vie, ma bonne femme?

— Non, répondit-elle; puis elle ajouta, après un moment d'hésitation : Non que je sache. — Et le rouet qui s'était arrêté un moment, se remit de nouveau à tourner.

— Peut-être quelqu'un d'eux est-il à l'étranger? suggérai-je.

Elle leva la tête et me regarda en face. — Non, monsieur. Ils étaient trois fils du dernier laird de Glentanner, comme on l'appelait alors; John et William promettaient, mais ils moururent en bas âge, — l'un d'une maladie de langueur qui vint à la suite de la rougeole, l'autre d'une fièvre. C'eût été heureux pour bien des gens que Chrystal fût parti par la même route.

— Ha! — ce doit être le jeune prodigue qui vendit les biens? Vous ne devriez pourtant pas lui en tant vouloir; songez que nécessité n'a pas de loi. Et puis, ma bonne femme, il n'était pas plus coupable que M. Treddles, que vous plaignez tant.

---

[1] Dans le texte, l'équivoque porte sur la ressemblance de son des mots *scutcheon* écusson, et *cushion*, coussin. (L. V.)

— Je voudrais pouvoir le penser, monsieur, pour l'amour de sa mère; mais M. Treddles était dans le commerce, et quoiqu'on ne puisse pas dire précisément qu'il ait bien fait, pourtant on pouvait jusqu'à un certain point passer à un homme d'être dépensier, quand il s'imaginait frapper monnaie. Mais ce malheureux garçon dévora son patrimoine tout en sachant bien qu'il vivait comme un rat dans un fromage de Dunlap, et qu'il diminuait ses moyens à chaque bouchée. — Je n'peux pas penser à ça. — Sur ce elle se mit à chantonner un fragment de ballade; mais il n'y avait guère de gaieté ni dans son accent ni dans son expression : —

> « Il sut bientôt trouver le bout
> Du bien qu'avait gagné son père.
> Maison et terre, il mangea tout :
> Ne parlons plus du pauvre hère. »

— Allons, bonne femme, repris-je, c'est une longue ruelle celle qui ne tourne pas. Je ne vous cacherai pas que j'ai ouï parler de ce pauvre diable de Chrystal Croftangry. Il a semé ses mauvaises avoines, comme on dit, et il est devenu un homme rangé et respectable.

— Et de qui tenez-vous ces nouvelles-là? dit-elle en me regardant d'un air pénétrant.

— Ce n'est peut-être pas de celui qui pouvait le mieux juger de son caractère, répondis-je, car c'est de lui-même que je les tiens.

— Et s'il vous a dit la vérité, c'est une vertu qu'il ne pratiquait guère autrefois.

— Allons donc! m'écriai-je très piqué; tout le monde le tenait pour homme d'honneur.

— Oui, oui! il aurait tué avec ses pistolets ou son fusil quiconque l'aurait appelé menteur. Mais quand il promettait de payer un honnête marchand à la prochaine échéance des rentes, tenait-il sa parole? Et quand il promettait à une pauvre sotte fille de réparer sa honte, disait-il la vérité? Et comment appelez-vous cela, si ce n'est pas être un menteur, et un menteur de la pire espèce, par-dessus le marché?

La colère me gagnait, mais je fis effort pour me contenir; et de fait, une réponse irritée de ma part n'aurait fait que ménager un triomphe à mon bourreau. Je soupçonnais presque qu'elle commençait à me reconnaître; néanmoins elle manifestait si peu d'émotion que je ne pouvais croire mon soupçon fondé. Je repris donc, d'un ton aussi indifférent qu'il me fut possible de l'affecter : Bien, bien, bonne femme; je vois que vous ne croirez rien du bien qu'on vous pourra dire de ce Chrystal, tant qu'il ne sera pas revenu acheter une bonne ferme sur le domaine, et faire de vous sa femme de charge.

La vieille laissa échapper son fil, et joignit les mains en levant les yeux au ciel avec une expression de crainte : Le Seigneur l'en préserve!

s'écria-t-elle ; — que la merci du Seigneur l'en préserve ! Oh, monsieur ! si vous connaissez réellement ce malheureux, persuadez-lui de s'établir là où on le connaît pour ce que vous dites qu'il est devenu, et où on ne connaisse pas ce qu'il a été autrefois. Il ne manquait pas de fierté ; — oh ! ne le laissez pas venir ici, par amour pour lui. — Il avait autrefois un certain orgueil.

Elle rapprocha de nouveau le rouet, et se mit à tirer la filasse à deux mains. — Ne le laissez pas venir ici, continua-t-elle, pour se faire regarder du haut en bas par ce qui peut encore rester de ses anciens compagnons de débauche, et pour voir les honnêtes gens qu'il regardait par-dessus l'épaule le regarder de même à leur tour, à l'église et au marché. Ne le laissez pas revenir dans son pays pour s'y faire montrer au doigt par les voisins, qui se diraient les uns aux autres ce qu'il est et ce qu'il a été, et comment il a perdu un beau domaine, et fait passer le seuil de la maison de son père à des femmes de mauvaise vie, si bien que sa mère n'y put plus demeurer ; et comment une servante de sa propre maison avait prédit que ce ne serait jamais qu'un rien qui vaille, ni autre chose qu'un enfant de perdition, et comme quoi sa prédiction s'est trouvée vraie, et comme quoi....

— Halte-là, s'il vous plaît, bonne femme, m'écriai-je ; vous en avez dit autant que ma mémoire en peut retenir, et peut-être plus qu'il ne serait sûr d'en répéter. Je puis prendre une bonne dose de liberté avec la personne dont nous parlons ; mais je crois que si tout autre que moi allait lui rapporter seulement la moitié de votre message, il ne pourrait guère répondre de la sûreté de son individu. Et maintenant, comme je vois que décidément la nuit sera belle, je vais me rendre à pied jusqu'à ***, où je trouverai demain la voiture d'Edimbourg à son passage.

A ces mots je payai le montant de mon modeste écot et pris congé, sans être en état d'affirmer que la vieille Christie, si tenace dans ses préventions, avait ou non soupçonné l'identité de son hôte avec le Chrystal Croftangry pour qui elle conservait une telle aversion.

La nuit était belle et froide, bien que tout-à-l'heure, au moment où je l'avais affirmé, il eût pu pleuvoir à verse. Je ne voulais qu'un prétexte d'échapper à la vieille Christie Steele. Les chevaux qui courent au Corso, à Rome, sans être montés, portent avec eux leurs propres éperons pour stimuler leur ardeur, c'est-à-dire de petites boules d'acier garnies de piquants et attachées à des lanières de cuir, de telle sorte que mises en mouvement par la rapidité même de la course, elles leur piquent les flancs et les maintiennent dans leur élan. Les reproches de la vieille femme eurent sur moi le même effet et me firent marcher d'un pas rapide, comme si par là il m'eût été possible d'échapper à mes propres souvenirs. Dans mon meilleur temps, à l'époque où je gagnai à la course un ou deux paris difficiles établis entre les meilleurs marcheurs, je doute que j'aie jamais marché aussi vite que je le fis des

Armes de Treddles à la petite ville où je me rendais. Quoique la nuit fût froide, j'avais assez chaud quand j'arrivai à mon auberge, et il me fallut une pinte de porter rafraîchissant et une demi-heure de repos avant que je pusse me déterminer à ne plus penser à Christie et à ses opinions autrement qu'à celles de toute autre vieille femme à préjugés vulgaires. Je résolus à la fin de traiter légèrement la chose, et ayant demandé de l'encre et du papier, je mis sous pli un mandat de 100 livres sterling, avec ces trois lignes sur l'enveloppe :

> « Chrystal le rien-qui-vaille,
> Enfant destiné au diable,
> Envoie ceci à Christie Steele [1] ; »

et je fus tellement enchanté de cette nouvelle manière d'envisager le sujet, que je regrettai que l'heure avancée ne me permit pas de trouver quelqu'un pour porter sur-le-champ ma lettre à sa destination.

> « Mais avec le matin vint la réflexion. »

Je réfléchis que cet argent, et probablement plus, était bien positivement dû par moi à Christie, qui l'avait prêté à ma mère dans un moment d'urgence, et que le lui rendre d'une manière légère et burlesque serait probablement empêcher une femme si susceptible et si pointilleuse d'accepter ce qui, après tout, n'était que le remboursement d'une dette sacrée, d'une dette qu'il m'importait particulièrement de voir éteinte. Sacrifiant donc ma *triade* avec peu de regret (car elle me paraissait meilleure à la chandelle, et à travers le *medium* d'une pinte de porter, qu'au grand jour et avec du thé pour menstrue [2]), je me décidai à employer l'intermédiaire de M. Fairscribe pour acheter le bail de la petite auberge, et pour l'assurer à Christie de manière à ce que sa susceptibilité ne pût être choquée. La seule chose que j'aie à ajouter, c'est que mon plan réussit, et que la veuve Steele tient encore aujourd'hui l'auberge des *Armes de Treddles*. Ne dites donc pas, lecteur, que j'ai manqué de franchise avec vous ; car si je ne vous ai pas dit de moi tout le mal que j'aurais pu vous en dire, je vous ai indiqué une personne qui est à même de remplir la lacune, et qui n'y est pas moins disposée, en racontant toutes mes fautes aussi bien que mes malheurs.

Cependant, je renonçai complétement à l'idée de racheter une partie quelconque des biens paternels, et je résolus de suivre l'avis de Christie Steele, comme le jeune Norval celui de Glenalvon, « quoique la forme en fût dure. »

[1] Dans l'original, ces trois lignes forment une espèce de couplet rimé, ce qu'en anglais on nomme *triade* :

> Chrystal, the ne'er-do-weel,
> Child destined to the deil,
> Sends this to Christie Steele.

[2] Dans l'ancienne chimie, on appelait menstrue toute liqueur propre à servir de dissolvant. (L. V.)

CHAPITRE V.

M. CROFTANGRY S'ÉTABLIT DANS LA CANONGATE.

> Si vous voulez savoir où est ma maison, c'est ici tout près, à ce bouquet d'oliviers.
> *Comme il vous plaira.*

Par une révolution d'humeur dont il me serait impossible de rendre raison, je changeai complétement d'avis, quant à mon plan de vie future, par suite du désappointement dont l'histoire remplit le dernier chapitre. Je commençai à m'apercevoir que la campagne ne me conviendrait pas du tout; car j'avais renoncé à la chasse ainsi qu'à la pêche, et je ne me sentais pas la moindre inclination pour l'agriculture, vocation ordinaire des propriétaires campagnards [1] : avec cela que je n'avais rien de ce qu'il faudrait pour soutenir l'un ou l'autre candidat dans une élection qui se préparait, et que je ne voyais aucun amusement dans les fonctions d'administrateur des routes, de commissaire des taxes, ni même dans celles de juge de paix. J'avais commencé à prendre quelque goût à la lecture; et en fixant mon domicile à la campagne, je m'éloignais nécessairement des lieux où il me serait le plus aisé de me procurer des livres, ne devant alors avoir à proximité que le petit cabinet de lecture où vous pouvez être certain que le livre que vous voulez avoir est toujours en main.

Je résolus donc de faire de la métropole de l'Écosse ma résidence habituelle, sauf à me donner de temps à autre le plaisir de quelqu'une de ces excursions que M. Piper, en dépit de tout ce que j'ai dit contre les voitures publiques, a rendues si faciles. Ami de notre vie et de nos moments, il nous assure par la vitesse contre la perte du temps ; par les meilleures voitures, les meilleurs chevaux et les conducteurs les plus expérimentés, contre les dangers que pourraient courir nos membres ; et il nous transporte, nous et nos lettres, d'Edimbourg au cap Wrath dans le temps qu'il faut pour écrire un paragraphe.

Lorsque j'eus définitivement pris le parti de faire d'Auld Reekie [2] mon

---

[1] *Country gentlemen.*

[2] La Vieille Enfumée. Les lecteurs de Walter Scott se souviendront sûrement que c'est le nom populaire de la capitale de l'Écosse. (L. V.)

quartier-général, me réservant la faculté de pousser mes *reconnaissances* dans toutes les directions, je me mis à explorer sérieusement la ville dans l'intention de trouver une habitation convenable. — Et où pensez-vous que j'allai? comme dit sir Pertinax [1]. Ce ne fut ni au George's Square [2], — ni à Charlotte Square, — ni à la vieille Nouvelle Ville, — ni à la nouvelle Ville Neuve [3], — ni au Calton Hill : je fus à la Canongate, et à la partie même de la Canongate où j'avais autrefois été claquemuré, comme le chevalier errant, prisonnier dans un palais enchanté, où un charme a rendu l'air qui l'enveloppe impénétrable au malheureux captif, quoique nul obstacle apparent ne limite l'espace où peut s'étendre sa vue.

Pourquoi eus-je l'idée de planter là ma tente? c'est ce que je ne saurais dire. Peut-être était-ce pour jouir des plaisirs de la liberté là où j'en avais si long-temps ressenti la privation avec amertume; à peu près comme cet officier qui, après s'être retiré du service, avait ordonné à son domestique de continuer à l'éveiller à l'heure de la parade, uniquement pour qu'il pût avoir le plaisir de dire : Au diable la parade! et de se tourner de l'autre côté pour se rendormir. Ou peut-être m'attendais-je à trouver dans le voisinage quelque petite maison à l'ancienne mode, ayant quelque chose du *rus in urbe* [4], et dont j'avais l'ambition de jouir. Bref, comme je l'ai dit, je me dirigeai vers la Canongate.

Je m'étais arrêté au bord du ruisseau dont j'ai parlé précédemment; et comme j'avais l'esprit plus à l'aise, mes organes étaient plus délicats. Je m'aperçus mieux qu'autrefois, que, comme le métier de Pompey dans *Mesure pour Mesure* [5], le ruisseau « sentait presque... pouah! — Une once de musc, mon brave apothicaire. » — M'éloignant de là, mes pas se dirigèrent naturellement vers l'humble appartement que j'avais occupé. Ma petite hôtesse montagnarde, aussi alerte et aussi pimpante que jamais (car les vieilles femmes résistent cent fois mieux à la fatigue que les hommes vieillis comme elles), se tenait sur la porte, se chantonnant à elle-même une ballade de ses montagnes, tout en secouant une nappe sur les marches en avant de sa porte, et en la repliant ensuite avec soin pour qu'elle pût resservir.

---

[1] Cette citation — « comme dit... » — qui ne paraît pas et ne saurait paraître justifiée dans une traduction, s'explique aisément dans le texte par le fort accent écossais qu'indique l'orthographe de cette question que M. Croftangry adresse à ses lecteurs. — *And whare trew ye I gaed?* dit-il, ce qui doit offrir ce qu'on nomme le *comique provincial* à un Anglais, pour lequel il aurait fallu écrire *And where throw you I went?* (L. V.)

[2] Place Saint-Georges.

[3] On sait que la ville d'Édimbourg se divise aujourd'hui en deux parties bien distinctes, le Vieil et le Nouvel Édimbourg, le premier au sud et l'autre au nord. Il paraît que dans la Nouvelle Ville il y a aussi des distinctions d'âge selon les quartiers. (L. V.)

[4] La campagne a la ville.

[5] Comédie de Shakspeare. Pompey est le valet d'une maison de débauche. (L. V.)

— Comment va, Janet?

— J'vous r'mercie, mon bon monsieur, répondit ma vieille amie sans tourner les yeux de mon côté; mais vous auriez aussi ben pu dire mistress Mac Evoy, car je n'suis point la Shanet [1] du premier venu, — dà!

— Il faut pourtant que vous soyez la mienne, malgré cela; — est-ce que vous m'avez oublié? — Ne vous ressouvenez-vous pas de Chrystal Croftangry?

L'alerte et bonne créature jeta sa nappe dans la chambre, descendit la montée quatre à quatre avec la légèreté d'une sylphide, me saisit les mains, — les deux mains, — et tout en sautant de joie, m'appliqua un bon baiser. Je fus un peu honteux; mais quel berger touchant à la soixantaine pourrait résister aux avances d'une beauté contemporaine? Nous nous livrâmes donc à tout l'épanchement de la rencontre : — honni soit qui mal y pense, — puis Janet entra sur-le-champ en affaires. — Vous allez sûrement entrer, m'sieur Croftangry, pour revoir vot' ancienne chambre, et Shanet vous rendra les quinze schillings que vous vous êtes sauvé sans prendre, et sans dire adieu à Shanet? Mais que ça n'vous tourmente pas l'esprit, ajouta-t-elle d'un air de bonne humeur; Shanet vit bien que le temps vous durait d'être parti.

Pendant ce temps, nous étions arrivés à ma chambre d'autrefois, et Janet, sa bouteille de cordial d'une main et le verre de l'autre, m'avait forcé d'accepter une goutte d'usquebaugh, distillé avec du safran et d'autres herbes, suivant quelque vieille recette highlandaise. Puis elle me tira, de je ne sais combien d'enveloppes surajoutées, les quinze schillings que Janet me gardait ainsi depuis vingt ans et plus.

— Les voilà, me dit-elle, sa probité éprouvant un petit mouvement de triomphe; tout juste les mêmes que je vous tendais le jour où vous vous êtes sauvé d'ici comme si vous aviez été *fey* [2]. Bien des fois depuis ce temps-là Shanet a eu de l'argent et Shanet en a manqué; — le jaugeur [3] est venu, le facteur [4] est venu, et puis le boucher, et puis le boulanger, — Dieu vous bénisse! — comme s'ils avaient voulu mettre la pauv'vieille Shanet en pièces; mais elle a toujours gardé les quinze schillings de M. Croftangry.

— Et si je n'étais jamais revenu, Janet?

— Och [5]! si Shanet avait ouï dire que vous étiez mort, elle les aurait donnés aux pauvres de la chapelle pour prier pour M. Croftangry, car elle est catholique, répondit Janet en se signant; — vous ne

---

[1] L'auteur reproduit la prononciation montagnarde de la digne hôtesse de la Canongate. (L. V.)

[2] Frappé d'un sort. (L. V.)

[3] Le percepteur des taxes sur les boissons. (L. V.)

[4] L'agent du propriétaire. (L. V.)

[5] Exclamation familière aux Highlanders. (L. V.)

croyez peut-être pas qu'ça vous aurait fait du bien, mais les prières du pauvre ne peuvent jamais faire de mal.

J'accédai de bon cœur à la conclusion de Janet, et comme c'eût été mal répondre à la scrupuleuse probité de sa conduite que de la prier de regarder le petit trésor comme sa propriété, je lui demandai de vouloir bien en disposer comme elle se proposait de le faire au cas où je serais mort, si elle connaissait, bien entendu, quelques pauvres gens honnêtes à qui cet argent pût être utile.

— Je n'en connais bien que trop, monsieur Croftangry, dit-elle en portant à ses yeux le coin de son tablier à carreaux; je n'en connais que trop. Och! — il y a les pauvres Highlanders de Glenchee, qui sont descendus ici pour la moisson, et qui sont sur le dos avec la fièvre; — cinq schillings pour eux et une demi-couronne pour Bessie Mac Evoy, dont le mari, pauv' cher homme, est mort de froid malgré tout le whisky qu'il avait soin de boire pour se tenir l'estomac chaud, quand il était attelé à sa chaise-à-porteur; — puis...

Mais elle interrompit subitement le chapelet de ses charités projetées, et prenant un air très grave, en même temps que ses lèvres se pinçaient d'une manière tout-à-fait importante, elle reprit d'un ton tout différent : Mais, monsieur Croftangry, avez-vous bien pensé si vous n'aurez pas vous-même besoin de tout cet argent-là, et si vous ne regretterez pas d'ici à long-temps de l'avoir donné? car c'est un grand péché de se repentir d'une œuvre de charité, sans compter que ça porte malheur, et que ça n'est pas une pensée qui convienne au fils d'un shentleman, mon cher enfant. Et je vous dis cela pour que vous y repensiez un petit peu, vu que le fils de votre mère sait que vous n'êtes pas aussi soigneux de votre argent que vous devriez l'être, et ce n'est pas la première fois que je vous le dis, bijou.

Je l'assurai que je pouvais aisément disposer de l'argent sans risquer de m'en repentir un jour; et elle en conclut que M. Croftangry avait fait fortune dans les pays étrangers, et n'avait plus à s'inquiéter ni des recors, ni des officiers du sheriff, ni du reste de toute cette écume de la terre, et que la fille de la mère de Shanet Mac-Evoy en était charmée. Pourtant si M. Croftangry se trouvait dans l'embarras, il y avait là sa chambre, et son lit, et Shanet pour le servir, et il paierait tout-à-fait à sa commodité.

J'expliquai à Janet ma situation, ce dont elle se montra véritablement ravie. Je m'enquis ensuite de la sienne; et quoiqu'elle en parlât d'un d'un air de joie et de contentement, je pus voir qu'elle était précaire. Je lui avais payé plus que je ne lui devais; d'autres locataires étaient tombés dans une erreur tout opposée, et avaient complètement oublié de payer Janet. Et puis, Janet ignorant tous les moyens indirects de soutirer l'argent de ses locataires, d'autres de ses confrères, plus rusés que la pauvre simple montagnarde, pouvaient laisser leurs appartements à meilleur marché qu'elle en apparence, quoique habituellement ceux qui les prenaient s'aperçussent à la longue qu'ils les payaient le double.

Comme j'avais déjà destiné mon ancienne hôtesse à devenir ma femme de charge et ma gouvernante, connaissant son honnêteté, son bon naturel, et, quoique Écossaise, sa propreté et son excellent caractère (sauf les expressions de colère que pouvaient lui arracher ces courts moments de vivacité que les Highlanders appellent des *bouffées*), je lui en fis alors la proposition dans les termes que je crus les plus propres à la lui rendre agréable. Tout agréable qu'elle lui fût, en effet, comme je pus le voir clairement, Janet prit cependant un jour pour y réfléchir; et lorsque le lendemain nous nous revîmes, ses réflexions ne lui avaient suggéré qu'une objection, qui était assez singulière.

— Mon honneur (ce fut ainsi qu'elle me qualifia alors) voudrait demeurer dans quelqu'une des belles rues de la ville; or, Shanet n'aimerait pas à vivre dans un quartier où les gens de la police et les sheriffs, et les baillis et autres voleurs et rebut du monde, pouvaient prendre un pauvre shentleman à la gorge uniquement parce qu'il n'avait pas quelques dollars dans le *sporran* ¹. Elle avait demeuré dans le beau glen ² de Tomanthrulick; — et, par Dieu! si quelque vermine de cette espèce-là s'y était montrée, son père leur aurait tiré un coup de fusil, et il était en état de tuer un daim d'aussi loin que pas un homme de son clan. Et l'endroit où elle demeurait maintenant était bien tranquille quant à ce qui était d'eux, et pas un n'osait y passer le nez par dessus le ruisseau. Shanet ne devait pas un bodle ³ à qui que ce fût, mais elle ne pouvait supporter de voir d'honnêtes gens et des gentilshommes menés en prison bon gré mal gré; et puis s'il arrivait à Shanet d'allonger ses pincettes sur la tête d'un de ces misérables coquins, peut-être bien que la loi l'inquiéterait pour ça.

J'ai appris une chose dans la vie, — c'est de ne jamais parler raison quand on peut sans cela arriver aussi bien au but. J'aurais eu grand'peine à convaincre cette amie si ardente et si désintéressée de la liberté positive, que jamais ou presque jamais on ne voyait d'arrestations dans les rues d'Edimbourg; et la convaincre de leur justice ou de leur nécessité eût été aussi difficile que de la convertir à la foi protestante. Je l'assurai donc que mon intention était, si je pouvais trouver une habitation convenable, de me fixer dans le quartier où elle demeurait. Janet fit trois sauts en battant des mains et proféra autant de cris de joie; néanmoins le doute revint presque aussitôt, et elle insista pour savoir quelle raison je pouvais avoir de venir faire ma résidence là où ne demeuraient guère que ceux que des revers de fortune y poussaient. Il

---

¹ Bourse des montagnards. (L. V.)
² Vallée.
³ Une obole. (L. V.)

me vint à l'esprit de lui répondre en lui racontant la légende de l'origine de ma famille, et en l'informant comment nous tirions notre nom d'un lieu particulier situé près du palais d'Holyrood. Cette raison, sur laquelle bien des gens auraient trouvé fort absurde que l'on fondât le choix d'une résidence, parut complétement satisfaisante à Janet Mac-Evoy.

— Och! sans doute, dit-elle, si c'était la terre de mes pères, il n'y avait plus rien à dire. Pourtant, il était drôle que le domaine de ma famille se trouvât tout juste à la queue de la ville, et qu'il fût couvert de maisons, là où les vaches du roi — Dieu les bénisse, peau et cornes! — avaient l'habitude de paître. C'étaient d'étranges changements. — Elle réfléchit un moment, puis elle ajouta : Pourtant, il vaut mieux pour Croftangry que ce soit le champ qui ait été changé en lieu habité, plutôt que le lieu habité en désert; car Shanet a elle-même connu un glen où il y avait des hommes tout comme il peut y en avoir à Croftangry, et s'il n'y en avait pas tout-à-fait autant, c'étaient des hommes qui valaient autant dans leur tartan que les autres dans leur fin drap. Et il y avait là aussi des maisons, et si elles n'étaient pas bâties de pierres et de chaux, et avec des toitures comme les maisons qu'on trouvait à Croftangry, elles n'en répondaient pas moins aux fins de ceux qui y demeuraient; et bien des beaux bonnets, et bien des *snoods*[1] en soie, et des coiffes bien blanches, en partaient le dimanche pour aller à l'église ou à la chapelle, les petits enfans trottinant après les mères; et aujourd'hui — och! och! ohellany, ohonary[2]! le glen est désolé, les beaux snoods et les beaux bonnets sont partis, et la maison du Saxon s'y élève triste et isolée comme le rocher nu où le faucon fait son nid, — le faucon qui chasse le coq de bruyère du glen.

Janet, comme beaucoup de montagnards de l'Highland, était pleine d'imagination; et quand elle était inspirée par un sujet triste, elle s'exprimait presque en termes poétiques, grâce au génie de la langue celtique dans laquelle elle pensait, et dans laquelle aussi elle se serait sans doute exprimée si j'avais compris la gaëlic. Au bout de deux minutes le nuage qu'avaient répandu sur ses traits enjoués des sombres pensées de regret, s'en était effacé, et elle était redevenue la petite vieille affairée, caqueteuse et un peu importante, propriétaire d'un étage d'une petite maison dans Abbey-Yard[3], et sur le point d'être promue au grade de femme de charge d'un vieux garçon, Chrystal Croftangry, esq.[4].

Il ne se passa pas long-temps avant que les recherches locales de Janet eussent trouvé précisément l'habitation que je désirais, et nous nous y installâmes. Janet craignait que je ne fusse pas satisfait, parce

---

[1] Filet dans lequel les jeunes filles enveloppent leur chevelure. (L. V.)
[2] Interjections montagnardes exprimant la douleur et les regrets. (L. V.)
[3] Cour de l'Abbaye.
[4] Abréviation commune du mot *esquire*, écuyer. (L. V.)

que cette habitation ne fait pas précisément partie de Croftangry; mais je mis fin à ses craintes en l'assurant qu'elle en avait été une dépendance du temps de mes ancêtres, ce qui passa très bien.

Mon intention n'est pas de donner au lecteur une désignation exacte de ma maison; quoique, comme dit Bobadil, « peu m'importe qui le sache, puisque la cabine me convient. » Néanmoins, je puis dire en général que c'est une maison *within itself* [1], ou, pour employer la nouvelle phraséologie des avis de ventes, *self-contained* [2], qu'elle a un jardin de près d'un demi-acre, et en avant de la façade un espace de terrain planté d'arbres. Elle renferme cinq pièces et des chambres de domestiques; — elle a vue par devant sur le palais, et par derrière sur l'éminence et les rochers du parc du roi [3]. Il se trouva heureusement que cette maison avait un nom qui me servit, avec un léger changement, à appuyer la légende que j'avais contée à Janet, et que je n'aurais peut-être pas été fâché de pouvoir m'imposer à moi-même. Elle s'appelait Littlecroft. Nous l'avons baptisée Little Croftangry [4]; et les *hommes de lettres* du bureau de poste ont sanctionné le changement en me remettant les lettres ainsi adressées. Je suis donc redevenu bien et dûment Croftangry de Croftangry.

Mon établissement se compose de Janet, d'une servante en sous-ordre, d'une autre servante montagnarde sur laquelle Janet puisse exercer son gaélic, et d'un garçon alerte qui est en état de mettre le couvert et de prendre soin en outre d'un poney que je monte de temps à autre pour aller faire un tour jusqu'aux sables de Portobello [5], surtout quand il y a une revue de cavalerie; car, comme un vieux fou que je suis, je trouve encore une certaine émotion au piétinement des chevaux et à l'éclat des armes, choses avec lesquelles le hasard des circonstances me rendit familier dans ma jeunesse, bien que je n'aie jamais été soldat de profession. Quand la matinée est pluvieuse, j'ai mon livre; — si le temps est beau, je vais en visite ou je me promène sans but aux Rochers, selon l'humeur où je me trouve. Je dîne solitairement : — pas tout-à-fait, pourtant : car bien que ce soit Andrew qui serve, j'ai aussi là Janet, — ou, comme tout le monde la nomme, sauf son maître et quelques vieilles commères highlandaises, mistress Mac-Evoy, — qui va et vient pour avoir l'œil à tout, s'assurer que tout est en bon ordre, et me conter, « le pon Tieu nous pénisse [6]! » les merveilleuses nouvelles qui courent

---

[1] Littéralement *dans elle-même*. (L. V.)

[2] *Contenue en elle-même*. C'est ainsi qu'on désigne en Angleterre les maisons exclusivement occupées par une seule et même famille. (L. V.)

[3] *King's Park*.

[4] Petit-Croftangry.

[5] Village voisin d'Edimbourg, sur les rives du Frith. (L. V.)

[6] *Cot pless us* (pour *God bless us*). Le narrateur emploie ici une exclamation favorite de la bonne montagnarde, en reproduisant sa prononciation. (L. V.)

ce jour-là dans Holyrood. Quand la nappe est enlevée, que j'allume mon cigare, ou que je commence mon tête-à-tête avec une pinte de Porto ou un verre de vieux whisky coupé d'eau, la règle de la maison est que Janet prenne une chaise à quelque distance, et, selon qu'elle est plus ou moins bien disposée, raccommode ses bas ou les salue de la tête; prête à parler si je suis d'humeur jasante, et restant coi comme une souris si elle me voit prendre un livre ou lire le journal. A six heures précises elle fait mon thé, puis elle me laisse le prendre seul; et alors vient l'époque de la journée dont l'emploi paraît le plus difficile à beaucoup de vieux garçons. Le théâtre est de temps à autre une bonne ressource, surtout quand Will Murray joue, ou qu'une nouvelle étoile vient briller sur notre horizon; mais il est loin de chez moi, de même qu'une ou deux sociétés publiques dont je fais partie : sans compter que ces courses du soir sont toutes incompatibles avec le sentiment de bien-être qu'éveille un bon fauteuil, et qui fait désirer quelque occupation qui puisse distraire l'esprit sans fatiguer le corps.

Sous l'influence de ces impressions, j'ai quelquefois pensé à cette entreprise littéraire. Il aurait fallu que je fusse un vrai Bonassus pour me regarder comme un génie; mais j'ai du temps à moi et la faculté de réfléchir tout autant qu'un autre. Je me trouve placé en outre sur la limite commune de deux générations, et plus peut-être que beaucoup d'autres je suis à même de signaler ces vestiges du temps passé qui s'effacent et disparaissent de jour en jour. Je connais maint fait moderne et mainte ancienne tradition, et conséquemment je me dis :

> « Ne puis-je pas aussi bien qu'eux ramasser au coin de mon âtre quelques unes de ces vieilles histoires tombées en poussière, de ces récits que l'on faisait jadis près d'un feu de Noël pour endormir nos pères? Nul homme au monde ne connaît mieux sa maison que moi je ne connais la première arrivée de Brutus et sa première histoire, la surelle de saint George et sa croix de sang, la Table-Ronde d'Arthur et les bois de la Calédonie. »

Il n'est pas de boutique aussi facile à garnir que celle d'un antiquaire. Comme pour celles des prêteurs sur gage du dernier ordre, il ne leur faut qu'une certaine quantité de fer rouillé, un ou deux sacs de clous de maréchal et quelques vieilles boucles de souliers, avec un certain nombre de marmites réformées, de pelles et de pincettes hors de service. Si à cela il ajoute un ou deux paquets de *penny ballads* [1] et de vieilles complaintes imprimées sur une large feuille de papier, c'est un grand homme, — un commerçant de première ligne. Et puis, — si l'auteur, comme les susdits prêteurs sur gage, entend un peu le tour de main, il peut arriver, à force de ramasser à droite et de voler à gauche, à rendre l'intérieur de sa boutique de beaucoup plus riche que la montre, et à être à même de vous

---

[1] Ballades à un penny. Le penny ou sou anglais vaut dix centimes. (L. V.)

montrer de ces choses qui font dire à qui n'est pas au fait de l'innocent trafic de l'antiquaire : Comment diable a-t-il pu se procurer cela ?

On dira peut-être que les objets d'antiquité n'intéressent qu'un petit nombre d'amateurs, et qu'il peut se faire que nous criions nos marchandises jusqu'à en devenir aussi rouillés que les articles qui forment notre fonds de commerce, sans que personne nous en demande le prix. Mais je ne fais pas reposer mes espérances sur cette branche de mes travaux seulement ; je me propose aussi d'avoir une boutique analogue pour le Sentiment, et les Dialogues, et les Dissertations, et celle-là pourra captiver l'imagination de ceux qui ne goûtent pas, comme on dit, la pure antiquité ; — une sorte de montre de fruitier-herboriste disposée en avant de mes articles de vieille ferraille, et ornant de guirlandes de cresson, de choux, de poreaux et de pourpier, les insignes rouillés du vieux temps.

Comme j'ai quelque idée qu'en ce moment j'écris trop bien pour être compris, je redescends au langage ordinaire, et je déclare, avec la modestie convenable, que je me crois en état de soutenir une publication de nature mélangée, et offrant avec *le Spectateur*, ou *le Gardien*, ou *le Miroir*, ou *le Flâneur*, autant d'analogie qu'en pourront maintenir mes humbles capacités. Non que j'aie nul dessein d'imiter Johnson, dont je ne conteste ni les connaissances générales ni la puissance d'expression, quoique nombre de parties dans son *Rôdeur* ne soient guère qu'une sorte de théâtre sur lequel des maximes usées et triviales viennent se pavaner en style pompeusement mystique, et qui obtiennent quelque crédit uniquement parce qu'on ne les comprend pas aisément. Il est quelques numéros du grand moraliste que je ne puis parcourir sans penser à une mascarade de seconde ligne, où les gens les mieux connus et les moins estimés de la ville figurent en héros, en sultans, et sous d'autres déguisements analogues, et à qui le clinquant de leurs costumes vaut une certaine considération jusqu'à ce qu'on les ait reconnus. — Mais il n'est pas prudent de me mettre à jeter des pierres juste au moment où j'ouvre mes propres fenêtres.

Je crois que même la situation locale de Little-Croftangry peut être regardée comme favorable à mon entreprise. Il est difficile d'imaginer un contraste plus imposant que celui de l'immense cité, — noircie par la fumée des siècles et retentissant des bruits divers de l'active industrie ou des plaisirs frivoles, bruits pareils à d'incessants gémissements, — avec la colline élevée aux flancs rocailleux, silencieuse et solitaire comme la tombe : l'une offrant aux regards le fleuve de l'existence, dont les flots débordés se pressent et se précipitent en avant avec la violence d'une inondation ; l'autre ressemblant à quelque anachorète chargé d'années, dont la vie s'écoule silencieuse et inaperçue comme le filet d'eau qui s'échappe, sans bruit et presque invisible, de la fontaine de son saint patron. La ville rappelle le temple encombré d'une foule affairée où le

Comus et le Mammon modernes tiennent leur cour, et où des milliers d'hommes sacrifient devant l'idole des deux déités l'aisance, l'indépendance, et jusqu'à la vertu ; tandis que la montagne isolée et couronnée de brouillards semble un trône où siége le majestueux mais terrible génie des temps féodaux, alors qu'il avait à dispenser des *couronnettes* et des domaines à tous ceux dont la tête était en état de concevoir et le bras d'exécuter des entreprises hardies.

Je vois en quelque sorte à mon seuil les deux extrémités du monde moral. De ma porte principale, quelques minutes de chemin me mènent au cœur d'une cité riche et populeuse ; le même espace de temps, si je sors par ma porte de derrière, me place au sein d'une solitude aussi complète que Zimmermann aurait pu le désirer. Assurément, avec de tels secours pour l'imagination je puis écrire mieux que si je logeais dans la Nouvelle-Ville, ou que j'habitasse un grenier dans la Vieille. Comme dit l'Espagnol, *Viamos, — carajo!*

Je n'ai pas adopté pour ma publication la forme périodique, et j'ai eu pour cela deux raisons. En premier lieu, je n'aime pas à être pressé, et j'ai eu assez de créanciers fâcheux dans les premiers temps de ma vie, pour répugner aujourd'hui à en voir ou à en entendre d'autres, même sous la forme moins redoutable de *diables* d'imprimerie [1]. Et puis, second point, la circulation d'une feuille périodique ne s'étend pas aisément au-delà du quartier où elle est éditée. Si mon ouvrage était publié en numéros fugitifs, il faudrait une haute pression de la part du libraire pour le faire arriver jusqu'au Netherbow [2], et jamais on ne pourrait s'attendre à lui voir atteindre le niveau de Prince's Street. Or, je suis assez ambitieux pour désirer que mes compositions, quoique originaires de cette vallée d'Holyrood, non seulement s'élèvent jusqu'aux hautes régions que j'ai mentionnées, mais aussi qu'elles traversent le Forth, étonnent la longue ville de Kirkcaldy, enchantent les patrons des bateaux charbonniers de l'East-Fife, se hasardent même sous les arceaux classiques de Saint-André, et aillent aussi loin au nord que pourront les porter leurs voiles enflées au souffle des applaudissements publics. Quant à les voir prendre la direction du sud [3], je n'ose l'espérer, même dans mes rêves les plus présomptueux. J'ai appris que la littérature écossaise, de même que le whisky d'Écosse, sera frappé très incessamment d'un droit prohibitif. Mais assez sur ce sujet. Si quelque lecteur a l'intelligence assez obtuse pour ne pas comprendre les avantages qu'en fait de circulation un livre compacte a sur une collection de numéros détachés,

---

[1] Dans les imprimeries d'Angleterre on nomme *diables* les apprentis chargés de faire les courses, de porter et de rapporter les épreuves. (L. V.)

[2] Extrémité occidentale de la Grande Rue du Vieil Édimbourg, dont la Canongate forme l'extrémité orientale. — *Prince's Street*, ou la Rue du Prince, est dans la Nouvelle Ville. (L. V.)

[3] Vers l'Angleterre. (L. V.)

qu'il compare l'effet et la portée d'un fusil chargé de petit plomb avec ceux de la même arme chargée d'un poids de plomb égal fondu en une seule balle.

Il importait d'autant moins, d'ailleurs, que j'adoptasse une forme de publication périodique, que mon intention n'a jamais été ni d'accepter ni de solliciter des articles d'écrivains amis, non plus que les critiques de ceux qui pourraient être moins favorablement disposés. Nonobstant les excellents exemples que l'on pourrait citer, je n'établirai pas de tronc à aumônes, soit sous le nom de *tête de lion*, soit sous celui de *tête d'âne*. Bon ou mauvais, tout sera de moi, ou me sera fourni par des amis près desquels je puis avoir un accès tout personnel. Nombre de mes collaborateurs volontaires pourraient être plus habiles que moi, et alors il me faudrait voir paraître un article brillant au milieu de mes compositions plus froides, comme un bout de dentelle sur un manteau écossais de gros drap gris de Galoshiels. Il se pourrait que d'autres le fussent moins, et dans ce cas il me faudrait ou refuser leurs articles, avec la certitude de froisser l'amour-propre de l'auteur, ou bien les insérer, au risque de rendre mes propres ténèbres encore plus opaques et plus palpables. — Que chaque hareng, dit notre vieux proverbe, soit enfilé par sa propre tête.

Il est cependant une personne que je puis distinguer, attendu qu'elle n'est plus, et qui, ayant atteint aux dernières limites de la vieillesse humaine, m'honorait d'une grande part de son amitié; il est vrai que nous étions parents à la mode d'Écosse, — et Dieu sait à combien de degrés remontait notre parenté, — mais nous étions amis à la mode de la Vieille Angleterre. Je veux parler de l'excellente et regrettée mistress Bethune Baliol. Comme je destine cet admirable portrait de l'ancien temps à occuper dans mon ouvrage une des places principales, tout ce que dirai ici, c'est qu'elle connaissait et approuvait mon projet actuel; et, bien qu'elle eût refusé d'y contribuer de son vivant, par un sentiment de modestie et de dignité qu'elle croyait convenir à son âge, à son sexe et à son rang dans le monde, elle m'a laissé, pour servir à l'ouvrage que je projetais, un certain nombre de matériaux dont j'avais désiré pouvoir disposer lorsque je les lui entendis nous en entretenir de vive voix, et que je regarde, maintenant que j'en possède la substance rédigée de sa propre main, comme beaucoup plus précieux que tout ce que j'ai à offrir moi-même. J'ose espérer que d'avoir cité son nom conjointement avec le mien ne sera pas regardé comme une offense par aucun de ses nombreux amis, attendu que sa volonté expresse a été que j'employasse les manuscrits qu'elle m'a fait l'honneur de me léguer de la manière dont j'en ai fait usage. Je dois ajouter, toutefois, qu'en beaucoup de cas j'ai déguisé les noms, et qu'en certains endroits j'ai ajouté des ombres et du coloris pour donner plus de relief à la narration.

Une bonne partie de mes matériaux, outre ceux-là, m'a été fournie par des amis, morts ou vivants. Il se peut que l'exactitude de quelques uns de ces matériaux soit douteuse, et dans ce cas je serai heureux de recevoir, appuyés d'une autorité suffisante, tous les avis par lesquels je pourrai être mis à même de corriger les erreurs qui se glissent inévitablement dans les documents basés sur la tradition. L'objet de cette publication est de jeter quelque jour sur les mœurs de l'Écosse telles qu'elles ont été, et de les faire contraster de temps à autre avec celles de notre époque. Mes opinions sont en faveur du temps actuel à beaucoup d'égards, mais non en ce qui touche aux moyens d'exercer l'imagination ou d'exciter l'intérêt qui s'attache à d'autres temps. Je suis charmé d'être auteur ou lecteur en 1826, mais mon intérêt serait surtout captivé si ce que je lis ou raconte datait d'un demi-siècle ou d'un siècle. Nous avons l'avantage à cet égard. Les scènes dans lesquelles nos ancêtres pensèrent avec profondeur, agirent avec bravoure ou moururent courageusement, sont pour nous des récits propres à dissiper l'ennui d'une soirée l'hiver, quand nous ne sommes pas au milieu d'une société nombreuse, ou à charmer une matinée d'été trop chaude pour que l'on puisse songer à une promenade à cheval ou à pied.

Cependant, je n'ai pas dessein de limiter à l'Écosse mes essais et mes narrations. Je ne m'astreins à aucune ligne particulière dans le choix de mes sujets; et je dis avec Burns :

> « Ce pourra bien être un sermon,
> Ce pourra bien n'être qu'une chanson. »

J'ai seulement à ajouter, en guise de post-scriptum à ces chapitres préliminaires, que j'ai eu recours à la recette de Molière, et que j'ai lu mon manuscrit à ma vieille gouvernante Janet Mac-Evoy.

L'honneur de se voir consultée ravissait Janet; elle aurait été pour Wilkie ou pour Allan [1] un excellent sujet de tableau, tandis que, droite dans sa chaise au lieu d'être renversée en arrière selon son habitude, elle tricotait son bas avec une régularité systématique, comme si elle eût voulu que chaque maille de ses fils, chaque mouvement de ses longues aiguilles, eussent en quelque sorte servi d'accompagnement à la cadence de ma voix. Je crains aussi de m'être complu dans ma composition plus que je l'aurais dû, et d'avoir pris pour la lire un ton un peu plus oratoire que je ne me serais hasardé à le faire devant un auditeur des applaudissements duquel j'aurais été moins sûr. Le résultat de cette épreuve ne répondit pas à ce que j'en avais attendu. Janet, à la vérité, prêta une sérieuse attention à ce qui avait rapport à ma vie antérieure, et salua de quelques malédictions highlandaises plus énergiques que polies la réception que Christie Steele avait faite « à un shentleman dans le malheur », et au fils de sa propre maîtresse, qui plus est. Pour cer-

---

[1] Peintres écossais excellant dans le genre. (L. V.)

taines raisons, j'omis ou j'abrégeai notablement ce qui la regardait personnellement. Mais lorsque j'en vins à parler de mes vues générales relativement à la publication, je vis que la pauvre Janet, comme un cheval de chasse exténué, avait entièrement perdu la piste, bien que, pantelante, essoufflée et haletante, elle s'efforçât de suivre du moins la chasse. Ou plutôt sa perplexité lui donnait pendant tout ce temps l'air d'un sourd honteux de son infirmité, qui n'entend pas un mot de ce que vous dites, qui cependant désire vous faire croire qu'il vous entend, et qui a une peur extrême que vous ne soupçonniez son incapacité. Lorsqu'elle s'apercevait que quelques remarques devenaient nécessaires, elle ressemblait exactement à cette dévote qui s'attachait « au doux mot Mésopotomie » comme à ce qu'elle avait rapporté de plus édifiant d'un sermon d'où elle arrivait. Elle se hâtait, à la vérité, de donner des éloges à ce que je venais de dire, et d'assurer que tout était *très beau*; seulement elle s'arrêta davantage sur la mention que j'avais faite de M. Timmermann, ainsi qu'il lui plut de nommer le philosophe allemand, et supposa qu'il devait être de la même famille que le clan hyghlandais des M'Intyre, mot qui signifie Fils du Charpentier. — Et un nom très honorable, qui plus est : — la propre mère de Shanet était une M'Intyre.

Bref, il était clair que la dernière partie de mon introduction était tout-à-fait perdue pour la pauvre Janet; de sorte que pour régler ma conduite sur le système de Molière, j'aurais dû biffer le tout et le récrire sur nouveaux frais. Mais je ne sais comment cela se fait : je gardai, je suppose, une assez bonne opinion de ma composition, quoique Janet n'y comprît rien, et je sentis de la répugnance à retrancher ces Dalilas de l'imagination, ainsi que Dryden les qualifie, — les tropes et les figures qui sont tout caviar pour la multitude. De plus, je déteste récrire ce que j'ai déjà écrit, autant que Falstaff détestait rendre ce qu'il avait reçu : — c'est double travail. Si bien que je résolus en moi-même de ne consulter Janet à l'avenir que sur ce qui était dans les limites de son intelligence, et de me hasarder à donner au public mes arguments et ma rhétorique sans son *imprimatur*. Je suis bien sûr qu'elle applaudira à ce que j'aurai fait. Et quant aux narrations qui rentreront dans le cadre de ses pensées et de ses sentiments, je profiterai, selon mon premier dessein, de son jugement non fardé, — c'est-à-dire quand il ne se trouvera pas en opposition trop directe avec le mien ; car, après tout, je dis comme Almanzor :

« Sache que seul je suis roi de moi-même. »

Le lecteur a maintenant mon comment et mon pourquoi ; il connaît le but de mon ouvrage et sait dans quelles circonstances je l'entreprends. Il a aussi un échantillon des talents de l'auteur, et peut juger par lui-même s'il convient de poursuivre sa lecture ou de renvoyer le volume au libraire, ce dont son propre goût sera juge.

CHAPITRE VI.

M. CROFTANGRY FAIT CONNAITRE AU LECTEUR MISTRESS BETHUNE BALIOL.

> La lune serait-elle habitante de notre planète, elle ne serait pas plus noble. *Coriolan.*

En commençant le joyeux voyage de la vie, quelle belle flotte nous entoure, alors que déployant nos voiles encore neuves à la brise, « bien équipés à la mode de Bristol, » banderoles au vent, musique résonnant, nous saluant les uns les autres en passant d'acclamations joyeuses, nous sommes plutôt amusés qu'alarmés quand un maladroit camarade se laisse dériver faute d'une bonne manœuvre ! — Mais hélas! quand vers la fin du voyage nous regardons autour de nous, pauvres mariniers épuisés de fatigues, combien peu de nos anciens compagnons de route restent encore en vue, avariés et les voiles déchirées, et comme nous s'efforçant de se maintenir le plus long-temps possible à l'écart de la côte fatale contre laquelle il nous faudra tous finir par venir échouer!

Je sentis l'autre jour dans toute sa force cette vérité bien banale, mais non moins triste, en recevant un paquet cacheté de noir, contenant une lettre qui m'était adressée par feu mon excellente amie mistress Martha Bethune Baliol, et portant la fatale suscription : « Pour être remise à son adresse quand je ne serai plus. » Une lettre des exécuteurs testamentaires jointe au paquet m'annonçait que par l'acte de ses dernières volontés elle m'avait légué un tableau d'une certaine valeur, qui, disait-elle, remplirait juste l'espace qui restait vide au-dessus de mon buffet, et cinquante guinées pour acheter une bague. Et ce fut avec ces dernières marques d'une affection qui subsistait entre nous depuis bien des années, que je me vis séparé d'une amie assez âgée pour avoir été la compagne de ma mère, mais qui n'en était pas moins, par sa gaieté et son admirable douceur de caractère, une société pleine de charme et même d'excitation pour ceux qui se disent dans la fleur de la jeunesse, — avantage que je n'ai plus depuis tantôt trente-cinq ans. Je devinai sans peine ce que contenait le paquet, et j'en ai dit quelque chose dans le chapitre précédent. Mais afin de mettre le lecteur au courant de quelques détails, et en même temps pour me ménager une occasion de parler encore une fois des vertus et des qualités aimables de ma défunte amie, je vais tracer une courte esquisse de sa manière d'être et de ses habitudes.

Mistress Martha Bethune Baliol était noble et riche, d'après les idées reçues en Écosse sur ces deux points. Sa famille était ancienne et ses alliances honorables. Elle n'aimait pas extrêmement à indiquer son âge précis, mais ses souvenirs de jeunesse s'étendaient jusqu'à une époque antérieure à la mémorable année 1745, et elle se rappelait avoir vu les clans highlandais en possession de la capitale de l'Écosse, quoique probablement ce ne fût qu'un souvenir vague. Indépendante, quant à la fortune, par ce que lui avait légué son père, elle devint opulente par suite de la mort de plusieurs frères qui périrent successivement et en braves au service de leur pays, de sorte que tous les biens de la famille revinrent à la fin à la seule descendante qui survécût de l'antique maison de Bethune Baliol. Mon intimité avec l'excellente dame commença après cet événement, à une époque où elle était déjà quelque peu avancée en âge.

A Edimbourg, où elle passait régulièrement les mois d'hiver, elle habitait un de ces anciens hôtels qu'il n'y a pas long-temps encore on pouvait trouver au voisinage de la Canongate et du palais d'Holyrood, et qui, séparés de la rue, alors sale et mal habitée, par une cour pavée et un jardin d'une certaine étendue, dédommageaient du peu d'apparence des abords en vous offrant quelque chose de la grandeur et de l'isolement aristocratiques lorsqu'une fois vous aviez pénétré dans leur enceinte. La maison de mistress Baliol est maintenant abattue; car, grâce à la double action des reconstructions et des incendies, il est probable que bientôt tous les anciens édifices de la capitale de l'Écosse auront été démolis. Je m'arrête sur les souvenirs de cet ancien hôtel, cependant; et puisque la nature m'a refusé un pinceau en me mettant une plume à la main, je tâcherai que les mots puissent atteindre au même but que le dessin.

L'hôtel Baliol [1], c'est ainsi que l'habitation était désignée, projetait ses hautes et nombreuses cheminées, parmi lesquelles on apercevait une couple de tourelles, et une de ces petites plates-formes en saillie appelées *bartisannes,* au-dessus des chétives constructions modernes qui bordent le côté sud de la Canongate, vers l'extrémité inférieure de cette rue et non loin du palais. Une *porte-cochère* [2], percée d'un guichet pour les personnes à pied, était ouverte à deux battants, dans les occasions voulues, par un vieillard boiteux, grand, grave et maigre, qui occupait une loge près de la porte et remplissait les fonctions de concierge. Il avait été promu à cet office par les sentiments charitables de ma digne

---

[1] *Baliol's Lodging.*
[2] Ces deux mots sont en français dans le texte. (L. V.)

amie pour un vieux soldat, et en partie aussi parce que sa tête, qui était fort belle, avait paru à mistress Baliol offrir quelque ressemblance avec celle de Garrick dans le rôle de Lusignan. C'était un homme taciturne, silencieux, lent dans ses mouvements, et qui n'aurait jamais ouvert la porte-cochère à une voiture de place ; il se contentait d'indiquer le guichet du doigt comme un passage convenable pour quiconque arrivait dans cet obscur équipage, dont l'aspect numéroté ne devait pas déshonorer la cour de l'hôtel Baliol. Je ne pense pas que cette particularité aurait eu l'approbation de sa maîtresse, non plus que la faiblesse que montrait de temps en temps Lusignan, ou, comme les simples mortels le nommaient, Archy Macready, pour le flacon. Mais mistress Martha Bethune Baliol, sentant bien qu'en cas de conviction elle ne pourrait jamais prendre sur elle de renverser le roi de Palestine du banc de pierre où il trônait, assis durant des heures entières à tricoter ses bas, refusait, en prêtant l'oreille à l'accusation, même de le mettre en jugement ; se disant avec raison qu'il s'astreindrait à plus de circonspection s'il ne se croyait pas soupçonné, que si, découvert, on le laissait impuni. Car après tout, disait-elle, il y aurait de la cruauté à congédier un vieux soldat highlandais pour une peccadille si naturelle à son pays et à sa profession.

La grande entrée pour les voitures et l'humble guichet pour les arrivants à pied donnaient accès dans une étroite et courte avenue bordée d'une double ligne de tilleuls, dont la verdure faisait au printemps un parfait contraste avec la teinte noirâtre des deux murs auxquels ils étaient presque adossés. Cette avenue conduisait en face de la maison, laquelle se composait de deux ailes à pignons en gradins, et dont les fenêtres étaient accompagnées de lourds ornements d'architecture. Ces deux corps de bâtiments se réunissaient à angle droit ; et une tour demi-circulaire, qui contenait la porte d'entrée et l'escalier, occupait le point de jonction et remplaçait l'angle aigu. L'un des deux autres côtés de la petite cour, laquelle n'avait que juste l'espace nécessaire pour qu'une voiture y pût tourner, était occupé par quelques constructions basses servant d'office ; l'autre par un parapet entouré d'une grille de fer chargée d'ornements et entrelacée de chèvrefeuilles et d'autres arbrisseaux parasites, dont les interstices permettaient à l'œil de plonger dans un joli jardin de faubourg, se prolongeant jusqu'au chemin appelé le South-Back de la Canongate, et renfermant un grand nombre de vieux arbres, beaucoup de fleurs, et même quelques fruits. Nous ne devons pas oublier de dire que par son extrême propreté cette cour annonçait que le balai et le seau avaient fait de leur mieux dans cette place favorisée, en guise d'expiation pour la saleté générale du quartier boueux où l'hôtel était situé.

Au-dessus de la porte d'entrée étaient les armes de Bethune et Baliol, avec divers autres emblèmes sculptés dans la pierre. La porte elle-même était en chêne noir et garnie de larges têtes de clous, et un *rasp* de fer [1] y était fixé au lieu de marteau. Le domestique qui venait habituellement ouvrir était un garçon alerte vêtu d'une belle livrée, le fils du jardinier de mistres Martha à Mont-Baliol. De temps à autre cette fonction était remplie par une jeune servante, proprement mais simplement mise, et qui plus est portant des bas et des souliers [2]; je me souviens même d'avoir été introduit deux ou trois fois par Beauffet en personne, qu'à son extérieur on aurait pu prendre pour un ecclésiastique d'un certain rang autant que pour le sommelier d'une famille noble. Il avait été valet de chambre de feu sir Richard Bethune-Baliol, et lady Baliol avait en lui une haute confiance. Un habillement complet de couleur sombre, des boucles d'or à ses souliers et aux jarretières de sa culotte, ainsi que ses cheveux frisés et poudrés, annonçaient en lui le serviteur de confiance et le personnage important. Sa maîtresse avait coutume de dire de lui :

> « C'est un valet d'humeur triste et civile,
> Qui convient bien au ton de ma maison.

Comme nul ne peut échapper à la médisance, quelques gens disaient de Beauffet qu'il tirait de sa place meilleur parti que n'aurait dû le permettre le taux modeste de ses gages à l'ancienne mode, s'il ne leur avait aidé un peu. Au surplus, cet homme fut toujours très civil envers moi. Il était depuis long-temps dans la famille; il avait recueilli des legs, et mis de côté quelque chose du sien, ce qui lui a valu l'honorable loisir dont il jouit aujourd'hui, autant du moins que le lui permet la femme qu'il a épousée depuis peu, Tibbie Shortacres [3].

L'hôtel — si vous êtes fatigué, cher lecteur, passez quatre ou cinq pages — l'hôtel n'était pas à beaucoup près aussi vaste qu'on était porté à le croire d'après son apparence extérieure. Les distributions intérieures étaient comme hachées par des murs de traverse et de longs corridors, et offraient ce peu d'entente de l'économie du terrain qui caractérise la vieille architecture écossaise. Il y avait néanmoins beaucoup plus de place qu'il n'en fallait à ma vieille amie, même lorsqu'elle avait, ce qui arrivait souvent, quatre ou cinq jeunes cousins sous sa protection; et je crois qu'une bonne partie de la maison était inoccupée. Jamais mistress Bethune-Baliol ne se montra aussi offensée en ma présence qu'un certain jour qu'une de ces personnes qui se mêlent de tout lui conseilla de faire murer les croisées de ces appartements inutiles, pour n'en pas payer la taxe. Elle répondit avec colère que tant

---

[1] *Voyez* la note C, fin du volume.
[2] Contre l'usage général des servantes et des filles de la campagne en Écosse, qui vont jambes et pieds nus. (L. V.)
[3] Tibbie Courte-Terre.

qu'elle vivrait la lumière de Dieu entrerait dans la maison de son père, et que tant qu'elle possèderait un penny, le roi et le pays en auraient la part qui leur était due. Elle était en effet d'un *loyalisme* scrupuleux, même en ce qui est la plus rude épreuve du loyalisme, le paiement des impôts. M. Beauffet m'a dit qu'il avait ordre d'offrir un verre de vin à la personne qui venait percevoir la taxe sur les revenus, et qu'une fois ce pauvre homme avait été tellement saisi d'une réception si peu habituelle et si généreuse, qu'il avait failli s'évanouir sur la place.

D'une antichambre revêtue de nattes vous entriez dans la salle à manger, garnie d'un ameublement à l'ancienne mode et tapissée de portraits de famille, tous excessivement rébarbatifs, à l'exception de celui de sir Bernard Bethune, qui datait du temps de Jacques VI, et qu'on disait être de la main de Jameson. Une pièce étroite et longue appelée *salon* succédait à la salle à manger et servait de chambre de conversation. C'était une pièce agréable, ayant vue sur le côté méridional d'Holyrood-House, sur la pente gigantesque d'Arthur's-Seat, et sur la ceinture de rochers élevés appelée Salisbury-Crags [1]; site d'un aspect si âpre et si sauvage, que l'esprit a peine à concevoir qu'ils puissent se trouver au voisinage d'une cité populeuse. Les tableaux du salon venaient de l'étranger, et quelques uns avaient un grand mérite. Pour voir les meilleurs, néanmoins, il fallait que vous fussiez admis dans le sanctuaire même du temple, et qu'il vous fût permis d'écarter la tapisserie qui dérobait, à l'extrémité supérieure du salon, la porte d'entrée du cabinet de toilette particulier de mistress Martha. C'était un charmant réduit, dont il serait difficile de décrire la forme exacte, tant il s'y trouvait d'enfoncements garnis de tablettes d'ébène et de meubles du Japon à ornements d'or, les uns pour contenir des livres, dont mistress Martha avait une admirable collection, d'autres servant à recevoir des porcelaines, des coquillages, et autres curiosités du même genre. Dans une petite niche à demi recouverte par un rideau de soie cramoisie était disposée une armure de tournoi complète et de l'acier le plus brillant à incrustations d'argent, armure qui avait été portée, je ne sais en quelle occasion mémorable, par le sir Bernard Bethune que nous avons déjà mentionné, tandis qu'au-dessus du dais qui surmontait la niche était suspendu le sabre avec lequel son père avait tenté en 1715 de changer les destinées de la Grande-Bretagne, et l'esponton que portait son frère aîné lorsqu'il commandait à Fontenoi une compagnie des gardes-noires [2].

[1] *Rochers de Salisbury.* — Le rév. M. Bowles dérive de la même racine le nom de ces rochers et celui de la ville épiscopale de l'ouest de l'Angleterre; toutes deux, dans son opinion, — opinion qu'il est très en état de défendre et de justifier, — ayant servi d'emplacement à d'anciens temples druidiques. (W. S.)

[2] *Black Watch.* — C'est ainsi qu'originairement on désignait le brave 42e régiment. Ce fut le premier corps levé dans les Highlands pour le service royal; et comme il lui

Là se trouvaient quelques tableaux italiens et flamands d'une authenticité reconnue, un petit nombre de bronzes, véritables antiques, et d'autres objets de curiosité que son frère ou elle-même avaient rassemblés dans leurs voyages sur le continent. En un mot, c'était un lieu où l'oisif était tenté de devenir studieux, et le studieux de devenir oisif; où l'homme grave pouvait trouver matière à s'égayer, et l'homme gai matière à devenir grave.

Je ne dois pas oublier de dire qu'afin de conserver quelque titre au nom qu'il portait, le cabinet de toilette de lady Baliol renfermait un superbe miroir dans un cadre de filigrane d'argent; une belle toilette recouverte de dentelle de Flandre, et un assortiment de boîtes assorties par la matière et le travail au cadre du miroir.

Cet appareil de toilette n'était, toutefois, qu'une simple affaire de parade; mistress Martha Bethune-Baliol se livrait toujours aux soins effectifs de la toilette dans un appartement intérieur communiquant à sa chambre à coucher par un petit escalier détaché. Je crois qu'il y avait dans la maison plus d'un de ces escaliers à tourniquet [1], comme on les nommait, au moyen desquels on se ménageait un accès indépendant et séparé aux pièces principales, qui toutes donnaient les unes dans les autres. C'est dans le petit boudoir qui vient d'être décrit que mistress Martha Baliol tenait ses réunions d'élite. Elle conservait les heures de l'ancien temps; et si vous alliez la voir le matin vous ne deviez pas compter que cette première division de la journée s'étendît chez elle au-delà de trois heures ou de quatre au plus. Ces habitudes imposaient quelque contrainte à ses visiteurs, mais on était dédommagé en trouvant toujours chez elle la meilleure société et les personnes les plus instruites que renfermât la capitale de l'Écosse. Sans affecter le moins du monde d'être un *bas-bleu*, elle aimait les livres : — ils l'amusaient; — et si les auteurs étaient des hommes de réputation, elle pensait leur devoir une marque de civilité, et elle aimait à s'acquitter de sa dette par l'aimable empressement de son accueil. Lorsqu'elle donnait à dîner à une petite réunion, ce qu'elle faisait de temps en temps, elle avait le bon esprit de rechercher, et assez de bonheur pour découvrir quelles étaient les personnes qui se convenaient le mieux entre elles, et elle choisissait sa compagnie comme le duc Thésée ses chiens, « assortis en organe comme le sont entre elles les cloches d'un carillon [2]; » de sorte que chaque convive pouvait prendre part à la conversation, et qu'on ne voyait pas

---

avait été permis de conserver son costume national, il fut ainsi nommé à cause du contraste que formaient ses tartans de couleur sombre avec l'uniforme écarlate et blanc des autres régiments. (W. S.)

[1] *Turnpike stairs.*

[2] ...Matched in mouth like bells,
    Each under each...
              (SHAKSPEARE, *le Songe d'une nuit d'été*, acte IV, sc. 1re.)

là un vigoureux compagnon, tel que le docteur Johnson, réduire tout le monde au silence par le terrible diapason de sa voix. En ces sortes d'occasions on faisait chez elle chère exquise ; et puis de temps en temps on voyait paraître quelque plat à la française, ou même quelque ancien mets écossais, ce qui, joint au nombreux assortiment de *vins extraordinaires* servis par M. Beauffet, donnait au festin quelque chose d'antique et d'étranger qui en augmentait l'intérêt.

C'était une grande chose d'être invité à ces parties ; ce n'en était pas un moindre de l'être aux *conversazione* qu'en dépit de la mode, et en appelant à son aide le meilleur café, le thé le plus parfumé, et un *chasse-café* qui aurait ressuscité un mort, elle parvenait de temps à autre à former dans son salon, à une heure si peu naturelle, huit heures du soir. En ces sortes d'occasions, la vieille mais enjouée mistress Martha semblait tellement jouir du bonheur de ses convives, que ceux-ci à leur tour s'attachaient à prolonger son amusement et le leur ; et il résultait de là pour tous un certain charme qui se rencontre rarement dans les parties de plaisir, et qui se fondait sur le désir général qu'avait chaque personne présente de contribuer pour chaque chose à l'amusement commun.

Mais quoique ce fût un grand privilége d'être admis chez mon excellente amie dans la matinée, ainsi que d'être invité à ses dîners ou à ses réunions du soir, je prisais encore plus le droit que m'avait valu une ancienne connaissance de visiter l'hôtel Baliol vers les six heures de l'après-midi, au hasard d'en trouver la vénérable maîtresse sur le point de prendre son thé. Elle n'accordait cette liberté qu'à un petit nombre d'anciens amis, et jamais cette sorte de réunion accidentelle ne pouvait s'étendre à plus de cinq personnes. A ceux qui venaient plus tard on annonçait que la compagnie était complète pour ce soir-là ; ce qui avait pour double effet de rendre ponctuels aux heures de mistress Bethune-Baliol ceux qui la visitaient ainsi sans cérémonie, et d'ajouter le piquant d'une petite difficulté au plaisir de la réunion.

Il arrivait plus fréquemment qu'une ou deux personnes seulement prenaient part dans la même soirée à ce thé de six heures ; et si mistress Martha n'avait qu'un seul visiteur, bien qu'elle n'hésitât pas à le recevoir dans son boudoir, usant en cela du privilége de la société française et de l'ancienne école écossaise, elle avait soin de ménager les convenances, c'étaient ses expressions, en appelant près d'elle la principale de ses femmes, mistress Alice Lambskin [1], qui par la gravité de ses manières et son air de dignité aurait pu servir de chaperon à tout un pensionnat de demoiselles, aussi bien qu'à une jeune personne de quatre-vingts ans passés. Selon que le temps le permettait, mistress Alice restait assise dans un fauteuil à distance respectueuse de la com-

---

[1] Peau d'Agneau.

pagnie, soit derrière la saillie de la cheminée, soit dans l'embrasure d'une fenêtre, et travaillait dans un silence de chartreux et avec un zèle infatigable à une broderie qui semblait un emblème assez fidèle de l'éternité.

Mais j'ai négligé jusqu'ici de présenter au lecteur mon amie elle même, autant du moins que des mots peuvent exprimer les particularités qui distinguaient son extérieur et sa conversation.

Mistress Martha était une petite femme qui n'avait rien de remarquable ni dans ses traits ni dans l'ensemble de sa personne, et dont les cheveux n'avaient pas eu dans sa jeunesse de nuance bien décidée. On pouvait croire mistress Baliol lorsqu'elle disait d'elle-même qu'elle n'avait jamais été remarquable par ses charmes personnels : aveu modeste, que confirmaient volontiers certaines vieilles dames de son âge, fort inférieures alors à mon excellente amie tant par leur apparence extérieure qu'en toute autre chose, quels qu'eussent pu être les avantages que la nature, elles l'insinuaient assez clairement, leur avait jadis donnés en partage. Les traits de mistress Martha avaient été de ceux dont on peut dire qu'ils se conservent le mieux ; leur irrégularité était alors de peu de conséquence, animés comme ils l'étaient par la vivacité de sa conversation ; ses dents étaient excellentes, et ses yeux, quoique inclinant au gris, étaient animés, riants, et pleins d'un éclat que le temps n'avait pas diminué. Un teint dont le léger coloris semblait avoir plus de fraîcheur que ne le comportait l'âge de mon amie, l'exposait près de ceux qui la connaissaient imparfaitement au soupçon d'avoir étendu ses habitudes étrangères jusqu'à l'usage du rouge conservateur. Mais c'était une calomnie ; car lorsqu'elle racontait ou qu'elle écoutait une histoire intéressante, j'ai vu ses couleurs augmenter et diminuer selon ses impressions, comme sur des joues de dix-huit ans.

Ses cheveux, quel qu'eût été leur ancien défaut, étaient maintenant du plus beau blanc que le temps puisse produire ; ils étaient disposés avec un certain degré de prétention, quoique de la manière la plus simple possible, de manière à former un bandeau bien lisse sous un bonnet de point de Flandres à l'ancienne mode, mais d'une très jolie forme, à ce qu'il me paraissait, et qui sans doute a un nom auquel je tâcherais de recourir si je pensais qu'il rendît ma description le moins du monde plus intelligible. Je crois lui avoir ouï dire que ces bonnets qu'elle affectionnait avaient été ceux de sa mère, et qu'ils étaient venus de mode en même temps qu'une sorte particulière de perruque portée par les cavaliers vers l'époque de la bataille de Ramillies. Le reste de son habillement était toujours riche et distingué, surtout le soir. Sa robe de soie ou de satin, d'une nuance qui convînt à son âge, et dont la coupe, quoique rappelant jusqu'à un certain point la mode du jour, se rattachait toujours par quelque chose à un temps plus éloigné, était habituellement ornée d'un triple rang de garnitures ; ses souliers avaient des boucles de diamant, et les talons en étaient un peu hauts, mode de son jeune temps, que sa taille, disait-elle, ne lui permettait pas d'abandonner dans sa vieillesse. Elle portait toujours des bagues, des bracelets et d'autres ornements précieux, soit par la matière, soit par le travail; peut-être même mettait-elle un peu de profusion dans ce genre de parure. Mais elle les portait sans y mettre d'importance, comme des choses auxquelles l'habitude constante du grand monde l'avait rendue indifférente; elle les portait parce que son rang l'exigeait, et n'y pensait pas plus, sous le rapport de la parure, qu'un homme du monde habillé pour le dîner ne pense à la blancheur de son linge et à son habit bien brossé, dont la seule idée met de l'embarras dans la contenance de l'homme *endimanché*.

De temps à autre, néanmoins, si la beauté ou la singularité d'une pierre ou d'un bijou venait à le faire remarquer, l'observation qu'on en pouvait faire amenait habituellement un récit intéressant de la manière dont elle l'avait acquis ou de la personne à qui il avait appartenu avant elle. En ces sortes d'occasions, ou autres semblables, ma vieille amie parlait volontiers, ce qui n'est pas rare, mais aussi, ce qui est moins commun, elle parlait remarquablement bien; et dans ses petites narrations relatives aux contrées étrangères ou au temps passé, narrations qui formaient une intéressante partie de sa conversation, elle avait à un degré remarquable non seulement l'art d'éviter ces longueurs et ces redites habituelles de temps, de lieux et de circonstances qui fréquemment jettent comme un brouillard sur les récits froids et languissants de la vieillesse, mais encore celui de mettre en relief, en s'y étendant convenablement, les incidents et les caractères propres à donner du piquant et de l'intérêt à l'histoire.

Ainsi que nous l'avons déjà dit, mistress Baliol avait beaucoup voyagé; car un de ses frères, à qui elle était fort attachée, ayant été chargé pour le continent de diverses missions d'intérêt national, plus d'une fois elle avait saisi l'occasion de l'accompagner. Ces voyages avaient beaucoup ajouté à ses connaissances; et les opportunités qu'avait eues mistress Bethune Baliol l'avaient surtout servie durant la dernière guerre, alors que le continent fut pendant tant d'années hermétiquement fermé à la nation anglaise. En outre mistress Baliol n'avait pas visité les pays étrangers à la façon actuelle, aujourd'hui que les Anglais voyagent en caravanes, et ne voient guère en France et en Italie que la même société dont ils auraient pu jouir chez eux. Elle se mêlait, au contraire, aux habitants des pays qu'elle visitait, et jouissait tout à la fois de l'avantage de leur société et du plaisir de la comparer avec celle de la Grande-Bretagne.

En prenant ainsi l'habitude des usages étrangers, mistress Bethune Baliol en avait peut-être elle-même conservé une légère teinte. Néanmoins j'ai toujours été persuadé que la vivacité particulière de son expression de physionomie et de ses manières, — le geste marqué et toujours approprié dont elle accompagnait ce qu'elle disait, — l'usage d'une *tabatière* d'or ornée de brillants — d'une *bonbonnière*, devrais-je plutôt dire, car elle ne prenait pas de tabac, et la petite boîte ne contenait que quelques morceaux d'angélique candie ou autres friandises de dames, — j'ai toujours pensé, dis-je, que toutes ces particularités étaient des vestiges de la vieille Écosse, et rappelaient les manières qui doivent avoir embelli la table à thé de Suzanne comtesse d'Églinton [1], protectrice d'Allan Ramsay, ou celle de l'honorable mistress Ogilvy, autre modèle sur le costume duquel les jeunes personnes d'Auld Reekie étaient tenues de se régler. Bien qu'elle connût parfaitement les usages des autres pays, les manières de mistress Baliol s'étaient principalement formées dans le sien, à une époque où le grand monde vivait dans un espace resserré, et où les noms distingués de la plus haute société donnaient à Édimbourg l'éclat que nous cherchons à tirer maintenant de dépenses sans bornes et d'un cercle de plaisirs plus étendu.

Je fus surtout confirmé dans cette opinion par la particularité du dialecte dont usait mistress Baliol. Ce dialecte était écossais, décidément écossais, et il renfermait nombre de phrases et de mots peu usités à l'époque actuelle; toutefois, son accent et sa prononciation différaient autant des inflexions du *patois* écossais ordinaire, que l'accent de Saint-James diffère de celui de Billingsgate [2]. Elle n'appuyait pas sur les voyelles beaucoup plus qu'on ne le fait dans l'italien, et sa prononciation n'offrait aucun de ces sons désagréablement traînants qui offensent tellement les oreilles méridionales. En un mot, ce semblait être l'écossais tel qu'il se parlait à l'ancienne cour d'Écosse, dialecte auquel ne peut s'attacher nulle idée de vulgarité ; et les gestes animés dont elle l'accompagnait étaient en accord si parfait avec le son de voix et la manière de parler, que je ne puis leur attribuer une autre origine. Peut-être les manières de la cour d'Écosse s'étaient-elles originairement formées sur celles de la cour de France, avec lesquelles les premières avaient certainement quelque affinité; mais je vivrai et mourrai dans la croyance que celles de mistress Baliol, aussi agréables qu'elles étaient particulières, lui venaient en ligne directe des grandes dames qui jadis embellissaient de leur présence les appartements royaux d'Holyrood.

[1] *Voy.* la note D, fin du volume.
[2] Le lecteur comprend assez que l'auteur met ici en opposition le langage du haut quartier et celui d'un quartier exclusivement populaire. (L. V.)

CHAPITRE VII.

MISTRESS BALIOL AIDE M. CROFTANGRY DANS SES SPÉCULATIONS LITTÉRAIRES.

C'APRÈS le portrait que j'ai tracé de mistress Bethune Baliol, le lecteur croira sans peine que lorsque je pensai à la nature mélangée de mon ouvrage, je comptai sur les informations qu'elle possédait, ainsi que sur son humeur communicative, comme sur un des principaux supports de mon entreprise. A la vérité, elle ne désapprouva nullement ma publication projetée, bien qu'elle s'exprimât d'une manière très vague sur la part d'assistance personnelle quelle pourrait m'y donner; — ce qui peut-être doit être attribué à une petite coquetterie féminine, qui veut faire solliciter une faveur qu'on n'a pas intention de refuser. Ou peut-être la bonne vieille dame, sentant bien que le nombre déjà peu ordinaire de ses années devait bientôt tirer à sa fin, aima-t-elle mieux me laisser après elle les matériaux sous forme de legs, que de s'exposer de son vivant au jugement et aux censures du public.

Bien des fois, en nous entretenant de la Canongate, il m'arriva de revenir à ma requête et de solliciter son assistance, dans la persuasion où j'étais que mon amie était le plus précieux dépôt de traditions écossaises que probablement on pût encore trouver. C'était là un point sur lequel mes idées étaient tellement arrêtées, que lorsque je l'entendais, dans ses descriptions de manières et d'usages, remonter si loin au-dela de son propre temps, et nous dire comment parlait Fletcher de Salton, comment Graham de Claverhouse dansait, quels joyaux portait la célèbre duchesse de Lauderdale et comment elle les avait eus je ne pouvais m'empêcher de lui dire que je la regardais comme une fée qui nous abusait en prenant les dehors d'une mortelle de notre époque, quand par le fait elle avait vu la révolution des siècles. Elle s'amusait quand je lui demandais de nous attester par un serment solennel qu'elle n'avait pas dansé aux bals donnés par Marie d'Este, à l'époque où son malheureux époux occupait Holyrood dans une sorte d'exil honorable [1]; — ou quand je lui demandais si elle ne se souvenait pas de Charles II et de

---

[1] Le duc d'York, depuis Jacques II, résida fréquemment à Holyrood, à l'époque ou sa croyance religieuse l'exposait aux soupçons du parlement d'Angleterre. (W. S.)

son voyage en Écosse en 1650, et si elle n'avait pas aussi quelque léger souvenir de l'audacieux usurpateur qui le poussa au-delà du Forth.

— *Beau cousin* [1], me répondait-elle en riant, je ne me souviens personnellement de rien de tout cela, mais vous devez savoir que depuis ma jeunesse jusqu'à l'époque actuelle mon caractère a éprouvé étonnamment peu d'altération. D'où il suit, cousin, que de même qu'aujourd'hui je suis quelque peu trop jeune d'esprit pour les années que le temps m'a marquées dans son calendrier, j'étais dans mon jeune temps d'un caractère un peu trop mûr pour ceux de mon âge, et que j'avais autant de penchant à cette époque pour la société des personnes plus âgées que moi, qu'aujourd'hui à m'entourer de beaux jeunes gens de cinquante ou soixante ans tels que vous, plutôt que de rechercher la compagnie des octogénaires. Or, bien que je ne sois pas originaire de l'Elf-land [2], et qu'en conséquence je ne puisse me glorifier d'avoir connu personnellement aucun des grands personnages sur lesquels vous m'interrogez, j'ai vu et entendu des gens qui les avaient bien connus, et qui m'ont donné d'eux des notions aussi précises que je pourrais vous en donner moi-même de l'impératrice ou de Frédéric de Prusse; — et je vous dirai franchement, ajouta-t-elle en riant et en m'ouvrant sa bonbonnière, que j'ai tellement ouï parler du temps qui succéda immédiatement à la révolution, que je suis parfois sujette à confondre les descriptions pleines de vie que des récits fréquents et animés ont fixées dans ma mémoire, avec ce dont j'ai moi-même été témoin. Hier même, je me suis surprise décrivant à lord *** la cavalcade du dernier parlement d'Écosse avec des détails aussi minutieux que si je l'avais vue moi-même, comme la vit ma mère du balcon de l'hôtel de lord Moray dans la Canongate.

— Je suis sûr que vous devez avoir fait grand plaisir à lord M***?

— Je l'ai fait rire de bon cœur, je crois; mais, c'est vous, vil séducteur de la jeunesse, qui m'induisez à de telles folies. Au surplus, je serai sur mes gardes contre ma propre faiblesse. Je ne sais trop si l'on donne une femme au juif errant; mais je serais fâchée qu'une Écossaise bien née et d'âge moyen fût soupçonnée d'identité avec un personnage tellement surnaturel.

— Malgré tout cela, il faut que je vous tourmente encore un peu de mes questions, belle cousine; car comment pourrais-je jamais devenir auteur, autrement que par le puissant secours d'informations telles que vous m'en avez si souvent procuré sur les anciennes manières?

— Un moment; je ne puis vous laisser donner à vos sujets d'enquête un nom si vénérable, si vous attendez de moi que j'y réponde. *Ancien*

---

[1] Ces mots sont en français dans le texte. Mistress Bethune Baliol prend le langage des lieux et du temps où on la reporte. (L. V.)

[2] Pays des Elfs, ou des génies. (L. V.)

est un terme synonyme d'antédiluvien. Vous pouvez m'interroger au sujet de la bataille de Flodden, ou me demander des particularités sur Bruce et sur Wallace, sous prétexte de curiosité pour les anciennes manières; et ce dernier sujet réveillerait en moi le sang des Baliol, vous le savez.

— Hé bien donc, mistress Baliol, supposez que nous déterminions notre point de départ. — Vous ne regardez pas comme très ancienne l'époque de l'accession de Jacques VI au trône de la Grande-Bretagne?

— Hum! — non, cousin; — je crois que sur ce point je pourrais vous dire des choses dont notre époque a perdu le souvenir,—par exemple, que tandis que James [1] se dirigeait à grands pas vers l'Angleterre, emportant avec lui sac et bagages, il fut arrêté dans sa route, près de Cockenzie, par la rencontre du convoi funèbre du comte de Winton, le vieux et fidèle serviteur de sa malheureuse mère, pauvre Marie! C'était d'un mauvais présage pour le voyage, et ce fut ainsi qu'on en augura, cousin [2].

Je ne jugeai pas à propos de continuer ce sujet, sachant bien que mistress Bethune Baliol n'aimait pas à être trop pressée sur l'article des Stuarts, dont elle plaignait d'autant plus les infortunes que son père avait épousé leur cause; et cependant son attachement pour la présente dynastie étant très sincère, et même ayant un certain caractère de vivacité, provenant peut-être de ce que ses frères avaient servi feu Sa Majesté tant durant la paix que pendant la guerre, elle éprouvait quelque peu d'embarras à concilier ses opinions au sujet de la famille exilée avec sa manière de penser à l'égard de la famille régnante. Et de fait, comme nombre d'anciens jacobites, elle se consolait d'un peu d'inconséquence sur ce point, en se disant que *maintenant* les choses étaient ce qu'elles devaient être, et qu'il était inutile de regarder trop attentivement en arrière pour se rendre un compte exact de ce qui pouvait être juste ou injuste un demi-siècle plus tôt.

— Les Highlands, insinuai-je, devraient vous fournir d'amples sujets de souvenir. Vous avez été témoin du changement complet opéré dans cette contrée primitive, et vous avez vu une race encore peu éloignée de la première période des sociétés se fondre dans la grande masse de la civilisation; et cela n'a pu arriver sans incidents remarquables par eux-mêmes, et curieux comme autant de chapitres de l'histoire du genre humain.

— Il est vrai, répondit mistress Baliol; on croirait que ce changement a dû frapper grandement les observateurs, et cependant on l'a à peine remarqué. Quant à moi, je ne suis pas Highlandaise; et les

---

[1] Forme anglaise et écossaise du nom dont nous avons fait Jacques. (L. V.)
[2] *Voy.* la note E, fin du volume.

anciens chefs du haut pays — j'en ai certainement connu plusieurs — avaient peu de choses dans leurs manières qui les distinguât de la bonne société des basses-terres, quand ils se mêlaient à la société d'Edimbourg et prenaient le costume du Lowland. C'est chez eux, au milieu de leurs clans, qu'ils avaient un caractère à eux ; et il ne faut pas vous imaginer qu'ils se promenaient à la Croix [1] en plaids et la claymore au côté, ni qu'ils venaient en toques et en kilt [2] aux salles de l'Assemblée.

— Je me souviens que Swift, dans son Journal, dit à Stella qu'il avait dîné chez un noble écossais avec deux chefs des Highlands, et qu'il avait trouvé en eux des hommes aussi bien élevés qu'il en eût jamais rencontrés [3].

— C'est très probable. Les extrêmes de la société se rapprochent plus que ne s'y attendait peut-être le doyen de Saint-Patrick. Le sauvage a toujours un certain degré de politesse. De plus, allant toujours armés, et ayant une idée très pointilleuse de leur propre noblesse et de leur importance, ils montraient habituellement entre eux et avec les Lowlanders une politesse cérémonieuse qui parfois leur valait même une réputation de fausseté.

— La fausseté appartient aux premières périodes de la civilisation aussi bien qu'aux formes révérentieuses que nous nommons politesse, répliquai-je. Un enfant n'aperçoit pas la moindre beauté morale dans la vérité, avant qu'on l'ait fouetté une demi-douzaine de fois. Il est si aisé, et apparemment si naturel, de nier ce dont on ne peut pas être facilement convaincu, que le sauvage, de même que l'enfant, ment pour s'excuser, par une impulsion presque aussi instinctive que de lever la main pour protéger sa tête. Le vieil adage *avoue et tu seras pendu* a une grande signification. Quelque chose m'a frappé l'autre jour dans le vieux Birrel. Il raconte que M'Gregor de Glenstrae et quelques uns de ses gens s'étaient rendus à un des comtes d'Argyle, sous la condition expresse qu'on les conduirait sains et saufs en Angleterre. Le Maccallan-Mhor de l'époque tint sa promesse, mais seulement au pied de la lettre. Il envoya bien en effet ses prisonniers à Berwick, où on leur fit voir l'autre côté de la Tweed ; mais ce fut sous la garde d'une forte escorte, qui les ramena à Edimbourg et les livra à l'exécuteur. C'est ce que Birrel appelle tenir une promesse à la highlandaise [4].

---

[1] Principale place du Vieil Edimbourg. (L. V.)

[2] Le *kilt* montagnard est cette espèce de jupon court qui étonna tant les Parisiens en 1814. — L'Assemblée était à Édimbourg une réunion semi-publique où l'on était admis par souscription. (L. V.)

[3] EXTRAIT DU JOURNAL ADRESSÉ A STELLA. — J'ai dîné aujourd'hui (12 mars 1712) avec le lord trésorier et deux gentlemen des Highlands d'Écosse, qui néanmoins étaient des hommes très polis. SWIFT's *Works*, vol. III, p. 7. *Edinb*., 1824. (W. S.)

[4] *Voy*. la note F, fin du volume.

— Je pourrais encore ajouter, reprit mistress Baliol, qu'un grand nombre de chefs highlandais que j'ai connus autrefois avaient été élevés en France, ce qui avait pu contribuer à la politesse de leurs manières, sans peut-être les rendre plus sincères. Mais si vous réfléchissez qu'appartenant à un parti vaincu et opprimé ils étaient parfois contraints d'user de dissimulation, vous leur tiendrez compte de leur invariable fidélité à leurs amis comme compensation de leur manque de foi accidentelle envers leurs ennemis, et alors vous ne jugerez pas trop sévèrement le pauvre John Highlandman [1]. Ils appartenaient à un état de société où des lueurs brillantes contrastent fortement avec des ombres épaisses.

— C'est à ce point que je voulais vous amener, *belle cousine;* — et c'est pour cela qu'ils offrent les meilleurs sujets pour une composition.

- Et vous voulez devenir compositeur, mon bon ami, en ajustant mes vieilles histoires à quelque air populaire? Mais il y a déjà eu en campagne un trop grand nombre de compositeurs, si c'est là le mot propre. Les Highlands *étaient,* à la vérité, une riche mine; mais je crois qu'elle a été suffisamment exploitée, et le meilleur air devient vulgaire quand il descend jusqu'à la vielle et à l'orgue de Barbarie.

— S'il y a réellement un air, il retrouvera toute sa mélodie en tombant aux mains de meilleurs artistes.

— Hum! fit mistress Baliol en tapant sur sa tabatière; nous sommes heureux dans la bonne opinion que nous avons de nous ce soir, monsieur Croftangry. — Ainsi vous croyez pouvoir rendre au tartan le lustre qu'il a perdu en passant par tant de mains?

— Avec votre aide pour fournir des matériaux, ma chère lady Baliol, je crois qu'on peut beaucoup faire.

— C'est bien; — il me faut faire de mon mieux, je suppose, quoique tout ce que je sache des Gaëls soit de peu de conséquence. — Le fait est que c'est principalement à Donald Mac-Leish que je le dois.

- Et qu'était ce Donald Mac-Leish?

— Ni barde ni *sennachie*, ni moine ni ermite, je vous assure, ces autorités reconnues en fait de vieilles traditions. Donald était postillon, et jamais postillon plus habile n'a conduit une chaise à deux chevaux sur la route de Glencoe à Inverary. Je vous assure que lorsque je donnerai mes anecdotes de l'Highland vous y rencontrerez souvent le nom de Donald Mac-Leish. Ce fut notre conducteur à Alice Lambskin et à moi pendant une longue tournée dans les Highlands.

— Mais ces anecdotes, quand les aurai-je? — Vous me répondez comme Harley au pauvre Prior :

« Mathieu l'a dit; allons, il faut le faire.
— Je le ferai, mais non pas aujourd'hui. »

---

[1] Jean Montagnard. C'est une de ces personnifications si familières aux Anglais et à leur langue. (L. V.)

—Hé bien, *beau cousin*, si vous commencez à me reprocher ma cruauté, moi je vais vous rappeler que neuf heures sont sonnées à l'abbaye, et qu'il est temps que vous repreniez le chemin de Little-Croftangry. Quant à ma promesse de vous aider dans vos recherches d'antiquités, soyez assuré que je la tiendrai un jour dans toute son étendue. Ce ne sera pas une promesse à la highlandaise, comme dit votre vieux citadin.

Je soupçonnai alors l'intention des retards de mon amie; et cela m'attrista l'âme de penser que je n'aurais que sous forme de legs les informations que je désirais. Je trouvai, en effet, dans le paquet qui me fut transmis après la mort de l'excellente dame, plusieurs anecdotes relatives aux Highlands, parmi lesquelles j'ai choisi celle qui suit, principalement à cause de l'effet qu'elle produisit sur la sensibilité de ma femme de charge Janet M'Evoy, que j'avais prise pour critique, et qui pleura amèrement lorsque je lui en fis lecture.

Ce n'est cependant qu'un récit très simple, et qui peut-être n'aura pas d'intérêt pour des personnes supérieures à Janet par le rang et l'intelligence.

LA

VEUVE HIGHLANDAISE,

LA VEUVE HIGHLANDAISE

CHAPITRE PREMIER.

> On l'entendait sonner aussi près que possible ; mais elle ne pouvait dire ce que c'était. Ce semblait être de l'autre côté de l'énorme tronc du vieux chêne.
> COLERIDGE

LE *memorandum* de mistress Bethune Baliol commence ainsi :

Il y a trente-cinq ans, ou peut-être même quelque chose de plus, que pour distraire mon esprit de l'abattement où m'avait jetée une grande perte que j'avais éprouvée dans ma famille deux ou trois mois auparavant, j'entrepris ce qu'on appelait le petit voyage des Highlands. Cette excursion était devenue en quelque sorte à la mode ; mais bien que les routes militaires fussent excellentes, on trouvait du reste si peu d'aises et de facilités dans le voyage, qu'on regardait comme une petite aventure de l'avoir mené à fin. Les Highlands, d'ailleurs, quoique alors aussi paisibles qu'aucune autre partie des États du roi George, inspiraient par leur nom seul une sorte de terreur, à une époque où tant de personnes encore vivantes avaient vu l'insurrection de 1745 ; et bien des gens éprouvaient une vague idée de crainte lorsque du haut des tours de Stirling ils portaient leurs regards au nord vers l'énorme chaîne de montagnes qui s'élève comme un sombre rempart pour cacher dans ses profondeurs un peuple que son costume, ses mœurs et son langage rendaient encore si différent de ses compatriotes des Basses-Terres [1]. Quant à moi, je descendais d'une famille fort peu sujette aux appréhensions provenant de l'imagination seule. J'avais quelques parents parmi les Highlanders, et

---

[1] *Lowland* ; expression opposée à celle d'*Highland*, ou Hautes-Terres, par laquelle on désigne la partie montagneuse de l'ouest ou du nord de l'Écosse. (L. V.)

je connaissais plusieurs de leurs familles de distinction ; aussi, quoique je n'eusse pour compagnie que ma femme de chambre, mistress Alice Lambskin, je me mis en route sans aucune crainte.

Mais aussi, c'est que j'avais pour guide et *cicerone* un homme presque égal au Greatheart du *Voyage du Pèlerin* [1], et ce personnage n'était rien moins que Donald Mac-Leish, postillon que j'avais loué à Stirling avec deux vigoureux chevaux aussi sûrs que Donald lui-même, pour nous traîner, ma voiture ma duègne et moi, partout où il me plairait d'aller.

Donald Mac-Leish appartenait à cette race de postillons que les diligences et les bateaux à vapeur ont, je suppose, fait passer de mode. On les trouvait principalement à Perth, à Stirling ou à Glasgow, où ils étaient habituellement loués, eux et leurs chevaux, par les voyageurs ou les touristes, pour telles courses d'affaires ou d'agrément que l'on voulait faire dans le pays des Gaëls. Cette classe d'hommes approchait de ce que sur le continent on nomme un *conducteur* [2] ; ou bien on pouvait la comparer au pilote reçu à bord d'un bâtiment de guerre anglais, et qui suit à sa guise la direction que le capitaine lui ordonne de prendre. Vous expliquiez à votre postillon la longueur de votre course et les objets que vous désiriez y comprendre ; et vous le trouviez parfaitenent compétent pour déterminer les lieux de repos ou de rafraîchissement, avec l'attention convenable de choisir ceux qui devaient ou vous être le plus commodes, ou présenter le plus d'intérêt à votre curiosité.

Les qualités d'un tel personnage devaient nécessairement être très supérieures à celles du *premier prêt* qui trois fois par jour parcourt au galop les mêmes dix milles. Donald Mac-Leish était non seulement un garçon tout-à-fait alerte à réparer les accidents ordinaires auxquels pouvaient être exposés sa voiture et ses chevaux, et à faire ressource pour nourrir ceux-ci, là où le fourrage était rare, de ce que la localité pouvait offrir en remplacement de *bannocks* et de *cakes* [3] ; mais encore ce paraissait être un homme de ressources intellectuelles. Il avait acquis la connaissance générale des histoires traditionnelles du pays qu'il avait si souvent parcouru ; et si on l'encourageait (car Donald était un homme fidèle aux lois de la réserve et du décorum), il vous désignait volontiers l'emplacement des principaux combats de clans, et vous racontait les légendes les plus remarquables qui se rattachaient à la route et aux objets qui se présentaient en la parcourant. Il y avait une certaine ori-

---

[1] *Pilgrim's Progress*, poëme allégorique de Bunyan. — Greatheart signifie Grand Cœur. (L. V.)

[2] Le mot est en français dans le texte. — Je crois que dans sa pensée mistress Baliol entend plutôt parler d'un *guide*, tels que ceux qui, par exemple, se chargent de vous faire explorer les beautés de la Suisse. (L. V.)

[3] Le lecteur a déjà vu que le *bannock* et la *cake* étaient des espèces de pains d'avoine particuliers à l'Ecosse, et notamment aux montagnes. (L. V.)

ginalité dans la manière de penser et de s'exprimer de cet homme, son goût pour les légendes formant un singulier contraste avec quelques points du caractère fin et rusé qu'il avait à déployer dans sa profession ; au total, sa conversation amusait et faisait paraître le chemin moins long.

Ajoutez à cela que Donald connaissait toutes les particularités du pays qu'il parcourait si fréquemment. Il pouvait dire à un jour près quand on tuerait l'agneau à Tyndrum ou à Glenuilt, de sorte que l'étranger avait ainsi quelque chance d'être nourri en chrétien ; il savait à un mille près quel était le dernier village où il serait possible de se procurer un pain de froment, pour la gouverne des personnes peu familières avec le *pays des cakes*. Il connaissait les chemins dans leurs moindres détails, et pouvait vous dire à un pouce près quel côté d'un pont highlandais était praticable, et quel côté était réellement dangereux [1]. En un mot, Donald Mac-Leish n'était pas seulement notre serviteur fidèle et sûr, c'était aussi un ami, un ami humble et obligeant ; et quoique j'aie connu le *cicerone* à demi savant de l'Italie, le bavard valet de place de France, et même le muletier d'Espagne qui se pique d'être un mangeur de maïs et dont il est dangereux de mettre l'honneur en doute, je ne crois avoir jamais eu un guide aussi plein de sens et d'intelligence.

Nos mouvements étaient naturellement soumis à la direction de Donald ; et il arrivait fréquemment, quand le temps était pur, que nous préférions nous arrêter pour laisser reposer ses chevaux aux endroits mêmes où il n'y avait pas de relais établis, et prendre nos rafraîchissements sous un rocher d'où s'élançait une chute d'eau, ou au bord d'une fontaine, sur un gazon verdoyant émaillé de fleurs sauvages. Donald avait l'œil ouvert sur ces sortes d'endroits, et bien qu'il n'eût jamais lu, j'en pourrais jurer, ni Gil Blas ni Don Quichotte, il n'en choisissait pas moins ces sortes de haltes, de telle sorte qu'elles eussent été dignes du pinceau de Le Sage ou de Cervantes. Comme il avait remarqué le plaisir que je prenais à converser avec les gens de la campagne, très souvent il s'arrangeait de manière à fixer notre point de repos près d'une chaumière ou demeurait quelque vieux Gaël dont la claymore avait lui à Falkirk ou à Preston, et qui semblait le fragile mais fidèle monument des temps passés. Ou bien il réussissait à nous confier, aussi loin qu'une tasse de thé pouvait s'étendre, à l'hospitalité de quelque digne et intelligent ministre de paroisse, ou de quelque famille rustique de la classe supérieure, qui mêlait à la simplicité primitive des manières, et à une hospitalité franche et empressée, une sorte de courtoisie particulière à un

---

[1] C'est un talent qui est, ou qui du moins était nécessaire. Dans un des plus beaux districts des Highlands on trouvait, il n'y a pas encore bien des années, un pont portant cette effrayante recommandation : « Prenez le côté droit, le gauche est dangereux. » (W. S.)

peuple où tous, jusqu'aux dernières classes, sont habitués à se regarder, selon l'expression espagnole, « comme aussi bons gentilshommes que le roi, seulement un peu moins riches. »

Donald Mac-Leish était bien connu d'eux tous, et avoir été présentées par lui nous valait tout autant que si nous avions apporté des lettres d'introduction de quelque chef éminent du pays.

Parfois il arrivait que l'hospitalité highlandaise, qui nous accueillait avec toute la variété de provisions qu'offrait la montagne, préparations de lait et d'œufs, cakes de diverses sortes, et autres bonnes choses plus substantielles, selon les moyens qu'avaient les habitants de régaler le voyageur; parfois, dis-je, il arrivait que l'hospitalité highlandaise descendait un peu trop abondamment sur Donald Mac-Leish sous forme de *rosée des montagnes*. Pauvre Donald! il était, en de telles occasions, comme la toison de Gédéon, humecté du noble élément, qui, cela va sans dire, ne tombait pas sur nous. Mais c'était son unique défaut; et quand on le pressait d'accepter le *doch-an-dorroch* [1] à la santé de mylady, on aurait mal pris la chose s'il avait refusé, et il ne voulait pas manquer à ce point aux lois de la courtoisie. C'était, je le répète, son unique défaut, et nous n'avions pas grand droit de nous en plaindre; car si ce défaut le rendait un peu plus causeur, il augmentait sa part ordinaire de civilité scrupuleuse; et tout ce qui en résultait, c'est qu'il conduisait plus lentement et parlait plus longuement et plus pompeusement que quand il n'avait pas pris une goutte d'usquebaugh. Nous remarquâmes que ce n'était qu'en ces sortes d'occasions que Donald parlait avec un air d'importance de la famille des Mac-Leish, et nous n'avions pas le droit de censurer sévèrement un faible dont les conséquences se renfermaient dans de si innocentes limites.

Nous nous accoutumâmes tellement aux manières d'agir de Donald, que nous observions avec un certain intérêt l'adresse dont il usait pour nous procurer une petite surprise agréable, en nous cachant l'endroit où il se proposait de nous faire faire halte, quand cet endroit avait un intérêt inhabituel. C'était tellement son habitude, que lorsqu'il s'excusait en partant de ce qu'il serait obligé de s'arrêter dans quelque lieu étrange et solitaire jusqu'à ce que les chevaux eussent mangé l'avoine dont il s'était muni pour leur provende, notre imagination se mettait en campagne pour tâcher de deviner quelle était la retraite romantique où il avait secrètement décidé que nous nous reposerions à midi.

Nous avions passé la plus grande partie de la matinée au délicieux village de Dalmalli; nous étions allées sur le lac, guidées par l'excellent ecclésiastique qui occupait alors la cure de Glenorquhy [2], et nous avions entendu raconter cent légendes sur les chefs farouches de Loch Awe,

---

[1] Le coup de l'étrier. (L. V.)

[2] Le nom de ce ministre aussi vénérable qu'hospitalier était Mac Intyre. (W. S.)

de Duncan à la toque de laine, et des autres lairds des tours maintenant en ruines de Kilchurn.[1]. Aussi était-il plus tard que de coutume quand nous nous remîmes en route, non sans qu'auparavant Donald nous eût rappelé à deux ou trois reprises que nous avions une longue traite à faire jusqu'au prochain relais, attendu que de Dalmally à Oban il ne se trouvait aucun endroit convenable où nous puissions nous arrêter.

Ayant dit adieu à notre obligeant et vénérable *cicerone*, nous reprîmes notre voyage en suivant le chemin circulaire qui embrasse le pied de la montagne appelée Cruachan Ben, masse imposante dont les flancs hérissés de rocs sont en partie nus et dépouillés, et dont la pente rapide domine le lac au bord duquel elle ne laisse qu'un étroit défilé, où les forces pourtant considérables du clan belliqueux de Mac-Dougal de Lorn furent presque anéanties par le judicieux Robert Bruce. Ce roi, le Wellington de son temps, avait, au moyen d'une marche forcée et d'une manœuvre inattendue, fait tourner la montagne par un corps de troupes, et pris ainsi en flanc et en arrière les hommes de Lorn qu'en même temps il attaquait de front. Le grand nombre de *cairns* [2] encore visibles, à mesure que l'on descend le défilé qui longe le côté occidental du lac, montre quelle vengeance terrible Bruce tira de ses ennemis invétérés et personnels. Je suis sœur de soldats, vous le savez, et j'ai depuis lors été singulièrement frappée de l'idée que la manœuvre que nous décrivit Donald ressemblait à celles de Wellington et de Bonaparte. C'était un grand homme que Robert Bruce, une Baliol elle-même peut le dire, bien que l'on commence aujourd'hui à reconnaître que ses droits à la couronne pouvaient difficilement être opposés à ceux de l'infortunée famille avec laquelle il était en lutte. — Mais laissons cela. — Le carnage avait été d'autant plus grand que le point où la profonde et rapide rivière de l'Awe dégorge dans le lac se trouvait précisément à l'arrière des fugitifs, où elle encerclait la base de la formidable montagne; de sorte que la retraite des malheureux fuyards fut interceptée de tous côtés par la nature inaccessible des localités qui avaient semblé leur promettre défense et protection [3].

Méditant, comme l'Irlandais de la chanson,

« Sur des choses passées depuis assez long-temps [4], »

nous n'éprouvions nulle impatience de l'extrême lenteur avec laquelle notre conducteur avançait sur la route militaire du général Wade, qui

---

[1] *Voyez* la note G, fin du volume.

[2] Monticules artificiels de terre et de cailloux, marquant la place où des guerriers ont été ensevelis. (L. V.)

[3] *Voyez* la note H, fin du volume.

[4] Ce vers appartient à une ballade très pathétique que j'entendis chanter en 1825 par une des jeunes dames d'Edgeworthtown. Je ne sache pas qu'elle ait été imprimée. (W. S.)

jamais ou presque jamais ne daigne se détourner de la pente la plus roide, mais qui va toujours droit devant elle, gravissant ou descendant les hauteurs avec cette indifférence pour les vallées, les éminences ou les terrains unis, dont témoignent les ouvrages des anciens ingénieurs romains. Toutefois, l'excellence réelle de ces grands travaux — car c'est ainsi que doivent être qualifiés les grands chemins militaires des Highlands — n'en méritaient pas moins le compliment du poëte, qui, soit qu'il vînt de l'Angleterre et parlât son propre dialecte, soit qu'il supposât à ceux à qui il s'adressait quelque prétention nationale au don de seconde vue, enfanta le célèbre distique —

> Had you but seen these roads *before* they were made,
> You would hold up your hands, and bless general Wade. »

« Si seulement vous aviez vu ces routes *avant qu'elles ne fussent faites*, vous lèveriez les mains au ciel en bénissant le général Wade. » Rien de plus merveilleux, en effet, que de voir ces solitudes pénétrées et ouvertes dans toutes les directions par de larges chemins d'une excellente construction, et tellement supérieurs à tout ce que le pays aurait pu attendre de plusieurs siècles de travaux pacifiques ayant exclusivement pour but les relations commerciales. Ainsi les suites de la guerre sont quelquefois heureusement appropriées aux besoins de la paix. Les victoires de Bonaparte ont été sans résultats [1]; mais sa route du Simplon servira long-temps de communication entre deux contrées paisibles, qui feront servir aux fins du commerce et des relations amicales cet ouvrage gigantesque conçu dans l'ambitieux dessein d'une invasion militaire.

Tout en avançant ainsi, nous tournâmes peu à peu la côte du Ben Cruachan, et descendant le cours écumeux et rapide de l'Awe, nous laissâmes derrière nous la nappe majestueuse que présente le lac qui donne naissance à cet impétueux torrent. Les rochers escarpés qui, à droite, dominaient perpendiculairement le chemin que nous suivions, offraient quelques vestiges d'un bois qui autrefois les a revêtus, mais qui depuis peu, à ce que nous apprit Donald Mac-Leish, avait été abattu pour alimenter les fonderies de fer de Bunawe. Cette circonstance nous fit arrêter les yeux avec intérêt sur un énorme chêne qui s'élevait à gauche vers la rivière. Ce paraissait être un arbre de dimensions extraordinaires et d'une beauté pittoresque, et l'endroit où il se trouvait semblait présenter quelques verges d'un terrain découvert au milieu des énormes fragments détachés de la montagne et qui

---

[1] Nous n'avons pas besoin de devancer les réflexions que ce passage inspirera au lecteur français, ainsi que quelques autres que nous avons jugé inutile de relever, et où même l'esprit supérieur de sir Walter Scott n'a pu dominer les inspirations dénigrantes d'injustes préventions nationales (L. V.)

avaient roulé jusque là. Pour ajouter au pittoresque de la situation, cet espace de sol découvert s'étendait autour d'un rocher dont le front orgueilleux s'élevait au moins à soixante pieds, et du sommet duquel se précipitait un ruisseau qu'y amenait un ravin, et dont les eaux semblaient se dissiper dans leur chute en écume et en rosée. Mais au pied du rocher, le ruisseau, semblable à un général en déroute, rassemblait à grand'peine ses forces dispersées, et, comme dompté par sa chute même, se frayait sans bruit un passage à travers les bruyères pour aller se joindre à l'Awe.

Cet arbre et cette chute d'eau me frappèrent vivement, et je témoignai le désir de m'en approcher davantage, non dans une arrière-pensée d'esquisse et d'album, — car dans mon jeune temps les demoiselles n'étaient pas habituées à se servir de mine de plomb, à moins qu'elles ne pussent en faire un bon usage, — mais simplement pour me procurer le plaisir de les voir de plus près. Donald ouvrit aussitôt la portière de ma voiture, mais il me fit observer que le sentier qui descendait la *Brae*[1] était rude, et que je verrais mieux l'arbre en continuant pendant une cinquantaine de toises de suivre la route qui passait là plus près de l'endroit, pour lequel, au reste, il n'avait pas de prédilection. — Il connaissait, dit-il, un arbre bien plus gros que celui-là près de Bunawe, et c'était un endroit où il y avait un terrain plat pour y arrêter la voiture, ce qui ne serait pas facile sur ces braes. — Pourtant, ce serait comme myleddy voudrait.

Mylady aima mieux jouir de la vue du bel arbre qui était là devant elle, que de passer outre dans l'espoir d'un plus beau; de sorte que nous marchâmes près de la voiture jusqu'à ce que nous fussions arrivés à un endroit d'où nous pouvions, à ce que nous assura Donald, aller sans avoir besoin de nous aider des genoux et des mains aussi près de l'arbre que nous voudrions, — quoiqu'il ne nous conseillât pas d'en aller plus près que ne nous y conduirait la grand'route.

Il y avait dans les traits brunis de Donald, quand il nous donna cet avis, quelque chose de grave et de mystérieux, et ses manières étaient si différentes de leur franchise habituelle, que je sentis s'éveiller ma curiosité féminine. Cependant nous avancions toujours, et je m'aperçus bientôt que l'arbre, dont en ce moment un accident de terrain nous avait dérobé la vue, était réellement plus éloigné que je ne l'avais supposé d'abord. — Je jurerais maintenant, dis-je à mon *cicerone*, que c'est précisément près de cet arbre et de cette chute d'eau que vous aviez intention de nous faire arrêter aujourd'hui...

— Le Seigneur m'en préserve! répondit précipitamment Donald.

— Et pourquoi cela, Donald? — Pourquoi voudriez-vous passer sans nous y arrêter près d'un endroit si agréable?

---

[1] Terme montagnard : pente d'une éminence. (L. V.)

— Nous sommes trop près de Dalmally, myleddy, pour donner l'avoine aux bêtes; — ça serait mettre leur dîner trop près de leur déjeuner, pauvres créatures! — Et puis l'endroit ne porte pas bonheur.

— Ah! le mystère s'explique. Il y a sous jeu un *bogle* ou un *brownie*, une sorcière ou une *gyvre-carlin*, un *bodach* ou une fée[1]?

— Pas le moins du monde, myleddy; — je puis dire que vous êtes tout-à-fait à côté. Mais si myleddy veut seulement prendre patience et attendre que nous ayons passé l'endroit et que nous soyons sortis du glen, je lui dirai tout ce qui en est. Il ne fait pas bon parler de telles choses là où elles sont arrivées.

Je fus obligée de réprimer ma curiosité, pensant que si je persistais à ramener l'entretien d'un côté, tandis que Donald le détournait de l'autre, je ne ferais que rendre sa résistance encore plus forte, comme une corde dont les brins sont tordus en sens opposé. Enfin, le coude de la route nous amena, ainsi que Donald nous l'avait annoncé, à une cinquantaine de pas de l'endroit que je désirais admirer à mon aise, et je vis alors à ma grande surprise qu'au milieu des rochers qui l'entouraient il y avait une habitation humaine. C'était une hutte des plus petites et de l'aspect le plus misérable que j'eusse jamais vues dans les Highlands. Les murailles construites en mottes de terre gazonnée ou en *divot*, comme disent les Écossais, n'avaient pas quatre pieds de haut; — le toit était également en gazon, et réparé avec des roseaux et des glaïeuls; — la cheminée était formée avec de l'argile maintenue circulairement par des liens de paille; — et le tout, murs, toit et cheminée, était couvert également d'une végétation de joubarbes, de gramens et de mousse, comme on en voit sur toutes les vieilles cabanes formées de matériaux de ce genre. On n'apercevait pas le moindre vestige de jardinet potager, accompagnement habituel des huttes les plus misérables; et pas un être vivant ne se montrait, à l'exception d'un chevreau qui broutait sur le toit de la hutte, et d'une chèvre, sa mère, qui paissait à quelque distance entre le chêne et l'Awe.

— Quel homme peut donc s'être rendu coupable d'un assez grand péché, m'écriai-je malgré moi, pour avoir mérité une si misérable demeure?

— Le péché a été assez grand, dit Donald Mac-Leish avec un gémissement à demi réprimé, — et, Dieu le sait, la misère est assez grande aussi. — Mais ce n'est pourtant pas un homme qui demeure là; c'est une femme.

— Une femme! — dans un endroit si isolé! — Quelle sorte de femme est-ce donc?

---

[1] Mistress Baliol cite ici quelques uns des êtres fantastiques dont l'imagination des habitants du nord a peuplé le temple de leurs superstitions populaires. — *Bogle*, fantôme; — *brownie*, esprit familier d'un endroit spécial ou d'une maison; — *gyvre-carlin* ou *gyre-carlin*, ogresse; — *bodach*, vieillard mystérieux, nain. (L. V.)

— Venez par ici, myleddy, et vous en pourrez juger vous-même, me répondit Donald. Avançant alors de quelques pas, et faisant tout-à-coup un détour à gauche, nous aperçûmes les larges flancs du chêne, du côté opposé à celui où nous l'avions vu jusqu'alors.

— Si elle a toujours sa vieille habitude, reprit Donald, à l'heure qu'il est elle sera là; — mais il se tut aussitôt, et me désigna la place du doigt, en homme qui craint qu'on ne l'entende. J'y portai les yeux, et j'aperçus, non sans un certain sentiment de terreur, une figure de femme assise au pied du chêne, la tête inclinée, les mains jointes, et une mante brune ramenée sur sa tête, précisément dans l'attitude où les médailles syriennes représentent Juda assise sous son palmier. La crainte respectueuse que mon guide semblait éprouver pour cet être solitaire me gagna malgré moi, et je ne songeai pas à m'avancer vers cette femme pour la voir de plus près, avant d'avoir jeté à Donald un regard interrogateur. — C'a été une terriblement mauvaise femme, myleddy, me répondit-il à demi voix.

— Elle est folle, dites-vous? répliquai-je, ayant mal entendu; en ce cas elle est peut-être dangereuse?

— Non, — elle n'est pas folle, car alors peut-être bien qu'elle serait plus heureuse qu'elle n'est; pourtant quand elle pense à ce qu'elle a fait, et à ce qu'elle a fait faire plutôt que de céder une épaisseur de cheveu de sa méchante obstination, il n'est pas probable qu'elle puisse avoir l'esprit des mieux assis. Malgré ça elle n'est ni folle ni malfaisante; et pourtant, myleddy, je crois que vous feriez bien de ne pas l'approcher de plus près.

Et alors, en peu de mots et à la hâte, Donald me mit au courant de l'histoire que je vais raconter plus en détail. J'écoutai le récit avec un mélange d'horreur et de compassion, qui tout à la fois me poussait à m'approcher de la malheureuse et à lui adresser quelques paroles de consolation ou plutôt de pitié, et en même temps me faisait craindre de céder à ce mouvement.

Tel était en effet le sentiment qu'elle inspirait aux Highlanders du voisinage, qui regardaient Elspat Mac-Tavish, comme ils la nommaient, c'est-à-dire la Femme de l'Arbre, du même œil que les Grecs considéraient ceux que poursuivaient les Furies, et qui enduraient les tourments intérieurs qu'entraînent après eux les grands crimes. Dans des êtres malheureux tels qu'OEdipe et Oreste, ils voyaient moins des criminels volontaires que des instruments passifs par lesquels les terribles décrets du Destin avaient été exécutés, et la crainte avec laquelle ils les envisageaient n'était pas exempte de vénération.

J'appris aussi de Donald Mac-Leish qu'on regardait comme menacés de quelque malheur ceux qui avaient la hardiesse d'approcher de trop près une créature vouée à un tel degré de misère, ou de troubler sa redoutable solitude, et que l'on supposait que quiconque l'approchait devait redouter jusqu'à un certain point la contagion du malheur dont elle était atteinte.

Ce fut donc avec une certaine répugnance que Donald me vit me disposer à aller voir de plus près cette malheureuse femme, et que lui-même m'accompagna pour m'aider à descendre un très rude sentier. Je crois qu'en cette occasion ses égards pour moi domptèrent dans son esprit quelques fâcheux pressentiments, qui rattachaient au service qu'il me rendait l'idée de chevaux boiteux, d'essieux perdus, de voiture versée, et autres chances périlleuses de la vie de postillon.

Je ne suis pas bien sûre que mon propre courage m'aurait conduite si près d'Elspat, si Donald ne m'eût pas accompagnée. On lisait dans sa physionomie la farouche abstraction d'une douleur immense et sans espoir, à laquelle se mêlaient le remords et un sentiment d'orgueil qui cherchait à le cacher. Elle devina peut-être que c'était la curiosité excitée en moi par son histoire extraordinaire qui m'avait poussée à venir troubler sa solitude, — et elle ne pouvait être satisfaite qu'un sort tel que le sien eût fourni matière à l'amusement d'un voyageur. Néanmoins, l'air dont elle me regarda exprimait le dédain plutôt que l'embarras. L'opinion du monde et de ceux qui lui appartenaient ne pouvait ni ajouter ni enlever un atome au fardeau de ses misères ; et sauf le demi sourire qui semblait indiquer le mépris d'un être élevé par l'intensité même de son affliction au-dessus de la sphère commune de l'humanité, elle parut aussi indifférente à la manière dont je la regardais, que si c'eût été un cadavre ou le marbre d'une statue.

La taille d'Elspat était au-dessus de la moyenne stature ; ses cheveux, maintenant grisonnants, étaient encore abondants, et avaient été du noir le plus prononcé. Ses yeux étaient noirs aussi, et par opposition à la roideur austère de ses traits, on y voyait briller cet éclat mobile et incertain indice du désordre d'esprit. Ses cheveux étaient enroulés avec une certaine recherche autour d'une épingle de tête en argent, et sa mante brune était disposée autour d'elle avec un certain degré de goût, quoique l'étoffe en fût de la sorte la plus ordinaire.

Après avoir contemplé cette victime du crime et du malheur jusqu'à ce que je me sentisse honteuse de garder un plus long silence, quoique ne sachant comment lui adresser la parole, je commençai par exprimer ma surprise de ce qu'elle eût fait choix d'une habitation si déserte et si misérable. Elle coupa court à ces expressions d'intérêt, en répondant d'une voix austère, sans le moindre changement de physionomie ni d'attitude : — Fille de l'étranger, il vous a dit mon histoire. — Je fus immédiatement réduite au silence, et je sentis combien toutes les aises de ce monde devaient paraître peu de chose à un esprit qui avait de tels sujets de méditation. Sans essayer de rouvrir la conversation, je tirai une pièce d'or de ma bourse (car Donald m'avait laissé entendre qu'elle vivait d'aumônes), m'attendant à ce qu'elle avancerait au moins la main pour la recevoir. Mais elle n'accepta ni ne refusa le don ; — elle ne parut même pas le remarquer, quoique probablement il valût vingt fois ce qu'on lui offrait d'habitude. Je fus obligée de poser la pièce sur ses genoux, et en même temps je laissai involontairement échapper ces mots : Que Dieu vous pardonne et vous soulage ! Je n'oublierai jamais l'expression du regard qu'elle leva vers le ciel, non plus que le ton dont elle s'écria, reproduisant les paroles mêmes de mon vieil ami John Home : Mon beau ! mon brave ! — C'était le langage de la nature, et il s'élevait du cœur d'une mère privée de son enfant, de même qu'il fut inspiré à ce poëte d'une imagination et d'une sensibilité si vives, quand il voulut prêter des expressions appropriées à la douleur idéale de lady Randolph.

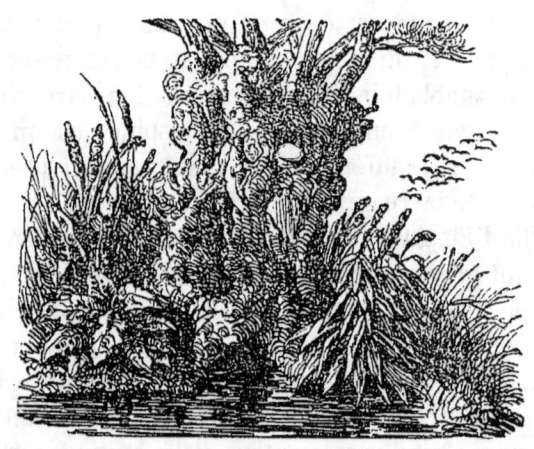

CHAPITRE II.

> Oh ! je suis venue aux Basses-Terres — och ! och ! ohonochie ! — sans un penny dans ma poche pour m'avoir de quoi dîner. J'étais la plus fière de mon clan, — long-temps, ô bien long-temps puis-je me repentir ! et Donald en était le plus brave, et Donald était mon mari. *Vieille chanson.*

ELSPAT avait connu d'heureux jours, quoique sa vieillesse fût sous le poids d'une détresse sans espoir et d'une douleur inconsolable. Elle avait autrefois été la belle et heureuse femme de Hamish Mac-Tavish, à qui sa force et ses exploits avaient valu le titre de Mac-Tavish Mhor. La vie de Mac-Tavish fut turbulente et dangereuse, ayant réglé ses habitudes sur celles des anciens Highlanders, qui regardaient comme une honte de manquer d'une chose qu'on pouvait avoir en la prenant. Ceux des Lowlanders qui habitaient dans son voisinage et désiraient jouir tranquillement de leur vie et de leurs biens lui payaient une petite composition sous le titre d'argent de protection, et se consolaient par le vieux proverbe que mieux vaut flatter le diable que de le combattre. D'autres, qui regardaient une telle composition comme déshonorante, étaient souvent surpris par Mac-Tavish Mhor, ses associés et ses adhérents, qui d'ordinaire leur infligeaient une punition proportionnée, soit dans leur personne, soit dans leurs biens, ou même des deux manières. On se souvient encore du *creagh* ou incursion dans laquelle il enleva à Monteith un troupeau de cent cinquante vaches, et de la manière dont il mit le laird de Ballybught nu dans un bourbier, en punition de la menace qu'il avait faite d'envoyer chercher un détachement des gardes highlandaises pour protéger ses propriétés.

Quels que fussent en mainte occasion les triomphes de cet audacieux catéran, ils étaient souvent compensés par des revers; et les périls auxquels fréquemment il n'échappa qu'à grand'peine, ses fuites rapides et les ingénieux stratagèmes par lesquels il se tira plus d'une fois d'imminents dangers, n'étaient pas un sujet de moindre souvenir ni de moindre admiration que les exploits où il avait réussi. Dans la bonne et la mauvaise fortune, au milieu de toutes sortes de fatigues, d'embarras et de dangers, Elspat fut sa fidèle compagne. Elle jouissait avec lui des moments de prospérité passagère; et quand l'adversité les serrait de près, sa force d'âme, sa présence d'esprit et le courage avec lequel elle endurait les dangers et la fatigue, stimulèrent souvent, dit-on, l'énergie de son époux.

Leur moralité était de l'espèce de celle des anciens Highlanders : amis fidèles et ennemis implacables. Ils regardaient comme à eux les troupeaux et les moissons des Basses-Terres, chaque fois qu'ils avaient les moyens d'enlever les uns ou de s'emparer des autres ; et en ces sortes d'occasions ils n'éprouvaient pas le moindre scrupule sur le droit de propriété. Hamish Mhor raisonnait comme le vieux guerrier crétois :

> « Mon épée, ma lance et mon bouclier me font maître de tout ici-bas ; car celui qui craint de porter la lance, celui-là doit s'incliner devant mon bouclier. Il doit m'abandonner et ses terres et ses vignes : tout ce que possède un lâche est à moi. »

Mais ces jours de déprédations périlleuses, quoique fréquemment couronnées de succès, furent abrégés par le défaut de réussite de l'expédition du prince Charles-Édouard. Mac-Tavish Mhor n'était pas resté inactif en cette occasion, et il fut mis hors la loi tout à la fois comme traître à l'État, comme voleur et comme catéran. Des garnisons furent à cette époque établies dans nombre de lieux où jamais auparavant on n'avait vu un habit rouge ; le tambour saxon résonna dans les retraites les plus cachées des montagnes de l'Highland. Le sort de Mac-Tavish devint chaque jour plus inévitable ; et ce qui rendait encore plus difficiles les efforts qu'il fallait faire pour se défendre ou pour s'échapper, c'est qu'Elspat, au milieu de ces mauvais jours, avait augmenté la famille d'un enfant, qui devenait un grave obstacle à la rapidité nécessaire de leurs mouvements.

Enfin le jour fatal arriva. Dans une passe étroite, au pied du Ben Cruachan, le célèbre Mac-Tavish Mhor fut surpris par un détachement des *sidier roy*[1]. Sa femme le seconda avec un courage héroïque, chargeant son fusil de temps en temps ; et comme ils occupaient un poste presque inexpugnable, peut-être aurait-il échappé si les munitions ne lui eussent pas manqué. Mais à la fin il ne lui resta plus de balles, quoiqu'il les eût successivement remplacées par une partie des boutons d'argent de sa veste. Les soldats, cessant de redouter les coups inévitables d'un homme qui avait tué trois des leurs et en avait blessé davantage, approchèrent alors du lieu où il était retranché ; et ne pouvant parvenir à le prendre en vie, ils le tuèrent après la résistance la plus désespérée.

Elspat vit tout cela et y survécut, car dans l'enfant qui avait besoin de son soutien elle avait un motif de force et de courage. Comment vécut-elle ? c'est ce qu'il n'est pas aisé de dire. Son seul moyen ostensi-

---

[1] Les soldats rouges. (W. S.)

ble d'existence était un troupeau de trois ou quatre chèvres qu'elle faisait paître partout où il lui plaisait sur la montagne, personne ne lui reprochant d'empiéter ainsi sur la propriété des autres. Dans la détresse générale du pays, ses anciennes connaissances avaient peu de choses à donner; mais ce qu'elles pouvaient prendre sur leurs propres besoins, elles le consacraient volontiers au soulagement des autres. Parfois elle exigeait un tribut des habitants des Basses-Terres plutôt qu'elle ne leur demandait une aumône. Elle n'avait pas oublié qu'elle était la veuve de Mac-Tavish Mhor, ni que l'enfant qu'elle conduisait par la main pouvait, elle se l'imaginait du moins, marcher un jour sur les traces de son père, et exercer la même influence souveraine que celui-ci avait eue autrefois. Elle vivait si peu avec les autres, elle s'éloignait si rarement et si peu volontiers des retraites les plus sauvages de la montagne où elle demeurait d'ordinaire avec ses chèvres, qu'elle ignorait le grand changement qui avait eu lieu dans le pays environnant, la substitution de l'ordre civil à la violence militaire, et l'autorité obtenue par la loi et ses adhérents sur ceux que la chanson gaélique appelait « les fils orageux du glaive. » Elle sentait bien, à la vérité, la diminution de son importance et la gêne de sa situation ; mais la mort de Mac-Tavish Mhor suffisait à ses yeux pour les expliquer; et elle ne doutait pas qu'elle ne dût redevenir ce qu'elle avait été, quand Hamish Bean (ou James aux blonds cheveux) serait en état de porter les armes de son père. Si donc Elspat était repoussée rudement par un fermier grossier quand elle demandait quelque chose pour elle ou pour son petit troupeau, les menaces de vengeance qu'elle proférait, menaces obscurément exprimées mais d'une nature terrible, arrachaient souvent à la crainte qu'inspiraient ses imprécations le secours qui avait été refusé à ses besoins; et la ménagère tremblante qui donnait un repas ou de l'argent à la veuve de Mac-Tavish Mhor regrettait au fond du cœur que la vieille sorcière farouche n'eût pas été brûlée le jour où son mari avait eu ce qui lui était dû.

 Les années s'écoulèrent ainsi et Hamish Bean devint grand, non pour avoir la taille et la force de son père, mais pour être un actif et courageux jeune homme, aux cheveux blonds, aux joues vermeilles, à l'œil d'aigle, et montrant toute l'agilité, sinon toute la vigueur de son formidable père, sur l'histoire et les exploits duquel sa mère revenait souvent, afin de préparer l'esprit de son fils à une même carrière d'aventures. Mais les jeunes gens voient l'état présent de ce monde variable d'un œil plus pénétrant que les gens âgés. Très attaché à sa mère, et disposé à faire tout ce qui serait en son pouvoir pour lui procurer des moyens d'existence, Hamish s'apercevait cependant, quand il se mêlait au monde, que le métier de catéran était désormais aussi dangereux que peu honorable, et que s'il avait à prendre pour modèle les hauts faits de son père, ce devait être en suivant dans la carrière des armes une autre ligne plus d'accord avec les opinions du temps où il vivait.

A mesure que se développaient en lui les facultés de l'esprit et du corps, il sentait de plus en plus la nature précaire de sa situation, et comprenait mieux combien était erronée la manière de voir de sa mère, et à quel point elle ignorait les changements survenus dans une société à laquelle elle se mêlait si peu. En visitant des amis et des voisins, il comprit à quels chétifs moyens d'existence sa mère était réduite; il vit qu'elle ne possédait rien ou presque rien au-delà des nécessités absolues de la vie, dont parfois même elle se trouvait sur le point de manquer. En certains moments, ses succès à la pêche ou à la chasse le mettaient à même d'adoucir quelque peu l'existence d'Elspat; mais il ne voyait d'autre moyen de lui assurer un bien-être régulier que de s'abaisser à un travail servile, parti qu'il savait devoir être un coup mortel porté à l'orgueil de sa mère, lors même que personnellement il pourrait l'adopter et s'y soumettre.

Elspat, cependant, voyait avec surprise que son fils Hamish Bean, quoique maintenant devenu grand et propre à la guerre, ne montrât nulle disposition à entrer dans la carrière que son père avait suivie. Il y avait dans son cœur quelque chose du sentiment maternel qui l'empêchait de le presser ouvertement de commencer la vie de catéran, par la crainte des périls où le métier devait l'entraîner; et quand elle aurait voulu lui parler sur ce sujet, il semblait à son imagination échauffée que l'ombre de son époux s'élevait entre eux dans son tartan ensanglanté, et que portant un doigt à ses lèvres il lui défendait d'aborder cette question. Néanmoins, elle s'étonnait de ce qui à ses yeux était un manque d'énergie, et c'était en soupirant qu'elle le voyait passer ses journées dans l'inaction, vêtu des habits à longs pans du Lowland, que le parlement avait imposé aux Gaëls au lieu du costume pittoresque qui leur était propre; elle se disait qu'il aurait bien plus ressemblé à son époux, s'il avait porté le plaid serré à la ceinture et les courts hauts-de-chausses, avec ses armes bien polies au côté.

Outre ces sujets d'inquiétude, Elspat en avait d'autres provenant de l'impétuosité tyrannique de son caractère. Son amour pour Mac-Tavish Mhor avait été tempéré par le respect et quelquefois même par la crainte : car le catéran n'était pas une espèce d'homme qui se soumît au gouvernement féminin; mais elle avait exercé sur son fils, d'abord durant son enfance, puis dans les premières années de sa jeunesse, une autorité dont le caractère impérieux donnait à son amour maternel quelque chose d'exclusif. Elle ne pouvait supporter que Hamish, à mesure qu'il avançait en âge, fît chaque jour un pas de plus vers l'indépendance; qu'il s'absentât de la cabane de sa mère quand et pour aussi long-temps que bon lui semblait; qu'il parût croire, en un mot, tout en conservant pour elle le plus haut degré possible de respect et d'affection, qu'il n'avait plus à rendre compte à personne de ses actions, et que personne n'avait le droit de les contrôler. Ceci eût été de peu de conséquence, si elle avait pu renfermer en elle-même ce qu'elle éprouvait ; mais l'ardeur impétueuse de ses passions faisait que fréquemment elle laissait voir à son fils qu'elle se regardait comme négligée et traitée sans égards. Lorsqu'il s'absentait de la cabane pour un peu de temps sans rien dire de son dessein, la colère qu'elle lui montrait à son retour était ordinairement si déraisonnable, que naturellement cet état de choses suggéra à un jeune homme passionné pour l'indépendance et désireux d'améliorer sa situation dans le monde, la pensée de la quitter, n'eût-ce été que pour le mettre à même de pourvoir aux besoins d'une mère dont les exigences exclusives tendaient à le confiner, au nom du respect filial, dans un désert où tous deux se consumaient au sein d'une pauvreté sans secours et sans espoir.

Un jour que le fils s'était rendu coupable d'une de ces excursions indépendantes dont la mère se sentait tellement affectée et blessée, elle avait été à son retour encore plus violente que d'habitude, et avait éveillé dans le cœur de Hamish un déplaisir qui couvrit d'un sombre nuage ses traits et son front. Enfin, comme elle persévérait dans son courroux déraisonnable, Hamish sentit la patience lui échapper ; et tout en murmurant une réplique que son respect pour sa mère l'empêcha d'articuler tout haut, il saisit son fusil posé dans l'angle de la cheminée et se disposa de quitter la cabane où il ne faisait que de rentrer.

—Hamish, lui dit sa mère, allez-vous encore me quitter ?

Mais Hamish ne répondit qu'en examinant et en frottant avec sa manche le chien de son fusil.

—Oui, frottez le chien de votre fusil, reprit sa mère d'un ton d'amertume ; je suis charmée que vous ayez assez de courage pour vous en servir, quoique ce ne soit que pour tirer le daim.

Hamish tressaillit à ce trait immérité, et lui lança pour toute réponse un regard de colère. Elle vit qu'elle avait trouvé le moyen de lui faire de la peine.

—Oui, reprit-elle, regardez d'un air aussi menaçant que vous voudrez une vieille femme, et votre mère, encore ; il se passera du temps avant que vous osiez froncer le sourcil devant la physionomie irritée d'un homme ayant barbe au menton.

—Taisez-vous, ma mère, ou parlez de ce que vous savez, dit Hamish singulièrement irrité ; parlez quenouille et fuseau.

—Ha ! était-ce donc à la quenouille et au fuseau que je pensais, quand je vous emportais sur mon dos au milieu du feu de six soldats saxons, alors que vous n'étiez encore qu'un enfant à la mamelle ? Je vous dis, Hamish, que je sais cent fois mieux ce que c'est qu'une épée et un fusil que vous ne le saurez jamais, et que jamais vous ne verrez par vous-même autant de noble guerre que vous en avez vu quand vous étiez enveloppé dans mon plaid.

—Vous êtes du moins résolue à ne pas me laisser en paix à la maison, mère, répliqua Hamish. Mais cela doit avoir une fin, ajouta-t-il ; et revenant à son dessein de quitter la cabane, il se leva et se dirigea vers la porte.

— Un moment, je vous l'ordonne! s'écria sa mère ; — un moment! — ou que le fusil que vous portez soit la cause de votre propre perte! — que la route que vous allez prendre soit le chemin de vos funérailles!

— Qui vous fait dire de telles paroles, mère? dit le jeune homme en se retournant à demi ; — ce n'est pas bien, et bien n'en peut advenir. Adieu, pour le moment ; nous sommes trop en colère pour causer. — Adieu! il se passera du temps avant que vous ne me revoyiez. Et il s'éloigna au milieu des imprécations que dans le premier débordement de sa colère Elspat faisait pleuvoir sur lui, les évoquant un moment après sur sa propre tête pourvu qu'elles épargnassent celle de son fils. Elle passa ce jour-là et le suivant dans toute la véhémence d'une colère impuissante et cependant effrénée, tantôt conjurant le Ciel et les puissances surhumaines avec lesquelles l'avaient familiarisée de grossières traditions, de lui rendre son fils chéri, — l'agneau de son cœur[1] ; tantôt cherchant en elle-même, dans une colère impatiente, quels termes assez durs elle pourrait employer pour lui reprocher à son retour sa désobéissance filiale, puis s'étudiant à trouver le langage le plus tendre pour le fixer à la cabane que dans le transport de son affection elle n'aurait pas échangée pour les appartements de Taymouth Castle, quand son enfant l'habitait avec elle.

Deux jours se passèrent, durant lesquels, négligeant même les chétifs moyens de soutenir la nature qu'elle pouvait avoir à sa disposition, la force d'une constitution habituée aux inconvénients et aux privations de toute espèce put seule lui conserver l'existence, quoique ses angoisses d'esprit l'empêchassent de sentir sa faiblesse corporelle. Elle occupait à cette époque la même cabane près de laquelle je l'avais trouvée, mais qui alors était plus habitable, grâce à l'attention de Hamish, qui l'avait en grande partie construite et qui avait soin de la réparer.

Le troisième jour depuis la disparition de son fils, tandis qu'assise à la porte elle s'y balançait à la manière des highlandaises préoccupées d'un chagrin ou d'une douleur, elle aperçut — circonstance peu ordinaire — un étranger qui suivait le grand chemin au-dessus de la cabane. Elle ne jeta qu'un coup d'œil de son côté ; — il était à cheval. Ce ne pouvait donc être Hamish ; et Elspat, après son fils, ne se souciait pas assez de qui que ce fût sur terre pour tourner une seconde fois les yeux de ce côté. L'étranger, cependant, s'arrêta vis-à-vis de la cabane, et descendant de son poney, il le conduisit par la bride en aval du sentier roide et raboteux qui aboutissait à la porte de la cabane.

[1] Le texte, qui paraît reproduire ici littéralement une expression gaélique, dit le veau de son cœur, *the calf of her heart*. (L. V.)

— Dieu vous bénisse, Elspat Mac-Tavish! — Elle regarda celui qui lui adressait ainsi la parole dans le langage de ses montagnes natales, de l'air mécontent de quelqu'un dont on interrompt la rêverie; mais l'étranger n'en continua pas moins. — Je vous apporte des nouvelles de votre fils Hamish, dit-il.

Aussitôt cet homme, tout-à-l'heure l'être le moins susceptible d'intéresser Elspat, devint à ses yeux aussi imposant qu'un messager descendu du Ciel avec la mission expresse de décider de sa vie ou de sa mort. Elle s'élança de son siége; et les mains convulsivement jointes et levées au ciel, les yeux fixés sur ceux de l'étranger, le corps à demi penché vers lui, elle lui fit de ses regards avides les questions que sa langue affaiblie ne pouvait articuler.

— Votre fils, reprit le messager, vous envoie ses respectueux souvenirs, — et ceci, ajouta-t-il en mettant dans la main d'Elspat une petite bourse contenant quatre ou cinq dollars.

— Il est parti! — il est parti! s'écria-t-elle; il s'est vendu pour être le serviteur des Saxons, et je ne le reverrai plus! Dites-moi, Miles Mac-Phadraick, car maintenant je vous reconnais, est-ce le prix du sang du fils que vous avez mis dans la main de la mère?

— Oh, à Dieu ne plaise! répondit Mac-Phadraick, qui était un *tacksman* [1] en possession d'une étendue de terrain considérable sous son *chef*, propriétaire demeurant à une vingtaine de milles de là; — à Dieu ne plaise que je fasse ou dise jamais quelque chose qui soit mal, soit à vous, soit au fils de Mac-Tavish Mhor! Je vous jure par la main de mon chef que votre fils est en bonne santé, et qu'il viendra bientôt vous voir; il vous dira lui-même le reste.

A ces mots, Mac-Phadraick se hâta de remonter le sentier; — il gagna la route, se remit en selle, et continua son chemin.

[1] Sorte de fermier, ou plutôt de tenancier montagnard. (L. V.)

CHAPITRE III.

ELSPAT Mac-Tavish restait les yeux fixés sur l'argent, comme si l'empreinte eût pu lui apprendre de quelle manière son fils se l'était procuré.

— Je n'aime pas ce Mac-Phadraick, se dit-elle en elle-même; c'est de sa race dont le barde a parlé, disant : Ne les crains pas quand leur voix est élevée et retentissante, comme le vent d'hiver, mais crains-les quand elle vous arrive comme les sons du chant de la grive. — Et pourtant, cette énigme ne peut s'expliquer que d'une façon : mon fils a pris l'épée, pour s'emparer de vive force et en homme de ce que des rustres auraient voulu l'empêcher de prendre avec des paroles bonnes à effrayer les enfants.

Cette idée lui parut d'autant plus raisonnable, lorsqu'une fois elle se fut présentée à elle, que Mac-Phadraick, qu'elle connaissait pour un homme circonspect, avait encouragé les habitudes de son époux en cela que de temps à autre il achetait le bétail que lui amenait Mac-Tavish, bien qu'il ne pût ignorer d'où ce bétail provenait, ayant soin, toutefois, d'établir ses marchés de telle sorte qu'ils fussent accompagnés de grands profits et n'entraînassent pour lui nul danger. Qui donc aurait pu mieux que Mac-Phadraick indiquer à un jeune catéran le glen où il pouvait débuter dans son périlleux métier avec le plus de chances de succès ? Qui plus que lui était en état de convertir son butin en argent? Les sentiments qu'une autre aurait pu éprouver à la pensée que son fils unique s'était lancé dans la carrière où son père avait péri, n'étaient guère connus des mères highlandaises de ce temps-là. Elle pensait à la fin de Mac-Tavish Mhor comme à celle d'un héros qui avait succombé dans le seul métier qui lui convînt, la guerre, et qui n'était pas tombé sans vengeance. Elle craignait moins pour la vie de son fils que pour son déshonneur. Ce qu'elle redoutait pour lui, c'était le joug des étrangers, et cet assoupissement de l'âme produit par ce qu'elle regardait comme l'esclavage.

Le principe moral qui si naturellement et avec tant de raison se présente à l'esprit de ceux qui ont été élevés sous un gouvernement réglé par des lois protectrices de la propriété du faible contre les agressions du fort, ce principe moral était pour la pauvre Elspat livre clos et source inaccessible. On lui avait appris à regarder ceux que l'on nommait les Saxons comme une race avec laquelle le Gaël était constamment en état de guerre, et elle regardait tous ceux de leurs établissements qui se trouveraient à portée d'une incursion highlandaise comme offrant un but légitime d'attaque et de pillage ; sa manière de voir et de sentir à cet égard avait été fortifiée et confirmée, non seulement par le désir de venger la mort de son époux, mais aussi par le sentiment d'indignation générale soulevé, et non sans raison, dans toutes les hautes-terres d'Écosse, par la conduite barbare et les violences des vainqueurs après la bataille de Culloden. D'autres clans highlandais étaient même à ses yeux de légitimes objets de pillage, quand la chose était possible, à raison d'anciennes inimitiés et de querelles invétérées.

La prudence qui aurait pu mettre en balance les faibles moyens qu'offrait le temps présent pour résister aux efforts d'un gouvernement bien assis, qui, à une époque où son autorité était moins compacte et moins solidement établie, avait été hors d'état de réprimer les ravages d'audacieux catérans tels que Mac-Tavish Mhor, cette prudence était inconnue à une femme solitaire, dont les idées n'avaient pas fait un pas depuis les temps de sa jeunesse. Elle s'imaginait que son fils n'avait qu'à se proclamer le successeur de son père dans sa carrière d'entreprises aventureuses, pour que nombre d'hommes non moins braves que ceux qui avaient suivi la bannière de Mac-Tavish Mhor se pressassent autour d'elle dès qu'elle serait de nouveau déployée. Pour elle, Hamish était l'aigle qui n'avait qu'à prendre son essor pour reconquérir sa place naturelle dans les cieux, sans qu'elle fût en état de comprendre combien plus d'yeux qu'autrefois épieraient son vol, combien plus de balles lui seraient envoyées. En un mot, Elspat envisageait avec les mêmes sentiments et l'état actuel de la société et les temps qui n'étaient plus. Elle avait été pauvre, méprisée et opprimée depuis que son époux avait cessé d'être puissant et redouté, et elle croyait que son premier ascendant reviendrait quand son fils serait déterminé à être ce qu'avait été son père. Si elle laissait son regard plonger plus avant dans l'avenir, c'était seulement pour prévoir que depuis bien long-temps elle serait froide dans la tombe, où le *coronach*[1] de sa tribu aurait été chanté sur elle, avant que son Hamish aux blonds cheveux y descendît à son tour, la main posée sur la garde de sa claymore rougie de sang. Les cheveux du père de Hamish avaient blanchi au milieu de cent dangers avant qu'il ne succombât enfin les armes à la main. — Qu'elle eût vu sa mort et y eût survécu, c'était une conséquence naturelle des mœurs de l'époque. Et mieux valait — telle était son orgueilleuse pensée — l'avoir vu finir ainsi, que de l'avoir vu partir de ce monde dans une hutte enfumée, — sur un grabat de paille pourrie, comme un chien qui meurt de vieillesse ou un bœuf qui meurt de maladie. Mais l'heure de son jeune, de son brave Hamish, était en-

---

[1] Chant funèbre des montagnards. (L. V.)

core bien éloignée. Il devait réussir, — il devait vaincre comme son père. Et lorsqu'il succomberait enfin, — car elle ne lui prévoyait pas une autre mort qu'une mort sanglante, — Elspat serait depuis longtemps étendue dans la tombe, et ne pourrait ni voir sa dernière agonie, ni pleurer sur son tertre funéraire.

La tête d'Elspat s'exalta par ces idées extravagantes jusqu'à l'enthousiasme qui lui était habituel, ou plutôt elle le porta plus haut que jamais. Pour employer le langage emphatique de l'Écriture, qui dans l'idiome sacré diffère peu de celui que parlait Elspat, elle se leva, se lava, changea de vêtements, mangea du pain, et se sentit plus forte.

Elle aspirait ardemment après le retour de son fils, mais non plus avec l'anxiété pénible de l'incertitude et de l'appréhension. Elle se disait en elle-même qu'il y avait fort à faire avant que, au temps où l'on vivait, il pût s'élever au rang de chef éminent et redouté. Néanmoins, quand elle le reverrait elle l'attendait presque à la tête d'une troupe intrépide, au son des hautbois, bannières déployées, et les nobles tartans flottant au vent, en dépit des lois qui avaient interdit, sous des peines très sévères, l'usage du costume national et de tous les accessoires de la chevalerie highlandaise. Et pour tout cela, son imagination impatiente se contentait de lui accorder un intervalle de quelques jours.

Du moment où cette croyance se fut profondément enracinée dans son esprit, ses pensées se tendirent toutes à recevoir son fils à la tête de ses adhérents, de la même manière qu'elle avait autrefois coutume d'orner sa cabane pour le retour de Mac-Tavish Mhor.

Quant aux provisions substantielles, il ne lui était pas possible d'y pourvoir et à ses yeux cela importait peu. Les catérans ramèneraient de leur heureuse expédition du bétail de toute espèce. Mais l'intérieur de la hutte fut arrangé pour leur réception ; — l'usquebaugh fut brassé et distillé en plus grande quantité qu'on ne l'eût cru possible à une femme seule et sans aide. Tout dans la hutte fut disposé de façon à lui donner, jusqu'à un certain point, l'apparence qu'elle aurait pu avoir un jour de fête. Elle fut balayée et décorée de rameaux d'arbres de diverses sortes, comme la maison d'une Juive à l'approche de ce qu'on nomme la fête des Tabernacles. Le produit du lait de son petit troupeau reçut sous ses mains une aussi grande variété de formes que son habileté le comportait, afin d'en régaler son fils et ses compagnons, qu'elle s'attendait à recevoir en même temps que lui.

Mais la principale décoration à laquelle elle s'attachât, celle pour laquelle elle se donnait le plus de peine, était le *cloud-berry* [1], fruit à baies écarlates qui ne se trouve que dans les lieux très élevés et seulement en petites quantités. Son époux, ou peut-être un de ses ancêtres, avait choisi ce fruit pour emblème de la famille, parce qu'il semblait indiquer

---

[1] Littéralement *Baie des nues.*

tout à la fois, par sa rareté, la faiblesse numérique de leur clan, et par les lieux où on le trouvait, la hauteur ambitieuse de leurs prétentions.

Tout le temps que durèrent ces simples préparatifs de bienvenue, Elspat fut dans un état de bonheur mélangé. Et de fait, sa seule inquiétude était de ne pouvoir achever avant qu'ils n'arrivassent tout ce qu'elle pouvait faire pour la bienvenue de Hamish et des amis qu'elle supposait avoir dû s'attacher à sa fortune, et de se trouver ainsi au dépourvu pour leur réception.

Mais quand tout ce qu'elle pouvait faire fut terminé, il ne lui resta de nouveau d'autre occupation que le peu de soins que demandaient ses chèvres; et lorsque ce soin était pris, elle n'avait plus qu'à passer en revue ses petits préparatifs, à renouveler ceux qui étaient d'une nature passagère, à remplacer les branches desséchées et le feuillage passé, puis à s'asseoir à la porte de sa cabane et à tenir ses yeux fixés sur la route, qui montait d'un côté en s'éloignant des rives de l'Awe, et de l'autre contournait les parties élevées de la montagne, s'accommodant aux accidents variés du terrain aussi bien que l'avait permis le plan de l'ingénieur militaire. Pendant qu'elle était ainsi occupée, son imagination, se créant un tableau de l'avenir d'après les souvenirs du passé, croyait voir dans les brouillards du matin ou dans les nuages du soir les formes fantastiques d'une troupe en marche composée de ce qu'on nommait alors les *sidier-dhu*, — les soldats noirs, — vêtus de leur tartan natal, et ainsi nommés pour les distinguer des uniformes rouges de l'armée anglaise. Le matin et le soir de chaque jour elle consumait bien des heures dans cette occupation.

CHAPITRE IV.

C'était en vain que les yeux d'Elspat restaient fixés sur toute l'étendue du sentier depuis les premières lueurs de l'aube jusqu'aux dernières clartés du crépuscule. Nulle poussière soulevée de la route n'éveillait l'attente de plumes ondoyantes et d'armes étincelantes ; — le voyageur solitaire cheminait insouciamment, enveloppé dans sa longue redingote brune des basses-terres et ses tartans teints en noir et en rouge, pour se conformer ou pour échapper à la loi qui défendait de les porter dans leurs nuances bigarrées. Le découragement du Gaël, dompté par les lois rigoureuses, quoique peut-être nécessaires, qui proscrivaient le costume et les armes regardés par le montagnard comme un droit de naissance, se révélaient dans sa tête penchée et dans son air abattu. Ce n'était pas dans ces voyageurs humiliés qu'Elspat pouvait reconnaître l'allure libre et légère de son fils, maintenant affranchi, pensait-elle, de tout signe de dépendance envers le Saxon. Chaque soir, quand l'obscurité était venue, elle s'éloignait de sa porte restée ouverte et venait se jeter sur son grabat sans repos, non pour dormir, mais pour veiller. Le brave et le terrible marchent la nuit, se disait-elle ; — leurs pas s'entendent dans les ténèbres quand tout est silencieux, sauf le vent et la cataracte. — Le daim timide ne se montre que lorsque le soleil dore le haut de la montagne ; mais le loup hardi marche à la clarté rougeâtre de la lune des moissons. — En vain raisonnait-elle ainsi ; — la voix tant désirée de son fils ne venait pas lui faire quitter l'humble couche où elle était étendue, rêvant de son approche. Hamish n'arrivait pas.

« Espoir déçu rend le cœur malade », dit le roi-prophète ; et quelque forte que fût la constitution d'Elspat, elle commençait à s'apercevoir qu'elle n'était pas en état de supporter les fatigues auxquelles la condamnait son affection inquiète et immodérée, quand un matin de bonne heure l'apparition d'un voyageur sur le chemin peu fréquenté de la montagne vint raviver un espoir qui commençait à se changer en un désespoir insouciant. Rien, dans l'apparence de l'étranger, ne rappelait la dépendance saxonne. De loin elle put voir flotter le plaid qu'une ceinture serrait à mi-corps et dont les pans retombaient derrière lui en plis gracieux ; elle put distinguer la plume fixée à la toque, en signe de rang et de noble naissance. Il portait un fusil sur l'épaule, et la claymore pendait à son côté, avec ses accessoires ordinaires, le dirk, le pistolet et le *sporran mollach* [1]. Avant pourtant que l'œil d'Elspat eût distingué tous ces détails, le pas léger du voyageur s'était accéléré, et il agitait le bras en signe de reconnaissance; — un moment après Elspat tenait dans ses bras son fils bien-aimé, vêtu du costume de ses ancêtres, et paraissant aux yeux maternels le plus beau entre dix mille.

Décrire le premier épanchement d'affection serait chose impossible. Des bénédictions se mêlaient aux épithètes les plus tendres que pouvait fournir à Elspat son langage énergique, s'efforçant d'exprimer le ravissement désordonné de sa joie. Sa table fut promptement chargée de tout ce qu'elle pouvait offrir; et la mère suivait de l'œil tous les mouvements du jeune soldat tandis qu'il faisait honneur aux rafraîchissements, avec un sentiment qu'on eût pu comparer, quoique bien différent, avec celui qu'elle avait éprouvé lorsqu'elle le voyait tirer du sein maternel son premier aliment.

Quand les transports tumultueux de sa joie furent apaisés, Elspat se montra impatiente de connaître les aventures de son fils depuis leur séparation, et ne put s'empêcher de blâmer grandement la témérité qu'il avait eue de traverser les montagnes en plein soleil dans le costume de l'Highland, alors qu'on le défendait sous des peines si rigoureuses, et qu'il y avait tant d'habits rouges dans le pays.

— Ne craignez rien pour moi, mère, répondit Hamish d'un ton quelque peu embarrassé, quoique voulant la tirer d'inquiétude; je puis porter le *breacan* [2] à la porte de Fort-Augustus si ça me plaît.

— Oh! ne sois pas trop téméraire, mon bien-aimé Hamish, malgré que ce soit le défaut qui aille le mieux au fils de ton père! — pourtant ne sois pas trop téméraire! Hélas! on ne se bat pas aujourd'hui comme dans l'ancien temps, à armes loyales et à conditions égales; on prend l'avantage du nombre et des armes, si bien que le fort et le faible sont tous les deux nivelés par le coup de feu d'un enfant. Et ne me crois pas indigne d'être appelée ta mère et la veuve de ton père parce que je parle ainsi; car, Dieu le sait, homme contre homme, je te mettrais en face du plus brave du Breadalbane, et de Lorne aussi!

— Je vous assure, ma chère mère, que je ne suis pas en danger. Mais avez-vous vu Mac-Phadraick, mère, et qu'est-ce qu'il vous a dit sur mon compte?

— Il m'a laissé beaucoup d'argent, Hamish; mais le meilleur de ses nouvelles était que vous vous portiez bien et que vous me verriez bientôt. Pourtant, prenez garde à Mac-Phadraick, mon fils; car, quand il se disait l'ami de votre père, il préférait la bête la plus chétive de son troupeau au meilleur sang de Mac-Tavish Mhor. Usez de ses services, pourtant, et payez-les-lui, — car c'est ainsi que nous devons en

---

[1] Poche de peau de chèvre que portent les Highlanders attachée à leur ceinture. (W.S.)
[2] Ce qui est bigarré, c'est-à-dire le tartan. (W. S.)

user avec les méchants : mais suivez mon conseil, et ne vous fiez pas à lui.

Hamish ne put retenir un soupir, dans lequel Elspat crut voir que l'avis venait trop tard. — Qu'avez-vous fait avec lui? continua-t-elle vivement et d'un ton alarmé. J'ai eu de l'argent de lui, et il n'en donne pas pour rien; — Mac-Phadraick n'est pas de ceux qui échangent de l'orge contre de la paille. Oh! si vous vous repentez de votre marché, et si vous pouvez le rompre sans manquer à votre foi et à votre parole, reportez-lui son argent et ne vous fiez pas à ses belles paroles.

— Cela ne se peut pas, mère, repartit Hamish; je ne me repens pas de mon engagement, sauf qu'il va m'obliger de vous quitter bientôt.

— Me quitter! — comment, me quitter? Fol enfant, croyez-vous que je ne sache pas quels devoirs sont ceux de la femme ou de la mère d'un brave? Tu n'es encore qu'un enfant; et quand ton père était depuis vingt ans la terreur du pays, il ne méprisait pas ma compagnie ni mon assistance. Il disait souvent que mon aide valait celle de deux forts garçons.

— Ce n'est pas cela, mère; mais puisqu'il faut que je quitte le pays...

— Quitter le pays! interrompit la mère; et pensez-vous que je ressemble à un buisson, qui est enraciné au sol là où il croît, et qui meurt si on le porte ailleurs? J'ai respiré d'autre air que l'air du Ben Cruachan; — j'ai suivi votre père dans les solitudes de Ross, et dans les déserts impénétrables d'Y Mac-Y Mhor. — Allons donc, Hamish! mes membres, tout vieux qu'ils soient, me porteront aussi loin que vos jeunes pieds pourront me montrer la route.

— Hélas, mère! reprit le jeune homme d'une voix mal assurée, traverser la mer...

— La mer! que suis-je donc pour craindre la mer? N'ai-je jamais été dans un birling [1] de ma vie? — est-ce que je ne connais pas le détroit de Mull, les îles de Treshornish et les rochers de Harris?

— Hélas, mère, je vais loin, — bien loin de tout cela; — je suis enrôlé dans un des nouveaux régiments, et nous allons contre les Français en Amérique.

— Enrôlé! — contre *ma* volonté, — sans *mon* consentement! — Vous ne le pourriez pas, — vous ne le voudriez pas. Se levant alors et prenant une attitude d'autorité presque impériale : Hamish, ajouta-t-elle, vous ne l'avez pas OSÉ!

— Le désespoir ose tout, mère, répliqua Hamish d'un ton de résolution mélancolique. Que ferai-je ici, où je puis à peine me procurer du pain pour vous et pour moi, et quand les temps deviennent plus durs de jour en jour? Si vous voulez seulement vous asseoir et m'écouter, je vous convaincrai que j'ai agi pour le mieux.

[1] Barque non pontée en usage sur les côtes de l'ouest de l'Écosse. (L. V.)

Elspat s'assit avec un sourire plein d'amertume ; et ce fut avec la même expression de sombre ironie et les lèvres serrées avec force qu'elle écouta la justification de son fils.

Hamish continua sans se laisser déconcerter par un déplaisir auquel il s'attendait. — Quand je vous quittai, ma chère mère, c'était pour aller chez Mac-Phadraick ; car quoique je le connaisse pour un homme rusé et avide, à la mode du Sassenach [1], pourtant il est avisé, et je pensais que comme il ne lui en coûterait rien, il voudrait bien m'indiquer comment je pourrais améliorer notre situation dans le monde.

— Notre situation dans le monde ! dit Elspat, à qui ces mots firent perdre patience ; et êtes-vous allé trouver un homme de cette espèce, un homme qui n'a pas l'âme plus haut placée qu'un vacher, pour lui demander conseil sur votre conduite ? Votre père n'en demandait pas, lui, si ce n'est de son courage et de son épée.

— Ma chère mère, comment ferai-je pour vous convaincre que vous vivez ici, dans le pays de nos pères, comme si nos pères étaient encore en vie ? Vous marchez en quelque sorte dans un rêve, entourée des fantômes de ceux qui depuis long-temps sont avec les morts. Quand mon père vivait et combattait, les grands respectaient l'homme au bras fort, et les riches le craignaient. Il avait la protection de Mac-Allan Mhor et de Caberfae [2], et les faibles lui payaient tribut. Tout cela est fini, et son fils ne trouverait qu'une mort honteuse et sans pitié en reprenant la vie qui valut à son père honneur et pouvoir parmi ceux qui portent le breacan. Le pays est conquis, — ses lumières sont éteintes ; — Glengary, Lochiel, Perth, lord Lewis, tous les grands chefs sont morts ou en exil. — Nous pouvons nous en affliger, mais nous n'y pouvons rien faire. Toque, claymore et sporran, — puissance, force et richesses, tout a été perdu à **Drummossie-Muir**.

— C'est faux ! s'écria Elspat avec emportement. Vous et les esprits lâches qui vous ressemblent vous êtes abattus parce que vos cœurs sont sans courage, et non par la force de l'ennemi ; vous êtes comme la poule d'eau effrayée, à qui le moindre nuage au ciel paraît l'ombre de l'aigle.

— Mère, dit Hamish avec un accent de fierté, ne m'accusez pas d'avoir un cœur sans courage. Je vais où on a besoin d'hommes qui aient le bras fort et le cœur ferme. Je quitte un désert pour une terre où je puis acquérir du renom.

— Et vous laissez votre mère périr de besoin, de vieillesse et de solitude, reprit Elspat, essayant successivement tous les moyens d'ébran-

---

Le Saxon. Le lecteur a déjà pu voir que c'est ainsi que l'habitant des Hautes-Terres d'Écosse désigne habituellement ses compatriotes du Lowland et d'Angleterre. (L. V.)

[2] *Caberfae* en gaélique signifie Tête-de-Cerf. C'est la désignation celtique des armes de la famille du puissant *chef* de Seaforth. (W. S.)

ler une résolution plus profondément enracinée, elle commençait à le voir, qu'elle ne l'avait cru d'abord.

— Non pas, non pas, répondit-il; je vous laisse dans un bien-être et une sécurité d'avenir que vous n'aviez jamais connus. Le fils de Barcaldine est créé commandant, et c'est sous lui que je me suis enrôlé; Mac-Phadraick est son agent; il lui lève des hommes, et il y trouve son compte.

— Voilà le mot le plus vrai de l'histoire, tout le reste serait-il faux comme l'enfer, dit la vieille femme avec amertume.

— Pourtant, nous y trouverons notre bien aussi, continua Hamish; car Barcaldine doit vous donner une shieling [1] dans son bois de Letter-Findreight, avec le droit de faire pâturer vos chèvres sur le commun, et une vache aussi, quand il vous plaira d'en avoir une; et ma paie, chère mère, malgré que je serai loin d'ici, sera plus que suffisante pour pourvoir à votre nourriture et à tout ce dont vous pouvez avoir besoin. N'ayez pas de crainte pour moi. J'entre au service comme simple soldat; mais je reviendrai officier, avec un demi-dollar par jour, s'il ne faut pour cela que bien se battre et faire régulièrement son devoir.

— Pauvre enfant! répliqua Elspat d'un ton de pitié mêlé de mépris; et vous vous fiez à Mac-Phadraick?

— Je le pouvais, mère, repartit Hamish, dont les joues et le front se colorèrent subitement du rouge foncé qui était la couleur de sa race; — je le pouvais, car Mac-Phadraick sait quel sang coule dans mes veines, et il n'ignore pas que s'il manquait de foi à votre égard, il pourrait compter le nombre de jours qui ramèneraient Hamish au Breadalbane, et qu'il n'aurait pas trois soleils de plus à vivre. Je le tuerais à son propre foyer, s'il me manquait de parole; — oui, je le tuerais, par le grand Etre qui nous a créés lui et moi!

L'air et l'attitude du jeune soldat imposèrent un moment à Elspat; elle n'était pas habituée à le voir s'exprimer avec cette profonde énergie, qui lui rappelait si fortement son père Mac-Tavish Mhor. Pourtant elle reprit ses remontrances du même ton d'ironie qu'en commençant.

— Pauvre garçon! dit-elle; et vous pensez qu'à la distance de la moitié du monde vos menaces seront entendues et qu'on y prendra garde! Mais partez, — partez; — allez tendre le cou au joug du Hanovrien, contre qui tous les vrais Gaëls se sont battus jusqu'à la mort. — Allez; reniez la royale famille des Stuarts, pour lesquels votre père et les siens, et ceux de votre mère, ont rougi de leur sang maint champ de bataille. — Allez mettre votre tête sous le ceinturon d'un homme de la race de Dermid, dont les enfants ont massacré — oui, se reprit-elle avec un cri sauvage, ont massacré les aïeux de votre mère dans leurs paisi-

---

[1] Cabane. Ce mot rappelle le chalet suisse. (L. V.)

bles demeures de Glencoe ! — Oui, s'écria-t-elle de nouveau avec un accent encore plus sauvage et plus aigu, je n'étais pas encore née, mais ma mère me l'a raconté, — et je faisais attention à la voix de ma mère, *moi!* — Je me souviens bien de ses paroles ! — Ils vinrent au milieu de la paix, et ils furent reçus en amis, et la vallée fut remplie de sang et de flammes, de cris et d'assassinats [1] !

— Mère, répliqua Hamish d'un ton sombre mais résolu, j'ai pensé à tout cela ; — il n'y a pas une goutte du sang de Glencoe sur la noble main de Barcaldine. — Toutes les malédictions retombent sur la malheureuse maison de Glenlyon, et Dieu nous a vengés d'elle.

— Vous parlez déjà comme le prêtre saxon, Hamish ; ne feriez-vous pas mieux de rester ici et de demander une église à Mac-Allan Mhor, afin de prêcher le pardon à la race de Dermid ?

— Hier était hier, mère ; aujourd'hui est aujourd'hui. Quand les clans sont écrasés et confondus ensemble, il n'est ni bien ni sage que leurs haines et leurs querelles survivent à leur indépendance et à leur pouvoir. Celui qui ne peut se venger en homme ne doit pas comme un lâche abriter dans son cœur une inimitié inutile. Mère, le jeune Barcaldine est loyal et brave. Je sais que Mac-Phadraick lui avait conseillé de ne pas me laisser venir prendre congé de vous, de peur que vous ne me dissuadiez de mon dessein ; mais il a dit : Hamish Mac-Tavish est le fils d'un brave, et il ne manquera pas à sa parole. Mère, Barcaldine conduit cent des plus braves des fils de Gaël, vêtus de leur costume national et portant les armes de leurs pères, — cœur à cœur, — épaule à épaule. J'ai juré d'aller avec lui ; — il s'est fié à moi, et je me fierai à lui.

A cette réplique, prononcée d'un ton si ferme et si résolu, Elspat resta comme foudroyée et tomba dans le désespoir. Les arguments qu'elle avait regardés comme tellement irrésistibles et tellement concluants avaient été repoussés comme la vague se brise contre un rocher. Après une longue pause elle remplit le gobelet de son fils, et le lui présenta d'un air de déférence produit en partie par l'abattement, en partie par la soumission.

— Buvez au toit de votre père, lui dit-elle, avant de le quitter pour jamais ; et dites-moi — puisque les chaînes d'un nouveau roi et d'un nouveau chef, que vos pères ne connurent que comme ennemis mortels, sont assujetties aux membres du fils de votre père — dites-moi combien vous y comptez d'anneaux ?

Hamish prit le gobelet, mais il la regarda comme incertain de ce qu'elle voulait dire. — Dites-moi, reprit-elle, — car j'ai droit de le savoir, — pendant combien de jours la volonté de ceux dont vous avez fait vos maîtres me permet de vous regarder encore ? — en d'autres

---

[1] *Voyez* la note J, fin du volume.

termes, combien de jours il me reste à vivre? — car quand vous m'aurez quittée, le monde n'aura plus rien pour moi qui vaille la peine de vivre.

— Mère, répondit Hamish Mac-Tavish, je puis rester avec vous six jours, et si vous voulez partir avec moi le cinquième je vous conduirai en sûreté à votre nouvelle demeure. Mais si vous restez ici, alors je partirai le septième à la pointe du jour; — alors, et pas plus tard, il FAUDRA que je parte pour Dunbarton, car si je ne reparais pas le huitième jour j'encours une punition comme déserteur, et je suis déshonoré comme soldat et comme gentleman.

— Le pied de votre père était libre comme le vent sur la bruyère, Hamish; — il eût été aussi inutile de lui dire Où vas-tu? que de demander à la brise qui pousse ces nuages devant elle Pourquoi souffles-tu? — Dis-moi quelle peine tu encours — puisqu'il faut que tu t'en retournes, et que telle est ta volonté — si tu ne retournes pas à ta servitude?

— N'appelez pas cela une servitude, mère; c'est le service d'un honorable soldat, — le seul service qui soit maintenant ouvert au fils de Mac-Tavish Mhor.

— Dis-moi cependant quelle serait ta punition si tu ne retournais pas?

— Une punition militaire comme déserteur, répondit Hamish, qui néanmoins ne put cacher à sa mère une violente contraction, produite par quelque émotion intérieure qu'elle résolut de sonder jusqu'au fond.

— Et cette punition, reprit-elle avec un calme affecté que démentait le feu de son regard, cette punition est sûrement celle d'un chien désobéissant?

— Ne m'en demandez pas plus, mère, repartit Hamish; la punition n'est rien pour qui ne la méritera jamais.

— Pour moi elle est quelque chose; car je sais mieux que toi que là où est le pouvoir de punir, souvent se trouve aussi la volonté de punir sans motif. Je voudrais prier pour toi, Hamish, et il faut que je sache contre quels maux je dois demander à Celui qui veille sur tous de protéger ta jeunesse et ta simplicité.

— Mère, peu importe à quoi un criminel peut être exposé, si un homme est déterminé à ne le jamais devenir. Nos chefs highlandais punissaient aussi leurs vassaux, et sévèrement, à ce que j'ai ouï dire.
— N'est-ce pas Lachlan Mac-Ian, dont nous nous souvenons encore, qui eut la tête tranchée par ordre de son chieftain pour avoir tiré sur le cerf avant lui?

— Oui, et il le méritait bien, puisqu'il déshonora le père du peuple en face du clan assemblé. Mais les chefs étaient nobles dans leur colère; — ils punissaient avec le tranchant du fer, et non avec le bâton. Leurs châtiments faisaient couler le sang, mais elles ne déshonoraient pas. En peux-tu dire autant des lois sous le joug desquelles tu as placé ton cou, libre jusque là?

— Non, mère, — non, dit Hamish d'un ton de morne abattement. Je les ai vus punir un Sassenach pour avoir déserté son drapeau, comme ils disaient. Il fut passé aux verges, — j'en conviens, — passé aux verges comme un chien qui a offensé un maître impérieux. Je fus malade de voir cela, — je l'avoue. Mais le châtiment des chiens n'est que pour des hommes pires que des chiens, et qui ne savent pas tenir leur parole.

— C'est pourtant à cette infamie que tu t'es assujetti, Hamish, si tu donnes à tes officiers un sujet de mécontentement, ou qu'ils en conçoivent injustement contre toi. — Je ne te dirai plus rien à ce sujet. — Si le sixième jour à partir du soleil de ce matin était le jour de ma mort, et si tu restais pour me fermer les yeux, tu courrais le risque d'être battu comme un chien à un poteau; — oui! à moins que tu n'eusses le cœur de me laisser mourir seule, et de laisser s'éteindre ensemble, sur mon foyer désolé, la dernière étincelle du feu de ton père et de la vie de ta mère abandonnée!

Hamish parcourait la hutte d'un pas impatient et irrité : — Mère, dit-il enfin, ne vous mettez pas en peine de pareilles choses. Je ne puis être soumis à une telle infamie, car jamais je ne la mériterai; et si j'en étais menacé, je saurais bien mourir avant d'être à ce point déshonoré.

— Je reconnais là le fils de l'époux de mon cœur! dit Elspat; puis elle changea d'entretien, et parut écouter Hamish d'un air d'adhésion mélancolique quand il lui rappela combien était court le temps qu'ils avaient à passer en société l'un de l'autre, et qu'il la conjura de laisser s'écouler ce peu de jours sans d'inutiles et désagréables retours sur les circonstances qui devaient bientôt les obliger de se quitter.

Elspat fut alors convaincue que son fils, entre autres traits du caractère de son père, avait cette énergie mâle et altière qui rendait impossible de le faire revenir sur une résolution prise avec maturité. Elle affecta donc de se soumettre extérieurement à leur séparation inévitable; et si de temps à autre elle éclatait en plaintes et en murmures, c'est qu'elle ne pouvait entièrement réprimer l'impétuosité naturelle de son caractère, ou bien qu'elle avait l'esprit de réfléchir qu'une adhésion totale et sans réserve aurait pu paraître à son fils avoir quelque chose de peu naturel et de suspect, qui l'aurait porté à épier et à déjouer les moyens par lesquels elle espérait encore l'empêcher de la quitter. Son affection maternelle, égoïste quoique ardente, et incapable de se laisser influencer par les véritables intérêts du malheureux objet de son attachement, ressemblait à la tendresse instinctive des animaux pour leurs petits; et ne regardant guère plus avant dans l'avenir qu'un des êtres inférieurs de la création, elle sentait seulement qu'être séparée de Hamish c'était mourir.

Dans le court espace qui leur était laissé, Elspat épuisa tous les moyens que pouvait suggérer l'affection pour lui rendre agréable le peu de temps qu'ils paraissaient avoir à passer ensemble. Sa mémoire la reportait en arrière vers les anciens temps, et le trésor de légendes dont elle était meublée, et qui sont en tout temps un des principaux amusements du montagnard dans ses moments de repos, s'augmentait encore d'une connaissance peu ordinaire des chansons des anciens bardes, et des traditions des *sennachies* et des *conteurs* les plus renommés. Ses attentions empressées pour que rien ne manquât à son fils étaient même tellement incessantes, qu'il en éprouvait presque du malaise; et il tâchait doucement de l'empêcher de se donner tant de peine à lui rapporter pour son lit de la bruyère en fleur, ou à lui préparer sa nourriture.—Laissez-moi faire, Hamish, répondait-elle alors; vous suivez votre propre volonté en vous séparant de votre mère : laissez votre mère suivre la sienne en faisant ce qui lui donne du plaisir tant que vous êtes près d'elle.

Elle semblait tellement réconciliée avec les arrangements qu'il avait pris pour elle, qu'elle pouvait l'entendre lui parler d'aller se fixer sur les terres de Green Colin, ainsi qu'on nommait celui sur le domaine duquel il lui avait assuré un asile. La vérité est, cependant, que rien n'était plus loin des pensées d'Elspat. De ce qu'il avait dit dans la violence de leur première altercation, elle avait conclu que si Hamish ne retournait pas au moment précis assigné par sa permission il serait exposé au hasard d'un châtiment corporel. Or, si jamais il se trouvait dans le cas d'encourir pareil déshonneur, elle savait bien qu'il ne s'y soumettrait jamais en retournant au régiment où une honteuse punition lui pourrait être infligée. Envisagea-t-elle aucune des autres conséquences probables qui pouvaient ultérieurement résulter de son malheureux plan, c'est ce qu'on ne peut savoir; mais celle qui avait été la compagne de Mac-Tavish Mhor dans tous ses périls et dans toutes ses courses avait appris par cent exemples que la résistance ou la fuite offraient à un homme courageux, dans un pays de rochers, de lacs et de montagnes, de passes dangereuses et de sombres forêts, les moyens de déjouer toutes les poursuites. Pour l'avenir elle ne craignait donc rien ; sa seule et unique pensée était d'empêcher Hamish de tenir parole à son officier.

Dans ce secret dessein, elle éluda toujours la proposition que Hamish lui fit à plusieurs reprises de partir ensemble pour aller prendre possession de son nouveau domicile; et les raisons qu'elle lui donna pour s'en défendre semblaient si naturelles à son caractère, que son fils n'en fut ni alarmé ni mécontent. — Ne m'oblige pas, lui disait-elle, à dire adieu dans le court espace de la même semaine à mon fils unique et à la vallée où j'ai demeuré si long-temps. Que mes yeux, quand ils seront obscurcis à force d'avoir pleuré sur toi, puissent encore se reposer, au moins quelques moments, sur le Loch Awe et le Ben Cruachan.

Hamish céda d'autant plus volontiers en ceci à l'humeur de sa mère, qu'une ou deux personnes qui résidaient dans une vallée voisine, et qui avaient laissé leurs fils s'enrôler sous la bannière de Barcaldine, devaient aussi se rendre, pour y demeurer, sur le domaine du chieftain, et que l'on paraissait avoir réglé d'avance qu'Elspat se mettrait en route avec elles lorsqu'ils partiraient pour leur nouvelle résidence. Hamish crut avoir ainsi tout à la fois satisfait à la fantaisie de sa mère et assuré pour elle la sécurité et la facilité du trajet. Mais elle nourrissait dans son sein des pensées et des projets bien différents!

Le terme de la permission de Hamish s'approchait rapidement, et plus d'une fois déjà il avait parlé de partir assez à temps pour regagner aisément et avant le moment fixé la ville de Dunbarton, où se trouvait le quartier-général de son régiment. Mais les prières de sa mère, sa propre disposition naturelle à rester aussi long-temps que possible au milieu de scènes qui si long-temps lui avaient été chères, et par-dessus tout sa ferme confiance dans sa vitesse et son activité, lui firent reculer son départ jusqu'au sixième jour, le dernier qu'il lui fût possible de passer avec sa mère, s'il voulait se maintenir dans les termes de son congé.

CHAPITRE V.

> Mais quant à votre fils, croyez-le, — oh ! croyez-
> le bien, — votre conseil lui a été bien dangereux,
> s'il ne lui a pas été mortel. *Coriolan.*

L<small>E</small> soir qui précéda son départ projeté, Hamish descendit à la rivière avec sa ligne, afin de se livrer pour la dernière fois dans l'Awe à un exercice auquel il excellait, et de se procurer en même temps les moyens de faire avec sa mère un repas un peu meilleur que leur chère habituelle. Il fut aussi heureux que de coutume, et eut bientôt pris un beau saumon. Son retour à la cabane fut marqué par un incident dont il parla ensuite comme d'un mauvais présage, bien que probablement son imagination échauffée, jointe à la propension générale de ses compatriotes pour le merveilleux, ait donné une importance superstitieuse à une circonstance très ordinaire et toute naturelle.

Dans le sentier qu'il suivait il fut surpris d'apercevoir un homme vêtu et armé comme lui à l'ancienne mode highlandaise. La première idée qui le frappa fut que cet étranger appartenait aussi à son corps, dont les soldats, levés par le gouvernement et portant les armes sous l'autorité royale, n'étaient pas astreints au nouveau règlement qui proscrivait l'usage du costume et des armes de l'Highland. Mais ayant hâté le pas pour rejoindre son camarade supposé, dans l'intention de lui proposer de faire route ensemble le lendemain, il s'aperçut avec non moins d'étonnement que l'étranger portait une cocarde blanche, insigne fatal proscrit dans les Hautes-Terres. Cet homme était d'une haute stature, et il y avait dans les contours de son extérieur quelque chose de vague qui ajoutait à sa taille; et la manière dont il semblait avancer, plutôt en glissant qu'en marchant, pénétra Hamish d'une crainte superstitieuse au sujet de la nature de l'être qui passait ainsi devant lui dans le crépuscule. Il ne chercha plus à le rejoindre, et il se borna à le suivre des yeux, dominé par cette superstition commune aux Highlanders que l'on ne doit ni s'approcher indiscrètement des apparitions surnaturelles dont on peut être témoin, ni en éviter la présence, mais leur laisser la faculté de vous éviter ou de vous accoster, selon que leur pouvoir le permet ou que le but de leur mission l'exige.

Arrivé à une butte assez élevée située sur le côté de la route, précisément au point où le sentier faisait un coude pour descendre à la cabane d'Elspat, l'étranger s'arrêta et parut attendre que Hamish le rejoignît. Celui-ci, de son côté, voyant qu'il lui fallait nécessairement passer près de l'objet suspect, rassembla son courage et avança vers l'endroit où s'était placé l'étranger, qui d'abord montra du doigt la cabane d'Elspat, en même temps que du bras et de la tête il défendait à Hamish d'en approcher, et qui ensuite étendit la main vers la route qui conduisait au sud, avec un geste qui semblait lui enjoindre de s'éloigner à l'instant dans cette direction. Un moment après l'apparition n'était plus là. — Hamish ne dit pas précisément qu'elle s'évanouit, parce qu'il y avait là assez de rochers et d'arbrisseaux pour la cacher aux yeux; mais son opinion fut qu'il avait vu l'esprit de Mac-Tavish Mhor l'avertissant de se mettre immédiatement en route pour Dunbarton, sans attendre jusqu'au matin ni retourner à la cabane de sa mère.

Et de fait, tant d'accidents pouvaient survenir qui retarderaient la rapidité de son voyage, dans un pays surtout où il y avait un si grand nombre de bacs à passer, qu'il résolut positivement, bien qu'il ne pût partir sans dire adieu à sa mère, de ne s'arrêter que juste le temps qu'il faudrait pour cela, afin que le lendemain matin les premières clartés du soleil levant le trouvassent à bien des milles de là sur la route de Dunbarton. Il descendit donc le sentier, et à son entrée dans la chaumière il fit part à Elspat, d'une voix dont le trouble et la précipitation indiquaient une grande agitation intérieure, de sa résolution de partir à l'instant même. Il s'attendait à ce qu'Elspat combattrait son dessein, et ce ne fut pas sans quelque surprise qu'il l'entendit au lieu de cela le presser seulement de prendre quelque nourriture avant de la quitter pour jamais. Il mangea en effet un morceau à la hâte et en silence, pensant à leur séparation prochaine, et ayant peine à croire qu'elle eût lieu sans qu'à la fin il eût à soutenir une lutte de tendresse maternelle. Il fut donc fort étonné de lui voir remplir le *quaigh*[1] d'usquebaugh pour son coup du départ.

— Pars, mon fils, lui dit-elle, puisque tel est ton dessein bien arrêté; mais auparavant, approche-toi encore un moment du foyer de ta mère, dont la flamme sera depuis long-temps éteinte avant que ton pied ne s'y pose de nouveau.

— A votre santé, mère, dit Hamish, et puissions-nous nous revoir heureux et contents, en dépit de vos paroles de mauvais présage.

— Mieux vaudrait ne pas partir, reprit sa mère tout en le regardant attentivement vider le gobelet, au fond duquel il aurait cru de mauvais augure de laisser une seule goutte.

— Et maintenant, dit-elle à demi-voix et se parlant à elle-même, pars; — si tu le peux.

— Mère, reprit Hamish en posant sur la table le gobelet vide, ton

---

[1] Gobelet en bois cerclé en usage chez les montagnards. (L. V.).

usquebaugh est agréable au goût, mais il ôte les forces qu'il devrait donner.

— C'est le premier effet, mon fils; mais étends-toi sur cette couche de bruyère fraîche, ferme les yeux rien qu'un moment, et après une heure de repos, tu seras mieux rafraîchi que par le repos ordinaire de trois nuits complètes, si on pouvait les fondre en une.

— Mère, repartit Hamish, sur le cerveau duquel la potion commençait à faire rapidement effet, donnez-moi ma toque; — il faut que je vous embrasse et que je parte. — Et pourtant il semble que mes pieds soient cloués au plancher.

— Tu seras remis dans un instant si seulement tu veux te reposer une demi-heure, rien qu'une demi-heure. Il y a encore huit heures d'ici au point du jour, et au point du jour il sera temps pour le fils de ton père de commencer un pareil voyage.

— Il faut que je vous obéisse, mère, — je sens qu'il le faut, dit Hamish d'une voix mal articulée; seulement appelez-moi quand la lune se lèvera.

Il s'assit sur la couche, se renversa en arrière, et presque aussitôt il dormit profondément. Le cœur palpitant et avec la joie de quelqu'un qui vient de mener à fin une entreprise difficile et embarrassante, Elspat se mit avec une tendre sollicitude à arranger le plaid du dormeur, à qui son extravagante affection devait être si fatale, et tout en s'occupant de ce soin elle exprimait son ravissement en accents où le sentiment du triomphe se mêlait à celui de la tendresse maternelle. — Oui, disait-elle, agneau de mon cœur[1], la lune se lèvera et se couchera pour toi, et le soleil aussi, mais non pour éclairer tes pas loin de la terre de tes pères, ni pour t'exciter à aller servir le prince étranger et l'ennemi de ta race! Je ne serai pas livrée à un fils de Dermid, pour être nourrie comme on nourrit une esclave; celui qui est ma joie et mon orgueil sera mon gardien et mon protecteur. On dit que les Highlands sont changés; pourtant je vois le Ben Cruachan porter sa crête aussi haut que jamais dans les nuages du soir; — personne n'a encore fait paître ses vaches dans les profondeurs du Loch Awe, — et ce chêne ne plie pas encore comme un saule. Les enfants des montagnes seront ce qu'étaient leurs pères jusqu'à ce que les montagnes soient de niveau avec la vallée. Dans ces forêts sauvages qui jadis nourrissaient des milliers de braves, il reste sûrement encore de la subsistance et un refuge pour une femme âgée et pour un jeune brave de la vieille race, et fidèle aux anciennes mœurs.

Tandis que la mère de Hamish triomphe ainsi du succès de son stratagème malavisé, nous pouvons dire au lecteur qu'il était fondé sur la

---

[1] Nous avons déjà fait sur cette expression une remarque qui peut être reproduite ici. (L. V.)

connaissance des drogues et des simples, connaissance qu'Elspat, accomplie en tout ce qui appartenait à la vie sauvage qu'elle menait, possédait à un degré peu commun, et qu'elle exerçait pour divers objets. Avec les herbes qu'elle savait choisir aussi bien que distiller, elle était en état de guérir plus de maladies qu'un médecin ordinaire ne le croirait aisément. Quelques unes lui servaient à teindre le tartan en couleurs éclatantes ; — avec d'autres elle composait différentes sortes de breuvages, et malheureusement elle possédait le secret d'un puissant soporifique. C'était sur l'effet de cette dernière composition, ainsi que le lecteur l'a sans doute deviné, qu'elle comptait avec sécurité pour retenir Hamish au-delà du terme assigné à son retour ; et elle comptait aussi sur son horreur pour le châtiment qu'il aurait à craindre et auquel il se serait ainsi exposé, pour l'empêcher tout-à-fait de partir.

Le sommeil de Hamish Mac-Tavish, pendant cette nuit mémorable, fut calme et profond ; mais il n'en fut pas ainsi du repos de sa mère. A peine avait-elle fermé l'œil de temps à autre qu'elle se réveillait en sursaut, pleine de terreur que son fils ne se fût levé et ne fût parti ; et ce n'était qu'en s'approchant de sa couche et en prêtant l'oreille à sa respiration profonde et régulière, qu'elle se rassurait sur l'interruption du repos dans lequel il était plongé.

Elle craignit néanmoins que la lumière de l'aube ne le réveillât, malgré la force inaccoutumée de la potion dont elle avait drogué ce qu'elle lui avait fait boire. S'il restait le moindre espoir qu'un effort humain pût accomplir le voyage, elle savait que Hamish le tenterait, dût-il mourir de fatigue sur la route. Excitée par cette nouvelle appréhension, elle s'étudia à intercepter la lumière, en bouchant toutes les fentes et les crevasses à travers lesquelles, plutôt que par aucune ouverture régulière, les rayons du matin pouvaient pénétrer dans sa misérable demeure ; et cela pour y retenir au milieu des privations et de la pauvreté l'être à qui elle eût avec joie donné le monde entier, si le monde eût été à sa disposition.

La peine qu'elle se donnait était inutile. Le soleil s'éleva sur l'horizon, et le cerf le plus rapide du Breadalbane, eût-il eu les limiers à ses trousses, n'aurait pu courir, pour sauver sa vie, aussi vite qu'il aurait fallu que Hamish franchît la distance qui le séparait de Dunbarton pour y arriver au moment fixé. Le but d'Elspat était pleinement atteint : — le retour de son fils au temps prescrit était désormais impossible. Elle jugeait également impossible que jamais il songeât à retourner, exposé comme il devait l'être maintenant au danger d'une punition infamante. Peu à peu et à différentes fois elle avait obtenu de lui pleine connaissance de la situation où il se trouverait s'il ne reparaissait pas au jour fixé, et du peu d'espoir qu'il aurait en ce cas d'être traité avec indulgence.

Il est assez connu que le grand et sage comte de Chatham s'enorgueillissait du plan qu'il avait conçu pour réunir en corps et employer à la défense des colonies ces valeureux montagnards qui jusqu'à lui avaient été un objet de défiance, de crainte et de soupçon pour toutes les administrations précédentes. Mais l'exécution de ce projet patriotique rencontra quelques difficultés par suite des habitudes particulières et du caractère de ce peuple. Par nature et par tradition, chaque Highlander était accoutumé à porter les armes; mais en même temps ils ne connaissaient nullement la gêne que la discipline impose aux troupes régulières, et elle leur était insupportable. C'était une espèce de milice qui ne concevait pas que d'un camp on pût faire sa demeure unique. Si une bataille était perdue, ils se dispersaient pour se sauver par la fuite et aller veiller à la sûreté de leurs familles; après une victoire, ils retournaient à leurs vallées mettre leur butin en sûreté et s'occuper de leur bétail et de leurs fermes. Ce privilége d'aller et de venir à volonté, ils ne voulaient pas en être privés même par leurs chefs, dont à beaucoup d'autres égards l'autorité était si despotique. Il suivait de là naturellement qu'on avait peine à faire comprendre aux nouvelles recrues highlandaises la nature d'un engagement militaire qui forçait un homme à servir à l'armée plus long-temps qu'il ne lui convenait; et peut-être, en beaucoup de cas, ne s'attachait-on pas assez, au moment de l'enrôlement, à leur expliquer la permanence de l'engagement qu'ils contractaient, de peur de les porter par là à changer d'avis. Aussi les désertions étaient-elles devenues fréquentes dans le régiment nouvellement levé, et le vieux général qui commandait à Dunbarton ne vit pas de meilleur moyen d'y mettre un terme qu'en faisant faire d'un déserteur anglais un exemple d'une sévérité inaccoutumée. Le jeune régiment highlandais fut obligé d'assister au châtiment qui frappa d'horreur et de dégoût des gens particulièrement jaloux de l'honneur personnel, et qui assez naturellement en indisposa plusieurs contre le service. Le vieux général, toutefois, dont l'éducation militaire s'était faite dans les guerres d'Allemagne, ne changea pas d'opinion, et ordonna que le premier Highlander qui déserterait ou même ne paraîtrait pas à l'expiration précise de la permission qu'il aurait obtenue, serait passé aux verges et puni comme le déserteur au supplice duquel ils venaient d'assister. Nul ne doutait que le général *** tiendrait rigoureusement parole, quelle que fût la rigueur du châtiment encouru, et par conséquent Elspat savait que son fils, quand il reconnaîtrait l'impossibilité d'être exact au moment prescrit, devrait en même temps considérer comme inévitable la punition dégradante portée contre sa défection, s'il se remettait au pouvoir du général [1].

Quand midi fut passé depuis long-temps, de nouvelles appréhensions s'élevèrent dans l'esprit de la veuve. Son fils dormait toujours sous

Voyez la note J, fin du volume.

l'influence du narcotique ; — si sa santé ou sa raison allait se ressentir de l'énergie de cette potion, plus forte qu'aucune de même nature qui à sa connaissance eût jamais été administrée! Pour la première fois, vraisemblablement, nonobstant la haute idée qu'elle s'était faite de l'autorité maternelle, elle commença à redouter la colère de son fils, envers lequel elle se disait au fond du cœur qu'elle avait mal agi. Depuis quelque temps elle avait remarqué que son caractère était moins docile, ses déterminations (notamment en cette dernière occasion où il s'était enrôlé) prises avec plus d'indépendance et plus hardiment exécutées. Elle se rappelait la farouche opiniâtreté du père de Hamish quand il se croyait offensé, et elle commença à craindre que son fils, lorsqu'il viendrait à savoir la ruse dont elle s'était servie pour le tromper, n'en conçût assez de ressentiment pour secouer entièrement l'autorité filiale et poursuivre seul sa carrière dans le monde. Telles furent les appréhensions alarmantes, et non sans raison, qui commencèrent à s'élever en foule dans l'esprit de la pauvre femme, après le succès apparent de son malencontreux stratagème.

Le soir approchait quand Hamish s'éveilla, ne jouissant pas à beaucoup près de la plénitude de ses facultés de corps et d'esprit. Le vague de ses premières paroles et l'agitation de son pouls causèrent d'abord à Elspat de vives appréhensions ; mais elle employa les expédients que lui suggéra sa science médicale, et dans le cours de la soirée elle eut la satisfaction de le voir retomber dans un profond sommeil. Ce nouveau repos dissipa probablement en grande partie les effets de la potion, car vers le petit jour elle l'entendit se lever et l'appeler pour lui demander sa toque. Elle l'avait enlevée à dessein, de crainte qu'il ne s'éveillât pendant la nuit et ne partît sans qu'elle s'en aperçût.

— Ma toque! — ma toque! criait Hamish ; il est temps de nous dire adieu. Ma mère, votre boisson était trop forte. — Le soleil est déjà haut ; — pourtant je n'en verrai pas moins demain matin le double sommet de l'antique Dun. Ma toque — ma toque, mère! il faut que je parte à l'instant. Ces expressions faisaient clairement voir que le pauvre Hamish ignorait pleinement que deux nuits et un jour s'étaient écoulés depuis qu'il avait vidé le fatal gobelet, et Elspat eut alors à entreprendre une tâche qu'elle sentait être presque aussi périlleuse qu'elle était pénible, celle d'expliquer sa ruse.

— Pardonnez-moi, mon fils, dit-elle en s'approchant de Hamish et en lui prenant la main d'un air de crainte et de déférence que peut-être elle n'avait pas toujours eu avec son père, même quand il était dans ses accès d'humeur.

— Vous pardonner, ma mère ? — vous pardonner quoi ? dit Hamish en riant ; est-ce de m'avoir donné une boisson trop forte, dont ma tête se sent encore ce matin, ou d'avoir caché ma toque pour me tenir ici un instant de plus ? C'est bien plutôt à *vous* de *me* pardonner. Donnez-moi ma toque, et laissez se faire ce qui doit être fait. Donnez-moi ma toque, ou je vais partir sans elle ; sûrement ce n'est pas moi qui serai retardé faute d'une pareille bagatelle, — moi qui ai couru les bois durant tant d'années rien qu'avec une lanière de peau de daim pour me lier les cheveux par derrière. Ne plaisantez pas et donnez-la-moi, ou il va falloir m'en aller nu-tête, puisqu'il m'est impossible de demeurer.

— Mon fils, dit Elspat en lui prenant la main avec force, ce qui est fait est fait ; pourriez-vous emprunter les ailes de l'aigle que nous voyons planer là-bas, vous arriveriez au Dun trop tard pour ce que vous vous proposez, — trop tôt pour ce qui vous y attend. Vous croyez voir le soleil se lever pour la première fois depuis que vous l'avez vu se coucher, mais hier l'a vu gravir le Ben-Cruachan, quoique vos yeux fussent clos à sa lumière.

Hamish jeta sur sa mère un regard égaré d'extrême terreur ; puis se remettant aussitôt, il répliqua : Je ne suis pas un enfant pour me laisser détourner de ce que je dois faire par de pareilles ruses. — Adieu, mère ; chaque moment vaut une vie.

— Un moment, s'écria-t-elle ; — mon cher Hamish, tu es abusé ! — ne cours pas à ton infamie et à ta perte. — Je vois là-bas le prêtre qui monte la grand'route sur son cheval blanc ; — demande-lui à quel jour du mois et de la semaine nous sommes ; — qu'il décide entre nous.

Avec la rapidité de l'aigle, Hamish franchit le sentier rapide qui conduisait au haut de la côte, et en un moment il fut près du ministre de Glenorquhy, qui allait ainsi de bon matin porter des consolations à une famille malheureuse près de Bunawe.

Le bon prêtre fut quelque peu effrayé en voyant un Highlander armé, ce qui était si rare alors, arrêter son cheval par la bride avec tous les dehors d'une vive agitation, et lui demander, d'une voix presque épuisée, à quel jour de la semaine et du mois on était. — Si vous aviez été où vous auriez dû être hier, jeune homme, répondit le ministre, vous sauriez que c'était le jour du repos et du Seigneur, et que c'est aujourd'hui lundi, le deuxième jour de la semaine et le vingt-un du mois.

— Ce que vous me dites est vrai? reprit Hamish.

— Aussi vrai, repartit le prêtre surpris, qu'il est vrai que j'ai prêché hier la parole de Dieu dans cette paroisse. — Qu'avez-vous donc, jeune homme ? — êtes-vous malade ? — êtes-vous dans votre bon sens ?

Hamish ne répondit pas ; seulement il se répétait à lui-même les premiers mots du prêtre, — Si vous aviez été où vous auriez dû être hier ; et lâchant en même temps la bride, il quitta la route et descendit le sentier conduisant à la hutte, de l'air et du pas d'un homme qui marche à l'exécution. Le ministre le suivit des yeux avec étonnement ; mais quoiqu'il connût l'habitante de la cabane, la réputation d'Elspat l'avait éloigné d'entretenir aucune communication avec elle, vu qu'elle passait généralement pour papiste, ou plutôt pour être indifférente à toutes les religions, sauf à quelques observances superstitieuses qu'elle tenait de ses parents. Le révérend M. Tyrie avait cependant donné quelques soins à l'instruction de Hamish quand l'occasion s'en était présentée, et bien que la semence tombât au milieu des ronces et des épines d'un naturel sauvage et inculte, elle n'avait cependant pas été complétement perdue. Il y avait quelque chose de si lugubre dans l'expression actuelle des traits du jeune homme, que le digne prêtre fut tenté de descendre à la hutte, et d'aller s'enquérir s'il était arrivé à ceux qui l'habitaient quelque accident où sa présence pût apporter de la consolation et son ministère être utile. Malheureusement il ne persévéra pas dans cette résolution, qui aurait pu prévenir un grand malheur, attendu que probablement il serait devenu médiateur pour l'infortuné jeune homme ; mais le souvenir de l'humeur sauvage de ces Highlanders élevés dans les anciennes mœurs du pays l'empêcha de s'intéresser à la veuve et au fils du bandit redouté Mac-Thavish Mohr, et il manqua ainsi l'occasion de faire beaucoup de bien, ce qu'ensuite il se reprocha amèrement.

Quand Hamish Mac-Tavish rentra dans la cabane de sa mère, ce ne fut que pour se jeter sur le lit qu'il venait de quitter. — Perdu ! perdu ! ce furent les seuls mots qu'il prononça ; puis, par des exclamations inarticulées de douleur et de colère, il exhala la profonde agitation que soulevaient en lui et le stratagème dont il était victime, et la situation cruelle où il était réduit.

Elspat était préparée à la première explosion de la colère de son fils, et elle se dit en elle-même : Ce n'est que le torrent de la montagne enflé par une pluie d'orage. Asseyons-nous et reposons-nous sur la rive ; car, malgré tout son fracas actuel, le temps viendra bientôt où nous pourrons le passer à pied sec. Elle le laissa sans lui répondre un mot exhaler ses plaintes et ses reproches, qui même au milieu de ses angoisses avaient un caractère de respect et d'affection ; et lorsque enfin, après avoir épuisé toutes les exclamations de douleur que fournit à celui qui souffre la langue toujours abondante des sentiments du cœur, il resta plongé dans un sombre silence, elle laissa s'écouler encore un intervalle de près d'une heure avant de s'approcher de la couche de son fils.

— Maintenant, lui dit-elle alors d'une voix où l'autorité de la mère était tempérée par la tendresse, avez-vous épuisé vos vains regrets, et êtes-vous en état de comparer ce que vous avez gagné à ce que vous avez perdu ? Le fils perfide de Dermid est-il votre frère ou le père de votre tribu, que vous pleuriez ainsi parce que vous ne pouvez vous attacher à son baudrier, et devenir un de ceux à qui il faut faire ce qu'il ordonne ? Trouveriez-vous dans ce pays lointain les lacs et les montagnes que vous laisseriez ici derrière vous ? Pourriez-vous chasser les daims du Breadalbane dans les forêts d'Amérique, et l'Océan vous fournirait-il le saumon argenté de l'Awe? Réfléchissez donc à ce que vous perdez, et en homme avisé comparez-le à ce que vous avez gagné.

— J'ai tout perdu, mère, répliqua Hamish, puisque j'ai manqué à ma parole et que je suis déshonoré. Je pourrais dire ce qui m'est arrivé; mais qui me croirait? — oh! qui pourrait me croire?

L'infortuné jeune homme joignit de nouveau les mains, et les portant violemment à son front il se pencha sur le lit et s'y cacha le visage.

Elspat fut alors réellement alarmée; et peut-être regretta-t-elle le fatal artifice. Elle n'eut d'espoir et de refuge que dans l'éloquence de la persuasion dont la nature l'avait douée à un assez haut degré, quoique son ignorance totale de ce qu'était maintenant le monde en rendît l'énergie tout-à-fait infructueuse. Elle pressa son fils, par toutes les épithètes de tendresse qu'une mère peut trouver, de songer à sa propre sûreté.

— Laissez-moi déjouer la poursuite de ceux qui seront envoyés après vous, lui dit-elle. Je vous sauverai la vie, — je vous sauverai l'honneur; — je leur dirai que mon Hamish aux blonds cheveux est tombé du Corric Dhu[1] dans le gouffre, dont œil humain n'a jamais vu le fond. Je leur dirai cela, et je jetterai votre plaid sur les épines qui croissent au bord du précipice, afin qu'ils croient à mes paroles. Ils y croiront, et ils retourneront vers Dun à la double crête; car si le tambour saxon peut appeler les vivants pour les conduire à la mort, il ne peut rappeler les morts sous leur étendard d'esclaves. Alors nous irons ensemble loin au nord jusqu'aux lacs salés de Kintail, nous mettrons des vallées et des montagnes entre nous et les fils de Dermid. Nous visiterons les rives du Lac Noir, et mes parents — car ma mère n'était-elle pas une fille de Kenneth, et ne se souviendront-ils pas de nous avec leur amitié d'autrefois? — mes parents nous recevront avec l'affection du temps passé, qui vit encore dans ces vallées lointaines, où le Gaël conserve toujours son ancienne noblesse, sans se mêler à ces rustres de Saxons, non plus qu'avec la race dégénérée qui s'est faite leur instrument et leur esclave.

L'énergie d'un idiome qui touche à l'hyperbole, même dans ses expressions les plus ordinaires, semblait en ce moment presque insuffisante pour fournir à Elspat les traits du magnifique tableau qu'elle présentait à son fils, de la terre où elle lui proposait d'aller chercher un refuge. Cependant les couleurs dont elle pouvait user pour peindre son Paradis highlandais étaient peu nombreuses. — Les hauteurs, dit-elle, y étaient plus élevées et plus belles que celles du Breadalbane; — le Ben Cruachan ne serait qu'un nain près du Skooroora. Les lacs y étaient plus profonds et plus larges, et non seulement ils abondaient en poissons, mais on y trouvait l'animal enchanté et amphibie qui fournit l'huile aux

[1] Précipice Noir. (W. S.)

lampes [1]. Les daims étaient de plus grande taille et plus nombreux, — le sanglier aux blanches défenses, dont les braves préféraient la chasse à toute autre, se rencontrait encore dans ces solitudes de l'ouest ; — les hommes y étaient plus nobles, plus sages et plus forts que la race dégénérée qui vivait sous la bannière saxonne. Les filles du pays étaient belles, avec des yeux bleus, des cheveux blonds et un sein de neige ; et c'était parmi elles qu'elle choisirait pour Hamish une femme de race irréprochable, de réputation sans tache, sincère et fidèle dans son affection, une femme qui serait dans leur cabane d'été comme un rayon de soleil, et dans leur demeure d'hiver comme la douce chaleur du feu.

Telles étaient les consolations au moyen desquelles Elspat cherchait à calmer le désespoir de son fils, et à le déterminer, s'il était possible, à s'éloigner du lieu fatal où il semblait décidé à rester. Le langage de sa rhétorique était poétique, mais à d'autres égards il ressemblait à celui que comme d'autres mères passionnées elle avait prodigué à Hamish alors qu'il n'était encore qu'enfant ou jeune homme, pour le décider à faire quelque chose qu'il n'avait pas dans l'idée ; et son débit devenait plus élevé, plus rapide et plus chaleureux, à mesure qu'elle désespérait davantage que ses paroles portassent la conviction avec elles.

Son éloquence ne fit nulle impression sur l'esprit de Hamish. Il connaissait beaucoup mieux que sa mère la situation actuelle du pays, et il sentait bien que lui serait-il possible de se cacher comme fugitif au fond de quelques montagnes éloignées, il n'y avait plus dans toutes les Highlands un seul coin où l'on pût exercer la profession de son père, alors même qu'une appréciation plus saine du temps où il vivait ne l'eût pas déjà pénétré de l'opinion que le métier de catéran n'était plus désormais le chemin de l'honneur et de la distinction. Les paroles d'Elspat s'adressaient donc à une oreille fermée, et elle s'épuisa en vains efforts pour représenter le pays des parents de sa mère sous des couleurs qui pussent engager Hamish à l'y accompagner. Elle parla pendant des heures, mais elle parla en vain. Elle ne put lui arracher d'autre réponse que des gémissements, des soupirs et des exclamations exprimant le plus extrême désespoir.

Enfin, se dressant sur ses pieds et quittant le ton monotone dont elle avait chanté en quelque sorte les louanges de la terre de refuge, pour le langage bref et sévère d'une passion véhémente : — Je suis folle, dit-elle, de perdre mes paroles près d'un enfant indolent, sans énergie et sans intelligence, qui se couche comme un chien sous les coups. Restez ici pour y recevoir vos maîtres, et attendez-y le châtiment qu'ils vous préparent ; mais ne pensez pas que les yeux de votre mère en suppor-

---

[1] Les veaux marins sont regardés par les Highlanders comme des princes enchantés. (W. S.)

teront la vue : je ne pourrais voir cela sans mourir. Mes yeux ont souvent vu la mort, mais jamais le déshonneur. Adieu, Hamish! nous ne nous reverrons jamais.

Elle s'élança hors de la hutte avec la rapidité d'un vanneau, et peut-être en ce moment avait-elle réellement comme elle le disait le dessein de se séparer à jamais de son fils. Ce soir-là elle eût offert un spectacle effrayant à quiconque eût pu la voir errant au milieu des solitudes comme une âme en peine, et se parlant à elle-même un langage intraduisible. Elle erra pendant des heures, cherchant plutôt qu'elle ne les évitait les endroits les plus dangereux. Le passage presque impraticable qui traverse le marécage, le sentier effrayant à voir qui longe la crête du précipice ou suit le bord d'une rivière pleine de gouffres tournoyants, tels étaient, loin de les éviter, les chemins qu'elle cherchait avec empressement et qu'elle parcourait avec une hâte insoucieuse du danger. Mais ce fut précisément à ce courage provenant du désespoir qu'elle dut la conservation d'une vie que peut-être (quoique le suicide prémédité soit chose rare dans les Highlands) elle avait le désir de terminer. Son pas sur le bord du précipice était ferme comme celui de la chèvre sauvage ; et ses yeux, dans cet état de surexcitation, étaient assez perçants pour discerner, même dans les ténèbres, les périls qu'un étranger n'aurait pu éviter même au grand jour.

La course d'Elspat ne la portait pas directement en avant, sans quoi elle eût bientôt été loin de la chaumière où elle avait laissé son fils. Elle décrivait comme un cercle, car cette chaumière était le centre auquel venaient se rattacher toutes les fibres de son cœur ; et quoiqu'elle errât tout autour, elle sentait qu'il lui était impossible d'en quitter le voisinage. Avec les premiers rayons du matin elle revint à la hutte. Un instant elle s'arrêta à la porte fermée par une claie, comme si elle eût été honteuse qu'un sentiment plus fort qu'elle l'eût ramenée au lieu même qu'elle avait quitté dans l'intention de n'y jamais revenir ; pourtant ce qui dominait dans son hésitation, c'était la crainte et l'inquiétude, — l'inquiétude que son Hamish aux blonds cheveux n'eût souffert du breuvage qu'elle lui avait donné, — la crainte que ses ennemis ne l'eussent surpris pendant la nuit. Elle ouvrit doucement la porte de la hutte et entra sans bruit. Épuisé par la douleur et l'anxiété, et peut-être n'étant pas entièrement remis de l'influence du puissant soporifique, Hamish Bean dormait de nouveau de ce sommeil lourd et profond qui, dit-on, s'empare des Indiens dans l'intervalle de leurs tourments. A peine sa mère était-elle bien sûre que c'était lui qu'elle voyait sur le lit, à peine était-elle certaine que son oreille saisît le bruit de sa respiration ; le cœur battant avec force, Elspat s'approcha de l'âtre placé au milieu de la hutte, où sommeillaient, couverts d'un morceau de tourbe, les restes encore ardents du feu, qui jamais ne s'éteint au foyer d'une cabane écossaise tant que ceux qui l'habitent ne l'ont pas quittée pour jamais.

— Faible greishogh [1], dit-elle, en même temps qu'à l'aide d'un morceau de tourbe enflammée elle allumait une éclisse de pin des marécages destiné à tenir lieu de chandelle, — faible greishogh, bientôt tu seras consumé pour jamais : puisse le Ciel permettre que la vie d'Elspat Mac-Tavish n'ait pas une plus longue durée que la tienne !

En même temps elle éleva la torche allumée en l'approchant du lit, où les membres de son fils étaient encore étendus dans une posture qui permettait de douter s'il dormait ou s'il était évanoui. Comme elle s'avançait vers lui, l'éclat de la lumière frappa sur ses yeux ; — il s'éveilla en sursaut, s'élança de sa couche son dirk [2] nu à la main, ainsi qu'un homme armé s'avance à la rencontre d'un ennemi mortel, et s'écria : N'approche pas ! — sur ta vie, n'approche pas !

— Voilà la parole et le geste de mon époux, repartit Elspat ; à ce mot et à cette attitude je reconnais le fils de Mac-Tavish Mhor.

— Mère, reprit Hamish, un accent de reproche succédant tout-à-coup au ton de fermeté désespérée qu'il avait eu d'abord, — ô ma mère, pourquoi êtes-vous revenue ici ?

— Demande pourquoi la biche revient au faon, pourquoi le chat des montagnes revient à son terrier et à ses petits. Sachez donc bien, Hamish, que le cœur de la mère ne vit que dans le sein de l'enfant.

— En ce cas il cessera bientôt de battre, à moins qu'il ne batte encore dans le sein de la terre. — Mère, ne me blâmez pas ; si je pleure, ce n'est pas pour moi, mais pour vous : car mes souffrances seront bientôt passées, tandis que les vôtres... Oh ! qui, sauf le Ciel, pourra y mettre un terme !

Elspat frissonna et fit deux pas en arrière ; mais elle reprit presque aussitôt son attitude ferme et droite et son air intrépide.

— Tout-à-l'heure je te croyais un homme, dit-elle, et te voilà redevenu un enfant. Ecoute-moi, pourtant, et quittons ensuite ces lieux ensemble. T'ai-je fait quelque offense ou quelque injure ? hé bien, même en ce cas, ne te venge pas si cruellement. — Vois, Elspat Mac-Tavish, elle qui jamais n'a fléchi le genou même devant un prêtre, Elspat tombe prosternée devant son propre fils et lui demande pardon. Et en même temps elle se jeta à genoux devant le jeune homme, s'empara de sa main, la baisa cent fois, et cent fois lui répéta, en accents qui partaient d'un cœur brisé, les plus ardentes supplications pour obtenir son pardon. — Pardon ! s'écriait-elle ; au nom des cendres de ton père, — au nom des douleurs que j'ai souffertes quand je te portais dans mon sein, — au nom des soins avec lesquels je t'ai nourri et élevé, pardon ! — Ciel, écoutez ! terre, sois témoin ! — la mère implore son pardon de son enfant, et elle est refusée !

---

[1] *Greishogh*, cendres chaudes, feu non éteint. (W. S.)
[2] Poignard des Highlanders. (L. V.)

C'était en vain que Hamish s'efforçait d'arrêter ce flux de paroles passionnées, en assurant sa mère, par les protestations les plus solennelles, qu'il lui pardonnait complétement le fatal artifice dont elle avait fait usage avec lui.

— Paroles vides, répliquait-elle; vaines protestations, auxquelles vous n'avez recours que pour cacher l'obstination de votre ressentiment. Si vous voulez que je vous croie, quittez la chaumière sur-le-champ, et éloignez-vous d'un canton que chaque heure rend plus dangereux. — Faites cela, et je pourrai croire que vous m'avez pardonné; — refusez, et de nouveau je prends à témoin la lune et les étoiles, le ciel et la terre, de l'implacable ressentiment que vous conservez contre votre mère pour une faute qui provient, si c'en est une, de l'amour qu'elle a pour vous.

— Mère, dit Hamish, sur ce point vous ne m'ébranlerez pas : je ne fuirai devant personne. Barcaldine enverrait-il ici, en ce lieu même, jusqu'au dernier des Gaëls qu'il a sous sa bannière, je les attendrais. Quand vous me dites de fuir, vous pourriez tout aussi bien commander à cette montagne de quitter la place où elle est assise. Si j'avais été sûr de la route par laquelle ils doivent venir ici, je leur aurais épargné la peine de me chercher; mais je pourrais prendre par la montagne pendant qu'ils viendraient par le lac. Ici j'attendrai mon sort; il n'y a pas en Ecosse de voix assez puissante pour me faire obéir si elle me commandait de bouger d'ici.

— Hé bien, j'y resterai donc aussi, dit Elspat, se levant et parlant avec un calme affecté. J'ai vu la mort de mon époux; — mes yeux ne craindront pas de voir celle de mon fils. Seulement Mac Tavish Mhor mourut comme il convient au brave, tenant sa bonne claymore à la main droite; et mon fils périra comme le bœuf conduit à l'abattoir par le Saxon qui l'a acheté et payé.

— Mère, dit le malheureux jeune homme, vous avez pris ma vie, et vous en aviez le droit, car vous me l'aviez donnée; mais ne touchez pas à mon honneur! Il m'a été transmis par une suite de valeureux ancêtres, et je ne le laisserai souiller ni par acte d'homme ni par parole de femme. Ce que je ferai, peut-être moi-même ne le sais-je pas encore; mais ne me tentez pas davantage par des paroles de reproche. Vous m'avez déjà fait plus de blessures que vous n'en pourrez jamais guérir.

— Il suffit, mon fils, répondit Elspat; ne craignez plus de moi ni plaintes ni remontrances. Restons silencieux, et attendons ce que le Ciel nous réserve.

Le soleil à son lever trouva la chaumière silencieuse comme la tombe. La mère et le fils s'étaient levés, et chacun de son côté était occupé de sa tâche : — Hamish à préparer et à nettoyer ses armes avec le plus grand soin, mais d'un air de profond abattement; Elspat, plus impatiente du repos dans ses angoisses d'esprit, à apprêter la nourriture dont les émotions de la veille leur avaient fait oublier le besoin durant un nombre d'heures inaccoutumé. Elle la plaça sur la table devant son fils dès qu'elle fut préparée, en répétant ces mots d'un poëte gaëlique : « Sans la nourriture de chaque jour, la charrue du laboureur reste immobile dans le sillon ; sans la nourriture de chaque jour, l'épée du guerrier est trop pesante pour son bras. Notre corps est notre esclave, et pourtant il faut le nourrir si nous voulons avoir son service. » — Ainsi parlait dans l'ancien temps le barde aveugle aux guerriers de Fion.

Le jeune homme ne répondit pas, mais il mangea ce qui était placé devant lui, comme pour se donner des forces pour la scène qu'il allait avoir à soutenir. Quand sa mère vit qu'il avait mangé selon ses besoins, elle emplit de nouveau le fatal gobelet, et le lui présenta comme conclusion du repas. Mais il se détourna brusquement, avec un geste convulsif exprimant à la fois la crainte et l'horreur.

— Oh! dit-elle, cette fois, mon fils, tu n'as assurément rien à craindre.

— Ne me pressez pas, mère, repartit Hamish. Mettez dans un flacon l'immonde crapaud, et je boirai ; mais pour porter dorénavant mes lèvres à ce gobelet maudit, et goûter encore de ce breuvage qui détruit la raison, c'est ce que je ne ferai jamais!

— A votre plaisir, mon fils, dit Elspat avec hauteur. Et elle s'occupa, avec une apparence de grande activité, des divers soins domestiques qui avaient été interrompus le jour précédent. N'importe ce qui se passait en elle, toute inquiétude semblait bannie de son air et de ses manières. Ce n'eût été qu'au redoublement d'activité qu'elle apportait à ses travaux de ménage qu'un observateur attentif eût pu s'apercevoir que ses actions étaient en quelque sorte aiguillonnées par quelque pénible sujet d'excitation intérieure ; et un tel observateur aurait aussi pu remarquer combien elle s'interrompait fréquemment dans les fragments sans suite d'airs ou de chansons qu'elle fredonnait, apparemment sans avoir conscience de ce qu'elle faisait, pour aller jeter à la hâte un regard hors la porte de la chaumière. Quelque chose qui se passât dans l'esprit de Hamish, ses manières étaient précisément l'inverse de celles de sa mère. Après avoir fini de nettoyer et de préparer ses armes, qu'il arrangea ensuite dans la hutte, il s'assit devant la porte et attacha ses regards sur la hauteur qui y faisait face, comme la sentinelle immobile attend l'approche d'un ennemi. Midi le trouva encore dans la même attitude, et ce fut une heure après que sa mère, debout près de lui et lui posant la main sur l'épaule, lui dit d'un ton indifférent, comme si elle eût parlé de quelque visite d'amis : Quand les attends-tu?

— Ils ne peuvent être ici avant que l'ombre ne s'allonge vers l'orient, répondit Hamish ; et encore, dans la supposition que le détachement le plus proche, commandé par le sergent Allan Breack Cameron, aura reçu, par un exprès de Dunbarton, l'ordre de venir ici, et c'est très probablement ce qui aura eu lieu.

— Hé bien, entre encore une fois sous le toit de ta mère, et viens prendre pour la dernière fois ta part de la nourriture qu'elle a préparée ; après cela, qu'ils viennent, et tu verras si ta mère est un inutile embarras un jour de combat. Ta main, tout exercée qu'elle soit, ne ferait pas feu aussi vite que je pourrais charger ces armes ; et même, si cela est nécessaire, je ne crains ni la vue ni le bruit du feu, et je passais pour viser juste.

— Au nom du Ciel, mère, ne vous en mêlez pas ! dit Hamish. Allan Breack est un homme sage et obligeant, et qui vient de bonne souche. Peut-être pourra-t-il me promettre que nos officiers ne m'infligeront pas de punition infamante ; et s'ils m'offrent l'emprisonnement dans un cachot, ou la mort d'un coup de mousquet, je ne pourrai rien objecter à cela.

— Hélas ! et tu te fieras à leur parole, fol enfant ? Souviens-toi que la race des Dermid a toujours eu de belles paroles et un cœur faux ; ils ne t'auront pas plus tôt mis les fers aux mains qu'ils te dépouilleront les épaules pour te passer aux verges.

— Epargnez-moi vos avis, mère, répliqua Hamish d'un ton sec ; pour moi mon parti est pris.

Mais quoiqu'il parlât ainsi, pour échapper aux instances, on pourrait presque dire aux persécutions de sa mère, il eût en ce moment été impossible à Hamish de dire à quel parti il s'était ainsi arrêté. Sur un point seul sa détermination était bien prise : c'était d'attendre son sort, quel qu'il pût être, et de ne pas ajouter à la faute qu'il avait involontairement commise en manquant à sa parole celle de chercher à se soustraire au châtiment. Cet acte de dévouement, il le regardait comme dû à son propre honneur et à celui de ses compatriotes. Auquel de ses camarades se fierait-on à l'avenir, s'il fallait le considérer, lui Hamish, comme ayant manqué à sa parole et trompé la confiance de ses officiers ? et quel autre que Hamish Bean Mac-Tavish les Gaëls accuseraient-ils d'avoir justifié et confirmé les préventions que le général saxon, on ne l'ignorait pas, conservait contre la bonne foi des Highlanders ! Il était donc fermement résolu d'attendre son sort. Mais que son intention fût de se livrer paisiblement entre les mains du détachement qui viendrait l'arrêter, ou que, par une démonstration de résistance, il se proposât de les pousser à le tuer sur la place, c'est ce que lui-même n'aurait pu dire d'avance. Le désir qu'il avait de voir Barcaldine et de lui expliquer la cause de son absence au-delà du terme fixé le faisait pencher vers le premier de ces deux partis ; sa crainte du châtiment dégradant et des amers reproches de sa mère l'incitait fortement à s'en tenir au second et plus dangereux. Il laissa au hasard à en décider quand arriverait la crise, et il ne resta pas long-temps en attente de la catastrophe.

Le soir approchait ; les ombres gigantesques des montagnes se prolongeaient vers l'orient qu'elles enveloppaient d'obscurité, tandis que les sommets situés à l'ouest étaient encore empourprés de riches teintes d'or. La route qui tourne autour du Ben Cruachan était pleinement visible de la porte de la chaumière. Tout-à-coup un détachement de cinq soldats highlandais, dont les armes resplendissaient au soleil, sortit de derrière la montagne qui l'avait caché jusque là, et se montra au détour le plus éloigné du chemin. L'un d'eux se tenait un peu en avant des quatre autres, qui marchaient en ordre et deux à deux, selon les règles de la discipline militaire. Il était hors de doute, à leurs fusils ainsi qu'aux toques et aux plaids qu'ils portaient, que c'était un détachement du régiment de Hamish conduit par un sous-officier; et on ne pouvait avoir non plus aucune incertitude quant aux motifs de leur apparition sur les bords du Loch Awe.

— Ils arrivent d'un bon pas, dit la veuve de Mac-Tavish Mhor ; — tout-à-l'heure ceux qui s'en retourneront s'en retourneront encore plus lestement. Mais ils sont cinq, et la disproportion est trop forte. Rentrez dans la hutte, mon fils, et tirez par la meurtrière d'à côté de la porte. Vous pouvez en abattre deux avant qu'ils aient quitté la grand'route pour entrer dans le sentier ; — alors ils ne seront plus que trois, et votre père, avec mon aide, a souvent tenu bon contre ce nombre-là.

Hamish Bean prit le fusil que lui tendait sa mère, mais il ne quitta pas la porte de la hutte. Bientôt il fut aperçu du détachement qui descendait la grand'route, ce que le pas accéléré des soldats rendit évident, bien qu'ils continuassent, malgré la rapidité de leur marche, de garder leurs rangs comme des limiers accouplés. En beaucoup moins de temps qu'il n'eût été possible à des hommes moins accoutumés aux montagnes, ils avaient quitté le grand chemin, parcouru l'étroit sentier, et étaient arrivés à une portée de pistolet de la hutte, à la porte de laquelle se tenait Hamish, immobile comme une statue et son fusil à la main, tandis que sa mère, placée derrière lui et presque poussée à la frénésie par la violence de ses passions, lui reprochait dans les termes les plus forts que le désespoir puisse suggérer son manque de résolution et sa faiblesse de cœur. Les paroles d'Elspat rendaient encore plus amer le fiel que le jeune homme sentait s'élever en lui à mesure qu'il remarquait la rapidité peu amicale avec laquelle ses ci-devant camarades arrivaient à lui, comme des chiens courants s'élancent sur le cerf aux abois. La violence des passions indomptées qu'il tenait de ses parents se réveilla à l'hostilité supposée de ceux qui le poursuivaient; et le frein sous lequel ses passions avaient été tenues jusque là par un jugement sain commença peu à peu à se relâcher. En ce moment le sergent lui cria : Hamish Bean Mac-Tavish, mettez bas les armes, et rendez-vous !

— Et *vous*, Allan Breack Cameron, arrêtez-vous et ordonnez à vos hommes de s'arrêter, ou vous en serez tous les mauvais marchands.

— Halte ! cria le sergent à ses hommes, mais tout en continuant lui-même d'avancer. — Hamish, continua-t-il, songez à ce que vous faites, et rendez votre fusil ; vous pouvez verser du sang, mais vous ne pouvez échapper à la punition.

— Les verges, — les verges, mon fils ; — prenez garde aux verges ! dit Elspat à demi voix.

— Prenez garde, Allan Breack, repartit Hamish. Je ne voudrais pas vous faire du mal ; — mais je ne me laisserai pas prendre, à moins que vous ne m'assuriez que je n'aurai pas à craindre les verges des Saxons.

— Fou que vous êtes ! répliqua Cameron, vous savez bien que cela ne m'est pas possible. Pourtant je ferai tout ce que je pourrai. Je dirai que je vous ai rencontré comme vous veniez, et la punition sera légère. — Mais rendez votre mousquet. — Camarades, en avant !

En même temps il s'élança en avant, le bras étendu comme pour écarter l'arme que le jeune homme tenait en joue. — Maintenant, s'écria Elspat, n'épargnez pas le sang de votre père pour défendre le foyer de votre père ! Hamish fit feu, et Cameron tomba mort. Tout cela, on pourrait dire, se passa dans la même seconde. Les soldats se précipitèrent en avant et se saisirent de Hamish ; celui-ci semblait pétrifié de ce qu'il avait fait, et il n'opposa pas la moindre résistance. Il n'en fut pas ainsi de sa mère ; quand elle vit les soldats se disposer à mettre les menottes à son fils, elle se jeta sur eux avec une telle furie, qu'il fallut que deux d'entre eux la tinssent tandis que les deux autres s'assuraient du prisonnier.

— Ne faut-il pas que vous soyez une créature maudite, dit un des hommes à Hamish, d'avoir tué votre meilleur ami, qui tout le long du chemin s'ingéniait à trouver quelque moyen de vous tirer d'affaire et de vous sauver le châtiment de votre désertion ?

— Entendez-vous *cela*, mère ? dit Hamish en se tournant vers elle autant que ses liens le lui permettaient ; — mais la mère n'entendait et ne voyait rien : elle était tombée évanouie dans sa hutte. Sans attendre qu'elle fût revenue, les soldats se remirent presque immédiatement en route pour Dunbarton, emmenant avec eux leur prisonnier. Ils crurent devoir, néanmoins, s'arrêter quelques heures au village de Dalmally, d'où ils dépêchèrent un certain nombre d'habitants pour aller chercher le corps de leur malheureux chef, tandis qu'eux-mêmes se rendaient devant un magistrat pour lui exposer ce qui était arrivé, et requérir ses instructions quant à ce qu'il y avait maintenant à faire. Le crime ayant un caractère militaire, il leur fut enjoint de conduire sans délai le prisonnier à Dunbarton.

L'évanouissement de la mère de Hamish dura long-temps, d'autant plus long-temps, peut-être, que sa constitution, toute vigoureuse qu'elle fût, devait avoir été fort épuisée par les trois jours d'agitation qu'elle venait de traverser. Elle fut enfin tirée de sa stupeur par des voix de femmes qui proféraient les sons lamentables du coronach ou chant des morts, tout en frappant des mains et en poussant de bruyantes exclamations, tandis que les notes lugubres d'un air funéraire particulier aux Camerons se faisaient entendre par intervalles sur la cornemuse.

Elspat se releva tout-à-coup comme si elle eût été réveillée d'entre les morts, et sans conserver aucun souvenir exact de la scène qui s'était passée sous ses yeux. Il y avait dans la cabine des femmes qui enveloppaient le cadavre dans son plaid ensanglanté, avant de l'emporter du lieu fatal. — Femmes, leur dit-elle en se relevant soudainement et interrompant à la fois leur chant et leur occupation, — dites-moi, femmes, pourquoi chantez-vous le chant funèbre de Mac-Dhonuil Dhu dans la maison de Mac-Tavish Mhor?

— Tais-toi, louve, avec tes hurlements de mauvais augure, répondit une des femmes, parente du défunt; laisse-nous rendre les derniers devoirs à notre bien-aimé parent! Jamais on ne jouera d'air funéraire, jamais on ne chantera le coronach, ni pour toi ni pour ton louveteau sanguinaire. Les corbeaux rongeront ses chairs pendues au gibet; les renards et les chats sauvages mettront son cadavre en pièces sur la hauteur. Maudit soit celui qui se signerait en passant près de vos ossements, ou qui ajouterait une pierre à votre cairn!

— Fille d'une mère folle, répondit la veuve de Mac-Tavish Mhor, sachez que le gibet dont vous nous menacez n'entre pas dans notre héritage. Pendant trente ans l'arbre noir de la loi, dont les fruits sont des corps morts, a désiré avidement l'époux bien-aimé de mon cœur; mais il est mort en brave, l'épée à la main, et il a frustré l'arbre fatal du fruit qu'il espérait.

— Il n'en sera pas de même de ton enfant, sorcière sanguinaire, répliqua la parente de Cameron, dont les passions n'étaient pas moins violentes que celles d'Elspat. — Les corbeaux arracheront ses cheveux blonds pour en garnir leurs nids, avant que le soleil se soit enfoncé au-dessous des îles de Treshornish.

Ces paroles rappelèrent à l'esprit d'Elspat toute l'histoire de trois terribles jours qui venaient de s'écouler. D'abord elle resta immobile, comme si l'excès du malheur l'eût changée en pierre; mais au bout d'une minute l'orgueil et la violence de son caractère, bravée comme elle pensait l'être sur son propre seuil, la mirent en état de répliquer : Oui, insolente mégère, mon fils aux blonds cheveux peut mourir, mais ce ne sera pas sans avoir auparavant teint sa main dans le sang de son ennemi, dans le meilleur du sang d'un Cameron, — souviens-toi de cela; et quand vous déposerez votre mort dans sa tombe, que sa meilleure épitaphe soit qu'il fut tué par Hamish Bean pour avoir voulu porter la main sur le fils de Mac-Tavish Mhor à son propre seuil Adieu!

— la honte de la défaite, de la perte et du meurtre reste au clan qui l'a supportée.

La parente de Cameron élevait la voix pour répondre ; mais déjà Elspat, dédaignant de continuer l'altercation, ou sentant peut-être que son chagrin allait probablement affaiblir l'expression de son ressentiment, avait quitté la cabane et s'éloignait à la clarté de la lune.

Les femmes qui donnaient les derniers soins aux restes du mort interrompirent leur triste occupation pour suivre des yeux cette forme humaine presque gigantesque qui bientôt se perdit parmi les rochers. — Je suis charmée qu'elle soit partie, dit une des plus jeunes. — J'aimerais autant ensevelir un mort pendant que Satan lui-même — Dieu nous bénisse ! — serait visible devant nous, que pendant qu'Elspat de l'Arbre serait parmi nous. — Oui, oui ; — elle n'a eu dans son temps que trop de relations avec l'Ennemi.

— Sotte que tu es, répliqua celle qui avait soutenu le dialogue avec Elspat, penses-tu qu'il y ait sur terre ou sous terre pire démon que l'orgueil et la furie d'une femme irritée, comme cette mégère sanguinaire qui sort d'ici ? Sache que le sang lui a été aussi familier que la rosée à la marguerite des montagnes. Elle a fait rendre le dernier souffle à maint et maint brave, dont elle ou les siens n'avaient reçu que peu d'injure. Mais elle a les nerfs du jarret coupés, maintenant que son louveteau, comme un meurtrier qu'il est, va faire une fin de meurtrier.

Tandis que ces femmes discouraient ainsi entre elles, tout en veillant le corps d'Allan Breack Cameron, la malheureuse qui avait causé sa mort poursuivait sa course solitaire à travers la montagne. Tant qu'elle avait été en vue de la chaumière, elle s'était imposé une violente contrainte, afin que nulle altération dans son pas ou dans ses gestes ne procurât à ses ennemies le triomphe qu'elles auraient goûté à calculer l'excès de son agitation intérieure, ou pour mieux dire de son désespoir. Elle s'éloigna donc majestueusement, d'un pas plutôt lent que rapide ; la taille droite et la tête haute, elle semblait tout à la fois endurer avec fermeté le malheur qui venait d'arriver et braver celui qui se préparait. Mais quand elle cessa de pouvoir être aperçue de celles qui restaient dans la hutte, elle ne put contenir plus long-temps l'excès de sa douleur. S'enveloppant de sa mante par un mouvement brusque, elle s'arrêta au haut du premier monticule, et là étendant les bras vers le disque brillant de la lune comme pour accuser le ciel et la terre de ses malheurs, elle se mit à pousser des cris aigus comme ceux d'un aigle dont les petits ont été enlevés de leur nid. Pendant un moment, elle exhala ainsi son chagrin en cris inarticulés ; puis elle se remit en marche d'un pas inégal et précipité, dans le vain espoir de rejoindre le détachement qui emmenait son fils prisonnier à Dunbarton. Mais ses forces, toutes surhumaines qu'elles parussent, lui faillirent dans cette tentative, et malgré tous les efforts qu'elle put faire, il ne lui fut pas possible d'accomplir son dessein.

Néanmoins elle continuait d'avancer avec autant de célérité que son corps épuisé pouvait le lui permettre. Quand un peu de nourriture lui devenait indispensable, elle entrait dans la première cabane : — Donnez-moi à manger, disait-elle ; je suis la veuve de Mac-Tavish Mhor, — je suis la mère de Hamish Mac-Tavish Bean ; — donnez-moi à manger, que je puisse voir encore une fois mon fils aux blonds cheveux. Jamais sa demande ne lui était refusée, bien que maintes fois elle lui fût accordée par ceux à qui elle s'adressait avec une sorte de lutte entre la pitié et l'aversion, sentiments auxquels chez d'autres se mêlait la crainte. On ne savait pas quelle était précisément la part qu'elle avait eue à la mort d'Allan Breack Cameron ; mais, d'après ce que l'on savait de la violence de ses passions et de son ancienne vie, personne ne doutait que d'une manière ou de l'autre elle n'eût été cause de la catastrophe, et Hamish Bean, dans le meurtre qu'il avait commis, était regardé comme l'instrument plutôt que comme le complice de sa mère.

Cette opinion générale de ses compatriotes ne servit guère à l'infortuné Hamish. Comme son capitaine, Green Colin, connaissait les mœurs et les habitudes de l'Highland, il recueillit sans peine de la bouche de Hamish les particularités de sa désertion apparente et de la mort subséquente du sous-officier. Il éprouva la plus grande compassion pour un jeune homme qui avait ainsi été victime de l'extravagante et fatale tendresse d'une mère ; mais il n'avait à alléguer nulle excuse qui pût soustraire sa malheureuse recrue à la sentence que prononçait contre lui, pour le crime qu'il avait commis, la discipline militaire par l'organe d'une cour martiale.

On n'avait pas perdu de temps dans l'instruction du procès, et on en mit aussi peu entre la sentence et l'exécution. Le général *** avait résolu de faire un exemple sévère du premier déserteur qui tomberait en son pouvoir, et celui-ci s'était défendu par la force et avait tué dans la lutte le sous-officier envoyé pour l'arrêter. Il était impossible de trouver qui méritât mieux sa punition, et Hamish fut condamné à être exécuté immédiatement. Tout ce que put lui obtenir l'intervention de son capitaine, fut qu'il mourût de la mort d'un soldat : car on s'était proposé de le faire mourir sur le gibet.

Le digne ministre de Glenorquhy se trouvait par hasard à Dunbarton, où il était venu assister aux séances de je ne sais quelle cour ecclésiastique, au moment de la catastrophe. Il visita son infortuné paroissien dans son cachot. Il le trouva ignorant, il est vrai, mais non pas obstiné ; et les réponses qu'il reçut de lui en conversant sur des sujets religieux lui firent doublement regretter qu'un esprit naturellement pur et noble fût malheureusement resté si sauvage et si inculte.

Quand il se fut assuré du caractère réel et des dispositions du jeune homme, le digne pasteur fit de profondes et pénibles réflexions sur sa propre timidité et sa fâcheuse réserve, provenant du mauvais renom attaché à la race de Hamish, et qui l'avaient empêché de tenter un effort charitable pour ramener au bercail commun cette brebis égarée. En même temps que le bon ministre blâmait sa lâcheté passée, qui l'avait détourné de risquer sa personne pour sauver peut-être une âme immortelle, il résolut de ne plus se laisser gouverner à l'avenir par ces conseils de la timidité, et de s'efforcer d'obtenir pour le criminel, en s'adressant à ses officiers, au moins un sursis, à défaut de pardon ; tant était vif l'intérêt que ce malheureux lui avait inspiré par la docilité de son caractère autant que par la générosité de son esprit.

En conséquence, le ministre fut trouver le capitaine Campbell aux casernes de la garnison. Le front de Green Colin était couvert d'une sombre mélancolie, qui s'accrut encore, loin d'en être diminuée, quand l'ecclésiastique lui fit connaître son nom, sa qualité et l'objet de sa démarche. — Vous ne pouvez me rien dire du jeune homme que je ne sois disposé à croire, répondit l'officier highlandais ; vous ne pouvez me rien demander en sa faveur que je n'y sois disposé de moi-même, et que je n'aie déjà tâché de le faire. Mais tout est inutile. Le général *** est à demi Lowlander, à demi Anglais. Il n'a nulle idée de la hauteur enthousiaste de caractère qui dans nos montagnes met souvent des vertus exaltées en contact avec de grands crimes, qui pourtant sont moins des fautes du cœur que des erreurs de jugement. J'ai été jusqu'à lui dire que dans ce jeune homme il mettait à mort le meilleur et le plus brave de ma compagnie, où tous, ou presque tous, sont bons et braves. Je lui ai expliqué quel étrange artifice avait occasionné la désertion apparente du coupable, et combien peu son cœur avait eu part au crime que sa main avait malheureusement commis. — Capitaine Campbell, m'a-t-il répondu, ce sont là des visions highlandaises aussi vaines et aussi peu satisfaisantes que celles de la seconde vue. On peut toujours alléguer l'ivresse pour pallier un acte de désertion, et le meurtre d'un officier peut aisément se colorer de l'excuse d'un accès passager de folie. Il faut qu'un exemple soit fait ; et si cet exemple tombe sur un homme d'ailleurs bonne recrue, l'effet n'en sera que plus grand. — Tel étant le dessein immuable du général, continua le capitaine Campbell avec un soupir, ayez soin, révérend, que votre pénitent soit préparé à subir demain au point du jour ce grand changement auquel nous serons tous soumis un jour.

— Et auquel puisse Dieu nous préparer tous, dit le prêtre, comme moi, ainsi que c'est mon devoir, je vais tâcher de le faire pour ce pauvre jeune homme.

Le lendemain, aux premiers rayons dont le soleil colora les tours grisâtres qui couronnent le sommet de cet effrayant et singulier rocher, les soldats du nouveau régiment highlandais parurent sur la parade, dans l'intérieur du château de Dunbarton, et après s'être rangés en ordre se mirent à descendre les marches rapides et les étroits passages qui conduisent à la porte de la barrière extérieure, au pied même du rocher. Les notes rauques et plaintives du pibroch se faisaient entendre par intervalles, alternant avec les tambours et les fifres qui battaient la marche funèbre.

Le malheureux sort du criminel n'excita pas d'abord dans le régiment la sympathie générale que probablement il y aurait obtenue s'il n'avait été exécuté que pour désertion. Le meurtre de l'infortuné Allan Breack avait donné à la faute de Hamish une couleur différente; car le défunt était très aimé, et en outre il appartenait à un clan nombreux et puissant qui comptait dans les rangs beaucoup de soldats. Le criminel, au contraire, était peu connu de ses compagnons de régiment, et c'était à peine s'il y avait quelques relations de clan ou de famille. Son père s'était distingué, à la vérité, par sa force et son courage; mais il était d'un clan *rompu*, ainsi qu'on désignait ceux qui n'avaient pas de chef pour les conduire au combat.

Il eût été presque impossible, en tout autre cas, de tirer des rangs du régiment le peloton nécessaire à l'exécution de la sentence; mais les six soldats choisis à cet effet étaient des amis du défunt, et descendaient comme lui de la race de Mac-Dhonuil Dhu; aussi ne fut-ce pas sans un sentiment farouche de vengeance satisfaite qu'ils se préparèrent à l'effroyable tâche que le devoir leur imposait. La compagnie de front du régiment commença alors à défiler en dehors de la porte extérieure, et fut suivie des autres, chacune marchant ou faisant halte selon les ordres de l'adjudant, de manière à former trois côtés d'un carré oblong, les rangs faisant face à l'intérieur. Le quatrième côté, ou côté vide du carré, était fermé par l'énorme rocher à pic sur lequel le château s'élève. Vers le milieu du cortège, tête nue, désarmé et les mains liées, venait la malheureuse victime de la loi militaire. Hamish était d'une pâleur mortelle, mais son pas était assuré et son œil aussi brillant que jamais. Le ministre marchait près de lui; — devant lui on portait le cercueil qui devait recevoir sa dépouille mortelle. La physionomie de ses camarades était calme, grave et solennelle. Ils s'étaient sentis émus de pitié pour le jeune homme, dont les belles formes et l'attitude mâle, quoique soumise, aussitôt qu'ils l'avaient vu distinctement, avaient adouci le cœur de nombre d'entre eux, même de ceux qui s'étaient livrés d'abord à des sentiments vindicatifs.

Le cercueil destiné à recevoir le corps de Hamish Bean fut placé au bout du carré, à une toise environ du pied du rocher, qui en cet endroit s'élève aussi à pic qu'un mur à la hauteur de trois à quatre cents pieds. Le prisonnier y fut aussi conduit, l'ecclésiastique toujours près de lui, et lui faisant entendre des exhortations de courage et de consolation que le jeune homme paraissait écouter avec une dévotion respectueuse. Alors le peloton qui devait faire feu entra dans le carré d'un pas lent et, à ce qu'il semblait, presque à contre-cœur; on le fit ranger en regard du condamné, à une trentaine de pieds de distance.

Le prêtre se disposa alors à se retirer ; mais auparavant il s'adressa encore à son pénitent : Pensez, mon fils, à ce que je vous ai dit, et que votre espoir se fixe à l'ancre que je vous ai donnée. Vous échangerez alors la courte et misérable existence d'ici-bas pour une vie où vous n'éprouverez ni douleur ni peines. — Y a-t-il quelque autre chose que je puisse faire pour vous ?

Le jeune homme porta les yeux sur les boutons de ses parements. Ils étaient d'or, et provenaient peut-être de quelque officier anglais à qui son père avait pu les enlever durant les guerres civiles. Le ministre les détacha des manches.

— Ma mère ! dit Hamish avec quelque effort ; donnez-les à ma pauvre mère ! — Voyez-la, bon père, et enseignez-lui ce qu'elle doit penser de tout ceci. Dites-lui que Hamish Bean est plus aise de mourir que jamais il ne le fut de se reposer après la plus longue journée de chasse. Adieu, monsieur, — adieu !

Le digne homme pouvait à peine se détacher du lieu fatal. Un officier lui vint offrir le secours de son bras. Le dernier regard qu'il porta vers Hamish le vit encore vivant et à genoux sur le cercueil ; le peu de personnes qui l'entouraient s'étaient toutes retirées. Le commandement fatal fut prononcé, le rocher retentit du bruit de l'explosion, et Hamish, tombant en avant avec un gémissement, mourut, on peut le supposer, sans presque sentir l'agonie passagère qui termina son existence.

Dix ou douze hommes de sa propre compagnie s'avancèrent alors, et déposèrent dans le cercueil, avec une vénération solennelle, les restes de leur camarade, tandis que la musique exécutait de nouveau la marche funèbre, et que les diverses compagnies défilaient homme à homme devant le cercueil, afin que tous pussent tirer de ce terrible spectacle l'avertissement qu'il avait particulièrement pour objet de leur donner. Puis le régiment quitta le terrain où l'exécution avait eu lieu et remonta l'antique rocher, la musique, ainsi qu'il est d'usage en ces sortes d'occasions, jouant des airs vifs et animés, comme si toute idée triste et même grave ne devait occuper qu'aussi peu long-temps que possible l'esprit du soldat.

En même temps le petit détachement que nous avons mentionné tout-à-l'heure portait la bière du malheureux Hamish à son humble tombe, dans un coin du cimetière de Dunbarton habituellement réservé aux criminels. Là, mêlé à la poussière du coupable, gît un jeune homme dont le nom, s'il n'avait pas été entraîné par les fatals événements qui le précipitèrent dans le crime, aurait pu orner les fastes de la valeur.

Le ministre de Glenorquhy quitta Dunbarton immédiatement après la triste scène dont il venait d'être témoin. Sa raison acquiesçait à la justice de la sentence qui exigeait sang pour sang, et il reconnaissait que le caractère vindicatif de ses compatriotes voulait être fortement contenu par le frein puissant de la loi sociale; mais il n'en déplorait pas moins le sort individuel de la victime. Qui peut accuser la foudre du ciel quand elle vient éclater au milieu des fils de la forêt? et cependant qui peut se défendre d'un regret quand elle choisit pour but de son atteinte mortelle le tronc vigoureux d'un jeune chêne qui promettait d'être l'orgueil de la vallée où il florissait? Midi le trouva, l'esprit absorbé par ces tristes événements, engagé dans les passes de la montagne par lesquelles il devait regagner sa demeure encore éloignée.

Confiant dans sa connaissance du pays, le ministre avait quitté le grand chemin pour prendre un de ces sentiers de traverse qui ne sont suivis que par les piétons dont il abrègent la route, ou par ceux qui ont pour monture, ainsi que notre voyageur, un des chevaux du pays, petits, mais hardis, intelligents, et doués d'une grande sûreté de pied. L'endroit qu'il traversait en ce moment était par lui-même sombre et désolé, et la tradition y avait ajouté les terreurs de la superstition, en affirmant qu'il était hanté par un mauvais esprit, appelé *Cloght-Dearg*, ou le Manteau-Rouge, qui à toutes les heures de la journée, mais principalement à midi et à minuit, traversait le glen dans une disposition hostile envers l'homme et les êtres inférieurs de la création, faisant tout le mal qu'il était en son pouvoir de faire, et poursuivait de ses terreurs ceux à qui il ne lui était pas permis de nuire autrement.

Le ministre de Glenorquhy s'était déclaré en opposition ouverte avec nombre de ces superstitions, qu'il regardait avec raison comme venant des siècles obscurs du papisme, peut-être même de ceux du paganisme, et comme indignes d'attention et de croyance de la part des chrétiens d'une époque éclairée. Quelques uns de ses paroissiens, ceux qui lui étaient le plus attachés, le regardaient comme s'opposant avec trop de hardiesse à l'ancienne foi de leurs pères; et bien qu'ils honorassent l'intrépidité morale de leur pasteur, ils ne pouvaient s'empêcher de concevoir et d'exprimer la crainte qu'un jour il ne tombât victime de sa témérité, et qu'il ne fût mis en pièces dans le glen de Cloght-Dearg, ou dans quelque autre de ces solitudes hantées qu'il paraissait mettre une sorte d'orgueil et de plaisir à traverser seul, aux jours et aux heures où l'on supposait que les esprits malfaisants avaient plus spécialement pouvoir sur l'homme et sur les animaux.

Ces légendes vinrent à l'esprit du ministre; et, solitaire comme il était, un sourire mélancolique répandit son ombre sur sa physionomie quand il vint à réfléchir aux contradictions de la nature humaine, et qu'il songea combien d'hommes braves, que les sons aigus du pibrock auraient envoyés tête baissée contre un rempart de baïonnettes, de même que le taureau sauvage se rue sur son ennemi, auraient peut-être craint d'affronter ces terreurs imaginaires, où lui, homme de paix, et qui dans les périls ordinaires n'était nullement remarquable par la fermeté de ses nerfs, se risquait en ce moment sans hésitation.

Promenant son regard sur la scène de désolation qui l'entourait, il ne put s'empêcher de s'avouer en lui-même que le théâtre n'était pas mal choisi pour y placer ces esprits qu'on dit se complaire au sein de la solitude et des ruines. Le glen était si profondément encaissé et si étroit qu'à peine le soleil du midi pouvait y atteindre de quelques rayons disséminés le sombre et faible ruisseau qui coulait dans ses profondeurs, presque toujours en silence, et de temps à autre seulement avec un sourd murmure produit par les rochers et les larges pierres qui semblaient vouloir lui barrer le passage. En hiver, ou dans la saison des pluies, ce faible ruisseau devenait un torrent écumeux de l'apparence la plus formidable, et c'était en de tels moments qu'il avait déraciné et déplacé ces énormes fragments de rocs, qui, au moment dont nous parlons, en cachaient le cours à l'œil et semblaient disposés à l'interrompre complétement. — Sans aucun doute, pensa le prêtre, ce faible filet d'eau, subitement gonflé par des pluies extraordinaires ou par un orage d'été, a souvent occasionné ces accidents que l'on a attribués à l'intervention du Cloght-Deargh, parce qu'ils arrivaient dans le glen qui en porte le nom.

Juste au moment où cette idée lui traversait l'esprit, il entendit une voix de femme lui crier, avec un accent sauvage et retentissant : Michel Tyrie ! — Michel Tyrie ! Étonné il regarda autour de lui, et non sans une certaine crainte. Il lui sembla un moment que l'esprit malfaisant dont il venait de nier l'existence allait paraître devant lui pour le punir de son incrédulité. Cette alarme ne dura chez lui qu'un instant, et elle ne l'empêcha pas même de répondre d'une voix ferme : Qui appelle ? — et où êtes-vous ?

— Quelqu'un qui voyage misérablement entre la vie et la mort, répondit la voix ; et en même temps le ministre vit sortir une femme de haute taille du milieu des rochers brisés qui l'avaient tenue cachée.

A mesure qu'elle approchait, sa mante de tartan où dominait le rouge, sa stature élevée, et ses longues enjambées, ainsi que les traits flétris et les yeux égarés que l'on apercevait sous sa coiffe, tout aurait fait d'elle une image assez convenable de l'espr qui donnait son nom à la vallée. Néanmoins M. Tyrie la reconnut sur-le-champ pour la Femme de l'Arbre, la veuve de Mac-Tavish Mhor, la mère maintenant sans enfant de Hamish Bean. Je n'affirmerais pas que le ministre n'eût pas préféré la visite du Cloght-Dearn lui-même à l'impression désagréable que fit sur lui la vue d'Elspat, eu égard à son crime et à sa misère. Il retint la bride de sa monture par un mouvement instinctif et s'efforça de recueillir ses idées, tandis que quelques pas l'avaient amenée à la tête de son cheval.

— Michel Tyrie, lui dit-elle ; les folles du clachan [1] te tiennent pour

[1] Le village ; littéralement *les pierres*. (W. S.)

un dieu : — sois-en un pour moi, et dis que mon fils vit encore. Dis-moi cela, et moi aussi je serai de ton culte, — je fléchirai les genoux le septième jour dans la maison de ton culte, et ton Dieu sera mon Dieu !

— Malheureuse, répliqua le prêtre, l'homme ne fait pas de pacte avec son Créateur comme avec une créature d'argile semblable à lui-même. Penses-tu marchander avec Celui qui forma la terre et déploya le firmament sur nos têtes, ou crois-tu que ce que tu lui pourras offrir d'hommages et de dévotions soit à Ses yeux digne d'être accepté ? Il a demandé l'obéissance, et non le sacrifice ; la patience dans les épreuves dont il nous afflige, et non de vains présents tels que ceux qu'offre l'homme à son frère inconstant et fait d'argile comme lui, pour le gagner et lui faire changer de dessein.

— Tais-toi, prêtre ! répondit la femme désespérée ; ne me débite pas les mots de ton livre blanc. Les parents d'Elspat étaient de ceux qui se signaient et s'agenouillaient quand on sonnait la cloche sacrée ; et elle sait qu'on peut expier à l'autel les choses faites sur les champs de bataille. Elspat avait autrefois des troupeaux de moutons et de vaches, des chèvres sur les rochers et du bétail dans la vallée. Elle portait de l'or autour de son cou et dans ses cheveux, — d'épaisses torsades comme celles que portaient les héros de l'ancien temps. Tout cela, elle l'aurait donné au prêtre, — tout ; et s'il avait souhaité les bijoux d'une noble dame, ou le sporran d'un chef puissant, eût-ce été d'un chef aussi grand que Macallanmor lui-même, Mac-Tavish Mohr les aurait eus si Elspat les avait promis. Elspat est pauvre, maintenant, et n'a rien à donner. Mais l'abbé noir d'Inchaffray lui aurait ordonné de se battre les épaules de verges et de macérer ses pieds par le pèlerinage, et il lui aurait accordé son pardon quand il aurait vu que son sang avait coulé et que sa chair avait été déchirée. C'étaient là les prêtres qui avaient véritablement du pouvoir même près des plus puissants ; — les paroles sorties de leur bouche, la sentence de leur livre, la lueur de leurs torches et le son de leur cloche sacrée, étaient autant de menaces pour les grands de la terre. Les puissants se soumettaient à leur volonté et déliaient à la voix du prêtre ceux qu'ils avaient enchaînés dans leur colère ; et ils mettaient en liberté, sans lui faire le moindre mal, celui contre qui ils avaient prononcé une sentence de mort, eussent-ils été altérés de son sang. C'était une race puissante, et ils pouvaient demander au pauvre de s'agenouiller, car leur pouvoir savait humilier l'orgueilleux. Mais vous ! — contre qui êtes-vous forts, si ce n'est contre des femmes coupables de folie et contre des hommes qui n'ont jamais porté l'épée ? Les prêtres d'autrefois étaient comme le torrent d'hiver qui remplit le creux de cette vallée et roule ces rochers massifs les uns contre les autres aussi aisément que l'enfant joue avec la balle qu'il jette devant lui ; — mais vous ! vous ne ressemblez qu'au ruisseau desséché par les chaleurs de l'été, qui est détourné par les roseaux et arrêté par une touffe de glaïeuls. — Malheur à vous, car il n'y a pas de secours en vous !

Le ministre comprit sans peine que chez Elspat la foi catholique qu'elle avait perdue n'avait été remplacée par aucune autre, et qu'elle conservait encore une idée vague et confuse de la manière dont on composait avec les prêtres, au moyen de la confession, des aumônes et de la pénitence, ainsi que de leur pouvoir étendu, qu'elle regardait comme capable, pourvu qu'on se le fût dûment rendu propice, même de sauver la vie de son fils. Compatissant à sa situation, et faisant la part de ses erreurs et de son ignorance, il lui répondit avec douceur :

— Hélas, malheureuse femme ! plût à Dieu que je pusse vous persuader d'aller chercher des consolations là où vous êtes sûre d'en trouver, aussi aisément que je puis vous certifier d'un seul mot que Rome et tout son clergé seraient-ils revenus à la plénitude de leur pouvoir, ni pour largesses ni pour pénitence ils n'auraient pu apporter à votre malheur le moindre atome de secours ou de consolation. — Elspat MacTavish, il me peine de vous dire les nouvelles.

— Je les sais sans que vous les disiez, repartit la malheureuse. — Mon fils est condamné à mort.

— Elspat, il *a été* condamné, et la sentence a été exécutée.

L'infortunée mère leva les yeux au ciel et poussa un cri si différent de la voix d'un être humain, que l'aigle qui planait au milieu des airs y répondit comme il aurait répondu à l'appel de sa compagne.

— C'est impossible ! s'écria-t-elle, c'est impossible ! On n'est pas condamné et tué le même jour ! Tu me trompes. Les gens t'appellent saint ; — as tu le cœur de dire à une mère qu'elle a assassiné son enfant unique ?

— Dieu sait, dit le prêtre, — et de grosses larmes tombaient de ses yeux, — Dieu sait que si cela était en mon pouvoir je vous dirais de grand cœur de meilleures nouvelles. — Mais celles que j'apporte sont aussi certaines qu'elles sont fatales. — Mes propres oreilles ont entendu l'explosion mortelle, mes propres yeux ont vu la mort de ton fils, — et ses funérailles. — Ma bouche porte témoignage de ce que mes oreilles ont entendu et mes yeux vu.

La malheureuse femme joignit les mains avec force, et elle les éleva vers le ciel comme une sibylle annonçant guerre et désolation, en même temps que sa rage effrayante à voir, quoique impuissante, vomissait un torrent des plus affreuses imprécations. — Vil rustre saxon ! s'écriait-elle, vil jongleur hypocrite ! puissent les yeux qui ont vu tranquillement la mort de mon fils aux blonds cheveux se fondre dans leurs orbites à force de pleurer ceux qui te tiennent de plus près et qui te sont le plus chers ! Puissent les oreilles qui ont entendu son glas de mort être dorénavant mortes à tout autre son qu'au cri du corbeau et au sifflement de la couleuvre ! Puisse la langue qui m'a parlé de sa mort et de mon crime se dessécher dans ta bouche! — ou plutôt quand tu voudras prier avec ton peuple, puisse le mauvais esprit la conduire et te faire articuler des blasphèmes au lieu de bénédictions, au point que les hommes fuient ta présence avec terreur, et que le tonnerre du ciel soit lancé contre ta tête, et arrête pour jamais ta voix maudite et maudissante! Va-t'en avec cette malédiction! Elspat n'adressera plus jamais, non jamais, autant de paroles à homme vivant.

Elle tint parole; — à partir de ce jour le monde fut pour elle un désert où elle resta sans une pensée, sans un soin ni un intérêt, absorbée dans son propre chagrin, indifférente à toute autre chose.

Le lecteur connaît déjà sa manière de vivre, ou plutôt d'exister, autant qu'il a été en mon pouvoir de la lui dépeindre. Quant à sa mort, je ne puis lui en rien dire. On suppose qu'elle arriva plusieurs années après que la malheureuse eut attiré l'attention de mon excellente amie mistress Bethune Baliol. Sa bienveillance, qui ne se contenta jamais de verser une larme stérile quand il y avait lieu à une charité effective, la porta à faire diverses tentatives pour adoucir la misérable situation de cette femme. Mais tout ce qu'elle put faire fut de rendre moins précaires les moyens de subsistance d'Elspat, circonstance à laquelle celle-ci parut complétement indifférente, de quelque intérêt que cet objet soit en général même pour les êtres les plus misérables. Aucune des tentatives que l'on fit pour placer dans sa hutte quelqu'un qui aurait eu soin d'elle ne réussit, soit à cause de l'extrême colère avec laquelle elle regardait tout ce qui troublait sa solitude, soit par suite de la timidité de ceux qu'on avait pu décider à venir demeurer avec la terrible Femme de l'Arbre. Lorsque enfin Elspat fut devenue complétement hors d'état (en apparence du moins) de se retourner sur le misérable banc qui lui servait de couche, l'humanité du successeur de M. Tyrie chargea deux femmes d'aller veiller aux derniers moments de la solitaire, que l'on jugeait ne pouvoir être éloignés, afin qu'on n'eût pas à craindre qu'elle pérît faute d'assistance ou de nourriture, avant qu'elle ne succombât à la vieillesse ou à une maladie mortelle.

Ce fut par une soirée de novembre que les deux femmes chargées de cette triste mission arrivèrent à la misérable chaumière que nous avons décrite. La malheureuse qui l'occupait gisait sur son grabat et ressemblait presque déjà à un corps sans vie, sauf le regard errant et l'expression farouche de ses yeux noirs, qui roulaient dans leurs orbites d'une manière terrible, et semblaient suivre avec surprise et indignation tous les mouvements des deux étrangères, d'un air qui disait assez que leur présence était également inattendue et désagréable. Elles en furent effrayées; mais rassurées par la compagnie l'une de l'autre, elles firent du feu, allumèrent une chandelle, préparèrent de la nourriture, et s'acquittèrent des autres soins dont on les avait chargées.

Les deux gardes convinrent de veiller à tour de rôle près du lit de la malade ; mais vers minuit, accablées par la fatigue (car elles avaient fait une longue route dans la matinée), toutes deux s'endormirent profondément. Quand elles s'éveillèrent, au bout de quelques heures, la hutte était vide et la moribonde partie. Elles se levèrent avec terreur et furent à la porte de la cabane, qui était fermée au loquet comme elles l'avaient laissée le soir. Elles regardèrent dehors autant que le permettait l'obscurité, et appelèrent par son nom celle dont elles avaient la charge. Le corbeau nocturne répondit du fond du vieux chêne, le renard glapit sur la colline, les sourds échos de la chute d'eau semblèrent répondre aussi à la voix des deux vieilles : mais nul accent humain ne se fit entendre. Les deux femmes épouvantées n'osèrent pas pousser plus loin leurs recherches avant que le jour ne parût; car la disparition subite d'une créature aussi faible que l'était Elspat, jointe à la nature étrange de son histoire, les intimidait au point qu'elles n'eurent pas le courage de quitter la hutte. Elles restèrent donc dans une affreuse terreur, croyant parfois entendre au-dehors la voix d'Elspat, et d'autres fois s'imaginant que des sons d'une nature différente se mêlaient aux lugubres sifflements du vent de la nuit ou au bruit de la cascade. Quelquefois aussi le loquet s'agitait, comme si une main faible et impuissante eût cherché en vain à le soulever, et de temps à autre elles s'attendaient à voir entrer leur terrible malade animée d'une force surnaturelle, et en compagnie, peut-être, de quelque être encore plus redoutable qu'elle. Le matin arriva enfin. Elles visitèrent inutilement buissons, rochers et halliers. Deux heures après, le ministre lui-même était là, et, sur le rapport des deux gardes, il fit donner l'alarme dans le pays et faire une recherche exacte et générale dans tous les lieux voisins de la cabane et du chêne. Mais tout fut inutile. On ne retrouva Elspat Mac-Tavish ni morte ni en vie, et il fut impossible de découvrir jamais la moindre circonstance qui pût indiquer ce qu'elle était devenue.

Le voisinage fut partagé quant à la cause de sa disparition. Les plus crédules pensèrent que le mauvais esprit, sous l'influence duquel elle semblait avoir vécu, l'avait emportée en corps et en âme; et il y en a encore bon nombre qui ne passeraient pas volontiers à certaines heures près du vieux chêne, sous lequel, assurent-ils, on peut encore la voir assise à son habitude. D'autres moins superstitieux supposèrent que s'il eût été possible de fouiller le gouffre du Corri-Dhu, les profondeurs du lac, ou les abîmes tournoyants de la rivière, on aurait pu découvrir les restes d'Elspat Mac-Tavish, attendu que rien n'était plus naturel, eu égard à son état de corps et d'esprit, que de supposer qu'elle avait pu tomber par accident ou se jeter à dessein dans l'un ou l'autre de ces endroits de destruction certaine. Le ministre eut une opinion à lui. Il pensa qu'impatiente des gardes qu'on avait mises près d'elle, cette malheureuse, guidée par cet instinct qui dirige différentes sortes d'animaux domestiques, s'était éloignée de la vue de sa propre race, afin que son agonie pût avoir lieu dans quelque caverne secrète où très probablement nul œil mortel ne rencontrerait jamais ses restes. Cette espèce de sentiment instinctif lui parut d'accord avec la vie tout entière de cette malheureuse, et il regarda comme vraisemblable qu'il eût pu l'influencer au moment où elle touchait à sa fin.

FIN DE LA VEUVE HIGHLANDAISE.

LES

DEUX BOUVIERS.

M. CROFTANGRY

ANNONCE UN AUTRE RÉCIT.

> Tous deux ensemble parurent sur la hauteur Dès les premières lueurs de l'aube, ils conduisaient leurs troupeaux au pâturage.
> *Élégie sur Lycidas.*

Je me suis quelquefois demandé comment il se fait que toutes les occupations et les passe-temps favoris de l'humanité tendent à troubler cet heureux état de tranquillité, cet *otium*, comme l'appelle Horace, qu'il dit être l'objet des vœux de tous les hommes, que ce soit du milieu des mers ou du sein des villes que ces vœux soient adressés au Ciel ; et que le repos auquel nous tenons tant quand le devoir ou la nécessité nous forcent d'y renoncer, soit précisément, dès que nous pouvons le prolonger à volonté, ce qu'il nous tarde d'échanger contre un état d'excitation. Bref, vous n'avez qu'à dire à quelqu'un : « Restez en repos, » pour lui inspirer sur-le-champ l'amour du travail. Le chasseur fatigue autant que son garde, le maître de la meute prend un aussi rude exercice que son piqueur, l'homme d'état et l'homme politique se livrent à des travaux plus assujettissants que ne le fait l'homme de lois de profession ; et, pour en revenir à ce qui me regarde, l'auteur volontaire se condamne au risque d'une critique pénible et à la certitude d'un travail manuel et intellectuel, tout aussi complétement que son besogneux confrère, que la nécessité force à prendre la plume.

Ces réflexions m'ont été suggérées par l'annonce de la part

de Janet que le petit Gillie-Whitefoot [1] était venu de l'imprimerie.

— C'est Gillie-Blackfoot [2] que vous devriez l'appeler, Janet, répliquai-je, car ce n'est ni plus ni moins qu'un rejeton du diable qui vient me tourmenter pour de la *copie*, puisque c'est ainsi que les imprimeurs appellent le manuscrit que leur envoie l'auteur.

— Le pon Tieu pardonne à Votre Honneur, repartit Janet; je ne vous reconnais pas là, de donner de pareils noms à un orphelin !

— Je n'ai rien autre chose à lui donner, Janet· — il faut qu'il attende un peu.

— Hé bien, j'aurai quelque chose à donner au petit pour déjeuner, moi, et il pourra attendre au coin du feu dans la cuisine jusqu'à ce que Votre Honneur soit prêt. Ce serait tout ce qu'il faudrait à un morveux comme lui, quand bien même il aurait à attendre toute la journée le bon plaisir de Votre Honneur

— Mais, Janet, dis-je à mon active petite surintendante, lorsqu'elle rentra au salon après avoir fait ses arrangements hospitaliers, je commence à trouver qu'écrire ainsi nos Chroniques est un peu plus fatigant que je ne m'y étais attendu, car voici ce petit drôle qui vient demander du manuscrit, — c'est-à-dire quelque chose à imprimer, — et je n'ai rien à lui donner.

— Votre Honneur ne peut pas être en peine ; je vous ai vu écrire assez vite. Et quant à des sujets, vous avez tous les Highlands pour vous en fournir, et je suis bien sûre que vous savez cent histoires meilleures que celle de ce Hamish Mac-Tavish, car il ne s'agissait que d'un jeune catéran et d'une vieille folle, après tout; et si on avait brûlé la méchante coquine comme sorcière, je me disais que peut-être bien ils n'auraient pas perdu leur charbon. — Pousser son garnement de fils à tirer sur un Cameron ! — Je suis cousine au troisième degré des Camerons, — et mon sang s'échauffe pour eux. —

[1] Pied-Blanc.
[2] Pied-Noir.

Et si vous vouliez absolument écrire des histoires de déserteurs, bien sûr il y avait des déserteurs assez au haut d'Arthur's Seat le jour de l'irruption des Mac-Raas, et cet autre jour de malheur, celui de l'affaire de Leith Pier, — ohonari !

Janet se mit à pleurer à chaudes larmes et à s'essuyer les yeux avec son mouchoir. Quant à moi, l'idée dont j'avais besoin m'était fournie, mais j'hésitais à l'employer. Les idées, comme le temps, sont exposées à devenir communes par suite d'un fréquent usage. Il n'y a qu'un âne comme le juge Shallon qui puisse ramasser les airs archi-usés que sifflent les charretiers, et chercher à les faire passer comme ses *fantaisies* et ses *bonsoirs* [1]. Or, quoique les Highlands aient été jadis une riche mine de sujets originaux, c'est maintenant, ainsi que m'en avertissait mon amie mistress Bethune Baliol, un terrain en partie usé par le travail incessant des romanciers modernes, qui se sont vainement imaginés, trouvant dans ces régions écartées des habitudes et des mœurs primitives, que le public ne pourrait jamais s'en fatiguer ; si bien qu'on trouve sur les tablettes d'un cabinet de lecture autant de Highlanders en kilt, et presque d'origine aussi authentique, qu'à un *bal calédonien*. On aurait pu, à une époque antérieure, tirer grand parti de l'histoire d'un régiment highlandais, et de la singulière révolution d'idées qui dut avoir lieu dans l'esprit de ceux qui le composaient lorsqu'ils vinrent à échanger leurs montagnes natales pour les champs de bataille du continent, ainsi que leurs habitudes simples et parfois indolentes pour les exercices réguliers qu'exige la discipline moderne. Mais la mine est déjà exploitée. Mistress Grant de Laggan a peint les mœurs, les coutumes et les superstitions des montagnes dans leur état de nature non encore altéré [2]; et mon ami le général Stewart de Garth [3], en donnant l'histoire réelle des régiments highlan-

---

[1] Allusion à un passage du *Henri VI* (2ᵉ partie) de Shakspeare. (L. V.)

[2] *Letters from the Mountains* (Lettres écrites des montagnes); 3 vol. — *Essays on the superstitions of the Highlanders* (Essais sur les superstitions des Highlanders); — *The Highlanders* (Les Highlanders), et autres poëmes, etc. (W. S.)

[3] Le brave et aimable auteur de l'*Histoire des régiments highlandais*, aux glorieux services desquels lui-même a eu une grande part, partit comme gouverneur de Sainte-Lucie en 1828, et mourut dans cette île le 18 décembre 1829. — Nul homme ne fut.

dais, a rendu extrêmement chanceuse et précaire toute tentative que l'on pourrait faire de recourir aux couleurs de l'imagination pour remplir l'esquisse qu'il a tracée. Et cependant, quoique j'hésite, je n'en ai pas moins, moi aussi, la fantaisie d'ajouter une pierre au cairn [1]; et sans appeler l'imagination à l'aide des impressions de mes souvenirs de jeunesse, je puis essayer de mettre en scène une ou deux anecdotes propres à faire ressortir le caractère highlandais, et qui appartiennent particulièrement aux *Chroniques de la Canongate*, car toutes les barbes grises du quartier les connaissent aussi bien que Christal Croftangry. Je ne remonterai cependant pas jusqu'aux jours des clans et des claymores. A vous donc, lecteur courtois, l'histoire des Deux Bouviers. Une huître peut être traversée dans ses amours, dit l'aimable Tilburina; — un bouvier peut être sensible au point d'honneur, dit le chroniqueur de la Canongate.

plus regretté, ni peut-être par un cercle plus étendu d'amis et de connaissances. (W. S.)

[1] Adage écossais. Le lecteur n'a sans doute pas oublié qu'on nommait autrefois *cairn* un monticule artificiel marquant l'emplacement de la sépulture d'un guerrier, et auquel chaque passant se faisait un devoir d'ajouter sa pierre ou son caillou. (L. V.)

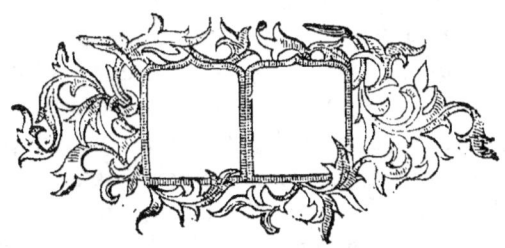

LES
DEUX BOUVIERS.

CHAPITRE PREMIER.

C'est un lendemain de foire de Doune que mon histoire commence. Le marché avait été animé ; plusieurs acheteurs s'y étaient rendus des comtés du nord et du centre de l'Angleterre, et l'argent anglais avait assez joyeusement roulé pour réjouir le cœur des fermiers de l'Highland. Nombre de troupeaux considérables étaient sur le point de partir pour l'Angleterre, sous la protection de leurs propriétaires, ou de conducteurs à qui ceux-ci confiaient la charge laborieuse, pénible et pleine de responsabilité, de faire parcourir aux bestiaux un espace de plusieurs centaines de milles depuis le marché où avait eu lieu l'achat jusqu'aux champs ou aux fermes où les animaux devaient être engraissés pour la boucherie.

Les Highlanders sont d'une habileté toute particulière dans ce métier difficile de bouvier, qui semble leur être aussi naturel que le métier de la guerre. Il met en exercice toutes leurs habitudes d'activité et de patience à la fatigue. Il faut qu'ils connaissent parfaitement les chemins propres aux troupeaux de bétail, chemins qui traversent les cantons les plus sauvages du pays, et qu'ils évitent autant que possible les grandes routes et les barrières, les premières parce qu'elles fatiguent le pied des animaux, les autres parce qu'elles tourmentent l'esprit du conducteur ; au lieu que dans les herbages ouverts et dans les sentiers à peine battus qui traversent la lande où nulle route n'a été tracée, non seulement le troupeau se meut à l'aise et sans être assujetti aux taxes, mais encore, s'il est à son affaire, il peut prendre chemin faisant un à-compte sur sa provende. Le soir venu, les bouviers dorment habituellement au milieu de leur troupeau, quelque temps qu'il fasse ; et nombre de ces hommes vigoureux ne reposent pas une seule fois sous un toit pendant toute la durée d'un voyage à pied de Lochaber au Lincolnshire. Ils sont très hautement rémunérés, car les intérêts qui reposent sur eux sont d'une extrême importance, puisqu'il dépend de leur prudence, de leur vigilance et de leur probité que les bestiaux arrivent ou non en bon état à leur destination, et donnent du profit à l'engraisseur. Mais comme ils s'entretiennent à leurs frais, ils sont sur ce point d'une économie toute particulière. A l'époque dont nous parlons, un bouvier highlandais s'avitaillait pour son long et fatigant voyage de quelques poignées de farine d'avoine et de deux ou trois oignons qu'il renouvelait de temps à autre, et d'une corne de bélier remplie de whisky, à laquelle il rendait visite régulièrement, mais modérément, deux fois par jour, le matin et le soir. Son dirk, ou *skene-dhu* (c'est-à-dire *couteau noir*) placé de manière à ce qu'il se trouvât caché sous son bras ou par les plis du plaid, était la seule arme qu'il portât, sauf le gourdin avec lequel il réglait les mouvements du troupeau. Un Highlander n'était jamais si heureux qu'en ces occasions. Il y avait dans tout le voyage une variété qui fournissait un aliment à la curiosité naturelle du Celte et à son amour du mouvement ; c'était un changement continuel de places et de scènes, une succession de petites aventures inhérentes au métier, et des rapports fréquents avec les divers nourrisseurs, fermiers et marchands, entremêlés çà et là de parties joyeuses, où Donald[1] ne trouvait pas un moindre plaisir parce qu'elles ne lui coûtaient rien ; — il y avait aussi pour lui la conscience d'une habileté supérieure : car le Highlander, enfant parmi les moutons, est prince au milieu de ses bœufs, et ses habitudes naturelles le portent à dédaigner la vie indolente du berger. Aussi ne se sent-il nulle part plus à l'aise que lorsqu'il fait marcher devant lui un beau troupeau de bétail highlandais dont la garde lui a été confiée.

De tous ceux qui ce matin-là avaient quitté Doune dans le but que nous venons de décrire, pas un *glunamie* ne posait sa toque sur l'oreille d'un air plus gaillard et ne jarretait ses chausses de tartan au-dessous du genou sur une paire de *spiogs*[2] qui promissent davantage, que Robin Oig M'Combish, appelé familièrement Robin Oig, c'est-à-dire le jeune ou le petit Robin. Quoique petit de stature, comme l'indique cette épithète de Oig, et sans être très fortement membré, il était alerte et léger comme un daim de ses montagnes. Il avait une souplesse de démarche qui dans le cours d'une longue traite faisait que plus d'un robuste compagnon lui portait envie ; et la manière dont il ajustait son plaid et posait sa toque indiquait la conviction intérieure qu'un John Highlandman aussi éveillé qu'il l'était ne passerait pas inaperçu au milieu des jeunes filles du Lowland. Des joues rubicondes, des lèvres ver-

---

[1] Espèce de sobriquet dont les Anglais ont fait un nom générique pour les Highlanders ou montagnards de l'Écosse. (L. V.)
[2] Jambes. (W. S.)

meilles et des dents blanches faisaient ressortir une physionomie à laquelle une constante exposition au grand air avait donné le coloris de la santé et de la vigueur plutôt qu'une teinte âpre et hâlée. Si Robin Oig ne riait et même ne souriait pas fréquemment, ce qui n'est pas en effet l'habitude de ses compatriotes, ses yeux brillants avaient habituellement sous sa toque une expression rayonnante de bonne humeur prête à se changer en hilarité.

Le départ de Robin Oig fut un événement dans la petite ville où il avait, ainsi que dans les environs, nombre d'amis des deux sexes. Robin était un personnage dans sa sphère ; il faisait des affaires considérables pour son propre compte, et il avait la confiance des meilleurs fermiers des Highlands de préférence à tout autre bouvier du canton. Il aurait pu accroître beaucoup ses opérations s'il n'avait pas voulu tout faire par lui-même ; mais, à l'exception d'un ou deux jeunes gens fils de sa propre sœur, Robin rejetait l'idée de toute assistance, ayant conscience, peut-être, combien sa réputation dépendait de ce qu'en toute occasion il s'acquittait en personne des devoirs de sa profession. Il se contentait donc de recevoir la plus haute rétribution qui fût donnée aux personnes de sa classe, et il se consolait avec l'espoir qu'un petit nombre de voyages en Angleterre le mettrait à même de conduire les affaires pour son propre compte sur un pied convenable à sa naissance. Car le père de Robin Oig, Lechlan M'Combish [1] (ou le *fils de mon ami,* son véritable surnom de clan étant M'Gregor), avait été ainsi nommé par le célèbre Rob Roy, à cause de l'amitié particulière qui avait existé entre le grand-père de Robin et ce fameux catéran. Quelques gens disaient même que Robin Oig tirait son nom de baptême d'un homme aussi renommé dans les solitudes sauvages du Lochlomond que le fut jamais son homonyme Robin Hood dans les limites du joyeux Shervood [2]. — Qui ne serait pas fier d'une telle origine ? comme dit James Boswell. Aussi Robin Oig en était-il fier ; mais ses fréquentes visites à l'Angleterre et aux Lowlands lui avaient donné assez de tact pour lui faire sentir que des prétentions qui lui donnaient droit à une certaine distinction dans sa vallée isolée pourraient être malvenues et l'exposer au ridicule s'il les produisait ailleurs. L'orgueil de la naissance était donc en lui, comme le trésor de l'avare, un objet secret de contemplation, et jamais devant les étrangers il n'en tirait vanité.

Nombreuses furent les félicitations et non moins nombreux les souhaits de bonne chance que reçut Robin Oig. Les appréciateurs faisaient l'éloge de son troupeau, surtout des bœufs qui appartenaient à Robin lui-même, et qui en étaient les plus beaux. Les uns lui tendaient leurs tabatières et lui offraient la prise d'adieu ; — d'autres lui offraient le

---

[1] La particule *Mac* (par abréviation M'), si commune dans les noms gaéliques, veut dire *fils*. (L. V.)

[2] Cette allusion peut rappeler au lecteur quelques passages d'*Ivanhoe*. (L. V.)

doch-an-dorrach ou coup du départ. Tous lui criaient : Bonne chance pour le voyage et votre heureux retour ! — bonne chance dans le marché saxon ! — Rapportez de beaux *bank-notes* dans le *leabhar-dhu* [1], et abondance d'or anglais dans le *sporran* [2].

Les jolies filles faisaient leurs adieux plus modestement, et plus d'une, dit-on, aurait donné son plus beau joyau pour être certaine que ce serait sur elle que s'arrêterait le dernier regard de Robin Oig au moment où il se mettrait en route.

Robin Oig venait de faire entendre le préliminaire *hou ! hou !* pour activer les traînards du troupeau, quand un cri partit de quelque distance en arrière.

— Eh ! Robin ! — attendez un peu. Voilà Janet de Tomahourich, — la vieille Janet, la sœur de votre père.

— La peste soit d'elle, la vieille sorcière highlandaise ! dit un fermier du Carse de Stirling ; elle va nous jeter quelque sort sur nos bêtes.

— Elle ne le pourra pas, dit un autre sage, un des confrères de celui qui venait de parler ; Robin Oig n'est pas homme à laisser un seul de ses bœufs sans lui faire à la queue le nœud de saint Mungo, et il n'en faut pas plus pour faire décamper lestement la meilleure sorcière qui ait jamais traversé les airs au-dessus de Dismayet sur un manche à balai.

Il ne sera peut-être pas indifférent au lecteur de savoir que le bétail de l'Highland est particulièrement sujet à être *pris* ou affecté par des charmes et des *sorts*, dont les gens judicieux se garantissent au moyen de nœuds d'une nature particulière faits avec la touffe de poils qui termine la queue de l'animal.

Mais la vieille femme objet des soupçons du fermier semblait uniquement occupée du bouvier, et ne paraissait faire nulle attention au troupeau. Robin, au contraire, avait l'air passablement contrarié de sa présence.

— Quelle imagination du vieux monde, lui dit-il, vous a fait quitter votre coin du feu si matin, Muhme ? Est-ce que nous ne nous sommes pas fait nos adieux hier au soir ?

— Et vous m'avez laissé plus d'argent que la vieille inutile n'en emploiera d'ici à votre retour, oiseau de mon cœur, répondit la sibylle. Mais je me soucierais bien de la nourriture qui me soutient, et du feu qui me réchauffe, et du bienheureux soleil du bon Dieu lui-même, s'il devait arriver mal au petit-fils de mon père ! Ainsi, laissez-moi marcher le *deasil* autour de vous, afin que vous puissiez aller sans accident au loin dans la terre étrangère et revenir chez vous sain et sauf.

Robin Oig s'arrêta demi embarrassé, demi riant, et faisant signe à ceux qui les entouraient qu'il ne se prêtait au désir de la vieille que pour

---

[1] Portefeuille noir. (W. S.)
[2] Bourse ou poche de peau de chèvre. (W. S.)

ne pas la contrarier. Alors elle décrivit autour de lui d'un pas chancelant la marche propitiatoire, cérémonie que quelques uns ont cru dériver de la mythologie druidique. On sait en quoi elle consiste : la personne qui fait le *deasil* décrit trois fois en marchant un cercle autour de la personne qui est l'objet de la cérémonie, ayant soin de marcher dans le sens du cours du soleil. Tout-à-coup, cependant, elle s'arrêta, et s'écria d'une voix alarmée et avec un accent plein de terreur : Petit-fils de mon père, il y a du sang sur votre main !

— Paix, pour l'amour de Dieu, tante ! dit Robin Oig ; avec ce *taishataragh* [1], vous allez vous mettre dans un embarras dont vous ne serez pas capable de vous tirer d'ici à long-temps.

Mais la vieille répéta seulement d'un air épouvanté : — Il y a du sang sur votre main, et c'est du sang anglais. Le sang du Gaël est d'un plus beau rouge. Voyons, — voyons....

Avant que Robin Oig eût pu la prévenir, ce qu'à la vérité il n'aurait pu faire qu'en employant la violence, tant les mouvements de la vieille prophétesse furent prompts et impérieux, elle avait tiré le dirk caché de côté sous le plaid de son neveu, et l'élevant au-dessus de sa tête elle s'écriait, quoique l'arme brillât au soleil pure et polie : Du sang, du sang ! — encore du sang saxon ! Robin Oig M'Combish, n'allez pas aujourd'hui en Angleterre !

— Bah ! bah ! fit Robin Oig, ne pas aller en Angleterre ! — presque autant vaudrait me mettre à courir le pays. Par honte, Muhme, — donnez-moi le dirk. Vous ne pouvez reconnaître à la couleur de différence entre le sang d'un bouvillon noir et d'un blanc, et vous parlez de distinguer le sang saxon du sang gaélique ! Tout le monde tire son sang d'Adam, Muhme. Donnez-moi le skene-dhu, et laissez-moi mettre en route. Je devrais être à l'heure qu'il est à moitié chemin du pont de Stirling. — Donnez-moi le dirk et laissez-moi partir.

— Je ne vous le rendrai pas, — je ne lâcherai pas votre plaid que vous ne me promettiez de ne pas porter cette malheureuse arme.

Les femmes qui entouraient Robin Oig joignirent leurs instances à celles de sa tante, disant que les paroles de Muhme tombaient rarement à terre ; et comme les fermiers du Lowland continuaient de regarder cette scène d'un air d'humeur, Robin Oig se détermina à la terminer à tout prix.

— Hé bien donc, dit-il en remettant à Hugh Morrison le fourreau du dirk, vous autres Lowlanders vous ne vous inquiétez pas de ces prédictions-là. Gardez-moi mon dirk. Je ne puis pas vous le donner, parce que c'était celui de mon père ; mais votre troupeau suit le nôtre, et je consens à ce que l'arme soit à votre garde et non à la mienne. — Cela suffira-t-il, Muhme ?

[1] Seconde vue. (W. S.)

— Il faut bien que cela suffise, répondit la vieille, c'est-à-dire si le Lowlander est assez fou pour s'en charger.

Le robuste habitant de l'ouest partit d'un éclat de rire.

— Bonne femme, dit-il, je suis Hugh Morrison de Glennae, et je descends des Manly Morrisons du vieux temps, qui jamais de leur vie ne se sont servis d'arme courte contre un homme; et ils n'avaient pas non plus besoin de s'en servir : ils avaient leurs sabres, et moi j'ai ce bout de badine (montrant un gourdin formidable); — quant à ce qui est de jouer du dirk. je laisse ça à John Highlandman. — Vous n'avez pas besoin de vous ébrouer, vous autres Highlanders, et vous en particulier, Robin. Je garderai le bout de lame, si vous avez peur des histoires de la vieille sorcière, et je vous le rendrai quand vous en aurez besoin.

Certaines parties du discours de Hugh Morrison plaisaient médiocrement à Robin; mais il avait acquis dans ses voyages plus de patience que n'en comportait sa constitution native de Highlander, et il accepta le service du descendant des Manly Morrisons sans épiloguer sur la façon tant soit peu dépréciante dont il était offert.

— S'il n'avait pas eu son coup du matin dans la tête, se dit-il, et que ce ne fût pas un pourceau du comté de Dumfries, par dessus le marché, il aurait parlé plus civilement et en homme bien élevé. Mais vous ne pouvez attendre d'une truie qu'un grognement. Ce serait une honte que le dirk de mon père coupât jamais un *haggis*[1] pour un homme comme celui-là.

En parlant ainsi (mais en gaëlic) Robin mit son troupeau en marche, et fit un signe d'adieu à tous ceux qu'il laissait derrière lui. Il avait d'autant plus hâte de partir, qu'il comptait rejoindre à Falkirk un camarade, un confrère avec lequel il se proposait de faire route.

L'ami de Robin Oig était un jeune Anglais nommé Harry Wakefield, bien connu dans tous les marchés du nord, et non moins famé, non moins honoré dans la sphère où il vivait, que notre bouvier montagnard dans la sienne. Il avait près de six pieds[2], et était taillé pour figurer avec honneur dans les boxes de Smithfield ou tenir son rang dans une partie de lutte; et bien que peut-être il eût pu trouver son maître parmi les professeurs réguliers de l'art du pugilat, il était cependant en état de donner une leçon à quelque amateur que ce pût être. Les courses de Doncaster le voyaient dans sa gloire, pariant sa guinée, et généralement avec succès; et il n'y avait pas non plus un combat en règle dans le Yorkshire, les nourrisseurs de ce comté étant des personnes célèbres, où on ne le rencontrât si ses affaires le lui permettaient. Mais, malgré ces habitudes et cette réputation, et bien que passionné pour le plaisir et pour les lieux où on le trouve, Harry Wa-

---

[1] Sorte de hachis ou de boudin écossais. (L. V.)

[2] Anglais. Le pied anglais n'a guère que onze pouces du nôtre. (L. V

kefield était solide, et le prudent Robin Oig Mac-Combish lui-même n'était pas plus attentif aux affaires essentielles. Ses jours de fête étaient des jours de fête, à la vérité, mais ses jours de travail étaient consacrés à un labeur actif et persévérant. Par sa physionomie et son caractère Wakefield était le modèle des joyeux *yeomen* de la vieille Angleterre, dont les longues flèches assurèrent autrefois dans cent batailles la supériorité de leur nation sur les autres nations, et dont les bons sabres sont aujourd'hui la défense la moins coûteuse et la plus sûre de leur patrie. Sa gaieté était facilement excitée; car doué de membres robustes, d'une forte constitution et d'une honnête aisance, il était disposé à être content de tout ce qui l'entourait; aussi les difficultés qu'il pouvait rencontrer de temps à autre étaient-elles, pour un homme de cette énergie, plutôt matière d'amusement que de peine sérieuse. Avec toutes les qualités d'un caractère impétueux, notre jeune bouvier anglais n'était pas sans avoir ses défauts. Il était d'une irascibilité qui parfois frisait l'humeur querelleuse; et peut-être n'était-il pas moins porté à remettre à la force des poings la décision de ses disputes, parce qu'il trouvait peu d'antagonistes capables de lui tenir tête dans un cercle de boxe.

Il est difficile de savoir comment Harry Wakefield et Robin Oig étaient devenus intimes; mais il est certain qu'une liaison étroite s'était formée entre eux, bien qu'ils parussent avoir peu de sujets communs de conversation ou d'intérêt, dès qu'ils cessaient de parler bœufs. Robin Oig, en effet, s'exprimait fort mal en anglais sur tout autre sujet que sur ses bestiaux, et Harry Wakefield n'avait jamais pu habituer sa langue, rompue au dialecte traînant du comté d'York, à prononcer un seul mot de gaëlic. Ce fut en vain que Robin employa toute une matinée, durant une traversée du Minch Moor, à essayer d'apprendre à son compagnon à prononcer correctement le mot *llhu*, qui en gaëlic signifie veau. De Traquair à Murder-Cairn la colline retentit des tentatives discordantes du Saxon sur la syllabe rebelle, et des joyeux éclats de rire qui suivaient chaque tentative manquée. Ils avaient néanmoins de meilleures manières d'éveiller les échos; car Wakefield savait mainte chanson en l'honneur de Moll, de Suzane et de Cicely, et Robin Oig avait un talent tout particulier pour siffler d'interminables pibrochs avec toutes leurs évolutions; et puis, ce qui plaisait encore davantage à l'oreille méridionale de son compagnon, il savait une foule d'airs du nord, les uns joyeux, les autres pathétiques, que Wakefield apprenait à accompagner en sifflant la basse. Ainsi, quoique Robin pût difficilement comprendre les histoires de courses de chevaux, de combats de coqs et de chasses au renard de son compagnon, et que ses propres récits relatifs aux combats des clans et aux *creaghs* ou incursions, mêlés de légendes highlandaises sur les *goblins* et les fées, ne fussent guère plus intelligibles pour son compagnon, ils trouvaient néanmoins un certain plaisir dans la compagnie l'un de l'autre, et depuis trois ans il s'étaient toujours réunis pour voyager ensemble quand la direction de leur voyage le permettait. Il est vrai que chacun d'eux avait son avantage dans cette liaison : car où l'Anglais aurait-il pu trouver un guide comme Robin Oig M'Combish pour traverser les Highlands de l'ouest? et lorsqu'ils étaient sur ce que Harry appelait le *bon* côté de la frontière, son patronage, qui n'était pas à dédaigner, et sa bourse toujours bien garnie, étaient en tout temps au service de son ami le Highlander, et en mainte occasion sa libéralité lui avait rendu des services dignes d'un véritable enfant de la Vieille Angleterre.

CHAPITRE II.

> Vit-on jamais tant d'affection entre deux amis ?
> — comment ont-ils pu avoir querelle ensemble ? —
> Oh ! voilà la chose : Il l'aimait de tout cœur, et
> cherchait en lui-même comment le lui prouver ; et
> comme il ne lui restait plus d'autre ami, il résolut
> de se battre avec lui. *Duc contre duc.*

Les deux amis avaient traversé avec leur cordialité ordinaire les solitudes herbeuses du Liddesdale, et parcouru la partie attenante du Cumberland emphatiquement nommée le Désert [1]. Dans ces régions solitaires, les bestiaux placés sous la garde de nos deux bouviers tiraient principalement leur subsistance de ce qu'ils broutaient le long du chemin, et quelquefois de ce que leur valait un *saut et une enjambée*, c'est-à-dire une invasion sur le pré avoisinant, là où l'occasion s'en présentait. Mais maintenant la scène changeait devant eux ; ils descendaient vers un pays fertile et bien enclos, où de telles libertés ne pouvaient se prendre impunément, ni sans un arrangement et un marché préalables avec les propriétaires du sol, et cela d'autant plus qu'on était à la veille d'une grande foire du nord, où les deux bouviers, l'Écossais et l'Anglais, s'attendaient l'un et l'autre à placer une partie de leurs bestiaux, qu'ils désiraient conséquemment conduire au marché reposés et bien remis. Aussi les pâtures s'obtenaient-elles difficilement, et ne les avait-on qu'à haut prix. Cette nécessité occasionna une séparation temporaire entre les deux amis ; chacun d'eux alla faire son marché du mieux qu'il le pourrait, et pourvoir séparément à la subsistance de son troupeau. Malheureusement il arriva que tous les deux, à l'insu l'un de l'autre, jetèrent les yeux, pour le terrain dont ils avaient besoin, sur le pré d'un propriétaire campagnard jouissant d'une certaine fortune, et dont le domaine se trouvait non loin de là. Le hasard voulut que le squire cambrien, qui avait conçu quelques soupçons sur l'honnêteté de celui à qui était confiée l'administration du bien, fût précisément en train de prendre quelques mesures pour s'assurer jusqu'à quel point ces soupçons étaient fondés, et qu'il eût recommandé de s'en référer à lui personnellement pour toute demande relative à ses clos, et ayant pour objet de les occuper temporairement.

[1] *The Waste.*

Toutefois, comme M. Ireby était parti la veille pour un voyage de quelques milles dans le nord, le bailli crut devoir regarder comme levée la limite posée à ses pleins pouvoirs, et en conclut que le mieux qu'il pût faire dans les intérêts de son maître, et peut-être dans les siens, était d'entrer en arrangement avec Harry Wakefield. Sur ces entrefaites, ignorant ce que faisait son camarade, Robin Oig, de son côté, vint à rencontrer un petit homme de bonne mine montant un poney dont la queue et les oreilles étaient artistement coupées, comme c'était alors la mode, et portant des culottes de peau collantes, avec de longs éperons bien luisants. Le cavalier fit une ou deux questions, en homme qui s'y connaissait, sur les marchés et le prix du bétail. Si bien que Robin, voyant en lui une personne civile et judicieuse, prit la liberté de lui demander s'il ne pourrait pas lui indiquer dans les environs quelque pâturage à louer pour y placer temporairement son troupeau. Il ne pouvait mieux adresser sa question. Le gentleman à la culotte de peau était le propriétaire avec le bailli duquel Harry Wakefield avait fait affaire ou était sur le point de s'arranger.

— Tu as eu bonne chance de me parler, mon brave Écossais, répondit M. Ireby, car je vois que tes bêtes ont bien fait leur journée, et je puis disposer du seul champ qui soit à louer dans ces environs à trois milles à la ronde.

— Le troupeau peut encore très bien faire deux, trois, et même quatre milles, repartit le prudent Highlander; mais qu'est-ce que Son Honneur demanderait par tête de bétail, si je prenais son pré pour deux ou trois jours ?

— Nous n'aurons pas de difficultés, Sawney [1], si tu veux me céder à un prix raisonnable six de tes bœufs pour les engraisser cet hiver.

— Et quelles bêtes est-ce que Votre Honneur voudrait avoir ?

— Eh ! — voyons : — les deux noirs, — le brun, — le doddie [2], — celui qui a la corne torse, — et le brockit [3]. — Combien par tête ?

— Ha ! Votre Honneur est un juge, — un véritable juge; — je n'aurais pas mieux choisi moi-même les six meilleures bêtes, moi qui les connais comme si c'étaient mes enfants, pauvres créatures !

— Hé bien, combien par tête, Sawney ?

— Les prix ont été élevés à Doune et à Falkirk.

Et la conversation continua ainsi, jusqu'à ce qu'ils se fussent accordés sur le juste prix des bouvillons, le squire concédant par-dessus le marché l'usage temporaire du clos pour le troupeau, et Robin pensant faire un très bon marché, pourvu que l'herbe fût seulement passable.

---

[1] Epithète familière que les Anglais donnent volontiers aux Écossais des classes communes. (L. V.)

[2] Bœuf ou vache sans cornes. (L. V.)

[3] Vache à face blanche. (L. V.)

Le squire mit son poney au pas à côté du troupeau, en partie pour montrer le chemin au bouvier et lui voir prendre possession du champ, en partie pour se faire mettre au courant des nouvelles les plus fraîches des marchés du nord.

Ils arrivèrent au champ, dont la pâture paraissait excellente. Mais quelle fut leur surprise quand ils virent le bailli introduire tranquillement le bétail d'Harry Wakefield dans le Gessen pâtureux qui venait d'être assigné à celui de Robin Oig M'Combish par le propriétaire lui-même! Le squire Ireby donna de l'éperon à son cheval, courut droit à son serviteur, et apprenant ce qui s'était passé entre les parties, informa en peu de mots le bouvier anglais que le bailli avait loué le pré sans son autorisation, à lui Ireby, et qu'il pouvait aller chercher où il voudrait de l'herbe pour ses bestiaux, attendu qu'il n'en aurait pas là. En même temps il admonesta sévèrement son intendant pour avoir enfreint ses ordres, et il lui enjoignit d'aider sur-le-champ à mettre hors du pré les bestiaux affamés et fatigués de Harry Wakefield, qui venaient de débuter dans un repas d'une abondance peu habituelle, et à y faire entrer ceux de son camarade, que le bouvier anglais commença alors à regarder comme un rival.

La colère que cette décision de M. Ireby avait soulevée dans l'âme de Wakefield l'aurait volontiers disposé à y résister; mais tout Anglais a le sentiment assez exact de la loi et de la justice, et John Fleecebumpkin, le bailli, ayant reconnu qu'il avait excédé ses pouvoirs, Wakefield ne vit rien autre chose à faire que de réunir son troupeau affamé et désappointé, et de le mener chercher ailleurs d'autres quartiers. Robin Oig vit avec regret ce qui était arrivé, et s'empressa d'offrir à l'Anglais son ami de partager avec lui la possession en litige. Mais la fierté de Wakefield était rudement froissée, et il répondit avec dédain : Prends-la tout entière, Robin, — prends-la tout entière; — il ne faut pas faire deux bouchées d'une cerise. — Tu sais enjôler les *gentlemen*, et jeter de la poudre aux yeux des gens simples. — Fi, Robin! — ce n'est pas moi qui baiserais les cordons sales des souliers de qui que ce soit pour avoir la permission de cuire à son four.

Robin Oig, fâché mais non surpris du mécontentement de son camarade, se hâta de le prier d'attendre seulement une heure qu'il eût été jusque chez le squire recevoir le prix des bestiaux qu'il lui avait vendus, puis qu'il viendrait l'aider à conduire le troupeau à quelque lieu convenable, et qu'il lui expliquerait la méprise dans laquelle ils étaient tombés tous les deux. Mais l'Anglais continua d'un ton irrité : Ha! tu as donc vendu? Oui-dà, — tu es un rusé garçon pour connaître le bon moment de faire un marché. Va-t'en au diable! je ne veux jamais revoir ton visage de coquin hypocrite. — Tu devrais être honteux de me regarder en face.

— Je n'ai honte de regarder personne en face, répliqua Robin Oig, à qui le sang-froid commençait à échapper; et qui plus est, je vous regarderai en face aujourd'hui même si vous m'attendez là-bas au Clachan.

— Peut-être que vous feriez aussi bien de vous tenir à distance, repartit son camarade. Et tournant le dos à son ci-devant ami, il se mit à siffler ses bœufs, qui n'interrompaient pas volontiers leur dîner à peine commencé, et parvint à les réunir, aidé du bailli, qui prenait quelque intérêt à l'embarras de Wakefield, et en affectait encore davantage.

Après un certain temps passé à négocier avec plus d'un fermier du voisinage, qui ne put ou ne voulut pas fournir le terrain désiré, Henry Wakefield, pressé par la nécessité, fit enfin affaire avec le maître du cabaret où lui et Robin Oig étaient convenus en se quittant de se retrouver pour passer la nuit. L'hôte consentit à lui laisser mettre son bétail sur une pièce de bruyère nue, pour un prix à peine inférieur à celui que le bailli lui avait demandé du clos disputé; et la mauvaise qualité de la pâture, ainsi que le prix qu'il lui en avait fallu donner, furent comptés par Harry comme autant de circonstances aggravantes du manque de foi et d'amitié de son ancienne connaissance écossaise. Cette disposition d'esprit de Wakefield était encouragée par le bailli (qui avait aussi ses raisons d'en vouloir au pauvre Robin, cause involontaire de la disgrâce qu'il avait encourue près de son maître), ainsi que par le cabaretier et deux ou trois buveurs qui se trouvaient là, et qui tous stimulaient le ressentiment du bouvier contre son ci-devant compagnon, — les uns par une vieille haine contre les Écossais, haine qu'on doit trouver dans les comtés frontières si elle existe quelque part; — d'autres par cet amour général du mal qui caractérise toutes les classes de l'humanité, soit dit à l'honneur des fils d'Adam. Le digne John Barleycorn [1], lui aussi, qui toujours exalte et pousse à l'extrême la passion du moment, qu'elle soit tendre ou hostile, ne manqua pas en cette occasion de remplir son office; — Confusion aux faux amis et aux mauvais maîtres! ce fut un toast qui fit vider plus d'un tankard.

Cependant M. Ireby trouvait un certain amusement à retenir le bouvier du nord dans son vieux manoir. Il fit placer à l'office devant l'Écossais une tranche de bœuf et un tankard de petite ale mousseuse, et prit plaisir à voir l'excellent appétit avec lequel Robin Oig M'Combish expédiait ces provisions inaccoutumées. Le squire lui-même, allumant sa pipe, fit un compromis entre sa dignité patricienne et son goût pour le commérage agricole, en se promenant de long en large dans la salle tout en conversant avec son hôte.

— J'ai rencontré en chemin un autre troupeau avec un de vos compatriotes derrière, dit le squire; — il y avait un peu moins de bêtes

---

[1] Jean Grain-d'Orge, personnification de la bière. (L. V.)

que dans le vôtre, et c'étaient pour la plupart des bœufs sans cornes [1].
— C'était un gros homme qui les conduisait, — non pas un de vos kilts [2], pourtant, mais bien une décente paire de culottes. — Savez-vous qui ce pouvait être ?

— Attendez donc : — c'était... ce pouvait — ce devait être Hughie Morrison ; — je n'aurais pas cru qu'il pût être si avancé. Il a gagné un jour sur nous ; mais ses argyleshires [3] auront les jambes fatiguées. A combien était-il d'ici ?

— A environ six ou sept milles, car je l'ai dépassé au Christenbury-Crag, et c'est au Hollan-Bush que je vous ai rejoint. Si ses bêtes ont les jambes lasses, il y aura peut-être un marché à faire avec lui.

— Non, non, Hughie Morrison n'est pas un homme à bons marchés ; — il faut pour ça que vous tombiez sur un Highlander comme Robin Oig. — Mais il faut que je vous souhaite une bonne nuit, et plutôt vingt qu'une, et que je descende au clachan voir si la mauvaise humeur de Harry Waakefelt [4] est passée.

La société réunie à l'auberge était encore livrée à une conversation animée dont la trahison de Robin Oig était le thème, quand le coupable supposé entra dans la salle. Son arrivée, comme il est d'usage en pareils cas, mit fin sur-le-champ à la discussion dont il avait fourni le sujet, et il fut reçu par la réunion avec ce silence glacial qui, plus que mille exclamations, dit à un importun qu'il n'est pas le bienvenu. Surpris et offensé, mais non intimidé par cette réception, Robin entra la tête haute et d'un air assuré, n'adressa la parole à personne, quand il vit que personne ne la lui adressait, et se plaça près du feu, à quelque distance d'une table où Harry Wakefield était assis avec le bailli et deux ou trois autres personnes. La vaste cuisine cambrienne aurait offert assez d'espace pour une séparation encore plus grande.

Robin s'assit, se mit à allumer sa pipe, et demanda une pinte de twopenny [5].

— Nous n'avons pas d'ale à deux pence, répondit Ralph Heskett l'aubergiste ; mais comme tu te fournis toi-même de tabac, il est probable que tu sauras bien aussi trouver ta boisson. — C'est l'habitude de ton pays, j'imagine.

— Fi donc, Ralph ! dit l'hôtesse, ménagère active et réjouie, tout en s'empressant de servir à Robin ce qu'il avait demandé ; — tu sais bien ce que l'étranger veut, et ton métier est d'être civil. Tu dois savoir que si l'Écossais aime les petites mesures, il paie en bon argent.

Sans prendre garde à ce dialogue conjugal, le Highlander saisit le

---

[1] *Doddies.*
[2] Le *kilt* est l'espèce de pagne ou de jupon court des montagnards. (L. V.)
[3] Ses bœufs du comté d'Argyle. (L. V.)
[4] C'est ainsi que notre montagnard prononce le nom anglais Wakefield. (L. V.)
[5] Petite bière. (L. V.)

flacon, et s'adressant à la compagnie en général, il porta ce toast intéressant : Aux bons marchés !

— Les meilleurs seraient que le vent nous soufflât par ici moins de marchands du nord, dit un des fermiers, et moins d'avortons de l'Highland [1] pour manger l'herbe des prairies anglaises.

— Ame de mon corps ! vous vous trompez en cela, l'ami, répliqua Robin du plus grand sang-froid ; ce sont vos gros anglais qui mangent nos bestiaux d'Écosse, pauvres bêtes !

— Je voudrais qu'il y en eût un assez gros pour manger en même temps ceux qui les amènent, repartit l'autre ; il n'y a pas moyen qu'un honnête Anglais fasse son pain quand il y a un Écossais à un mille à la ronde.

— Ni qu'un honnête serviteur soit bien avec son maître, sans qu'ils viennent se glisser entre lui et le soleil, dit le bailli.

— Si ce sont des plaisanteries, dit Robin Oig avec le même calme, il y en a beaucoup trop sur un seul homme.

— Ce n'est pas une plaisanterie, repartit le bailli ; c'est tout-à-fait sérieux. — Écoutez, monsieur Robin Ogg, ou n'importe votre nom, il est bon de vous dire que nous sommes tous de la même opinion, de l'opinion que vous, monsieur Robin Ogg, vous vous êtes conduit avec votre ami, M. Harry Wakefield que voici, comme un drôle et un polisson.

— Sans doute, sans doute, répondit Robin sans que son calme se démentit, et vous êtes là un tas de jolis juges ! De votre cervelle et de vos jugements je ne donnerais pas une prise de tabac. Si M. Harry Waakfelt sait ce qui l'offense, il sait aussi comment se revenger.

— Il a raison, dit Wakefield, qui avait écouté ce qui s'était passé partagé entre le ressentiment excité en lui par la conduite de Robin ce jour-là et le souvenir de ses anciens sentiments pour lui.

Il se leva alors et s'avança vers Robin. Celui-ci se leva aussi de son siège à l'approche de Harry, et lui tendit la main.

— C'est ça, Harry ! — hardi ! — donne-lui son compte ! telles furent les exclamations qui retentirent de tous côtés. — Mets-le à bas ! — montre-lui le moulinet !

— Tenez votre langue tous, et allez au diable ! dit Wakefield ; et alors s'adressant à son camarade, en même temps qu'il prenait la main que lui tendait celui-ci, d'un air moitié pacifique, moitié de défi : Robin, lui dit-il, tu en as assez mal usé avec moi aujourd'hui ; mais si tu veux, comme un bon garçon, nous donner la main, puis venir là bas sur le gazon échanger avec moi quelques coups de poing de bonne amitié, hé bien, je te pardonnerai, Robin, et nous serons meilleurs amis que jamais.

---

[1] On sait que le bétail des hautes-terres d'Écosse est de très petite taille. (L. V.)

— Est-ce que ça ne vaudrait pas mieux d'être bons amis sans qu'il soit plus question de la chose? dit Robin ; nous serons beaucoup meilleurs amis les os entiers que les os brisés.

Harry Wakefield lâcha la main de son ami, ou plutôt la repoussa loin de lui. — Je ne savais pas que j'avais fait pendant trois ans ma compagnie d'un lâche, dit-il.

— L'épithète de lâche n'appartient à personne de mon nom, répliqua Robin, dont les yeux commençaient à s'animer, mais qui était encore maître de lui. Ce n'étaient ni les jambes ni les mains d'un lâche qui vous tirèrent des gués de Frew, Harry Waakfeld, au moment où vous étiez entraîné par dessus la roche noire, et que les anguilles de la rivière s'attendaient à ce que vous alliez leur servir de régal.

— Et c'est assez vrai tout de même, dit l'Anglais, frappé de cet appel à ses souvenirs.

— Mordieu! s'écria le bailli ; Harry Wakefield, le garçon le plus solide de Whitson-Tryste, de Wooler-Fair, de Carlisle-Sands et de Stagshaw-Banks, ne va pas montrer la plume blanche, sûrement? Ha! voilà ce que c'est que de vivre si long-temps avec les kilts et les toques; on oublie l'usage de ses poings.

— Je puis vous montrer, monsieur Fleecebumpkin, que je n'ai pas perdu l'usage des miens, répliqua Wakefield ; et il continua : Ça ne peut se passer comme ça, Robin ; il faut que nous ayons une prise, ou bien nous serons la fable du pays. Je veux être damné si je te fais du mal ; — je mettrai les gants si tu veux. Allons, avance comme un homme.

— Pour être battu comme un chien? fit Robin ; s'il y a de la raison à ça! Si vous croyez que je vous ai fait du tort, je vais aller devant votre juge, malgré que je ne connaisse ni sa loi ni son langage.

Un cri général de Non! non! — pas de loi! pas de gens de loi! une peignée et soyez bons amis! partit de la bouche de tous les assistants.

— Mais si je suis pour me battre, continua Robin, je ne sais pas me battre comme les singes, avec les mains et les ongles.

— Comment donc voulez-vous vous battre? demanda son antagoniste ; — quoique je craigne qu'il ne soit difficile de vous amener sur le terrain, n'importe de quelle manière.

— Je voudrais me battre au sabre, et baisser la pointe au premier sang tiré ; — comme des *gentlemen*.

Un bruyant éclat de rire suivit la proposition, qui, à la vérité, était plutôt échappée au cœur gonflé du pauvre Robin qu'elle ne lui avait été dictée par son bon sens.

— Des *gentlemen*, qu'il dit! répéta-t-on de toutes parts au milieu d'un rire inextinguible; un joli gentleman, vraiment! — Pouvez-vous procurer deux épées à ces messieurs pour se battre, Ralph Heskett?

— Non, mais je puis envoyer à l'arsenal de Carlisle, et leur prêter deux fourches pour se faire la main en attendant.

— Bah! fit un autre; les Écossais viennent au monde la toque bleue sur la tête, le dirk et le pistolet à la ceinture.

— Le mieux est d'envoyer un messager au squire de Corby Castle, dit M. Fleecebumpkin, pour lui demander de venir servir de second à *monsieur*.

Au milieu de cette pluie générale de quolibets, le Highlander, par un mouvement instinctif, porta la main sous les plis de son plaid. — Mieux vaut qu'il n'y soit pas, se dit-il dans son propre langage. Mille malédictions sur ces mangeurs de porc, qui ne connaissent ni la tenue ni la civilité!

— Faites place, tas de chiens que vous êtes, dit-il en s'avançant vers la porte.

Mais son ci-devant ami interposa entre la porte et Robin son épaisse encolure, pour empêcher qu'il ne quittât la maison; et quand Robin Oig voulut se faire faire place de vive force, il l'étendit sur le plancher aussi aisément qu'un enfant renverse une quille.

— Un cercle! un cercle! crièrent tous les assistants, d'une voix tellement retentissante, que les poutres enfumées de la salle en tremblèrent avec les jambons qui y étaient accrochés, et que les plats du dressoir s'entre-choquèrent. — Bravo, Harry! — sers-le bien, Harry! — Soigne-le, maintenant; — qu'il voie son sang!

Telles étaient les exclamations de tous ceux qui se trouvaient là, tandis que le Highlander, se relevant vivement de terre, tout son sang-froid et sa prudence ayant fait place à une rage frénétique, s'élança sur son antagoniste avec la furie, l'agilité et la soif de vengeance d'un tigre irrité. Mais que peut la rage contre la science et le sang-froid? Robin Oig fut de nouveau renversé dans cette lutte inégale; et comme nécessairement le coup fut rude, il resta sans mouvement étendu sur le plancher de la cuisine. L'hôtesse accourut pour lui porter secours, mais M. Fleecebumpkin ne lui permit pas d'approcher.

— Laissez-le, dit-il; il va se relever à temps pour recommencer. Il n'a pas encore la moitié de sa sauce.

— Il a pourtant tout ce que je veux lui en donner, dit Wakefield, dont le cœur commençait à se radoucir pour son ancien compagnon; et j'aimerais moitié mieux vous servir le reste à vous-même, monsieur Fleecebumpkin, car vous prétendez connaître un ou deux coups, et Robin n'a pas même la chose de se déshabiller avant de s'aligner. Il s'est battu avec son plaid sur les épaules. — Allons, Robin, relève-toi, mon brave! nous sommes tous amis maintenant. Et que j'entende quelqu'un dire un mot contre toi ou ton pays!

Robin Oig était toujours sous l'empire de la colère, et il aurait voulu recommencer l'assaut; mais s'en voyant empêché d'un côté par dame

Heskett, l'apôtre de la paix, et de l'autre s'apercevant que Wakefield ne voulait pas renouveler le combat, sa fureur fit place à un silence sombre et concentré.

— Allons, allons, pas de tant de rancune pour ça, Robin, reprit le brave Anglais avec la facilité d'humeur de son pays; donnons-nous la main, et soyons meilleurs amis que jamais.

— Amis! s'écria Robin Oig en appuyant fortement sur le mot, — amis! — jamais. Prenez garde à vous, Harry Waakfelt.

— En ce cas, que la malédiction de Cromwell soit sur ton orgueil écossais, comme dit l'homme de la comédie; fais ce que tu voudras et va-t'en au diable! Tout ce qu'un homme peut dire de plus à un autre après avoir joué des poings, c'est qu'il en est fâché.

Ce fut ainsi que les deux amis se quittèrent. Robin Oig tira de sa bourse une pièce de monnaie sans dire un mot, la jeta sur la table et sortit. Mais se retournant sur le seuil il montra le poing à Wakefield, et en même temps leva un doigt en l'air d'une manière qui pouvait impliquer ou une menace ou un avertissement. Puis il disparut et s'éloigna à la clarté de la lune.

Quelques mots furent échangés après son départ entre le bailli et Harry Wakefield, le premier se piquant d'être un peu querelleur, et le second, par une inconséquence généreuse, étant alors assez disposé à commencer un nouveau combat pour défendre la réputation de Robin Oig, « quoiqu'il ne sût pas se servir de ses poings comme un Anglais, vu que ça ne lui était pas naturel. » Mais l'intervention péremptoire de dame Heskett empêcha ce second combat d'avoir lieu. — Il n'y aurait pas d'autre batterie dans sa maison, dit-elle; il n'y en avait eu que trop déjà. — Et vous, monsieur Wakefield, fasse le Ciel que vous viviez assez long-temps pour apprendre ce que c'est que de se faire un ennemi mortel d'un bon ami.

— Bah, dame Heskett! Robin Oig est un honnête garçon qui ne me gardera pas rancune.

— Ne vous y fiez pas; — vous ne connaissez pas le caractère sournois d'un Écossais, malgré que vous ayez souvent fait des affaires avec eux. Moi, je dois les connaître, car ma mère était Écossaise.

— On le voit bien à sa fille, dit Ralph Heskett.

Ce sarcasme conjugal donna un autre tour à l'entretien; de nouveaux habitués entrèrent dans la cuisine, servant de salle de consommation, et d'autres la quittèrent. La conversation roula sur les prochains marchés, et sur les prix des différentes parties tant de l'Écosse que de l'Angleterre; — des traités furent entamés, et Henry Wakefield fut assez heureux pour trouver le placement d'une portion de son troupeau, avec un profit très considérable, événement d'importance plus que suffisante pour enlever tout souvenir de la désagréable altercation de l'après-midi. Mais il était quelqu'un de l'esprit de qui ce souvenir n'aurait pu être effacé par la possession de tout ce qu'il existait de bestiaux entre l'Esk et l'Eden.

C'était Robin Oig M'Combish. Faut-il que je n'aie pas eu d'arme, se dit-il, et cela pour la première fois de ma vie! — Se dessèche la langue qui a demandé au montagnard de se séparer de son dirk! — Le dirk! — ha! le sang anglais! — les paroles de ma tante Muhme! — Quand ses paroles sont-elles jamais tombées à terre?

Le souvenir de la fatale prophétie le confirma dans la résolution qui lui était venue tout-à-coup à la pensée.

— Ha! Morrison ne peut être à bien des milles d'ici; et serait-il à cent milles, qu'importe!

Son impétueuse énergie eut à partir de ce moment un projet fixe et un but vers lequel toutes ses pensées se portèrent; il dirigea aussitôt ses pas, avec la rapidité de marche propre à son pays, vers les landes où il savait, par ce que lui avait dit M. Ireby, que Morrison devait s'avancer. Son esprit était absorbé tout entier par le sentiment de l'injure qu'il avait reçue, — reçue d'un ami; il n'avait plus qu'un désir : se venger d'un homme qu'il regardait alors comme son plus cruel ennemi. Les idées d'importance personnelle qu'il renfermait précieusement en lui, — ces idées de naissance et de rang que caressait son imagination, lui étaient devenues d'autant plus chères (comme le trésor de l'avare), qu'il n'en pouvait jouir qu'en secret. Mais maintenant ce trésor avait été livré au pillage; les idoles dont il avait fait l'objet de son culte secret avaient été outragées et profanées. Insulté, injurié, battu, il n'était plus digne à ses propres yeux ni du nom qu'il portait ni des ancêtres dont il descendait. — Il ne lui restait rien, — rien que la vengeance, et comme la réflexion ajoutait à chaque pas à l'amertume de ses sentiments, il jura en lui-même que la vengeance serait aussi soudaine et non moins signalée que l'avait été l'offense.

Lorsque Robin Oig quitta le seuil de l'auberge, sept ou huit milles anglais au moins le séparaient de Morrison. Celui-ci n'avançait qu'avec lenteur, obligé qu'il était de suivre le pas pesant de ses bestiaux; mais Robin, marchant à raison de six milles à l'heure, laissait rapidement derrière lui champs en éteules et haies vives, rochers et sombres bruyères, couverts d'une gelée blanche resplendissant à la clarté pure d'une lune de novembre. Bientôt les beuglements encore distants des bestiaux de Morrison se font entendre; — puis ils deviennent visibles, paraissant à l'œil gros comme des taupes et cheminant lentement au milieu de l'immense bruyère; — puis Robin les a joints, — il les dépasse, — il est près de leur conducteur.

— Dieu nous garde, dit l'habitant du Sud. — Est-ce vous, Robin M'Combish, ou est-ce votre wraith [1]?

---

[1] Votre *double*. Apparition d'une personne vivante. (L. V.)

— C'est Robin Oig M'Combish et ce n'est pas lui, répondit le Highlander. — Mais ne vous inquiétez pas de cela, et donnez-moi le skene-dhu.

— Quoi! vous êtes pour retourner aux Highlands? — Diable! — est-ce que vous avez tout vendu avant la foire? — Voilà qui enfonce tout ce que j'ai vu de marchés promptement bâclés.

— Je n'ai pas vendu, — je ne retourne pas au nord; — peut-être bien que je n'y retournerai jamais. — Rendez-moi mon dirk, Hugh Morrison, ou il y aura des mots entre nous.

— Vraiment, Robin, je veux savoir mieux de quoi il retourne avant de vous le rendre; — c'est une arme dangereuse dans les mains d'un Hiélandais, et m'est avis qu'il y a quelque dispute en l'air.

— Bah! bah! donnez-moi mon arme, repartit Robin Oig avec impatience.

— Tout beau et tout doux, dit le bien intentionné Morrison. Je vais vous dire ce qui vaut mieux que ces affaires où on joue du dirk. — Vous savez que Highlander, Lowlander et Borderman [1] ne sont tous que les enfants d'un même père quand une fois vous avez passé le mur d'Écosse. Voyez: les braves garçons de l'Eskdale, et ceux de Lockerby, et Charlie du Liddesdale, et les quatre Dandies de Lustruther, et je ne sais combien d'autres plaids gris, sont là-bas qui viennent derrière nous; et si on vous a offensé, foi de Manly Morrison vous aurez justice, quand tout Carlisle et tout Stanwix s'y mettraient contre nous.

— Pour vous dire la vérité, reprit Robin Oig, qui désirait éluder les soupçons de son ami, je me suis enrôlé dans les gardes-noires, et il faut que je me mette en route demain matin.

— Enrôlé! étiez-vous ivre ou fou? — Il faut vous racheter; — je puis vous prêter vingt *bank-notes*, et vingt autres avec si le troupeau se vend.

— Je vous remercie, — je vous remercie, Hughie; mais j'irai de bonne volonté dans le chemin que j'ai pris. — Ainsi le dirk, — le dirk!

— En ce cas le voici, puisqu'il vous le faut absolument. Mais pensez à ce que je vous ai dit —. Malédiction! ce sera une mauvaise nouvelle dans les braes de Balquidder quand on saura que Robin Oig M'Combish a pris par un mauvais chemin et qu'il y est resté.

— Oui, de mauvaises nouvelles dans Balquidder! répéta le pauvre Robin; Dieu vous garde, Hughie, et vous envoie de bons marchés! Vous ne vous rencontrerez plus avec Robin Oig ni aux assemblées ni aux foires.

A ces mots il pressa à la hâte la main de son ami, et retourna sur ses pas avec la même vitesse que tout-à-l'heure il était arrivé.

— Il y a dans ce garçon-là quelque chose qui va mal, se dit à lui-

---

[1] Homme de la frontière (*border*).

même Morrison ; mais peut-être que demain matin nous verrons plus clair dans l'affaire.

Mais long-temps avant que le matin ne se levât la catastrophe de notre histoire avait eu lieu. Il y avait deux heures que la dispute était arrivée, et elle était complétement oubliée de la plupart des assistants, quand Robin Oig revint à l'auberge de Heskett. La salle était remplie de diverses sortes de gens, et retentissait des bruits différents que chacun y faisait. Là c'était la conversation grave et engagée à demi-voix de ceux qui s'occupaient de leur trafic ; ici les rires, les chansons et les plaisanteries bruyantes de ceux qui n'avaient autre chose à faire qu'à s'amuser. Parmi ces derniers était Harry Wakefield, entouré d'un groupe de grosses houppelandes, de souliers ferrés et de joyeuses physionomies anglaises, et qui avait entonné la vieille chanson :

> « Et quoique mon nom soit Roger,
> Roger qui pousse la charrue... »

Tout-à-coup il fut interrompu par une voix bien connue, qui lui dit d'un ton haut et bref, et avec l'accent fortement marqué de l'Highland · Harry Waakfelt, — si vous êtes un homme, debout !

— Qu'est-ce qu'il y a ? — qu'est-ce qu'il y a ? se demandèrent les uns aux autres ceux qui se trouvaient là.

— C'est seulement un damné Écossais à qui Harry Wakefield a donné sa sauce aujourd'hui, et qui vient se faire réchauffer sa soupe froide, dit Fleecebumpkin, qui alors était tout-à-fait ivre.

— Harry Waakfelt, répéta la même voix sinistre, debout si vous êtes un homme !

Il y a dans le ton d'une colère profonde et concentrée quelque chose dont l'accent seul attire l'attention et inspire la crainte. Les spectateurs se reculèrent de tous côtés, et tous les yeux s'attachèrent sur le Highlander, qui se tenait debout au milieu d'eux, les sourcils froncés et la physionomie empreinte de résolution.

— Je me lèverai de tout mon cœur, Robin, mon garçon, répondit Harry ; mais ce sera pour vous donner une poignée de main et boire avec vous pour noyer la rancune. Ce n'est pas faute de cœur chez vous, Robin, si vous ne savez pas comment on serre les poings.

Il s'était avancé jusqu'auprès de son antagoniste, et son air ouvert et sans méfiance faisait un étrange contraste avec la résolution farouche qu'exprimait l'attitude du montagnard, aussi bien qu'avec la sauvage et sombre expression vindicative qui brillait dans ses yeux.

— Ce n'est pas ta faute, Robin, si tu n'as pas le bonheur d'être Anglais, et si tu ne sais pas mieux te battre qu'une petite écolière.

— Je *sais* me battre, répondit Robin Oig d'un ton sévère, mais calme, et c'est ce que vous allez voir, Harry Waakfelt. Vous m'avez montré aujourd'hui comment se battent les rustres saxons ; — je vais vous montrer maintenant comment se bat le dunnié-wassel [1] highlandais.

L'action suivit la parole, et tirant par un mouvement rapide la dague cachée sous son plaid, il la plongea dans la large poitrine du *yeoman* anglais, avec une telle force et une sûreté de coup d'œil si fatale, que la poignée résonna sourdement contre l'os de la poitrine, et que la lame à double tranchant partagea en deux le cœur même de la victime. Harry Wakefield tomba et expira sans un seul gémissement. Son assassin saisit ensuite le bailli au collet et lui mit sur la gorge la pointe ensanglantée du poignard, la peur et la surprise rendant cet homme incapable de défense.

— Il serait bien juste de vous étendre à côté de lui, lui dit Robin ; mais le sang d'un vil flagorneur ne se mêlera pas sur le dirk de mon père à celui d'un brave.

A ces mots il repoussa le bailli avec une telle force, que celui-ci alla tomber sur le plancher, en même temps que de l'autre main Robin jetait l'arme fatale dans l'âtre embrasé où brillait un feu de tourbe.

— Me prenne qui voudra, dit-il, — et que le feu efface le sang s'il le peut.

L'étonnement continuant de tenir tous les spectateurs immobiles, Robin Oig demanda s'il ne se trouvait pas là un officier de paix ; et un constable s'étant avancé, il se remit à sa garde.

— Vous avez fait ce soir une besogne de sang, lui dit le constable.

— Par votre faute, répondit le Highlander. Si vous l'aviez empêché de me toucher il y a deux heures, il serait encore maintenant aussi bien portant et aussi joyeux qu'il l'était il y a deux minutes.

— Vous aurez un cruel compte à rendre, reprit l'officier de paix.

— Ne vous en mettez pas en peine : — la mort paie toutes les dettes ; elle paiera celle-là aussi.

L'horreur des assistants commença alors à faire place à l'indignation ; et la vue d'un compagnon favori assassiné au milieu d'eux, quand dans leur opinion la provocation était si loin de cet excès de vengeance, aurait pu les pousser à tuer l'assassin sur la place. En cette occasion, pourtant, le constable fit son devoir, et avec l'assistance de quelques unes des plus raisonnables des personnes présentes, il se procure des gardes à cheval pour conduire le prisonnier à Carlisle, où il devrait attendre son jugement aux prochaines assises. Pendant que les hommes de l'escorte se préparaient, le prisonnier ne parut prendre aucun intérêt à leurs mouvements, et il ne prononça pas une seule parole. Seulement, avant qu'on ne l'emmenât hors de la chambre fatale il demanda à voir le corps, qu'on avait relevé du plancher et posé sur la grande table (au haut bout de laquelle Harry Wakefield présidait quelques minutes au-

[1] Gentilhomme. (L. V.)

paravant, plein de vie, de vigueur et de gaieté), en attendant que les chirurgiens examinassent la blessure qui lui avait donné la mort. Le visage du cadavre était par décence couvert d'une serviette. A l'extrême surprise autant qu'à l'extrême horreur des assistants, sentiments qui se manifestèrent dans une exclamation générale — *Ah !* — proférée les dents serrées et les lèvres à demi fermées, Robin Oig enleva la serviette, et d'un œil morne mais assuré il contempla ces traits inanimés, dont la vie s'était éloignée si rapidement, que le sourire de bonne humeur, de confiance en sa force, et tout à la fois de conciliation et de mépris pour son ennemi, se dessinait encore sur ses lèvres. Tandis que tous ceux qui se trouvaient là s'attendaient à ce que la blessure, qui venait d'inonder de sang le plancher de la salle, allait couler de nouveau à l'attouchement de l'homicide, Robin Oig replaça la serviette avec cette brève exclamation : C'était un joli homme !

Mon histoire touche à sa fin. Le malheureux Highlander fut jugé à Carlisle. J'étais présent ; et en ma qualité de jeune jurisconsulte écossais, ou au moins d'avocat et d'homme réputé d'un certain rang, la politesse du sheriff du Cumberland m'offrit une place au banc des magistrats. Les faits de la cause furent établis ainsi que je les ai rapportés ; et quelles que pussent être d'abord les préventions de l'auditoire contre un crime aussi peu anglais qu'un assassinat par vengeance, quand on eut expliqué par quels préjugés nationaux profondément enracinés l'accusé s'était regardé comme entaché d'un ineffaçable déshonneur après avoir été l'objet de violences personnelles, — quand on considéra la patience et la modération avec lesquelles il avait long-temps enduré les premières provocations, la générosité de l'auditoire anglais pencha à regarder son crime comme la triste aberration de fausses idées d'honneur plutôt que comme provenant d'un cœur naturellement barbare, ou perverti par l'habitude du crime. Je n'oublierai jamais le résumé que le vénérable président adressa au jury, bien qu'alors je ne fusse guère susceptible de me laisser beaucoup émouvoir par l'éloquence et le pathétique.

« Jusqu'ici, dit-il (faisant allusion à quelques affaires précédentes de la même session), nous avons eu à discuter des crimes qui inspirent le dégoût et l'horreur, en même temps qu'ils appellent la vengeance bien méritée de la loi. Nous avons maintenant à nous acquitter d'une tâche encore plus triste : c'est d'en appliquer les dispositions salutaires, même dans leur sévérité, à une cause d'un caractère tout particulier, où le crime (car c'est un crime, et un grand crime) provient moins de la méchanceté du cœur que de l'erreur du jugement, — moins d'aucune pensée de faire le mal que d'une notion malheureusement pervertie de ce qui est bien. Voici deux hommes qu'on nous a dit avoir été hautement estimés dans leur classe, et qui furent, à ce qu'il semble, attachés l'un à l'autre par les liens de l'amitié : de ces deux hommes, l'un a déjà perdu la vie sous l'inspiration d'un faux point d'honneur, et l'autre va subir la vengeance des lois offensées; et cependant tous deux ont droit au moins à notre commisération, comme ayant agi l'un et l'autre dans l'ignorance de leurs préjugés nationaux, et malheureusement égarés par là hors du droit chemin, plutôt qu'ils ne l'ont quitté volontairement.

» Dans la cause originaire du malentendu, la justice nous oblige de donner raison à l'accusé ici présent. Il avait acquis possession de l'enclos, objet de la dispute, par un contrat légal avec le propriétaire, M. Ireby; et cependant, quand il se vit assailli de reproches immérités en eux-mêmes, et sans doute bien amers pour un caractère passablement irascible, il offrit néanmoins de céder la moitié de son acquisition par amour pour la paix et le bon voisinage, et sa proposition amicale fut rejetée avec mépris. Puis vient la scène du cabaret de M. Heskett. Là vous remarquerez comment l'étranger fut traité par le défunt, et aussi, je regrette d'ajouter, par ceux qui les entouraient, et qui paraissent l'avoir excité de manière à l'exaspérer au plus haut point. Tandis que l'accusé demandait la paix et un arrangement, et qu'il offrait de s'en remettre à un magistrat ou à des arbitres, il fut insulté par la société tout entière, qui sembla en cette occasion avoir oublié la maxime nationale de *franc jeu;* et quand il voulut s'échapper en paix de la salle, la retraite lui fut interceptée, il fut renversé, battu, et vit couler son sang.

» Messieurs les jurés, ce n'a pas été sans quelque impatience que j'ai entendu mon savant confrère, l'avocat de la couronne, donner un tour défavorable à la conduite de l'accusé en cette occasion. Il a dit que l'accusé avait craint de se trouver en face de son antagoniste dans un combat loyal, et de se soumettre aux lois qu'il impose; et qu'en conséquence, comme un lâche Italien, il avait eu recours à son fatal stylet pour assassiner l'homme avec lequel il n'avait pas osé se mesurer courageusement. J'ai vu l'accusé frissonner à ce passage de l'accusation, et laisser percer cette indignation naturelle à un homme brave; et de même que je souhaite que mes paroles fassent impression sur lui quand je ferai ressortir son crime réel, je dois lui prouver mon impartialité en repoussant tout ce qui me paraît une fausse accusation. On ne saurait mettre en doute que l'accusé ne soit homme de résolution, — de trop de résolution; — plût au Ciel qu'il en eût moins, ou plutôt qu'une meilleure éducation lui eût appris à en maîtriser les emportements!

— Messieurs, quant aux lois dont parle mon confrère, il se peut qu'elles soient connues dans les endroits où ont lieu les combats de taureaux, d'ours ou de coqs; mais elles ne sont pas connues ici. Ou, s'il fallait les admettre en ce sens qu'elles fourniraient une sorte de preuve qu'il n'y aurait pas eu de préméditation coupable dans ce genre de combat, qui donne lieu parfois à des accidents funestes, elles ne pourraient être reçues que lorsque les deux parties seraient *in pari casu*, également familiers avec ce genre d'arbitrage, et disposés également à s'en remettre à son issue. Mais prétendra-t-on qu'un homme supérieur par le rang et l'éducation doive être soumis et soit obligé de se soumettre à cette lutte grossière et brutale, peut-être contre un adversaire plus jeune, plus vigoureux ou plus habile? Assurément le code du pugilat lui-même, s'il est fondé, ainsi que l'allègue mon confrère, sur le *franc jeu* de la Joyeuse Vieille Angleterre, ne peut contenir quelque chose d'aussi absurde. Et si les lois, messieurs les jurés, soutenaient un gentleman anglais, portant, nous le supposerons, son épée, et qui s'en serait servi pour se défendre contre la violence d'une attaque personnelle de la nature de celle qu'a supportée l'accusé, elles ne protégeront pas moins un étranger placé dans les mêmes circonstances. Si donc, messieurs les jurés, quand il se vit pressé *per vim majorem*, objet des insultes de toute une société, exposé aux violences directes de l'un des assistants au moins, et même de plusieurs, il pouvait raisonnablement le craindre, si, dis-je, l'accusé avait eu recours en ce moment à l'arme que, dit-on, ses compatriotes portent généralement sur eux, et qu'il en fût résulté la fatale conséquence dont les témoins vous ont donné le détail, dans ma conscience je n'aurais pu vous demander un verdict de meurtre. Il est vrai que même en ce cas l'accusé aurait pu porter la défense personnelle plus ou moins au-delà du *moderamen inculpatæ tutelæ* dont parlent les légistes ; mais la punition encourue aurait été la peine de l'homicide, et non celle de l'assassin. Permettez-moi d'ajouter qu'à mon avis cette accusation moins grave aurait dû être portée dans le cas supposé, nonobstant le statut de Jacques Ier, ch. VIII, qui met en dehors du bénéfice de clergie le cas de meurtre commis avec une arme courte, même sans préméditation. Car ce statut contre l'usage du poignard, ce statut de *stabbing*, comme on le nomme, fut rendu pour une cause temporaire ; et comme en réalité le crime est le même, que le meurtre ait été commis avec la dague, l'épée ou le pistolet, les dispositions plus douces de la loi moderne les place tous sur la même ligne, ou peu s'en faut.

» Mais la difficulté de la cause, messieurs les jurés, est dans l'intervalle de deux heures écoulé entre l'injure reçue et les fatales représailles. Dans la chaleur de la dispute et de la mêlée, la loi, prenant compassion des infirmités de la nature humaine, alloue quelque chose aux passions qui dominent un tel moment d'orage, — au sentiment de la douleur présente et à l'appréhension de nouveaux outrages, — à la difficulté de préciser avec exactitude le juste degré de violence nécessaire pour protéger la personne de l'individu sans se porter contre l'assaillant à des voies de fait plus graves qu'il n'est absolument nécessaire. Mais le temps qu'il faut pour parcourir un chemin de douze milles, quelque rapidité qu'on y ait mise, était un intervalle qui aurait dû suffire au prisonnier pour recueillir ses idées ; la violence avec laquelle il a exécuté son dessein, violence accompagnée de tant de circonstances de préméditation réfléchie, n'a donc pu être le résultat ni de l'impulsion de la colère, ni de celle de la crainte. C'était le dessein et l'acte d'une vengeance préméditée, pour laquelle la loi ne peut, ne veut ni ne doit avoir ni sympathie ni indulgence.

» Il est vrai, et nous pouvons nous le répéter en atténuation de l'action fatale de ce malheureux, il est vrai que le cas où il se trouve est tout-à-fait particulier. Le pays qu'il habite était encore, même du temps de nombre de personnes maintenant vivantes, inaccessible aux lois non seulement de l'Angleterre (même aujourd'hui elle n'y ont pas pénétré), mais à celles qui régissent nos voisins d'Écosse eux-mêmes, et que nous devons supposer être fondées, comme sans nul doute elles le sont en effet, sur les principes généraux de justice et d'équité qui règnent dans tout pays civilisé. Au milieu de leurs montagnes, de même que chez les Indiens du nord de l'Amérique, les diverses tribus avaient coutume de se faire la guerre entre elles, de sorte que chacun était obligé d'aller armé pour sa propre protection. D'après les idées que ces hommes se faisaient de leur extraction et de leur importance personnelle, ils se regardaient comme autant de chevaliers ou d'hommes d'armes, plutôt que comme les paysans d'un pays paisible. Ces lois du pugilat [1], comme les nomme mon confrère, étaient inconnues à cette race de belliqueux montagnards ; cette manière de décider les querelles sans autres armes que celles que la nature a données à chaque homme devait donc paraître à leurs yeux aussi vulgaire et aussi méprisable qu'elle le paraît à la noblesse de France. La vengeance, d'un autre côté, doit avoir été aussi familière à leurs habitudes qu'à celles des Chérokis ou des Mohawks. Au fond, c'est une sorte de justice sauvage et sans règles, selon l'expression de Bacon ; car là où nulle loi régulière ne réprime la violence audacieuse, c'est à la crainte des représailles à lier les mains à l'oppresseur. Et cependant, quoique tout cela puisse être accordé, et que nous puissions accorder aussi que telle ayant été la condition d'existence des Highlands au temps des pères de l'accusé, nombre de leurs opinions et de leurs sentiments doit encore nécessairement continuer d'influencer la génération présente, l'application de la loi, même dans ce cas des plus douloureux, ne doit et ne peut être détournée ni entre vos mains, messieurs les jurés, ni entre les miennes. Le premier objet de la civilisation est de mettre la protection générale de la loi, également administrée, en place de cette justice sauvage que chacun se taille et se façonne pour lui-même, selon la longueur de son épée et la force de son bras. La loi dit aux sujets, d'une voix qui n'a au-dessus d'elle que celle

---

[1] *Laws of the ring*, littéralement les *lois du cercle*, à cause du cercle de spectateurs et de juges du combat qui se rangent autour des combattants. (L. V.)

de la Divinité : La vengeance m'appartient. Dès l'instant où la passion a le temps de se refroidir et la raison de s'interposer, l'homme offensé doit savoir que la loi se réserve l'appréciation exclusive de la raison et du tort entre les parties, et oppose son inviolable bouclier à toute tentative individuelle de se faire justice à soi-même. Ce malheureux, je le répète, doit personnellement être pour nous un objet de pitié plutôt que d'horreur, car il a failli dans son innocence, et par des notions d'honneur mal entendues. Mais ce crime n'en est pas moins un crime de meurtre, messieurs, et dans les hautes et importantes fonctions que vous remplissez votre devoir est de le juger tel. Les Anglais ont leurs passions et leurs colères aussi bien que les Highlanders ; et si l'action de cet homme restait impunie, vous pourriez faire sortir mille poignards du fourreau, sous divers prétextes, depuis Land's End [1] jusqu'aux Orcades. »

Le vénérable président termina ainsi ce qui pour lui, à en juger par son émotion visible et par les larmes qui remplissaient ses yeux, avait réellement été une tâche pénible. Les jurés, conformément à ses instructions, rendirent un verdict de culpabilité ; et Robin Oig M'Combish, autrement dit M'Gregor, fut condamné à mort et exécuté, conformément à la sentence. Il supporta son sort avec une grande fermeté, et reconnut la justice de sa condamnation. Mais il repoussa avec indignation les observations de ceux qui l'accusaient d'avoir attaqué un homme désarmé. — Je donne une vie pour la vie que j'ai prise, disait-il ; que puis-je faire de plus [2] ?

---

[1] Extrémité sud-ouest de la Grande-Bretagne. On sait que les Orcades se trouvent à l'extrémité nord. (L. V.)

[2] *Voyez* la note K, fin du volume.

FIN DES DEUX BOUVIERS.

LE MIROIR

DE

MA TANTE MARGUERITE.

LE MIROIR

DE

MA TANTE MARGUERITE.

Le genre de publication aujourd'hui généralement connu sous le titre d'*Annuaires* [1], mélange de prose et de vers accompagnés de nombreuses gravures, et qui paraît chaque année vers Noël, florissait depuis long-temps en Allemagne avant qu'un libraire entreprenant, Allemand de naissance, M. Ackermann, ne l'imitât chez nous. Le succès rapide de son ouvrage donna naissance, comme c'est aujourd'hui l'usage, à toute une armée d'entreprises rivales, et entre autres à un Annuaire intitulé *Le Keepsake*, dont le premier volume parut en 1828 et attira singulièrement l'attention, principalement à cause de la splendeur peu commune des *illustrations* dont il était accompagné. Les avances que les éditeurs eurent la hardiesse de faire pour l'exécution de ce magnifique volume ne s'élevèrent pas, dit-on, à moins de dix à douze mille livres sterling [2]!

Divers écrivains d'une assez haute réputation littéraire pour que l'on ne pût que tenir à l'honneur de leur être associé, avaient été annoncés comme devant contribuer à la rédaction de cet Annuaire, lorsqu'on me demanda d'y prendre aussi part; et par suite de cette demande je me fis un vrai plaisir de mettre à la disposition de l'éditeur un petit nombre de fragments originairement destinés à faire partie des *Chroniques de la Canongate*, outre un drame manuscrit, œuvre

[1] *Annuals.*
[2] De 250 à 300 000 francs. (L. V.)

long-temps négligée de ma première jeunesse, — *La Maison d'Aspen*.

Le Keepsake de 1828 ne renferma cependant que trois de ces petits morceaux en prose ; — le premier, dans l'ordre numérique, avait pour titre *Le Miroir de ma Tante Marguerite*. Par manière d'Introduction, aujourd'hui que je le comprends dans une collection générale de mes élucubrations, j'ai seulement à dire que c'est la simple relation, du moins fort peu embellie, d'une histoire dont je me rappelle avoir été vivement frappé dans mon enfance, quand je l'entendis raconter au coin du feu par une dame de l'antique et honorable maison de Swinton, et qui joignait à des qualités éminentes un talent de narration fort remarquable. Cette dame était ma proche parente, et sa mort fut si affreuse (elle fut assassinée dans un accès de folie par une femme attachée depuis au moins trente ans à son service personnel), que même aujourd'hui je ne puis penser à elle, tout enfant que j'étais quand la catastrophe arriva, sans que ce souvenir réveille en moi les premières sensations de terreur dont les scènes de la vie réelle m'ont frappé l'esprit.

Cette bonne demoiselle avait en partage une assez forte dose de superstition, et entre autres fantaisies elle se plaisait à lire seule dans sa chambre à la lueur d'une bougie fixée dans un crâne humain qu'elle avait fait disposer à cet effet. Une nuit, cet étrange chandelier acquit tout-à-coup la faculté de se mouvoir, et après avoir décrit quelques évolutions bizarres sur sa cheminée, sauta sur le parquet de la chambre et continua de rouler çà et là. Mistress Swinton fut tranquillement chercher une autre lumière dans la pièce voisine, et eut la satisfaction de pénétrer aussitôt le mystère : les rats foisonnaient dans la vieille maison qu'elle habitait, et un d'eux s'était retranché dans le *Memento mori* favori de la dame. Quoique douée, comme on le voit, d'une force de nerfs plus que féminine, elle n'en avait pas moins une large part à cette croyance aux êtres surnaturels, qui n'était pas regardée alors comme malséante chez les personnes graves et âgées de sa condition, et l'histoire du Miroir Magique était une de celles dont elle attestait l'anthenticité avec une confiance toute particulière, alléguant à la vérité qu'une personne de sa propre famille avait été témoin oculaire des incidents qui y sont rapportés.

« Je vous conte cela comme on me l'a conté. »

Assez d'histoires de la même nature se présenteront au souvenir de ceux de mes lecteurs qui se sont jamais occupés, dans leurs moments perdus, d'un genre d'étude auquel j'ai certainement consacré plus d'heures, à une certaine époque de ma vie, qu'il ne me ferait honneur de l'avouer.

Août 1831.

LE MIROIR

DE

MA TANTE MARGUERITE.

> Il est des moments où l'imagination nous joue ses tours en dépit même de nos sens ; des moments où les corps nous semblent des ombres, et où les ombres semblent avoir revêtu un corps ; où l'immense séparation si palpable et si prononcée entre ce qui est et ce qui n'est pas semble ne plus exister, comme si les yeux du corps avaient acquis la faculté de plonger leurs regards au-delà des limites du monde physique. A toutes les grossières réalités de la vie, je préfère ces heures d'insaisissables rêveries. ANONYME.

A tante Marguerite appartenait à cette confrérie respectable de vieilles filles auxquelles sont dévolus tous les embarras et toute la sollicitude qui accompagnent la possession des enfants, à la seule exception de ceux qu'occasionne leur entrée dans le monde. Nous formions une nombreuse famille, où se montrait une très grande diversité de constitutions et de caractères. Quelques uns des enfants étaient tristes et maussades : — on les envoyait à tante Marguerite pour qu'elle les amusât; d'autres étaient brusques, remuants et turbulents : on les envoyait à tante Marguerite pour qu'elle les tînt tranquilles, ou plutôt pour ne plus entendre le bruit qu'ils faisaient. On lui envoyait ceux qui étaient indisposés pour qu'elle les soignât ; on lui envoyait aussi ceux qui se montraient entêtés, dans l'espoir que la douceur et la patience de tante Marguerite dompteraient leur obstination ; en un mot, elle avait à remplir tous les différents devoirs d'une mère, sans avoir ni l'honneur ni la dignité du caractère maternel. Le terme de ses soins est depuis long-temps passé : — de tous les enfants, maladifs ou robustes, doux ou méchants, maussades ou enjoués, qui du matin au soir encombraient son petit salon, pas un seul ne vit aujourd'hui, excepté moi ; — moi qu'affligea une infirmité précoce et qui était un des plus délicats de ces petits démons, et qui cependant ai survécu à tous les autres.

C'est encore mon habitude, et je la conserverai tant que j'aurai l'usage de mes membres, de rendre visite à ma respectable parente au moins trois fois par semaine. Sa demeure est à environ un demi-mille du faubourg de la ville que j'habite ; et on y arrive non seulement par la grand'route, du bord de laquelle elle est peu éloignée, mais aussi par un sentier qui traverse de jolies prairies. Si peu de choses tourmentent aujourd'hui ma vie, qu'un de mes plus grands chagrins a été d'apprendre que plusieurs de ces prairies écartées avaient été condamnées à recevoir des bâtisses. Dans celle qui est la plus rapprochée de la ville, un si grand nombre de brouettes a été à l'œuvre durant plusieurs semaines, que je crois en vérité que sa surface tout entière, à la profondeur d'au moins dix-huit pouces, fut au même moment élevée sur ces véhicules à une roue et transportée d'une place à une autre. De larges piles triangulaires de planches sont aussi entassées sur différents points de la prairie condamnée ; et un petit bouquet d'arbres, qui embellit encore la pente douce formant l'extrémité orientale du terrain, vient de recevoir avis de déguerpir, annoncé par un barbouillage de peinture blanche, et doit faire place à un intéressant groupe de cheminées.

D'autres s'affligeraient peut-être, dans ma position, en pensant que ces prairies ont autrefois appartenu à mon père (dont la famille jouissait d'une certaine considération dans le monde), et furent vendues par parcelles pour remédier aux embarras dans lesquels il se jeta en voulant tenter de réparer les brèches de sa fortune par une spéculation commerciale. A l'époque des projets de construction, cette circonstance me fut souvent rappelée par cette classe d'amis attentifs à ce que pas une partie de vos malheurs n'échappe à votre attention. — De pareils pâturages ! — à la porte même de la ville ! — En turneps et en pommes de terre le terrain rapporterait vingt livres sterling par acre ; et si on l'avait donné à bail pour y élever des constructions, oh ! alors, quelle mine d'or ! — et tout cela vendu pour une vieille chanson par l'ancien propriétaire ! Mes consolateurs ne peuvent réussir à beaucoup exciter mes regrets à ce sujet. S'il m'était permis de me reporter sans interruption vers le passé, j'abandonnerais volontiers la jouissance du revenu actuel et les espérances du profit à venir à ceux qui ont acheté ce que mon père a vendu. Je regrette les changements du sol uniquement parce qu'ils détruisent les souvenirs, et je verrais plus volontiers (je crois) les Clos-du-Comte entre des mains étrangères, s'ils conservaient leur aspect champêtre, que de les savoir dans les miennes s'ils étaient déchirés par l'agriculture ou couverts de bâtiments. J'éprouve les mêmes sensations que le pauvre Logan :

« L'horrible charrue a détruit la prairie où s'égaraient les jeux de mon enfance ; la hache a abattu la haie d'aubépine, abri protecteur de l'écolier contre les feux de l'été. »

J'espère cependant que la dévastation dont on nous menace ne sera pas consommée de mon vivant. Quoique l'esprit aventureux de ces derniers temps ait donné naissance à l'entreprise, j'ai lieu de croire que les mécomptes survenus depuis ont assez refroidi l'ardeur de la spéculation pour que le sentier champêtre conduisant à la retraite de tante Marguerite soit laissé intact d'ici à la fin de ses jours et des miens. J'y suis vivement intéressé, car chaque pas du chemin, quand j'ai traversé la prairie, a pour moi quelque souvenir d'enfance. — Voici l'escalier en pierres dont une petite fille mal obligeante m'aida négligemment et d'un air insouciant, tout en me reprochant mon infirmité, à gravir les degrés que mes frères venaient de franchir d'un saut avec des acclamations de joie. Je me rappelle l'amertume secrète de ce moment, et, sentant mon infériorité, le sentiment d'envie que je portai aux mouvements aisés de mes frères et à l'élasticité de leurs membres plus heureusement formés. Hélas! ces barques si solides ont toutes péri sur l'immense océan de la vie, et celle-là seule qui semblait si peu en état de tenir la mer a touché au port après la tempête. — Et puis, voici l'étang où tomba mon frère aîné, tandis qu'il manœuvrait notre petite flottille construite en glaïeuls, et d'où il fut retiré avec peine, pour aller mourir plus tard sous le pavillon de Nelson. Voici encore le petit bois de coudriers où mon frère Henry venait cueillir des noisettes, ne pensant guère qu'il devait périr un jour dans les jungles de l'Inde, en quête de roupies.

Le petit sentier réveille encore tant d'autres souvenirs, que lorsque je m'arrête, appuyé sur ma canne à tête de béquille, et que je porte les yeux autour de moi en comparant ce que j'ai été à ce que je suis aujourd'hui, j'en viens presque à douter de ma propre identité. Mais bientôt je me trouve en face du porche de chèvrefeuille de la demeure de tante Marguerite, maison à façade irrégulière et à fenêtres en saillie à petits vitraux de plomb, que les ouvriers semblent s'être étudiés à faire toutes différentes les unes des autres, par la forme, par la grandeur, par la pierre d'entablement à l'ancienne mode qui les surmonte, et par les lambels qui leur servent d'ornement. Nous conservons encore un léger droit de propriété sur cette maison, jadis le manoir des Clos-du-Comte; car certains arrangements en avaient assuré la jouissance à tante Marguerite sa vie durant. C'est à cette fragile tenure que s'attache en grande partie la dernière ombre de la famille des Bothwell des Clos-du-Comte; c'est le dernier lien qui les rattache encore à l'héritage de leurs pères. Le seul représentant de la famille sera ensuite un vieillard infirme, s'avançant sans regret vers la tombe qui a dévoré tout ce qui était cher à ses affections.

Quand je me suis abandonné à ces réflexions pendant une ou deux minutes, j'entre dans la maison, qui n'était, dit-on, que le pavillon d'entrée du bâtiment originaire, et là je trouve un être sur qui le temps semble avoir à peine imprimé ses traces; et cependant il y a la même différence quant à l'âge entre la tante Marguerite d'aujourd'hui et celle de mes jeunes années, qu'entre l'enfant de dix ans et l'homme (par Notre-Dame!) de cinquante-six. Le costume invariable de la vieille dame contribue sans doute pour quelque chose à me confirmer dans l'opinion que pour tante Marguerite le temps n'a pas marché.

La robe de soie brune ou chocolat avec une garniture de même étoffe et de point de Malines aux coudes ; — les mitaines ou gants de soie noire ; les cheveux blancs rejetés en arrière sur un bourrelet, et la coiffe de batiste d'une blancheur irréprochable qui enserre sa vénérable physionomie, tout cela n'était pas plus le costume de 1780 que celui de 1826 ; ces diverses parties du costume de tante Marguerite ont un caractère tout-à-fait individuel. Elle est encore assise où elle s'asséyait il y a trente ans, avec son rouet ou son tricot, près du feu en hiver ou de la fenêtre en été, ou peut-être, par les plus belles soirées d'été, s'aventurant jusqu'au porche. Ses membres, comme certaines pièces d'une machine bien construite, continuent d'accomplir les fonctions auxquelles ils paraissent avoir été destinés, exécutant leurs mouvements avec une promptitude qui diminue graduellement, et cependant n'annonçant pas la probabilité qu'ils doivent cesser de fonctionner de sitôt.

La sollicitude affectueuse qui avait fait de tante Marguerite l'esclave volontaire de toute une pépinière d'enfants, a maintenant pour objet la santé et le *comfort* d'un vieillard infirme, dernier parent qui lui reste de sa famille, et le seul être au monde qui puisse encore prendre intérêt au trésor de traditions qu'elle a recueilli ; de même que certains avares cachent l'or dont ils ne veulent pas que personne jouisse après leur mort.

Mes causeries avec tante Marguerite ont généralement peu rapport soit au présent, soit à l'avenir : pour le présent nous possédons autant que nous pouvons désirer, et ni elle ni moi ne voulons rien de plus ; et quant aux jours à venir, nous n'avons de ce côté de la tombe ni espérances, ni craintes, ni inquiétudes. Naturellement, donc, nos regards se reportent vers le passé ; nous oublions la fortune déchue de notre famille et la perte de son importance, en nous rappelant les temps où elle fut riche et prospère.

Cette courte introduction suffira au lecteur pour lui faire connaître de tante Marguerite et de son neveu tout ce qu'il est nécessaire qu'il en connaisse pour comprendre la conversation et la narration que nous allons rapporter.

Un jour de la semaine dernière, où vers la fin d'une soirée d'été j'étais allé voir la vieille dame que je viens de présenter à mon lecteur, je fus reçu par elle avec toute son affection et toute sa bonté ordinaires ; mais néanmoins elle paraissait distraite et disposée au silence. Je lui en demandai la raison. — On a déblayé la vieille chapelle, me répondit-elle; John Clayhudgeons ayant découvert, à ce qu'il paraît, que la terre qu'on en tire — les restes de nos ancêtres, je suppose — est un excellent engrais pour les prairies.

Je me levai de ma chaise plus vivement que cela ne m'était arrivé depuis quelques années; mais je me rassis, tandis que ma tante ajoutait en me posant la main sur le bras : La chapelle a été long-temps regardée comme un terrain commun, mon cher, et on en avait fait une bergerie; qu'aurions-nous pu dire à un homme qui employait à sa convenance ce qui était à lui? D'ailleurs je lui ai parlé, et il m'a très volontiers et très civilement promis que s'il trouvait des ossements ou des pierres tumulaires, ils seraient très soigneusement respectés et remis en place. Que pourrais-je demander de plus? Si bien que la première pierre qu'on a trouvée portait le nom de Marguerite Bothwell, 1585, et je l'ai fait mettre soigneusement de côté, attendu que j'y vois un présage de mort; après avoir servi à mon homonyme il y a deux siècles, elle a été déterrée juste à temps pour me rendre le même bon office. Ma maison est depuis long-temps mise en ordre, autant que le nécessitaient le peu d'intérêts qui me restent sur terre; mais qui peut dire si mon compte avec le Ciel est suffisamment révisé?

— Après ce que vous m'avez dit, tante, répliquai-je, peut-être devrais-je prendre mon chapeau et m'en aller; et c'est ce que je ferais, n'était-ce qu'en cette occasion votre dévotion est mêlée d'un peu d'alliage. Penser à la mort est en tout temps un devoir; — la supposer plus proche parce qu'on a trouvé une vieille pierre tumulaire, c'est de la superstition. Et vous dont je connais le jugement et le bon sens, sur lesquels s'appuya si long-temps notre famille déchue, vous êtes la dernière personne que j'aurais soupçonnée d'une telle faiblesse.

— Aussi ne mériterais-je pas vos soupçons, neveu, s'il n'agissait d'un de ces incidents habituels qui se rencontrent dans le cours de la vie. Mais pour tout ceci j'ai en moi un sentiment de superstition que je ne voudrais pas ne pas avoir. C'est un sentiment intérieur qui me sépare du temps présent et me rattache à celui vers lequel j'avance à grands pas; et lors même que comme maintenant il m'amène au bord de la tombe et me dit d'y regarder, je n'aimerais point à ce qu'on le dissipât. Ce sont des idées qui plaisent à mon imagination, sans influencer ni ma raison ni ma conduite.

— J'avoue, ma chère dame, que si j'avais entendu pareille déclaration de toute autre que de vous, je l'aurais regardée comme aussi capricieuse que celle de ce prêtre qui, sans défendre sa fausse manière de lire, préférait par habitude son ancien *mumpsimus* au moderne *sumpsimus*.

— Hé bien, je vais vous expliquer mon inconséquence sur ce point en la comparant à une autre. Je suis, comme vous savez, une de ces vieilles choses à l'ancienne mode qu'on nommait une jacobite ; mais je ne suis jacobite que de pensée et de sentiment, car jamais sujet plus loyal que moi n'a joint ses prières à celles de ses concitoyens pour la santé et la prospérité de George IV, à qui Dieu prête longue vie ! Et pourtant j'ose dire que ce bon prince lui-même ne penserait pas qu'une vieille femme lui fait une grande injure, parce que, renversée dans son fauteuil par un crépuscule tel que celui-ci, elle pensera aux hommes pleins de courage que le sentiment du devoir tel qu'ils le comprenaient appela aux armes contre son grand-père, et qu'elle se rappellera comment ils combattirent, dans une cause qu'ils jugeaient celle de leur roi légitime et de leur pays,

« Jusqu'à ce que leur main collât à leur épée,
Et sans que leur ardeur faiblît sous les revers. »

Ne venez pas en un tel moment, quand j'ai la tête pleine de pibrochs, de plaids et de claymores, demander à ma raison d'admettre ce que, je le crains, elle ne pourrait nier, — je veux dire, de reconnaître que le bien public voulait impérieusement que ces choses-là cessassent d'exister. Je ne puis me refuser, il est vrai, à convenir de la justesse de votre raisonnement ; mais il n'en est pas moins vrai que, convaincue malgré moi, vous gagnerez peu à votre démonstration. Vous pourriez tout aussi bien lire à un amant épris le catalogue des défauts de sa maîtresse ; car lorsqu'il aura été contraint d'écouter votre énumération, la seule réponse que vous aurez de lui sera qu'il ne l'en aime que mieux.

Je ne fus pas fâché d'avoir changé le cours des sombres idées de tante Marguerite, et je répondis du même ton : Hé bien, je ne puis me défendre de la persuasion que votre bon roi est d'autant plus assuré de la loyale affection de mistress Bothwell, qu'il a en sa faveur le droit de naissance des Stuarts aussi bien que l'acte de succession.

— Peut-être, répondit tante Marguerite, si la source de mon attachement pouvait être de quelque conséquence, trouverait-on que ce qui rend en effet mon affection plus vive est cette réunion de droits dont vous parlez. Mais, sur ma parole, elle serait tout aussi sincère lors même que le droit du roi ne serait fondé que sur la volonté nationale telle que la révolution l'a manifestée. Je ne suis pas de vos gens *jure divino*.

— Et néanmoins vous êtes jacobite.

— Et néanmoins je suis jacobite ; ou plutôt, je vous permets de me ranger dans le parti que du temps de la reine Anne on nommait les *fantasques* [1], parce qu'ils se laissaient guider tantôt par leurs sentiments, tantôt par leurs principes. Après tout, il est bien dur qu'une vieille

[1] *Whimsicals.*

femme ne puisse avoir la permission d'apporter dans ses sentiments politiques l'inconséquence que les hommes montrent en général dans les diverses circonstances de la vie; car vous ne pourriez m'en citer une où nous ne soyons point perpétuellement entraînés par nos passions et nos préjugés hors du sentier que la raison nous désigne.

— Il est vrai, tante; mais vous êtes de ceux qui errent volontairement, et qu'on devrait forcer de rentrer dans le droit chemin.

— Épargnez-moi, je vous en conjure. Vous vous rappelez la chanson gaëlique, quoique sans nul doute j'en prononce mal les paroles :

« Hatil mohatil, na dowski mi. »
Je dors, ne m'éveillez pas.

Je vous dirai, neveu, que cette espèce de rêve éveillé où se complaît mon imagination, dans ces moments que votre favori Wordsworth appelle les caprices de l'esprit, valent tous les songes de mes jours plus actifs. Et puis, maintenant que me voici sur le bord de la tombe, au lieu de regarder en avant et de me bâtir des châteaux aériens comme je faisais dans ma jeunesse, je reporte mes regards en arrière vers les jours et les usages de mon bon temps; et les souvenirs agréables, quoique tristes, me reviennent si présents et si pleins d'intérêt, que je regarderais presque comme un sacrilége d'être plus sage, plus raisonnable, plus exempte de préjugés, que ceux qui dans mes jeunes années étaient l'objet de mon respect.

— Je crois maintenant comprendre ce que vous voulez dire, répondis-je, et je conçois que vous préfériez parfois les lueurs douteuses de l'illusion aux vives clartés de la raison.

— Là où il n'y a pas de tâche à remplir, nous pouvons rester dans les ténèbres si cela nous plaît; — c'est si nous nous mettons à l'œuvre qu'il faut sonner pour avoir des lumières.

— Et au milieu de ce demi-jour où tout paraît vague et indécis, l'imagination se crée ses visions enchantées et pleines de charme, et quelquefois elle les impose à nos sens comme autant de réalités.

— Oui, repartit tante Marguerite, dont la mémoire est riche de nombreuses lectures, — oui, pour ceux qui ressemblent au Tasse, dont le traducteur a dit :

« Prevaling poet, whose undoubting mind
Believed the magic wonders which he sung [1] »

Il n'est pas nécessaire pour cela de ressentir les terreurs douloureuses que fait naître une croyance réelle en ces sortes de prodiges : — une telle croyance n'appartient aujourd'hui qu'aux esprits faibles et aux

---

[1] Poëte entraînant, dont l'esprit, repoussant le doute stérile, crut aux merveilles de la magie qu'il chanta.

enfants. Il n'est pas nécessaire non plus que les oreilles vous tintent, ou que comme Théodore vous changiez de visage à l'approche du chasseur-spectre. La seule chose indispensable pour que vous puissiez jouir de l'émotion moins violente causée par une terreur surnaturelle, est que vous soyez susceptible de ce léger frisson qui vous court par tout le corps en écoutant une histoire effrayante, — une de ces histoires bien constatées que le narrateur, après avoir témoigné d'abord ne pas croire en général à ces sortes de légendes, choisit et met en avant comme ayant en elle quelque chose qu'il a toujours été forcé de reconnaître pour inexplicable. Un second symptôme est cette hésitation momentanée à regarder autour de soi au moment où l'intérêt de la narration est à son plus haut point; le troisième est d'éviter de regarder dans un miroir quand on est seul dans sa chambre pour la soirée. Je veux dire que tels sont les signes auxquels on reconnaît qu'une imagination féminine est disposée à jouir d'une histoire de revenants. Je ne prétends pas décrire ceux qui annoncent la même disposition dans un homme.

— Ce dernier symptôme, chere tante, — éviter de se regarder dans le miroir, — me paraît de nature à devoir se présenter rarement chez le beau sexe.

— Vous êtes un novice en fait d'usages de toilette, mon cher cousin. Toutes les femmes consultent attentivement le miroir avant d'aller en société; mais de retour chez elles il n'a plus le même charme. Le dé a été jeté, — la partie a été heureuse ou malheureuse, dans l'impression qu'on désirait faire. Mais sans nous enfoncer si avant dans les mystères de la toilette, je vous dirai que moi-même, ainsi que beaucoup d'autres honnêtes personnes, n'aime pas à voir la surface vide et noire d'une glace de grande dimension dans une pièce faiblement éclairée, et où la réflexion de la bougie semble plutôt se perdre dans les obscures profondeurs de la glace qu'être renvoyée dans l'appartement. Cet espace complétement noir semble un champ où l'imagination peut se livrer à ses jeux désordonnés. Elle peut y évoquer d'autres traits que les nôtres au lieu de la réflexion de notre propre image; ou, comme dans les évocations de la veille de la Toussaint, que nous avons apprises dans notre enfance, quelque forme inconnue peut se montrer à demi regardant par dessus notre épaule. Bref, quand je me sens disposée à voir des esprits, je recommande à ma femme de chambre de tirer le rideau vert sur le miroir avant d'entrer moi-même dans la chambre, de manière à ce qu'elle ait le premier choc de l'apparition s'il doit y en avoir une. Mais, à vrai dire, cet éloignement à regarder dans un miroir en certains moments et en certains endroits provient originairement, je crois, d'une histoire qui m'est venue par tradition de ma grand'mère, qui joua un rôle dans la scène que je vais vous raconter.

LE MIROIR.

CHAPITRE PREMIER.

Vous aimez passionnément (continua ma tante) les esquisses de la société du temps passé. Je voudrais pouvoir vous dépeindre sir Philip Forester, le *libertin privilégié* de la bonne compagnie écossaise de la fin du dernier siècle. Je ne l'ai pas vu, à la vérité; mais les souvenirs de ma mère étaient pleins de son esprit, de ses galanteries et de ses dissipations. Ce brillant chevalier florissait vers la fin du XVIIe siècle et le commencement du XVIIIe. C'était le sir Charles Easy et le Lovelace de son époque et de son pays; il était renommé pour le nombre de duels qu'il avait eus et d'intrigues qu'il avait menées heureusement à fin. La supériorité qu'il avait acquise dans le monde fashionable était sans rivale; et quand nous la rapprochons d'une ou deux aventures pour lesquelles,

« Pour tous les rangs si les lois étaient faites, »

il aurait certainement dû être pendu, nous sommes amenés à conclure de la faveur dont jouissait un tel personnage, ou que le temps actuel est beaucoup plus décent, sinon plus vertueux, que ne l'était le temps passé, ou que les belles manières étaient alors plus difficiles à atteindre qu'il ne l'est aujourd'hui d'arriver à ce qu'on nomme ainsi, et qu'en conséquence ceux qui les possédaient avaient droit à un degré proportionné d'indulgence plénière et de priviléges. Il n'est pas un *beau* du temps présent qui aurait à produire une aussi horrible histoire que celle de la gentille Peggy Grindstone, la fille du meunier de Sillermills, — histoire qui aurait presque pu entrer dans les attributions du lord-avocat. Et pourtant elle n'endommagea pas plus la réputation de sir Philip Forester que la grêle n'endommage la pierre du foyer. Il fut aussi bien reçu que jamais dans la société, et dîna chez le duc d'A*** le jour même où la pauvre fille fut enterrée. Elle était morte de chagrin. Mais cela ne fait rien à mon histoire.

Maintenant il faut que vous écoutiez un mot de généalogies, de parentés et d'alliances : je vous promets de ne pas être longue. Mais il importe à l'authenticité de ma légende que vous sachiez que sir Philip Forester, le beau, l'élégant, le fashionable sir Philip, épousa la plus jeune miss Falconer de King's-Copland. La sœur aînée de cette dame était précédemment devenue la femme de mon grand-père sir Geoffrey Bothwell, et avait apporté dans notre famille une belle fortune. Miss Jemima, ou, comme on la nommait habituellement, miss Jemmie Falconer, avait aussi une dizaine de milliers de livres sterling, — ce qui était regardé alors comme une fort jolie dot, en vérité.

Les deux sœurs différaient extrêmement l'une de l'autre, quoique chacune eût ses admirateurs tant qu'elles restèrent filles. Lady Bothwell avait dans les veines du sang du vieux King's-Copland. Elle était hardie, quoique sa hardiesse n'allât pas jusqu'à l'audace; elle avait de l'ambition et le désir de voir s'élever sa maison et sa famille. On dit que mon grand-père, qui du reste était un homme assez indolent, trouva en elle un actif aiguillon; mais aussi que sous l'influence de sa femme (à moins qu'il n'ait été calomnié) il se mêla à certaines intrigues politiques qu'il eût été plus sage à lui d'éviter. C'était une femme de principes élevés, cependant, et d'un mâle bon sens, ainsi que l'attestent quelques unes de ses lettres qui sont encore dans mon armoire.

Jemmie Falconer était l'inverse de sa sœur à tous égards. Son esprit ne s'élevait pas au-dessus du niveau ordinaire, si même on pouvait dire qu'il l'eût atteint; sa beauté, tant qu'elle dura, résidait en grande partie dans la délicatesse du teint et la régularité des traits, mais sans aucune particularité d'expression. Ces charmes mêmes se flétrirent dans les souffrances qui suivent une union mal assortie. Elle était passionnément attachée à son époux, qui la traitait avec une indifférence complète, quoique polie; indifférence qui, pour une femme aussi tendre de cœur que faible de jugement, était peut-être plus pénible que ne l'eussent été de mauvais procédés matériels. Sir Philip était un voluptueux, c'est-à-dire un complet égoïste; chez lui, l'esprit et le caractère ressemblaient à la rapière qu'il portait : polie, fine et brillante, mais inflexible et sans pitié. Comme il observait avec soin toutes les formes habituelles envers sa femme, il avait l'art de la priver même de la compassion du monde; et tout inutile qu'elle puisse être à ceux qui en sont l'objet, pour un esprit tel que celui de lady Forester il n'est pas moins pénible de s'en savoir privé.

Les caquets du monde faisaient de leur mieux pour mettre le mari coupable au-dessus de la femme sacrifiée. Quelques personnes l'appelaient pauvre créature sans énergie, et déclaraient qu'avec un peu de la fermeté de sa sœur elle aurait pu mettre à la raison tous les sir Philips du monde, aurait-ce été le redoutable Falconbridge lui-même. Mais la plupart de leurs connaissances, avec une candeur affectée, voyaient des fautes des deux côtés; quoique par le fait il n'y eût que l'oppresseur et l'opprimée. — Assurément, disaient ces critiques, personne ne justifiera sir Philip Forester; mais aussi nous connaissons tous sir Philip, et Jemmie Falconer aurait pu dès le commencement savoir à quoi s'attendre. — Qui l'avait obligée de se coiffer de sir Philip? — Il n'aurait jamais songé à elle si elle ne s'était pas jetée à sa tête, avec ses pauvres dix mille livres. Assurément, si c'était de l'argent qu'il voulait elle lui avait fait faire un mauvais marché. On savait bien où sir Philip en aurait pu faire un beaucoup meilleur. — Et puis si elle *voulait* avoir l'homme, n'aurait-elle pas pu essayer de lui rendre son intérieur plus agréable, en recevant plus souvent ses amis, en ne l'étourdissant pas de cris d'enfants, en ayant soin que tout chez elle fût élégant et d'un bon style? On était persuadé que sir Philip serait devenu un homme très rangé, très attaché à son intérieur, avec une femme qui aurait su le prendre.

Mais celles qui bâtissaient ce bel édifice de félicité domestique oubliaient que la pierre angulaire manquait; que pour recevoir bonne compagnie et lui faire faire bonne chère, il aurait fallu que les frais du banquet fussent fournis par sir Philip, dont la fortune, dans l'état de délabrement où elle était, ne pouvait plus suffire en même temps aux conditions de cette hospitalité coûteuse et aux frais des *menus-plaisirs* du brave chevalier. Ainsi donc, en dépit de tout ce que suggérait la sagesse des belles amies de lady Falconer et de sir Philip, celui-ci portait sa bonne humeur partout hors de chez lui, et laissait derrière lui une maison solitaire et une épouse désolée.

Gêné dans ses affaires, et fatigué même des courts instants où il lui fallait supporter l'ennui de sa maison, sir Philip Forester se détermina enfin à faire un tour sur le continent, en qualité de volontaire. C'était alors chose assez commune parmi les hommes à la mode; et notre chevalier pensa peut-être qu'une légère teinte de caractère militaire, tout juste assez pour faire valoir, sans aller jusqu'au pédantisme, ses qualités de dandy, était nécessaire pour lui conserver la situation élevée qu'il occupait dans les rangs de la fashion.

La résolution de sir Philip jeta lady Falconer dans des angoisses de terreur dont le digne baronnet fut tellement fatigué, que contre son habitude il prit quelque peine pour calmer les appréhensions de sa femme, et qu'il l'amena encore une fois à verser des larmes dans lesquelles la douleur n'était pas sans quelque mélange de plaisir. Lady Bothwell demanda à sir Philip comme une faveur la permission de recevoir et de garder chez elle sa sœur et sa famille pendant le temps que durerait son séjour sur le continent. Sir Philip adhéra sans peine à une proposition qui épargnait de la dépense, imposait silence aux gens qui auraient pu être assez stupides pour prononcer les mots de femme et de famille abandonnées, et avec cela satisfaisait lady Bothwell, pour laquelle il éprouvait un certain respect; car elle lui avait toujours parlé avec franchise, et parfois avec sévérité, sans se laisser intimider ni par ses railleries, ni par le prestige de sa réputation.

Un jour ou deux avant le départ de sir Philip, lady Bothwell prit la liberté de lui adresser, en présence de sa sœur, une question directe que lady Falconer plus timide avait souvent désiré mais n'avait jamais osé lui faire.

— Dites-nous, je vous prie, sir Philip, quelle route vous prendrez quand vous serez arrivé sur le continent?

— Je vais de Leith à Helvoet par un paquebot, répondit-il.

—Je comprends parfaitement cela, répliqua sèchement lady Bothwell; mais votre intention n'est pas de rester long-temps à Helvoet, je présume, et je désirerais savoir vers quel point vous vous dirigerez ensuite?

— Vous me faites là, ma chère lady Bothwell, repartit sir Philip, une question que je n'ai pas osé m'adresser à moi-même. La réponse dépend des hasards de la guerre. Naturellement, j'irai au quartier-général, en quelque endroit qu'il puisse se trouver à mon arrivée; je remettrai mes lettres d'introduction, j'apprendrai du noble métier de la guerre autant qu'un pauvre amateur interlope a besoin d'en savoir, et alors je pourrai mettre le pied dans une chose dont la gazette nous entretient si souvent.

— Et j'aime à croire, sir Philip, que vous vous souviendrez que vous êtes époux et père, continua lady Bothwell; et que bien que vous jugiez convenable de vous passer cette fantaisie militaire, vous ne vous laisserez pas entraîner dans des dangers qu'il est certainement inutile d'affronter pour quiconque n'est pas soldat de profession?

— Lady Bothwell me fait beaucoup trop d'honneur, répliqua l'aventureux chevalier, en accordant à une telle circonstance le plus léger intérêt. Mais pour calmer une inquiétude qui me flatte, j'espère que lady Bothwell voudra bien songer que je ne puis exposer aux hasards de la guerre le vénérable caractère paternel qu'elle a si obligeamment recommandé à ma protection, sans mettre quelque peu en péril un honnête garçon nommé Philip Forester dont je fais ma compagnie depuis trente ans, et de qui, bien que certaines personnes le regardent comme un fat, je n'ai pas le moindre désir de me séparer.

— Bien, sir Philip; vous êtes le meilleur juge de vos propres affaires. J'ai peu le droit d'y intervenir : — vous n'êtes pas mon mari.

— A Dieu ne plaise! — dit vivement sir Philip; mais il ajouta aussitôt : — A Dieu ne plaise que je prive mon ami sir Geoffrey d'un aussi inestimable trésor!

— Mais vous êtes le mari de ma sœur, et je suppose que vous n'ignorez pas le vif chagrin qu'elle éprouve de...

— S'il suffit pour cela, interrompit sir Philip, de ne pas entendre parler d'autre chose du matin au soir, je dois en savoir quelque chose.

— Je ne prétends pas lutter d'esprit avec vous, sir Philip; mais vous devez sentir que tout ce chagrin a uniquement pour cause la crainte des dangers que vous pouvez courir.

— En ce cas, je suis au moins surpris que lady Bothwell se donne tant de tourment pour une cause si insignifiante.

— L'intérêt que je porte à ma sœur explique suffisamment le désir que j'ai d'être informée des mouvements de sir Philip Forester, — dont autrement, je le sais, il ne lui conviendrait pas que je m'inquiétasse. J'ai aussi un frère de la sûreté duquel je suis inquiète.

— Vous voulez parler du major Falconer, votre frère maternel : — que peut-il avoir à faire dans l'agréable conversation qui nous occupe?

— Il y a eu quelques mots d'échangés entre vous, sir Philip.

— Naturellement. Nous sommes parents, et nous avons eu comme tels les relations habituelles.

— Vous éludez la question, sir Philip. Quand je dis que vous avez eu des mots ensemble, j'entends des mots de mésintelligence, au sujet de votre conduite avec votre femme.

— Si vous supposez au major Falconer assez de simplicité pour me donner des avis que je ne lui demanderais pas sur mes affaires domestiques, lady Bothwell, vous avez en effet raison de penser que je pourrais bien assez mal prendre l'intervention pour le prier de garder ses avis jusqu'à ce qu'on les lui demandât.

— Et c'est dans cette disposition que vous allez rejoindre l'armée même où mon frère Falconer sert en ce moment?

— Personne ne connaît mieux le sentier de l'honneur que le major Falconer. Un aspirant à la renommée tel que moi ne peut choisir de meilleur guide que de suivre ses traces.

Les larmes vinrent aux yeux de lady Bothwell; elle se leva et s'approcha de la fenêtre.

— Et cette froide raillerie, reprit-elle, est tout ce que vous avez à nous dire pour calmer nos appréhensions au sujet d'une querelle qui pourrait amener les plus terribles conséquences? Juste Ciel! de quoi le cœur des hommes est-il fait pour qu'ils puissent ainsi se jouer de la souffrance des autres?

Sir Philip Forester fut ému; il quitta le ton de moquerie qu'il avait conservé jusque là.

— Ma chère lady Bothwell, lui dit-il en prenant sa main qu'elle lui abandonnait avec répugnance, nous avons tort tous les deux : — vous, vous êtes trop grave et trop sérieuse; moi, peut-être, je ne le suis pas assez. La dispute que j'ai eue avec le major Falconer n'avait pas la moindre conséquence. S'il s'était passé entre nous quelque chose qui eût dû être réglé les armes à la main, ni lui ni moi ne sommes, je pense, de ceux qui ajournent une rencontre. Permettez-moi de vous dire que si l'on savait dans le monde que vous avez, vous ou lady Forester, la crainte d'une telle catastrophe, ce pourrait être le plus sûr moyen d'amener ce qui autrement n'aurait probablement pas eu lieu. Je connais votre bon sens, lady Bothwell, et je sais que vous me comprendrez quand je vous dirai que réellement mes affaires exigent que je m'absente pour quelques mois ; — c'est ce que Jemima ne peut comprendre. C'est un retour perpétuel des mêmes questions : pourquoi ne pouvez-vous faire ceci, ou cela, ou cette autre chose? et quand vous lui avez prouvé que ses expédients sont complétement inefficaces, vous avez à reparcourir tout juste le même cercle. Hé bien, ma chère lady Bothwell, dites-lui que *vous* êtes satisfaite. C'est, vous devez en convenir, une de ces personnes sur qui l'autorité fait plus que le raisonnement. Mettez seulement un peu de confiance en moi, et vous verrez si je saurai la mériter.

Lady Bothwell secoua la tête, comme quelqu'un qui n'est qu'à demi satisfait. — Combien il est difficile d'avoir de la confiance, dit-elle, quand la base sur laquelle il faut qu'elle repose a été si souvent ébranlée ! Pourtant je ferai de mon mieux pour tranquilliser Jemima ; et tout ce que je puis dire de plus, quant à la manière dont vous serez fidèle à vos intentions actuelles, c'est que je vous en rends responsable devant Dieu et devant les hommes.

— Ne craignez pas que je vous trompe, lady Bothwell ; la plus sûre manière de correspondre avec moi sera de m'adresser vos lettres à Helvoet, poste restante : je prendrai des mesures pour que de là elles me soient expédiées là où je serai. Quant à Falconer, la seule rencontre que nous aurons sera devant une bouteille de bourgogne ; — ainsi donc soyez parfaitement tranquille sur son compte.

Lady Bothwell ne pouvait éprouver cette tranquillité qu'il lui recommandait ; néanmoins elle sentait que sa sœur faisait tort à sa propre cause en la *prenant trop à cœur,* comme on dit, et en laissant voir devant chaque étranger, au sujet du départ de son mari, par ses manières et quelquefois aussi par ses paroles, un mécontentement dont il ne manquait jamais d'être instruit, non plus que de prendre de l'humeur. Mais il n'y avait rien à faire à ce désaccord domestique, qui ne cessa que le jour de la séparation.

Je suis fâchée de ne pouvoir dire précisément en quelle année sir Philip Forester partit pour la Flandre ; c'était à une époque où la campagne s'ouvrit avec une furie extraordinaire, et où nombre d'escarmouches sanglantes, quoique sans résultat, avaient lieu entre les Français d'un côté et les alliés de l'autre. De toutes les améliorations modernes, il n'en est peut-être pas de plus grande que l'exactitude et la rapidité avec lesquelles les nouvelles sont transmises du théâtre d'une action quelconque à tous ceux qu'elle peut intéresser. Durant les campagnes de Marlborough, les inquiétudes pénibles de tous ceux qui avaient des parents à l'armée étaient grandement augmentées par l'incertitude où on restait pendant des semaines entières après qu'on avait reçu la nouvelle de batailles sanglantes, auxquelles, selon toute probabilité, ceux pour lesquels le cœur battait d'inquiétude avaient personnellement pris part. Parmi ceux qui souffraient le plus de cet état d'incertitude était la femme — j'ai presque dit abandonnée — de l'élégant sir Philip Forester. Une première et unique lettre l'avait informée de son arrivée sur le continent ; — il n'en était pas parvenu d'autres. Une notice qui parut dans les gazettes fit mention du volontaire sir Philip Forester comme ayant été chargé d'une reconnaissance dangereuse, dont il s'était acquitté avec autant de courage que d'adresse et d'intelligence, et dont il avait été publiquement remercié par l'officier commandant. La pensée de cette distinction que son époux avait acquise couvrit d'une animation momentanée les joues pâles de lady Forester ; mais celle du danger qu'il avait couru y ramena aussitôt une blancheur livide. A partir de ce moment on n'eut plus de nouvelles d'aucune espèce, ni de sir Philip, ni même du frère de lady Falconer. Le cas où se trouvait lady Forester ne différait en rien, à la vérité, de celui où se trouvaient aussi des centaines d'autres personnes placées dans la même situation ; mais un esprit faible est nécessairement irritable, et l'incertitude que quelques uns supportaient avec une indifférence qui leur était naturelle ou une résignation philosophique, et d'autres avec une heureuse propension à croire et à espérer que tout serait pour le mieux, cette incertitude était intolérable pour lady Forester, dont la solitude exaltait encore la sensibilité, et à qui l'éducation n'avait donné ni l'énergie ni la force d'esprit que lui avait refusés la nature.

CHAPITRE II.

Comme elle ne recevait plus de nouvelles de sir Philip, ni directement ni indirectement, l'infortunée lady Forester commença alors à trouver une sorte de consolation dans ces habitudes d'insouciance qui avaient si souvent été pour elle une source de peines. — Il est si peu attentif, répétait-elle cent fois par jour à sa sœur; il n'écrit jamais quand les choses suivent leur cours naturel : il est comme cela. S'il était arrivé quelque chose, il nous en aurait informées.

Lady Bothwell écoutait sa sœur sans chercher à la consoler. Elle pensait probablement que même les plus mauvaises nouvelles qu'on aurait pu recevoir de Flandre auraient eu quelque chose de consolant, et que lady Forester, si elle était condamnée à être veuve, pourrait avoir une source de bonheur inconnue à la femme du plus élégant et du plus beau gentilhomme d'Écosse. Cette conviction devint encore plus forte, lorsque des informations qu'elles avaient fait prendre au quartier-général leur apprirent que sir Philip n'était plus à l'armée, soit qu'il eût été tué ou fait prisonnier dans quelqu'une de ces escarmouches qui se renouvelaient chaque jour et où il aimait à se distinguer, soit que par quelque raison ignorée ou par simple caprice il eût volontairement quitté le service, alternative sur laquelle ceux de ses compatriotes qui se trouvaient dans le camp des alliés ne pouvaient former même une conjecture. Sur ces entrefaites, ses créanciers d'Écosse élevèrent la voix, se mirent en possession de ses biens, et menacèrent sa personne s'il avait la témérité de revenir dans son pays. Ces nouveaux désagréments augmentèrent le mécontentement de lady Bothwell contre l'époux fugitif; tandis que sa sœur n'y voyait qu'un nouveau motif de regretter l'absence de celui que son imagination lui représentait alors — comme il avait été avant le mariage — brave, élégant et affectueux.

Vers cette époque parut à Édimbourg un homme dont les dehors et les prétentions étaient également singuliers. On l'appelait communément le docteur de Padoue, parce qu'il avait fait ses études à cette université célèbre. On lui supposait quelques recettes rares en médecine, au moyen desquelles, affirmait-on, il opérait de remarquables cures. Et quoique, d'un côté, les médecins d'Édimbourg le qualifiassent d'empirique, il y avait nombre de personnes, quelques unes même appartenant au clergé, qui, tout en admettant la vérité des cures et la force de ses remèdes, prétendaient que le docteur Baptista Damiotti faisait usage de charmes et d'arts illicites pour obtenir des succès dans sa pratique. Il fut même défendu solennellement du haut de la chaire de s'adresser, en recourant à lui, à un homme qui demandait ses cures aux idoles et qui se confiait à l'aide qui vient de l'Egypte. Mais la protection dont le docteur de Padoue jouissait près de quelques amis des plus considérables de la ville par leur crédit et leur importance le mit à même de braver ces imputations, et d'assumer, même à Edimbourg, toute renommée que fût cette ville pour l'horreur qu'elle portait aux sorciers et aux nécromanciens, le dangereux caractère d'un interprète des choses futures. Le bruit courut même que pour une certaine gratification (et il va sans dire qu'elle devait être assez considérable) le docteur Baptista Damiotti pouvait vous faire connaître le sort d'un absent, et même montrer à ses visiteurs la forme corporelle de leurs amis absents et l'action qui les occupait en ce moment-là. Cette rumeur vint aux oreilles de lady Forester, arrivée alors à ce degré d'angoisse d'esprit où on peut tout faire et tout endurer pour changer le doute en certitude.

Habituellement douce et timide, l'état d'esprit où elle se trouvait la rendit en cette occasion opiniâtre et téméraire; et ce fut avec autant de surprise que d'alarme que sa sœur lady Bothwell l'entendit manifester la résolution de visiter le docteur et d'apprendre de lui le sort de son époux. Lady Bothwell lui représenta combien il était peu probable que des prétentions telles que celles de cet étranger pussent être fondées sur autre chose que sur l'imposture.

— Peu m'importe, répondit la femme abandonnée, à quel degré de ridicule je puisse m'exposer; n'y aurait-il pour moi qu'une chance sur cent d'obtenir quelque certitude sur le sort de mon époux, pour rien au monde je ne laisserais échapper cette chance.

Lady Bothwell insista alors sur le caractère illicite de ce recours à de telles sources de connaissances interdites.

— Ma sœur, répliqua l'infortunée, celui qui meurt de soif ne peut s'empêcher de boire même une eau empoisonnée. Celle qui souffre ainsi de l'incertitude doit nécessairement chercher à y mettre un terme, lors même qu'il lui faudrait recourir à des moyens impies et à des puissances infernales. J'irai seule apprendre mon sort, et je le connaîtrai ce soir même. Le soleil en se levant demain me trouvera sinon plus heureuse, du moins plus résignée.

— Sœur, repartit lady Bothwell, si vous êtes déterminée à cette démarche extravagante, vous n'irez pas seule. Si cet homme est un imposteur, peut-être seriez-vous trop agitée par l'émotion pour découvrir ses manœuvres. Si, ce que je ne puis croire, il y a quelque vérité en ce à quoi il prétend, il ne faut pas que vous soyez exposée seule à une communication d'une nature si extraordinaire. J'irai avec vous, si véritablement vous vous décidez à y aller. Mais cependant, réfléchissez bien à votre projet et renoncez à une démarche que vous ne pouvez faire sans faute, et peut-être même sans danger.

Lady Forester se jeta dans les bras de sa sœur, et en la pressant sur son sein elle la remercia cent fois de l'offre qu'elle lui faisait de l'accompagner, en même temps qu'avec un geste mélancolique elle repoussait l'avis amical dont cette offre avait été accompagnée.

Quand vint la fin du jour, — heure à laquelle on savait que le docteur de Padoue recevait la visite de ceux qui venaient le consulter, — les deux dames quittèrent leur demeure dans la Canongate d'Edimbourg, ayant eu soin de se costumer à peu près comme les femmes de classe inférieure, et de disposer leur plaid autour de leur visage de la manière dont on portait cette partie de l'habillement dans les classes dont elles voulaient prendre les dehors : car dans ce temps d'aristocratie le rang d'une femme était généralement connu par la manière dont son plaid était arrangé, aussi bien que par la finesse de l'étoffe. Ce fut lady Bothwell qui suggéra cette espèce de déguisement, en partie pour éviter d'être remarquées pendant qu'elles se rendraient chez le magicien, en partie aussi pour mettre sa pénétration à l'épreuve en se montrant devant lui sous un caractère supposé. Le domestique de lady Forester, homme d'une fidélité éprouvée, avait été envoyé au docteur pour le disposer favorablement par une rémunération convenable, et avait été chargé en même temps de le prévenir que la femme d'un soldat désirait connaître le sort de son mari, sujet sur lequel, selon toute probabilité, le savant docteur était très fréquemment consulté.

Jusqu'au dernier moment où l'horloge du palais sonna huit heures, lady Bothwell observa attentivement sa sœur, dans l'espoir qu'elle pourrait renoncer à sa téméraire entreprise ; mais comme les caractères doux et même timides sont parfois capables de résolutions fermes et véhémentes, elle trouva lady Forester inébranlable dans la sienne, et bien déterminée quand le moment du départ arriva. Mécontente de l'expédition, mais résolue à ne pas l'abandonner dans une telle crise, lady Bothwell accompagna lady Forester à travers plus d'une rue et plus d'un passage obscurs, le domestique marchant devant elles et leur servant de guide. Enfin, il tourna subitement dans une cour étroite, et frappa à une porte cintrée qui semblait appartenir à une maison assez ancienne. La porte s'ouvrit sans qu'on vît de portier, et le domestique se rangeant pour laisser passer les deux dames leur fit signe d'entrer. Elles n'eurent pas plus tôt passé le seuil que la porte se referma, laissant le guide dehors. Les deux dames se trouvèrent dans un petit vestibule faiblement éclairé par la demi-clarté d'une lampe, et ne tirant du dehors, quand la porte était fermée, ni air ni jour. A l'autre extrémité du vestibule elles aperçurent la porte entr'ouverte d'une pièce intérieure.

— Il ne faut pas hésiter maintenant, Jemima, dit lady Bothwell ; et elle pénétra, suivie de sa sœur, dans cette seconde chambre, où elles trouvèrent le docteur, entouré de livres, de cartes, d'ustensiles de chimie ou de physique, et d'autres instruments de forme et d'apparence singulières.

Il n'y avait rien de très particulier dans l'extérieur de l'Italien. Il avait le teint basané et les traits fortement marqués de son pays, et paraissait âgé d'une cinquantaine d'années. Il était entièrement vêtu de noir, costume alors universel chez les médecins; ses habits, quoique simples, avaient une certaine distinction. De grosses bougies, disposées dans des candélabres d'argent, éclairaient la pièce, qui était passablement meublée. Il se leva au moment où les dames entrèrent; et malgré l'infériorité de leur costume, il les reçut avec toutes les marques de respect dues à leur rang, et dont les étrangers sont habituellement observateurs ponctuels.

Lady Bothwell s'efforça de conserver son incognito, et lorsque le docteur leur offrit la main pour les conduire au fond de la chambre, elle fit un geste pour refuser la courtoisie, comme ne convenant pas à leur condition. — Nous sommes de pauvres femmes, monsieur, lui dit-elle; l'inquiétude seule de ma sœur nous a décidées à venir vous consulter, et....

Il l'interrompit en souriant : — Je connais, madame, le chagrin de votre sœur ainsi que sa cause; je sais aussi que j'ai l'honneur de recevoir en ce moment deux dames de la plus haute distinction, — lady Bothwel et lady Forester. Si je ne pouvais les distinguer de la classe que les habits qu'elles portent en ce moment sembleraient indiquer, il ne serait guère possible que je fusse en état de les satisfaire en leur donnant les informations qu'elles viennent chercher ici.

— Je puis aisément comprendre, dit lady Bothwell....

— Pardonnez-moi si j'ai la hardiesse de vous interrompre, milady; vous alliez dire qu'il ne vous était pas difficile de comprendre que je me fusse procuré la connaissance de vos noms au moyen de votre domestique. Mais une telle pensée est injurieuse à la fidélité de votre domestique, milady, et, je puis ajouter, à l'habileté d'un homme qui est aussi votre humble serviteur, — de Baptista Damiotti.

— Ce n'est nullement mon intention, monsieur, repartit lady Bothwel, conservant un air calme malgré sa surprise; mais la situation est quelque peu neuve pour moi. Si vous savez qui nous sommes, vous savez aussi, monsieur, ce qui nous amène ici.

— La curiosité de connaître le sort d'un noble gentleman écossais, maintenant sur le continent, ou qui y était naguère; son nom est il cavaliere Philippo Forester, gentleman qui a l'honneur d'être l'époux de madame, et, si milady me permet de m'exprimer sans détours, qui a le malheur de ne pas apprécier ce qu'il vaut cet inestimable avantage.

— Lady Forester soupira profondément, et lady Bothwel reprit :

— Puisque vous connaissez notre dessein sans que nous ayons besoin de vous l'apprendre, la seule question qui nous reste à faire est si vous avez le pouvoir de calmer l'inquiétude de ma sœur ?

— Oui, madame, répondit le docteur de Padoue ; mais j'ai une question à vous faire auparavant. Aurez-vous le courage de voir de vos propres yeux ce que le cavaliere Philippo Forester fait en ce moment, ou voulez-vous vous en rapporter à mon témoignage ?

— C'est à quoi ma sœur doit répondre elle-même, dit lady Bothwel.

— J'aurai le courage de voir de mes propres yeux quelque chose que vous ayez le pouvoir de me montrer, dit lady Forester avec la même énergie de résolution qui l'avait soutenue depuis qu'elle avait pris sa détermination sur ce sujet.

— Il peut y avoir du danger.

— Si l'or peut compenser le risque.... répliqua lady Forester en tirant sa bourse.

— Je ne fais pas de telles choses en vue de lucre, interrompit l'étranger ; je n'ose point employer mon art dans un pareil but. Si je prends l'or du riche, c'est seulement pour en faire part au pauvre ; et je n'accepte jamais plus que la somme que j'ai déjà reçue de votre domestique. Serrez votre bourse, madame ; un adepte n'a pas besoin de votre or.

Lady Bothwel, regardant ce refus comme une ruse d'empirique pour se faire offrir une somme plus forte, et impatiente de voir la fin de la scène, offrit à son tour quelques pièces d'or, observant que c'était seulement pour lui fournir les moyens d'étendre la sphère de sa charité.

— Que lady Bothwell étende elle-même la sphère de la sienne, repartit le docteur de Padoue, non seulement dans ses aumônes, je sais qu'en cela elle n'est pas en défaut, mais aussi dans le jugement qu'elle porte du caractère des autres ; et qu'elle fasse à Baptista Damiotti la faveur de le croire honnête homme, jusqu'à ce qu'elle s'aperçoive que c'est un fripon. — Ne soyez pas étonnée, madame, ajouta-t-il, si je réponds à votre pensée plutôt qu'à vos paroles, et encore une fois, dites-moi si vous aurez le courage de regarder ce que je suis prêt à vous montrer ?

— J'avoue, monsieur, répondit lady Bothwell, que vos paroles me frappent d'un certain sentiment de crainte ; cependant, n'importe ce dont ma sœur désirera être témoin, je ne refuserai pas d'en être témoin en même temps qu'elle.

— Le danger, du reste, ne serait que dans votre manque de résolution. Le tableau que vous allez voir ne peut durer plus de sept minutes ; et si vous interrompiez la vision en prononçant un seul mot, non seulement le charme serait rompu, mais il pourrait en résulter quelque danger pour les spectateurs. Mais si durant les sept minutes vous pouvez garder un silence absolu, votre curiosité sera satisfaite sans le plus léger risque : c'est de quoi je vous engage mon honneur.

Lady Bothwell se dit en elle-même que la garantie pourrait bien ne pas être des plus solides ; mais elle se hâta d'étouffer ce soupçon, comme si elle eût été convaincue que l'adepte, sur les traits basanés duquel se dessinait un demi-sourire, pouvait en réalité lire dans ses pensées même les plus secrètes. Un silence solennel s'ensuivit alors, jusqu'à ce que lady Forester eût recueilli assez de courage pour répondre au médecin (c'était le titre qu'il prenait) qu'elle soutiendrait avec fermeté et en silence la vue de ce qu'il avait promis de leur faire voir. Sur cette assurance, il s'inclina profondément, et il quitta la chambre en leur disant qu'il allait tout préparer pour satisfaire à leur désir. Les deux sœurs s'assirent de manière à se toucher, et la main de l'une dans celle de l'autre, comme si elles eussent voulu par ce rapprochement et ce contact détourner tout danger qui aurait pu les menacer : Jemima cherchant un appui dans le courage et la fermeté habituels de lady Bothwell ; et celle-ci, de son côté, plus agitée qu'elle ne s'y était attendue, s'efforçant d'appeler à son aide la résolution désespérée à laquelle sa sœur avait été poussée par les circonstances. Peut-être l'une se disait-elle en elle-même que jamais sa sœur n'avait rien craint, et l'autre pouvait penser que ce qui n'effrayait pas une femme d'un esprit aussi faible que l'était Jemima ne devait pas non plus être un sujet d'appréhension pour quelqu'un de plus ferme et de plus résolu.

Au bout de quelques instants les pensées des deux sœurs furent détournées du cours qu'elles avaient pris, par une musique d'un caractère à la fois si doux et si solennel, qu'en même temps qu'elle paraissait destinée à éloigner ou à dissiper toute impression en désaccord avec son harmonie, elle accrut la surexcitation mystérieuse que l'entrevue de tout-à-l'heure était de nature à produire. Les sons de cette musique provenaient d'un instrument qui leur était inconnu ; mais les circonstance amenèrent plus tard mon aïeule à croire que c'étaient ceux d'un harmonica, instrument qu'elle entendit de nouveau long-temps après.

Quand cette mélodie céleste eut cessé, une porte s'ouvrit au fond de la chambre, et elles virent Damiotti, debout sur une estrade élevée de deux ou trois pas, et qui leur faisait signe d'avancer. Son costume était si différent de celui qu'il portait quelques minutes auparavant, qu'elles eurent peine à le reconnaître ; et la pâleur mortelle de son visage, jointe à une certaine tension de muscles telle que pourraient l'offrir les traits d'un homme qui se disposerait à quelque action étrange et hardie, avait complétement effacé l'expression quelque peu sarcastique avec laquelle il les avait regardées tout-à-l'heure, et plus particulièrement lady Bothwell. Il avait les pieds nus, à l'exception de sandales à la mode antique ; ses jambes étaient nues aussi au-dessous des genoux, à partir desquels il portait des hauts-de-chausses et un pourpoint de soie cramoisie serrés au corps, et par dessus une sorte de robe lâche et flottante en batiste blanche comme la neige, et ayant quelque ressemblance avec un surplis; sa gorge et son cou étaient découverts, et ses longs cheveux noirs, peignés avec soin, tombaient droits de toute leur longueur.

Lorsque les deux dames s'approchèrent au signe qu'il leur avait fait, rien dans ses mouvements ne rappela cette politesse cérémonieuse dont tout-à-l'heure il avait été prodigue. Dans le signe qu'il leur fit pour qu'elles approchassent il y avait au contraire un air d'autorité; et quand les deux sœurs, se tenant par le bras et le pas mal assuré, avancèrent vers l'endroit où il se tenait, ce fut en fronçant le sourcil qu'il porta un doigt à ses lèvres en signe d'avertissement, comme pour leur rappeler la condition de silence absolu qu'il leur avait imposée. En même temps, marchant devant elles, il les introduisit dans une troisième pièce.

C'était une vaste salle tendue de noir comme pour des funérailles. Au fond se trouvait une table, ou plutôt une espèce d'autel couvert d'un drap de même couleur que les lugubres tentures de la salle, et sur lequel étaient posés divers objets semblables aux instruments ordinaires de la sorcellerie. Ces objets, à la vérité, n'étaient pas visibles au moment où elles entrèrent, car la lumière qui les éclairait, et qui provenait de deux lampes expirantes, était extrêmement faible. Le Maître — pour employer l'expression par laquelle les Italiens désignent ces sortes de personnes — le Maître s'avança vers le fond de la salle, avec une génuflexion pareille à celle d'un catholique devant le crucifix, et en faisant en même temps le signe de la croix. Les deux dames, se tenant toujours par le bras, le suivirent en silence. Deux ou trois marches peu élevées conduisaient à une estrade placée en avant de l'autel ou de ce qui en avait l'apparence. Le magicien s'y arrêta et y fit placer les deux dames près de lui, en leur répétant de nouveau par signes ses instantes injonctions de silence. L'Italien, dégageant alors son bras nu de son vêtement de lin, dirigea successivement l'index de sa main étendue vers cinq grosses bougies disposées de chaque côté de l'autel. Elles s'allumèrent les unes après les autres à l'approche de sa main, ou plutôt de son doigt, et répandirent une vive clarté dans toute la salle. Lady Falconer et sa sœur purent reconnaître alors que deux épées nues étaient placées en croix sur l'autel, ainsi qu'un grand livre ouvert qu'elles pensèrent être un exemplaire des saintes Écritures, mais dont les caractères leur étaient inconnus : à côté de ce mystérieux volume était posée une tête de mort. Mais ce qui frappa surtout les deux sœurs fut une glace de très grandes dimensions qui occupait tout l'espace en arrière de l'autel, et qui, à la lueur des bougies allumées, réfléchissait les mystérieux objets qui y étaient disposés.

Le Maître se plaça alors entre les deux dames, et après leur avoir désigné la glace du doigt il les prit l'une et l'autre par la main, mais sans prononcer une syllabe. Elles regardèrent attentivement la surface noire et polie sur laquelle il avait dirigé leur attention. Tout-à-coup cette surface prit une nouvelle et singulière apparence. Elle ne réfléchit plus simplement les objets placés devant elle, mais, comme si elle eût contenu en elle-même des images qui lui fussent propres, différents objets commencèrent à s'y montrer, d'abord d'une manière confuse, indistincte et mélangée, comme une forme sortant graduellement du chaos, puis enfin sous des contours symétriques et bien arrêtés. Ce fut ainsi qu'après quelques alternatives de clarté et d'obscurité à la surface du merveilleux miroir, une longue perspective d'arceaux et de colonnes surmontées d'une large voûte commença à s'y arranger des deux côtés, jusqu'à ce que l'ensemble du tableau, après de nombreuses oscillations, prit une forme fixe et stationnaire représentant l'intérieur d'une église étrangère. Les colonnes en étaient majestueuses, et tendues d'écussons; les arcades étaient élevées et d'un style magnifique; les dalles étaient couvertes d'inscriptions funéraires. Mais il n'y avait ni chapelles séparées ni images d'aucune espèce, et on n'apercevait sur l'autel ni calice ni crucifix. C'était donc une église protestante du continent. Un prêtre portant la robe et le rabat de Genève était debout près de la sainte table, une Bible ouverte devant lui; et plus loin son clerc semblait attendre le moment d'accomplir quelque service de l'église à laquelle il appartenait.

Enfin une société nombreuse entra dans l'aile centrale de l'édifice : ce paraissait être une noce, car en tête marchaient une dame et un cavalier se tenant par la main, et suivis d'un nombreux concours de personnes des deux sexes, vêtues avec élégance, et même avec richesse. La mariée, dont on pouvait distinctement voir les traits, ne semblait pas avoir plus de seize ans et était extrêmement belle. Pendant quelques secondes le marié fut tourné de manière à ce qu'on ne pouvait distinguer sa figure; mais l'élégance de sa taille et de sa démarche frappa à la fois les deux sœurs de la même appréhension. Tout-à-coup il tourna la tête, et en ce moment leurs craintes furent terriblement réalisées, car dans l'élégant marié qu'elles voyaient là devant elles elles reconnurent sir Philip Forester. Sa femme proféra une exclamation à demi étouffée, et au même instant toute la scène s'agita et sembla se dissiper.

— Je ne pourrais comparer cela, dit lady Bothwell quand elle raconta cette merveilleuse histoire, qu'à l'effet produit par une pierre jetée dans une pièce d'eau calme et profonde, dont la surface réfléchissait des images qui se trouvent ainsi tout-à-coup rompues et détruites.

Le Maître pressa avec force la main des deux dames, comme pour leur rappeler leur promesse et le danger qu'ils avaient couru. L'exclamation vint mourir sur les lèvres de lady Forester sans produire autre chose qu'un son presque inarticulé, et le tableau du miroir, après une minute de fluctuations, reprit sa première apparence de scène réelle existant dans la glace comme aurait pu l'y représenter la peinture, sauf que les figures étaient mobiles au lieu d'être stationnaires.

Celle qui offrait la ressemblance de sir Philip Forester, dont on pouvait alors distinguer nettement la forme et les traits, conduisit vers le prêtre la belle jeune fille, qui s'avançait avec une expression où se peignaient tout à la fois de la défiance et une sorte de fierté mêlée d'affectation. En ce moment, et juste comme le ministre venait de faire ranger devant lui les mariés et leur cortége et semblait sur le point de commencer la cérémonie, un autre groupe de personnes, parmi lesquelles il y avait deux ou trois officiers, entra dans l'église. Les nouveaux venus s'avancèrent d'abord lentement, comme pour être témoins de la cérémonie nuptiale ; mais tout-à-coup un des officiers, dont on ne pouvait voir le visage, se détacha de ses compagnons et se précipita vers l'autel : au même instant la société tout entière se retourna vers lui, comme frappée de quelque exclamation qui aurait accompagné le brusque mouvement de l'officier. Celui-ci tira subitement son épée, le marié dégaîna la sienne et s'avança vers lui. D'autres individus appartenant soit à la noce, soit au dernier groupe entré dans l'église, mirent pareillement l'épée à la main. Il s'ensuivit une sorte de confusion, au milieu de laquelle le ministre et quelques autres personnes plus graves et plus âgées paraissaient faire tous leurs efforts pour maintenir la paix, tandis que les plus exaltés des deux côtés brandissaient leurs épées. Mais le court espace de temps au-delà duquel le magicien prétendait ne pouvoir prolonger la vision était maintenant écoulé. Les images vaporeuses se confondirent de nouveau et cessèrent bientôt d'être distinctes ; les voûtes et les colonnes de l'église se disjoignirent et disparurent, puis la surface du miroir ne réfléchit plus rien, sauf la lumière des bougies et le triste appareil placé sur l'autel en avant de la glace.

Le docteur reconduisit les deux dames, qui avaient grandement besoin qu'il les soutînt, dans la pièce d'où elles étaient venues, et où durant son absence on avait apporté du vin, des essences, et d'autres moyens de ranimer les forces épuisées. Il leur montra deux siéges, où elles se placèrent en silence ; lady Forester, notamment, se tordant les mains et levant les yeux au ciel, mais sans prononcer un mot, comme si le charme eût encore été devant ses yeux.

— Et ce que nous avons vu se passe en ce moment même ? demanda lady Bothwell, se remettant avec peine.

— C'est ce que je ne puis dire précisément et avec certitude, répondit Baptista Damiotti. Mais ou la scène se passe en ce moment, ou elle s'est passée il y a fort peu de temps. C'est le dernier événement remarquable où se soit trouvé engagé il cavaliere Forester.

Lady Bothwell exprima alors l'inquiétude que lui causait sa sœur, dont les traits altérés et l'insensibilité apparente à ce qui se passait autour d'elle lui faisaient craindre qu'on ne pût la ramener chez elle.

— J'y ai pourvu, répondit l'adepte; j'ai fait ordonner au domestique d'amener votre voiture aussi près d'ici que le permettra le peu de largeur de la rue. Ne craignez rien pour votre sœur; seulement, quand vous serez revenue chez vous, donnez-lui cette potion calmante, et demain matin elle sera mieux. — Peu de personnes, ajouta-t-il d'un ton mélancolique, quittent cette maison aussi bien portantes qu'elles y sont entrées. Si telle est la conséquence de chercher à pénétrer par des moyens mystérieux ce qui nous est caché, je vous laisse à juger de l'état de ceux qui ont le pouvoir de satisfaire cette curiosité illicite. Adieu, et n'oubliez pas la potion.

— Je ne lui donnerai rien qui vienne de vous, répondit lady Bothwell; j'en ai vu assez de votre art. Peut-être voudriez-vous nous empoisonner toutes les deux pour ensevelir dans le secret votre nécromancie. Mais nous ne manquons ni de moyens de faire connaître les injures que l'on peut nous faire, ni d'amis pour nous en venger.

— Vous n'avez reçu nulle injure de moi, madame, repartit l'adepte. Vous êtes venues trouver un homme qui ambitionne peu un tel honneur. Il ne recherche personne, et donne seulement des réponses à ceux qui ont recours à lui. Après tout, vous n'avez fait qu'apprendre un peu plus tôt le mal que vous n'en auriez pas moins été condamnées à endurer. J'entends à la porte les pas de votre domestique, et je ne veux pas vous retenir plus long-temps, mylady, non plus que lady Forester. Les prochaines lettres que vous recevrez du continent vous expliqueront ce dont vous avez déjà été en partie témoin. S'il m'est permis de vous donner un conseil, ne les laissez pas arriver trop subitement entre les mains de votre sœur.

Il souhaita alors le bonsoir à lady Bothwell. Éclairée par l'adepte, elle regagna le vestibule; là, se hâtant de jeter un manteau noir sur son singulier costume, il ouvrit la porte et remit les deux dames aux soins du domestique. Ce ne fut pas sans peine que lady Bothwell soutint sa sœur jusqu'à la voiture, quoiqu'elle ne fût qu'à vingt pas de là. Aussitôt arrivées chez elles, lady Forester réclama l'assistance d'un médecin. On envoya chercher celui de la famille; il secoua la tête en lui tâtant le pouls.

— Les nerfs ont éprouvé un choc violent et soudain, dit-il. Il faut que je sache ce qui est arrivé.

Lady Bothwell convint qu'elles avaient rendu visite au magicien, et que lady Forester y avait reçu quelques mauvaises nouvelles au sujet de son mari, sir Philip.

— Ce coquin de charlatan ferait ma fortune s'il restait à Edimbourg, dit le docteur; voici le septième cas d'attaques nerveuses qu'il me donne à guérir, toutes produites par la terreur. Il examina ensuite la potion calmante que lady Bothwell avait sans s'en apercevoir gardée dans sa main, et l'ayant goûtée il déclara qu'elle convenait parfaitement à l'indisposition, et qu'elle pouvait épargner une course chez l'apothicaire. Puis après un moment de silence, durant lequel il attachait sur lady Bothwell un regard très significatif, il ajouta : Je ne dois faire, je suppose, aucune question à mylady sur les pratiques de ce sorcier italien?

— Il est vrai, docteur, répondit lady Bothwell, que je regarde ce qui s'est passé comme ayant un caractère confidentiel ; et bien que l'homme puisse être un fripon, puisque nous avons été assez folles pour le consulter, je crois que nous n'en devons pas moins être assez honnêtes pour lui garder le secret.

— *Puisse* être un coquin? répéta le docteur ; — allons, mylady, je suis charmé de vous entendre reconnaître une telle possibilité à l'égard de quelque chose qui vient d'Italie.

— Ce qui vient d'Italie peut être aussi bon que ce qui vient du Hanovre, docteur [1]. Mais vous et moi nous resterons bons amis, et pour cela nous ne dirons rien ni de whigs ni de torys.

— Bien, bien, dit le docteur en recevant ses honoraires et prenant son chapeau ; un *carolus* me convient tout aussi bien qu'un *willielmus*. Mais je voudrais bien savoir par quelle raison la vieille lady de Saint-Ringan et toutes les autres dames de la ville vont partout vanter cet étranger à s'en épuiser les poumons?

— Oui, — vous feriez mieux de l'appeler jésuite, comme dit Scrub.

Sur cette réplique ils se séparèrent.

La pauvre lady Forester — dont les nerfs, d'un état de tension peu commun, avaient fini par éprouver un relâchement non moins extraordinaire — continuait de combattre par une sorte d'apathie mentale les terreurs superstitieuses qui chaque jour devenaient plus fortes, quand les affreuses nouvelles qui arivèrent de Hollande réalisèrent toutes ses craintes.

Ces tristes nouvelles venaient du célèbre comte de Stair. Elles apprenaient qu'un duel avait eu lieu entre sir Philip Forester et le beau-frère de sa femme, le capitaine Falconer, du régiment scoto-hollandais, comme on le nommait alors, et que dans ce duel le capitaine Falconer avait été tué. La cause de la querelle en rendait le résultat encore plus affreux. Il paraissait que sir Philip avait subitement quitté l'armée, en conséquence d'une dette de jeu très considérable contractée envers un autre volontaire et qu'il était hors d'état de payer. Il avait changé de nom et était allé s'établir à Rotterdam, où il s'était insinué dans les bonnes grâces d'un riche citadin, ancien bourgmestre, et par les agréments de sa personne et les grâces de ses manières avait captivé les

---

[1] Allusion aux jacobites et aux hanovriens. Le Prétendant, fils de Jacques II et père de Charles-Edouard, était né en Italie, et la maison qui règne aujourd'hui sur l'Angleterre vient du Hanovre. (*Note du premier traducteur.*)

affections de sa fille unique, très jeune personne d'une grande beauté, héritière d'une fortune immense. Séduit par les qualités fascinatrices de celui qui se proposait pour son gendre, le riche marchand — qui avait une trop haute idée du caractère anglais pour songer à prendre des informations préalables sur son rang et sa situation — donna son consentement au mariage. Mais au moment où la cérémonie allait en être célébrée dans la principale église de la ville, elle fut interrompue par un singulier incident.

Le capitaine Falconer ayant été envoyé à Rotterdam pour en ramener une partie de la brigade des auxiliaires écossais qui y était cantonnée, une personne considérable de la ville, de qui il était connu, lui proposa comme partie de plaisir d'aller à la grande église voir le mariage d'un de ses compatriotes avec la fille d'un opulent bourgmestre. Le capitaine Falconer s'y rendit en effet accompagné de son ami le Hollandais, avec quelques autres amis et deux ou trois officiers de la brigade écossaise. On peut imaginer son étonnement lorsqu'il vit son propre beau-frère, le mari de sa sœur, sur le point de conduire à l'autel l'innocente et belle créature qu'il allait ainsi abuser d'une manière si lâche et si vile. Il proclama tout haut son infamie, et il va sans dire que le mariage fut interrompu. Mais contre l'avis de personnes plus réfléchies, qui regardaient sir Philip Forester comme s'étant exclu du rang des hommes d'honneur, le capitaine Falconer lui en reconnut les priviléges en acceptant un cartel de lui, et dans la rencontre qui eut lieu il fut mortellement blessé. Telles sont les voies du Ciel, mystérieuses à nos yeux. Lady Forester ne se remit jamais du choc de cette horrible nouvelle.

— Et cette scène tragique, repris-je, eut lieu précisément à l'époque où fut représentée la scène du miroir?

— Il est fâcheux d'être obligé de gâter l'effet d'une histoire, répondit ma tante; mais, pour dire la vérité, l'événement arriva quelques jours avant l'apparition magique.

— Si bien qu'il y a possibilité que par quelque moyen secret et rapide de communication le docteur eût reçu avant personne la nouvelle de l'événement.

— C'est ce que prétendirent les incrédules.

— Et que devint l'adepte?

— Eh! peu de temps après arriva l'ordre de l'arrêter pour crime de haute-trahison, comme agent du Chevalier de Saint-Georges; et lady Bothwell, se rappelant les demi-mots échappés au docteur, ardent ami de la succession protestante, se souvint alors que cet homme était principalement prôné parmi les vieilles douairières attachées aux croyances politiques qu'elle-même professait. Il paraissait certainement probable que des nouvelles du continent, qui avaient pu aisément être transmises par un actif et puissant agent, l'eussent mis à même de préparer une scène de fantasmagorie telle que celle dont elle avait été témoin. Cependant il y avait encore tant de difficultés à donner de la scène une explication naturelle, que jusqu'au jour de sa mort elle conserva de grands doutes à cet égard, et qu'elle paraissait très disposée à trancher le nœud gordien, en admettant l'existence d'agents surnaturels.

— Mais, ma chère tante, que devint cet habile homme?

— Oh! il était trop bon diseur de bonne aventure pour ne pas prévoir que sa propre destinée tournerait au tragique s'il attendait l'arrivée de celui qui porte un limier d'argent sur la manche. Il fit, comme nous disons, une escapade au clair de lune, et depuis lors on n'a plus entendu parler de lui. On fit d'abord quelque bruit de papiers ou de lettres trouvés dans sa maison; mais peu à peu ces rumeurs s'éteignirent, et bientôt il ne fut pas plus question du docteur Baptista Damiotti que de Galien ou d'Hippocrate.

— Et sir Philip Forester disparut-il aussi pour jamais de la scène du monde?

— Non, répondit mon obligeante narratrice. On parla de lui encore une fois, et ce fut en une occasion remarquable. On dit que nous autres Écossais, quand il existait une nation de ce nom, nous avions parmi nos pleins boisseaux de vertus deux ou trois grains de vices. On prétend, notamment, que nous pardonnions rarement et que jamais nous n'oubliions les offenses que nous avions reçues; que nous avions coutume de nous faire un dieu de notre ressentiment, comme la pauvre lady Constance s'en fit un de son chagrin, et que nous étions portés, comme dit Burns, à « soigner notre colère pour la tenir chaude. » Lady Bothwell n'était pas étrangère à cette disposition d'esprit; et je crois que rien au monde, pas même la restauration des Stuarts, n'aurait pu lui faire éprouver un aussi grand sentiment de bonheur qu'une occasion de se venger sur sir Philip Forester du grave et double outrage qui l'avait privée d'une sœur et d'un frère. Mais pendant bien des années on n'entendit plus parler de lui et on ignora complétement ce qu'il était devenu.

Un jour enfin, — c'était à une nombreuse réunion de mardi-gras, où se trouvait toute la société à la mode d'Édimbourg, et lady Bothwell siégeait parmi les dames patronesses, — un des servants du bal vint l'avertir à l'oreille qu'un monsieur désirait lui parler en particulier.

— En particulier? — dans une salle d'assemblée? — il faut qu'il soit fou, répondit-elle. — Dites-lui de passer chez moi demain matin.

— C'est ce que je lui ai déjà dit. milady; mais il m'a chargé de vous remettre ce papier.

Elle ouvrit le billet, qui était plié et cacheté avec un soin tout particulier. Il ne contenait que les mots : *Pour affaire de vie et de mort* tracés d'une main qui lui était inconnue. Tout-à-coup il lui vint à l'esprit que ce billet pourrait bien concerner la sûreté de ses amis politiques; elle suivit donc le messager dans une petite pièce où on préparait les rafraîchissements, et où la généralité des personnes du bal n'avait pas accès. Elle y trouva un homme âgé, qui à son approche se leva et salua profondément. Son extérieur annonçait une santé délabrée, et ses habits, quoique scrupuleusement conformes à l'étiquette d'un bal, étaient usés et fanés, et beaucoup trop larges pour l'extrême maigreur de celui qui les portait. Lady Bothwell fit un mouvement pour prendre sa bourse, pensant pouvoir se débarrasser du solliciteur au prix de quelque argent; mais la crainte d'une méprise l'arrêta. Elle laissa donc à cet homme le temps de s'expliquer.

— C'est à lady Bothwell que j'ai l'honneur de parler?

— Je suis lady Bothwell; et permettez-moi de vous dire que ce n'est ni un moment ni un lieu convenables pour de longues explications. — Que me voulez-vous?

— Vous avez eu autrefois une sœur, milady?

— Il est vrai; une sœur que j'aimais de toute mon âme.

— Et un frère.

— Le plus brave, le meilleur, le plus affectionné des frères!

— Ces parents que vous aimiez, vous les avez tous les deux perdus par la faute d'un infortuné.

— Dites par le crime d'un assassin sanguinaire et dénaturé, monsieur.

— Vous avez répondu à ce que je désirais savoir, dit le vieillard en s'inclinant comme pour se retirer.

— Un moment, monsieur, repartit lady Bothwell d'un ton d'autorité. Qui êtes-vous, vous qui en un tel lieu et en un pareil moment venez me rappeler ces horribles souvenirs? Je veux le savoir.

— Je suis un homme qui n'a nulle intention injurieuse à l'égard de lady Bothwell, et qui veut, au contraire, lui fournir les moyens de faire un acte de charité chrétienne, qui étonnera le monde et que le Ciel récompensera; mais je ne la trouve pas en disposition de faire un sacrifice tel que celui que je me préparais à lui demander.

— Expliquez-vous, monsieur; que voulez-vous dire?

— Le misérable qui vous a si grièvement outragée, reprit l'étranger, est maintenant sur son lit de mort. Ses jours ont été des jours de misère, ses nuits des heures d'angoisses sans sommeil; — pourtant, il ne peut mourir sans votre pardon. Sa vie a été une pénitence sans trêve, — et cependant il n'ose se séparer de son fardeau tant que votre malédiction pèse sur son âme.

— Dites-lui, répondit sèchement lady Bothwell, de demander pardon à Celui qu'il a si grandement offensé, et non à une créature sujette à l'erreur telle que moi. A quoi lui profiterait mon pardon?

— Ce serait un grand bienfait pour lui, madame. Ce sera l'arrhe du pardon qu'il pourra alors se hasarder à implorer de son Créateur et du vôtre, milady. Souvenez-vous, lady Bothwell, que vous aussi vous avez à songer à votre lit de mort ; votre âme, comme celle de tous les mortels, peut et doit redouter d'arriver devant le juge suprême avec les blessures encore vives et saignantes d'une conscience à laquelle vous n'auriez pas voulu appliquer le remède de la grâce. — Combien serait alors cruelle la pensée qui vous crierait tout bas : Je n'ai pas accordé merci, comment l'implorerai-je?

— Qui que vous soyez, répliqua lady Bothwell, ne me pressez pas ainsi cruellement. Ce ne serait qu'hypocrisie et blasphème, si mes lèvres prononçaient des mots contre lesquels protesterait chaque battement de mon cœur. Un tel pardon ferait entr'ouvrir la terre et ferait sortir du tombeau le fantôme de ma sœur, usée par le chagrin et les larmes, — le sanglant fantôme de mon frère assassiné. — Lui pardonner? — Jamais ! — jamais !

— Grand Dieu ! s'écria le vieillard en joignant les mains, est-ce ainsi que les vermisseaux que tu as tirés de la poussière obéissent aux ordres de leur Créateur? Adieu, femme orgueilleuse et implacable. Applaudis-toi d'avoir ajouté aux douleurs d'une mort entourée de privations les angoisses du désespoir religieux ; mais n'insulte jamais au Ciel en implorant de lui le pardon que tu as refusé d'accorder.

Il fit deux pas vers la porte.

— Arrêtez ! s'écria-t-elle ; j'essaierai — oui, j'essaierai de lui pardonner.

— Généreuse lady Bothwell, dit le vieillard, vous allégerez du fardeau qui l'accable une âme qui n'ose se séparer de sa coupable enveloppe sans être en paix avec vous. Et qui sait? — peut-être votre pardon conservera-t-il pour la pénitence les restes d'une misérable vie.

— Ha ! exclama la dame, éclairée par la lueur d'une pensée soudaine, c'est l'infâme lui-même ! Et saisissant par le collet sir Philip Forester, — car c'était lui en effet, — elle poussa les cris Au meurtre ! au meurtre ! — emparez-vous du meurtrier

A ces exclamations si singulières en un tel lieu, la compagnie se précipita en foule vers la chambre d'où elles partaient ; mais sir Philip Forester n'y était plus. Il s'était dégagé de vive force des mains de lady Bothwell, et s'était élancé hors de la chambre, dont la porte donnait sur le palier de l'escalier. Sur ce point l'évasion était difficile, car cet escalier était rempli de monde, les uns montant, les autres descendant. Mais le malheureux était poussé par le désespoir : il sauta par dessus la balustrade et retomba sain et sauf dans le vestibule, quoique la chute fût de quinze pieds au moins ; alors il s'élança dans la rue et se perdit dans l'obscurité. Quelques Bothwells se mirent à sa poursuite, et s'ils avaient rejoint le fugitif peut-être l'auraient-ils tué sur la place; car dans ce temps-là les hommes avaient le sang chaud. Mais la police n'intervint pas, le crime datant d'une époque déjà éloignée et ayant été commis sur une terre étrangère. A la vérité, on a toujours cru que cette scène extraordinaire était le résultat d'une expérience hypocrite par laquelle sir Philip avait voulu s'assurer s'il pourrait revenir dans son pays natal sans avoir rien à redouter du ressentiment d'une famille qu'il avait si grièvement outragée. Comme le résultat ne fut pas ce qu'il avait désiré, on croit qu'il retourna sur le continent et qu'il y mourut dans l'exil.

Ainsi se termina l'histoire du Miroir mystérieux.

FIN DU MIROIR DE MA TANTE MARGUERITE.

LA

CHAMBRE TAPISSÉE,

OU

LA FEMME EN SAC.

INTRODUCTION.

Voici une autre petite histoire tirée du Keepsake de 1828. Elle me fut racontée il y a bien des années par feu miss Anna Seward, qui, entre autres talents qui faisaient d'elle à la campagne une convive amusante, avait celui de raconter des histoires de ce genre de manière à produire un très grand effet, — beaucoup plus d'effet même qu'on ne serait porté à le supposer d'après le style de ses productions écrites. Il est des heures et des dispositions d'esprit où beaucoup de gens ne sont pas fâchés d'écouter des histoires de cette nature ; et j'ai vu quelques uns de mes compatriotes les plus distingués par leur esprit et leur position ne pas laisser leur part à d'autres quand il s'agissait d'en raconter.

Août 1831.

LA
CHAMBRE TAPISSÉE.

En mettant par écrit la narration suivante, on lui a conservé, autant que la mémoire l'a permis, le caractère que lui donna la personne de qui l'auteur l'a entendue ; le seul éloge auquel il ait droit, de même que le seul blâme qu'on puisse lui adresser, se rapportent donc au jugement bon ou mauvais avec lequel il a su choisir ses matériaux, attendu qu'il a évité avec soin toute tentative d'ornement qui eût pu altérer la simplicité de l'histoire.

On doit reconnaître en même temps que ces sortes d'histoires qui roulent sur le merveilleux ont sur l'esprit une bien plus grande influence racontées qu'imprimées. Le volume que l'on prend au grand jour, quoique rapportant les mêmes incidents, ne fait pas à beaucoup près la même impression que la voix d'un narrateur au coin du feu, entouré d'un cercle d'auditeurs suspendus en quelque sorte à la narration tandis qu'il détaille minutieusement les circonstances qui en augmentent l'authenticité, baissant la voix avec une affectation de mystère lorsqu'il touche à la partie terrible et merveilleuse du récit. Ce fut avec de tels accessoires que celui qui écrit ces lignes entendit raconter ce qui va suivre, il y a plus de vingt ans, par la célèbre miss Seward de Litchfield, qui, à ses nombreux talents, joignait à un degré remarquable la faculté de captiver dans la conversation par le caractère qu'elle savait donner à ses récits. Sous sa forme actuelle, celui-ci doit nécessairement perdre tout l'intérêt qu'y ajoutait la voix flexible et les traits expressifs de l'habile narratrice. Lu à voix haute, cependant, au milieu d'un auditoire disposé à croire ce qu'il entend et à la clarté douteuse du crépuscule, ou bien dans le silence et la solitude d'une chambre à demi éclairée par une seule bougie, il peut encore justifier son caractère d'histoire de revenant. Miss Seward affirmait toujours qu'elle tenait ses informations d'une source authentique, bien qu'elle supprimât le nom des deux principaux acteurs de la scène. Je ne reproduirai pas non plus quelques particularités que je puis avoir recueillies depuis sur les localités ; je laisserai au récit le caractère que lui avait donné celle de qui je le tins originairement, et pour la même raison je n'y ajouterai ni n'en retrancherai aucune circonstance. Je rapporterai simplement, comme je l'ai ouïe raconter, une histoire surnaturelle.

Vers la fin de la guerre d'Amérique, à l'époque où les officiers de l'armée de lord Cornwallis, qui s'était rendue à York-Town, et d'autres qui avaient été faits prisonniers durant cette impolitique et malheureuse lutte, revenaient dans leur patrie y raconter leurs aventures et se reposer de leurs fatigues, il se trouvait parmi eux un officier général à qui miss Seward donnait le nom de Browne, uniquement, à ce qu'il me parut, pour éviter l'inconvénient d'introduire dans la narration un personnage sans nom. C'était un officier de mérite, aussi bien qu'un gentleman jouissant d'une haute considération à raison de sa famille et de ses talents.

Quelques affaires avaient fait entreprendre au général Browne une tournée dans l'Ouest ; ce fut durant ce voyage qu'un matin, au changement de relais, il se trouva au voisinage d'une petite ville située au milieu d'un paysage d'une beauté peu commune et d'un caractère tout anglais.

Cette petite ville, avec sa vieille et majestueuse église, dont la tour attestait la dévotion de siècles depuis long-temps écoulés, se trouvait au milieu de prairies et de champs de blé peu étendus, mais bornés et divisés par des haies vives composées d'arbres tous grands et âgés. On voyait là peu de traces d'améliorations modernes. Les environs de la ville n'offraient ni la solitude des ruines ni le mouvement de la nouveauté ; les maisons étaient anciennes, mais en bon état, et la jolie petite rivière qui coulait à la gauche de la ville murmurait librement dans un lit que ne coupait aucune écluse et qui n'était pas bordé d'un chemin de halage.

Sur une éminence à pente douce qui s'élevait à près d'un mille au sud de la ville, on apercevait, au milieu de chênes vénérables et d'épais taillis, les tourelles d'un château contemporain des guerres d'York et de Lancastre, mais qui semblait avoir reçu d'importantes modifications durant le siècle d'Élisabeth et de son successeur. Ce n'avait jamais été un bâtiment de grande étendue ; mais quelles que fussent les recherches d'aise intérieur qu'il avait offert autrefois, on pouvait supposer que ses murailles les renfermaient encore : telle fut du moins l'opinion que s'en forma le général Browne en voyant la fumée s'échapper joyeusement de plusieurs cheminées antiques aux dehors sculptés. Le mur du parc longeait la grand'route dans une étendue de deux ou trois cents yards [1] ; et partout où l'œil y pouvait pénétrer, les parties boisées semblaient

[1] Le *yard* a trois pieds anglais. (L. V.)

être bien peuplées de gibier. D'autres points de vue s'ouvraient successivement : tantôt une large échappée laissait apercevoir la façade du vieux château, riche de toutes les bizarreries de l'école d'Élisabeth, tantôt une trouée plus étroite ne permettait de voir que quelques unes des tourelles, dont l'aspect simple et solide semblait annoncer qu'on les avait élevées pour la défense plus que pour l'ostentation.

Ravi des points de vue partiels que lui ménageaient les bois et les clairières dont le château était entouré, et au fond desquels se dessinait toujours cette antique forteresse féodale, notre voyageur résolut de s'informer s'il ne méritait pas d'être vu de plus près, et s'il ne renfermait pas des portraits de famille et d'autres objets de curiosité dignes d'être visités par un étranger. Quittant alors le voisinage du parc, sa voiture entra dans une rue propre et bien pavée, et s'arrêta à la porte d'une auberge qui paraissait assez fréquentée.

Avant de commander des chevaux pour continuer son voyage, le général Browne demanda le nom du propriétaire de ce château qui avait ainsi attiré son admiration, et il fut agréablement surpris en apprenant que c'était un gentilhomme que nous nommerons lord Woodville. Quelle circonstance heureuse ! Une grande partie des souvenirs de jeunesse de Browne, tant du collège que de l'université, se rattachaient au jeune Woodville, et quelques autres questions lui donnèrent toute certitude que c'était bien le même que le propriétaire de ce beau domaine. Il avait été élevé à la pairie quelques mois auparavant par la mort de son père, et, ainsi que le général l'apprit du maître de l'auberge, le terme du deuil étant arrivé, le nouveau lord prenait en ce moment possession du château paternel, dans la saison propice du joyeux automne, en compagnie d'un choix d'amis qui venaient jouir avec lui des plaisirs de la chasse au milieu d'un pays renommé pour le gibier.

Pour notre voyageur c'étaient là de délicieuses nouvelles. Frank Woodville avait été le compagnon de Richard Browne à Éton, et son intime à Christ Church ; leurs plaisirs et leurs travaux avaient été les mêmes, et le cœur de l'honnête soldat jouissait de voir l'ami de sa jeunesse en possession d'une aussi délicieuse résidence, ainsi que d'un domaine amplement suffisant, à ce qu'assurait l'hôte avec un signe de tête et en clignant de l'œil, pour soutenir la dignité du propriétaire et même pour y ajouter. Il était donc on ne peut plus naturel que le voyageur suspendît un voyage qui n'avait rien de pressé, afin de rendre visite à un ancien ami dans d'aussi agréables circonstances.

La seule tâche qu'eurent les chevaux frais, et elle n'était pas longue, fut donc de conduire la chaise du général à Woodville Castle. Un concierge le reçut dans un pavillon moderne du style gothique, construit ainsi pour qu'il s'accordât avec le caractère d'architecture de l'ensemble du château, et en même temps il sonna pour avertir que des visiteurs venaient d'arriver. Il est probable que le son de la cloche retint la société prête à se séparer pour aller se livrer aux divers exercices de la matinée ; car en entrant dans la cour du château le général Browne y vit plusieurs jeunes gens en habit de chasse, examinant en critiques les chiens que les piqueurs tenaient en laisse en attendant le départ de la chasse. Au moment où le général mit pied à terre le jeune lord parut à la porte du vestibule. Pendant un instant ses regards restèrent fixés sur l'étranger qu'il ne reconnut pas d'abord, tant la guerre, ses blessures et ses fatigues l'avaient changé ; mais ce moment d'incertitude ne dura que jusqu'à ce que le visiteur eut parlé, et les embrassements qui suivirent la reconnaissance furent tels qu'ils peuvent être seulement entre ceux qui ont passé ensemble les jours d'heureuse insouciance de l'enfance et de la première jeunesse.

— Si j'avais pu former un vœu, mon cher Browne, dit lord Woodville, c'eût été de vous voir ici en cette occasion, que mes amis ont la bonté de regarder comme une sorte de jour de fête. Ne pensez pas que nous vous ayons oublié durant les années qu'à duré notre séparation. Je vous ai suivi à travers vos dangers, vos triomphes et vos malheurs, et c'est avec ravissement que j'ai vu que dans la victoire comme dans les revers le nom de mon ancien ami était toujours distingué et honoré.

Le général fit une réponse convenable, puis il félicita son ami de ses nouvelles dignités et de la possession d'une si belle résidence et d'un si beau domaine.

— Oh ! vous n'en avez encore rien vu, répliqua lord Woodville, et j'espère bien que votre intention n'est pas de nous quitter avant d'avoir fait avec eux plus ample connaissance. Il est vrai, je l'avoue, que la société que j'ai en ce moment est passablement nombreuse, et que le vieux château, comme d'autres résidences du même genre, n'offre pas à l'intérieur autant de logement que l'annoncerait l'étendue extérieure de ses murailles. Néanmoins nous pouvons vous donner une chambre à l'antique encore assez confortable, et je crois pouvoir supposer que vos campagnes ont dû vous apprendre à vous arranger de pires quartiers.

Le général se mit à rire en haussant les épaules. — Je présume, dit-il, que le pire appartement de votre château est de beaucoup supérieur au vieux tonneau à tabac dont j'étais très content de faire ma chambre à coucher quand je me trouvai avec nos troupes légères dans ce qu'en Virginie on nomme le Bush. Là, comme Diogène, j'étais si enchanté de l'abri que je m'étais donné contre les intempéries, que je voulais le faire rouler avec moi quand nous changeâmes de quartiers ; mais celui qui était alors mon commandant ne me permit pas un pareil luxe, et je dis adieu les larmes aux yeux à mon bien-aimé tonneau.

— Hé bien, en ce cas, puisque vous ne craignez pas le logement que vous aurez ici, vous resterez avec moi une semaine au moins. Fusils, chiens, lignes, appâts, appareils de chasse par mer et par terre, nous avons tout cela suffisamment et au-delà ; vous ne pouvez imaginer un divertissement que nous ne trouvions les moyens de nous y livrer. Mais si vous préférez le fusil et les chiens d'arrêt j'irai moi-même avec vous, et je verrai si vous êtes devenu meilleur tireur depuis que vous avez été en Amérique au milieu des Indiens de nos établissements les plus reculés.

Le général accepta de grand cœur et dans tous ses points la proposition amicale de son hôte. Après une journée de rude exercice la compagnie se réunit à dîner, et là lord Woodville prit plaisir à mettre en relief les qualités éminentes de l'ami qu'il venait de retrouver, de manière à le faire valoir près de ses convives, qui pour la plupart étaient des personnes de distinction. Il amena le général Browne à parler des scènes dont il avait été témoin; et comme chaque mot révélait également le brave officier et l'homme de sens, toujours maître de son sang-froid et de son jugement au milieu des dangers les plus imminents, la société réunie à la table de lord Woodville regarda le général avec un vrai sentiment de respect, comme un homme qui s'était montré doué d'une dose peu commune de courage personnel, cet attribut dont, entre tous les autres, chacun veut passer pour avoir une part.

La journée finit à Woodville Castle ainsi qu'il est ordinaire dans les réunions de ce genre. L'hospitalité s'arrêta dans les limites de la décence; et la musique, un des délassements favoris du jeune lord, succéda à la circulation de la bouteille. Il y avait des cartes et un billard pour ceux qui préféraient ces sortes d'amusements; mais l'exercice de la matinée ne permettait pas qu'on prolongeât long-temps la veille, et il n'était guère que onze heures quand les convives commencèrent à se retirer à leurs appartements respectifs.

Le jeune lord conduisit lui-même son ami le général Browne à la chambre qui lui était destinée, et qui répondait à la description qu'il en avait donnée : elle était confortable, mais meublée à l'antique. Le lit avait ces formes massives à la mode vers la fin du dix-septième siècle, et les rideaux de soie passée étaient garnis de lourdes franges d'or terni. Mais aussi les draps, les oreillers et les couvertures paraissaient délicieux au soldat en pensant à son tonneau. Les tapisseries à vieux sujets qui recouvraient les murs de la petite chambre avaient un aspect triste et sombre, et recevaient une légère ondulation de la brise d'automne qui pénétrait en sifflant et en faisant craquer la boiserie à travers l'antique fenêtre à vitraux de plomb. La toilette aussi, avec son miroir couronné d'une draperie de soie brune à la mode du commencement du siècle, et sa multitude de boîtes de formes bizarres, destinées à des détails de toilette tombés en désuétude depuis plus de cinquante ans, avait un air antique, et par cela même triste. Mais deux grosses bougies jetaient une vive clarté, et semblaient rivaliser avec la flamme pétillante qui brillait dans l'âtre et répandait à la fois dans la chambre son éclat et sa chaleur. Le petit appartement, malgré son apparence antique, ne manquait donc pas du moins des recherches du bien-être, dont nos habitudes modernes nous font à la fois un plaisir et une nécessité.

— Voici une chambre à coucher à l'ancienne mode, général, dit le jeune lord ; j'espère cependant que vous n'y trouverez rien qui puisse vous faire regretter votre ancien tonneau à tabac.

— Je ne suis pas difficile en fait de logement, répliqua le général ; cependant, si j'avais à faire un choix, je préférerais de beaucoup cette chambre aux pièces les plus élégantes et les plus modernes de votre château paternel. Quand je rapproche l'air de *comfort* moderne qu'on y respire de sa vénérable antiquité, et que je songe que c'est votre propriété, mylord, je me trouve mieux ici, croyez-moi, que si j'étais dans le meilleur hôtel que Londres pût m'offrir.

— J'aime à croire — je n'en ai aucun doute — que vous vous trouverez ici aussi bien que je le désire, mon cher général, reprit le jeune pair ; et souhaitant de nouveau une bonne nuit à son hôte, il lui serra la main et se retira.

Le général regarda encore une fois autour de lui ; et se félicitant intérieurement de son retour à la vie paisible, dont les douceurs lui étaient rendues plus chères par le souvenir des fatigues et des dangers qu'il avait récemment traversés, il se déshabilla et se prépara avec une sorte de sensualité à passer une excellente nuit.

Contre l'usage de ces sortes d'histoires, nous laisserons le général en possession de son appartement jusqu'au lendemain matin.

La compagnie se réunit de bonne heure pour déjeuner ; mais le général Browne — qui, de tous les convives que l'hospitalité de lord Woodville avait réunis autour de lui, semblait être celui qu'il désirait le plus honorer — le général Browne ne parut pas. Lord Woodville exprima à diverses reprises la surprise que lui causait l'absence du général, et enfin il envoya un domestique s'informer de lui. Cet homme revint dire que le général Browne était sorti dès le matin de très bonne heure, malgré le temps froid et brumeux.

— Résultat de la vie militaire, dit le jeune lord à ses amis ; la plupart de ceux qui ont servi acquièrent ainsi des habitudes de vigilance, et ne peuvent plus dormir passé l'heure matinale où leur devoir leur commande habituellement d'être sur pied.

Cependant l'explication présentée ainsi par lord Woodville à ses amis ne lui semblait guère satisfaisante à lui-même ; il devint silencieux, et ce fut comme absorbé dans ses propres pensées qu'il attendit le retour du général. Celui-ci ne revint que près d'une heure après la cloche du déjeuner. Il paraissait fatigué et livré à un accès de fièvre. Ses cheveux, qu'une des occupations les plus importantes de toute la journée d'un homme était alors de poudrer et d'arranger, et qui marquaient le rang que l'on occupait dans la *fashion*, autant que de nos jours le nœud d'une cravate bien ou mal fait, ses cheveux étaient en désordre, sans poudre et humides de rosée. Ses vêtements étaient jetés sur lui avec une insouciante négligence remarquable chez un militaire, dont les devoirs, réels ou supposés, comprennent habituellement un certain soin donné à la toilette ; son œil était hagard, et avait quelque chose d'égaré.

— Ainsi vous avez pris de l'avance sur nous ce matin, mon cher général, lui dit lord Woodville ; ou bien vous n'avez pas trouvé votre lit autant à votre idée que je l'espérais et que vous sembliez vous y attendre. Comment avez-vous dormi cette nuit?

— Oh! parfaitement bien, — étonnamment bien, — aussi bien que j'aie jamais dormi de ma vie, — répondit le général Browne rapidement, et cependant avec un air d'embarras qui n'échappa point à son ami. Il prit alors à la hâte une tasse de thé, et refusant ou laissant sur son assiette tout ce qu'on lui offrit, il parut tomber dans un accès de rêverie profonde.

— Vous prendrez un fusil aujourd'hui, général ? lui dit son ami et amphitryon ; mais il fallut que celui-ci répétât deux fois la question avant de recevoir cette réponse, articulée subitement et comme avec effort : Non, mylord ; je ne pourrai, à mon grand regret, avoir l'honneur de passer une autre journée avec Votre Seigneurie : mes chevaux de poste sont commandés, et seront ici dans un instant.

Toutes les personnes présentes manifestèrent leur surprise, et lord Woodville répliqua aussitôt : Des chevaux de poste, mon bon ami ! quel besoin pouvez-vous avoir de chevaux de poste, quand vous avez promis de demeurer tranquillement avec moi pendant au moins une semaine ?

— Je crois en effet, repartit le général, évidemment fort embarrassé, que dans le premier moment de plaisir que j'ai éprouvé en retrouvant Votre Seigneurie, j'ai pu parler de passer ici quelques jours ; mais depuis j'ai trouvé cela tout-à-fait impossible.

— Voilà qui est très extraordinaire, reprit le jeune lord. Hier vous paraissiez entièrement libre, et rien de nouveau ne peut vous appeler aujourd'hui ; notre courrier n'est pas encore arrivé de la ville, et par conséquent vous ne pouvez avoir reçu de lettres.

Sans donner d'autre explication, le général Browne murmura quelque chose d'affaires indispensables, et se retrancha dans l'absolue nécessité de son départ de manière à ne plus permettre à son hôte de s'y opposer ; voyant que la résolution de son ami était prise, lord Woodville s'abstint donc d'une plus longue insistance.

— Du moins, mon cher Browne, reprit-il, puisqu'il faut absolument que vous partiez, permettez-moi de vous montrer le point de vue de la terrasse, que le brouillard qui se lève va bientôt nous découvrir.

En même temps il ouvrit une porte vitrée, et descendit quelques marches qui conduisaient à la terrasse. Le général le suivit machinalement, et semblait prêter peu d'attention à ce que disait son hôte, qui lui désignait, au milieu d'une vaste et riche perspective, différents objets dignes d'observation. Ils continuèrent d'avancer ainsi jusqu'à ce que lord Woodville eût attiré son hôte, comme il en avait eu l'intention, tout-à-fait à l'écart du reste de la société ; s'arrêtant alors et se plaçant vis-à-vis de lui, il lui dit d'un ton solennel :

— Richard Browne, mon ancien et excellent ami, nous voici seuls. Promettez-moi, sur votre parole d'ami et sur votre honneur comme soldat, de répondre sincèrement à la question que je vais vous faire : Comment en réalité avez-vous reposé cette nuit ?

— Horriblement mal en effet, mylord, répondit le général du même ton de solennité ; — si mal que je ne voudrais pas courir le risque d'une seconde nuit semblable, non seulement pour toutes les terres dépendantes de ce château, mais pour tout le pays que j'aperçois de ce point de vue élevé.

— Voilà qui est bien extraordinaire, dit le jeune lord comme s'il se fût parlé à lui-même ; il faut donc qu'il y ait quelque chose de vrai dans ce qu'on dit au sujet de cette chambre. — Puis se tournant de nouveau vers le général, il reprit : Pour l'amour de Dieu, mon cher ami, soyez sincère avec moi, et dites-moi bien en détail ce qui a pu vous arriver de fâcheux sous un toit où je n'aurais voulu vous procurer qu'agrément et bien-être.

Le général parut vivement contrarié de cet appel à sa franchise, et se tut un moment avant de répondre. — Mon cher Woodville, dit-il enfin, ce qui m'est arrivé cette nuit est d'une nature si singulière et si désagréable, que je pourrais difficilement me décider à vous en donner le détail, même à vous, mylord, n'était-ce qu'indépendamment du désir que j'ai de vous satisfaire, je pense que la sincérité de ma part conduira peut-être à l'explication d'une circonstance aussi pénible que mystérieuse. Devant d'autres, la communication que je vais vous faire pourrait me donner l'apparence d'un homme faible d'esprit et sottement superstitieux, qui s'est laissé séduire et égarer par son imagination ; mais vous qui m'avez connu depuis mon enfance, vous ne me soupçonnerez pas d'avoir adopté dans l'âge mûr les sentiments et les faiblesses dont ma jeunesse fut exempte. — Il s'arrêta, et son ami reprit :

—Ne doutez pas de ma confiance absolue dans la vérité de ce que vous m'allez dire, quelque étrange que ce puisse être ; je connais trop la fermeté de votre caractère pour vous soupçonner d'avoir pu vous laisser abuser, et je suis certain que votre honneur et votre amitié vous empêcheraient également d'exagérer ce que vous avez vu, quoi que ce puisse être.

—Hé bien donc, je vais vous raconter mon histoire, me confiant en votre générosité ; et cependant, je sens que j'aimerais mieux me trouver en face d'une batterie que de reporter ma pensée sur les affreux souvenirs de la nuit dernière.

Il s'arrêta une seconde fois ; puis s'apercevant que lord Woodville restait silencieux et attentif, il commença, bien qu'avec une répugnance évidente, le récit de ses aventures nocturnes dans la Chambre Tapissée.

« Hier au soir, dès que vous m'eûtes quitté, mylord, je me déshabillai et je me mis au lit ; mais le feu qui flambait vis-à-vis de moi dans la cheminée et répandait une vive clarté jusque sur mon chevet, joint à une foule de souvenirs d'enfance et de jeunesse qu'avait rappelés en moi le plaisir inattendu de notre rencontre, m'empêcha de m'endormir immédiatement. Je dois dire, cependant, que ces réflexions étaient toutes d'une nature agréable et gaie, car je ne songeais qu'au bonheur d'avoir pour quelque temps échangé les travaux, les fatigues et les dangers de ma profession contre les jouissances d'une vie paisible, et d'avoir renoué des liens d'amitié et d'affection que j'avais rompus à l'impérieux appel de la guerre.

» Tandis que ces réflexions agréables glissaient en quelque sorte sur mon esprit et me disposaient peu à peu au sommeil, je fus subitement tiré de mon demi assoupissement par un bruit pareil au bruissement d'une robe de soie et au choc de souliers à hauts-talons sur le plancher, comme si une femme eût marché dans la chambre. Avant que j'eusse eu le temps d'écarter le rideau pour voir ce que c'était, une petite figure de femme passa entre le lit et le feu. Cette forme féminine me tournait le dos, et je pus remarquer aux épaules et au cou que c'était une femme âgée, vêtue d'une de ces robes à l'ancienne mode que les dames appellent, je crois, un *sac* : c'est-à-dire une sorte de robe complètement lâche au corps, mais froncée au cou et aux épaules en larges plis, qui retombent jusqu'à terre et se terminent en une espèce de queue.

» Je trouvai l'intrusion assez singulière, mais il ne me vint pas un seul moment à l'idée que ce que je voyais pût être autre chose que la forme mortelle de quelque vieille femme de la maison qui avait la fantaisie de s'habiller comme sa grand'mère, et qui, ayant peut-être été délogée de sa chambre pour moi (car vous m'aviez dit, mylord, que vous étiez un peu serrés au château), avait oublié la circonstance, et revenait à son vieux gîte au coup de minuit. Dans cette persuasion, je me remuai dans le lit et je toussai légèrement, pour avertir ma visiteuse que j'étais en possession des lieux. — Elle se retourna lentement ; mais, juste ciel ! mylord, quelle tête elle me montra ! Il n'y avait plus à douter de ce que c'était, ni à penser que je visse un être vivant. Sur un visage dont les traits roidis étaient ceux d'un cadavre, on voyait imprimées les traces des passions les plus viles et les plus hideuses dont un mortel puisse être animé. Le corps de quelque atroce criminelle semblait être sorti de la tombe, et l'âme avoir quitté le feu de l'enfer pour revenir s'unir un moment à l'ancien complice de ses crimes. Je me dressai et m'assis dans mon lit en me soutenant sur les deux mains, en même temps que je contemplais fixement cet horrible spectre. La mégère fit, à ce qu'il me parut, une seule et rapide enjambée jusqu'au lit et s'y accroupit, précisément dans la même attitude que j'avais prise dans l'excès de ma terreur, avançant sa physionomie diabolique à un pied de la mienne, avec une grimace où semblait se révéler la malice et la dérision d'un démon incarné. »

Ici le général Browne s'arrêta, pour essuyer de son front la sueur froide dont le souvenir de son horrible vision l'avait couvert.

« Mylord, reprit-il, je ne suis pas lâche. Je me suis trouvé dans tous les dangers attachés à ma profession, et je puis me vanter avec vérité que jamais homme au monde n'a vu Richard Browne déshonorer l'épée qu'il porte; mais dans cette horrible circonstance, sous les yeux, et, à ce qu'il semblait, presque sous l'étreinte d'une incarnation de l'esprit du mal, toute ma fermeté m'abandonna, je sentis mon courage se fondre comme de la cire dans un brasier, et chacun de mes cheveux se dresser sur ma tête. Mon sang cessa de circuler, et je retombai en arrière privé de tout sentiment, victime d'une terreur panique autant que le fut jamais fille de village ou enfant de dix ans. Combien de temps dura mon évanouissement, c'est ce que je ne saurais dire.

» Mais j'en fus tiré par l'horloge du château qui sonnait une heure, avec un son si éclatant qu'il semblait qu'elle fût dans ma chambre même. Je fus quelque temps sans oser ouvrir les yeux, de peur de retrouver devant moi l'horrible spectre. Quand néanmoins j'eus rassemblé assez de courage pour regarder dans la chambre, la vieille n'était plus visible. Ma première idée fut de sonner, d'éveiller les domestiques et de me réfugier dans un grenier ou dans un fenil, pour me mettre à l'abri d'une seconde visite. Et même je dois avouer la vérité : si je changeai de résolution, ce ne fut pas par la honte de m'exposer au ridicule, mais parce que le cordon de la sonnette se trouvant près de la cheminée, je craignis, en allant jusque là, de me croiser avec l'infernale sorcière, que je me figurais pouvoir être encore fourrée dans quelque coin de la chambre.

» Je ne chercherai pas à vous donner une idée des accès de frissons ou de fièvre brûlante qui ne m'ont pas quitté du reste de la nuit, pendant mes alternatives de sommeil interrompu et de pesantes insomnies, et durant ces intervalles qui sans être ni le sommeil ni la veille tiennent de tous les deux. Cent visions horribles m'apparurent; mais entre la vision que je vous ai décrite et celles qui suivirent il y a cette grande différence, que je sentais fort bien que celles-ci étaient autant d'aberrations de ma propre imagination et de mes nerfs surexcités.

» Enfin le jour parut, et je quittai mon lit, souffrant et humilié. J'étais honteux de moi-même comme homme et comme soldat, d'autant plus honteux que je sentais quelle extrême impatience j'avais de m'échapper de cette chambre hantée, impatience qui n'en dominait pas moins toute autre considération ; de sorte que, m'étant habillé à la hâte, je sortis précipitamment du château, pour aller chercher au grand air quelque soulagement à l'agitation de mes nerfs, ébranlés comme ils l'avaient été par cette horrible apparition d'une habitante de l'autre monde, car je ne puis voir en elle autre chose. Vous savez maintenant, mylord, la cause de mon trouble et de mon désir subit de quitter votre maison hospitalière. J'espère bien que nous nous rencontrerons souvent en d'autres lieux ; mais Dieu me préserve de passer une seconde nuit sous le toit de ce château! »

Quelque étrange que fût le récit du général, l'air de conviction profonde avec lequel il parlait coupa court à tous les commentaires auxquels donnent habituellement lieu ces sortes d'histoires. Lord Woodville ne lui demanda pas s'il était bien certain que l'apparition ne fût pas un rêve, et ne mit en avant aucune des explications possibles par lesquelles il est de mode de rendre raison des apparitions surnaturelles, telles que les aberrations d'une imagination frappée, ou les illusions de la perception visuelle. Il parut au contraire profondément pénétré de la réalité de ce qu'il venait d'entendre ; et après une longue pause il exprima, avec tous les dehors d'une grande sincérité, le regret que son ami d'enfance eût si cruellement souffert dans sa maison.

— Je suis d'autant plus fâché de ce qui est arrivé, mon cher Browne, continua-t-il, que c'est le résultat, bien inattendu à la vérité, d'une expérience que j'ai voulu faire. Il faut que vous sachiez que du temps de mon père, et même de mon grand-père, la chambre qu'on vous a donnée cette nuit avait été fermée à cause du bruit qu'on avait répandu qu'elle était troublée par la fréquentation d'êtres surnaturels. Lorsque, il y a quelques semaines, j'entrai en possession du domaine, je pensai que le château n'offrait pas à mes amis une assez grande surabondance de logements pour que je pusse laisser les habitants du monde invisible en possession d'une chambre à coucher confortable. Je fis donc ouvrir la Chambre Tapissée, comme on l'appelle ; et sans en détruire l'air d'antiquité, j'y fis placer les objets d'ameublement qui conviennent aux habitudes de notre époque. Néanmoins, comme l'opinion que la chambre était hantée était très fortement enracinée dans l'esprit des domestiques, et que même la tradition était connue de mes voisins et de la plupart de mes amis, je craignis que le premier occupant de la Chambre Tapissée ne conservât quelques préventions qui pourraient avoir pour résultat de redonner une nouvelle force à la mauvaise réputation de cette chambre, et qui ainsi s'opposeraient au dessein que j'avais d'en faire une partie utile du château. Je dois convenir, mon cher Browne, que votre arrivée hier, qui m'était agréable sous mille autres rapports, me parut l'occasion la plus favorable de faire cesser ces rumeurs désagréables attachées à la chambre, votre courage étant indubitable, et votre esprit libre de toute préoccupation à cet égard. Je n'aurais donc pu choisir un sujet plus convenable pour mon expérience.

— Sur ma vie, dit le général Browne d'un ton quelque peu vif, je vous suis infiniment obligé, mylord, — je vous ai une obligation toute particulière, en vérité. Il est vraisemblable que je me souviendrai quelque temps des conséquences de l'expérience, comme Votre Seigneurie veut bien l'appeler.

— Vous êtes injuste, mon cher ami. Il ne vous faudra qu'un seul instant de réflexion pour être convaincu que je ne pouvais prévoir la possibilité de l'affreuse vision à laquelle vous avez été si malheureusement exposé. Hier matin encore j'étais d'un scepticisme complet au sujet des apparitions surnaturelles. Et même je suis certain que si je vous avais informé des bruits relatifs à cette chambre, c'eût été pour vous un motif de la choisir précisément de préférence à toute autre. C'est pour moi un véritable malheur, peut-être même est-ce le résultat d'une erreur de ma part, que vous ayez été si étrangement tourmenté; mais réellement on ne peut dire que ce soit ma faute.

— Etrangement tourmenté, en effet! dit le général, reprenant sa bonne humeur; et je conviens ne pas avoir le droit d'être offensé de ce que Votre Seigneurie m'a cru ce que je m'étais toujours cru moi-même, — un homme ferme et courageux. — Mais je vois que mes chevaux de poste sont arrivés, et je ne veux pas vous priver plus long-temps de vos amusements, mylord.

— Mais du moins, mon vieil ami, repartit lord Woodville, puisque vous ne pouvez demeurer avec nous un jour de plus, ce dont je ne puis en vérité vous presser plus long-temps, donnez-moi du moins encore une demi-heure. Vous aimiez autrefois les tableaux, et j'ai une galerie de portraits de famille, dont quelques uns sont de Vandyke, et qui représentent tous ceux à qui ce domaine et ce château ont précédemment appartenu. Je pense que plusieurs de ces portraits ne vous paraîtront pas sans mérite.

Le général Browne accepta l'invitation, quoique un peu à contre-cœur. Il était évident qu'il ne respirerait librement et à l'aise que lorsqu'il aurait laissé Woodville-Castle loin derrière lui. Il ne pouvait refuser l'invitation de son ami, cependant; d'autant moins qu'il était un peu honteux de l'humeur qu'il avait montrée envers son amphitryon, dont l'événement avait trahi les bonnes intentions.

Le général suivit donc lord Woodville à travers plusieurs pièces, jusqu'à une longue galerie tapissée de portraits, que ce dernier désignait à son hôte en lui nommant successivement les personnages représentés et en lui donnant quelques détails sur la vie et les actions de chacun d'eux. Le général Browne prenait peu d'intérêt à ces détails : il est vrai qu'ils étaient de la nature de ceux que comporte habituellement une galerie de vieux portraits de famille. Ici c'était un *Cavalier* qui avait perdu le domaine dans la cause royale ; là une belle dame qui l'avait fait rentrer dans la famille en épousant une riche *Tête-ronde*. Dans cet entre-deux était suspendu un brave qui avait couru de grands dangers en correspondant avec la cour exilée de Saint-Germain ; plus loin, un autre qui à la révolution avait pris les armes pour le roi Guillaume, et à côté, un troisième qui avait jeté alternativement son poids dans la balance pour les whigs et pour les torys.

Tandis que lord Woodville prononçait ces derniers mots à l'oreille de son hôte, ils arrivèrent au milieu de la galerie. Là il vit le général Browne tressaillir tout-à-coup et prendre une attitude d'extrême surprise, non sans quelque mélange de crainte, au moment où ses yeux furent attirés et se fixèrent sur le portrait d'une vieille dame portant ce costume appelé *sac*, à la mode vers la fin du dix-septième siècle.

— C'est elle ! s'écria-t-il ; — voilà les formes et les traits de la sorcière maudite qui m'a visité cette nuit, quoique son visage n'ait pas au même degré une expression infernale.

— Si cela est, dit le jeune lord, il ne peut plus rester aucun doute sur l'horrible réalité de votre apparition. C'est le portrait d'une détestable femme de ma famille, dont nos archives ont enregistré une épouvantable liste de crimes. Le récit en serait trop horrible ; il suffit de dire qu'un inceste et un meurtre dénaturé furent commis dans cette chambre fatale. Je la rendrai à la solitude à laquelle le meilleur jugement de mes prédécesseurs l'avaient condamnée ; et jamais, aussi long-temps que je pourrai l'empêcher, personne ne sera exposé à la répétition de l'horrible scène qui a pu ébranler un courage tel que le vôtre.

Ce fut ainsi que les deux amis, qui s'étaient revus avec tant de joie, se séparèrent dans une disposition d'esprit bien différente : lord Woodville pour ordonner qu'on démeublât la Chambre Tapissée et qu'on en murât la porte ; et le général Browne pour aller chercher dans quelque pays moins pittoresque et près de quelque ami moins élevé en dignité l'oubli de la pénible nuit qu'il avait passée à Woodville-Castle.

FIN DE LA CHAMBRE TAPISSÉE.

LA MORT

DU LAIRD'S JOCK.

LA MORT

DU

LAIRD'S JOCK [1].

A L'ÉDITEUR DU KEEPSAKE.

Vous m'avez demandé, monsieur, de vous indiquer un sujet de tableau, et je sens qu'il est difficile de satisfaire à votre désir ; bien qu'assurément je ne sois pas sans quelque habitude de la composition littéraire, ni absolument étranger aux histoires ou traditions les plus propres à fournir des sujets à l'art du peintre. Mais quoique *sicut pictura poesis* soit un vieil axiome hors de contestation ; — quoique la poésie et la peinture aient toutes les deux le même but, exciter l'imagination des hommes en lui présentant des images agréables ou sublimes de scènes idéales, — néanmoins, l'une arrivant à l'esprit par les oreilles, et l'autre ne s'adressant qu'aux yeux, les sujets les plus propices pour le barde ou le conteur sont souvent complétement impropres à la peinture, où l'artiste doit présenter à la fois aux regards tout ce que son art a le pouvoir de nous dire. Le peintre ne peut ni récapituler le passé ni indiquer l'avenir. Ce qui est *actuel* est la seule chose qu'il puisse présenter ; et il résulte de là, sans nul doute, que nombre de sujets qui nous causent un vif plaisir en poésie ou dans la narration, soit réelle, soit fictive, ne sauraient être avantageusement transportés sur la toile.

Sentant jusqu'à un certain point ces difficultés, bien que sans doute je n'en connaisse pas toute l'étendue et que j'ignore aussi les moyens par lesquels on peut les modifier ou les surmonter, je me suis néanmoins hasardé à mettre par écrit la tradition suivante, la regardant comme une histoire dans laquelle, les détails généraux étant connus, l'in-

---

[1] La manière dont cette bagatelle fut transmise dans le temps à l'éditeur du Keepsake de 1828, M. F. M. Reynolds, ne saurait donner matière à une préface. (W. S.)

térêt est tellement concentré dans un moment de passion puissante et douloureuse, qu'elle peut être comprise et exciter l'intérêt au premier coup d'œil. Je présume donc qu'elle pourra fournir une inspiration à quelqu'un des nombreux artistes qui dans ces dernières années se sont distingués dans l'école anglaise, qu'ils soutiennent et à laquelle ils font prendre un nouvel essor.

Assez a été dit et chanté au sujet

> Du Pays-Contesté, le belliqueux Border,

pour que les habitudes des populations qui l'occupaient avant l'union de l'Angleterre et de l'Écosse soient familières à la plupart de vos lecteurs. Ce qu'il y avait de rude et de farouche dans leur caractère était adouci par leur goût pour la poésie; ce qui a donné lieu à l'adage que sur les frontières chaque vallée a sa bataille et chaque rivière sa chanson. Une sorte de grossière chevalerie y fut constamment en vigueur, et les combats singuliers étaient regardés comme l'amusement des intervalles de trêve bien peu nombreux qui suspendaient les exercices de la guerre. L'incident suivant peut montrer combien cette coutume était invétérée.

Bernard Gilpin, l'apôtre du Nord, le premier qui entreprit de prêcher les doctrines protestantes aux habitants des vallées du Border, fut surpris, en entrant dans une de leurs églises, de voir un gantelet suspendu au-dessus de l'autel. Sur sa demande de ce que signifiait la présence d'un symbole si peu convenable dans ce lieu sacré, il apprit du clerc que ce gant était celui d'un guerrier fameux, qui l'avait appendu là comme emblème d'un défi général et comme gage de combat pour quiconque oserait relever le signe fatal. — Atteignez-le-moi, dit le révérend ecclésiastique. Le clerc et le bedeau déclinèrent également la périlleuse commission, et le bon Bernard Gilpin fut obligé d'enlever le gant de ses propres mains, recommandant à ceux qui se trouvaient là d'informer le champion que c'était lui, Bernard Gilpin, et non pas un autre, qui s'était emparé du gage du défi. Mais le champion n'osa pas plus venir affronter Bernard Gilpin que le clerc et son aide n'avaient osé déplacer le gage de combat.

L'histoire suivante remonte aux dernières années du règne d'Elisabeth, et les événements eurent lieu dans le Liddesdale, district montueux et pastoral du Roxburghshire, qui, sur une partie de sa frontière, n'est séparé de l'Angleterre que par un petit cours d'eau.

Au bon vieux temps, durant cette période belliqueuse dont les violences, les agitations et les déchirements ont laissé de si aimables souvenirs, cette vallée était principalement cultivée par le clan des Armstrong [1]. Le chef de cette race belliqueuse était le laird de Mangerton.

---

[1] Les Bras-Forts.

A l'époque dont je parle, le domaine de Mangerton, avec le pouvoir et la dignité de *chef*, était possédé par John Armstrong, homme également remarquable par sa taille, sa force et son courage. Du vivant de son père il était distingué de ceux qui, dans son clan, portaient le même nom, par l'épithète de *Laird's Jock*, c'est-à-dire fils du laird Jock (ou Jacques). Il rendit ce sobriquet fameux par tant d'actions valeureuses, qu'il le conserva même après la mort de son père, et que c'est ainsi qu'il est désigné tant dans les archives authentiques que dans la tradition. Quelques uns de ses hauts faits sont consignés dans les Chants du Border d'Écosse, et d'autres sont mentionnés dans les chroniques contemporaines.

Dans ces sortes de combats singuliers dont nous avons parlé tout-à-l'heure le Laird's Jock était sans rival, et pas un champion du Cumberland, du Westmoreland ou du Northumberland ne pouvait se mesurer contre sa gigantesque épée à deux mains que peu d'autres pouvaient même soulever. Cette *terrible épée*, ainsi que le peuple la nommait, lui était aussi chère que Durandale ou Flamberge étaient chères à leurs maîtres, et elle n'était guère moins redoutable à ses ennemis que ne l'étaient ces glaives fameux aux ennemis de la chrétienté. Cette arme lui avait été léguée par un célèbre *outlaw*[1] anglais nommé Hobbie Noble, qui, s'étant mis mal avec la justice par je ne sais quel exploit, vint chercher un refuge dans le Liddesdale et s'attacha à la fortune du célèbre Laird's Jock, ou plutôt devint son frère d'armes, jusqu'à ce que s'étant aventuré en Angleterre avec une petite escorte, un guide infidèle et une simple épée ordinaire au lieu de son pesant espadon, Hobbie Noble, attaqué par des forces supérieures, fut pris et exécuté.

Avec cette arme, et grâce à sa propre force ainsi qu'à son adresse, le Laird's Jock conserva la réputation du meilleur *swordsman*[2] du Border, et battit ou tua un grand nombre de rivaux qui s'aventurèrent à lui disputer ce titre formidable.

Mais les années passent pour le fort et le brave aussi bien que pour le faible et le timide. Avec le temps, le Laird's Jock devint incapable de porter ses armes, et finalement de tout effort et de toute activité, même les plus ordinaires. Le champion désemparé se vit enfin condamné à garder le lit, et complètement livré aux soins pieux d'une fille unique, sa garde et sa compagne de tous les instants.

Outre cette fille soumise, le Laird's Jock avait un fils, à qui était dévolue la tâche périlleuse de conduire le clan au combat et de soutenir la réputation guerrière de son pays natal, que les Anglais lui disputaient alors en mainte occasion. Le jeune Armstrong était actif, brave et robuste, et il avait rapporté chez son père, d'une foule d'expéditions

---

[1] Bandit, proscrit, — littéralement hors la loi. (L. V.)
[2] Homme d'épée.

dangereuses, des témoignages d'honorables succès. Il semblerait néanmoins que l'ancien chef ne trouvait pas que son fils eût encore acquis assez d'âge et d'expérience pour qu'on lui confiât l'épée à deux mains au moyen de laquelle lui-même avait obtenu une réputation si terrible.

Il arriva enfin qu'un champion anglais, un homme du nom de Foster (si j'ai bonne mémoire), eut l'audace d'envoyer un défi au meilleur *swordsman* du Liddesdale ; et le jeune Armstrong, brûlant d'acquérir une distinction chevaleresque, accepta ce défi.

Le cœur du vieillard impotent se gonfla de joie quand il apprit que le défi avait été envoyé et accepté, et que la rencontre devait avoir lieu sur un terrain neutre consacré à cet usage, et que lui-même avait illustré par de nombreuses victoires. Il triomphait tellement de celle-ci dont il jouissait d'avance, que pour redoubler la hardiesse et les forces de son fils il lui conféra, comme champion de son clan et de sa vallée, l'arme fameuse dont jusque là il avait conservé la garde.

Ce ne fut pas tout. Quand arriva le jour du combat, le Laird's Jocks prit la résolution, en dépit des remontrances de sa fille, et quoique depuis deux ans il n'eût pas quitté son lit, d'assister personnellement au duel. Sa volonté fut encore une loi pour ses gens, qui le portèrent sur leurs épaules, enveloppé de plaids et de couvertures, à l'endroit où le combat devait avoir lieu, et l'assirent sur un fragment de rocher qu'on appelle encore la pierre du Laird's Jock. Il resta là les yeux fixés sur la lice où les deux champions étaient sur le point d'en venir aux mains. Sa fille, ayant entouré son père de tous les soins et de toutes les précautions possibles, se tint immobile auprès de lui, partagée entre les inquiétudes qu'elle éprouvait pour sa santé et celle que lui donnait l'issue du combat où allait s'engager son frère bien-aimé. Avant qu'il ne commençât, cependant, les anciens contemplaient leur chef qu'ils revoyaient pour la première fois depuis plusieurs années, et comparaient tristement ses traits altérés et son corps ruiné avec ce qu'ils se souvenaient de l'avoir vu autrefois, un modèle de vigueur et de mâle beauté. Les jeunes gens regardaient sa gigantesque et puissante structure, et croyaient voir en lui quelque géant antédiluvien qui aurait survécu au déluge.

Mais le son des trompettes parti des deux côtés rappela l'attention de chacun sur la lice qu'entourait une foule de spectateurs des deux nations, impatiente de voir l'issue du duel. Les combattants en vinrent aux mains. Il est inutile de décrire la lutte : le champion écossais succomba. Foster, posant le pied sur son antagoniste, s'empara de la redoutable épée, si précieuse aux yeux du vieillard qui l'avait si long-temps possédée, et la brandit au-dessus de sa tête comme un trophée de sa victoire. L'Anglais poussa une acclamation de triomphe. Mais le cri de désespoir de l'ancien champion, qui voyait son pays déshonoré, et son épée, long-temps la terreur de leur race, en possession d'un Anglais, ce cri fut entendu au-dessus des acclamations de victoire. Un instant il sembla animé de toute son ancienne vigueur; par un élan rapide il quitta le rocher où il était assis, et tandis que les vêtements dont on l'avait enveloppé tombaient de son corps usé et montraient les ruines de cet ancien colosse de force, il leva les bras au ciel et poussa un cri d'indignation, d'horreur et de désespoir, qui fut entendu, dit la tradition, à une distance extraordinaire, et qui ressemblait au rugissement d'un lion mourant plus qu'au son d'une voix humaine.

Ses amis le reçurent dans leurs bras, complétement épuisé par l'effort qu'il avait fait, et ils le reportèrent à son castel au milieu d'une douleur muette; tandis que sa fille tout à la fois pleurait son frère et s'efforçait d'adoucir et de calmer le désespoir de son père. Mais ce fut impossible; le seul lien qui attachât encore le vieillard à la vie avait été brusquement rompu, et son cœur avait été brisé du même coup. La mort de son fils n'était pour rien dans sa douleur; s'il pensait à lui, c'était comme à l'enfant dégénéré par qui l'honneur de son pays et de son clan avait été perdu, et il expira au bout de trois jours sans même avoir prononcé son nom, mais se répandant en lamentations incessantes sur la perte de sa noble épée.

Il me semble que le chef que l'âge a rendu impuissant et poussé à un dernier effort par l'angoisse du moment, est favorable à l'objet que se propose un peintre. Il y pourrait trouver le grand avantage de mettre en opposition les formes anguleuses du vieillard, dans un transport de fureur et de désespoir, avec l'harmonieuse beauté des formes féminines. Le champ fatal pourrait être jeté en perspective, de manière à faire pleinement ressortir les deux figures principales; et avec la seule explication que le tableau représente un guerrier qui voit son fils tué et l'honneur de son pays perdu, la peinture serait suffisamment intelligible au premier coup d'œil. Si l'on croyait nécessaire de montrer plus clairement la nature du conflit, elle pourrait être indiquée par la bannière de saint George déployée à une des extrémités de la lice, et celle de saint André à l'autre.

    Je suis, monsieur,
        Votre obéissant serviteur,

L'Auteur de Waverley.

FIN DE LA MORT DU LAIRD'S JOCK.

LA FILLE

DU CHIRURGIEN.

LA FILLE DU CHIRURGIEN.

CHAPITRE PREMIER,

SERVANT D'INTRODUCTION.

> Muse, monte ta lyre, puisqu'on a réclamé tes chants; dispense les louanges qu'exigent les règlements de la cour. *Odes d'épreuves.*

Le moment où l'on termine une entreprise littéraire, en tout ou en partie, est accompagné, du moins pour qui n'en a pas l'habitude, d'une titillation irritante pareille à celle qui suit la cicatrisation d'une blessure, — d'une sorte de prurit causé par l'impatience de savoir ce que le monde en général, et nos amis en particulier, diront de nos travaux. Quelques auteurs, m'a-t-on dit, professent à ce sujet une parfaite indifférence [1]; quant à moi, j'ai peine à croire à leur sincérité. D'autres peuvent acquérir cette indifférence par l'habitude; mais, dans mon humble opinion, un néophyte tel que moi doit être long-temps incapable d'un pareil sang-froid.

Franchement, j'étais honteux des émotions puériles que j'éprouvai en cette occasion. Personne ne pourrait dire de plus belles choses que je n'en avais dit sur l'importance du stoïcisme quant à l'opinion des autres, quand l'applaudissement ou la censure se rapporte uniquement à la réputation littéraire; et j'étais bien décidé à mettre mon ouvrage sous les yeux du public sans m'en donner plus de souci que n'en prend l'autruche lorsqu'elle dépose ses œufs dans le sable, ne se donnant pas l'embarras de les couver et laissant à l'atmosphère à faire ou non éclore les petits, selon que la température sera ou ne sera pas favorable. Mais

---

[1] Une indifférence d'huître, dit le texte : *oyster-like indifference.*

quoique autruche en théorie, je devins en pratique une pauvre poule, qui n'a pas plus tôt achevé sa ponte qu'elle se met à courir çà et là en caquetant pour appeler l'attention de chacun sur l'œuvre merveilleuse qu'elle vient de produire.

Dès que je tins mon premier volume, proprement broché et cartonné, j'éprouvai un besoin insurmontable de le communiquer à quelqu'un. Janet était inexorable, et paraissait déjà lasse de mes confidences littéraires; car chaque fois que j'approchais de ce sujet, elle commençait par l'éluder aussi long-temps qu'il lui était possible, puis, sous un prétexte ou sous un autre, elle battait en retraite vers la cuisine ou le grenier, ses domaines privés et inviolables. Mon éditeur aurait été une ressource naturelle; mais il entend trop bien ses affaires et s'en occupe trop attentivement pour vouloir entrer dans des discussions littéraires, pensant sagement que celui qui a des livres à vendre a rarement le temps de les lire. Mes autres connaissances, maintenant que j'ai perdu mistress Bethune Baliol, sont de celles que l'on voit par hasard et de loin en loin; je ne me sentais pas la hardiesse de leur faire part de la nature de mon malaise, et probablement elles n'auraient fait que rire de moi si j'avais cherché à les intéresser à mes labeurs.

Ainsi réduit à une sorte de désespoir, je pensai à mon homme d'affaires, à mon ami M. Fairscribe. Ses habitudes, il est vrai, n'étaient probablement pas de nature à lui faire prêter une oreille indulgente à une œuvre de littérature légère, et même j'avais plus d'une fois vu ses filles, surtout ma petite chanteuse, cacher dans leur sac à ouvrage quelque chose qui ressemblait fort à un volume de cabinet de lecture, aussitôt que leur père entrait dans la chambre. Néanmoins, M. Fairscribe était non seulement pour moi un ami sûr, mais presque mon unique ami; et je ne doutai pas qu'il ne prît intérêt au livre en considération de l'auteur, si l'ouvrage même ne pouvait lui en inspirer. Je le lui envoyai donc soigneusement enveloppé, avec quelques lignes par lesquelles je lui demandais la faveur de son opinion sur le contenu, affectant de lui parler de l'ouvrage sur ce ton de dépréciation qui appelle nécessairement la contradiction, pour peu que votre correspondant possède un atome de civilité.

Cette communication eut lieu un lundi, et tous les jours j'attendais une invitation (que j'étais honteux de prévenir en me présentant de moi-même, quoique certain d'être le bienvenu) à aller manger un œuf, ce qui était la phrase favorite de mon ami, ou un billet pour aller prendre le thé avec les filles de M. Fairscribe, ou tout au moins pour aller déjeuner avec mon ami, et causer ensuite du contenu de mon envoi. Mais les heures et les jours s'écoulèrent depuis le lundi jusqu'au samedi, et rien ne vint même m'assurer que mon paquet fût arrivé à sa destination. — Ceci ne ressemble guère à la ponctualité de mon digne ami, pensai-je; et après avoir fait subir à James, mon serviteur mâle, maint et maint interrogatoire sur le moment, le lieu et les autres circonstances de la remise du volume, il ne me resta plus qu'à me mettre l'imagination à la torture pour trouver une raison au silence de mon ami. Quelquefois je pensais que son opinion de l'ouvrage s'était trouvée tellement défavorable, qu'il répugnait à froisser mon amour-propre en me la faisant connaître ; — d'autres fois, qu'échappant aux mains de celui à qui il était destiné le volume avait pénétré jusqu'à son étude et y était devenu un sujet de critique pour ses clercs, tous goguenards et infatués d'eux-mêmes depuis les premiers jusqu'au dernier. — Mordieu! pensai-je, si j'en étais sûr, je....

— Et que feriez-vous? me dit la Raison après un moment de réflexion. Vous avez l'ambition de voir votre livre pénétrer à Edimbourg partout où se lit et s'écrit quelque chose, et vous prenez feu à la seule pensée qu'il puisse être critiqué par les jeunes gens de M. Fairscribe? Soyez donc un peu conséquent.

— Je serai conséquent, répliquai-je d'un ton assez bourru; mais cela ne m'empêchera pas d'aller voir ce soir M. Fairscribe.

Je hâtai mon dîner, j'endossai ma grande redingote (car la soirée menaçait d'être pluvieuse), et je pris le chemin du logis de M. Fairscribe. Le vieux domestique m'entr'ouvrit la porte, et prévenant ma demande avant que j'eusse ouvert la bouche : M. Fairscribe est chez lui, monsieur, me dit-il; mais c'est samedi soir. — Reconnaissant, néanmoins, mes traits et ma voix, il m'ouvrit la porte toute grande, me fit entrer, et me conduisit au parloir, où je trouvai M. Fairscribe et le reste de la famille occupés à écouter un sermon de feu M. Walker d'Edimbourg, que leur lisait miss Catherine avec une netteté d'organe, une simplicité et un jugement peu communs. Accueilli comme un ami de la maison, je n'avais autre chose à faire que de prendre tranquillement un siége, et, faisant de nécessité vertu, de tâcher de profiter pour ma part d'un excellent sermon. Je crains bien pourtant d'avoir perdu quelque chose de la force de logique et de la précision de style de M. Walker. Je sentis que j'avais choisi un moment peu convenable pour troubler M. Fairscribe, et quand le discours fut terminé je me levai pour prendre congé, quelque peu précipitamment, je crois. — Une tasse de thé, monsieur Croftangry? me dit la plus jeune des deux sœurs. — Vous resterez pour prendre votre part d'un souper presbytérien? ajouta M. Fairscribe. Voici neuf heures ; — je me fais un scrupule d'être fidèle aux heures de mon père le dimanche soir. Peut-être aurons-nous le D^r *** — et il me nomma un excellent ecclésiastique.

Je le priai de m'excuser si je n'acceptais pas son invitation; et j'imagine que mon apparition inattendue ainsi que ma retraite précipitée avaient quelque peu surpris mon ami, car au lieu de m'accompagner à la porte, il me conduisit dans sa chambre.

— Qu'y a-t-il donc, monsieur Croftangry? me dit-il. La soirée d'aujourd'hui n'est pas consacrée aux affaires séculières ; mais néanmoins si quelque chose de subit et d'extraordinaire est arrivé....

— Il n'est rien arrivé, répondis-je, appelant tout mon courage pour faire ma confession, comme le meilleur moyen de sortir d'embarras ; — seulement — seulement — je vous ai envoyé un petit paquet, et sachant combien vous êtes régulier à accuser réception des lettres et des envois, je — je pensais qu'il avait pu s'égarer, voilà tout.

M. Fairscribe se mit à rire de bon cœur, comme s'il eût pénétré mes motifs et qu'il eût joui de ma confusion. — Sain et sauf ? dit-il ; — oui, oui, il est arrivé sain et sauf. Le vent du monde pousse toujours au port les vanités mondaines. Mais nous sommes à la fin de la session, époque où je n'ai guère le temps de lire d'autres imprimés que les mémoires de procédure ; cependant si vous voulez venir manger la soupe aux choux avec nous samedi prochain, je jetterai d'ici là un coup d'œil sur votre ouvrage, quoique assurément je ne sois pas juge compétent en de telles matières.

Il me fallut bien prendre congé sur cette promesse, non sans me persuader à demi que si une fois le phlegmatique procureur commençait la lecture de mon œuvre, il n'aurait pas la force de la quitter avant de l'avoir achevée, non plus que de laisser s'écouler le moindre intervalle entre la lecture de la dernière page et la demande d'une entrevue avec l'auteur.

Rien de pareil à ces marques d'impatience ne se produisit. Emoussé ou affilé, comme dit mon amie Joanna, rapide ou se traînant avec lenteur, le temps accomplit sa course ; et au jour désigné, j'étais à la porte précisément au coup de quatre heures. On ne dînait qu'à cinq heures précises, à la vérité ; mais que savais-je si mon ami n'aurait pas besoin d'avoir auparavant avec moi une demi-heure de conversation ? Je fus conduit dans une pièce où je ne trouvai personne ; mais un étui et une corbeille à ouvrage abandonnés à la hâte me donnèrent lieu de penser que j'avais interrompu ma petite amie miss Katie dans quelque travail domestique plus méritoire qu'élégant. Dans ce siècle critique, il faut que la piété filiale se cache dans un cabinet s'il lui prend envie de raccommoder le linge de son père.

Un moment après je fus d'autant plus convaincu que j'étais arrivé trop tôt, qu'une fille vint chercher la corbeille à ouvrage, et recommanda à mes attentions un gentleman en cage, au plumage rouge et vert, qui répondit à toutes mes avances en me jetant au nez : « Vous êtes un sot ! — vous êtes un sot ! » au point, sur ma parole, que je commençai à croire que l'animal avait raison. Enfin mon ami arriva, quelque peu échauffé. Il avait été faire une partie de *golf*[1] pour se préparer à un entretien important. Et pourquoi non ? Avec ses chances variées, ses

---

[1] Espèce de jeu de paume. (L. V.)

longueurs, ses points, ses balles placées sur la butte, et ainsi de suite, ce jeu ne peut-il pas être regardé comme une représentation assez exacte des hasards attachés aux travaux littéraires? Ces coups formidables, notamment, qui font filer une balle dans l'air comme le plomb lancé par un fusil, et en frappent une autre de manière à la faire entrer en terre à la place même où elle était posée, par la maladresse ou la malice du joueur, — qu'est-ce, je vous prie, sinon le parfait emblème des articles favorables ou défavorables des revues, lesquelles jouent au golf avec les publications du trimestre, de même qu'Altisidora, en arrivant aux portes des régions infernales, voit les diables jouer au volant avec les livres nouveaux du temps de Cervantes.

Au surplus, il n'y a pas d'heure dont on ne voie la fin. Cinq heures arrivèrent, et mon ami ainsi que ses deux filles et son fils, beau jeune homme solidement bouclé au bureau, mais qui de temps en temps n'en regarde pas moins par-dessus son épaule quand un galant uniforme vient à passer, se mirent sérieusement en devoir de satisfaire aux besoins corporels de la nature; tandis que moi, stimulé par l'appétit plus noble de la renommée, j'aurais voulu que le simple attouchement d'une baguette magique, sans qu'il fût besoin de toute cette cérémonie de choisir et de servir, de trancher et de découper, de mâcher et d'avaler, eût transporté un *quantum sufficit* des bonnes choses placées sur la table hospitalière de mon ami dans l'estomac de ceux qui l'entouraient, pour y être à loisir transformées en chyle tandis que leurs pensées se porteraient sur de plus hauts sujets. Enfin, tout fut fini. Mais les jeunes miss ne quittèrent pas pour cela la table, et se mirent à parler de la musique du Freischütz, car on ne pensait pas alors à autre chose; de sorte que nous commençâmes à discourir sur la chanson du chasseur sauvage, sur celle de l'autre chasseur, etc., etc., toutes choses qui plaçaient mes jeunes amies tout-à-fait sur leur terrain. Heureusement pour moi que ces discours de chasse et de chasseurs amenèrent je ne sais quelle allusion au septième régiment de hussards, brave régiment qui est pour miss Catherine et son frère, je le ferai remarquer en passant, un thème plus agréable que pour mon vieil ami; aussi ce dernier tira-t-il immédiatement sa montre, et adressa-il à M. James quelques mots significatifs sur l'heure de rentrer à l'étude. Le jeune homme se leva avec l'aisance de quelqu'un qui voudrait qu'on le regardât comme un homme à la mode plutôt que comme un homme d'affaires, et tâcha, non sans succès, de quitter la salle comme si la retraite eût été de sa part entièrement volontaire. Miss Catherine et ses sœurs nous quittèrent en même temps. — Maintenant, pensai-je, voici le moment d'épreuve qui approche.

Lecteur, avez-vous jamais, dans le cours de votre vie, joué aux cours de justice et aux hommes de loi le tour de vous référer, sur une question douteuse et importante, à la décision d'un ami mutuel? s'il en est ainsi, vous avez pu remarquer le changement que l'arbitre éprouve dans votre esprit, lorsque du rang de connaissance ordinaire, dont les opinions vous importent aussi peu que lui importent les vôtres, il se trouve élevé, quoique de votre libre choix, à celui d'un personnage supérieur, de la décision duquel votre sort peut dépendre *pro tanto*, comme dirait mon ami M. Fairscribe? Son regard prend une expression mystérieuse, sinon menaçante ; son chapeau a l'air d'être plus élevé, et sa perruque, s'il en porte une, semble vous offrir des boucles plus formidables.

Je sentais donc que dans l'occasion actuelle mon digne ami Fairscribe avait acquis quelque chose de cet accroissement d'importance. Seulement huit jours plus tôt je l'aurais regardé, à la vérité, comme un homme excellent, plein d'obligeance, parfaitement compétent en tout ce qui avait rapport à sa profession, mais en même temps comme quelqu'un qu'il ne fallait pas sortir de ses points de forme et de ses questions de droit, et aussi incapable de juger en matières de goût que pas un des puissants Goths appartenant à l'ancien sénat d'Ecosse ou en faisant partie. Mais qu'importe? Je l'avais moi-même fait mon juge, et j'ai souvent remarqué que l'idée de refuser un arbitrage de ce genre par la conscience que l'on aurait de son incapacité, est la dernière qui se présente à l'arbitre lui-même, — et peut-être doit-il en être ainsi. Celui au jugement duquel l'auteur soumet une œuvre littéraire donne aussitôt à son esprit une attitude littéraire, sa pensée ne se serait-elle jamais portée sur le sujet dont il s'agit. Nul doute que l'auteur n'ait qualité pour choisir son juge; et pourquoi l'arbitre qu'il a choisi douterait-il de ses talents pour condamner ou acquitter, puisque sûrement son ami ne l'a pris entre tous les autres que parce qu'il a cru pouvoir compter avec toute certitude sur sa compétence? — Assurément celui qui a écrit l'ouvrage doit bien savoir qui est le mieux en état d'en juger.

Tandis que ces pensées me traversaient l'esprit, je tenais les yeux fixés sur mon digne ami, dont les mouvements me paraissaient d'une lenteur inhabituelle, tandis qu'il demandait une bouteille du meilleur clairet, qu'il la transvasait lui-même avec une attention scrupuleuse, qu'il faisait apporter par son domestique une soucoupe d'olives et des tranches de pain rôti, et que tout entier aux pensées de l'hospitalité il me semblait ainsi ajourner la discussion qu'il me tardait d'entamer et que je craignais de précipiter.

— Il est mécontent, pensai-je, et il est honteux de le montrer ; — il craint sans doute de froisser mon amour-propre. Qu'avais-je besoin de lui parler de rien autre chose que de contrats et de saisine? — Un moment, voilà qu'il va parler.

— Nous ne sommes plus jeunes, monsieur Croftangry, me dit mon amphitryon, et c'est à peine si à nous deux nous pouvons venir à bout d'une pauvre quarte de clairet, tandis que dans un meilleur temps nous aurions pu en expédier une pinte, en prenant le mot dans l'ancienne et large acception écossaise [1]. Peut-être auriez-vous mieux aimé que je gardasse James pour nous aider. Mais à moins que ce ne soit un dimanche ou un jour de fête, je pense que le mieux est d'être exact aux heures de l'étude.

Ici la conversation fut sur le point de tomber. Je la relevai en disant que M. James était à l'heureuse époque de la vie où on a mieux à faire qu'à s'asseoir en face d'une bouteille. — Je suppose, ajoutai-je, que votre fils aime la lecture?

— Hum! — oui, — on peut dire en un sens que James aime à lire; pourtant je doute qu'il y ait quelque chose de solide dans ses lectures; — de la poésie et des pièces de théâtre, monsieur Croftangry, rien que des fadaises; — c'est ce qui lui a tourné la tête, et ce qui fait qu'il ne pense qu'à l'armée quand il devrait songer à son affaire.

— Je suppose, en ce cas, que les romans ne trouvent pas beaucoup plus grâce à vos yeux que la poésie et les compositions dramatiques?

— Du diable si je les aime le moins du monde, monsieur Croftangry, — ni les productions historiques non plus. Il y a trop de batailles dans l'histoire, comme si on n'était mis au monde que pour en faire sortir les autres. Cela entretient de fausses notions de notre existence, monsieur Croftangry, ainsi que de sa fin essentielle et principale.

Tout cela ne sortait pas encore des généralités, et je résolus d'en venir au fait. — Cela étant, repris-je, je crains d'avoir très mal fait de vous embarrasser de mes futiles écrits, monsieur Fairscribe; mais vous devez me rendre la justice de vous souvenir que je n'avais rien de mieux à faire qu'à m'amuser à écrire les pages que je vous ai mises l'autre jour entre les mains. Je puis alléguer en toute vérité que je n'ai pas laissé

« Pour ce métier frivole un métier plus utile. »

— Je vous demande pardon, monsieur Croftangry, me dit mon vieil ami comme par un souvenir subit; — oui, oui, j'ai été bien grossier. Mais j'avais entièrement oublié que vous vous étiez laissé ensorceler par ce métier de fainéant.

— Je suppose, répliquai-je, que de votre côté vous avez été trop *occupé* pour jeter les yeux sur mes pauvres Chroniques?

— Non, non; cela ne va pas encore jusque là, pourtant. Je les ai lues ric à ric, chaque fois que j'ai pu trouver un moment, et je crois que je vais les avoir bientôt finies.

— Hé bien, mon bon ami? repartis-je d'un ton d'interrogation.

— *Hé bien*, monsieur Croftangry, je pense réellement que vous vous en êtes passablement bien tiré. J'ai noté ici deux ou trois petites choses que je présume être des fautes d'impression; autrement on pourrait peut-être vous reprocher que vous ne donnez pas aux règles de la gram-

---

[1] L'ancienne pinte d'Écosse était le double de celle d'Angleterre. (L. V.)

maire toute l'attention qu'on désirerait voir scrupuleusement observée.

Je jetai les yeux sur les notes de mon ami, qui montraient effectivement qu'en deux ou trois endroits j'avais laissé sans les corriger des solécismes qui sautaient aux yeux.

— Bien, bien, j'avoue ma faute; mais à part ces erreurs accidentelles, comment trouvez-vous le sujet et ma manière d'écrire, monsieur Fairscribe?

— Eh! répondit mon ami après une pause, en prenant un ton grave et important, et avec une sorte d'hésitation dont je lui sus peu gré, il n'y a pas grand'chose à dire contre la manière. Le style est net et intelligible, monsieur Croftangry, très intelligible; et je regarde cela comme le point essentiel en tout ce que l'on destine à être compris. Il y a bien çà et là quelques échappées et quelques fantaisies que je comprends avec difficulté; mais à la fin j'arrive à savoir ce que vous avez voulu dire. Il y a des gens qui sont comme les poneys : leur jugement ne va pas vite, mais il a le pied sûr.

— Voilà qui est parfaitement clair, mon cher ami; mais comment avez-vous trouvé le fond, quand une fois vous avez eu saisi le sens? Est-ce que, comme certains poneys trop difficiles à attraper, une fois que vous l'avez tenu vous n'avez pas trouvé que ça valût la peine que vous aviez prise?

— Je suis loin de dire cela, mon cher monsieur, attendu que ce serait complétement incivil; mais puisque vous me demandez mon opinion, je voudrais que vous eussiez pensé à quelque chose qui tînt de plus près à la société civile que toute cette sanglante besogne de coups de fusil, de coups de poignard et de pendaisons bien méritées. On m'a dit que c'étaient les Allemands qui avaient les premiers amené cette mode de choisir ses héros dans le *Porteous-Roll*[1]; mais, par ma foi, il est probable que nous serons bientôt de niveau avec eux. Le premier a été, je le tiens de bonne source, un M. Scolar, comme on l'appelle; il a fait là une belle école, avec ses Brigands et ses voleurs!

— Schiller, mon cher monsieur Fairscribe; laissez-lui son nom de Schiller.

— Schiller si vous voulez; j'ai trouvé le livre là où j'aurais désiré en trouver un meilleur, dans la corbeille à ouvrage de Kate. Je m'assis, et comme un vieux fou je me mis à lire; mais ici je vous accorde que vous avez le dessus sur Schiller, monsieur Croftangry.

— Je serais ravi, mon cher monsieur Fairscribe, que vous pensiez réellement que j'ai *approché* de cet admirable auteur; votre partialité d'ami elle-même ne doit pas me parler de l'avoir *surpassé*.

— Je dis pourtant que vous l'avez surpassé, monsieur Croftangry, en un point très essentiel. Car assurément un livre d'amusement de-

---

[1] C'est ainsi qu'on nomme en Écosse le rôle des causes criminelles. (W. S.)

vrait être quelque chose qu'on puisse prendre et poser à volonté ; et je puis dire en toute justice que je n'ai jamais été le moins du monde en peine de mettre de côté votre volume quand les affaires venaient se mettre à la traverse. Mais ce Schiller, monsieur, ne vous lâche pas si aisément. J'ai oublié un rendez-vous d'affaire très important, et j'en ai volontairement manqué un autre, afin de pouvoir rester à la maison et finir ce maudit volume, qui, après tout, roule sur deux frères, les plus grands vauriens dont j'aie jamais ouï parler. L'un, monsieur, est sur le point d'assassiner son propre père, et l'autre (ce qui semblerait encore plus étrange) se met en tête de faire une débauchée de sa propre femme.

— Je vois, alors, monsieur Fairscribe, que vous n'avez pas de goût pour le roman de la vie réelle, ni plaisir à contempler ces impulsions énergiques qui conduisent les hommes à passions ardentes aux grands crimes ainsi qu'aux grandes vertus ?

— Ma foi, quant à cela, c'est ce dont je ne suis pas si sûr. Ensuite, pour amender la chose, continua le critique, vous avez fait entrer des Highlanders dans chacune de vos histoires, comme si vous vouliez retourner, *velis et remis*, aux vieux temps du jacobitisme. Il faut que je vous dise franchement mon avis, monsieur Croftangry. Je ne puis dire quelles innovations dans l'Église et dans l'État peuvent être proposées maintenant ; mais nos pères étaient amis de tous les deux comme ils ont été réglés à la glorieuse Révolution, et un plaid de tartan n'était pas plus de leur goût qu'un surplis blanc. Fasse le Ciel que toute cette fièvre de tartans présage quelque chose de bien pour la succession protestante et l'Église d'Écosse !

— L'un et l'autre, répliquai-je, sont, je l'espère, trop solidement établis dans l'esprit des sujets, pour être affectés par d'anciens souvenirs, vers lesquels nous nous reportons comme nous regardons les portraits de nos ancêtres, sans nous rappeler, tandis que nous les examinons, aucune des haines héréditaires qui de leur vivant animaient les originaux. Au surplus, monsieur Fairscribe, je serais fort heureux de mettre la main sur un sujet propre à remplacer les Highlands. J'ai réfléchi que c'est un thème passablement épuisé, et votre expérience pourra peut-être me fournir...

— Ha ! ha ! ha ! *mon* expérience vous fournir quelque chose ! interrompit M. Fairscribe avec un rire de dérision. Parbleu, vous pourriez tout aussi bien demander à l'expérience de mon fils James de vous fournir un cas de servitude. Non, non, mon bon ami ; j'ai vécu toute ma vie par la loi et dans la loi, et quand vous chercherez les impulsions qui font que les soldats désertent et tirent des coups de fusil à leurs sergents et à leurs caporaux, et que des bouviers highlandais poignardent des éleveurs anglais, pour se montrer hommes à passions ardentes, ce n'est pas à une personne comme moi qu'il faudra venir. Je pourrais peut-être vous conter quelques tours de mon métier, et une ou deux drôles d'histoires de domaines perdus et recouvrés. Mais, pour vous dire la vérité, je pense que vous pourriez faire de votre muse inspiratrice, comme vous l'appelez, ce que nombre d'honnêtes gens font de leurs propres fils de chair et de sang.

— Comment cela, mon cher monsieur Fairscribe?

— L'envoyer dans l'Inde. C'est la vraie place où un Écossais peut prospérer ; et si vous reportez votre histoire à cinquante ans en arrière, comme rien ne vous en empêche, vous trouverez là autant de coups de fusil et de coups de poignard qu'il y en a jamais eu dans ce pays sauvage de l'Highland. S'il vous faut des coquins, puisqu'ils sont si fort de mode chez nous, vous avez cette caste d'intrépides aventuriers qui laissèrent leur conscience au Cap de Bonne-Espérance en allant dans l'Inde, et qui oublièrent de l'y reprendre quand ils en revinrent. Et puis, pour les grands exploits, vous avez dans la vieille histoire de l'Inde, avant que les Anglais n'y fussent nombreux, les faits les plus merveilleux, accomplis par les plus petits moyens possibles, que peut-être les annales du monde puissent offrir.

— Je sais cela, répondis-je, prenant feu aux idées que son discours m'inspirait. Je me rappelle les délicieuses pages d'Orme [1], et l'intérêt qui se mêle à ses récits par suite du très petit nombre d'Anglais qui y figure. Chaque officier d'un régiment vous est connu par son nom, et même les sous-officiers et les simples soldats acquièrent individuellement une part d'intérêt. On les distingue au milieu des naturels comme les Espagnols parmi les Mexicains. Que vous dirai-je? ils ressemblent aux demi-dieux d'Homère au milieu des mortels guerroyants. Des hommes tels que Clive et Caillaud influençaient les grands événements comme Jupiter lui-même. Les officiers inférieurs rappellent Mars et Neptune ; les sergents et les caporaux pourraient bien passer pour des demi-dieux. Et puis la diversité de coutumes religieuses, d'usages et de manières des habitants de l'Hindoustan, — le patient Hindou, le belliqueux Radjepoùt, l'altier musulman, le sauvage et vindicatif Malais, — sujets magnifiques et inépuisables! La seule difficulté c'est que je n'ai jamais été là, et que je ne connais absolument rien d'eux.

— Niaiserie, mon bon ami. Vous nous parlerez d'autant mieux d'eux que vous ne saurez rien de ce que vous en direz. Allons, finissons la bouteille, et quand Katie (ses sœurs vont à l'Assemblée) nous aura versé le thé, elle vous contera en abrégé l'histoire de la pauvre Menie Grey, dont vous verrez le portrait au salon ; — une parente éloignée de la famille de mon père, lequel eut cependant une jolie part dans la succession de la cousine Menie. L'histoire ne peut maintenant blesser personne au monde, quoiqu'on ait cru dans le temps que ce qu'on

---

[1] Auteur d'une histoire de l'Inde britannique. (L. V.)

pouvait faire de mieux était de l'étouffer ; et même ce qu'on s'en disait tout bas à l'oreille fit que la pauvre cousine Menie se décida à vivre très retirée. Je me souviens bien de l'avoir vue que je n'étais qu'un enfant. Il y avait dans la pauvre cousine Menie quelque chose de très doux, mais de passablement ennuyeux.

Quand nous fûmes au salon, mon ami me montra un portrait que j'avais déjà remarqué, sans cependant que j'y eusse donné plus qu'un regard en passant ; maintenant je le regardai avec plus d'attention. C'est un de ces portraits du milieu du dix-huitième siècle dans lesquels l'artiste s'efforce de vaincre la roideur des paniers et du brocart, en jetant autour de la figure une draperie de fantaisie à larges plis, telle qu'une mante ou une robe de chambre, tout en conservant néanmoins le corps de baleines, et en découvrant la poitrine de manière à montrer que nos mères, de même que leurs filles, étaient aussi libérales de leurs charmes que le permettait la nature de leur costume. A ce style bien connu de l'époque ni les traits ni les formes individuelles n'ajoutaient ici, à la première vue, beaucoup d'intérêt. Le portrait représentait une belle femme d'une trentaine d'années, les cheveux simplement enroulés autour de la tête, les traits réguliers, le teint blanc. Mais en l'examinant avec plus d'attention, surtout après avoir été averti que l'original avait été l'héroïne d'une histoire, je pus remarquer dans l'expression de la physionomie quelque chose de doux et de mélancolique qui semblait accuser des malheurs endurés, et des outrages supportés, avec cette résignation que les femmes savent parfois opposer aux insultes et à l'ingratitude de ceux en qui elles ont placé leurs affections.

— Oui, c'était une excellente femme, et qui fut bien indignement traitée, dit M. Fairscribe, dont les yeux étaient comme les miens fixés sur le portrait ; — j'ose dire qu'elle n'a pas laissé à notre famille moins de cinq mille livres sterling, et je crois qu'elle mourut riche de quatre fois la somme. Mais le reste fut partagé entre les plus proches parents, comme de juste et de raison.

— Pourtant, monsieur Fairscribe, à en juger sur l'expression de sa physionomie, son histoire a dû être des plus tristes.

— Vous pouvez bien le dire, monsieur Croftangry. Son histoire a été assez triste, et assez extraordinaire aussi. — Mais, ajouta-t-il en avalant à la hâte une tasse de thé que sa fille lui présentait, il faut que j'aille à mes affaires ; — nous ne pouvons pas passer toute la matinée au *golf* et l'après-dîner à raconter de vieilles histoires. Katie connaît aussi bien que moi tous les recoins des aventures de la cousine Menie, et quand elle vous en aura donné l'esquisse je serai à votre service pour vous fixer plus nettement sur les dates et les particularités.

Je restai donc, moi vieux garçon d'humeur enjouée, à écouter une histoire d'amour racontée par ma jeune amie Katie Fairscribe. Katie, quand elle n'est pas entourée d'un essaim de galants, moments où à mon avis elle ne se montre pas à son plus grand avantage, est une aussi jolie jeune fille, aussi bien élevée et aussi peu affectée, que vous en puissiez voir dans les nouvelles promenades de Prince's-Street ou d'Henriot-Row. La qualité de vieux garçon, quand on y est posé comme je le suis, a ses priviléges en un tel tête-à-tête, pourvu que vous soyez, ou que vous puissiez paraître pour le moment, attentif et parfaitement de bonne humeur, et que vous ne cherchiez pas à singer les manières de vos jeunes années en essayant ce qui ne ferait que vous rendre ridicule. Je ne prétends pas être aussi indifférent à la société d'une jeune et jolie femme que le désirait le poëte, qui souhaitait s'asseoir près de sa maîtresse

« Aussi tranquille que lorsque sa beauté encore dans l'enfance ne pouvait engendrer ni bonheur ni peine; »

je puis, au contraire, voir dans la beauté et l'innocence quelque chose dont je connais et dont j'apprécie la valeur, sans avoir ni le désir ni l'espoir de me les approprier. Une jeune personne peut se permettre de causer avec un vieux praticien tel que moi sans artifice ni affectation; et nous pouvons entretenir une sorte d'amitié, d'autant plus tendre, peut-être, que nous sommes de sexes différents, quoique cette différence-là ait bien peu de chose à y voir.

Mais j'entends la plus sage et la plus observatrice de mes voisines se dire : Monsieur Croftangry est en passe de faire une folie. Il est à son aise; — le vieux Fairscribe sait à un penny près ce qu'il a, et miss Katie, avec tous ses airs, peut fort bien aimer le vieux cuivre qui sert à payer la casserole neuve. Je trouvai à M. Croftangry un air tout guilleret quand il vint hier au soir faire sa partie avec nous. Pauvre homme! assurément je serais fâchée de le voir se donner un ridicule.

Soyez moins prodigue de votre compassion, chère dame; il n'y a pas le moindre danger. Les *beaux yeux de ma cassette*[1] ne sont pas assez brillants pour faire compensation aux lunettes qui suppléent à la faiblesse des miens. Je suis un peu sourd, qui plus est, et vous savez quelles douleurs sont les vôtres quand vous m'avez pour partner; et puis, lors même que je pourrais trouver une nymphe qui voulût bien m'épouser avec toutes ces imperfections, qui diable épouserait Janet M'Evoy? Or, Christal Croftangry ne se séparera pas de Janet M'Evoy.

Miss Katie Fairscribe me raconta l'histoire de Menie Grey avec infiniment de goût et de simplicité, sans chercher à réprimer les émotions, soit de douleur, soit de colère, que faisaient naître naturellement les circonstances du récit. Son père m'en confirma ensuite les principaux traits, et me rapporta quelques particularités que miss Katie avait passées ou oubliées. Et de fait, j'ai appris en cette occasion ce qu'entendait le vieux Lintot quand il disait à Pope qu'il avait coutume de se rendre

---

[1] Cette expression est en français dans le texte.

propices les critiques de quelque importance, lorsqu'il avait un ouvrage sous presse, en leur laissant voir de temps à autre une épreuve ou quelques feuillets du manuscrit original. Notre métier d'auteur a en lui quelque chose de si fascinant, que si vous mettez quelqu'un dans votre confidence, si peu disposé qu'il ait été jusque là à de telles études, vous le verrez se regarder comme partie intéressée ; que l'ouvrage réussisse, il croira avoir droit à une bonne part des éloges.

Le lecteur a vu que personne n'aurait pu prendre naturellement moins d'intérêt à mes élucubrations que mon excellent ami Fairscribe, la première fois que je le consultai sur ce sujet; mais depuis qu'il a contribué pour quelque chose à l'ouvrage, il est devenu collaborateur des plus zélés. A demi honteux, je crois, quoique passablement fier de la société littéraire dans laquelle il a pris une action, il ne me rencontre jamais sans me pousser le coude, et sans laisser échapper quelques mots mystérieux, tels que ceux-ci : Je disais donc — Quand nous donnez-vous la suite de l'ouvrage ? — ou bien : Cette histoire-là n'est pas mauvaise, — elle me plaît.

Fasse le Ciel que le lecteur soit du même avis !

CHAPITRE II.

La Fille du Chirurgien.

> Quand la nature affaiblie demandait du secours, et que la mort qui plane sur notre tête se disposait à frapper, sa science profonde révélait la puissance de l'art sans chercher à en faire montre. Dans les plus sombres réduits de la misère, là où les angoisses sans espoir faisaient entendre leurs gémissements, là où le besoin dont tous s'éloignent se retirait pour mourir, ses soins utiles étaient toujours présents. Jamais un froid délai ne se jouait d'un pressant appel; jamais une rétribution modique n'était repoussée par l'orgueil : aux modestes besoins de chaque jour le travail de chaque jour suffisait.
>
> SAMUEL JOHNSON.

Le portrait d'une si exquise perfection que le Rôdeur a tracé de son ami Levett s'applique on ne peut mieux à Gideon Grey, ainsi qu'à nombre d'autres médecins de village, à qui l'Écosse a peut-être plus d'obligations qu'à aucune autre classe d'hommes, et envers lesquels elle est peut-être plus ingrate qu'à l'égard de toutes les autres, sauf ses maîtres d'école.

Un médecin rural du genre de ceux dont il est ici question habite ordinairement quelque petit bourg ou quelque village, qui forme le point central de sa clientèle. Mais outre les cas que le village lui peut fournir et qui constituent le fond de sa pratique, il est jour et nuit aux ordres de quiconque peut avoir à réclamer ses services dans un rayon de vingt milles à la ronde, et dans un pays qui souvent n'a pas de routes, mais qui en revanche est plein de marais, de montagnes, de rivières et de lacs. Pour de dangereuses courses nocturnes à travers une contrée inaccessible, pour les services les plus essentiels, rendus aux dépens, ou pour le moins au risque de sa propre santé et de sa vie, le docteur d'un village d'Écosse reçoit tout au plus un salaire très modique, souvent hors de proportion avec la peine qu'il s'est donnée, et très fréquemment il n'en reçoit pas du tout. Il n'a aucune des amples ressources que trouvent ses confrères dans une ville anglaise. Les habitants d'un bourg d'Écosse doivent à la pénurie de leurs moyens de luxe d'être inaccessibles à la goutte, aux indigestions et à toutes les maladies chroniques de la vie confortable, cortége de la richesse et de l'indolence. Quatre ans ou environ de sobriété les mettent en état de supporter un dîner d'élection; et il n'y a pas à espérer la moindre tête cassée au milieu de deux ou trois douzaines d'électeurs paisibles qui règlent les affaires à table. Là, les mères d'un certain rang ne se font pas un point de conscience de verser chaque année une certaine quantité de drogues dans les entrailles de leurs enfants bien-aimés. Chaque vieille femme, d'un bout à l'autre du village, sait prescrire une dose de sels ou préparer un emplâtre; et c'est seulement quand une fièvre ou une paralysie rend la chose sérieuse, que l'assistance du docteur est invoquée par ses voisins du bourg.

Le docteur ne peut cependant se plaindre ni d'inactivité ni de manque de pratique. S'il ne trouve pas de malades à sa porte, il va les chercher au loin. Comme l'amant-spectre de Lénore, il monte à cheval à minuit, et parcourt au milieu des ténèbres des sentiers qui paraîtraient formidables en plein jour à des gens qui y seraient moins habitués, suivant des défilés où la plus légère déviation le plongerait dans un marécage, le précipiterait du haut de quelque côte escarpée, ou le conduirait à des chaumières sur lesquelles son cheval pourrait passer sans que le cavalier se fût aperçu qu'elles se trouvaient dans son chemin, à moins qu'il ne lui arrivât de passer à travers le toit [1]. Arrivé au but de son voyage, là où ses services sont réclamés, soit pour mettre un malheureux au monde, soit pour en empêcher un d'en sortir, la scène de misère qu'il a sous les yeux est souvent telle, que loin de recevoir les shillings péniblement amassés qui lui sont offerts avec gratitude, il donne par charité ses remèdes en même temps que ses soins. J'ai ouï dire que le célèbre voyageur Mungo Park, qui avait l'expérience des deux genres de vie, trouvait un voyage dans les contrées inconnues de l'Afrique moins pénible que d'errer de nuit et de jour dans les solitudes de son pays natal en qualité de médecin de campagne. Il racontait qu'une fois, après avoir fait quarante milles à cheval, puis être resté toute la nuit sur pied et avoir assisté avec succès une femme qui se trouvait sous l'influence de la malédiction primitive, sa seule rémunération avait été une pomme de terre cuite sous les cendres et une tasse de lait de beurre. Mais il n'était pas de ceux dont le cœur regrette le travail quand il s'agit de soulager la misère humaine. — Bref, il n'est pas de créature en Écosse qui fatigue plus et soit plus pauvrement récompensée que le médecin de campagne, — si ce n'est peut-être son cheval. Néanmoins, le cheval est et doit être robuste, actif, infatigable, en dépit de sa rude apparence et de son médiocre équipement; et de

---

[1] Les chaumières du pauvre peuple en Écosse sont tellement basses, que souvent le toit s'élève à peine de quelques pieds au-dessus du sol. (L. V.)

même, vous trouverez souvent en son maître, sous un extérieur grossier et qui promet peu, du zèle et de l'habileté dans sa profession, de l'intelligence, de l'humanité, du courage et de la science.

M. Gideon Grey, chirurgien établi à Middlemas, village situé dans un des comtés intérieurs de l'Écosse, menait le genre de vie dur, actif et mal récompensé dont nous avons tâché de tracer l'esquisse. C'était un homme entre quarante et cinquante ans, dévoué à sa profession, et d'une telle réputation dans le monde médical, que plus d'une fois, quand les occasions s'en étaient offertes, il lui avait été conseillé d'échanger Middlemas et la maigre clientèle qu'il y trouvait, pour quelqu'une des grandes villes de l'Écosse ou même pour Edimbourg. Il s'était toujours refusé à cet avis. C'était un homme tout simple et tout franc, qui n'aimait pas la contrainte, et à qui il en aurait coûté de se soumettre à ce qu'exige la société des villes. Il n'avait pas découvert, et aucun ami ne le lui avait donné à entendre, qu'une légère teinte de cynisme dans les manières et les habitudes donne au médecin, aux yeux du vulgaire, un air d'autorité qui tend grandement à augmenter sa réputation. M. Grey, ou, comme les gens du pays l'appelaient, le Docteur Grey (il est possible, ce que j'ignore, qu'un diplôme lui donnât droit à ce titre, bien qu'il ne revendiquât que le rang de maître ès arts), avait peu de besoins, et il y pourvoyait amplement avec le revenu de sa profession, revenu qui généralement allait à près de deux cents livres [1], somme pour laquelle il avait à faire dans le cours des douze mois environ cinq milliers de milles [2]. Et même son revenu suffisait si largement à son entretien et à celui de ses deux poneys, Pestle et Mortar [3], qu'il montait alternativement, qu'il prit une compagne pour le partager avec lui, Jeanne Watson, la fille aux joues vermeilles d'un honnête fermier. Jeanne, qui faisait partie d'une famille de douze enfants élevés sur un revenu de quatre-vingts livres, ne pensa pas qu'on pût jamais être pauvre avec plus du double de la somme, et elle regarda Grey comme un parti très avantageux, quoique les jeunes gens eussent alors l'irrévérence de l'appeler le Vieux Docteur. Plusieurs années se passèrent sans qu'ils eussent d'enfant, et il semblait que le docteur Grey, qui avait si souvent prêté son assistance aux efforts de la déesse Lucine, ne dût jamais avoir à l'invoquer pour son compte. Néanmoins, il était écrit qu'en une occasion remarquable son toit serait le théâtre de la scène où l'intervention de la déesse est requise.

A une heure assez avancée d'un jour d'automne, on put voir trois femmes âgées jouant de leurs vieilles jambes le long de l'unique rue du village de Middlemas, et se dirigeant vers l'honorable porte qu'une

---

[1] Environ 5,000 francs.

[2] On sait qu'il faut à peu près trois milles anglais pour équivaloir à une de nos lieues communes. (L. V.)

[3] Pilon et Mortier.

haie séparait du chemin et que défendait une palissade rompue, dans l'enceinte de laquelle était comprise une petite étendue de terrain à demi livrée à la bêche et offrant sur l'autre moitié un groupe d'arbustes rabougris. Sur la porte était inscrit le nom de Gideon Grey, M. A.[2], chirurgien, etc., etc. Quelques jeunes fainéants, qui deux minutes auparavant flânaient à l'autre bout de la rue devant la porte du cabaret (car la soi-disant auberge ne méritait pas un autre nom), se mirent à suivre les trois vieilles en poussant de grands éclats de rire provoqués par leur agilité inaccoutumée, et en engageant des paris sur celle d'entre elles qui arriverait la première, tout comme si elles avaient été lancées sur le terrain des courses de chevaux de Middlemas. — Un demi-mutchkin pour la mère Simson! — Moi je tiens pour Peg Tamson! — Allongez le pas, Alison Jaup; vous allez leur faire perdre le souffle! — Montez la côte moins vite, poulettes, sans quoi nous pourrons bien voir une de vos trois vieilles carcasses crever sur place! Ces quolibets, et mille autres du même genre, se croisaient dans l'air sans être remarqués ni même entendus des trois vieilles, qui semblaient en effet lutter de vitesse à qui arriverait le plus tôt à la porte du docteur.

— Le Seigneur nous protège, docteur, qu'est-ce qu'il y a donc? dit mistress Crey, femme d'un naturel bon et simple; voilà Peg Tamson, Jeanne Simson et Alison Jaup qui courent le long de la grand'rue

Le docteur, qui venait d'étendre devant le feu sa redingote mouillée (car il ne faisait que d'arriver d'une longue traite), se hâta de descendre l'escalier, prévoyant quelque nouvel appel à ses services, et heureux, à en juger par les trois messagères, qu'il ne s'agît probablement que d'une visite dans le bourg, et non pas d'une excursion dans le pays.

Au moment où il atteignait la porte, la mère Simson, une des trois coureuses, y arrivait de son côté. Elle avait pris l'avance et l'avait gardée; mais pendant un moment ce fut chez elle aux dépens de la parole, car lorsqu'elle fut en présence du docteur elle resta à souffler comme un cachalot, les deux barbes de sa coiffe rejetées en arrière, et faisant les plus violents efforts pour parler, mais sans pouvoir articuler un seul mot intelligible. Peg Tamson put se faire entendre avant elle :

— La dame, m'sieur! — la dame...

— Du secours — du secours promptement! cria à son tour, ou plutôt hurla Alison Jaup; tandis que la mère Simson, qui avait certainement gagné le prix de la course, trouvait enfin des mots pour revendiquer celui qui les avait mises toutes trois en mouvement. — Et j'espère, monsieur, que vous me recommanderez pour garde; j'étais ici pour vous apporter les nouvelles long-temps avant ces deux faignantes-là.

Les deux rivales protestèrent bruyamment contre la prétention, et

---

[2] *Magister artium*, maître-ès-arts.

non moins bruyants furent les éclats de rire des trois garnements qui écoutaient la scène à quelques pas de là.

— Retenez vos langues, sottes braillardes, dit le docteur ; — et vous, fainéants drôles, si je vais à vous !.... En même temps il fit claquer avec force son grand fouet, produisant ainsi à peu de chose près l'effet du célèbre *quos ego* de Neptune au Ier livre de l'*Énéide*. — Et maintenant, reprit le docteur, qu'est-ce que c'est que cette dame, et où est-elle ?

La question était à peu près inutile ; car en ce moment une voiture sans armoiries attelée de quatre chevaux se dirigeait au pas vers la maison du docteur ; et les trois vieilles, maintenant un peu remises, firent entendre au docteur que le gentleman avait jugé qu'une dame du rang et de la condition de la sienne ne serait pas convenablement accommodée à l'auberge du *Cygne*, et que par leur avis (chacune revendiquant le mérite de l'avoir suggéré) il l'avait amenée à la maison du docteur pour y occuper la *chambre de l'ouest* : — appartement de réserve où le docteur installait parfois ceux de ses malades qu'il désirait avoir pour un temps sous les yeux.

Il n'y avait que deux personnes dans la voiture. L'une des deux, gentleman en habit de voyage, en descendit d'abord ; et ayant reçu du docteur l'assurance que la dame serait décemment logée dans sa maison, il aida sa compagne à quitter la voiture, puis avec tous les dehors d'une vive satisfaction il la vit installée sans accident dans une chambre à coucher très convenable, et remise aux soins attentifs du docteur et de sa femme, qui l'assurèrent de nouveau qu'on aurait pour la malade toutes sortes d'attentions. Pour mieux les enchaîner à leur promesse, l'étranger glissa dans la main du docteur une bourse de vingt guinées (car cette histoire remonte à l'âge d'or), comme arrhes d'une récompense plus libérale, et lui recommanda de ne pas épargner la dépense pour se procurer tout ce qui serait nécessaire à une personne dans la position où se trouvait la dame, ainsi qu'à la faible créature à laquelle on pouvait s'attendre qu'elle donnerait le jour incessamment. Il ajouta qu'il allait se retirer à l'auberge, et pria le docteur de l'informer sur-le-champ par un message du changement attendu dans l'état de la dame.

— Elle est étrangère et d'un rang distingué, continua-t-il ; n'épargnez pas la dépense. Nous avions dessein d'atteindre Édimbourg ; mais un accident nous a forcés de nous détourner de la route. — N'épargnez pas la dépense, répéta-t-il encore une fois, et faites en sorte qu'elle puisse se remettre en route le plus tôt possible.

— Cela, dit le docteur, dépasse mon pouvoir. La nature ne veut pas être pressée, et elle punit toute tentative destinée à accélérer sa marche.

— Mais l'art peut beaucoup, repartit l'étranger ; et il offrit une seconde bourse qui semblait aussi pesante que la première.

— L'art peut se récompenser, répliqua le docteur, mais il ne peut s'acheter. Vous m'avez déjà payé plus que suffisamment pour les soins que je puis donner à votre dame ; accepter plus d'argent ce serait promettre, du moins implicitement, au-delà de ce qu'il est en mon pouvoir de faire. Tous les soins possibles seront donnés à mylady ; c'est le meilleur moyen de la mettre promptement en état de reprendre son voyage. — Maintenant allez à votre auberge, monsieur, car d'un moment à l'autre ma présence peut être nécessaire, et nous ne sommes encore pourvus ni de garde pour la dame ni de nourrice pour l'enfant. Mais je vais m'en occuper à l'instant même.

— Encore un moment, docteur. — Quelles langues comprenez-vous ?

— Je puis parler tant bien que mal le latin et le français, de manière pourtant à me faire entendre ; et je lis un peu l'italien.

— Mais ni le portugais ni l'espagnol ?

— Non, monsieur.

— C'est fâcheux. Néanmoins vous pouvez vous faire entendre d'elle au moyen du français. Songez bien que vous devez en tout vous conformer à ses désirs ; — si les moyens vous manquent pour cela, vous pouvez vous adresser à moi.

— Puis-je demander, monsieur, quel nom l'on doit donner à mylady ?

— Cela n'importe nullement, répondit l'étranger ; vous le saurez plus tard.

A ces mots il jeta autour de lui son ample manteau, faisant lui-même un demi-tour pour aider l'opération, par un mouvement que le docteur aurait difficilement imité ; puis il redescendit la rue et regagna la petite auberge. Là il paya et congédia les postillons, s'enferma dans l'appartement qu'on lui donna, et donna ordre de ne laisser entrer personne jusqu'à ce que le docteur le fît demander.

Le docteur, lorsqu'il revint à la chambre de sa malade, trouva sa femme dans une grande surprise, qui même n'était pas sans quelque mélange de crainte et d'inquiétude, ainsi qu'il est ordinaire chez les personnes du caractère de mistress Grey.

— Elle ne sait pas prononcer un mot comme une créature chrétienne, dit-elle.

— Je sais cela, dit le docteur.

— Mais elle s'obstine à garder un faux visage noir, et elle jette des cris quand nous voulons le lui ôter.

— Hé bien, alors, il faut le lui laisser. — Quel mal cela fera-t-il ?

— Quel mal, docteur ! Une honnête femme a-t-elle jamais accouché avec un masque sur le visage ?

— Rarement, peut-être. Mais, ma chère Jeanne, celles qui ne sont pas tout-à-fait honnêtes doivent être accouchées tout comme celles qui le sont, et nous ne devons pas mettre en danger la vie de la pauvre créature en contrariant ses fantaisies dans ce moment-ci.

S'approchant alors du lit de la dame, il s'aperçut qu'elle avait en effet un de ces légers masques en soie du genre de ceux qui rendaient tant de services dans l'ancienne comédie, et que les femmes d'un rang élevé portaient encore en voyageant, mais jamais, assurément, dans la situation où était cette pauvre dame. Il semblait qu'elle eût été importunée à ce sujet, car lorsqu'elle vit le docteur, elle porta sa main à son visage comme si elle eût craint qu'il n'insistât pour lui ôter le masque. Il se hâta de lui dire en assez bon français que sa volonté serait en tout une loi pour eux, et qu'elle était parfaitement libre de garder le masque jusqu'à ce qu'il lui plût de l'ôter. Elle le comprit; car elle répondit dans la même langue, quoiqu'elle la parlât d'une manière très imparfaite, pour lui exprimer sa gratitude de ce qu'elle semblait regarder comme une permission de conserver son déguisement.

Le docteur s'occupa alors des autres arrangements; et, pour la satisfaction de ceux de nos lecteurs qui peuvent aimer les petits détails, nous dirons que la mère Simson, la plus agile à la course, obtint comme prix le poste de garde-malade; que Peg Thomson eut le privilège de recommander comme nourrice sa belle-fille Bet Jamieson, et que l'*oe* ou petite-fille de la mère Jaup fut louée pour venir aider dans les travaux du ménage, accrus par cette circonstance : — le docteur s'attachant ainsi, en ministre expérimenté, à répartir parmi ses fidèles adhérents les faveurs que la fortune mettait à sa disposition.

Vers une heure du matin le docteur arriva à l'auberge du *Cygne*, et aborda l'étranger en lui faisant compliment d'être le père d'un garçon bien portant, ajoutant, pour employer la formule ordinaire, que la mère était aussi bien qu'on pouvait s'y attendre.

L'étranger entendit cette nouvelle avec tous les dehors de la satisfaction, puis il s'écria : Il faut qu'il soit baptisé, docteur ! il faut qu'il soit baptisé sur-le-champ !

— Il ne peut pas y avoir presse pour cela, dit le docteur Grey.

— Nous pensons autrement, *nous autres*, repartit l'étranger, coupant court au débat. Je suis catholique, docteur, et comme il peut se faire que je sois obligé de partir d'ici avant que cette dame ne soit en état de se mettre en route, je désire voir mon enfant reçu dans le giron de l'Église. Il y a, m'a-t-on dit, un prêtre catholique dans ce misérable endroit?

— Il y a ici un catholique, monsieur, un nommé M. Goodriche, qu'on dit être dans les ordres.

— J'approuve votre circonspection, docteur; il est dangereux d'être trop affirmatif sur quoi que ce soit. Je conduirai demain chez vous ce M. Goodriche.

Grey hésita un moment. — Je suis presbytérien, monsieur, reprit-il, et ami de la constitution telle qu'elle est établie dans l'Église et dans l'État, et cela à bon droit, puisque j'ai reçu pendant quatre ans la paie de Sa Majesté comme chirurgien en second dans le régiment caméronien, ainsi que peuvent en témoigner ma Bible régimentale et ma commission. Pourtant, quoique tenu spécialement d'avoir en horreur tout trafic et toute accointance avec les papistes, je ne me mettrai pas à la traverse d'une conscience scrupuleuse. Vous pouvez venir à la maison avec M. Goodriche, monsieur; et sans nul doute, étant, comme je le suppose, le père de l'enfant, vous arrangerez les choses à votre volonté. Seulement je désire ne pas être regardé comme fauteur ou adhérent de quelque partie que ce soit du rituel papiste.

— Il suffit, monsieur, répliqua l'étranger avec hauteur; nous nous comprenons.

Le lendemain il arriva chez le docteur avec M. Goodriche, et deux personnes connues pour appartenir à la communion du révérend gentleman. — Tous les quatre furent enfermés dans une chambre avec l'enfant, et on peut présumer que le baptême fut administré à la frêle créature qui venait d'être si étrangement lancée sur l'océan du monde. Après le départ du prêtre et des deux témoins, l'étranger informa M. Grey que comme la dame avait été déclarée hors d'état de se mettre en route de plusieurs jours, il était lui-même sur le point de quitter les environs, mais que dans dix jours il reviendrait, et qu'alors il espérait trouver sa compagne en état de partir.

— Et quel nom devons-nous donner à l'enfant et à la mère?
— Le nom de l'enfant est Richard.
— Mais il a sûrement un autre nom, — ainsi que la dame. — Elle ne peut résider chez moi sans avoir un nom.
— Donnez-leur le nom de votre bourg, — Middlemas, je crois?
— Oui, monsieur.
— Hé bien, mistress Middlemas est le nom de la mère, Richard Middlemas celui de l'enfant, — et moi je suis Matthew Middlemas pour vous servir. — Voici, continua-t-il, de quoi procurer à mistress Middlemas tout ce qu'elle pourra désirer, — ou l'assister en cas d'accident. Et en même temps il mit un billet de 100 livres sterling dans la main de M. Grey, lequel témoigna quelque scrupule à le recevoir. — Je suppose, dit-il, que mylady est en état d'être elle-même sa trésorière?

— Pas le moins du monde, je vous assure, docteur. Si elle voulait changer ce carré de papier, c'est tout au plus si elle saurait combien de guinées elle aurait à recevoir. Je vous assure, monsieur Grey, que vous trouverez mistress Middleton — Middlemas — comment l'ai-je appelée? — aussi ignorante des affaires de ce monde que qui que ce soit que vous ayez jamais rencontré dans le cours de votre pratique. Ainsi, vous voudrez bien être son trésorier et son curateur temporaire, comme avec une malade incapable de veiller elle-même à ses affaires.

Le docteur fut frappé de la manière hautaine et presque impérieuse dont ceci fut prononcé. Les mots en eux-mêmes n'impliquaient rien de plus que le désir de garder l'incognito, désir pareillement indiqué par toute la conduite de l'étranger ; mais le ton qu'il avait pris semblait dire : je ne suis pas homme à être questionné par qui que ce soit ;—ce que je dis doit être reçu sans commentaire, quelque peu que vous puissiez y croire ou le comprendre. Cette circonstance fortifia Grey dans l'opinion qu'il avait déjà conçue, qu'il s'agissait ici d'un cas de séduction ou de mariage secret entre deux personnes de très haut rang ; et toute la conduite tant de la dame que de l'étranger confirmait ses soupçons. Il n'était dans sa nature ni d'être importun ni d'être curieux, mais il n'avait pu manquer de s'apercevoir que la dame n'avait pas d'anneau de mariage au doigt ; et sa douleur profonde, ainsi que son tremblement continuel, semblaient indiquer une malheureuse jeune fille qui avait perdu la protection de ses parents sans acquérir de droit légitime à celle d'un époux. Ce ne fut donc pas sans une certaine inquiétude qu'il reçut les adieux que lui fit M. Middlemas après un assez long entretien particulier avec la dame. Il est vrai que M. Middlemas l'assura qu'il serait de retour dans dix jours, ce terme étant le plus rapproché qu'il eût pu déterminer M. Grey à lui assigner comme celui où l'on pouvait prévoir que la dame pourrait sans danger se mettre en route.

—Fasse le Ciel qu'il revienne ! se dit Grey en lui-même ; mais il y a trop de mystère en tout ceci pour que ce soit une affaire claire et nette. Si son intention est d'en agir avec cette pauvre créature comme on en a agi souvent avec tant de pauvres filles, j'espère que ma maison ne sera pas le lieu où il a dessein de l'abandonner. Cet argent qu'il me laisse a quelque chose de suspect ; on dirait que mon ami M. Matthew Middlemas cherche à faire un compromis avec sa conscience. — C'est bien ; — il faut espérer pour le mieux. En attendant, mon chemin m'est clairement tracé : c'est de faire pour la pauvre dame tout ce qui sera en mon pouvoir.

M. Grey rendit visite à sa malade peu de temps après le départ de M. Middlemas,—ou pour mieux dire aussitôt qu'il put être reçu. Il la trouva dans une violente agitation. L'expérience de Grey lui dicta le meilleur moyen de la soulager et de la tranquilliser. Il lui fit apporter son enfant. Elle pleura long-temps sur lui, et la violence de son agitation céda peu à peu à l'influence du sentiment maternel, sentiment qu'à son apparence d'extrême jeunesse on jugeait qu'elle devait éprouver pour la première fois.

Il n'échappa point à l'attention observatrice du docteur qu'après ce paroxysme, l'esprit de sa malade s'occupa principalement de supputer la marche du temps, et d'anticiper le moment où le retour de son mari —si mari il était—pouvait être attendu. Elle consultait les almanachs, s'informait des distances, bien qu'il fût évident, aux détours qu'elle mettait dans ses questions, qu'elle n'aurait pas voulu donner d'indices sur la route qu'avait prise son compagnon de voyage ; et à chaque instant elle comparait la marche de sa montre à celle des autres. Evidemment elle recherchait les illusions de cette arithmétique mentale par laquelle les mortels tâchent, en calculant la marche du temps, d'en accélérer le passage. D'autres fois elle pleurait encore sur son enfant, que tous les juges compétents proclamaient un aussi bel enfant qu'on pût voir; et en certains moments Grey l'entendit murmurer à cet enfant encore insensible des phrases dont non seulement les mots, mais le son même et l'accent lui étaient inconnus, mais qu'il savait ne pas être portugais.

Une fois, M. Goodriche, le prêtre catholique, demanda à être admis près d'elle. D'abord elle refusa sa visite, puis ensuite elle la reçut, dans l'idée, peut-être, qu'il pourrait avoir des nouvelles de celui qui s'était donné le nom de M. Middlemas. L'entrevue fut très courte, et le prêtre en quittant la chambre avait un air de mécontentement que sa prudence put à peine cacher à M. Grey. Il ne revint plus, quoique l'état de la dame lui eût rendu nécessaires ses attentions et ses consolations, si elle eût été membre de l'église catholique.

M. Grey commença enfin à soupçonner que sa belle pensionnaire était une juive qui avait donné sa personne et ses affections à un homme d'une religion différente; et le caractère particulier de son beau visage tendait à fortifier cette opinion. Cette circonstance ne changea en rien les dispositions de Grey, qui ne vit que sa détresse et sa désolation, et s'efforça d'apporter remède à toutes les deux autant qu'il était en son pouvoir. Il désirait cependant la cacher à sa femme, ainsi qu'aux autres personnes qui entouraient la malade, et dont on pouvait plus justement mettre en doute et la prudence et la libéralité d'opinions à ce sujet. Il régla donc le régime de sa malade de manière à ce qu'aucune nourriture interdite par la loi de Moïse ne lui fût présentée, afin qu'elle ne pût être ni blessée elle-même dans ses croyances, ni exposée au soupçon des autres. Sauf en ce qui concernait sa santé et les soins que réclamait sa position, il avait au reste peu de rapports avec elle.

Le temps que devait durer l'absence de l'étranger, et dont sa compagne avait si anxieusement attendu le terme, s'écoula enfin. Le désappointement produit par sa non-arrivée se manifesta chez la convalescente par des mouvements d'impatience, d'abord mêlés d'humeur, puis ensuite d'inquiétude et de craintes. Quand deux ou trois jours se furent passés sans qu'on eût reçu ni lettre ni message d'aucune sorte, Grey lui-même craignit sérieusement, tant pour lui que pour la pauvre dame, que l'étranger n'eût eu effectivement l'idée d'abandonner cette femme sans défense et probablement trompée. Il lui tardait d'avoir avec elle un entretien qui le mît à même de juger quelles informations on pouvait prendre et quelles démarches il convenait de faire. Mais la pauvre jeune dame comprenait si imparfaitement le français, et peut-être était-elle si peu disposée à jeter aucun jour sur sa situation, que toutes les tentatives de cette nature restèrent sans résultat. Lorsque Grey lui adressait des questions sur quelque point qui parût approcher d'une explication, il remarqua qu'habituellement elle lui répondait par un mouvement de tête qui voulait dire qu'elle ne le comprenait pas; d'autres fois elle n'opposait à ses questions que le silence et des larmes, ou bien elle le renvoyait à *Monsieur.*

Grey commença donc à attendre très impatiemment l'arrivée de *Monsieur*, comme la seule chose qui pût mettre un terme à un mystère désagréable, dont la bonne compagnie du bourg faisait déjà le principal sujet de ses commérages; quelques uns blâmant Grey d'avoir reçu chez lui des aventuriers étrangers, sur la moralité desquels on pouvait concevoir des doutes sérieux, d'autres enviant les profits que vraisemblablement le docteur devait y trouver, lui qui avait la disposition des fonds de la riche étrangère : circonstance qui ne put guère être cachée au public, quand on vit les dépenses du digne homme s'élever pour des objets de recherche futile fort au-delà des limites qu'il s'imposait d'habitude.

La probité dont l'honnête docteur avait conscience lui permettait de mépriser ces sortes de caquetages, bien que la connaissance secrète de leur existence ne pût lui être agréable. Il continua de faire ses rondes habituelles avec sa persévérance accoutumée, et attendit patiemment que le temps jetât quelque jour sur l'histoire de sa pensionnaire. Il y avait maintenant un mois qu'elle demeurait chez lui, et on pouvait la regarder comme parfaitement rétablie, quand, à son retour d'une de ses visites de dix milles, Grey vit arrêtée à sa porte une chaise à quatre chevaux. — Cet homme est revenu, se dit-il, et mes soupçons lui faisaient injure. En même temps il fit sentir l'éperon à sa monture, signal auquel le fidèle animal obéit d'autant plus volontiers qu'il se dirigeait vers son écurie. Mais lorsque, mettant pied à terre, le docteur entra chez lui en toute hâte, il lui parut que le départ de cette malheureuse dame était destiné, aussi bien que son arrivée, à apporter la confusion dans sa paisible demeure. Plusieurs oisifs s'étaient réunis devant la porte, et deux ou trois d'entre eux avaient impudemment franchi la barrière pour écouter une altercation confuse que l'on entendait à l'intérieur.

Grey se hâta d'entrer, les plus avancés de ceux qui s'étaient ainsi introduits abusivement dans l'enceinte intérieure se reculant tout confus à son approche; il commença alors à distinguer la voix de sa femme, élevée à un diapason qu'il savait par expérience ne présager rien de bon, car mistress Grey, quoique en général d'une humeur douce et traitable, pouvait parfois exécuter le dessus dans un duo matrimonial. Ayant plus de confiance dans les bonnes intentions de sa femme que dans sa prudence, il ne perdit pas de temps pour entrer dans le parloir et prendre lui-même l'affaire en main. Il y trouva mistress Grey à la tête de toute la milice de la chambre de la malade, c'est-à-dire de la nourrice, de la garde et de la fille à tout faire, engagée dans une violente dispute avec deux étrangers. L'un était un homme âgé au teint basané, dont l'œil avait une expression pénétrante et sévère qui en ce moment semblait amortie par un mélange de chagrin et de mortification. L'autre, qui paraissait soutenir énergiquement la dispute avec mistress Grey, était un homme aux formes robustes, à l'air hardi, à la physionomie dure, et qui était armé de pistolets dont il faisait une ostentation assez inutile.

— Voici mon mari, monsieur, dit mistress Grey d'un ton de triomphe, car elle avait la grâce de regarder le docteur comme un des plus grands hommes qu'il y eût au monde; — voici le docteur, — voyons ce que vous direz maintenant.

— Parbleu, madame, ni plus ni moins que ce que je vous ai dit à vous, — qu'il faut obéir au mandat dont je suis porteur. Il est en règle, madame, il est en règle.

Et en même temps il frappait de l'index de sa main droite sur un papier qu'il tenait à la main gauche et qu'il avançait vers mistress Grey.

— Adressez-vous à moi, s'il vous plaît, monsieur, dit le docteur Grey, voyant qu'il n'avait pas de temps à perdre pour évoquer la cause devant la cour qui devait en connaître. Je suis le maître de cette maison, monsieur, et je désire savoir le motif de votre visite.

— Mon affaire ne sera pas longue à dire, répondit l'homme. Je suis messager du roi, et madame m'a traité comme si j'étais celui d'un bailli de baronnie.

— Ce n'est pas là la question, monsieur, répliqua le docteur. Si vous êtes messager du roi, où est votre mandat, et que vous proposez-vous de faire ici? En même temps il dit tout bas à la petite servante d'aller dire à M. Lawford, le greffier municipal, de venir aussi promptement qu'il lui serait possible. La petite-fille de Peg Thomson partit avec une agilité digne de sa belle-mère.

— Voici mon mandat, reprit l'officier de paix ; vous pouvez vous assurer qu'il est en règle.

— L'effronté coquin n'ose pas dire au docteur ce qui l'amène, dit mistress Grey d'un ton triomphant.

— Jolie mission, fit la vieille mère Simson, d'enlever une femme en couches comme un épervier enlèverait une poule couveuse!

— Une femme qu' n'y a pas un mois qu'est accouchée, répéta en écho la nourrice Jamieson.

— Vingt-quatre jours huit heures et sept minutes à une seconde près, dit mistress Grey.

Le docteur ayant jeté les yeux sur le mandat, lequel était en bonne forme, commença à craindre que les femmes de sa maison, dans leur zèle à défendre les droits de leur sexe, ne s'emportassent jusqu'à quelque accès subit de mutinerie; en conséquence il leur ordonna de se taire.

— Ce papier, dit-il, est un mandat d'amener délivré contre Richard Tresham et Zilia de Monçada, pour crime de haute-trahison. — J'ai servi Sa Majesté, monsieur, et ce n'est pas dans cette maison que des traîtres seront abrités. Je ne sais absolument rien ni de l'une ni de l'autre de ces deux personnes, et je n'avais même jamais ouï prononcer leur nom.

— Néanmoins, la dame que vous avez reçue dans votre intérieur est Zilia Monçada, dit le messager, et voici son père, Matthias de Monçada, qui en fera serment.

— Si cela est vrai, reprit M. Grey en regardant celui qu'on désignait comme le père de la jeune dame, vous vous êtes chargé d'un singulier office. Je n'ai pour habitude ni de nier mes actions, ni de me mettre en opposition avec les lois du pays. Il y a dans cette maison une dame dont la santé se rétablit lentement, depuis qu'elle y a donné le jour à un enfant bien portant. Si cette dame est la personne désignée au mandat, et la fille de monsieur, je dois la livrer aux lois du pays.

Ici la milice d'Esculape fit un nouveau mouvement.

— La livrer, docteur Grey! C'est une honte de vous entendre parler ainsi, vous qui vivez de ce que vous rapportent les femmes et les enfants plus que de toute autre chose! — telle fut l'exclamation de sa charmante moitié.

— Je m'étonne de ce que le docteur a dit là! — fit la jeune nourrice; il n'y a pas une femme dans le bourg qui croirait ça de lui.

— J'avais toujours cru jusqu'à présent que le docteur était un homme, dit à son tour la mère Simson; mais je le regarde maintenant comme une vieille femme, guère plus hardie que moi. Et je ne m'étonne pas maintenant que cette pauvre mistress Grey....

— Silence, sottes femmes que vous êtes! interrompit le docteur. Pensez-vous que cette affaire ne soit déjà pas assez mauvaise, que vous la rendiez pire par vos folles clameurs? — Messieurs, ceci est un triste cas. Voici un mandat pour un grand crime, contre une pauvre créature qui n'est guère en état d'être transportée d'une maison à une autre, encore bien moins d'être traînée dans une prison. Je vous dirai franchement que je regarde l'exécution de ce mandat comme pouvant causer sa mort. C'est à vous, monsieur, si réellement vous êtes son père, de considérer ce que vous pouvez faire pour adoucir les mesures à prendre plutôt que de les pousser à l'extrême.

— Mieux vaut la mort que le déshonneur, répliqua le vieillard à figure austère, d'une voix aussi dure que sa physionomie; — et vous, messager, faites votre devoir et exécutez votre mandat. Vous en êtes responsable.

— Vous entendez, dit l'homme, en appelant à Grey lui-même; il faut que j'aie immédiatement accès près de la dame.

— Voici le greffier municipal qui arrive à temps, dit M. Grey. —

Vous êtes le bienvenu, monsieur Lawford. On a grand besoin ici de votre avis comme homme de loi, aussi bien que comme homme de sens et d'humanité. De ma vie je n'ai été plus charmé de vous voir.

Il le mit alors rapidement au fait, et le messager, comprenant que le nouveau venu était un homme d'une certaine autorité, exhiba de nouveau son mandat.

— Ce warrant est très suffisant et très valide, docteur Grey, dit l'homme de loi. Néanmoins, si vous êtes disposé à affirmer sous serment qu'un transport immédiat serait nuisible à la santé de la dame, il est hors de doute qu'il faudra qu'on la laisse ici sous une garde suffisante.

— Ce n'est pas tant la simple action de se transporter d'un lieu à un autre que je crains, repartit le chirurgien ; mais je puis affirmer en âme et conscience que la honte et la crainte du courroux de son père, joints à l'affront d'une pareille arrestation et à la terreur de ses conséquences, peuvent occasionner une violente et dangereuse maladie, — et même amener la mort.

— Il faut que le père voie sa fille, dût-il s'ensuivre une altercation entre eux, reprit M. Lawford ; il faut que l'officier de justice exécute son mandat, dût-il causer à la coupable une frayeur mortelle. Ces fâcheuses conséquences ne sont que contingentes, et non directes et immédiates. Il vous faut livrer la dame, monsieur Grey, quoique votre hésitation soit bien naturelle.

— Du moins, monsieur Lawford, je dois être certain que la personne qui est chez moi est bien celle que l'on cherche.

— Conduisez-moi à son appartement, répliqua l'homme auquel le messager donnait le nom de Monçada.

— J'y consens, puisqu'il le faut ; — mais j'aimerais autant me trouver en face d'un canon.

Le messager, que la présence de Lawford avait d'abord rendu un peu plus doux, commença à redevenir impudent. — Il espérait, dit-il, acquérir par le moyen de sa prisonnière les renseignements nécessaires pour l'arrestation du plus coupable des deux. Si on lui suscitait de plus longs délais, et que les renseignements vinssent trop tard, il rendrait responsables des conséquences tous ceux qui auraient contribué à ces délais.

— Et moi, dit M. Grey, dussé-je pour cela être mené à la potence, je proteste que cette mesure peut être le meurtre de ma malade. — Est-ce que l'on ne peut pas donner caution, monsieur Lawford ?

— Non, dans les cas de haute-trahison, dit le fonctionnaire légal ; puis il continua d'un ton confidentiel : Allons, monsieur Grey, nous vous connaissons tous pour un homme attaché à notre souverain le roi George et au gouvernement ; pourtant il ne faut pas pousser trop loin vos scrupules, de peur de vous mettre vous-même dans l'embarras, ce dont tout le monde à Middlemas serait fâché. L'an quarante-cinq [1] n'est pas encore si loin de nous que nous ne puissions nous souvenir d'assez de mandats pour haute-trahison, — oui, et de dames de qualité arrêtées sur une telle accusation. Mais on les traita toutes avec indulgence, — lady Ogilvy, lady Mac Intosh, Flora Macdonald, et toutes les autres. Nul doute que monsieur ne sache ce qu'il fait, et n'ait l'assurance que la jeune dame ne court aucun danger. — Ainsi il faut baisser la tête et laisser passer l'eau, comme nous disons.

— En ce cas, messieurs, suivez-moi, dit Gideon; vous allez voir la jeune dame. Et alors, ses traits énergiques agités par l'émotion que lui causait la pensée du coup qu'il allait porter, il prit les devants, monta le petit escalier, et ouvrant la porte, dit à Monçada qui l'avait suivi : Voici l'unique lieu de refuge de votre fille, monsieur, et je suis, hélas! trop faible pour l'y protéger. Entrez, monsieur, si votre conscience vous le permet.

L'étranger lui lança un regard dans lequel il semblait qu'il eût voulu concentrer la puissance du fabuleux basilic. S'avançant alors d'un air de hauteur, il entra dans la chambre. Il était suivi de Lawford et de Grey, qui se tenaient à deux pas en arrière. Le messager resta sur le seuil de la porte. La malheureuse jeune femme avait entendu le débat, et n'en avait que trop bien deviné la cause. Il est même possible qu'elle eût vu les étrangers au moment où ils descendaient de voiture. Quand on entra dans la chambre, elle était à genoux près d'un fauteuil, le visage couvert d'un voile de soie. L'homme auquel on avait donné le nom de Monçada articula un seul mot, qu'à l'accent dont il fut prononcé on pouvait deviner équivaloir à *misérable!* mais qu'aucun des témoins de la scène ne comprit. La jeune femme eut un frisson convulsif, pareil à celui que produit un second coup porté à un soldat demi-mourant. Mais sans prendre garde à l'émotion de sa fille, Monçada la saisit par le bras et la força assez rudement de se relever, quoiqu'elle parût ne se soutenir sur ses jambes que grâce à la main vigoureuse qui lui serrait le bras. Il lui arracha alors le masque qu'elle avait porté jusqu'alors. La pauvre créature s'efforça encore de se cacher le visage en le couvrant de sa main gauche, la manière dont elle était tenue l'empêchant de s'aider de la droite. Il fallut peu d'effort à son père pour écarter aussi cette main, trop petite, à la vérité, pour couvrir les traits que l'infortunée voulait cacher; et on put alors apercevoir son beau visage, rouge de honte et baigné de larmes.

— Alcade, et vous, chirurgien, dit-il à Lawford et à Grey avec un geste et un accent étrangers, cette femme est ma fille, la Zilia Monçada signalée dans ce papier. Faites place, et laissez-moi la emmener là où elle pourra expier ses crimes.

— Êtes-vous la fille de monsieur? demanda Lawford à la dame.

[1] 1745, année marquée par la tentative du Prétendant. (L. V)

— Elle n'entend pas l'anglais, dit Grey ; et s'adressant en français à sa malade, il la conjura de lui dire si elle était ou non la fille de cet homme, l'assurant qu'elle aurait protection s'il n'était pas effectivement son père. La réponse, quoique murmurée faiblement, ne fut que trop distincte et trop intelligible : — c'était son père.

Tout prétexte d'intervenir semblait maintenant enlevé. Le messager procéda à l'arrestation, et, avec une certaine délicatesse, requit l'assistance des femmes pour aider à la conduire jusqu'à la voiture qui les attendait.

Grey intervint de nouveau. — Vous ne voudrez pas, dit-il, séparer la mère de l'enfant?

Zilia de Monçada entendit la question, et il sembla qu'elle rappelât à son souvenir l'existence de la faible créature qu'elle avait mise au monde, oubliée un moment au milieu des terreurs que lui avait causées la présence de son père. Elle poussa un cri plein d'angoisses, et tourna vers son père un regard où se peignait la plus instante supplication.

— Le bâtard à la paroisse! dit Monçada; tandis que la malheureuse tombait privée de sentiment entre les bras des femmes qui s'étaient réunies autour d'elle.

— Cela ne sera pas ainsi, monsieur, reprit M. Grey ; — si vous êtes le père de cette dame, il vous faut être le grand-père du malheureux enfant. Vous devez assurer son avenir d'une façon quelconque, ou nous donner à cet égard la garantie de quelque personne qui puisse répondre pour vous.

Monçada regarda Lawford, qui confirma la justesse de ce que venait de dire le docteur.

— Je ne refuse pas de payer ce qu'il faudra pour ce misérable enfant, dit-il; et si vous voulez vous en charger et l'élever, ajouta-t-il en s'adressant à Grey, vous aurez quelque chose à ajouter à votre revenu.

Grey allait refuser une offre faite avec si peu de civilité ; mais un instant de réflexion lui fit changer de sentiment. — J'ai si médiocre opinion de tout ce dont j'ai été témoin, répondit-il, et de ceux qui y sont intéressés, que si la mère désire que je prenne soin de cet enfant, je ne m'y refuserai pas.

Zilia de Monçada commençait à revenir de son évanouissement ; son père lui parla dans le même langage qu'il avait employé d'abord avec elle. La proposition du docteur parut lui causer un vif plaisir, car elle s'élança des bras des femmes qui la soutenaient, et s'avançant vers Grey elle s'empara de sa main, la porta à ses lèvres, l'arrosa de ses larmes, et sembla à demi consolée, même en se séparant de son enfant, par la pensée qu'il resterait sous sa garde.

— Honnête et digne homme, lui dit-elle dans son mauvais français, vous avez sauvé la mère et l'enfant.

Le père, pendant ce temps, avec un sang-froid mercantile, déposa dans les mains de M. Lawford des billets de banque pour une valeur de 1,000 liv. st., qu'il enjoignit de placer pour subvenir aux besoins de l'enfant, et dont il recommanda de régler l'emploi selon ce qu'exigeraient sa pension et son éducation. Dans le cas où quelque correspondance à son sujet deviendrait nécessaire, tel qu'en cas de mort ou dans toute autre éventualité de même nature, on devrait écrire au signor Matthias Monçada, sous le couvert d'une certaine maison de banque à Londres.

— Mais songez bien, dit-il à Grey, à ne pas me donner l'ennui d'avoir à m'occuper de cela, si ce n'est en cas d'absolue nécessité.

— Vous n'avez pas besoin de craindre, monsieur, répondit Grey; rien dans ce que j'ai vu aujourd'hui ne peut me porter à désirer d'avoir avec vous une correspondance plus intime qu'il ne sera indispensable.

Tandis que Lawford dressait l'acte de cette convention, par lequel lui-même et le docteur Grey étaient nommés curateurs de l'enfant, M. Grey voulut remettre à la jeune dame ce qui restait de la somme assez considérable que Tresham (si tel était son nom) lui avait laissée en partant. Par tous les gestes des mains et même des pieds qui pouvaient exprimer un refus, aussi bien que par son regard et par le peu de mots français qu'elle pouvait employer, elle repoussa cette proposition de remboursement, et conjura le docteur de regarder l'argent comme étant à lui; et même elle le força d'accepter une bague en brillants qui semblait d'une grande valeur. Le père lui dit alors quelques mots sévères, qu'elle écouta d'un air d'angoisse mêlée de soumission.

— Je lui ai donné quelques minutes pour voir l'être misérable qui a été le sceau de son déshonneur et pleurer sur lui, dit le père d'un ton dur. Retirons-nous et laissons-la seule. — Vous (s'adressant au messager), veillez à l'extérieur de la porte de sa chambre.

Grey, Lawford et Monçada descendirent en conséquence au parloir, où ils attendirent silencieusement, chacun d'eux livré à ses propres réflexions. Au bout d'une demi-heure, on vint les avertir que la dame était prête à partir.

— C'est bien, répondit Monçada. Je suis charmé qu'il lui reste encore assez de bon sens pour se soumettre à ce qui est inévitable.

A ces mots il monta l'escalier, et redescendit bientôt avec sa fille, qui avait remis son masque et son voile. Au moment où elle passa près de Grey elle proféra ces mots — Mon enfant! mon enfant! — d'un ton d'inexprimable angoisse; puis elle monta dans la voiture, qu'on avait fait approcher de la porte autant que le permettait le peu de largeur de l'enclos. Le messager, montant un cheval de main et accompagné d'un domestique et d'un assistant, suivit la voiture, qui s'éloigna avec une extrême rapidité dans la direction d'Édimbourg. Tous ceux qui avaient été témoins de cette scène étrange partirent alors pour aller se livrer à leurs conjectures, et quelques uns pour compter leurs profits ; car l'argent avait été distribué parmi les femmes qui avaient soigné la jeune dame avec assez de libéralité pour leur faire oublier l'atteinte portée aux droits de leur sexe par l'enlèvement précipité de la nouvelle accouchée

CHAPITRE III.

Le dernier nuage de poussière soulevé par les roues de la voiture s'était dissipé, quand le dîner, qui réclame une part des pensées humaines même au milieu des incidents les plus merveilleux et les plus pénibles, revint à celle de mistress Grey.

— En vérité, docteur, vous allez rester là à regarder à la fenêtre jusqu'à ce que quelque autre malade vous fasse demander, et alors il faudra ressortir sans avoir dîné ; — et j'espère que M. Lawford acceptera la fortune du pot, car c'est juste son heure à lui aussi. Et puis nous avions quelque chose d'un peu mieux que d'ordinaire pour cette pauvre dame : — de l'agneau aux épinards et du veau à la florentine.

Le chirurgien tressaillit comme s'il fût sorti d'un rêve, et il se joignit à l'invitation hospitalière de sa femme, invitation que Lawford accepta volontiers.

Nous supposerons le repas terminé, une bouteille de bon vieux rhum d'Antigoa sur la table, et un modeste petit bol de punch judicieusement rempli pour le docteur et son hôte. Leur conversation roula naturellement sur la scène étrange dont ils venaient d'être témoins, et le greffier municipal se fit un grand mérite de sa présence d'esprit.

— Je crois, docteur, que vous auriez bien pu vous brasser une boisson un peu amère si je n'étais pas arrivé.

— Ma foi, ça aurait très bien pu arriver, répondit Grey ; car, à vous dire la vérité, quand j'ai vu ce drôle faire le rodomont dans ma maison avec ses pistolets au milieu de quatre femmes, j'ai senti se soulever en moi le vieil esprit caméronien, et il n'aurait pas fallu grand'chose pour me faire empoigner le tisonnier.

— Fi donc ! fi donc ! vous n'auriez pas fait cela, repartit l'homme de loi. Non, non ; c'était un cas où un peu de prudence valait tous les pistolets et tous les tisonniers du monde.

— Et c'est précisément ce que j'ai pensé quand je vous ai envoyé chercher, monsieur Lawford.

— Et il ne pouvait pas appeler un homme plus habile pour un cas difficile, ajouta mistress Grey en s'asseyant avec son ouvrage à quelque distance de la table.

— Merci, ma bonne voisine ; et voici à votre santé. Ne me permettrez-vous pas de vous verser un autre verre de punch, mistress Grey ?

Cette offre étant refusée, le greffier continua : J'ai bien idée que le messager et son mandat d'amener n'étaient là que pour prévenir toute résistance. Vous avez vu comme il s'est tenu tranquille après que je lui ai eu cité la loi ; — je ne croirai jamais que la dame ait la moindre chose à craindre de lui. Mais le père est un rude homme ; soyez bien sûrs qu'il aura tellement serré la bride à la pauvre créature que cela lui aura fait faire un écart. Je ne serais pas surpris qu'il l'emmenât à l'étranger et la renfermât dans un couvent.

— C'est ce qui serait difficile, répliqua le docteur Grey, si, comme je le soupçonne, le père et la mère sont juifs.

— Une juive ! exclama mistress Grey ; ce serait pour une juive que je me serais donné tout ce mal-là ! Il m'avait bien semblé lui voir faire la grimace une fois que Simson la garde lui parlait d'œufs au lard. Pourtant je croyais que les Juifs avaient toujours eu de longues barbes, et le visage de cet homme est juste comme un des nôtres ; — j'ai vu le docteur lui-même avoir la barbe plus longue, quand il n'avait pas eu le temps de se raser.

— Ce pourrait bien avoir été le cas de M. Monçada, reprit Lawford, car il semblait avoir fait une longue traite. Au surplus, les Juifs sont souvent des gens très respectables, mistress Grey ; — ils n'ont pas de propriétés territoriales parce que la loi est contre eux sur ce point-là, mais ils ont une bonne pelote à la bourse, mistress Grey, — de très grands capitaux dans les fonds. Et même je pense que cette pauvre jeune femme est mieux avec son père, tout Juif qu'il est, et quoique ce soit un rude homme par dessus le marché, qu'elle n'aurait été avec le coquin qui l'a trompée, et qui, d'après ce que vous en dites, docteur Grey, est tout à la fois un papiste et un rebelle. Les Juifs sont attachés au gouvernement ; ils détestent le pape, le diable et le Prétendant autant que tous les honnêtes gens parmi nous.

— Je ne puis avoir bien haute opinion ni de l'un ni de l'autre de ces deux messieurs, dit le docteur Grey. Pourtant il est juste de dire que j'ai vu M. Monçada dans un moment où il était fortement irrité, et non sans raison, selon toute apparence. Or, ce Tresham, si Tresham est son nom, a montré de la hauteur avec moi, et, à ce que je crois, un peu d'insouciance pour la pauvre jeune femme, alors qu'il aurait dû avoir justement le plus de bonté pour elle, et pour moi quelque reconnaissance. Je pense donc comme vous, tabellion, que le chrétien est le pire des deux.

— Et votre idée est de prendre soin vous-même de cet enfant, docteur ? Voilà ce que j'appelle le bon Samaritain.

— A peu de frais, monsieur Lawford ; l'enfant, s'il vit, a de quoi être élevé décemment et prendre position dans le monde, et je puis lui enseigner une honorable et utile profession. Ce sera pour moi un amusement plutôt qu'un embarras. J'ai d'ailleurs besoin de faire quelques observations sur les maladies des enfants, dont, avec la grâce de Dieu, il faudra bien que celui-ci se tire heureusement entre mes mains; et puisque le Ciel ne nous a pas envoyé d'enfant....

— Bon, bon! interrompit le greffier municipal, vous voilà bien pressé maintenant : — il n'y a pas encore si long-temps que vous êtes mariés.

— Mistress Grey, que ma plaisanterie ne vous chasse pas; nous vous demanderons une tasse de thé tout-à-l'heure, car ni le docteur ni moi ne sommes de grands buveurs.

Quatre ans après l'époque où cette conversation avait eu lieu, l'événement à la possibilité duquel le tabellion avait fait allusion se réalisa : mistress Grey donna une fille à son mari. Mais le bien et le mal se mêlent étrangement dans ce monde sublunaire. L'accomplissement du désir que le docteur avait depuis si long-temps de se voir de la postérité fut accompagné de la perte de sa bonne et simple femme, — un des plus rudes coups que le destin pût infliger au pauvre Grey ; et ce qui depuis quelques mois promettait d'ajouter de nouvelles douceurs à son humble ménage, jeta la désolation dans sa maison. Grey reçut le choc comme les hommes fermes et sensés supportent un coup inévitable, des effets duquel ils n'espèrent pas pouvoir jamais se remettre. Il s'acquittait des devoirs de sa profession avec la même ponctualité qu'auparavant ; dans ses rapports de société il était d'humeur facile, et même en apparence aussi enjoué que jamais ; mais le soleil de son existence était éteint. Chaque matin il lui manquait ces recommandations affectueuses de faire attention à sa propre santé pendant qu'il travaillerait à la rendre à ses malades. Chaque soir, lorsqu'il revenait de sa fatigante tournée, c'était avec la pensée de ne pas retrouver l'accueil tendre et plein d'affection d'une femme empressée de raconter ou écoutant avec intérêt tous les petits événements de la journée. Ses lèvres, qui autrefois sifflaient gaiement et sur un diapason élevé dès que le clocher de Middlemas était en vue, ne faisaient plus jamais entendre ces chants de bonne humeur ; le cavalier penchait la tête sur sa poitrine, tandis que le cheval fatigué, cessant d'être stimulé de la main et de la voix, semblait avancer d'un pas mal assuré, comme s'il eût partagé l'accablement de son maître. Il y avait des moments où cet abattement était tel qu'il ne pouvait endurer même la présence de sa petite Menie, dans les traits enfantins de laquelle il retrouvait ceux de sa mère, dont sans le savoir elle avait causé la mort. — Sans cette pauvre enfant, pensait-il.. Mais sentant aussitôt que ce sentiment était coupable, il serrait l'enfant contre sa poitrine et la couvrait de caresses ; — puis tout-à-coup il ordonnait qu'on l'emmenât au parloir.

Les musulmans ont l'idée bizarre que pour arriver au Paradis le vrai croyant est dans la nécessité de passer pieds nus sur un pont en fer rouge. Mais en cette occasion tous les morceaux de papier que le musulman a ramassés durant sa vie, de peur qu'il n'y eût écrit dessus quelque sainte sentence qui pourrait être profanée, s'arrangent entre ses pieds et le métal brûlant de manière à l'empêcher de se brûler. C'est ainsi que les actions bonnes et bienveillantes ont quelquefois pour effet, même en ce monde, d'adoucir l'angoisse des afflictions qui nous viendront plus tard.

Ainsi, la plus grande consolation que le pauvre Grey pût trouver après la perte douloureuse qu'il avait faite était dans la tendresse enjouée de Richard Middlemas, cet enfant qui avait été confié à ses soins d'une si singulière façon. Même à cet âge encore si tendre il était d'une beauté remarquable. Lorsqu'il se taisait ou qu'il était de mauvaise humeur, ses yeux noirs et sa physionomie expressive avaient quelque chose qui rappelait le caractère dur imprimé sur les traits de son père supposé ; mais quand il était heureux et gai, ce qui était bien plus souvent le cas, ces nuages faisaient place à l'expression la plus espiègle et la plus joyeuse qu'eût jamais offerte la riante et insouciante physionomie d'un enfant. Il semblait avoir un tact au-dessus de son âge pour reconnaître les particularités de caractère de ceux qui l'entouraient et pour s'y conformer. Sa nourrice, Nourrice Jamieson, ou, comme on la nommait plus communément par abréviation et par excellence, Nourrice, était un des principaux objets de l'affection de Richard. C'était elle qui l'avait élevé depuis sa naissance. Elle avait perdu son propre enfant, et peu après son mari ; et étant ainsi restée seule, elle était devenue, ainsi qu'il était commun en Écosse, membre de la famille du docteur Grey. Après la mort de mistress Grey elle obtint graduellement la surintendance principale de toute la maison ; et comme c'était une ménagère honnête et entendue, elle y acquit une très grande importance.

Elle était hardie de caractère, violente dans ses sensations, et, ainsi qu'il arrive souvent aux personnes de sa classe, aussi attachée à Richard Middlemas, qu'elle avait nourri de son lait, que si c'eût été son propre fils. L'enfant répondait à cette affection par toutes les démonstrations de tendresse dont son âge était capable.

Le petit Dick se faisait aussi remarquer par la vivacité et la sincérité de son attachement pour son tuteur et bienfaiteur, le docteur Grey. Il était officieux en temps et lieu convenables, tranquille comme un agneau quand son patron semblait disposé à l'étude ou à la rêverie, actif et empressé à l'aider ou à l'amuser chaque fois que le docteur semblait le désirer ; et dans chacune de ces occasions il montrait une perspicacité fort au-dessus de ses jeunes années.

Avec le temps, ce caractère agréable sembla gagner encore. En tout ce qui tenait aux exercices ou aux amusements il était l'orgueil et le chef des enfants de l'endroit, sur la plupart desquels sa force et son agilité lui donnaient une supériorité décidée. A l'école il se distinguait moins par son aptitude ; mais cependant c'était un des favoris du maître, homme instruit et sensé.

— Richard ne va pas vite, disait-il quelquefois à son patron le docteur Grey, mais aussi il avance d'un pied sûr ; il est impossible de ne pas être satisfait d'un enfant qui a tant le désir de vous contenter.

L'affection reconnaissante du jeune Middlemas pour son protecteur semblait s'accroître avec le développement de ses facultés, et ce sentiment trouva un moyen aussi naturel qu'agréable de se montrer, dans ses attentions pour la petite Menie Grey. Son plus léger désir était une loi pour Richard ; et c'était en vain que cent voix aiguës l'appelaient pour aller prendre la direction d'une partie de cache-cache ou de balle, si le plaisir de la petite Menie était qu'il restât à la maison à lui bâtir des châteaux de cartes pour l'amuser. D'autres fois il se chargeait seul du soin de la petite, et on le voyait courant avec elle dans le pré, lui cueillant des fleurs sauvages, ou lui tressant des chapeaux de roseaux. Menie s'attachait à Dick Middlemas en proportion de ces soins assidus ; et le père voyait avec plaisir chaque nouvelle marque d'attention dont sa fille était l'objet de la part de son protégé.

A la gentillesse de la première enfance avaient succédé chez Richard les agréments de l'adolescence, et déjà le joli garçon promettait de mériter bientôt le titre de beau jeune homme. Durant le temps où s'accomplissait silencieusement ce double progrès, M. Grey écrivit très régulièrement deux fois chaque année à M. Monçada par le canal que ce dernier avait indiqué. L'excellent homme pensait que si l'opulent grand-père pouvait seulement voir ce petit-fils dont toute famille aurait pu être fière, il n'aurait plus la force de persévérer dans sa résolution de traiter en étranger un enfant qui lui tenait de si près par le sang, et si intéressant par sa personne et son caractère. Il crut donc de son devoir de tenir ouverte cette communication faible et détournée avec le grand-père maternel de Richard, comme pouvant conduire, en quelque temps plus heureux, à des rapports plus intimes. Cependant la correspondance ne pouvait, à tout autre égard, être agréable à un homme du caractère de M. Grey. Ses propres lettres étaient aussi courtes que possible ; il se bornait à y rendre compte des dépenses de son pupille, dans lesquelles était comprise une pension modique pour lui-même, le tout attesté par M. Lawford, second curateur, et à mentionner l'état de santé de Richard et les progrès de son éducation, avec quelques mots d'éloge, brefs mais chaleureux, sur la bonté de sa tête et de son cœur. Néanmoins les réponses qu'il recevait étaient encore plus courtes. — « Monsieur Monçada (telle en était habituellement la teneur) a reçu la lettre de monsieur Grey datée du*** ; il a pris connaissance du contenu, et il recommande à monsieur Grey de persister dans le plan qu'il a suivi jusqu'à présent pour ce qui fait l'objet de leur correspondance. » Dans les occasions où des dépenses extraordinaires semblaient devoir être nécessaires, les envois d'argent ne se faisaient pas attendre.

Quinze jours après la mort de mistress Grey, le docteur reçut ainsi une somme de cinquante livres sterling, accompagnée d'un avis portant que cet argent était destiné à faire prendre au petit R. M. un deuil convenable. Celui qui avait écrit la lettre avait ajouté deux ou trois mots ayant pour objet d'avertir que l'on désirait que le surplus restât à la disposition de M. Grey pour faire face aux autres dépenses de ce moment de calamité ; mais M. Monçada avait laissé la phrase inachevée, ne pouvant réussir, apparemment, à la tourner convenablement en anglais. Le docteur Grey, sans pousser plus loin l'investigation, porta tranquillement la somme au compte de la petite fortune de son pupille, contre l'avis de M. Lawford, qui, sachant que M. Grey était plutôt en perte qu'en bénéfice par la résidence de l'enfant dans sa maison, désirait que son ami profitât de cette occasion de rentrer dans une partie de ses dépenses pour cet objet. Mais le docteur fut inaccessible à toute remontrance.

Lorsque l'enfant approcha de sa quatorzième année, le docteur Grey écrivit un compte plus détaillé du caractère de son pupille, de ses connaissances acquises et de sa capacité. Il ajouta qu'il avait pour but en cela de mettre M. Monçada à même de juger quelle direction on devait donner à l'avenir à l'éducation du jeune homme. Richard, faisait-il observer, était arrivé à ce point où l'éducation, perdant la généralité de son premier caractère, se ramifie en différents chemins conduisant à des connaissances spéciales propres aux professions particulières, et où par conséquent il devenait nécessaire de déterminer vers laquelle le bon plaisir de M. Monçada était que l'on dirigeât dorénavant le jeune Richard, ajoutant que de son côté il ferait tout ce qui serait en lui pour mettre à exécution les désirs de M. Monçada, les qualités aimables de l'enfant le lui rendant aussi cher, quoiqu'il ne fût que son curateur, que s'il avait été son propre père.

La réponse arriva au bout de huit ou dix jours ; elle était moins laconique que d'habitude, et parlait à la première personne. — « Monsieur Grey (telle en était la teneur), nous nous sommes rencontrés dans des circonstances qui ne nous permirent pas de nous connaître alors sous un point de vue favorable. Pourtant j'ai l'avantage sur vous, puisque, sachant quels motifs vous aviez de concevoir de moi une opinion assez peu favorable, je pouvais respecter ces motifs et vous respecter en même temps ; au lieu que vous, ne pouvant comprendre les motifs — ne connaissant pas, dis-je, la manière infâme dont on en a usé avec moi, vous ne pouviez comprendre les raisons que j'ai eues d'agir comme je l'ai fait. Privé de mon enfant, monsieur, par le fait d'un misérable, et elle-même dépouillée de l'honneur, je ne puis me faire à la pensée d'avoir sous les yeux l'être dont la vue, quoique innocent, me rappellerait toujours des idées de haine et de honte. Gardez le pauvre enfant près de vous ; — élevez-le pour votre profession ; — mais prenez garde qu'il ne porte ses vues plus haut que la situation que vous-même occupez si dignement S'il veut devenir fermier, homme de loi en province, médecin, ou adopter enfin une profession retirée de ce genre, les moyens d'éducation ou d'établissement lui seront amplement fournis. Mais je dois vous avertir ainsi que lui que toute tentative de se rapprocher de moi plus que je ne le permettrai d'une manière spéciale sera suivie de la perte totale de ma faveur et de ma protection. Vous ayant ainsi fait connaître mes intentions, je compte que vous agirez en conséquence. »

Cette lettre détermina Grey à avoir une explication avec l'enfant lui-même, afin de savoir de lui s'il avait quelque préférence pour une des professions qui lui étaient ainsi ouvertes ; convaincu en même temps, d'après la docilité du caractère de Richard, qu'il s'en rapporterait pour le choix à faire au jugement de son protecteur.

Mais il avait auparavant à remplir une tâche désagréable, celle de faire connaître à Richard Middlemas les circonstances mystérieuses qui avaient accompagné sa naissance, circonstances qu'il croyait lui devoir être complétement inconnues, simplement parce que lui-même ne lui en avait jamais parlé, ayant laissé croire à l'enfant qu'il était le fils orphelin d'un parent éloigné. Mais bien que lui-même eût gardé le silence, le docteur eût pu se souvenir que Nourrice Jamieson avait la pleine jouissance de sa langue, et qu'elle était disposée à en user libéralement.

De très bonne heure, parmi la variété de légendes dont elle berçait son nourrisson, Nourrice Jamieson n'avait pas oublié ce qu'elle appelait le terrible moment de sa venue au monde : — la figure et la tournure de son père, un grand gentleman qu'on aurait dit à le voir que le monde entier était à ses pieds ; — la beauté de sa mère, et l'effet terrible du masque noir qu'elle portait, et ses yeux qui brillaient comme des diamants, et les diamants qu'elle portait aux doigts, et qu'on ne pouvait comparer à rien autre qu'à ses yeux, et la blancheur de sa peau, et la couleur de sa robe de soie, et bien d'autres détails de même nature. — Puis elle s'étendait sur l'arrivée de son grand-père, accompagné d'un homme effrayant à voir, armé de pistolets, d'un dirk et d'une claymore (la claymore et le dirk n'existaient que dans l'imagination de Nourrice), le véritable ogre d'un conte de fée ; — et puis toutes les circonstances de l'enlèvement de sa mère, pendant que les billets de banque volaient par la maison comme des morceaux de mauvais papier, et que les guinées d'or étaient à foison comme des billes à jouer à la fossette. Partie pour plaire à l'enfant et l'amuser, partie pour exercer son talent d'amplification, Nourrice disait tout cela avec tant de circonstances accessoires, tant de commentaires de son propre cru, que l'événement réel, tout mystérieux et tout singulier qu'il était assurément, semblait ne plus rien offrir que de très ordinaire, comme l'humble prose mise en opposition avec l'essor plus hardi de la poésie.

Richard écoutait tout cela très sérieusement ; mais ce qui l'intéressait le plus, c'était de voir arriver son vaillant père au moment où on s'y attendrait le moins, à la tête d'un beau régiment, musique jouant et bannières au vent, pour emmener son fils sur le plus beau poney qu'on eût jamais vu ; ou que sa mère, brillante comme le jour, pût reparaître subitement dans son carrosse à six chevaux pour réclamer son enfant chéri ; ou que son grand-père repentant, les poches bourrées de billets de banque, revînt expier sa cruauté passée, et charger de richesses inattendues le petit-fils qu'il avait si long-temps négligé. Nourrice Jamieson était bien sûre qu'il ne fallait qu'un seul regard des jolis yeux de son enfant pour tourner leurs cœurs, comme dit l'Écriture ; et il y avait eu d'aussi étranges choses que de les voir revenir tous en même temps au bourg et y faire un jour de fête comme jamais on n'en avait vu à Middlemas ; et alors son enfant ne serait plus appelé de ce vilain nom de Middlemas, qui avait l'air d'avoir été ramassé dans le ruisseau : mais on l'appellerait Galatien, ou sir William Wallace, ou Robin Hood, ou d'après quelque autre des grands princes nommés dans les livres d'histoires.

Les récits que Nourrice Jamieson lui faisait du passé, et la perspective que lui-même se faisait de l'avenir, étaient trop flatteurs pour ne pas éveiller les visions les plus ambitieuses dans l'esprit d'un enfant qui déjà sentait en lui un violent désir de s'élever dans le monde, et qui avait conscience de posséder les facultés nécessaires pour faire son chemin. Les incidents de sa naissance ressemblaient à ceux qu'il trouvait racontés dans les histoires qu'il avait lues ou ouï raconter ; et il ne semblait pas y avoir de raison pour que le dénouement n'en fût pas semblable à ceux de ces histoires véridiques. En un mot, quand le bon docteur Grey s'imaginait que son pupille était dans une complète ignorance de son origine, Richard ne songeait à autre chose qu'au moment où il sortirait de l'obscurité de sa condition présente, et aux moyens qui le mettraient à même de reprendre le rang auquel, dans son opinion, sa naissance lui donnait droit.

Telle était la disposition d'esprit du jeune homme, quand, un jour après dîner, le docteur, mouchant la chandelle et tirant de sa poche le grand portefeuille en cuir où il serrait des papiers particuliers, ainsi qu'un petit assortiment des remèdes les plus nécessaires ou les plus actifs, y prit la lettre de M. Monçada et recommanda à Richard Middlemas de lui prêter une attention sérieuse tandis qu'il allait lui faire connaître certaines circonstances qui le concernaient, et dont il lui importait grandement d'être instruit. Les yeux noirs de Richard étincelèrent ; — le sang afflua à son large front : — l'heure de l'explication était enfin venue. Il prêta l'oreille au récit de Gidéon Grey ; et ce récit, comme le lecteur peut le croire, complètement dépouillé de la dorure qu'y avait ajoutée l'imagination de Nourrice Jamieson, et réduit à ce qu'en style mercantile on appelle le *nécessaire*, ne présentait plus guère que l'histoire d'un enfant de la honte, abandonné de son père et de sa mère, et élevé à contre-cœur par la charité d'un parent moins rapproché, qui le regardait comme la preuve vivante, quoique innocente, du déshonneur de sa famille, et aurait plus volontiers payé la dépense de ses funérailles que celle de la nourriture qui lui était fournie en rechignant. « Temples et châteaux, » tous les riants édifices construits par l'imagination enfantine de Richard s'écroulèrent à la fois ; et la douleur que lui fit éprouver cette chute était d'autant plus poignante, qu'il s'y mêlait un sentiment de honte d'avoir pu nourrir de telles rêveries. Tant que durèrent les explications du docteur Grey il resta dans une attitude de profond abattement, les yeux fixés à terre, et les veines de son front gonflées par la lutte des pensées qui l'agitaient.

— Et maintenant, mon cher Richard, continua le bon chirurgien, il faut penser à ce que vous voulez faire, puisque votre grand-père vous laisse le choix de trois professions honorables, dans chacune desquelles, avec de l'activité et de la prudence, vous pouvez vous faire une position indépendante, sinon riche, et respectable sinon élevée. Vous désirez, naturellement, un peu de temps pour la réflexion ?

— Pas une minute, répondit l'enfant en relevant la tête et regardant son tuteur d'un air assuré. Je suis né Anglais et libre, et je retournerai en Angleterre si je le juge à propos.

— Vous êtes un fou, voilà ce que vous êtes, repartit Grey ; — vous êtes né, à ce que je crois, et personne ne peut mieux le savoir que moi, dans la chambre bleue de Stevenlaw's Land, au bourg chef-lieu de Middlemas ; est-ce cela que vous appelez être né Anglais ?

— Pourtant Tom Hillary dit que je n'en suis pas moins Anglais du fait de mes parents.

— Allons donc, enfant ! que savons-nous de vos parents ? Mais que vous soyez ou ne soyez pas Anglais, qu'est-ce que cela a à faire avec la question actuelle ?

— Oh, docteur ! répondit l'enfant d'un ton d'amertume, c'est que vous savez que nous ne sommes pas d'aussi bons grimpeurs que vous. Les Écossais sont des gens trop moraux, et trop prudents, et trop robustes, pour qu'un pauvre mangeur de poudding vive au milieu d'eux, soit comme ministre, soit comme homme de loi, soit comme docteur, — je vous en demande pardon, monsieur.

— Sur ma vie, Dick, ce Tom Hillary vous tournera la cervelle. Que signifient toutes ces balivernes ?

— C'est que Tom Hillary dit que le ministre vit des péchés des gens, l'homme de loi de leur détresse, et le docteur de leurs maladies, — je vous en demande toujours pardon, monsieur.

— Tom Hillary devrait être chassé de Middlemas au son du tambour. Un mauvais petit clerc de procureur échappé de Newcastle ! Si je l'entends parler ainsi, je lui apprendrai à s'exprimer avec plus de respect sur les professions savantes. Que je ne vous entende plus parler de Tom

Hillary; vous l'avez beaucoup trop fréquenté depuis quelque temps. Réfléchissez un peu en garçon de bon sens, et dites-moi quelle réponse je dois faire à M. Monçada.

— Dites-lui, répondit l'enfant, chez qui le ton de sarcasme affecté fit place à celui de la fierté blessée, dites-lui que mon âme se révolte contre le sort obscur qu'il me destine. Je suis résolu à entrer dans la profession de mon père, dans l'armée, à moins que mon grand-père ne préfère me recevoir chez lui et me faire suivre le même état que lui.

— Oui; et je suppose vous faire son associé et vous reconnaître pour son héritier? chose extrêmement probable, sans doute, d'après la manière dont il vous a fait élever, et les termes dans lesquels il vient de m'écrire à votre sujet!

— En ce cas, monsieur, il y a une chose que je puis vous demander. Vous avez entre les mains une grosse somme d'argent qui m'appartient; et puisqu'elle vous a été consignée pour mon usage, je vous demande de faire les avances nécessaires pour me procurer une commission dans l'armée, puis de me rendre compte du surplus; — et alors, en vous remerciant de vos bontés passées, je ne vous donnerai plus d'embarras à l'avenir.

— Jeune homme, dit le docteur d'un ton grave, je suis très fâché de voir que votre raison et votre bonne humeur habituelles ne soient pas à l'épreuve contre le désappointement de je ne sais quelles vaines espérances que vous n'aviez pas la plus légère raison de concevoir. Il est très vrai qu'il me reste pour vous entre les mains une somme qui peut encore s'élever, nonobstant vos diverses dépenses, à un millier de livres sterling ou même au-delà. Mais je suis tenu d'en disposer selon la volonté du donateur; et en tout cas, vous n'aurez droit de la réclamer que lorsque vous aurez atteint l'âge où vous pourrez vous conduire par vous-même, époque qui n'arrivera que dans six ans aux termes de la loi, et que dans un autre sens vous n'atteindrez jamais, à moins que vous ne renonciez à vos lubies déraisonnables. — Mais allons, Dick, c'est la première fois que je vous vois dans une humeur aussi absurde, et il y a dans votre situation, j'en conviens, bien des choses qui pourraient excuser une impatience même plus grande que celle que vous avez montrée. Seulement vous ne devriez pas tourner votre ressentiment contre moi, qui ne suis aucunement en faute. Vous devriez vous souvenir que je suis votre plus ancien, votre unique ami, et que j'ai pris soin de vous quand tous les autres vous abandonnaient.

— Je ne vous en remercie pas, dit Richard, se laissant aller à un emportement dont il ne fut pas le maître. Vous auriez pu faire mieux pour moi, si vous l'aviez voulu.

— Et de quelle manière, ingrat enfant? répliqua Grey, qui eut peine à garder son sang-froid.

— Vous auriez pu me jeter sous les roues de leur voiture quand ils partirent, et les laisser ainsi écraser le corps de leur enfant comme ils ont fait de tous ses sentiments.

A ces mots il se précipita hors de la chambre dont il ferma violemment la porte sur lui, laissant son tuteur étonné de ce changement de caractère et de manières si subit et si complet.

— Quel démon le possède? se dit-il. Ha bien! il a de la fierté, et il est désappointé dans quelques folles idées que Tom Hillary lui a mises en tête. — Au surplus, c'est un cas qui exige des anodins, et je le traiterai en conséquence.

Tandis que le docteur prenait cette résolution digne de son bon naturel, le jeune Middlemas courait à la chambre de Nourrice Jamieson, où la pauvre Menie, pour qui sa présence était toujours une fête, se hâta de lui montrer, pour la lui faire admirer, une nouvelle poupée dont elle avait fait l'acquisition. Personne, en général, ne prenait plus d'intérêt que Richard aux amusements de Menie; mais en ce moment, comme son célèbre homonyme, Richard n'était pas en humeur de s'amuser. Il repoussa la petite avec tant d'insouciance, et presque de rudesse, que la poupée, s'échappant des mains de Menie, tomba sur le carreau, où son visage de cire se brisa. — Cette brusquerie lui attira une rebuffade de Nourrice Jamieson, quoique le coupable fût son favori.

— N'avez-vous pas de honte, Richard, de rudoyer miss Menie de cette façon-là? Je ne vous reconnais pas. — Taisez-vous, miss Menie; je vais avoir bientôt raccommodé la face de la poupée.

Mais si Menie pleurait, ce n'était pas pour la poupée; seulement, tandis que les larmes coulaient silencieusement le long de ses joues, elle avait les yeux fixés sur Dick Middlemas avec une expression enfantine de crainte, de douleur et d'étonnement. L'attention de Nourrice Jamieson fut d'autant plus tôt détournée des chagrins de Menie Grey, que celle-ci ne pleurait pas haut; et elle se porta sur la physionomie altérée, les yeux rouges et les traits gonflés de son bien-aimé nourrisson. Elle commença aussitôt à s'enquérir de la cause de sa détresse, à la manière habituelle des matrones de sa classe : — Qu'est-ce que mon enfant a donc? — Qu'est-ce qui a contrarié mon enfant? et autres questions du même genre, qui arrachèrent enfin cette réponse :

— Je ne suis pas votre enfant : je ne suis l'enfant de personne, — le fils de personne. Je suis rejeté de ma famille, et je n'appartiens à personne : le docteur Grey me l'a dit lui-même.

— Il a jeté au nez de mon enfant que c'était un bâtard! — il n'est en vérité pas honteux! — *My certie!* votre père était un homme comme il n'y en a jamais eu un sur les jambes du docteur, — un grand bel homme, avec un œil de faucon, et une démarche comme un *piper* [1] highlandais.

---

[1] Joueur de cornemuse. (L. V.)

Nourrice Jamieson était tombée là sur un sujet favori, et elle n'allait pas le quitter de sitôt, car elle était admiratrice décidée de la beauté masculine; mais il y avait dans sa dernière comparaison quelque chose qui déplut à l'enfant, de sorte qu'il coupa court à la conversation en lui demandant si elle savait au juste combien d'argent son grand-père avait laissé au docteur Grey pour son entretien? — Elle ne pouvait pas dire, — elle ne savait pas : — c'était une terrible somme à sortir des mains d'un homme. Elle était sûre que ce n'était pas moins d'une centaine de livres, et peut-être bien deux. Bref, elle ne savait rien là-dessus; mais pour sûr le docteur Grey lui en tiendrait compte jusqu'au dernier farthing, car tout le monde savait que c'était un homme juste quand il s'agissait d'argent. Au surplus, si son enfant voulait en savoir plus à ce sujet-là, pour sûr le tabellion de Middlemas pourrait lui dire tout ce qui en était.

Richard Middlemas se leva et quitta l'appartement sans ajouter un seul mot. Il se rendit immédiatement près du vieux greffier municipal, dont il s'était fait un ami, de même, à la vérité, que de la plupart des dignitaires du bourg. Il entama la conversation en lui faisant part de l'ouverture qui lui avait été faite quant au choix d'une profession; et après avoir parlé des circonstances mystérieuses de sa naissance et de l'avenir douteux qui s'ouvrait devant lui, il amena aisément le greffier municipal à s'expliquer sur le montant des fonds déposés entre les mains de son tuteur, et reçut à cet égard des informations qui correspondaient exactement à ce que M. Gray lui en avait déjà dit. Il sonda ensuite le digne scribe sur la possibilité de prendre du service à l'armée; mais sur ce point encore la réponse de M. Lawford confirma celle du docteur, cette réponse ayant été, comme la première, qu'aucune partie de l'argent ne pourrait être mise à sa disposition qu'il n'eût atteint l'âge, et que même alors cette remise n'aurait lieu que sur le consentement spécial de ses deux curateurs, et particulièrement de M. Grey. Richard prit donc congé du tabellion, lequel, approuvant fort la manière circonspecte dont le jeune homme lui avait parlé, et la prudence dont il avait fait preuve en le choisissant pour conseiller à cette époque importante de sa vie, lui annonça que s'il se décidait pour la jurisprudence il le recevrait dans son étude en qualité de clerc pour une somme très modique, et qu'alors il renverrait Tom Hillary pour lui faire place, d'autant plus que ce garçon-là faisait passablement l'important, et qu'il l'étourdissait en lui parlant toujours de sa pratique d'Angleterre, dans laquelle, grâce à Dieu, ils n'avaient rien à voir de ce côté du Border.

Middlemas le remercia de sa bonté, et lui promit de penser à son offre obligeante dans le cas où il se déterminerait à suivre la profession des lois.

En quittant le maître de Tom Hillary, Richard fut voir Tom Hillary lui-même, qui se trouvait en ce moment à l'étude. C'était un garçon d'une vingtaine d'années, aussi éveillé qu'il était petit de taille, mais qui se distinguait par le soin scrupuleux avec lequel il arrangeait ses cheveux, ainsi que par la splendeur d'un chapeau galonné et d'un gilet dont il faisait parade le dimanche à l'église de Middlemas. Tom Hillary avait fait son apprentissage de clerc de procureur à Newcastle-sur-Tyne ; mais pour une raison ou pour une autre, il avait jugé plus convenable dans ces dernières années de venir résider en Écosse, et s'était recommandé près du greffier municipal de Middlemas par une belle main et le soin avec lequel il transcrivait les archives du bourg. Il n'est pas improbable que ce qu'il avait appris par la voix publique des circonstances singulières de la naissance de Richard Middlemas, et la connaissance qu'il avait en outre de la somme d'argent considérable que possédait l'orphelin, avaient porté Tom Hillary, quoique son aîné de tant d'années, à l'admettre dans sa compagnie, et à enrichir le jeune esprit de son élève de quelques branches de connaissances qu'autrement, dans ce coin retiré, Richard aurait bien pu ne pas acquérir de sitôt. Au nombre de ces connaissances étaient certains jeux de cartes et de dés, dans lesquels, comme de raison, l'élève payait le prix de l'initiation par les pertes qu'il faisait avec son professeur. Après une longue promenade avec cet ami, dont probablement, pareil au fils dissipé du plus sage des hommes, il prisait plus les avis que ceux de ses conseillers plus âgés, Richard Middlemas revint à sa chambre de Stewenlaw's-Land, et se coucha triste et sans souper.

Le lendemain matin Richard se leva avec le soleil ; le repos de la nuit paraissait avoir eu son effet assez ordinaire de calmer les passions et de rectifier le jugement. La petite Menie fut la première personne à qui il fit amende honorable ; et une bien moindre expiation que la poupée neuve qu'il lui offrit aurait été acceptée comme réparation d'une offense beaucoup plus grande. Menie était une de ces âmes pures pour lesquelles un état de désaccord est un état de souffrance, et la plus légère avance de son ami et protecteur fut suffisante pour regagner toute sa confiance et son affection enfantines.

Le père ne se montra pas plus inexorable que Menie ne l'avait été. Il est vrai que M. Grey pensait avoir bonne raison de battre froid à Richard à leur première rencontre, n'étant pas médiocrement blessé de la manière dont il avait été traité le soir précédent ; mais Middlemas le désarma tout d'abord, en convenant franchement qu'il s'était laissé entraîner, par les idées qu'il s'était faites du rang et de l'importance de ses parents, à la conviction qu'il devait partager un jour ces avantages. La lettre de son grand-père, qui le condamnait pour la vie au bannissement et à l'obscurité, était, il en convenait, un coup bien rude ; et c'était avec un profond chagrin qu'il songeait que son irritation et son désappointement l'avaient conduit à s'exprimer d'une manière bien éloignée du respect et de l'affection de quelqu'un qui devait avoir pour

M. Grey tous les sentiments d'un fils et s'en référer à sa décision pour tous les actes de sa vie. — Apaisé par un aveu si candide et fait avec tant d'humilité, Grey oublia sans peine ses motifs de ressentiment, et s'enquit affectueusement de Richard s'il avait fait quelques réflexions sur son choix entre les professions qui lui étaient indiquées, offrant en même temps de lui laisser pour prendre un parti tout le temps raisonnablement nécessaire.

Richard Middlemas répondit à ce sujet avec la même promptitude et la même franchise. — Pour former plus sûrement son opinion, dit-il, il avait consulté son ami le tabellion du bourg. — Le docteur fit un signe d'approbation. — M. Lawford avait en effet montré beaucoup d'obligeance, et lui avait même offert de le prendre dans sa propre étude. Mais si son père et bienfaiteur voulait lui permettre d'étudier sous ses auspices la noble profession dans laquelle lui-même jouissait d'une réputation si bien méritée, le simple espoir de pouvoir bientôt être de quelque utilité à M. Grey dans ses affaires contre-balancerait puissamment toute autre considération. Un tel cours d'études, et un tel usage de ses connaissances quand il les aurait acquises, seraient pour son activité un plus puissant aiguillon que la perspective de devenir même un jour greffier municipal de Middlemas.

Comme le jeune homme déclara que son choix bien arrêté était d'étudier la médecine sous son tuteur, et de rester dans sa famille, le docteur Grey fit part de cette détermination de Richard à M. Monçada, lequel, en témoignage d'approbation, fit passer au docteur la somme de 100 livres sterling pour payer l'apprentissage, — somme près de trois fois aussi forte que celle qu'avait réclamée la modestie de M. Grey.

Peu de temps après le docteur Grey et le tabellion s'étant rencontrés au petit club du bourg, leur entretien roula sur le bon sens de Richard Middlemas et sur sa fermeté.

— En vérité, dit le greffier municipal, c'est un garçon si désintéressé et un si bon ami, que je n'ai pu le décider à accepter une place dans mon étude, et cela parce qu'il a craint qu'on ne pensât qu'il voulait se pousser aux dépens de Tom Hillary.

— Et véritablement, monsieur Lawford, j'ai quelquefois eu la crainte qu'il ne fréquentât trop assidûment votre Tom Hillary. Au surplus, vingt Tom Hillarys ne corrompraient pas Dick Middlemas.

CHAPITRE IV.

> Depuis qu'il était médecin, Dick avait un haut renom ; mais Tom était regardé par toute la ville comme ayant plus de politique.
>
> *Tom et Dick.*

À l'époque où le docteur Grey commença à donner des leçons d'art médical à son jeune pensionnaire Richard Middlemas, les parents d'un certain Adam Hartley lui proposèrent aussi de le prendre comme élève. Cet Adam était le fils d'un fermier respectable du côté anglais de la frontière, qui, ayant élevé son fils aîné pour sa propre profession, désirait faire du second un médecin, afin de mettre à profit les bonnes dispositions d'un homme puissant, son propriétaire, qui s'était offert à le pousser dans le monde, et qui avait dit que la carrière de chirurgien ou de médecin serait celle où son crédit pourrait lui être le plus profitable. Middlemas et Hartley furent donc associés dans leurs études. L'hiver ils s'établissaient à Édimbourg, pour y être à portée des cours de médecine qu'il leur fallait suivre avant de prendre leurs degrés. Trois ou quatre années se passèrent ainsi, et de jeunes garçons qu'ils étaient à leur début les deux aspirants médecins devinrent deux jeunes gens de très bonne mine, qui, joignant à ce premier avantage celui d'être bien mis, bien élevés, et d'avoir le gousset garni, furent bientôt des personnages d'une certaine importance dans la petite ville de Middlemas, où non seulement on aurait difficilement trouvé quelque chose qu'on pût qualifier d'aristocratie, mais où les *beaux* étaient rares et les belles nombreuses.

Chacun des deux avait ses partisans particuliers ; car bien que les jeunes gens vécussent en assez bonne harmonie, néanmoins, ainsi qu'il est habituel en pareils cas, personne ne pouvait faire l'éloge de l'un des deux sans en même temps le comparer à son compagnon et lui donner la supériorité sur celui-ci.

Tous deux étaient gais, passionnés pour la danse, et fidèles habitués des *cours* de M. M'Fittoch, maître de danse qui courait le pays pendant l'été, et l'hiver faisait jouir la jeunesse de Middlemas du bénéfice de ses leçons, à raison de cinq shillings pour vingt cachets. En ces occasions chacun des deux élèves du docteur Grey avait son éloge spécial. Hartley dansait avec plus de feu, — Middlemas avec plus de grâce.

M. M'Fittoch aurait opposé Richard dans le menuet à tous les danseurs du pays, et gagé ce qu'il avait de plus précieux au monde (c'était son violon de poche) qu'il l'emporterait sur tous ; mais il convenait que Hartley lui était supérieur dans les hornpipes, les gigues, les strathpeys et les reels [1].

Hartley faisait plus de dépense pour sa toilette, peut-être parce que son père lui en fournissait plus de moyens ; mais ses habits n'étaient ni d'aussi bon goût dans leur nouveauté, ni aussi bien conservés lorsqu'ils commençaient à vieillir que ceux de Richard Middlemas. Adam Hartley était parfois très élégant et d'autres fois plus que négligé, et dans le premier cas ses manières ne répondaient pas toujours à sa splendeur. Son compagnon était en tout temps vêtu convenablement et avec une propreté remarquable, et en même temps il avait un air de savoir-vivre qui le faisait paraître toujours à l'aise ; de sorte que son costume, quel qu'il fût, semblait toujours être précisément celui qu'il devait avoir en ce moment.

Il y avait dans leurs personnes une différence encore plus profondément marquée. Adam Hartley était de moyenne stature, vigoureux et bien membré ; et une physionomie anglaise franche et ouverte, moulée sur le vrai type saxon, se produisait sous la chevelure châtaine qui l'encadrait avant qu'elle ne fût tombée sous les ciseaux du perruquier. Il aimait les rudes exercices de la lutte, de la boxe, du saut et du bâton à deux bouts, et quand il pouvait en trouver le loisir il fréquentait les combats de taureaux et les parties de *foot-ball* qui de temps à autre animaient le bourg.

Richard, au contraire, avait comme son père et sa mère le teint légèrement brun et les cheveux noirs ; dans les beaux traits de sa physionomie un peu fière il y avait quelque chose d'étranger, et sa personne était mince et élancée, quoique robuste et pleine d'agilité. Il fallait que chez lui l'élégance du langage et l'aisance des manières fussent naturelles, car elles dépassaient de beaucoup tous les exemples qu'il en eût pu trouver dans son bourg natal. Pendant ses résidences à Édimbourg il apprit le maniement de l'épée de ville, et il prit des leçons d'un professeur du théâtre dans le but de se perfectionner dans l'élocution. Il devint aussi amateur de spectacle ; il fréquentait assidûment le théâtre, et prenait le ton d'un critique dans cette branche de la littérature et dans d'autres plus légères. Pour compléter le contraste, en ce qui tenait aux goûts, Richard était un pêcheur adroit et heureux :—Adam, un hardi chasseur qui ne manquait jamais son coup. Leurs efforts pour fournir à l'envi l'un de l'autre la table du docteur Grey rendaient son ordinaire beaucoup meilleur qu'il ne l'avait jamais été auparavant ; et, en outre, les petits présents de poisson et de gibier,

---

[1] Danses nationales d'Ecosse. (L. V.)

toujours bien reçus par les habitants d'une ville de province, contribuaient à accroître le nombre des amis des deux jeunes gens.

Tandis que le bourg, à défaut de meilleur sujet de dispute, était divisé sur le mérite relatif des deux élèves du docteur Grey, celui-ci était quelquefois pris pour arbitre. Mais en ceci, comme en d'autres choses, le docteur était circonspect. Il disait que les jeunes gens étaient tous deux de braves garçons, et qu'ils feraient des hommes utiles dans la profession si la tête ne leur tournait pas par l'attention que les gens du bourg prenaient follement à eux, et les parties de plaisir qui venaient si souvent les détourner de leur affaire. Il était sans doute naturel qu'il éprouvât plus de confiance en Hartley, qui appartenait à une famille connue et qui pouvait presque passer pour Écossais. Mais s'il ressentait une telle partialité il s'en blâmait lui-même, puisque l'enfant étranger qui lui était si étrangement jeté sur les bras avait un droit tout particulier à ce qu'il pouvait donner de patronage et d'affection; et véritablement le jeune homme lui-même semblait si reconnaissant, qu'il était impossible que le docteur laissât entrevoir le moindre désir sans que Dick Middlemas se hâtât de le réaliser.

Il se trouvait dans le bourg de Middlemas des personnes assez indiscrètes pour supposer que miss Menie Grey devait nécessairement être meilleur juge que qui que ce fût des mérites respectifs de ces deux jeunes gens accomplis, au sujet desquels l'opinion publique était généralement divisée. Personne, même dans ses amies les plus intimes, ne se hasarda à lui soumettre la question en termes directs; mais sa conduite était observée de près, et les critiques remarquèrent qu'avec Adam Hartley ses manières étaient plus franches et avaient plus de liberté. Elle riait, causait et dansait avec lui, tandis que pour Dick Middlemas sa conduite était plus froide et plus réservée. Les prémisses paraissaient certaines, mais le public était divisé dans les conclusions qu'on en devait tirer.

Il n'était pas possible que les jeunes gens fussent l'objet de telles discussions sans en avoir connaissance; et ainsi mis en opposition l'un avec l'autre par le petit cercle où ils se mouvaient, il aurait fallu qu'ils eussent été pétris d'une argile non ordinaire pour ne pas entrer eux-mêmes par degrés dans l'esprit de la controverse, et ne pas se considérer comme deux rivaux en brigue des applaudissements publics.

Il ne faut pas oublier non plus que Menie Grey était devenue sur ces entrefaites une des plus jolies personnes non seulement de Middlemas, mais de tout le comté où était situé le petit bourg. C'est ce qu'avaient décidé des juges que l'on devait regarder comme sans appel. A l'époque des courses, le bourg devenait habituellement un centre de réunion pour un certain nombre de personnes de la plus haute société du pays environnant, et nombre d'honnêtes bourgeois se procuraient un supplément de revenu en louant leurs appartements, ou en prenant des pensionnaires de qualité pour la semaine que duraient les plaisirs. Tous les *thanes* de la province et leurs nobles moitiés se trouvaient là en ces occasions; et tel était le nombre de chapeaux à retroussis et de queues de soie, que pour un temps la petite ville semblait avoir complétement changé d'habitants. Les personnes d'une certaine qualité étaient alors seules admises aux bals de nuit qui se donnaient dans la vieille maison de ville, et la ligne de démarcation en excluait la famille de M. Grey.

L'aristocratie, néanmoins, usait de ses priviléges avec un certain sentiment de déférence pour les *beaux* et les belles du bourg, ainsi condamnés à entendre chaque soir les violons sans qu'il leur fût permis de prendre part à la danse. Une des soirées de la semaine des courses, appelée le *bal des chasseurs*, était consacrée à l'amusement général, et affranchie des restrictions habituelles de l'étiquette. En cette occasion toutes les familles notables du bourg étaient invitées à partager l'amusement de la soirée et à venir admirer l'élégance de l'aristocratie, avec la reconnaissance convenable pour cet acte de condescendance. Ces invitations s'adressaient surtout à la partie féminine de Middlemas, car le nombre des cavaliers désignés pour la même faveur était beaucoup plus limité. Or, à cette réunion générale la beauté du visage de miss Grey et de toute sa personne l'avait placée décidément, dans l'opinion des juges compétents, à la tête de toutes les beautés présentes, sauf celles que selon les idées de l'endroit il y aurait eu de l'inconvenance à faire entrer en comparaison avec elle.

Le laird de l'ancienne maison de Louponheight, une des plus distinguées du pays, n'hésita pas à retenir sa main pour la plus grande partie de la soirée, et sa mère, femme renommée pour la rigidité avec laquelle elle maintenait les distinctions du rang, fit placer la petite plébéienne près d'elle à souper. On l'entendit même dire que la fille du chirurgien se comportait en vérité très joliment, et semblait parfaitement savoir où elle était et ce qu'elle était. Quant au jeune laird lui-même, il sautait si haut et poussait de tels éclats de rire qu'on se disait tout bas qu'il avait envie de s'élancer follement hors de sa sphère, et de transformer la fille du docteur du village en une dame de l'ancien nom de Louponheight.

Durant cette soirée mémorable, Middlemas et Hartley, qui avaient trouvé place dans la galerie des musiciens, furent témoins de tout ce qui se passait, et cela, à ce qu'il semblait, avec des sentiments très différents. Hartley était évidemment mécontent des attentions excessives que le galant laird de Louponheight, stimulé par l'influence d'une couple de bouteilles de clairet et par la présence d'une partenaire qui dansait remarquablement bien, accordait à miss Menie Grey. — De son poste élevé, il vit toutes ces muettes démonstrations de galanterie avec les sensations agréables d'un homme affamé contemplant un festin auquel il ne lui est pas permis de prendre place, et il regardait chaque bond extraordinaire du joyeux laird du même œil que les aurait vus un goutteux qui aurait craint que le laird ne lui retombât sur l'orteil. Enfin, hors d'état de contenir son émotion, il quitta la galerie et ne reparut plus.

Bien différente était la conduite de Middlemas. Il paraissait fier et satisfait des attentions générales dont miss Grey était l'objet, et de l'admiration qu'elle excitait. Il regardait le vaillant laird de Louponheight avec un inexprimable mépris, et s'amusait à faire remarquer au maître de danse du bourg, qui faisait *pro tempore* partie de la troupe, les bonds et les pirouettes ridicules où le laird déployait beaucoup plus de vigueur que de grâce.

— Vous ne devriez pourtant pas rire si haut, monsieur Dick, lui dit le maître de cabrioles; il n'a pas eu comme vous l'avantage d'un maître qui lui enseigne les véritables grâces. Et en vérité, s'il prenait quelques leçons, je crois que je pourrais faire quelque chose de ses pieds, car le gaillard a de la souplesse, et le cou-de-pied est bon; il y a long-temps qu'on n'a vu pareil chapeau galonné sur la chaussée de Middlemas. — Vous voilà qui riez, Dick Middlemas; mais je ne suis pas bien sûr qu'il ne vous coupera pas l'herbe sous le pied auprès de votre jolie partenaire.

— Lui, qu'il...! Middlemas commençait une phrase qu'il n'aurait pu achever sans blesser plus ou moins les égards dus à la stricte convenance, quand le chef d'orchestre rappela M'Fittoch à son poste par cette apostrophe proférée avec colère : Qu'est-ce que vous faites donc, monsieur? Pensez à votre archet. Comment diable pensez-vous que trois violons puissent tenir contre une basse, si l'un des trois s'amuse à rire et à jacasser comme vous faites? A votre jeu, monsieur!

Ainsi réduit au silence, Dick Middlemas continua d'examiner de sa station élevée, semblable à un des dieux d'Épicure, ce qui se passait au-dessous, sans que les gaietés dont il était témoin pussent exciter en lui plus qu'un sourire : encore ce sourire semblait-il plutôt indiquer un mépris sans humeur pour ce qui se passait, qu'une sympathie bienveillante pour les plaisirs des autres.

CHAPITRE V.

> Tiens ta langue, Billie Bewick, dit-il ; laisse-moi parler tranquillement. Mais si tu es un homme, comme je le crois, viens sur le fossé te battre avec moi.
>
> *Ballade du Northumberland.*

Dans la matinée qui suivit cette soirée de gaieté, les deux jeunes gens travaillaient ensemble sur un petit terrain situé derrière Stevenlaw's-Land, terrain que le docteur avait converti en un jardin où il élevait quelques plantes rares, autant pour sa pharmacie que comme étude de botanique, et qui avait reçu des habitants du bourg le nom résonnant de *jardin de médecine*. Les élèves de M. Grey se conformaient très volontiers au désir qu'il avait eu qu'ils donnassent quelques soins à ce lieu favori, et tous deux s'en occupaient en commun ; après quoi Hartley avait coutume de se consacrer à la culture du jardin potager, partie de l'enclos qui n'était originairement qu'un simple carré de choux [1], et que ses soins industrieux avaient élevé à ce rang plus respectable ; tandis que Richard Middlemas faisait de son mieux pour décorer de fleurs et d'arbustes une sorte de bosquet qu'on avait coutume de nommer le berceau de miss Menie.

En ce moment ils étaient tous les deux dans la partie botanique du jardin, et Middlemas demanda à Hartley pourquoi il avait quitté le bal de si bonne heure le soir précédent.

—Je devrais plutôt vous demander, repartit Hartley, quel plaisir vous trouviez à y rester ? — Je vous dirai, Dick, que c'est un triste endroit que votre Middlemas. Dans le plus petit bourg d'Angleterre, tout honnête franc-tenancier serait invité, si les membres de l'Assemblée donnaient un bal.

— Quoi, Hartley ! aspirez-vous à l'honneur de vous mêler aux grands de la terre ? Miséricorde ! comment le Northumbrien s'en tirerait-il (et il donnait à l'*r* le véritable accent du nord de l'Angleterre)? Il me semble vous voir dans votre costume vert-pois, dansant une gigue avec l'honorable Maddie Mac-Fudgeon, pendant que les lairds et les thanes

[1] *Kail-yard.*

feraient cercle et riraient d'aussi bon cœur que d'un porc dans une armure.

— Vous ne me comprenez pas, ou peut-être vous ne voulez pas me comprendre, Dick. Je ne suis pas assez fou pour désirer aller de pair à compagnon avec le beau monde ; — je me soucie aussi peu d'eux qu'eux de moi. Mais comme ils ne jugent pas à propos de nous inviter à la danse, je ne vois pas ce qu'ils ont affaire avec nos partenaires.

— Partenaires, dites-vous ! je ne pense pas que Menie soit bien souvent la vôtre.

— Aussi souvent que je le lui demande, répliqua Hartley avec quelque hauteur.

— Ah ! vraiment ? — je ne le croyais pas ; — et que je sois pendu si je le crois encore, dit Middlemas du même ton sarcastique. Je gage avec vous un bol de punch, Adam, que miss Grey ne dansera pas avec vous la prochaine fois que vous l'inviterez. Ma seule condition c'est que je sache le jour.

— Je ne veux pas faire de gageures au sujet de miss Grey, repartit Hartley. Son père est mon maître et je lui ai des obligations ; — je croirais très mal agir en faisant d'elle un sujet de frivole débat entre vous et moi.

— C'est très juste ; vous avez à terminer une querelle avant d'en entamer une autre. Sellez votre poney, je vous prie ; — rendez-vous à la grande porte du château de Louponheight, et défiez le baron à un combat à mort, pour avoir eu la présomption de toucher la jolie main de Menie Grey.

— Je voudrais bien que vous pussiez laisser hors de question le nom de miss Grey, Dick. Portez vous-même vos défis à vos gens du grand monde, et vous verrez ce qu'ils répondront à l'élève du chirurgien.

— Parlez pour vous, s'il vous plaît, monsieur Adam Hartley. Je ne suis pas né paysan, comme certaines gens, et je ne me mettrais guère en peine, si je croyais devoir le faire, de parler au plus huppé d'entre eux à l'*ordinaire*[1], et de manière à ce qu'il me comprît, qui plus est.

— C'est très vraisemblable, repartit Hartley qui perdait patience ; vous êtes des leurs, vous savez : — Middlemas de Middlemas.

— Drôle ! s'écria Richard avançant sur lui furieux, son humeur caustique complètement changée en rage.

— Arrière, ou vous vous en trouverez mal ! répliqua Hartley. Si vous vous permettez de grossières plaisanteries, il faut savoir endurer des réponses du même genre.

— Par le Ciel ! j'aurai satisfaction de cette insulte.

— Oui, parbleu, vous l'aurez si vous y tenez ; mais je crois que le

---

[1] Table d'hôte.

mieux est de ne plus parler de cela. Nous avons dit vous et moi des choses qu'il aurait mieux valu ne pas dire. J'ai eu tort de dire ce que je vous ai dit, quoique vous m'ayez provoqué. — Et maintenant je vous ai donné toute la satisfaction qu'un homme raisonnable peut demander.

— Monsieur, répéta Middlemas, la satisfaction que je demande est celle d'un gentleman ; — le docteur a une paire de pistolets.

— Et une paire de mortiers aussi, qui sont de grand cœur à votre service, dit M. Grey qui sortit en ce moment de derrière une haie d'où il avait entendu au moins une grande partie de la dispute. Belle histoire que ce serait, que mes deux élèves se servissent de mes propres pistolets pour s'envoyer chacun une balle ! Mettez-vous l'un et l'autre en état de traiter une plaie d'arme à feu, avant de penser à en faire une. Allons, vous êtes de jeunes fous, et je ne puis prendre en bonne part ni de l'un ni de l'autre de mêler le nom de ma fille à de pareilles disputes. Écoutez, enfants : vous me devez tous les deux, je pense, quelque respect et même quelque reconnaissance ; — ce serait un assez triste retour, si au lieu de vivre tranquillement avec cette pauvre enfant privée de sa mère, comme des frères avec une sœur, vous m'obligiez d'accroître ma dépense tout en me privant d'une consolation, en éloignant de moi ma fille pendant le peu de mois que vous avez encore à rester ici. — Donnez-vous la main, et qu'il ne soit plus question de ces folies.

Pendant que leur maître parlait ainsi, les deux jeunes gens se tenaient devant lui dans l'attitude de criminels avouant leur faute. Quand le docteur eut fini sa mercuriale, Hartley se tourna vers son camarade avec un air de franchise et lui offrit la main, que Richard accepta, mais après un moment d'hésitation. Il ne fut plus question de ce qui s'était passé, mais les deux jeunes gens ne revinrent plus à cette espèce d'intimité qui avait existé entre eux dans les premiers temps de leur connaissance. Evitant, au contraire, toute relation que ne nécessitait pas absolument leur position, et abrégeant même autant que possible les rapports indispensables auxquels les obligeaient les études de leur profession, ils semblaient aussi étrangers l'un à l'autre que pouvaient l'être deux personnes résidant sous le même toit.

Quant à Menie Grey, son père ne paraissait pas concevoir la moindre inquiétude sur son compte, quoique les absences fréquentes et presque journalières auxquelles il était obligé par sa profession exposassent la jeune fille à des rapports continuels avec deux jeunes gens beaux et bien faits, tous les deux, on pouvait le supposer, ambitieux de lui plaire plus que la plupart des parents n'auraient jugé prudent de le permettre. Nourrice Jamieson — eu égard à sa situation de dépendance et à son excessive partialité pour son nourrisson — n'était pas non plus tout-à-fait la matrone qu'il aurait fallu pour protéger Menie. Mais Gideon Grey savait que sa fille possédait dans toute son étendue la droiture et la pureté intègre de son propre caractère, et que jamais père n'avait eu moins lieu de craindre qu'une fille abusât de sa confiance ; de sorte que justement assuré de ses principes, il oubliait le danger auquel il exposait sa sensibilité et ses affections.

Les relations entre Menie et les deux jeunes gens semblaient maintenant de part et d'autre accompagnées de plus de réserve et de circonspection. Ils ne se rencontraient qu'aux heures des repas, et miss Grey s'attachait, peut-être sur la recommandation de son père, à les traiter avec le même degré d'attention. Ce n'était pas chose aisée, cependant ; car Hartley devint si sérieux, si froid, si cérémonieux, qu'il était impossible à Menie de soutenir avec lui une relation prolongée ; au lieu que Middlemas, parfaitement à l'aise, soutenait son rôle comme autrefois dans toutes les occasions qui se présentaient, et sans paraître chercher à se prévaloir de son intimité, semblait néanmoins montrer qu'à cet égard il était ce qu'il avait toujours été.

Le temps approcha enfin où les deux jeunes gens, libres des engagements de leur apprentissage, durent se préparer à jouer dans le monde un rôle indépendant. M. Grey informa Middlemas qu'il avait écrit à ce sujet à Monçada d'une manière pressante, et cela plus d'une fois, mais qu'il n'avait pas encore reçu de réponse ; ajoutant qu'il ne se hasarderait pas à offrir ses avis avant que la volonté de M. Monçada fût connue. Richard parut endurer cette attente avec plus de patience que le docteur ne l'en croyait capable d'après son caractère. Il ne fit pas de questions, — ne hasarda pas de conjectures, — ne montra nulle inquiétude, et sembla attendre patiemment le tour que prendraient les événements. — Ou mon jeune homme a pris en lui-même quelque parti, pensa M. Grey, ou il se dispose à être plus traitable que je ne devais m'y attendre d'après certains points de son caractère.

Le fait est que Richard avait tenté une épreuve sur cet inflexible parent, en écrivant à M. Monçada une lettre pleine de soumission, d'affection et de gratitude, demandant qu'il lui fût permis de correspondre personnellement avec lui, et promettant de se guider en tout sur sa volonté. La réponse à cet appel fut sa propre lettre renvoyée, avec quelques lignes des banquiers sous le couvert desquels il avait écrit, disant que toute tentative future de correspondre ainsi avec M. Monçada serait suivie d'une cessation absolue des remises de fonds qu'ils étaient chargés de faire.

Les choses étaient dans cette situation à Stewenlaw's-Land, quand un soir Adam Hartley, contre son habitude depuis plusieurs mois, chercha à avoir un entretien particulier avec son compagnon d'études. Il le trouva dans le petit bosquet, et ne put s'empêcher de remarquer qu'en le voyant arriver Dick Middlemas cacha dans son sein un petit paquet, comme s'il eût craint qu'on ne le lui vît dans les mains, et que saisissant précipitamment une houe il se mit à l'ouvrage avec ardeur, en homme qui désirerait qu'on lui crût l'âme absorbée dans son occupation.

— Je désirais vous parler, monsieur Middlemas, lui dit Hartley ; mais je crains de vous interrompre.

— Pas le moins du monde, répondit l'autre en posant là sa houe ; je n'étais occupé qu'à arracher les mauvaises herbes que les dernières pluies ont tellement fait foisonner. Je suis à vos ordres.

Hartley entra dans le bosquet et s'y assit. Richard l'imita, et parut attendre ce que l'autre avait à lui dire.

— J'ai eu un entretien intéressant avec M. Grey, dit Hartley ; — et il s'arrêta comme quelqu'un qui trouve difficile la tâche qu'il aborde.

— J'espère que l'explication a été satisfaisante? dit Middlemas.

— Vous allez en juger. — Le docteur Grey a bien voulu me dire quelque chose de très civil sur mes progrès dans les études de notre profession ; et à mon grand étonnement il m'a demandé si je n'avais aucune objection particulière à conserver pendant deux ans encore ma position actuelle, mais avec quelques avantages pécuniaires, lui-même commençant à se faire vieux ; me promettant qu'à l'expiration de ces deux années j'entrerais en association avec lui.

— M. Grey est parfaitement à même de juger qui lui conviendra le mieux comme aide dans sa profession. L'affaire peut aller à 200 livres sterling par année, et un assistant actif pourrait presque la doubler en parcourant le Strath-Devan et le Carse. Ce n'est pas là un grand sujet d'embarras, après tout, monsieur Hartley.

— Mais ce n'est pas tout. Le docteur dit..... il me propose..... en un mot, si dans le cours de ces deux années je puis me faire bien venir de miss Menie Grey, il me propose, à leur expiration, de devenir son fils aussi bien que son associé.

En parlant ainsi il tenait les yeux fixés sur Richard, dont le visage trahit un moment une violente agitation ; mais se remettant sur-le-champ, il répondit, d'un ton où le dépit et la fierté blessée cherchaient vainement à se cacher sous une affectation d'indifférence : Hé bien, monsieur Adam, je ne puis que vous féliciter de cet arrangement patriarcal. Vous avez servi cinq ans pour votre diplôme de chirurgien, ce privilége de tuer et de guérir : — c'est une sorte de Lia. Maintenant vous commencez un nouveau bail de servitude pour une charmante Rachel. Sans aucun doute — peut-être est-ce une indiscrétion à moi de le demander — mais sans aucun doute vous avez accepté un arrangement si flatteur?

— Vous ne pouvez avoir oublié qu'une condition y était mise, dit Hartley d'un ton grave.

— Celle de vous faire bien venir d'une jeune fille que vous connaissez depuis tant d'années? dit Middlemas avec un sourire ironique à demi réprimé. Je pense qu'il n'y a pas à cela grande difficulté pour une personne telle que M. Hartley, épaulée en outre par la protection du docteur Grey. Non, non ; — il ne saurait y avoir là de grands obstacles.

— Vous et moi savons le contraire, monsieur Middlemas, dit Hartley très sérieusement.

— Je sais le contraire ? — Comment en saurais-je plus que vous sur l'état des inclinations de miss Grey ? Assurément nous avons eu égal accès à les connaître.

— Peut-être ; mais tout le monde ne sait pas également profiter des occasions. — Monsieur Middlemas, depuis long-temps je soupçonne que vous avez eu l'inestimable avantage de posséder les affections de miss Grey, et....

— Moi ? interrompit Middlemas ; vous plaisantez ou vous êtes jaloux. Vous nous rendez, à vous moins et à moi plus que justice ; mais le compliment est si grand que je vous suis obligé de l'erreur.

— Afin que vous sachiez que je ne parle ni sur de simples présomptions, ni par ce que vous appelez de la jalousie, je vous dirai franchement que Menie Grey elle-même m'a avoué l'état de son cœur. Naturellement je lui ai fait part de l'entretien que j'avais eu avec son père. Je lui ai dit que je n'étais que trop convaincu que quant à présent je ne possédais pas cette part dans ses affections qui seule pourrait me donner droit à lui demander d'acquiescer aux vues que la bonté de son père avait eues sur moi ; mais je l'ai suppliée de ne pas prononcer sur-le-champ ma condamnation, et de me donner une opportunité de me frayer le chemin vers ses affections, s'il était possible, me flattant que le temps et les services que je rendrais à son père finiraient par agir en ma faveur.

— C'était une demande très naturelle et très modeste. Mais qu'a répondu la jeune personne ?

— C'est un noble cœur, Richard Middlemas ; et sa franchise seule, même abstraction faite de sa beauté et de son bon sens, lui mérite un empereur. Je ne saurais vous dire avec quelle modestie pleine de grâce elle m'a répondu qu'elle connaissait trop bien la bonté de mon cœur, c'est ainsi qu'elle a bien voulu s'exprimer, pour m'exposer à la souffrance prolongée d'une passion sans retour. Elle m'a avoué avec candeur que depuis long-temps elle vous était engagée en secret, — que vous aviez échangé vos portraits, — et que bien qu'elle ne dût jamais être à vous sans le consentement de son père, elle sentait néanmoins qu'il lui serait impossible de changer jamais de sentiments au point de laisser concevoir à un autre le plus léger espoir de succès.

— Sur ma parole, dit Middlemas, elle a été en effet d'une extrême candeur, et je lui en suis fort obligé !

— Et sur *ma* parole d'honnête homme, monsieur Middlemas, vous faites à miss Grey la plus grande injustice, — je dirai même que vous êtes ingrat envers elle, si vous êtes fâché de ce qu'elle ait fait cette déclaration. Elle vous aime comme une femme aime le premier objet de son affection ; — elle vous aime plus.... Il s'arrêta, et Middlemas compléta la phrase.

— Plus que je ne le mérite, peut-être? — Ma foi, cela se peut, et en retour je l'aime de tout mon cœur. Mais après tout, vous savez, le secret était à moi aussi bien qu'à elle, et il eût été mieux qu'avant de le divulguer elle me consultât.

— Monsieur Middlemas, dit vivement Hartley, si le sentiment que vous manifestez provient le moins du monde de l'appréhension que votre secret soit moins en sûreté parce qu'il est en ma garde, je puis vous assurer que telle est l'impression de gratitude que j'éprouve pour la bonté qu'a eue miss Grey de me communiquer, dans l'intérêt de ma tranquillité, une chose si délicate pour elle et pour vous, que des chevaux indomptés me déchireraient membre à membre avant d'en arracher un mot de mes lèvres.

— Allons, allons, mon cher ami, reprit Middlemas, avec un ton de franchise qui indiquait une cordialité détruite entre eux depuis quelque temps, il faut que vous me passiez d'être un peu jaloux à mon tour. Un véritable amant ne peut avoir droit à ce titre s'il n'est pas quelquefois déraisonnable. Je ne sais pourquoi il me semblait étrange qu'elle eût choisi pour confident quelqu'un que j'ai souvent regardé comme un rival formidable; et cependant je suis d'autant plus loin d'être fâché, qu'après tout je ne sache pas que le bon sens de cette chère miss Menie eût pu mieux choisir son confident. Il est temps que la sotte froideur qui a existé entre nous ait un terme, car vous devez sentir que sa cause réelle était dans notre rivalité. J'ai bien besoin de bons avis; et qui peut me les donner mieux que l'ancien camarade dont j'ai toujours envié le jugement sain, alors même que quelques amis peu judicieux me faisaient honneur de qualités plus vives?

Hartley accepta la main que lui tendait Richard, mais sans aucune de ces démonstrations avec lesquelles elle était offerte.

— Mon intention, dit-il, est de ne rester que peu de jours ici, peut-être même que peu d'heures. Mais si d'ici-là je puis vous servir, de mes avis ou autrement, vous pouvez disposer entièrement de moi. C'est la seule manière dont je puisse montrer mon respect pour Menie Grey.

— Qui aime ma maîtresse m'aime; — c'est un heureux pendant au vieux proverbe, Qui m'aime aime mon chien. Hé bien donc, pour l'amour de Menie Grey, sinon pour celui de Dick Middlemas (peste soit du son vulgaire de ce nom révélateur!), vous qui êtes spectateur, voulez-vous nous dire, à nous autres malheureux joueurs, ce que vous pensez de notre partie?

— Pouvez-vous me faire une telle question, quand un si beau champ s'ouvre devant vous? Je suis bien sûr que le docteur Grey vous garderait comme aide aux mêmes conditions qu'il m'a proposées. Vous êtes, sous le rapport de la fortune, un meilleur parti que moi pour sa fille, puisque vous avez un capital pour commencer votre établissement.

— Tout cela est vrai ; — seulement, il me semble qu'en tout ceci M. Grey n'a pas montré grande prédilection pour moi.

— S'il n'a pas rendu justice à votre incontestable mérite, dit Hartley d'un ton sec, la préférence de sa fille vous a plus que dédommagé.

— Sans nul doute ; et c'est pourquoi je l'aime de tout mon cœur. Autrement, Adam, je ne suis pas homme à me jeter sur les restes des autres.

— Richard, repartit Hartley, votre orgueil, si vous ne le réprimez, vous rendra tout à la fois ingrat et misérable. Les idées de M. Grey vous sont plus favorables. Il m'a dit franchement que le choix qu'il faisait de moi pour aide et pour gendre avait été long-temps balancé par l'affection qu'il a pour vous depuis votre enfance, et qu'il ne s'était décidé en ma faveur que parce qu'il avait cru remarquer que, décidément, vous ne pourriez pas vous astreindre à la perspective bornée que contient son offre, et que vous aviez le désir de vous ouvrir un plus vaste champ dans le monde, et d'y pousser votre fortune, comme on dit. Il a ajouté que, bien que très probablement vous pourriez aimer assez sa fille pour renoncer, à cause d'elle, à ces idées ambitieuses, cependant le démon de l'ambition et celui de la cupidité reviendraient après que l'amour aurait épuisé la force de ses puissants exorcismes, et qu'alors il craignait d'avoir de justes raisons d'être inquiet pour le bonheur de sa fille.

— Sur ma foi, le digne *senior* parle sagement et savamment, répliqua Richard ; — je ne pensais pas qu'il eût été si clairvoyant. A vrai dire, sans la jolie Menie Grey je me trouverais malheureux comme un cheval de moulin de faire ma ronde journalière dans cet ennuyeux pays, pendant que d'autres courent gaiement le monde pour voir comment le monde les recevra. Par exemple, vous-même, où allez-vous ?

— Un cousin de ma mère commande un bâtiment au service de la compagnie. J'ai l'intention de partir avec lui comme aide-chirurgien. Si je prends goût au service de mer, je le continuerai ; sinon, je prendrai quelque autre parti. — Hartley soupira en prononçant ces mots.

— Dans l'Inde ! exclama Richard ; heureux coquin ! — dans l'Inde ! Vous pouvez bien supporter avec patience tous les désappointements éprouvés de ce côté du globe. O Dehli ! ô Golconde ! vos noms ne sont-ils pas assez puissants pour effacer de frivoles souvenirs ? — L'Inde, où l'or se gagne avec l'acier ; où un homme brave ne peut porter si haut ses désirs de renom et de richesse qu'il ne puisse aussi les réaliser si la fortune lui sourit ! Est-il possible qu'après avoir dirigé vers toi ses pensées, le hardi aventurier s'attriste encore de ce que les yeux bleus d'une jolie fille ont eu un regard favorable pour un homme moins heureux que lui ? Cela est-il possible ?

— Moins heureux ? dit Hartley. Pouvez-vous bien parler sur ce ton, même en plaisantant, vous l'amant agréé de Menie Grey ?

— Allons, Adam, ne vous fâchez pas contre moi, parce qu'ayant été favorisé en cela, je n'envisage peut-être pas mon bonheur avec tout-à-fait autant de ravissement que vous, à qui le succès a manqué sur ce point. Votre philosophie devrait vous dire que l'objet que nous possédons, ou que nous sommes certains de posséder, perd, peut-être par cette certitude-là même, une partie de la valeur extravagante et idéale que nous y attachions tant qu'il excitait en nous la fièvre de l'espoir et de la crainte. Pourtant, malgré tout cela, je ne saurais vivre sans ma chère Menie. Je consentirais demain de toute mon âme à l'épouser, sans songer une minute à l'entrave qu'un mariage contracté si jeune nous attacherait aux talons. Mais passer encore deux ans dans cette infernale solitude, en croisière pour ramasser des couronnes et des demi-couronnes, pendant que des hommes qui ne me valent pas gagnent des lacs et des crores de roupies ! — c'est une triste chute, Adam. Conseillez-moi, mon ami ; — ne pouvez-vous me suggérer quelque moyen de me délivrer de ces deux années d'ennui auxquelles je suis destiné?

— Non, répondit Hartley, qui avait peine à réprimer son mécontentement ; et lors même que je pourrais décider le docteur Grey à vous dispenser d'une condition si raisonnable, je serais bien fâché de le faire. Vous n'avez que vingt et un ans ; et si dans sa prudence le docteur jugeait ce temps d'épreuve nécessaire pour moi, qui suis de deux ans pleins plus vieux, je n'ai pas idée que vous il veuille vous en dispenser.

— C'est possible, répliqua Middlemas ; mais ne pensez-vous pas que ces deux années d'épreuve, et nous pouvons bien dire trois, seraient plus avantageusement employées dans l'Inde, où on peut faire beaucoup en peu de temps, qu'ici où tout ce qu'on peut faire est de gagner du sel pour sa soupe, ou de la soupe pour son sel? Il me semble que j'ai une disposition naturelle pour l'Inde, et cela doit être. Mon père était un soldat, selon la conjecture de tous ceux qui l'ont vu, et il m'a transmis le goût pour les armes, avec un bras pour les porter. Le père de ma mère était un riche négociant, qui aimait les richesses, j'en réponds, et qui savait en gagner. Ces chétives deux cents livres de revenu, avec la misérable et précaire possibilité d'y ajouter quelque chose, et qu'il faudra partager avec le vieux docteur, ne sonnent guère mieux à mes oreilles, moi à qui le monde offre tant de ressources, et qui ai une épée pour m'y frayer un chemin, que comme une sorte de mendicité décente. Menie est une pierre précieuse, — un diamant, — j'en conviens. Aussi ne voudrait-on enchâsser un joyau si précieux ni dans le plomb ni dans le cuivre, mais bien dans l'or pur ; oui, et même y ajouter un entourage de brillants pour le mieux faire ressortir. Soyez bon camarade, Adam, et chargez-vous d'exposer mon projet au docteur sous les couleurs convenables. Je suis certain que ce que lui et Menie peuvent faire de plus sage est de me permettre d'aller passer ce court temps d'épreuve dans le pays des couris. Il est sûr, en tout cas, que c'est là où mon cœur sera ; et pendant que je saignerai quelque rustre pour une inflammation, en imagination je serai à guérir de sa pléthore de richesses quelque nabâb ou quelque radjepoût. Allons, voulez-vous m'aider, — voulez-vous être mon auxiliaire? Il y a dix contre un que c'est votre propre cause que vous plaiderez, Adam ; car je puis être mis à bas d'un coup de sabre ou d'un coup de flèche avant d'avoir fait fortune. Alors vous aurez pour arriver à Menie une route libre et ouverte ; et comme vous serez investi du poste de consolateur *ex officio*, vous pourrez la prendre la larme à l'œil, comme le conseille le vieil adage.

— Monsieur Richard Midlemas, dit Hartley, je voudrais pouvoir vous dire, dans le peu de mots que j'ai dessein de vous adresser encore, ce que j'ai le plus pour vous de pitié ou de mépris. Le Ciel a placé à votre portée le bonheur, une honnête aisance et le contentement, et vous êtes disposé à rejeter tout cela pour satisfaire votre ambition cupide. Si j'avais à donner un conseil à ce sujet au docteur Grey ou à sa fille, ce serait de rompre tout rapport avec un homme qui peut sitôt, quoique heureusement doué par la nature, se montrer aussi fou, et qui peut aussi, quoique honnêtement élevé, se montrer sous les dehors d'un misérable à la première tentation. Vous pouvez vous dispenser de ce sourire, auquel vous voulez donner une expression d'ironie. Je ne l'essaierai pas, parce que je suis convaincu que pour que mon avis fût utile il faudrait que le soupçon ne pût atteindre mes motifs. Je hâterai mon départ de cette maison afin que nous ne puissions plus nous y rencontrer, et je laisserai au Dieu tout-puissant le soin de protéger l'honnêteté et l'innocence contre les dangers qui doivent suivre la vanité et la folie. A ces mots il tourna le dos d'un air de mépris au jeune sectateur de l'Ambition, et il quitta le jardin.

— Arrêtez! dit Middlemas, frappé du tableau qui avait été présenté à sa conscience ; — arrêtez, Adam Hartley, et je vous avouerai.... Mais ces mots furent articulés faiblement et en hésitant, et s'ils arrivèrent aux oreilles de Hartley ils n'eurent pas le pouvoir de le faire revenir sur ses pas.

Quand il fut hors du jardin, Middlemas commença à retrouver son assurance habituelle. — S'il était resté un moment de plus, se dit-il, je me faisais papiste, et je le prenais pour père confesseur. Le rustre! le paysan! — je donnerais quelque chose pour savoir comment il a pris un tel ascendant sur moi. Que lui font les engagements de Menie Grey? Elle lui a répondu comme il le méritait; quel droit a-t-il de se venir mettre entre elle et moi? Si le vieux Monçada avait fait son devoir de grand-père, et qu'il m'eût assuré une existence convenable, ce plan de mariage avec la charmante fille et d'établissement ici dans le lieu où elle est née aurait assez bien pu se réaliser. Mais mener la vie de son pauvre souffre-douleur de père, — être aux ordres et à l'appel du premier paysan à vingt milles à la ronde! — ma foi, les labeurs d'un porte-balle, qui fait vingt milles pour aller troquer des épingles, des rubans et du tabac contre les œufs, les peaux de lapin et le suif de la ménagère, sont plus profitables, moins fatigants, et je crois, ma foi, tout aussi respectables. Non, non; — à moins que je ne rencontre la richesse plus près, j'irai la chercher là où l'on n'a pour la trouver que la peine de se baisser. C'est pourquoi je vais descendre jusqu'à l'auberge du *Cygne* pour y avoir une consultation définitive avec mon ami.

CHAPITRE VI.

’AMI que Middlemas s'attendait à trouver au *Cygne* était un individu déjà mentionné dans cette histoire sous le nom de Tom Hillary, ex-clerc de procureur dans l'ancienne ville de *Novum Castrum*, — et *doctus utriusque juris*, autant que quelques mois passés dans l'étude de M. Lawford, greffier municipal de Middlemas, avaient pu le rendre tel. La dernière fois que nous avons parlé de lui est à l'époque où la splendeur de son chapeau galonné s'éclipsa devant les castors plus frais des deux élèves du docteur Grey. Il y avait alors environ cinq ans de cela, et six mois s'étaient écoulés depuis qu'on l'avait vu reparaître à Middlemas, mais devenu un personnage très différent de ce qu'il semblait être lors de son départ.

On l'appelait alors le capitaine; il portait le costume militaire, et son langage était martial. Il paraissait bien fourni d'argent, car non seulement, à la grande surprise des parties intéressées, il paya quelques anciennes dettes qu'il avait laissées derrière lui, et cela quoique sa vieille pratique ne lui laissât pas ignorer qu'il eût pu se retrancher derrière le rempart de la prescription, mais il envoya même au ministre une guinée pour les pauvres de la paroisse. Ces actes de justice et de munificence s'ébruitèrent et firent grand honneur à un homme qui, absent depuis si long-temps, n'avait ni oublié ses dettes légitimes, ni endurci son cœur aux cris du nécessiteux. Ses mérites furent encore rehaussés dans l'opinion quand on sut qu'il avait été au service de l'honorable compagnie des Indes orientales, — cette merveilleuse association de marchands qu'on peut à bon droit qualifier de princes. C'était vers le milieu du dix-huitième siècle, et les directeurs de Leadenhall-Street jetaient en silence les fondements de cet immense empire qui plus tard s'éleva comme un météore sorti de la terre, et qui maintenant étonne l'Europe, aussi bien que l'Asie, par son étendue formidable et sa force imposante. La Grande-Bretagne avait alors commencé à prêter une oreille étonnée aux récits de batailles gagnées et de villes conquises dans les contrées orientales, et elle voyait avec surprise des individus qui avaient quitté leur pays natal en aventuriers y revenir et s'y remontrer entourés des richesses et du luxe de l'Orient, et éclipser même la splendeur des membres les plus opulents de la haute noblesse anglaise. Il semblait que dans ce nouvel El-Dorado Hillary eût mis la main à l'œuvre, et non pour rien, s'il disait vrai, quoiqu'il fût loin d'avoir complété la moisson qu'il méditait. Il parlait, à la vérité, de faire quelques placements ; et, comme simple affaire de fantaisie, il consulta son ancien patron, le tabellion Lawford, sur l'acquisition d'une ferme de trois mille acres principalement composée de landes, et dont il aurait volontiers donné trois ou quatre mille guinées, pourvu que le gibier y fût abondant, et les truites du ruisseau telles que les avait représentées l'avis de vente. Mais il ne voulait faire quant à présent aucun achat de terres considérable. Il était nécessaire qu'il conservât son crédit dans Leadenhall-Street, et sous ce rapport il eût été impolitique de se défaire de ses coupons sur les fonds de l'Inde. En un mot, c'était folie de penser à se retirer avec mille ou douze cents pauvres livres sterling de revenu, quand on était à la fleur de l'âge, et qu'on n'avait pas été atteint de la maladie du foie ; de sorte qu'il était décidé à doubler encore une fois le Cap avant de se retirer dans son coin du feu. Tout ce qu'il souhaitait c'était de recruter quelques jeunes gens intelligents pour son régiment, ou plutôt pour sa propre compagnie ; et comme nulle part dans ses voyages il n'avait vu de plus beaux garçons qu'à Middlemas, il était disposé à leur donner la préférence pour compléter ses recrues. Dans le fait, c'était faire leur fortune d'un seul coup, car un petit nombre de figures blanches ne manquaient jamais de frapper de terreur ces coquins de noirauds ; et puis, pour ne rien dire des bonnes aubaines que pouvaient valoir la prise d'assaut d'une citadelle ou le pillage d'une pagode, la plupart de ces chiens à face tannée portaient sur eux de tels trésors, qu'une bataille gagnée équivalait à une mine d'or pour les vainqueurs.

Les habitants de Middlemas écoutaient les merveilles du noble capitaine avec des sentiments différents selon la nature plus ou moins inflammable de leur tempérament. Personne, toutefois, ne pouvait nier que tout cela ne se fût vu ; et comme on le connaissait pour un compagnon hardi, entreprenant, doué de quelques talents, et, selon l'opinion générale, n'étant probablement pas de ceux que pourraient arrêter des scrupules de conscience, il n'y avait aucune raison pour que Tom Hillary n'eût pas été aussi heureux que d'autres dans le champ qu'agitée comme elle l'était par la guerre et les dissensions intestines l'Inde semblait offrir à tout aventurier entreprenant. Il était donc accueilli par ses anciennes connaissances de Middlemas plutôt avec le respect dû à ses richesses supposées que conformément à ses prétentions plus humbles d'autrefois.

Il est vrai que quelques uns des notables du bourg se tenaient à l'écart. Au premier rang de ceux-là était le docteur Grey, ennemi de tout ce qui ressemblait à la fanfaronnade, et qui connaissait assez le monde pour poser comme une sorte de règle générale que celui qui parle beaucoup de ses combats est rarement un brave soldat, de même que celui qui parle toujours de ses richesses est rarement véritablement riche. M. Lawford se tenait aussi sur la réserve, nonobstant ses communications avec Hillary au sujet de l'acquisition que celui-ci avait projetée. Quelques personnes attribuaient la froideur de l'ancien patron du capitaine envers ce dernier à certaines circonstances de leurs rapports précédents ; mais comme le tabellion lui-même ne s'expliqua jamais péremptoirement à ce sujet, il est inutile de faire à cet égard aucune conjecture.

Richard Middlemas avait très naturellement renoué son intimité avec cet ancien ami, et ce fut dans la conversation d'Hillary qu'il puisa cet enthousiasme que nous lui avons vu montrer pour l'Inde. Il était en effet impossible à un jeune homme à la fois sans expérience du monde et ayant reçu de la nature un caractère des plus ardents d'écouter froidement les descriptions brûlantes d'Hillary, qui avait, quoiqu'il ne fût que capitaine recruteur, toute l'éloquence d'un sergent aux recrues. Dans ses descriptions les palais s'élevaient comme des champignons ; des bois d'arbres gigantesques et d'arbrisseaux aromatiques inconnus aux froids climats de l'Europe étaient remplis de tous les animaux que l'homme chasse, depuis le tigre royal jusqu'au chacal. Les recherches luxueuses d'une natch, et la beauté, d'un caractère particulier à l'Orient, de ces enchanteresses qui parfumaient leurs dômes voluptueux construits à l'orientale pour contribuer aux plaisirs des fiers conquérants anglais, n'étaient pas moins attrayantes que les batailles et les sièges sur lesquels le capitaine s'étendait en d'autres occasions. Il ne citait pas une rivière qui ne coulât sur du sable d'or, pas un palais qui le cédât à ceux de la célèbre fée Morgane. Ses descriptions étaient imprégnées de parfums, chacune de ses phrases exhalait l'eau de rose. Les entrevues dans lesquelles le capitaine prodiguait ces descriptions étaient souvent couronnées d'une bouteille du meilleur vin que l'auberge du *Cygne* pût fournir, avec quelques autres accessoires de table, que le capitaine, qui était un *viveur*, avait fait venir d'Édimbourg. Au sortir de cette bonne chère il fallait que Middlemas allât s'asseoir à l'humble souper de son maître, où toute la beauté de la simple Menie ne pouvait lui faire surmonter le dégoût que lui inspiraient et la grossièreté des mets, et la nécessité où il était de répondre aux questions relatives aux maladies des malheureux paysans soumis à son inspection.

L'espoir qu'avait eu Richard d'être reconnu par son père s'était depuis long-temps évanoui, et la manière dont son avance avait été reçue, ainsi que la négligence dont, depuis lors, il était l'objet de la part de Monçada, l'avaient convaincu que son grand-père était inexorable, et que ni maintenant ni plus tard il n'avait intention de rien faire qui pût réaliser les visions enfantées par les contes splendides de Nourrice Jamieson. L'ambition, cependant, n'était pas endormie, quoiqu'elle ne fût plus alimentée des mêmes espérances qui lui avaient données le premier éveil. L'inépuisable faconde du capitaine de la compagnie des Indes lui fournissait les thèmes qu'il avait d'abord puisés dans les histoires de sa nourrice ; les exploits d'un Lawrence et d'un Clive, aussi bien que les magnifiques occasions de fortune auxquelles ces exploits ouvraient la route, troublaient le sommeil du jeune aventurier. Rien n'était là pour les contre-balancer, sauf son amour pour Menie Grey et les engagements qui en avaient été la suite. Mais la cour qu'il avait faite à Menie avait eu pour mobile autant la satisfaction de sa vanité qu'une passion bien décidée pour cette jeune fille innocente et sans détours. Il désirait remporter le prix pour lequel Hartley, qu'il n'avait jamais aimé, osait lutter avec lui. Et puis, Menie Grey avait été vue avec admiration par des hommes auxquels Richard ne pouvait se comparer ni par le rang ni par la fortune, mais avec lesquels son ambition l'excitait à disputer la palme. Sans doute, bien que poussé à jouer le rôle d'amant d'abord plutôt par vanité que par aucun autre motif, la franchise et la modestie avec lesquelles ses soins avaient été admis firent sur son cœur l'impression qu'ils y devaient naturellement faire. Il éprouvait un sentiment de gratitude pour la belle créature qui avait reconnu la supériorité de sa personne et de son mérite, et il s'imaginait avoir pour elle l'attachement dévoué que les charmes de sa personne et les mérites de son esprit auraient inspiré en effet à un homme moins vain et moins égoïste. Toutefois, sa passion pour la fille du chirurgien ne devait pas, conclut-il prudemment, peser plus que de raison dans une circonstance aussi importante que le choix d'une carrière, et sur ce point il apaisait sa conscience en se répétant que l'intérêt de Menie était aussi essentiellement engagé que le sien propre à ce qu'il ajournât leur mariage jusqu'à ce qu'il eût établi sa fortune. Que de jeunes couples avaient été perdus par une union prématurée !

Le mépris que lui avait témoigné Hartley dans leur dernière entrevue avait jusqu'à un certain point ébranlé sa confiance dans la justesse de ce raisonnement, et l'avait conduit à soupçonner qu'il pourrait bien avoir pris là un rôle lâche et vil, en se jouant du bonheur de cette aimable et infortunée jeune fille. Ce fut dans cette disposition au doute qu'il se rendit à l'auberge du *Cygne*, où il était impatiemment attendu par son ami le capitaine.

Lorsqu'ils furent confortablement assis devant une bouteille de pajarete, Middlemas, avec la circonspection qui le caractérisait, commença à sonder son ami sur la facilité ou la difficulté que quelqu'un qui désirerait entrer au service de la compagnie aurait à y obtenir une commission. Si Hillary y eût mis de la franchise, il aurait répondu que la chose était extrêmement aisée ; car à cette époque le service de la compagnie des Indes n'avait aucun charme pour cette classe supérieure qui depuis a tout fait pour être reçue sous ses bannières. Mais le digne capitaine répondit que bien qu'en général il pût être difficile à un jeune homme d'obtenir une commission sans avoir servi quelques années comme cadet, cependant, avec sa protection, à lui Hillary, un jeune homme qui entrerait dans son régiment, et qui aurait la capacité nécessaire, serait sûr d'avoir l'épaulette d'enseigne, sinon celle de lieutenant, dès qu'il mettrait le pied dans l'Inde. — Si vous songiez, mon cher camarade, continua-t-il en tendant la main à Middlemas, à changer la tête de mouton et le *haggis* pour le mulagatawny et le curry, tout ce que je puis vous dire, c'est que bien qu'il soit indispensable que vous entriez au service d'abord simplement comme cadet, cependant, de par Dieu! vous vivriez comme un frère avec moi durant la traversée; et nous n'aurions pas plus tôt pris terre à Madras que je vous mettrais sur la route de la fortune et de la gloire. — Vous possédez une bagatelle, je crois? — une couple de milliers de livres ou à peu près?

— Environ mille ou douze cents, répondit Richard, affectant l'indifférence de son compagnon, mais se sentant intérieurement humilié de la maigreur de ses ressources.

— C'est tout autant qu'il vous sera nécessaire pour l'équipement et le passage; et même, n'auriez-vous pas un farthing, ce serait la même chose. Car si une fois je dis à un ami : je vous aiderai, Tom Hillary n'est pas homme à reculer par crainte pour ses couris. Néanmoins, il est aussi bien que vous ayez quelque capital à vous pour commencer.

— Oui, répliqua le prosélyte; — je n'aimerais pas à être à charge à personne. J'ai quelque idée, pour vous dire la vérité, de me marier avant de quitter la Grande-Bretagne; et en ce cas, vous comprenez que l'argent sera nécessaire, soit que ma femme vienne avec nous, soit qu'elle reste ici jusqu'à ce qu'elle sache comment la fortune me traite. Ainsi, tout bien considéré, je pourrai bien avoir à vous emprunter quelques centaines de livres.

— Que diable me parlez-vous là de femme et de mariage, Dick? — Qui a pu mettre en tête d'un brave jeune homme comme vous, qui vient d'attraper ses vingt et un ans, et qui a cinq pieds six pouces sans souliers, de se rendre esclave pour la vie? Non, non, Dick, cela ne sera pas. Souvenez-vous de la vieille chanson :

« Bluff mon garçon, Bluff mon garçon,
Craignez le joug du cotillon
Foin d'un cœur qu'on met à la chaîne ! »

— Oui, oui, cela est bel et bien, repartit Middlemas; mais aussi il faut secouer je ne sais combien de vieux souvenirs

— Le plus tôt est le mieux, Dick; les vieux souvenirs sont comme les vieux habits, et on devrait s'en débarrasser d'un seul coup; ce n'est bon qu'à occuper de la place dans la garde-robe d'un homme, et si on voulait les porter, ce ne serait plus de mise. — Mais cela vous rend sérieux. Qui diable vous a fait une telle brèche au cœur ?

— Bah! fit Middlemas; pour sûr vous devez vous rappeler, — Menie, — la fille de mon maître.

— Quoi, miss Green, la fille du vieil apothicaire? — une assez jolie fille, je crois.

— Mon maître est chirurgien et non pas apothicaire, et son nom est Grey.

— Oui, oui, Green ou Grey, — qu'importe? Il vend lui-même des drogues, je crois, et c'est ce que, dans le Sud, nous appelons apothicaire. La petite est une assez jolie fille pour figurer dans une salle de bal d'Écosse. — Mais est-elle propre à quelque chose? — a-t-elle de *cela*?

— C'est une fille de bon sens, répondit Richard, sauf dans son amour pour moi · — et encore, comme dit Benedict, si cela ne prouve pas sa prudence, ce n'est pas non plus une grande preuve de folie.

— Mais a-t-elle de l'énergie, — du feu, — de la résolution? — a-t-elle en elle un peu de diablerie?

— Pas pour un penny, c'est la meilleure, la plus simple, la plus docile des femmes.

— En ce cas, ce n'est pas ce qu'il vous faut, dit le mentor d'un ton tranchant. J'en suis fâché, Dick; mais ce n'est pas ce qu'il vous faut. Il y a au monde quelques femmes en état de partager la vie active que nous menons dans l'Inde; — oui, et j'en ai vu quelques unes pousser en avant des maris, qui sans cela seraient restés enfoncés dans le bourbier jusqu'au jour du jugement dernier. Dieu sait ce qu'elles payaient aux barrières qu'elles faisaient ouvrir devant eux! Mais aussi ce n'étaient pas de vos simples Suzannes, qui croient que leurs yeux ne doivent servir qu'à regarder leurs maris ou à coudre des langes d'enfant. Comptez sur ce que je vous dis : il faut renoncer ou au *matrimonium* ou à vos vues d'avancement. Si vous vous attachez volontairement une entrave au cou, ne cherchez pas à disputer le prix de la course; au surplus, ne vous imaginez pas que de rompre avec la petite amènera quelque terrible catastrophe. Il pourra y avoir une scène au moment de la séparation; mais vous l'aurez bientôt oubliée au milieu des natives de l'Inde, et elle, de son côté, tombera amoureuse de M. Tapeitout, l'assistant et successeur du ministre. Ce n'est pas une denrée pour le marché de l'Inde, je vous assure.

Parmi les faiblesses capricieuses de l'humanité, il en est une de particulièrement remarquable : c'est celle qui nous porte à estimer les personnes et les choses moins par leur valeur réelle que sur l'opinion des autres, qui souvent sont des juges très incompétents. Dick Middlemas, dans les soins qu'il avait rendus à Menie Grey, avait été incité par l'empressement dont il l'avait vue l'objet de la part du lourdaud de qualité qu'elle avait captivé au bal où il l'avait choisie pour partenaire; et maintenant elle baissait dans son estime, parce qu'un fat impudent et de bas étage avait la présomption de parler d'elle sur un ton de dépréciation. L'un et l'autre de ces dignes cavaliers aurait été aussi en état d'apprécier les beautés d'Homère que de juger des mérites de Menie Grey.

Et de fait, l'ascendant que ce hardi faiseur de promesses avait pris sur Dick Middlemas, quelque peu disposé que ce dernier fût en général à se laisser gouverner, avait quelque chose de despotique, parce que le capitaine, quoique fort inférieur en lumières et en talents au jeune homme dont il dominait les opinions, était assez adroit pour mettre en avant ces vues séduisantes de grandeur et de richesse auxquelles l'imagination de Richard s'était complu dès son enfance. — Il exigea une promesse de Middlemas, comme condition du service qu'il allait lui rendre : — ce fut de garder un silence absolu sur son départ pour l'Inde et sur les vues qui l'y conduisaient. — Mes recrues, lui dit le capitaine, ont toutes été dirigées sur le dépôt qui est à l'île de Wight; je veux quitter l'Écosse, et en particulier ce petit bourg, sans être harcelé à mort, ce dont il me faudrait désespérer si l'on venait à savoir que je puis procurer des commissions à ce que nous nommons des jeunes griffons. Mordieu! il me faudrait enlever tous les aînés de Middlemas en qualité de cadets, et personne n'est aussi scrupuleux que moi quand il s'agit de faire des promesses. Je suis là-dessus ponctuel comme un Troyen; et vous concevez que je ne puis faire pour tout le monde ce que je ferais pour un ancien ami comme Dick Middlemas.

Dick promit le secret, et il fut convenu que les deux amis ne quitteraient pas le bourg ensemble, mais que le capitaine partirait le premier, et que sa recrue le rejoindrait à Édimbourg, où son enrôlement pourrait être constaté; et qu'alors ils partiraient de compagnie pour Londres, où ils prendraient les arrangements nécessaires pour leur passage dans l'Inde.

Nonobstant les dispositions définitives qui venaient ainsi d'être faites pour son départ, Middlemas pensait de temps en temps avec inquiétude et regret à la nécessité où il allait être de quitter Menie Grey après leurs engagements mutuels. La résolution était prise, cependant; — le coup allait nécessairement être frappé, et l'ingrat amant de la douce Menie, déterminé depuis long-temps à renoncer à la vie de bonheur domestique dont il aurait pu jouir s'il eût été moins dominé par l'ambition, était alors occupé des moyens, non à la vérité de rompre entièrement avec elle, mais d'ajourner toute pensée d'union entre eux jusqu'au succès de son expédition dans l'Inde.

Sur ce dernier point il aurait pu s'épargner toute inquiétude. Toutes les richesses de cette Inde pour laquelle il était engagé n'auraient pu déterminer Menie Grey à quitter le toit paternel contre la volonté de son père, au moment surtout où, privé de ses deux aides, il allait nécessairement être réduit à la nécessité de redoubler d'activité au déclin de sa vie, et où, par conséquent, il aurait pu se regarder comme entièrement abandonné si sa fille s'était séparée de lui en même temps. Mais bien que rien n'eût pu changer la résolution qu'elle avait prise de n'accepter aucune proposition d'union immédiate de leur sort, et malgré tout le pouvoir que celui qui aime a de s'abuser, Menie ne put réussir à se persuader à elle-même qu'elle devait être satisfaite de la conduite de Richard envers elle. La modestie, et une fierté bienséante, l'empêchèrent de paraître remarquer, mais ne purent l'empêcher de sentir avec amertume que son amant préférait les poursuites de l'ambition à l'humble sort qu'il eût pu partager avec elle, et qui leur promettait au moins le contentement, sinon l'opulence.

— S'il m'avait aimée comme il le prétend (telle était la conviction involontaire qui lui venait à l'esprit), mon père aurait sûrement fini par lui accorder les mêmes conditions qu'il offrait à Hartley. Ses objections auraient cédé à la pensée de me voir heureuse, et même aux importunités de Richard, qui auraient éloigné les soupçons qu'il a conçus sur la disposition inconstante de son caractère. Mais je crains — je crains que Richard n'ait regardé ces conditions comme au-dessous de son ambition. — N'aurait-il pas été naturel, aussi, qu'il m'eût demandé, engagés comme nous le sommes l'un à l'autre, à unir notre sort avant qu'il ne quitte l'Europe, de manière à ce qu'alors j'aurais pu ou rester ici avec mon père, ou l'accompagner dans l'Inde en quête de cette fortune qu'il poursuit avec tant d'ardeur? Il eût été mal — bien mal à moi — de consentir à une telle proposition, à moins que mon père ne l'eût autorisée; mais n'eût-il pas été naturel que Richard me la fît? Hélas! les hommes ne savent pas aimer comme les femmes. Leur attachement n'est qu'une de leurs mille passions, un de leurs mille penchants; ils sont chaque jour engagés dans des plaisirs qui émoussent leurs sentiments et dans des affaires qui les en distraient. Nous, — nous restons chez nous à pleurer, et à penser combien nos affections sont froidement payées!

L'époque était alors arrivée où Richard Middlemas avait droit de réclamer l'argent déposé pour lui entre les mains du tabellion et du docteur Grey. Il en fit en effet la demande, et cet argent lui fut remis. Le docteur s'enquit naturellement quels étaient ses projets à son entrée dans le monde. L'imagination du jeune ambitieux vit dans cette simple question le désir de la part du digne homme de lui offrir, et peut-être de le presser d'accepter ce que déjà il avait proposé à Hartley. Il se hâta donc de répondre sèchement qu'on lui montrait certaines espérances qu'il lui était interdit de dévoiler, mais qu'aussitôt arrivé à Londres il écrirait au protecteur de sa jeunesse et lui ferait connaître ses projets d'avenir, qui avaient, il était heureux de le dire, un caractère assez avantageux.

Grey supposa qu'à cette époque critique de la vie de Richard, le père ou le grand-père du jeune homme s'était peut-être montré disposé à ouvrir quelques relations avec lui ; il répondit seulement : Vous avez été l'enfant du mystère, Richard ; et comme vous m'êtes venu, vous me quittez. J'ignorais alors d'où vous veniez, et maintenant je ne sais pas où vous allez. Ce n'est peut-être pas un trait bien favorable de votre horoscope que tout ce qui vous touche soit un secret. Au surplus, je penserai toujours avec affection à celui que j'ai si longtemps connu ; ainsi, quand vous vous souviendrez du vieillard, vous ne devrez pas oublier qu'il a fait son devoir envers vous autant que le lui ont permis ses moyens et son pouvoir, et qu'il vous a enseigné une noble profession, grâce à laquelle, partout où le sort vous poussera, vous pourrez toujours gagner votre pain et soulager en même temps les souffrances de vos semblables. Middlemas fut touché du ton affectueux et simple de son maître, et il se répandit en remerciements avec d'autant plus de profusion qu'il était maintenant affranchi de la terreur des chaînes emblématiques qu'un moment auparavant il lui semblait voir briller dans la main de son tuteur, et du collier qu'il avait cru voir s'entr'ouvrir pour lui enserrer le cou.

— Encore un mot, ajouta M. Grey en atteignant un petit étui à bague. Voici un anneau de prix que votre malheureuse mère me força d'accepter. Je n'y ai aucun droit ; puisque j'ai été amplement payé de mes services, et je ne l'acceptai que dans l'intention de le conserver pour vous jusqu'à ce que ce moment arrivât. Peut-être pourra-t-il vous être utile dans le cas où il s'élèverait quelque question relative à votre identité.

— Encore une fois, merci, vous qui êtes pour moi plus qu'un père ! s'écria Richard ; — merci de cette précieuse relique, qui en effet peut m'être utile. Vous en serez bien payé, si l'Inde a encore des diamants.

— L'Inde ! des diamants ! La tête vous a-t-elle tourné, enfant ?

— Je veux dire, balbutia Middlemas, s'il y a à Londres des diamants de l'Inde.

— Allons donc, fou que vous êtes ! comment achèteriez-vous des diamants, et qu'en ferais-je si vous m'en donniez ? Partez vite pendant que je suis en colère — les larmes brillaient dans les yeux du vieillard ; — car si j'oublie les sujets que j'ai de vous en vouloir, je ne sais comment je me séparerai de vous.

La séparation de Middlemas et de la pauvre Menie fut encore plus touchante. La douleur qu'elle fit éclater raviva en lui toute la ferveur d'un premier amour, et il rétablit son caractère d'amant sincère et loyal non seulement en implorant une union immédiate, mais en allant même jusqu'à proposer de renoncer à la perspective d'un avenir plus brillant et de partager les humbles travaux de M. Grey s'il fallait cela pour s'assurer la main de sa fille. Mais quoique ce témoignage de la foi de son amant eût quelque chose de consolant, Menie Grey eut la prudence de ne pas vouloir accepter des sacrifices dont plus tard Richard aurait pu se repentir.

— Non, Richard, lui dit-elle ; quand dans un moment d'entraînement on renonce à des plans que l'on avait adoptés après de mûres réflexions, il est rare que cela finisse heureusement. Depuis long-temps je vois que vos pensées d'avenir s'étendent fort au-delà de l'humble situation que Middlemas peut vous promettre. Il était naturel qu'il en fût ainsi, puisque les circonstances de votre naissance semblent annoncer de la fortune et un rang. Allez donc chercher ce rang et cette fortune. Il est possible que vos sentiments changent pendant la poursuite ; s'il en est ainsi, ne pensez plus à Menie Grey. Mais s'il en était autrement, nous pourrions encore nous revoir, et n'ayez pas un moment l'idée que les sentiments de Menie Grey pour vous puissent jamais changer.

Beaucoup plus de choses se dirent dans cette entrevue qu'il n'est nécessaire d'en répéter, et il en fut pensé bien plus encore qu'il n'en fut dit. Nourrice Jamieson, dans la chambre de qui cet entretien avait lieu, serra dans ses bras ceux qu'elle appelait ses deux enfants, déclara que le Ciel les avait faits l'un pour l'autre, et que tout ce qu'elle demandait au bon Dieu c'était de vivre assez pour les voir mari et femme.

Il fallut enfin que cette scène de séparation eût un terme ; et Richard Middlemas, montant un cheval qu'il avait loué pour le voyage, partit dans la direction d'Edimbourg, où déjà il s'était fait devancer par son pesant bagage. Plus d'une fois sur la route l'idée lui vint que même alors il ferait mieux de retourner à Middlemas, d'assurer son bonheur en s'unissant à Menie Grey, et de se borner à la modeste aisance que cette situation lui offrait. Mais du moment qu'il eut rejoint son ami Hillary au rendez-vous convenu, il aurait rougi de laisser percer le plus léger indice de changement de dessein ; le retour de sentiments qu'il venait d'éprouver fut alors oublié, si ce n'est qu'il y puisa une nouvelle résolution de quitter l'Inde dès qu'il y serait arrivé à un certain degré de fortune et d'importance, et de revenir en toute hâte les partager avec Menie Grey. Cependant sa reconnaissance envers le père de celle qu'il aimait ne parut pas s'être assoupie, si nous en pouvons juger par le cadeau d'un très beau cachet de cornaline monté en or, où était gravé un lion rampant sur fond de gueules, et qu'il envoya par une occasion sûre à Stevenlaw's-Land, avec une lettre appropriée. Menie reconnut l'écriture, et son regard ne quitta pas les yeux de son père pendant que celui-ci lisait la lettre, pensant peut-être qu'elle aurait roulé sur un sujet différent. Le docteur laissa échapper plus d'un ah ! et d'un peuh ! quand il eut achevé sa lecture, puis il se mit à examiner le cachet.

— Après tout, dit-il, Dick Middlemas n'est qu'un fou, Menie. Il n'est bien sûr pas probable que je l'oublie ; pourquoi donc m'envoyer un souvenir? et s'il voulait faire cette sottise-là, ne pouvait-il pas m'envoyer l'appareil perfectionné pour la lithotomie? Et qu'ai-je de commun, moi Gidéon Grey, avec les armes de lord Grey? — Non, non; — mon vieux cachet d'argent avec son double G continuera de me servir. Pourtant, ma chère Menie, tu vas serrer cela; — ses intentions étaient bonnes, en tout cas.

Le lecteur ne peut douter du soin avec lequel le cachet fut serré.

CHAPITRE VII.

> Ce lieu offrait l'aspect d'un lazaret, où se rencontraient toutes les maladies. — MILTON.

Lorsque le capitaine eut fini ses affaires, parmi lesquelles il n'oublia pas de faire régulariser l'engagement de sa recrue comme candidat à la gloire au service de l'honorable Compagnie des Indes-Orientales, les deux amis quittèrent Edimbourg. — De là ils se procurèrent un passage par mer pour Newcastle, où Hillary avait aussi à régler quelques affaires de service avant de rejoindre son régiment. A Newcastle, le capitaine eut la bonne fortune de trouver un petit brick commandé par un ancien camarade d'école, et qui était précisément sur le point de faire voile pour l'île de Wight. — Je me suis arrangé pour notre passage avec lui, dit-il à Middlemas ; — car une fois au dépôt vous vous mettrez un peu au courant du service mieux que vous ne pourriez le faire à bord et alors il me sera plus facile de vous faire avoir votre promotion.

— Est-ce que votre intention est que je reste à l'île de Wight tout le temps que vous allez passer à Londres? demanda Richard.

— Oui sans doute, répondit le capitaine, et c'est aussi le mieux pour vous ; quelque affaire que vous ayez à Londres, je puis aussi bien ou même mieux la faire pour vous que vous ne la feriez vous-même.

— Mais je désire faire moi-même mes affaires, capitaine Hillary.

— En ce cas il fallait rester votre maître, cadet Middlemas. Maintenant vous êtes enrôlé au service de l'honorable Compagnie des Indes-Orientales ; je suis votre officier, et vous ne devez pas hésiter à me suivre à bord, attendu, fou que vous êtes, que je pourrais vous y envoyer les fers aux pieds et aux mains.

En disant cela le capitaine avait l'air de plaisanter ; mais cependant il y avait dans le ton qu'il avait pris quelque chose qui blessa la fierté de Middlemas et donna l'éveil à ses craintes. Il avait remarqué depuis quelque temps que son ami, surtout quand ils se trouvaient en compagnie de tierces personnes, lui parlait d'un air d'autorité et de supériorité difficile à endurer, et qui cependant touchait de si près à la liberté qu'ont souvent entre eux deux intimes, qu'il ne pouvait convenablement en prendre occasion de s'offenser ou de le redresser. Ces sortes de manifestations d'autorité étaient habituellement suivies aussitôt d'un renouvellement d'intimité ; mais cette fois le retour fut moins prompt.

Middlemas, à la vérité, consentit à partir avec son compagnon pour l'île de Wight, peut-être parce qu'il pensa qu'une querelle avec lui serait la ruine de son voyage de l'Inde et de toutes les espérances qu'il avait fondées sur ce voyage. Mais il changea de dessein quant à sa petite fortune, que son intention avait été d'abord de confier au capitaine pour y recourir à mesure que les occasions l'exigeraient ; et il résolut de rester lui-même le dispensateur de son argent, qui, converti en billets de la banque d'Angleterre, était déposé en sûreté dans sa malle. Hillary, voyant que quelques insinuations qu'il avait jetées en avant à ce sujet semblaient ne pas être comprises, parut de son côté n'y plus penser.

La traversée s'acheva en peu de temps et sans accident ; et après avoir longé les côtes de cette île enchanteresse, que n'oublie jamais celui qui les a vues, en quelque partie du monde que son destin le conduise ensuite, le bâtiment ne tarda pas à jeter l'ancre à la hauteur de la petite ville de Ryde. Comme la mer y était d'un calme peu commun, Richard sentit diminuer le mal de mer, qui, pendant la plus grande partie du passage, ne lui avait guère laissé la faculté de penser à autre chose.

Le patron du brick, pour faire honneur à ses passagers et par amitié pour son ancien camarade d'école, avait fait dresser un tendelet sur le pont, et voulut avoir le plaisir de les traiter avant qu'ils ne quittassent le navire. Toutes les recherches connues en mer furent servies avec une abondance hors de proportion avec le nombre des convives. Mais le punch qui vint ensuite était surtout d'excellente qualité, et prodigieusement fort. Le capitaine Hillary en fit les honneurs à la ronde, et insista pour que son compagnon en prît sa part complète à chaque joyeuse tournée ; d'autant plus, comme il le dit facétieusement, qu'il y avait entre eux un peu de sécheresse, contre laquelle le bon punch serait un remède souverain. Il retraça avec une nouvelle splendeur le panorama des scènes diverses que l'Inde et ses aventures allaient lui offrir, et qui avaient originairement excité l'ambition de Middlemas, l'assurant que, lors même qu'il ne pourrait pas lui obtenir immédiatement une commission, tout ce qui résulterait d'un court délai serait de lui donner le temps de se familiariser davantage avec ses devoirs militaires ; et Middlemas était trop exalté par le punch qu'il avait bu pour voir aucune difficulté qui pût s'opposer à sa fortune. Soit que ceux qui prenaient part avec lui à la libation fussent des buveurs plus aguerris, — soit que Middlemas bût plus qu'eux, — soit enfin, ce qu'il soupçonna ensuite, qu'on eût glissé quelque drogue dans son verre, comme dans ceux des gardes de Duncan, il est certain qu'en cette occasion il passa avec une rapidité inhabituelle par les différentes phases du respectable état d'ivresse : — il rit, chanta, beugla et hurla, devint tour à tour tendre et frénétique, et tomba enfin dans un profond sommeil dont rien ne put le tirer.

Les effets de la boisson se manifestèrent, comme de coutume, dans cent rêves bizarres où figuraient des déserts arides, — des serpents dont la morsure occasionnait une soif intolérable, — les souffrances de l'Indien attaché au poteau fatal, — et même les tourments des régions infernales. Lorsque enfin il s'éveilla, il semblait que cette dernière vision se fût effectivement réalisée. Les sons qui avaient d'abord influencé ses rêves, et qui finirent par interrompre son sommeil, étaient tout à la fois de la nature la plus horrible et la plus triste. Ils partaient de rangées de paillasses placées presque les unes contre les autres dans une espèce d'hôpital militaire, où le mal dominant était une fièvre ardente. Nombre de malades étaient sous l'influence d'un violent délire, au milieu duquel ils poussaient des cris, des hurlements et des blasphèmes, et proféraient les plus horribles imprécations. D'autres, qui sentaient leur situation, poussaient de sourds gémissements et tentaient quelques démonstrations de dévotion, qui n'avaient pour résultat que de montrer leur ignorance des principes et même des formes de la religion. Ceux qui étaient en convalescence tenaient à voix haute des propos de débauche, ou s'entretenaient à demi-voix et en argot de projets qui avaient rapport, autant qu'un novice pouvait le conclure d'une phrase saisie au hasard, à des actes de violence criminelle.

L'étonnement de Richard Middlemas fut égal à son horreur. Il n'avait qu'un avantage sur les êtres misérables au milieu desquels il se trouvait jeté, c'était de jouir du luxe d'une paillasse à lui seul, — la plupart des autres étant occupées par deux de ces malheureux. Il ne vit personne qui parût s'occuper de leurs besoins ou prendre garde à leurs plaintes, ni à qui il pût s'adresser pour qu'on le sortît de sa situation présente. Il chercha ses habits des yeux pour se lever et se tirer lui-même de cet antre d'horreurs; mais il n'aperçut ni habits, ni porte-manteau, ni malle : il était fort à craindre qu'il ne les revît jamais.

Alors, mais trop tard, il se souvint des bruits qui avaient couru au sujet de son ami le capitaine, qui, disait-on, avait été congédié par M. Lawford à raison de certain abus de confiance commis au préjudice du tabellion. Mais qu'il eût fait tomber dans un piége l'ami qui avait mis en lui toute sa confiance, — qu'il l'eût dépouillé de sa fortune et placé dans cet hôpital pestilentiel avec l'espoir que la mort y étoufferait ses plaintes, c'était une infamie qu'il eût été impossible d'imaginer d'avance, lors même que ce qu'on avait dit de pis sur Tom Hillary eût été vrai.

Cependant Middlemas résolut de ne pas s'abandonner lui-même. Ce lieu devait être visité par quelque médecin, militaire ou civil, à qui il voulait faire un appel, pour exciter du moins ses craintes s'il ne pouvait éveiller sa confiance. Tandis qu'il agitait dans son esprit ces pensées désolantes, tourmenté en même temps par une soif brûlante qu'il n'avait nul moyen de satisfaire, il tâcha de voir si parmi ceux qui occupaient les paillasses les plus rapprochées de lui il n'apercevrait pas quelqu'un avec lequel il pût entrer en conversation, pour obtenir de lui quelques renseignements sur la nature et les habitudes de cet horrible endroit. Mais le lit le plus proche était occupé par deux drôles qu'à leurs joues livides, à leurs yeux enfoncés et à leur aspect cadavérique, on pouvait juger sortir des griffes de la mort et entrer à peine en convalescence, et qui cependant étaient profondément occupés d'une partie de *cribbage*, où ils tâchaient de se filouter l'un à l'autre quelques demi-pence, mêlant les termes du jeu à des jurons énergiques, quoique articulés à demi-voix, et chaque retour de chance étant salué, par le gagnant aussi bien que par le perdant, d'imprécations qui semblaient devoir atteindre le corps et l'âme, celui-là les employant comme expressions de triomphe, celui-ci comme reproches adressés à la fortune.

Immédiatement après les deux joueurs venait un grabat sur lequel à la vérité deux corps étaient étendus, mais l'un d'eux seul était vivant : l'autre venait d'être délivré de son agonie.

— Il est mort — il est mort! exclama le malheureux survivant.

— Hé bien, fais comme lui et va-t'en au diable! repartit un des joueurs, et alors ça fera la paire, comme dit Pugg.

— Je vous dis qu'il devient roide et froid, reprit le pauvre misérable; — les morts ne sont pas des camarades de lit pour les vivants. Pour l'amour de Dieu, aidez-moi à me débarrasser du cadavre!

— Oui, pour qu'on nous accuse de lui avoir fait son affaire. — Vous ne nous avez peut-être pas attendus pour ça, l'ami; — car il avait sur lui deux ou trois ronds [1]....

— Vous savez bien que vous avez pris la dernière sonnante dans les poches de sa culotte il y a une heure, fit le pauvre convalescent. — Mais aidez-moi à tirer le corps du lit, et je ne dirai pas au croquemort que vous avez pris les devants sur lui.

— Vous diriez cela au croquemort! répliqua le joueur de cribbage. Encore un mot comme celui-là, et je te tors le cou de façon à ce que tes yeux iront voir ce que le tambour t'a écrit sur le dos. Reste en paix et ne nous ennuie plus de ton bavardage, sans quoi je vais te rendre aussi muet que ton camarade de lit.

Le malheureux retomba épuisé près de son hideux compagnon, et le jargon du jeu, coupé d'imprécations, recommença comme devant.

Par cet échantillon d'indifférence et de dureté, contrastant avec le dernier degré de la misère, Middlemas jugea combien peu il y avait à en appeler à l'humanité de ses compagnons de souffrance. Le cœur lui

---

[1] Terme d'argot. Pièce d'argent. L'original emploie le mot *hoggs*. (L. V.)

faillit presque, et l'image de l'intérieur heureux et paisible qu'il aurait pu se créer s'offrit à son imagination surexcitée avec une vivacité de couleurs qui touchait à la folie. Il voyait devant lui le ruisseau qui serpente à travers la prairie de Middlemas, et où si souvent il avait établi des petits moulins pour amuser Menie quand elle était enfant. Pour un verre de son eau il aurait donné tous les diamants de l'Orient, qui naguère étaient chez lui l'objet d'une telle adoration ; mais cette eau lui était refusée à lui comme à Tantale.

Faisant effort sur lui-même pour dissiper cette illusion passagère, et assez versé dans la pratique médicale pour savoir qu'il fallait autant que possible éviter de donner cours à ces pensées vagabondes, il s'efforça de se rappeler qu'il était chirurgien, et qu'après tout il ne devait pas avoir de l'intérieur d'un hôpital militaire la crainte extrême que ses horreurs pourraient inspirer à ceux qui seraient étrangers à la profession. Mais quoique par des réflexions de ce genre il s'efforçât de rallier ses esprits, il n'en sentait pas moins quelle différence il y avait entre la situation d'un chirurgien que ses fonctions pourraient appeler dans un pareil lieu, et celle d'un malheureux forcé d'y séjourner à la fois comme malade et comme prisonnier.

En ce moment des pas se firent entendre dans la salle, et tout-à-coup les bruits divers qui la remplissaient s'apaisèrent. Les joueurs de cribbage cachèrent leurs cartes et cessèrent leurs imprécations ; d'autres malheureux, dont les plaintes avaient été jusqu'à la frénésie, cessèrent de pousser leurs exclamations sauvages et d'implorer du secours. L'agonie amortit ses cris, le délire cessa ses clameurs insensées, et il semblait que la mort elle-même voulût étouffer son dernier gémissement en présence du capitaine Seelencooper. Ce fonctionnaire était le surintendant, ou, comme l'appelaient les misérables habitants de l'endroit, le gouverneur de l'hôpital. Il avait tout l'air d'avoir été primitivement porte-clefs dans quelque prison mal ordonnée : — c'était un homme vigoureux, trapu et bancal, à qui il ne restait qu'un œil dans lequel s'était concentrée une double part de férocité. Il portait un uniforme sale et suranné, qui ne paraissait pas avoir été fait pour lui ; et la voix dont ce ministre de l'humanité parlait à ses malades était celle d'un maître d'équipage dont l'organe tonne au milieu de l'orage. Il avait à sa ceinture des pistolets et un coutelas, car son mode d'administration étant de nature à pousser à la révolte même les malades d'un hôpital, sa vie avait plus d'une fois été en danger au milieu d'eux. Il était suivi de deux aides, qui portaient des menottes et des camisoles de force.

Tandis que Seelencooper faisait sa ronde, ni plaintes ni douleurs n'osaient plus élever la voix ; la vue du bambou qu'il portait à la main semblait avoir la puissance d'une baguette de magicien pour réduire au silence tous les gémissements et toutes les représentations.

— Je vous dis que la viande est fraîche comme un bouquet ; — et quant au pain, il est assez bon, — il est trop bon pour un tas de marins d'eau douce qui restent étendus là par fainéantise et qui consomment les provisions de la très honorable Compagnie. — Je ne parle pas de ceux qui sont réellement malades, car Dieu sait que je suis toujours pour l'humanité.

— S'il en est ainsi, monsieur, dit Richard Middlemas, dont le capitaine s'était approché tout en répondant ainsi aux humbles plaintes que lui adressaient presque à voix basse ceux près de la couche desquels il passait; — s'il en est ainsi, monsieur, j'espère que votre humanité vous fera faire attention à ce que je vais vous dire.

— Et qui diable êtes-vous? repartit le gouverneur en tournant sur Richard le feu de son œil unique, tandis qu'une sorte de ricanement se montrait sur ses traits durs, si bien faits pour cette expression.

— Mon nom est Middlemas; — j'arrive d'Écosse, et j'ai été envoyé ici par quelque étrange méprise. Je ne suis pas simple soldat, et je ne suis pas non plus malade, autrement que de la chaleur de cette maudite salle.

— Hé bien alors, l'ami, tout ce que j'ai à vous demander c'est si vous êtes ou non une recrue enrôlée?

— J'ai été enrôlé à Édimbourg; mais...

— Mais que diable voulez-vous, alors? — Vous êtes enrôlé, — le capitaine et le docteur vous envoient ici; — sûrement ils savent mieux que personne si vous êtes soldat ou officier, malade ou bien portant.

— Mais on m'a promis — Tom Hillary m'a promis...

— On vous a promis? Parbleu, il n'y a pas un homme ici à qui il n'ait été promis quelque chose par l'un ou par l'autre, ou qui peut-être ne se soit promis quelque chose à lui-même. Nous sommes dans le pays des promesses, mon jeune gaillard; mais vous savez que c'est dans l'Inde que les promesses doivent s'accomplir. Ainsi, bien le bonjour. Le docteur va venir faire sa ronde tout-à-l'heure, et il fera pour vous tout ce qu'il faudra.

— Écoutez-moi un instant, — rien qu'un instant. — J'ai été volé.

— Volé! Voyez-vous cela? tous ceux qui viennent ici ont été volés. — Mordieu! je suis le plus heureux drôle de l'Europe: — d'autres de mes confrères n'ont entre les mains que des voleurs et des chenapans; au lieu qu'à moi il ne me vient que des personnes honnêtes, décentes et malheureuses, qui ont été volées!

— Prenez garde de ne pas traiter cela si légèrement, monsieur; on m'a volé mille livres sterling.

Ici le gouverneur Seelencooper ne put garder plus long-temps sa gravité, et plusieurs des malades firent écho à son éclat de rire, soit qu'ils voulussent capter la faveur du surintendant, soit par suite de cette disposition d'esprit qui porte les âmes perverses à se réjouir du mal de ceux qui sont appelés à partager leurs souffrances.

— Mille livres! fit le capitaine Seelencooper, quand son accès de gaieté lui permit de retrouver la parole. — Allons, en voilà un bon; — j'aime un camarade qui ne fait pas deux bouchées d'une cerise. — Tudieu! il n'y a pas un drôle ici qui prétende avoir perdu plus de quelques hoggs [1], et voici un serviteur de l'honorable Compagnie à qui on a volé mille livres! Bravo, monsieur Tom des Dix-Mille; — vous faites honneur à la maison et au service; et sur ce, bonjour.

Il passa outre. Richard, se soulevant d'un bond dans un transport de colère et de désespoir, voulut le rappeler; mais sa langue, paralysée par la soif et par la violence de son agitation, lui refusa son office. — De l'eau! de l'eau! dit-il en saisissant par la manche un des aides qui suivaient Seelencooper. Cet homme regarda autour de lui d'un air insouciant. Une cruche se trouvait à côté des deux joueurs de cribbage; il la tendit à Middlemas, en lui disant : Bois, et va-t'en au diable!

Il n'eut pas plus tôt le dos tourné, qu'un des deux joueurs sauta de son lit sur celui de Middlemas, et saisissant avec force le bras de Richard avant que celui-ci eût eu le temps de porter la cruche à ses lèvres, jura qu'il n'aurait pas sa ration. On peut aisément conjecturer que le vase si vivement et si rudement réclamé contenait quelque chose de mieux que le pur élément. Dans le fait, une proportion considérable de son contenu était du gin. La cruche fut cassée dans la lutte, et le liquide répandu. Middlemas porta à l'assaillant un coup qui fut rendu avec usure; et un combat s'en serait suivi sans l'intervention du surintendant et de ses aides. Ceux-ci, avec une dextérité qui montrait combien de telles scènes leur étaient familières, mirent une camisole de force à chacun des antagonistes. Les efforts de Richard pour faire entendre une remontrance lui valurent seulement un coup du rotin du capitaine Seelencooper, et une admonition charitable de retenir sa langue s'il faisait cas de sa peau.

Irrité tout à la fois par les souffrances de l'esprit et par celles du corps, tourmenté par une soif dévorante et par le sentiment de sa situation misérable, Richard Middlemas se crut sur le point de perdre l'esprit. Il éprouvait un désir insensé de se joindre aux gémissements, aux jurements et aux propos grossiers qui recommencèrent autour de lui dès que le surintendant eut quitté l'hôpital. Il aspirait, bien qu'il combattît l'impulsion, à lutter d'imprécations avec le réprouvé, et de cris avec le maniaque. Mais sa langue se colla à son palais, et il lui sembla avoir la bouche remplie de cendres; puis sa vue s'obscurcit, il éprouva un bourdonnement dans les oreilles, et toutes ses facultés vitales furent enfin suspendues.

[1] Terme d'argot. Pièce de monnaie. (L. V.)

CHAPITRE VIII.

> Un savant médecin, habile à guérir nos blessures, est plus qu'une armée pour le bien de tous.
> HOMÈRE.

UAND Middlemas reprit connaissance, il sentit que son sang était rafraîchi ; les pulsations fébriles de son pouls étaient diminuées, les ligatures auxquelles on avait assujetti ses membres avaient été enlevées, et ses poumons remplissaient leurs fonctions plus librement. Un aide-chirurgien entourait de bandages un de ses bras, d'où on lui avait tiré une quantité de sang considérable ; un autre, qui venait de baigner d'eau le visage du malade, lui tenait sous les narines un flacon de vinaigre aromatique. Au moment où il rouvrit les yeux, celui qui achevait de lui bander le bras lui dit en latin, mais très bas et sans lever la tête : *An non sis Ricardus ille Middlemas, ex civitate Middlemasiense? Responde in lingnâ latinâ.*

— *Sum ille miserrimus*, répondit Richard en refermant les yeux ; car tout étrange que cela puisse paraître, la voix de son camarade Adam Hartley, quoique sa présence en ce moment pût lui être si utile, fit éprouver un tressaillement douloureux à son orgueil blessé. Il avait conscience de sentiments peu bienveillants, sinon hostiles, envers son ancien compagnon ; il se souvenait du ton de supériorité qu'il prenait habituellement avec lui : et se voir ainsi gisant à ses pieds, et en quelque sorte à sa merci, ajoutait à sa détresse ce sentiment d'angoisse du *chieftain* mourant, « Le comte Percy voit ma chute. » Cette impression était cependant trop déraisonnable pour durer plus d'une minute. Presque aussitôt il recourut au latin, qui lui était familier ainsi qu'à Hartley (car à cette époque les cours de médecine de la célèbre université d'Édimbourg se faisaient presque entièrement en latin), pour lui raconter en peu de mots sa propre folie et la scélératesse d'Hillary.

— Il faut que je vous quitte sur-le-champ, reprit Hartley. — Ayez courage ; j'espère être en état de vous servir. En attendant ne prenez de nourriture et de médicaments de personne autre que de mon domestique, celui que vous voyez tenir une éponge à la main. Vous êtes dans un lieu où les boutons d'or de la veste d'un homme peuvent lui coûter la vie.

— Attendez encore un moment, dit Middlemas ; — laissez-moi éloigner cette tentation de mes dangereux voisins.

Il tira un petit paquet d'une poche pratiquée dans la doublure de son gilet, et le remit entre les mains de Hartley.

— Si je meurs, continua-t-il, soyez mon héritier. Vous *la* méritez mieux que moi.

La voix rauque de Seelencooper prévint la réponse.

— Hé bien, docteur, tirerez-vous votre malade d'affaire ?

— Les symptômes sont encore douteux ; l'évanouissement était alarmant. Il faut que vous le fassiez transporter dans la salle réservée, et mon jeune homme le soignera.

— Si vous l'ordonnez, docteur, il le faudra bien ; — pourtant je puis vous dire qu'un homme que nous connaissons tous les deux a mille raisons au moins pour le tenir dans la salle publique.

— Je ne connais pas vos mille raisons, repartit Hartley ; tout ce que je puis vous dire, c'est que ce jeune homme est un garçon aussi solide et aussi bien taillé que pas une des recrues de la Compagnie. Mon affaire est de le conserver pour le service, et s'il meurt par votre négligence à faire ce que j'aurai prescrit, soyez certain que je n'en laisserai pas le blâme retomber sur moi. Je ferai mon rapport au général.

— Le général ! dit Seelencooper fort embarrassé ; — vous ferez votre rapport au général ? — oui, sur ce qui est de sa santé. Mais vous ne rapporterez rien de ce qu'il peut avoir dit dans son accès de délire ? Sur mes yeux ! si vous écoutez ce que les malades qui ont la fièvre disent quand ils ont le transport au cerveau, vous plierez bientôt sous la charge, car je vous réponds que vous aurez quelques histoires à porter.

— Capitaine Seelencooper, répliqua le docteur, je ne me mêle pas de ce qui est de votre ressort dans l'hôpital. L'avis que j'ai à vous donner est de ne pas vous embarrasser de ce qui me regarde. Comme j'ai une commission dans le service, et qu'outre cela j'ai un diplôme régulier comme médecin, je suppose que je sais quand mon malade a ou non le délire. Ainsi, à vos risques et périls, faites qu'on ait grand soin de cet homme.

A ces mots il quitta l'hôpital, non sans avoir pressé la main du malade sous prétexte de lui tâter encore une fois le pouls, comme pour l'assurer de nouveau des efforts qu'il allait faire pour sa libération.

— Sur mes yeux ! murmura Seelencooper, voilà un jeune coq qui chante bien haut, pour arriver d'un poulailler d'Écosse ; ce qui n'empêcherait pas que je saurais bien le faire déguerpir du perchoir, sans la cure qu'il a faite sur les marmots du général.

Richard entendit assez ce soliloque pour en concevoir l'espérance d'une délivrance prochaine, espérance qui s'accrut encore quand peu de temps après il se vit établi dans une salle séparée d'apparence beaucoup plus décente, et où se trouvaient seulement deux malades qui paraissaient être des sous-officiers. Bien qu'il ne sentît pas d'autre mal que la faiblesse qui suit une violente agitation, il jugea que le plus sage était de se laisser tranquillement traiter en malade, attendu que de cette manière il resterait sous la surveillance de son camarade. Et cependant, tout en se préparant à profiter des bons offices de Hartley, la pensée qui dominait au fond de son âme était un sentiment d'ingratitude.

— Le Ciel n'avait-il d'autres moyens de me sauver, se disait-il, que par les mains de celui que j'aime le moins au monde?

Pendant ce temps, ignorant les sentiments secrets de son ancien camarade, ou pour mieux dire complétement indifférent à ce qu'ils pouvaient être, Hartley s'occupait de lui être aussi utile qu'il était en son pouvoir, sans autre objet que d'accomplir son devoir d'homme et de chrétien. La manière dont il était devenu en état de prêter ainsi assistance à Richard demande quelques mots d'explication.

Notre histoire remonte à une époque où les directeurs de la Compagnie des Indes Orientales, avec cette politique ferme et persévérante qui a élevé si haut l'empire britannique en Orient, avaient décidé d'envoyer un renfort considérable de troupes européennes pour soutenir leur puissance dans l'Inde, alors menacée par le royaume de Maïssour, dont le célèbre Aïder Ali avait usurpé le gouvernement après avoir détrôné son maître. On trouvait de grandes difficultés à se procurer des recrues pour ce service. Ceux qui du reste auraient pu être disposés à se faire soldats redoutaient le climat et l'espèce d'exil que comportait l'engagement; et puis on avait quelque doute sur la fidélité avec laquelle la Compagnie tiendrait ses promesses lorsqu'une fois on ne serait plus sous la protection des lois anglaises. Ces raisons et d'autres encore faisaient que l'on préférait le service militaire du roi, et celui de la Compagnie ne pouvait se procurer que les plus mauvaises recrues, quoique le zèle de ses agents ne se fît pas scrupule d'employer les pires moyens. Il est vrai que les engagements par séduction, ou, pour employer le terme technique, la pratique du racolage, étaient alors d'un usage général, soit pour les colonies, soit même pour les troupes du roi; et comme naturellement les agents employés dans ces sortes de transactions devaient être étrangers à tout scrupule, non seulement de grands abus étaient la suite directe de ce système, mais il en résultait parfois des vols et même des meurtres. Il va sans dire que les atrocités de cette nature n'arrivaient pas à la connaissance des autorités pour lesquelles les levées étaient faites; et la nécessité de se procurer des soldats faisait que des hommes d'une conduite d'ailleurs irréprochable ne regardaient pas de trop près à la manière dont était conduit leur service de recrues.

Le principal dépôt des troupes réunies à l'aide de ces moyens était dans l'île de Wight, où la saison s'étant trouvée malsaine, et les hommes eux-mêmes ayant le corps disposé par les excès à contracter des maladies, une fièvre d'un mauvais caractère se déclara parmi eux, et en peu de temps encombra de malades l'hôpital militaire dont M. Seelencooper, qui lui-même était un ancien racoleur expert au métier, avait obtenu la surintendance. Les soldats restés en bonne santé commencèrent aussi à se montrer peu dociles, et la nécessité de les assujettir à une certaine discipline avant de mettre à la voile devint tellement évidente, que plusieurs officiers de marine au service de la Compagnie furent d'avis que sans cela de dangereuses mutineries éclateraient pendant la traversée.

Pour remédier au premier de ces maux, la cour des directeurs envoya à l'île de Wight plusieurs de ses chirurgiens, au nombre desquels était Hartley, dont la capacité avait été pleinement certifiée par un comité de médecins devant lequel il avait subi un examen, quoique déjà l'université d'Édimbourg lui eût délivré un diplôme de docteur.

Pour faire contracter aux recrues l'habitude de la discipline, les directeurs donnèrent de pleins pouvoirs à un des membres de leur comité, le général Witherington. Le général était un officier qui s'était éminemment distingué au service de la Compagnie. Il était revenu de l'Inde cinq ou six ans auparavant, avec une grande fortune qu'il avait encore augmentée en épousant une riche héritière. Le général et sa femme allaient peu dans le monde, et semblaient s'être entièrement consacrés à leur jeune famille, composée de trois enfants, deux garçons et une fille. — Quoiqu'il se fût retiré du service, il se chargea volontiers de la mission temporaire qui lui était confiée; et ayant pris une maison à une assez grande distance de la ville de Ryde, il s'occupa d'enrégimenter les troupes en corps séparés, à chacun desquels il donna des officiers capables, et par les exercices réguliers de la discipline de les amener peu à peu à quelque chose qui ressemblât au bon ordre. Il écoutait leurs plaintes au sujet des vivres et de l'équipement, et leur rendait en toute occasion la plus stricte justice, sauf qu'on ne le vit jamais accorder à une recrue son affranchissement du service, quelque peu avouables, ou même quelque illégaux que fussent les moyens qu'on avait mis en usage pour la déterminer à s'enrôler.

— Je n'ai pas à m'inquiéter comment vous êtes devenus soldats, leur disait le général Witherington; — soldats je vous trouve, et soldats je vous laisserai. Mais j'aurai un soin tout particulier que comme soldats vous ayez tout ce à quoi vous avez un juste droit, jusqu'à un penny ou une tête d'épingle. Il procéda ainsi à sa tâche, également inaccessible à la crainte et à la faveur; dénonça nombre d'abus à la cour des directeurs, fit évincer du service plusieurs officiers, commissaires, etc., et rendit son nom aussi redoutable aux concussionnaires dans son pays, que dans l'Hindoustan il l'avait été aux ennemis de l'Angleterre.

Le capitaine Seelencooper et ses associés dans l'administration de l'hôpital tremblaient que leur tour ne vînt ; mais le général, qui ailleurs examinait tout de ses propres yeux, montrait de la répugnance à visiter l'hôpital en personne. Le bruit public se plaisait à attribuer cette répugnance à la crainte de l'infection. Ce motif était réel, bien que ce ne fût pas de sa propre sûreté que fût préoccupé le général Witherington ; mais il craignait de rapporter l'infection chez lui, et de la communiquer à des enfants qu'il idolâtrait. Les alarmes de sa femme étaient encore plus vives et plus déraisonnables ; elle permettait à peine que les enfants sortissent de la maison, si seulement le vent soufflait de la direction où était situé l'hôpital.

Mais la Providence se joue des précautions des mortels. Pendant une promenade dans les champs, sur un point qu'on avait choisi comme le plus abrité et le plus isolé, les enfants, avec leur suite de domestiques orientaux et européens, rencontrèrent une femme qui portait dans ses bras une petite fille en convalescence de la petite-vérole. Les inquiétudes du père, jointes à quelques scrupules religieux de la part de la mère, avaient fait jusqu'alors ajourner l'inoculation, qui du reste n'était pas encore d'un usage général. La contagion les gagna avec la rapidité de la foudre, et se communiqua comme une flamme dévorante à toutes les personnes de la maison du général qui n'avaient pas eu précédemment la maladie. Un des enfants du général, son second fils, succomba ; et deux des aïas, ou servantes noires, eurent le même sort. Le père et la mère auraient eu le cœur brisé de la perte de leur enfant, si leur chagrin n'eût été neutralisé par l'inquiétude qu'ils ressentaient pour ceux qui vivaient encore, et que l'on avouait être dans un danger imminent. On les aurait pris pour des êtres privés de raison, à mesure que les symptômes de la maladie des deux pauvres petites créatures se rapprochaient davantage de ceux auxquels avait succombé l'enfant qu'ils avaient déjà perdu.

Tandis que les parents étaient dans ces angoisses d'appréhension, le domestique de confiance du général, comme lui natif du Northumberland, vint lui dire un matin que parmi les médecins de l'hôpital il y avait un jeune homme du même comté qui avait publiquement blâmé le mode de traitement suivi pour combattre la petite-vérole, et parlé d'une autre méthode qu'il avait vu pratiquer avec un grand succès.

— Quelque impudent charlatan, dit le général, qui voudrait se mettre en vogue par de hardies promesses. Les docteurs Tourniquet et Lancelot sont des hommes de haute réputation.

— Ne parlez pas de leur réputation, s'écria mistress Witherington avec l'impatience d'une mère ; n'ont-ils pas laissé mourir mon pauvre Reuben ? Que fait la réputation du médecin, quand le malade périt ?

— Si Son Honneur voulait seulement voir le docteur Hartley ? reprit Winter en se tournant à demi vers la dame, puis se retournant de nouveau vers son maître. C'est un jeune homme très décent, qui, j'en suis sûr, ne pensait pas que ce qu'il disait viendrait aux oreilles de Votre Honneur; — et il est du Northumberland.

— Hé bien, envoyez-lui un domestique avec un cheval de main ; et que le jeune homme vienne ici sur-le-champ.

Il est bien connu que l'ancienne méthode de traiter la petite-vérole était de refuser au malade tout ce que la nature le portait à désirer, et notamment de le confiner dans une chambre bien chaude, de le tenir dans un lit chargé de couvertures et de lui faire prendre du vin épicé, quand la nature demandait de l'eau froide et de l'air frais. Un mode de traitement différent avait été depuis peu hasardé par quelques praticiens qui mettaient la raison au-dessus de l'autorité, et Gideon Grey suivait leur méthode depuis plusieurs années avec un succès extraordinaire.

Quand le général Witherington vit Hartley, sa jeunesse lui fit éprouver un mouvement de surprise ; mais quand il l'entendit expliquer avec modestie, quoique avec confiance, la différence des deux méthodes de traitement, et la supériorité rationnelle de celui qu'il préférait, il l'écouta avec la plus sérieuse attention. Il en fut de même de mistress Witherington, dont les yeux humides se portaient alternativement de Hartley à son époux, comme pour épier l'impression que feraient sur celui-ci les arguments du docteur. Le général resta silencieux pendant quelques minutes après que Hartley eut achevé son explication, et parut enseveli dans de profondes réflexions. — Traiter une fièvre, lui dit-il enfin, d'une manière qui tend à en produire une autre, il semble en effet que ce soit donner de l'aliment au feu.

— C'est bien cela, — c'est bien cela, dit la dame. Confions-nous à ce jeune homme, général. Nous procurerons au moins à nos chers petits le soulagement de l'air et de l'eau fraîche, après lesquels ils aspirent.

Pourtant le général restait indécis. — Vos raisonnements paraissent plausibles, dit-il à Hartley ; mais toutefois ce n'est qu'une hypothèse. Sur quoi pouvez-vous appuyer votre théorie, en opposition avec la pratique générale ?

— Sur mes propres observations, répondit le jeune homme. Voici un *memorandum* de cas médicaux dont j'ai été moi-même témoin. Il contient vingt cas de petite-vérole, dont dix-huit ont été suivis de guérison.

— Et les deux autres ?

— Les deux autres se sont terminés d'une manière fatale ; jusqu'à présent nous ne pouvons encore que détourner partiellement ce fléau de l'espèce humaine.

— Jeune homme, continua le général, si je disais que mille mohrs d'or sont à vous dans le cas où mes enfants seront sauvés par votre traitement, qu'auriez-vous à risquer en échange ?

— Ma réputation, répondit Hartley d'un ton ferme.

— Et vous pourriez garantir sur votre réputation la guérison de vos malades ?

— A Dieu ne plaise que j'aie cette présomption ! Seulement je crois pouvoir garantir que les moyens dont j'userai offrent, avec l'aide de Dieu, la plus belle chance d'un résultat favorable.

— Il suffit ; — vous êtes modeste et sensé autant que hardi, et je me fierai à vous.

Les paroles et les manières de Hartley avaient fait sur mistress Witherington une grande impression ; il lui tardait de discontinuer un traitement qui soumettait les malades aux plus grandes souffrances et aux plus grandes privations, et dont on avait déjà éprouvé un résultat malheureux ; aussi s'empressa-t-elle de donner son adhésion, et Hartley fut placé avec toute autorité dans la chambre des malades.

Les fenêtres furent ouvertes de toute leur grandeur, le feu diminué ou éteint, les montagnes de couvertures enlevées, les boissons fraîches substituées au vin chaud épicé. Les gardes crièrent au meurtre. Les docteurs Tourniquet et Lancelot se retirèrent furieux, menaçant de quelque fléau qui ressemblerait à une peste générale, en punition de ce qu'ils qualifiaient de rébellion contre les aphorismes d'Hippocrate. Hartley poursuivit avec calme et fermeté, et les deux malades furent bientôt en beau chemin de guérison.

Le jeune Northumbrien n'était ni infatué ni artificieux ; néanmoins, quelle que fût la simplicité de son caractère, il ne pouvait ignorer combien un médecin qui a réussi obtient d'influence sur les parents des enfants qu'il a sauvés du tombeau, surtout au moment où la cure s'achève. Il résolut d'user de cette influence en faveur de son ancien camarade, se flattant que la sévérité militaire du général Witherington fléchirait en considération du service qui venait de lui être rendu.

En retournant à la maison du général, où maintenant il résidait presque constamment, il examina le paquet que Middlemas lui avait remis. Il contenait le portrait de Menie Grey monté très simplement, et la bague ornée de brillants que le docteur Grey avait donnée à Richard comme dernier don de sa mère. Le premier de ces deux objets arracha un soupir à l'honnête Hartley, et peut-être une larme de triste souvenir. — Je crains qu'elle n'ait pas bien choisi, se dit-il ; mais elle sera heureuse si j'y puis quelque chose.

Arrivé à la demeure du général Witherington, notre docteur se rendit d'abord à la chambre de ses malades, et de là il porta à leurs parents la délicieuse assurance que la guérison des deux enfants pouvait être regardée comme certaine. — Puisse le Dieu d'Israël vous bénir, jeune homme ! dit la dame tremblante d'émotion ; vous avez séché les larmes d'une mère au désespoir. Et pourtant — hélas ! hélas ! elles doivent encore couler quand je pense à mon chérubin, à mon pauvre Reuben ! Oh, monsieur Hartley ! pourquoi ne vous avons-nous pas connu huit jours plus tôt ? — mon enfant ne serait pas mort.

— Dieu donne et Dieu reprend, mylady, repartit Hartley ; et vous ne devez pas oublier que sur trois deux vous ont été rendus. Il est loin d'être certain que le traitement que j'ai employé pour les convalescents eût sauvé leur frère ; car la maladie, d'après ce qui m'en a été rapporté, était d'une nature très maligne.

— Docteur, dit Witherington, dont la voix trahissait plus d'émotion qu'il n'en laissait volontiers voir habituellement, vous savez reconforter le malade d'esprit aussi bien que le malade de corps. — Mais il est temps de régler notre gageure. Vous avez mis pour enjeu votre réputation (qui vous reste, accrue de tout l'honneur que doit vous valoir votre éminent succès) contre mille mohrs d'or dont vous trouverez la valeur dans ce portefeuille.

— Général Witherington, répondit Hartley, vous êtes riche et vous avez le droit d'être généreux ; je suis pauvre, et n'ai pas celui de refuser ce qui peut être, même dans un sens libéral, une indemnité des soins de ma profession. Néanmoins il est une limite posée par la raison, soit dans ce que l'on donne, soit dans ce que l'on accepte ; et je ne dois pas hasarder la réputation fraîchement acquise dont vous voulez bien me flatter, en donnant lieu de dire que j'ai profité pour dépouiller les parents du moment où toutes leurs inquiétudes étaient en jeu pour le salut de leurs enfants. Permettez-moi de faire deux parts de cette somme considérable. J'en garderai une moitié avec reconnaissance, comme une récompense très libérale de mes soins ; et si vous croyez encore me devoir quelque chose, payez-moi ce surplus en estime et en appui.

— Si j'acquiesce à votre proposition, docteur Hartley, repartit le général, reprenant à contre-cœur une partie du contenu du portefeuille, c'est parce que j'espère vous servir de mon crédit mieux encore que de ma bourse.

— Et c'est en effet à votre crédit, monsieur, que je me propose de faire un appel pour une petite faveur.

Le général et mistress Witherington l'assurèrent tous les deux en même temps que sa demande lui était accordée d'avance.

— Je n'en suis pas bien sûr, répliqua Hartley ; car il s'agit d'un point sur lequel j'ai ouï dire que Votre Excellence est passablement inflexible, — du congé d'une recrue.

— Mon devoir m'oblige à l'être, repartit le général. — Vous savez de quelle sorte de gens nous sommes obligés de nous contenter ; — ils s'enivrent, se donnent la bravoure de la bouteille, s'enrôlent le soir et s'en repentent le lendemain matin. S'il me fallait congédier tous ceux qui prétendent avoir été attrapés, il ne nous resterait qu'un bien petit nombre de volontaires. Tous ont quelque sotte histoire des promesses d'un fanfaron de sergent recruteur ; — il est impossible d'y faire attention. — Racontez-moi la vôtre, néanmoins.

— La mienne présente un cas tout particulier. Celui dont il s'agit a été volé de mille livres sterling.

— Une recrue pour ce service en possession de mille livres! Mon cher docteur, soyez bien certain que le drôle vous en a donné à garder. Bénédiction! un homme qui aurait mille livres penserait-il à s'enrôler comme simple soldat?

— Ce n'avait pas été sa pensée. Le fripon à qui il s'est fié lui a persuadé qu'il aurait une commission.

— En ce cas, il faut que cet ami soit Tom Hillary ou le diable; car pas un ne possède autant d'astuce et d'impudence. Il finira certainement par trouver le chemin de la potence. Toutefois, cette histoire des mille livres me paraît laisser loin derrière elle celles de Tom Hillary. Quelle raison avez-vous de croire que ce drôle ait jamais possédé une telle somme d'argent?

— J'ai les meilleures raisons d'en être certain. Lui et moi nous avons fait notre temps ensemble sous le même maître; et quand il a été d'âge, la profession qu'il avait étudiée n'étant pas de son goût et étant entré en possession de sa petite fortune, il s'est laissé tromper par les promesses de cet Hillary.

— Qui l'a colloqué là-bas dans notre hôpital si bien ordonné?

— Précisément, général; non, je crois, pour le guérir d'aucune maladie, mais bien pour le mettre à même d'en gagner une qui mettrait fin à toute enquête.

— L'affaire sera examinée à fond. Mais il faut que l'insouciance des parents du jeune homme ait été bien grande, pour laisser un garçon sans expérience entrer dans le monde avec un guide et compagnon tel que Tom Hillary, et une aussi grosse somme que mille livres sterling en poche! Ses parents auraient mieux fait de lui casser la tête. Ce n'a certainement pas été agir en prudents Northumbriens, comme dit mon domestique Winter.

— Il faut en effet que le jeune homme ait eu des parents étrangement indifférents et insouciants, ajouta mistress Witherington d'un ton de compassion.

— Il ne les a jamais connus, madame, répliqua Hartley; sa naissance fut enveloppée de mystère. Une main froide et presque inconnue l'a mis comme à contre-cœur en possession de sa légitime quand il a eu l'âge requis, et il a été lancé dans le monde comme une barque forcée de quitter le rivage, sans gouvernail, compas ni pilote.

Ici le général Witherington regarda involontairement sa femme, tandis que sous la même impulsion elle tournait les yeux vers lui. Ils échangèrent un regard rapide, d'une expression profonde et singulière, et tous deux en même temps reportèrent leurs yeux vers la terre.

— Est-ce en Écosse que vous avez été élevé? dit la dame, s'adressant à Hartley d'une voix mal assurée; — et quel est le nom de votre maître?

— J'ai fait mon apprentissage près de M. Gideon Grey, du bourg de Middlemas, répondit Hartley.

— Middlemas! Grey! répéta la dame; et elle tomba évanouie.

Hartley lui prodigua les secours de son art; l'époux s'élança vers elle pour lui soutenir la tête, et au moment où mistress Witherington commençait à revenir à elle, il lui dit à voix basse, d'un ton qui tenait de la prière et de l'avertissement : — Zilia, prenez garde, — prenez garde!

Quelques sons imparfaits qu'elle avait commencé à articuler expirèrent sur ses lèvres.

— Laissez-moi vous conduire à votre cabinet de toilette, ma bonne amie, reprit le général, dont la voix trahissait une inquiétude évidente.

Elle se leva presque machinalement, comme pourrait le faire un automate qu'un ressort mettrait en mouvement, et à demi suspendue au bras de son mari, tout en faisant effort pour se traîner hors de l'appartement, elle était presque arrivée à la porte de la chambre, quand Hartley, s'approchant d'eux, demanda s'il pouvait être de quelque utilité?

— Non, monsieur, répondit sèchement le général; ceci n'est point un cas qui veuille l'intervention d'un étranger. Quand on aura besoin de vous je vous enverrai demander.

Hartley recula d'un pas en s'entendant parler sur un ton si différent de celui que le général Witherington avait toujours eu avec lui dans leurs précédentes relations, et disposé pour la première fois à ajouter foi au bruit public qui attribuait au général, parmi plusieurs bonnes qualités, la réputation d'un homme très fier et très hautain. — Jusqu'ici, pensa-t-il, je l'ai vu dompté par le chagrin et l'inquiétude; maintenant l'esprit revient à sa tension naturelle. Pourtant il doit par décence s'intéresser à ce malheureux Middlemas.

Le général rentra au bout d'une ou deux minutes et adressa la parole à Hartley avec le ton de politesse qui lui était habituel, bien qu'il parût encore sous l'influence d'un embarras qu'il cherchait vainement à dissimuler.

— Mistress Witherington est mieux, dit-il, et elle sera charmée de vous voir avant dîner. Vous dînez avec nous, j'espère?

Hartley s'inclina.

— Mistress Witherington est assez sujette à ces sortes d'attaques nerveuses, continua le général, et depuis quelque temps elle a été bien fatiguée par le chagrin et l'appréhension. Lorsqu'elle revient à elle après ces accès, il se passe quelques minutes avant qu'elle puisse recueillir ses idées, et dans ces moments-là—pour vous parler très confidentiellement, mon cher docteur Hartley—elle parle quelquefois d'événements imaginaires qui ne sont jamais arrivés, et d'autres fois de circonstances pénibles qui datent de ses jeunes années. C'est pourquoi je ne souffre pas volontiers que personne autre que moi ou sa vieille suivante mistress Lopez soit près d'elle en de telles occasions.

Hartley convint qu'un certain degré de dérangement d'esprit était souvent la conséquence d'attaques nerveuses.

Le général continua : — Quant à ce jeune homme, — à votre ami, — ce Richard Middlemas.... N'est-ce pas ainsi que vous l'avez nommé?

— Non que je me souvienne, répondit Hartley ; néanmoins Votre Excellence a bien rencontré son nom.

— C'est assez singulier. — Certainement vous avez dit quelque chose de Middlemas?

— J'ai cité le nom du bourg.

— C'est cela, et je l'ai pris pour le nom de la recrue ; — il est vrai qu'en ce moment-là j'étais préoccupé par mon inquiétude pour ma femme. Au surplus, ce Middlemas, puisque tel est son nom, est un caractère désordonné, je suppose?

— Je lui ferais tort si je disais cela, général. Il peut avoir eu ses folies comme d'autres jeunes gens ; mais sa conduite, autant que je sache, a toujours été bonne. Au surplus, pour des gens qui habitaient la même maison, nous n'avons jamais été très intimes.

— C'est mal ; — j'aurais aimé qu'il.... c'est-à-dire — j'aurais été heureuse pour lui qu'il eût un ami tel que vous. Mais je suppose que vous étudiez trop dur pour lui. Il a du goût pour la vie militaire, hein? — A-t-il bonne mine?

— Il est remarquable à cet égard, et ses manières sont très engageantes.

— Est-il brun, ou blond?

— Il est brun à un point peu commun ; — plus brun que Votre Excellence, si cette comparaison m'est permise.

— En ce cas ce doit être un vrai merle noir! — Entend-il plusieurs langues?

— Le latin et le français assez bien.

— Il va sans dire qu'il connaît l'escrime et la danse?

— Je vous en demande pardon, monsieur, mais je ne suis pas un bien grand juge. Au surplus, Richard est regardé comme d'une force peu commune dans les deux exercices.

— Vraiment! — Somme totale, cela sonne bien. Bien fait, accompli dans les exercices, modérément savant, parfaitement bien élevé, étourdi sans excès. Tout cela monte trop haut pour un simple soldat. Il faut qu'il ait une commission, docteur ; — entièrement par égard pour vous.

— Votre Excellence est généreuse.

— Je le serai ; et je trouverai moyen de faire rendre gorge à Tom Hillary, à moins qu'il ne préfère être pendu, ce qu'il a mérité depuis long-temps. Vous ne pouvez retourner à l'hôpital aujourd'hui. Vous dînez avec nous, et vous savez que mistress Witherington craint la contagion ; mais demain vous irez retrouver votre ami. Winter veillera à ce qu'il soit pourvu de toutes les choses nécessaires pour son équipement. Tom Hillary remboursera les avances, vous savez ; et il faut qu'il parte avec le premier détachement des recrues, dans le bâtiment de la Compagnie le *Middlesex,* qui met à la voile aux Dunes de lundi en quinze : — c'est-à-dire si vous le jugez suffisamment remis pour le voyage. J'ose dire que le pauvre diable en a assez de l'île de Wight.

— Votre excellence permettra au jeune homme de venir lui rendre ses devoirs avant son départ?

— A quoi bon, monsieur? répondit le général précipitamment et d'un ton péremptoire ; mais il ajouta aussitôt : Vous avez raison ; je serai bien aise de le voir. Winter lui fera connaître le moment, et prendra des chevaux pour l'amener ici. Mais il faut qu'il soit sorti de l'hôpital depuis un jour ou deux ; ainsi le plus tôt que vous pourrez le mettre en liberté sera le mieux. Quand il sera sorti, prenez-le chez vous, docteur, et ne lui laissez former aucune liaison avec les officiers ou qui que ce soit ici, car il pourrait tomber sur un autre Hillary.

Si Hartley avait été aussi bien au fait que le lecteur des circonstances de la naissance de Middlemas, il aurait pu tirer de la conduite du général Witherington, quand son camarade avait été le sujet de la conversation, des conclusions décisives. Mais comme M. Grey et Middlemas lui-même avaient toujours gardé le silence sur ce sujet, il ne le connaissait guère que par le bruit général, et jamais la curiosité ne l'avait porté à en approfondir les détails. Néanmoins, ce qu'il avait appris l'intéressait tant, qu'il résolut de tenter une petite expérience, où il ne pensait pas qu'il pût y avoir grand mal Il plaça à son doigt la bague remarquable que lui avait confiée Richard Middlemas, et s'efforça de la mettre en évidence en approchant de mistress Witherington ; ayant soin, toutefois, que ce fût en l'absence de son mari. Les yeux de la dame n'eurent pas plus tôt rencontré la pierre qu'ils semblèrent ne plus pouvoir s'en détacher, et elle lui demanda à la voir de plus près, disant qu'elle ressemblait singulièrement à un cadeau d'amitié qu'elle avait fait à quelqu'un. Tirant l'anneau de son doigt et le plaçant à la main amaigrie de mistress Witherington, Hartley l'informa qu'il appartenait à l'ami en faveur de qui il avait tâché d'intéresser le général. Mistress Witherington se retira vivement émue ; mais le lendemain elle eut avec Hartley un entretien particulier, dont les détails, autant qu'il est nécessaire qu'ils soient connus, seront rapportés plus tard.

Le jour qui suivit ces importantes découvertes, Middlemas, à sa grande satisfaction, fut tiré de sa réclusion à l'hôpital et vint loger à Ryde dans la même maison que son ancien camarade, qui à la vérité s'y trouvait rarement, l'anxiété de mistress Witherington le retenant chez le général, long-temps encore après que ses soins comme médecin avaient cessé d'être nécessaires.

Deux ou trois jours après une commission arriva pour Richard

Middlemas, comme lieutenant au service de la Compagnie des Indes-Orientales. Winter, par ordre de son maître, mit la garde-robe du jeune officier sur un pied convenable ; tandis que Middlemas, enchanté de se voir sorti tout d'un coup des terribles embarras où il avait été réduit naguère, et placé sous la protection d'un homme de l'importance du général, obéissait ponctuellement aux avis que lui avait transmis Hartley et que Winter avait confirmés, et s'abstenait d'aller en public, aussi bien que de se lier avec personne. Il ne voyait Hartley lui-même que fort rarement ; et quelque profondes que fussent les obligations qu'il lui avait, peut-être ne regrettait-il que médiocrement l'absence d'un homme dont la vue l'affectait toujours d'un sentiment d'humiliation et d'abaissement.

CHAPITRE IX.

La veille du jour où le nouveau lieutenant devait s'embarquer pour les Dunes, et y rejoindre le *Middlesex* qui était sur le point de lever l'ancre, Winter vint le chercher afin de le conduire chez le général, à l'effet de le présenter à son protecteur, à qui il devait faire ses remerciements en même temps que ses adieux. Sur la route, le vieillard prit la liberté de donner à son compagnon quelques avis relativement au respect qu'il devait montrer à son maître, — homme aussi bon et aussi généreux qu'il en fût jamais venu du Northumberland, lui dit-il, mais malgré cela extrêmement rigide à exiger ponctuellement le degré d'honneur qui lui était dû.

Tandis qu'ils se dirigeaient vers la maison, le général et mistress Witherington attendaient leur arrivée avec une anxieuse impatience. Ils étaient assis dans un magnifique salon, le général derrière un grand candélabre, dont la lumière, masquée de son côté, se projetait tout entière vers l'autre extrémité de la table, de telle sorte qu'il pouvait observer ceux qui s'y trouvaient placés, sans devenir à son tour un objet d'observation. Sa femme était assise, ou plutôt à demi couchée sur un monceau de coussins, et enveloppée de voiles de mousseline étincelants d'or et d'argent, auxquels se mêlaient des châles de l'Inde, luxe qui alors était une nouveauté en Europe. Bien qu'elle eût dépassé l'âge où la beauté des femmes brille de tout son éclat, il lui restait assez de charmes pour qu'on la citât encore comme une fort belle femme ; mais en ce moment son esprit semblait agité d'une profonde émotion.

— Zilia, lui dit son mari, ce que vous avez entrepris est au-dessus de vos forces ; — suivez mon avis, — retirez-vous. — Vous saurez tout ce qui se passera, — mais retirez-vous. A quoi bon tenir si obstinément au vain désir de voir un être que vous ne reverrez jamais ?

— Hélas ! répondit-elle, cette déclaration que je ne le reverrai plus n'est-elle pas un motif suffisant pour que je désire le voir maintenant, — pour que je désire graver dans ma mémoire des traits que je ne dois plus revoir en ce monde ? Ne soyez pas plus cruel, mon cher Richard, que ne le fut mon pauvre père, même au moment où sa colère était dans toute sa violence. Il me permit de regarder mon enfant ; et son visage de chérubin resta présent à mon souvenir, et fut ma consolation pendant les années d'inexprimables douleurs dans lesquelles s'est passée ma jeunesse.

— Il suffit, Zilia ; — vous avez désiré cette grâce, — je vous l'accordée, — et à tout risque je tiendrai ma promesse. Mais songez à tout ce qui repose sur ce fatal secret : — votre rang et l'estime du monde, — mon honneur intéressé à ce que cette estime ne reçoive pas la plus légère atteinte. Zilia, le moment où la divulgation d'un tel secret donnerait aux prudes et aux colporteurs de médisances le droit de vous traiter avec mépris, ce moment-là serait le présage d'inexprimables malheurs, peut-être un présage de sang et de mort, si un homme osait en ouvrir la bouche.

— Vous serez obéi, Richard, en tout ce que permettra la faiblesse de la nature humaine. — Mais de quelle argile nous as-tu donc formés, ô Dieu de mes pères, que nous redoutions tant, pauvres mortels, la honte qui suit le péché, quand le péché lui-même nous inspire si peu de repentir !

Une minute après des pas se firent entendre, — la porte s'ouvrit, — Winter annonça le lieutenant Middlemas, — et le fils se trouva sans le savoir devant les auteurs de ses jours.

Witherington se leva avec un tressaillement involontaire; mais il fit aussitôt un effort sur lui-même pour prendre l'air d'aisance avec lequel un supérieur reçoit un subalterne, et qui, chez le général, était habituellement mêlé d'un certain degré de hauteur. La mère fut moins maîtresse d'elle-même. Elle se leva aussi par un mouvement impétueux, comme pour se jeter au cou de ce fils qu'elle avait enfanté dans l'affliction; mais un coup d'œil d'avertissement de son époux l'arrêta comme par magie, et elle resta debout, la tête et le cou penchés en avant, les mains jointes et étendues dans l'attitude du mouvement, mais immobile, néanmoins, et pareille à une statue de marbre à laquelle le sculpteur a donné toute l'apparence de la vie sans pouvoir lui en communiquer les facultés. Un geste et une attitude si étranges eussent pu exciter la surprise du jeune officier; mais la dame était dans l'ombre, et l'attention de Middlemas s'était tellement portée sur son protecteur, qu'il s'aperçut même à peine de la présence de mistress Witherington.

— Je suis heureux, dit-il, voyant que le général ne parlait pas, d'avoir cette occasion d'exprimer mes remerciements au général Witherington, pour lequel je ne pourrai jamais avoir assez de reconnaissance.

Le son de sa voix, quoique les mots qu'il prononçait fussent si indifférents en eux-mêmes, sembla rompre le charme qui tenait sa mère immobile. Elle soupira profondément, son corps s'affaissa sur lui-même, et elle retomba sur les coussins d'où elle s'était levée. Ce soupir, et le bruissement de ses vêtements, attirèrent sur elle le regard de Middlemas. Le général se hâta de prendre la parole.

— Ma femme a été mal portante depuis quelque temps, monsieur Middlemas : — votre ami M. Hartley a pu vous en parler. — C'est une affection nerveuse.

Naturellement M. Middlemas témoigna la part qu'il prenait à ce triste état de santé.

— Nous avons eu de grands chagrins dans notre famille, monsieur Middlemas, et si nous n'avons pas eu à en subir de plus grands encore, c'est grâce à l'habileté de votre ami M. Hartley. Nous serons heureux s'il est en notre pouvoir de nous acquitter d'une partie de nos obligations, en obligeant son ami et protégé monsieur Middlemas.

— Ainsi je ne suis ici que son protégé, pensa Richard ; mais il répondit que chacun devait envier le bonheur qu'avait eu son ami d'être utile au général Witherington et à sa famille.

— Vous avez reçu votre commission, je présume. Avez-vous quelque intention, quelque désir particulier, touchant votre destination ?

— Non, général, répondit Middlemas. Je suppose que Hartley a fait connaître à Votre Excellence ma malheureuse position ; je suppose qu'il vous a dit que je suis orphelin, abandonné par les parents qui m'ont jeté dans le monde, un proscrit que personne ne connaît et dont personne ne prend souci, sauf pour désirer qu'il erre assez loin et vive assez obscurément pour ne pas les faire rougir.

Zilia se tordait les mains tandis qu'il parlait, et elle s'enveloppa la tête de son voile de mousseline, comme pour étouffer les soupirs que lui arrachaient ses angoisses intérieures.

— M. Hartley ne nous a rien dit de particulier au sujet de vos affaires, repartit le général, et je ne voudrais pas vous donner la pénible tâche de nous en apprendre davantage. Tout ce que je désire savoir, c'est si vous êtes satisfait de votre destination pour Madras.

— Parfaitement, général ; — je me trouverai bien partout, pourvu que je ne sois pas exposé à rencontrer cet infâme Hillary.

— Oh ! les services d'Hillary sont trop nécessaires dans les environs de Saint-Giles, des Lowlights de Newcastle, et autres endroits semblables où on peut ramasser des carcasses humaines, pour qu'il lui soit permis d'aller dans l'Inde. Néanmoins, pour vous montrer que le drôle a quelque vergogne, voici les billets de banque qui vous avaient été volés. Vous verrez que ce sont bien les mêmes que vous aviez perdus, à l'exception d'une petite somme que le coquin avait dépensée, mais qu'un ami a remplacée en compassion de vos souffrances.

Richard Middlemas mit un genou à terre, et baisa la main qui le rendait à l'indépendance.

— Allons donc! dit le général, — vous êtes un jeune fou ; mais il ne retira pas la main que Middlemas avait saisie. C'était là une de ces occasions où celui-ci savait être éloquent.

— O vous qui m'êtes plus qu'un père, dit-il, combien ne vous suis-je pas plus redevable qu'aux parents dénaturés qui m'ont mis au monde par une faute, et qui m'ont cruellement abandonné !

Zilia, lorsqu'elle entendit ces paroles sanglantes, rejeta son voile en arrière par un mouvement convulsif des deux mains, et poussant un faible gémissement, elle tomba sans connaissance. Repoussant Middlemas à la hâte, le général Witherington courut au secours de sa femme; et la soulevant dans ses bras comme il eût pu faire d'un enfant, il l'emporta dans l'antichambre où une vieille suivante se tenait avec des sels propres à rappeler la vie suspendue, et dont le malheureux époux n'avait que trop bien prévu qu'on pourrait avoir besoin. On y eut promptement recours, et on réussit à rappeler la malheureuse à elle, mais dans un état d'agitation terrible.

Elle avait évidemment l'esprit frappé des derniers mots que son fils avait prononcés. — L'avez-vous entendu, Richard? s'écria-t-elle avec une force qu'on n'eût pas attendue de son état d'épuisement; — n'avez-vous pas entendu ce qu'il a dit? C'était le Ciel qui prononçait notre condamnation par la bouche de notre propre enfant. Mais ne craignez rien, mon Richard; — ne pleurez pas! Je vais répondre à la foudre du Ciel par une musique du Ciel.

Elle s'élança vers un clavecin qui se trouvait dans la chambre, et tandis que le général et la femme se regardaient l'un l'autre comme s'ils eussent craint qu'elle ne fût sur le point de perdre entièrement la raison, ses doigts errant au hasard sur les touches de l'instrument en tirèrent des accords d'une harmonie bizarre, composés de passages que sa mémoire lui rappelait, ou qu'improvisait son talent musical, jusqu'à ce qu'enfin sa voix et le clavecin s'unirent dans une de ces hymnes magnifiques par lesquelles sa jeunesse avait célébré les louanges de son Créateur en mariant sa voix à la harpe, comme le roi-prophète qui les composa. Ses yeux tournés vers le ciel, et dans lesquels roulaient de grosses larmes, se séchèrent peu à peu; les tons de sa voix, combinés avec ceux de l'instrument, s'élevèrent à un éclat qu'atteignent rarement les artistes les plus éminents, puis retombèrent et moururent graduellement en une cadence toujours plus faible, qui cessa enfin pour ne plus se relever, car l'exécutante s'était éteinte avec son chant.

On peut concevoir l'horreur et le désespoir de son époux, lorsqu'il vit que tous les efforts pour la rappeler à la vie étaient sans aucun résultat. Des domestiques furent envoyés à la recherche de médecins, — Hartley, ou tout autre qu'on pourrait trouver. — Le général se précipita dans le salon qu'il venait de quitter, et dans sa hâte heurta Middlemas, qui naturellement s'était rapproché de la porte aux sons de la musique partant de la pièce voisine, et qui, surpris et presque effrayé de l'espèce de tumulte, des pas précipités et des voix confuses qui s'ensuivirent, était resté là debout et immobile, cherchant à deviner la cause d'un semblable désordre.

La vue du malheureux jeune homme enflamma jusqu'à la frénésie les passions orageuses du général. Il sembla ne plus voir en son fils que la cause de la mort de sa femme. Il le saisit par le collet et le secoua violemment, tout en l'entraînant dans la chambre de la mort.

— Viens ici, lui dit-il, toi pour qui une vie de profonde obscurité était un sort trop bas, — viens ici, et regarde les parents après lesquels tu as tant aspiré, — que tu as si souvent maudits. Regarde cette figure pâle et amaigrie, ce visage de cire plutôt que de chair et de sang : — c'est ta mère, — c'est la malheureuse Zilia Monçada, pour qui ta naissance fut une source de honte et de malheur, et à qui ta présence de mauvais augure vient d'apporter la mort. Et regarde-moi — (il repoussa le jeune homme de lui et se redressa de manière à ressembler presque, par le geste et l'expression de physionomie, à l'esprit déchu dont il allait parler), — regarde-moi ! Ne vois-tu pas mes cheveux ruisseler de soufre et mon front noirci par la foudre? — Je suis le prince des ténèbres ! Je suis le père que tu cherches, — je suis Richard Tresham, le maudit, le séducteur de Zilia, le père de celui qui l'a tuée !

Hartley entra en cet horrible moment. Il vit sur-le-champ que tout ce qu'il pourrait faire pour la défunte serait inutile; et comprenant, en partie aux mots échappés à Winter, en partie aux discours égarés du général, quelle était la nature de la découverte qui venait de se faire, il chercha au plus vite à mettre fin, s'il était possible, à cette scène d'un scandale effrayant. Sachant combien le général était susceptible en fait de réputation, il l'assaillit de remontrances sur une telle conduite en présence de tant de témoins. Mais l'esprit avait cessé de vibrer à cette corde autrefois toute-puissante.

— Peu m'importe que tout le monde entende mon péché et mon châtiment! dit Witherington. On ne dira plus de moi que je crains la honte plus que je ne me repens de la faute. Je ne craignais la honte que pour Zilia, et Zilia est morte !

— Mais sa mémoire, général ; — épargnez la mémoire de votre femme, à laquelle est attachée la réputation de vos enfants.

— Je n'ai pas d'enfants! s'écria-t-il avec l'accent d'un violent désespoir. Mon Reuben a devancé au ciel l'ange qui vient de quitter la terre au milieu de flots d'harmonie qui ne peuvent être égalés que là où elle est allée. Les deux autres chérubins ne survivront pas à leur mère. Je serai bientôt — ou plutôt je sens que déjà je suis sans enfants.

— Je suis pourtant votre fils, répliqua Middlemas d'un ton qui respirait la douleur, mais qui en même temps était empreint d'un sombre ressentiment. — Je suis votre fils et le fils de celle qui fut votre femme. Pâle comme elle gît là devant nous, j'en appelle à vous deux pour reconnaître mes droits, et à tous ceux qui sont ici présents pour en porter témoignage.

— Misérable! s'écria le père en fureur, peux-tu penser à tes droits sordides vis-à-vis de la mort et du désespoir? — Toi mon fils ! — tu es le démon qui a causé mes malheurs en ce monde et qui partagera mon éternelle misère dans l'autre. Eloigne-toi de ma vue, et que ma malédiction t'accompagne !

Les yeux fixés sur la terre, les bras croisés sur la poitrine, le hautain et opiniâtre Middlemas semblait encore méditer une réponse. Mais Hartley, Winter, et les autres témoins de cette scène, intervinrent et l'entraînèrent hors de l'appartement. Tandis qu'ils s'efforçaient de lui faire écouter leurs remontrances, il se dégagea de leurs mains, courut aux écuries, où plusieurs chevaux avaient été apprêtés à la hâte pour aller chercher du secours, s'élança sur le premier qu'il trouva et partit au grand galop. Hartley en allait prendre un autre pour le suivre; mais Winter et les autres domestiques l'entourèrent et le conjurèrent de ne pas abandonner leur malheureux maître, dans un moment où l'influence qu'il avait acquise sur lui pouvait être la seule barrière qu'on pût opposer à la violence de ses passions.

— Ii a attrapé un coup de soleil dans l'Inde, lui dit Winter à demi voix, et dans ses accès il est capable de tout. Ces lâches-là ne peuvent le maîtriser, et moi je suis vieux et faible.

Convaincu que le général Witherington appelait la compassion plus que Middlemas, que d'ailleurs il n'espérait plus rejoindre et qu'il crut pouvoir sans danger laisser à lui-même, quelque violente que pût être son agitation actuelle, Hartley revint là où le besoin le plus pressant réclamait ses soins immédiats.

Il trouva l'infortuné général luttant avec les domestiques, qui faisaient tous leurs efforts pour l'empêcher de pénétrer dans la chambre où dormaient ses enfants, et criant d'une voix furieuse : Réjouissez-vous, chers trésors, — réjouissez-vous ! — Il s'est enfui, celui qui aurait proclamé le crime de votre père et le déshonneur de votre mère ! — il s'est enfui pour ne jamais revenir, celui qui a causé la mort d'un de ses parents et la perte de l'autre ! — Courage, mes enfants, votre père est avec vous ; — il saura bien se faire jour jusqu'à vous à travers cent obstacles !

Intimidés et indécis, les domestiques allaient le laisser passer quand Adam Hartley s'approcha ; il se plaça devant l'infortuné général, fixa sur lui un regard assuré, et lui dit à voix basse, mais d'un ton sévère : Insensé, voulez-vous tuer vos enfants ?

La résolution du général parut ébranlée ; néanmoins il essaya encore de passer outre. Mais Hartley le saisissant des deux mains par le collet de son habit, s'écria : Vous êtes mon prisonnier ; je vous ordonne de me suivre.

— Ha ! ton prisonnier ? prisonnier pour haute-trahison ? Chien ! tu es venu au-devant de ta mort !

Le malheureux, dont la raison était tout-à-fait égarée, tira un poignard de son sein ; la force et la résolution de Hartley ne lui auraient peut-être pas sauvé la vie, si Winter, s'emparant du bras droit du général, n'eût réussi à le désarmer.

— Puisqu'il en est ainsi, je suis votre prisonnier, reprit-il ; traitez-moi avec civilité, — et laissez-moi voir ma femme et mes enfants.

— Vous les verrez demain, dit Hartley; suivez-nous sur-le-champ, et sans la moindre résistance.

Le général Witherington le suivit comme un enfant, de l'air d'un homme qui souffre pour une cause dont il se glorifie.

— Je ne rougis pas de mes principes, dit-il; — je suis prêt à mourir pour mon roi.

Sans exciter sa frénésie en contredisant l'idée bizarre qui s'était emparée de son imagination, Hartley conserva l'ascendant qu'il avait pris sur son malade. Il le fit conduire à sa chambre, et le vit se laisser mettre au lit. Lui faisant donner alors une puissante potion calmante, et faisant rester un domestique à coucher dans la chambre, il veilla lui-même l'infortuné Witherington jusqu'au lendemain matin.

Le général se réveilla rendu à sa pleine raison et paraissant avoir conscience de sa situation réelle, ce dont il témoignait par de sourds gémissements, des sanglots et des larmes. Quand Hartley s'approcha de son chevet, il le reconnut parfaitement et lui dit : Ne craignez rien de moi, — l'accès est passé; — laissez-moi maintenant, et occupez-vous de l'autre infortuné. Qu'il quitte la Grande-Bretagne aussitôt que possible; qu'il aille là où son destin l'appelle, et où nous ne puissions plus nous rencontrer. Winter sait ce qu'il me faut et aura soin de moi.

Winter donna le même avis. — Maintenant, dit-il, je puis répondre de la sûreté de mon maître; mais, au nom du Ciel! empêchez qu'il se rencontre jamais avec cet opiniâtre jeune homme.

CHAPITRE X.

La première question d'Adam Hartley, en arrivant au logement qu'il occupait dans l'agréable petite ville de Ryde, fut pour s'enquérir de son camarade. Il était arrivé tard la veille au soir, homme et cheval tout couverts d'écume. Il n'avait répondu à rien de ce qu'on lui avait dit au sujet de son souper ou d'autres choses semblables; et prenant précipitamment une chandelle, il était aussitôt monté à sa chambre, dont il avait fermé la porte à double tour. Tout ce que les domestiques avaient supposé, c'est qu'étant un peu échauffé de boisson il avait fait une course forcée, et qu'il ne voulait pas qu'on s'aperçût de son état.

Hartley fut à la porte de sa chambre, non sans quelques appréhensions; après avoir frappé et appelé plus d'une fois, il reçut enfin cette réponse rassurante : Qui est là?

Hartley s'étant nommé, la porte s'ouvrit, et Middlemas parut, complétement habillé, ses cheveux arrangés et poudrés, quoique l'état du lit annonçât qu'il ne s'était pas couché de la nuit, et que la physionomie pâle et défaite de Richard semblât témoigner du même fait. Il s'exprima cependant avec une affectation d'indifférence.

— Je vous félicite du progrès que vous avez fait dans la connaissance du monde, Adam. C'est juste le moment d'abandonner l'héritier indigent pour s'attacher à celui qui est en possession immédiate de la fortune.

— J'ai passé la nuit chez le général Witherington, répondit Hartley, parce qu'il est extrêmement mal.

— En ce cas, dites-lui de se repentir de ses péchés. Le vieux Grey avait coutume de dire qu'un médecin avait autant le droit de donner des avis spirituels qu'un prêtre. Vous souvenez-vous que le docteur Dulberry, le ministre, l'appelait contrebandier?

— Un tel langage me surprend de la part de quelqu'un qui se trouve dans les circonstances où vous êtes.

— Ah! oui, fit Middlemas avec un sourire amer; — pour bien des gens il serait difficile de garder son sang-froid après avoir le même jour perdu et retrouvé un père, une mère et un bel héritage. Mais moi j'ai toujours eu des dispositions pour la philosophie.

— Réellement je ne vous comprends pas, monsieur Middlemas.

— Eh! n'ai-je pas retrouvé mes parents hier? Ma mère, à ce qu'il paraît, n'attendait que ce moment-là pour mourir, et mon père pour devenir fou ; d'où je conclus que tout cela a été imaginé tout exprès pour me subtiliser mon héritage, tant mon père a conçu de préventions contre moi.

— Votre héritage ! répéta Hartley, désorienté par le calme de Richard, et soupçonnant presque que l'égarement d'esprit du père était héréditaire dans la famille. — Au nom du Ciel, revenez à vous et chassez de pareilles hallucinations. De quel héritage rêvez-vous ?

— De celui de ma mère, assurément. Elle doit avoir hérité de la fortune du vieux Monçada ; — et à qui cette fortune doit-elle revenir, si ce n'est à ses enfants à elle ? — Or, je suis l'aîné, — le fait est incontestable.

— Mais réfléchissez, Richard ; — songez à ce que vous dites.

— C'est ce que je fais ; hé bien ?

— Hé bien, vous devez savoir qu'à moins qu'il n'y ait un testament en votre faveur, votre naissance vous exclut de l'héritage.

— Vous vous trompez, monsieur, je suis légitime. — Ces enfants malades que vous avez sauvés du tombeau ne sont pas plus légitimes que moi. — Oui, nos parents n'osaient pas leur laisser respirer l'air du ciel, — mais ils me livraient aux vents et aux vagues : — je n'en suis pas moins leur héritier légitime, aussi bien que les rejetons faibles et maladifs de leur âge avancé. Je les ai vus, Adam ; — Winter m'a conduit à leur chambre pendant qu'ils rassemblaient leur courage pour me recevoir au salon. Ils étaient couchés là, les enfants de prédilection, les richesses de l'Orient prodiguées autour d'eux pour qu'ils puissent dormir à l'aise et s'éveiller au milieu de la magnificence. — Moi, le frère aîné, — l'héritier, — j'étais près de leur berceau dans les habits d'emprunt contre lesquels j'avais échangé depuis si peu de temps les haillons d'un hôpital. Leurs couches exhalaient les plus riches parfums, tandis que moi j'étais encore imprégné des exhalaisons d'un lazaret ! tandis que moi, — je le répète, moi, l'héritier, moi le fruit de leur premier et de leur plus tendre amour, j'étais ainsi traité. Il n'est pas étonnant que mon regard ait été celui du basilic.

— Vous parlez comme si vous étiez possédé d'un mauvais esprit, repartit Hartley, autrement il faudrait croire que vous êtes livré à une étrange aberration.

— Vous croyez, reprit Richard, que ceux-là seulement sont légalement mariés, sur qui un prêtre à demi endormi a lu la cérémonie dans un rituel à fermoirs ? Il peut en être ainsi dans votre loi anglaise ; — mais l'Écosse fait de l'amour lui-même le prêtre. Un serment échangé entre un couple passionné, n'ayant pour témoin que la voûte du ciel, protégera une jeune fille confiante contre le parjure d'un amant volage, tout autant que si un diacre avait accompli les rites dans la plus magnifique cathédrale d'Angleterre. Il y a plus : si l'enfant de l'amour est reconnu par le père au moment du baptême, — s'il présente la mère comme sa femme à des étrangers respectables, les lois d'Écosse ne lui permettront pas de revenir sur la justice que par là il aura rendue à la femme dont il a abusé, ainsi qu'au rejeton de leur amour mutuel. Ce général Tresham, ou Witherington, a traité ma malheureuse mère comme sa femme devant Grey et devant d'autres, il l'a placée comme telle dans la famille d'un homme respectable, il l'a désignée par le même nom que lui-même se faisait donner en ce moment-là. Il m'a présenté au prêtre comme son fils légitime; et la loi d'Écosse, bienveillante pour l'enfant délaissé, ne lui permettra pas maintenant de désavouer ce qu'il a si formellement reconnu. Je connais mes droits, et suis déterminé à les faire valoir.

— Votre intention n'est donc pas d'aller à bord du *Middlesex*? Réfléchissez un peu; — vous perdrez votre passage et votre commission.

— Je sauverai les droits de ma naissance. Quand j'ai pensé à aller dans l'Inde, je ne connaissais pas mes parents et j'ignorais comment faire valoir les droits que j'ai reçus d'eux. Cette énigme est éclaircie. J'ai droit pour le moins à un tiers des biens de Monçada, qui, au rapport de Winter, sont considérables. Sans vous et votre méthode de traiter la petite-vérole, j'aurais eu le tout. Je ne pensais guère, quand le vieux Grey fut sur le point de se voir arracher sa perruque pour avoir éteint le feu, ouvert les fenêtres et repoussé le whisky coupé d'eau, que le nouveau système devait me coûter un jour tant de livres sterling.

— Ainsi vous êtes bien fixé dans cette étrange résolution? dit Hartley.

— Je connais mes droits et suis décidé à en tirer parti, répondit l'obstiné jeune homme.

— Monsieur Richard Middlemas, j'en suis fâché pour vous.

— Monsieur Adam Hartley, puis-je savoir pourquoi je suis honoré de votre compassion?

— J'ai pitié de vous, d'abord à cause de cet égoïsme endurci qui peut penser à la fortune après la scène dont vous avez été témoin hier au soir, et puis pour la vision insensée qui vous porte à croire que vous pouvez obtenir possession de cette fortune.

— Moi égoïste! s'écria Middlemas; du tout : je suis un fils respectueux, travaillant à purifier la mémoire d'une mère calomniée. — Et en quoi suis-je visionnaire? — Eh! ce fut à cet espoir que je me livrai, quand la lettre du vieux Monçada au docteur Grey, en me dévouant à une obscurité perpétuelle, m'appela pour la première fois au sentiment de ma situation et dissipa les rêves de mon enfance. Pensez-vous que je me serais jamais soumis aux travaux serviles que je partageais avec vous, n'eût-ce été que par là je ne perdais pas de vue la seule trace de ces parents dénaturés au moyen de laquelle je me proposais d'arriver jusqu'à eux, et, s'il était nécessaire, de les forcer de reconnaître mes droits comme enfant légitime? — Le silence et la mort de Monçada déconcertèrent mes plans, et ce fut alors seulement que je songeai sérieusement à l'Inde.

— Vous étiez bien jeune, au temps de notre première connaissance, pour être si bien au fait de la loi d'Écosse. Mais je puis deviner qui vous a si bien instruit.

— Ce n'est rien moins que Tom Hillary. C'est en considération des bons avis qu'il m'a donnés à ce sujet que je ne le poursuis pas pour le faire pendre.

— Je m'en doutais ; car avant mon départ de Middlemas je l'ai entendu débattre ce point avec M. Lawford, et je me souviens parfaitement qu'il établissait le point de droit comme vous venez de le faire.

— Et que répondait Lawford ?

— Il convenait que dans des circonstances où le cas serait douteux, de telles présomptions de légitimité pourraient être admises. Mais il ajoutait qu'elles étaient subordonnées à des témoignages positifs et précis, tels que serait, par exemple, la déclaration de la mère que l'enfant est illégitime.

— Mais il ne peut exister rien de pareil dans ma cause, dit Middlemas précipitamment et d'un ton d'alarme.

— Je ne veux pas vous abuser, monsieur Middlemas, quoique je craigne de vous faire de la peine malgré moi. J'eus hier un long entretien avec votre mère mistress Witherington ; elle vous y a reconnu pour son fils, mais né avant le mariage. Cette déclaration mettra donc fin aux suppositions sur lesquelles se fondaient vos espérances. Vous pouvez, si cela vous plaît, entendre lecture du contenu de sa déclaration, dont je suis dépositaire et qui est écrite de sa propre main.

— Malédiction ! murmura Richard ; — verrai-je donc la coupe se briser au moment où j'en approche les lèvres ? — Mais reprenant son sang-froid, grâce à cette faculté de commander à ses émotions dont il était si largement doué, il pria Hartley de compléter sa communication. Celui-ci informa donc Middlemas des particularités qui avaient précédé sa naissance et de celles qui la suivirent, tandis que ce dernier, assis sur une malle, écoutait avec un calme inimitable un récit qui n'allait à rien moins qu'à déraciner les magnifiques espérances de fortune qu'il s'était tellement complu à caresser.

Zilia Moncada était la fille unique d'un juif portugais très riche que les affaires de son commerce avaient amené à Londres. Parmi le petit nombre de chrétiens qui fréquentaient sa maison et s'asseyaient parfois à sa table, était Richard Tresham, gentilhomme du Northumberland appartenant à une haute famille. Richard Tresham avait pris une part active à la courte invasion de Charles-Edouard ; et quoique depuis il fût entré au service du Portugal, son courage et ses principes jacobites bien connus n'en faisaient pas moins de lui un objet de soupçon pour le gouvernement britannique. L'élégance aristocratique de ce noble jeune homme, ainsi que sa parfaite connaissance de la langue et des manières portugaises, lui avaient gagné l'amitié du vieux Monçada, et aussi, hélas! le cœur de l'inexpérimentée Zilia, qui, belle comme un ange, connaissait aussi peu le monde et sa perversité que l'agneau qui vient de naître.

Tresham fit ses propositions à Monçada de manière, peut-être, à montrer trop évidemment que le noble chrétien croyait déroger en sollicitant l'alliance de l'opulent juif. Monçada rejeta sa demande et lui interdit sa maison; mais il ne put empêcher les deux amants de se voir en secret. Tresham profita pour déshonorer la pauvre Zilia des occasions qu'elle lui offrait si imprudemment, et elle y trouva sa perte. L'amant, toutefois, avait le ferme dessein de réparer l'outrage qu'il avait fait, et après divers plans de mariage secret, qui tous échouèrent par suite de la différence de religion et par d'autres circonstances, la fuite en Écosse fut résolue. La précipitation du voyage, la crainte et les inquiétudes auxquelles Zilia fut soumise, hâtèrent de plusieurs semaines le terme de sa délivrance, de sorte qu'ils furent contraints d'accepter l'assistance et l'asile que leur offrit M. Grey. — Peu d'heures s'étaient écoulées après leur arrivée à Middlemas, lorsque Tresham apprit, par l'intermédiaire de quelque ami en position de voir et d'entendre, que des mandats étaient délivrés contre lui pour manœuvres de haute-trahison. Sa correspondance avec Charles-Édouard avait été connue de Monçada à l'époque de leur intimité; le désir de la vengeance poussa ce dernier à tout découvrir au gouvernement britannique, et on délivra des mandats d'arrestation dans lesquels, à la requête de Monçada, le nom de sa fille fut compris. Il pensa que cette mesure pourrait lui servir pour séparer sa fille de Tresham, dans le cas où il trouverait les fugitifs mariés. Le lecteur sait déjà jusqu'à quel point il réussit; il sait aussi quelles précautions prit le vieux Monçada pour empêcher que le témoignage vivant de la fragilité de sa fille fût jamais connu. Il emmena celle-ci avec lui et la condamna à une retraite rigoureuse, que les réflexions de l'infortunée rendirent doublement amère. Sa vengeance eût été complète si l'auteur des malheurs de Zilia était monté sur un échafaud politique; mais Tresham réussit à se cacher dans les Highlands au milieu de ses amis, et à échapper aux poursuites jusqu'à ce que l'affaire fût assoupie.

Plus tard il entra au service de la Compagnie des Indes Orientales sous le nom de Witherington, qui était celui de sa mère, et qui cacha le jacobite et le rebelle jusqu'à ce que ces qualifications fussent tombées en oubli. Son habileté militaire l'éleva bientôt à la fortune et à une position éminente. Quand il revint en Angleterre, son premier soin fut de s'enquérir de la famille de Monçada. Sa réputation, sa fortune, et la conviction tardivement acquise par le vieillard que sa fille n'épouserait jamais personne autre que celui qui avait eu son premier amour, décidèrent Monçada à accorder au général Witherington le consentement qu'il avait toujours refusé au major Tresham pauvre et proscrit ; et les deux amants, après une séparation de quatorze ans, furent enfin unis par les nœuds du mariage.

Le général Witherington s'associa de grand cœur au désir pressant exprimé par son beau-père que tout souvenir des événements passés demeurât enseveli dans l'oubli, et que le fruit d'une ancienne et malheureuse intrigue fût laissé loin de ses parents dans une situation obscure, où seulement on pourvoirait à ses besoins. Zilia était loin de penser ainsi. Son cœur se reportait avec une impatience maternelle vers l'objet de sa première tendresse de mère ; mais elle n'osa se mettre en opposition tout à la fois avec la volonté de son père et le parti auquel son époux s'était arrêté. Le premier, dont une longue résidence en Angleterre avait fort affaibli les préventions religieuses, avait consenti à ce qu'elle abjurât sa religion pour embrasser celle de son époux et du pays qu'elle habitait ; — le second, altier comme nous l'avons dépeint, mit son orgueil à présenter la belle convertie à la noble famille dans laquelle elle venait d'entrer. La découverte de l'ancienne faiblesse de sa femme eût gravement nui à la considération dont elle était entourée, ce qu'il craignait comme la mort ; et Zilia ne put ignorer long-temps que par suite d'une grave maladie qu'il avait faite dans l'Inde, la raison de son époux était parfois momentanément ébranlée quand un événement quelconque devenait pour lui la cause d'une violente agitation : — elle avait donc acquiescé patiemment et en silence aux arrangements politiques que Monçada avait imaginés et que son époux avait chaudement approuvés. Sa pensée, néanmoins, même après que leur union fut couronnée par d'autres rejetons, se reportait avec anxiété vers l'enfant banni et rejeté qu'elle avait le premier pressé sur son sein maternel.

Tous ces sentiments « long-temps nourris et domptés » se réveillèrent avec plus de force que jamais lors de la découverte inopinée de son fils, arraché à une situation misérable et s'offrant à l'imagination de sa mère entouré de circonstances si désastreuses.

En vain son époux lui avait affirmé qu'il servirait le jeune homme de sa bourse et de son crédit pour assurer son bien-être ; elle ne put être satisfaite que lorsqu'elle eut elle-même fait quelque chose pour adoucir la sentence d'exil ainsi portée contre son premier né. Elle en éprouva une impatience d'autant plus grande qu'elle sentait l'extrême délicatesse de sa santé, que tant d'années de souffrances secrètes avaient ruinée.

Mistress Witherington, pour faire parvenir à Richard le don de la libéralité maternelle, fut naturellement conduite à employer l'intermédiaire de Hartley, le compagnon de son fils, et que depuis la guérison de ses deux derniers enfants elle regardait presque comme une déité tutélaire. Elle remit entre ses mains une somme de 2,000 livres sterling, dont elle pouvait disposer sans contrôle, en le conjurant dans les termes de la plus vive sollicitude d'employer cette somme pour Richard Middlemas de la manière que Hartley jugerait devoir lui être la plus avantageuse. Elle l'assura que si de nouveaux secours étaient nécessaires à Richard ils ne lui manqueraient pas ; et elle joignit à ce dépôt l'écrit suivant pour être remis en temps et lieu à son fils, c'est-à-dire quand la prudence de Hartley croirait convenable de lui confier le secret de sa naissance.

« O Benoni ! disait cette pièce intéressante, ô toi, fils de ma douleur, pourquoi serait-il permis aux yeux de ta malheureuse mère de s'arrêter sur toi, puisqu'on a refusé à ses bras le droit de te presser sur son sein ? Que le Dieu des Juifs et des Gentils veille sur toi et te protège ! Puisse-t-il éloigner, quand il en croira le moment venu, les ténèbres qui s'étendent entre moi et le bien-aimé de mon cœur, — le premier fruit de ma malheureuse affection, — de mon affection impie. Ne te crois pas, mon bien-aimé, — oh ! ne te crois pas isolé dans l'exil tant que les prières de ta mère s'élèveront pour toi au lever et au coucher du soleil, pour appeler sur ta tête toutes les bénédictions du Ciel, — pour invoquer toutes les puissances célestes pour ta protection et ta défense. Ne cherche pas à me voir. — Oh ! pourquoi me faut-il parler ainsi ! — Mais laisse-moi m'humilier dans la poussière, puisque c'est mon propre péché et ma propre folie qu'il me faut blâmer ; — pourtant ne cherche ni à me voir ni à me parler : — ce pourrait être notre mort à tous les deux. Confie tes pensées à l'excellent Hartley, qui a été notre ange gardien à tous, — de même que les tribus d'Israël avaient chacune leur ange gardien. Ce que tu pourras désirer te sera accordé, si c'est au pouvoir d'une mère. — Et l'amour d'une mère ! est-il borné par les mers ? les déserts et la distance en peuvent-ils mesurer les limites ? O toi, fils de ma douleur, ô Benoni ! que tes pensées soient avec moi, comme les miennes sont avec toi !

» Z. M. »

Tous ces arrangements terminés, l'infortunée insista ensuite près de son époux pour qu'il lui fût permis de voir son fils dans cette entrevue d'adieu qui se termina d'une manière si fatale. Hartley s'acquittait donc maintenant, comme exécuteur de ses dernières volontés, de la mission confidentielle dont elle l'avait fait l'agent.

— Sûrement, pensa-t-il, au moment où ayant terminé sa communication il se disposait à quitter l'appartement, sûrement un charme tel que celui-ci forcera les démons de l'ambition et de la cupidité d'abandonner cet homme qu'ils tenaient sous leurs serres.

Et dans le fait le cœur de Richard aurait été formé du roc le plus dur s'il n'eût été profondément touché de ce premier et dernier gage de l'affection maternelle. Il appuya sa tête sur une table, et ses larmes coulèrent en abondance. Hartley le laissa seul plus d'une heure, et à son retour il le retrouva presque dans l'attitude où il l'avait laissé.

— Je regrette de vous troubler en ce moment, lui dit-il, mais j'ai encore à m'acquitter d'une partie de mon devoir. Je dois vous remettre le dépôt que votre mère a laissé dans mes mains; — et je dois aussi vous rappeler que le temps s'écoule rapidement, et que vous avez à peine une ou deux heures pour décider si vous partirez pour votre voyage de l'Inde, connaissant les circonstances dont je viens de vous faire part.

Middlemas prit les billets que sa mère lui avait légués. Lorsqu'il leva la tête, Hartley put remarquer que son visage était mouillé de larmes. Néanmoins il compta l'argent avec une attention mercantile; et bien qu'en prenant la plume pour écrire une quittance sa physionomie exprimât un abattement inconsolable, il la rédigea néanmoins en termes parfaitement appropriés, et en homme qui a l'empire le plus complet sur lui-même.

— Et maintenant, dit-il d'une voix douloureuse, remettez-moi cet écrit que vous a laissé ma mère.

Hartley tressaillit presque, et lui répondit précipitamment : Vous avez la lettre que la pauvre dame vous a adressée ; — l'autre écrit m'a été adressé à moi-même. C'est par lui que j'ai été autorisé à disposer d'une somme considérable ; — il concerne les droits de tierces personnes, et je ne puis m'en dessaisir.

— Assurément il vaudrait mieux que vous me le remissiez, ne serait-ce que pour l'arroser de mes larmes, repartit Middlemas. Mon destin, Hartley, a été bien cruel. Vous voyez que mes parents se proposaient de me faire leur héritier légitime, quoique leur projet ait été accidentellement dérangé. Et maintenant voici ma mère, avec une tendresse bien intentionnée, et bien qu'elle ne veuille que l'avancement de ma fortune, qui vient fournir témoignage pour la détruire. — Allons, allons, Hartley ; — vous devez sentir que ma mère n'a écrit ces détails que pour moi. C'est à moi que cet écrit appartient légitimement, et j'insiste pour l'avoir.

— Je suis fâché qu'il me faille persister dans mon refus, répondit Hartley en mettant les papiers dans sa poche. Vous devez considérer que si cette communication a détruit les vaines espérances auxquelles vous vous étiez abandonné sans aucun fondement, elle a en même temps plus que triplé votre capital, et que s'il y a au monde quelques centaines ou quelques milliers d'individus plus riches que vous, il y en a des millions qui ne sont pas à moitié si bien partagés. Opposez donc à la fortune un esprit énergique, et ne doutez pas de votre succès dans le monde.

Ces paroles semblèrent pénétrer dans l'esprit assombri de Middlemas. Il demeura silencieux un moment, puis il répondit avec répugnance, mais d'une voix insinuante :

— Nous avons été long-temps compagnons, mon cher Hartley; — vous ne pouvez avoir ni plaisir ni intérêt à ruiner mes espérances, — et vous en pourrez avoir à les favoriser. La fortune de Monçada me mettrait à même de faire un cadeau de cinq mille livres sterling à l'ami qui m'aiderait.

— Bonjour, monsieur Middlemas, dit Hartley, se levant pour se retirer.

— Un moment, — un moment, répliqua Middlemas en même temps qu'il arrêtait son ami par le bouton de son habit, c'est dix mille livres que j'ai voulu dire ; — et.... et.... et vous pourrez épouser qui vous voudrez, — je n'y mettrai nul obstacle.

— Vous êtes un misérable! s'écria Hartley en se dégageant par un mouvement brusque, — et c'est ce que j'ai toujours pensé.

— Et vous, répliqua Middlemas, vous êtes un fou, et c'est ce que je vous ai toujours cru. — Il s'en va ; — qu'il aille ! — La partie a été jouée et perdue; — il me faut renouveler mon enjeu, — et c'est l'Inde qui doit être ma partie de ressource.

Tout était prêt pour son départ. Un petit navire favorisé par une bonne brise le porta avec plusieurs autres militaires jusqu'aux Dunes, où les attendait le bâtiment des Indes à bord duquel il devait quitter l'Europe.

Ses premières sensations n'eurent rien de bien agréable. Mais accoutumé dès son enfance à cacher ses pensées intimes, huit jours s'étaient à peine écoulés qu'il parut le plus gai et le mieux élevé des passagers qui eussent jamais entrepris la longue et ennuyeuse traversée qui sépare la Vieille Angleterre de ses possessions de l'Inde. A Madras, où les dispositions sociables des habitants se prennent aisément d'enthousiasme pour tout étranger qui montre des qualités agréables, il trouva une hospitalité chaleureuse, trait caractéristique des Anglais établis en Orient.

Middlemas était bien reçu dans la société, et en voie de devenir à Madras le convive indispensable de toute réunion de plaisir, quand le bâtiment à bord duquel Hartley remplissait les fonctions de chirurgien en second arriva dans le même établissement. La position qu'occupait Hartley ne lui aurait pas permis de s'attendre à beaucoup de civilité et d'attentions, si ce désavantage n'eût été compensé par les lettres de recommandation les plus flatteuses que le général Witherington et plusieurs de ses amis, toutes personnes importantes dans Leadenhall-Street, lui avaient remises pour les principaux habitants de l'établissement. Il se trouva donc encore une fois roulant dans la même sphère que Middlemas, et n'ayant d'autre alternative que de vivre avec lui dans les termes d'une relation froidement polie, ou de rompre tout-à-fait.

Le premier de ces deux partis eût peut-être été le plus sage ; mais l'autre était plus conforme au caractère franc de Hartley, ennemi de tout vernis de convention, et qui ne vit ni convenance ni agrément à cacher sous des dehors de relations amicales une haine, un mépris et un éloignement mutuels.

Le cercle du fort Saint-George était beaucoup plus limité alors qu'il ne l'a été depuis. La froideur des deux jeunes gens ne put échapper à l'attention. On sut qu'ils avaient été intimes et compagnons d'étude ; et cependant on les voyait maintenant hésiter à accepter des invitations pour les mêmes parties. Le bruit public assignait à cette rupture nombre de motifs différents et incompatibles, auxquels Hartley ne faisait nulle attention, tandis que le lieutenant Middlemas avait soin d'appuyer ceux qui présentaient la cause de la querelle sous le jour le plus favorable pour lui.

Il y avait eu entre eux une petite rivalité, répondait-il quand on le pressait de s'expliquer à cet égard ; il avait eu seulement la bonne fortune d'avancer plus que son ami Hartley dans les bonnes grâces d'une belle dame, et Hartley lui en avait gardé rancune, comme on voyait. Il regardait comme une très grande sottise de conserver de l'humeur à une telle distance et après tant de temps. Il en était fâché, plutôt à cause de l'étrange apparence que cela pouvait avoir que pour toute autre chose, quoique son ancien ami eût réellement de très bonnes qualités.

Tout en produisant leur effet dans la société, ces propos n'empêchèrent pas Hartley de recevoir du gouvernement de Madras les assurances les plus flatteuses d'encouragement et d'avancement dans sa carrière, quand l'occasion s'en présenterait. Bientôt après il fut prévenu qu'un poste médical d'une nature lucrative lui était accordé dans un établissement situé à une assez grande distance, ce qui devait le tenir éloigné quelque temps de Madras et de son voisinage.

Hartley s'embarqua en conséquence pour cette expédition lointaine, et on remarqua qu'après son départ le caractère de Middlemas, comme s'il se fût senti délivré de quelque entrave, commença à se montrer sous des couleurs fâcheuses. On s'aperçut que ce jeune homme, dont les manières étaient si agréables et si courtoises durant les premiers mois qui avaient suivi son arrivée dans l'Inde, commençait alors à montrer des symptômes d'un esprit de domination hautaine. Pour des raisons que le lecteur peut deviner, mais qui au fort Saint-George ne semblaient qu'une pure fantaisie, il avait joint le nom de Tresham à celui sous lequel il avait jusque là été désigné, et il y persistait avec une opiniâtreté qui appartenait plus à la partie orgueilleuse qu'à la partie adroite de son caractère. Le lieutenant-colonel du régiment, vieil officier d'humeur peu facile, ne jugea pas devoir se plier au caprice du capitaine (car tel était alors le grade de Middlemas).

— Il ne connaissait un officier, disait-il, que par le nom qu'il portait sur sa commission ; — et en toute occasion il donnait du Middlemas au capitaine.

Un soir fatal, ce dernier fut tellement poussé à bout qu'il s'écria d'un ton péremptoire : Je connais mon nom mieux que personne, peut-être.

— Eh! capitaine Middlemas, répliqua le colonel, il n'est pas donné à tout enfant de connaître son père ; comment donc chacun pourrait-il se dire sûr de son nom ?

Le trait avait été décoché au hasard ; pourtant il trouva le défaut de la cuirasse et s'enfonça profondément. Malgré tout ce qu'on put faire pour l'en empêcher, Middlemas persista à appeler en duel le colonel, à qui on ne put persuader de faire des excuses.

— Si le capitaine Middlemas croyait que la coiffure allait à sa tête, dit-il, il était bien le maître de la porter.

Il en résulta une rencontre, dans laquelle, après que les deux parties eurent échangé chacun un coup de feu, les seconds voulurent arrêter l'affaire. Leur médiation fut repoussée par Middlemas, qui au second feu eut le malheur de tuer son officier supérieur. Il fut en conséquence obligé de s'enfuir des établissements anglais ; car étant universellement blâmé d'avoir poussé la querelle à cette extrémité, il n'y avait guère à douter que toute la sévérité du code militaire ne dût être déployée contre 'e délinquant. Middlemas disparut donc du fort Saint-George ; et bien que l'affaire eût au premier moment fait beaucoup de bruit, il n'en fut bientôt plus question. On pensa généralement qu'il était allé chercher à la cour de quelque prince du pays la fortune qu'il ne pouvait plus espérer dans les établissements britanniques.

CHAPITRE XI.

Trois ans s'étaient écoulés depuis la fatale rencontre mentionnée au dernier chapitre, et le docteur Hartley, après son retour de la mission dont il avait été chargé, et qui était seulement temporaire, avait été encouragé à s'établir à Madras en qualité de médecin, parti qui devait le conduire, il eut bientôt lieu de le penser, à l'opulence et à la réputation. Sa clientèle ne se bornait pas à ses compatriotes; ses soins étaient aussi très recherchés des habitants du pays, qui ont universellement, quels que puissent être à d'autres égards leurs préjugés contre les Européens, une haute estime pour les talents supérieurs de ceux-ci dans l'art médical. Cette branche lucrative de sa pratique obligea Hartley de s'appliquer à l'étude des langues orientales, afin de pouvoir communiquer avec ses malades sans l'intervention d'un interprète. Les occasions d'employer ses connaissances dans les idiomes du pays ne lui manquèrent pas; car, ainsi qu'il avait coutume de le dire en plaisantant, en reconnaissance des émoluments considérables qu'il recevait du riche, soit musulman, soit Hindou, il donnait gratis ses avis aux pauvres de toute nation, chaque fois qu'ils venaient les réclamer.

Il arriva qu'un soir un message du secrétaire du gouvernement l'invita à se rendre au plus vite près d'un malade de quelque importance. — « Ce n'est pourtant qu'un fakir, après tout, disait le message. Vous le trouverez au tombeau de Cara Razi, le saint docteur mahométan, à environ un coss du fort. Demandez-le sous le nom de Bârak-el-Hadgi. Il n'y a pas d'honoraires à attendre d'un tel malade; mais nous savons combien peu vous prenez souci des pagodes. Et d'ailleurs c'est le gouvernement qui cette fois se charge du paiement. »

— C'est la dernière chose à laquelle il faille penser, dit Hartley; et sur-le-champ il se rendit en palanquin à l'endroit désigné.

La tombe de Cara Razi, l'owliah ou saint mahométan, était un lieu que tout bon musulman avait en grande vénération. Elle était située au milieu d'un petit bois de mangoustans et de tamariniers, et l'ensemble du monument était construit en pierre rouge, avec trois dômes et des minarets à chaque angle. En avant s'étendait, suivant l'usage, une cour au pourtour de laquelle étaient disposées des cellules pour recevoir les fakirs qui visitaient la tombe par des motifs de dévotion, et qui y faisaient une plus ou moins longue résidence selon qu'ils le jugeaient convenable, subsistant des aumônes que les fidèles ne manquaient jamais de leur faire en échange de leurs prières. Ces fakirs étaient occupés jour et nuit à lire des versets du Koran devant la tombe de marbre blanc, sur laquelle étaient inscrites des sentences tirées du livre du prophète, ainsi que les divers titres donnés par le Koran à l'Être-Suprême. Ces sortes de sépulcres (et il en existe un grand nombre dans l'Inde), avec leurs dépendances et tous ceux que la dévotion y amène, sont respectés durant les guerres et les révolutions autant par les Feringis ou Franks et les Hindous que par les musulmans eux-mêmes. Les fakirs, en retour, servent d'espions à tous les partis, et sont souvent employés dans d'importantes missions secrètes.

Se conformant à la coutume musulmane, notre ami Hartley quitta sa chaussure à la porte de l'enceinte consacrée, et évitant de s'approcher de la tombe, ce qui eût été une offense, il se dirigea vers le principal mollàh, ou prêtre, aisément reconnaissable à la longueur de sa barbe et à la grosseur des grains du chapelet dont les musulmans, comme les catholiques, se servent pour compter leurs prières. Un tel personnage, vénérable par son âge, la sainteté de son caractère et son mépris réel ou supposé des biens et des jouissances du monde, est regardé comme le chef d'un établissement de ce genre.

La situation du mollàh lui permet d'être plus communicatif avec les étrangers que ne peuvent l'être ses confrères plus jeunes. Dans l'occasion actuelle, ceux-ci restèrent les yeux fixés sur le Koran et marmottant leurs prières, sans prendre garde à l'Européen ni écouter ce qu'il disait, tandis qu'il demandait à leur supérieur où était Bârak-el-Hadgi.

Le mollàh était assis par terre; il ne se leva pas, ne donna aucune marque de révérence et continua de réciter assidûment son chapelet pendant que Hartley lui parlait. Quand il eut fini, le vieillard leva les yeux, et le regardant d'un air distrait, comme s'il eût fait effort pour se souvenir de ce qu'on venait de lui dire, il lui désigna enfin du doigt une des cellules, puis il reprit ses dévotions, en homme qui souffre avec impatience qu'on détourne son attention de ses pieux devoirs, ne serait-ce que pour un instant.

Hartley entra dans la cellule indiquée, avec la salutation habituelle, *salam alaikum*. Son malade était gisant sur une petite natte dans un coin de l'étroite cellule dont les parois étaient badigeonnées de blanc. C'était un homme de quarante ans environ, vêtu de la robe noire de son ordre, toute déchirée et rapiécée. Il portait un bonnet tartare en feutre à haute forme conique, et avait autour du cou le collier de grains noirs appartenant à sa profession de religieux mendiant. Ses yeux et son attitude indiquaient la souffrance, qu'il endurait avec une patience stoïque.

— *Salam alaikum*, dit Hartley. Vous souffrez, mon père? ajouta-t-il : — titre qu'il accordait au caractère plutôt qu'à l'âge de celui à qui il s'adressait.

— *Salam alaikum bema sebastem*, répondit le fakir. Il est bien pour vous que vous ayez souffert avec patience. Le livre dit que tel sera le salut adressé par les anges à ceux qui entreront au paradis.

La conversation ainsi entamée, le médecin s'informa de ce dont souffrait le malade, et lui prescrivit ce qu'il crut convenable à son état. Ceci fait il allait se retirer, quand, à sa grande surprise, le fakir lui offrit une bague d'une certaine valeur.

— Les sages de tous les pays sont frères, dit Hartley, refusant le présent et en même temps adressant un compliment approprié au bonnet et à la robe du fakir; — ma main gauche ne reçoit pas de présent de ma main droite.

— Un Feringi peut donc refuser de l'or! exclama le fakir. Je croyais qu'ils le prenaient de toutes mains, qu'elles fussent pures comme celles d'une houri, ou lépreuses comme celles de Gehazi; — de même que le chien affamé n'examine pas si la chair qu'il dévore provient du chameau du prophète Saleth ou de l'âne de Dégial, — que sa tête soit maudite!

— Le livre dit, repartit Hartley, que c'est Allah qui ferme ou qui ouvre le cœur. Franks et musulmans sont également formés selon son plaisir.

— Mon frère a sagement parlé, dit le malade. Bienvenue soit la maladie, si elle t'amène à connaître un sage médecin. Car que dit le poëte? Il est bon de s'être laissé choir, si pendant que tu es étendu à terre tu trouves un diamant.

Le médecin répéta ses visites à son malade, et les continua même après que la santé d'El Hadgi fut entièrement rétablie. Il ne lui fut pas difficile de découvrir en lui un de ces agents secrets fréquemment employés par les rois d'Asie. Son intelligence, ses connaissances, la flexibilité de son caractère affranchi de toute espèce de préjugés, ne laissaient aucun doute que Bârak ne possédât les qualités nécessaires pour conduire ces sortes de négociations délicates, en même temps que la gravité de ses habitudes et de sa profession ne pouvaient empêcher ses traits de prendre parfois une expression de gaieté qu'il n'est pas habituel de rencontrer dans les gens de sa classe.

Dans le cours de leurs conversations particulières Bârak-el-Hadgi parlait souvent du pouvoir et de la dignité du Nabab de Maïssoûr; et Hartley ne douta guère qu'il ne vînt de la cour d'Aïder-Ali chargé de quelque mission secrète, peut-être pour conclure une paix plus solide entre ce prince habile et judicieux et le gouvernement de la Compagnie des Indes Orientales, — celle qui existait alors n'étant guère regardée de part et d'autre que comme une trêve peu sincère et peu stable. Il rapporta nombre de traits à l'honneur de ce prince, qui certainement fut un des plus habiles dont puisse se glorifier l'Hindoustan, et qui en une foule de cas, au milieu de grands crimes commandés par l'ambition, montra une générosité vraiment royale, et, ce qui est plus surprenant, une justice impartiale.

Un jour, peu de temps avant l'époque où Bârah-el-Hadgi devait quitter Madras, il rendit visite au docteur et fut prendre avec lui le sorbet, qu'il préférait au sien propre, peut-être parce que quelques verres de rhum ou d'eau-de-vie qu'on y ajoutait d'ordinaire en augmentaient la force et en relevaient la saveur. Ce fut peut-être aussi par suite de retours répétés au flacon qui contenait la liqueur généreuse que le pèlerin devint dans ses communications d'une franchise plus qu'habituelle, et que, non content de prodiguer à son Nabab les louanges les plus hyperboliques, il se mit à parler de l'influence que lui-même avait sur l'Invincible, sur le Bouclier de la foi du prophète.

— Frère de mon âme, dit-il, examine seulement si tu as besoin de quelque chose que puisse donner le tout-puissant Aïder Ali Khan Bahader ; et en ce cas ne recherche pas l'intercession de ceux qui demeurent dans des palais et qui portent des joyaux à leurs turbans, mais viens à la cellule où ton frère demeure dans Seringapatnam, la grande cité. Et le pauvre fakir, avec sa robe déchirée, appuiera mieux ta demande près du Nabab — (car Aïder ne prenait pas le titre de sultan) — que ceux qui prennent place sur des siéges d'honneur dans le divan.

Ce fut ainsi, et avec bien d'autres expressions d'amitié, qu'il exhorta Hartley à venir dans le Maïssoûr voir en face le grand prince dont un seul coup d'œil inspirait la sagesse, et qui d'un signe de tête conférait l'opulence, de sorte que ni folie ni pauvreté ne pouvaient paraître devant lui. — Il offrit en même temps de s'acquitter de ce que Hartley avait fait pour lui, en lui montrant tout ce qui dans le pays de Maïssoûr était digne de l'attention d'un sage.

Hartley promit volontiers d'entreprendre le voyage qui lui était proposé, dans le cas où la continuation de la bonne intelligence entre les deux gouvernements le rendrait praticable ; et réellement la réalisation de ce projet offrait à sa pensée un véritable intérêt. Les deux amis se séparèrent en se souhaitant mutuellement toutes sortes de prospérités, après avoir, à la mode de l'Orient, échangé les présents qui convenaient à des sages, à qui la science devait être supposée plus précieuse que la richesse. Bârak-el-Hadgi offrit à Hartley une petite quantité de baume de la Mecque, très difficile à se procurer pur ; et il lui remit en même temps un passe-port d'un caractère particulier, qui, l'assura le fakir, serait respecté de tous les officiers du Nabab, dans le cas où son ami serait disposé à exécuter sa visite au Maïssoûr. — La tête de celui qui ne respecterait pas ce sauf-conduit, ajouta-t-il, ne serait pas mieux assurée que celle de la tige d'orge que le moissonneur a saisie dans sa main.

Hartley répondit à ces civilités par le présent d'un petit nombre de médicaments peu usités dans l'Orient, de ceux toutefois qu'avec les instructions convenables il crut pouvoir confier sans danger à un homme aussi intelligent que son ami le musulman.

Plusieurs mois s'étaient écoulés depuis le départ de Bârak pour l'intérieur de l'Inde, quand Hartley eut la surprise d'une rencontre inattendue.

Les bâtiments d'Europe étaient arrivés depuis peu, et avaient apporté leur cargaison habituelle de jeunes gens à qui il tarde d'être commandants, et de jeunes filles sans nulle idée de mariage, mais qu'un pieux devoir amenait dans l'Inde près d'un frère, d'un oncle ou de quelque autre parent, pour y tenir sa maison jusqu'à ce qu'elles-mêmes se trouvassent sans y penser à la tête d'une maison à elles. Il arriva que le docteur Hartley assista à un nombreux déjeuner donné à cette occasion par un des hauts employés de la Compagnie. Le toit de son ami s'était récemment enrichi d'une consignation de trois nièces, que le vieux gentleman, justement attaché à son tranquille *hookah*, et, disait-on, à une jolie fille de couleur, désirait produire en public afin d'avoir une plus belle chance de s'en débarrasser aussi vite que possible. Hartley, que l'on regardait comme un poisson valant la peine qu'on lui jetât la ligne, était occupé à contempler les trois beautés, lorsqu'il entendit quelqu'un de la compagnie dire à voix basse à un autre :

— Anges du Ciel ! voici notre vieille connaissance la reine de Saba qui nous revient sur les bras comme une marchandise invendable.

Hartley regarda dans la même direction que les deux interlocuteurs, et son œil rencontra une femme à l'aspect sémiramidien, d'une stature et d'un développement peu communs, vêtue d'une sorte d'amazone taillée, festonnée et galonnée de manière à ressembler à la tunique de dessus d'un prince du pays. Sa robe était de soie ponceau enrichie de fleurs d'or. Elle portait de larges pantalons de soie bleu-ciel, et en guise de ceinture un châle écarlate, dans lequel était passé un cric dont la poignée était d'un riche travail. Son cou et ses bras étaient chargés de chaînes et de bracelets, et son turban, formé d'un châle pareil à celui qui lui entourait la ceinture, était orné d'une magnifique aigrette d'où partaient deux plumes d'autruche, l'une bleue et l'autre rouge, retombant dans deux directions opposées. Le front d'une blancheur européenne sur lequel posait cette tiare était trop haut pour la beauté, mais semblait fait pour le commandement ; le nez aquilin conservait sa forme, mais les joues étaient légèrement creusées, et l'incarnat dont elles brillaient accusait les soins réparateurs dont elles avaient été l'objet depuis que la dame avait quitté sa couche. Une esclave noire richement costumée se tenait derrière elle avec un *chowry* ou queue de vache à manche d'argent, dont elle se servait pour éloigner les mouches. Aux manières de ceux qui lui parlaient, on pouvait juger que cette dame était une femme de trop d'importance pour qu'on pût la négliger ou lui manquer de respect, bien que personne ne parût désirer avoir avec elle des rapports plus particuliers que les convenances ne l'exigeaient.

Elle ne restait cependant pas absolument privée d'attentions. Le capitaine bien connu d'un bâtiment de la Compagnie des Indes, récemment arrivé d'Angleterre, était aux petits soins près d'elle ; et deux ou trois de ses voisins, que Hartley savait être dans le commerce, lui montraient une sollicitude non moins empressée que s'il se fût agi d'un navire richement chargé.

— Pour l'amour du Ciel, quelle est donc cette Zénobie? demanda Hartley à celui dont l'observation avait d'abord attiré son attention sur cette beauté magnifique.

— Se peut-il que vous ne connaissiez pas la reine de Saba? répondit la personne à qui Hartley s'était adressé, et qui ne semblait nullement répugner à donner les informations demandées. Vous saurez donc que c'est la fille d'un émigrant d'Écosse, qui demeurait à Pondichéry, où il est mort sergent au régiment de Lally. Elle fit si bien qu'elle épousa un officier de fortune nommé Montreville, Suisse ou Français, je ne sais lequel. Après la reddition de Pondichéry, le héros et l'héroïne.... Mais à quoi diable pensez-vous donc? — Si vous la regardez de cette façon-là vous allez amener une scène ; car elle ne se gênera pas pour vous apostropher d'un bout de la table à l'autre.

Mais sans s'arrêter aux remontrances de son ami, Hartley se leva brusquement de table et se dirigea, avec moins de décorum que n'en prescrivent les règles de la société, vers l'endroit où était placée la dame en question.

— Le docteur est sûrement fou ce matin, — dit son ami le major Mercer au vieux quartier-maître Calder.

Hartley en effet n'avait peut-être pas tout-à-fait le libre usage de sa raison ; car tandis qu'il regardait la reine de Saba tout en écoutant le major Mercer, son regard rencontra les formes légères d'une jeune femme placée près d'elle, et qui semblait vouloir s'éclipser derrière l'ample développement de formes et d'ajustements que nous avons décrits, et à son extrême étonnement il reconnut l'amie de son enfance, — l'amour de sa jeunesse, — Menie Grey elle-même !

La voir dans l'Inde était déjà une chose assez étonnante ; la voir placée en apparence sous un patronage si étrange accrut grandement sa surprise. Se faire jour jusqu'à elle et lui parler semblait le moyen le plus simple et le plus naturel d'éclaircir les doutes que cette vue faisait naître en lui.

Son impétuosité se modéra pourtant quand, arrivé plus près de miss Grey et de sa compagne, il remarqua que, bien que la première le regardât, rien absolument dans l'expression de sa physionomie n'annonçait qu'elle le reconnût, à moins qu'il ne dût prendre dans ce sens le mouvement qu'elle avait fait de toucher légèrement de l'index sa lèvre supérieure, ce qui pouvait s'interpréter, dans le cas où ce mouvement ne serait pas l'effet du hasard, par cet avertissement : Ne me parlez pas à présent.

Hartley, l'interprétant ainsi, s'arrêta court en rougissant jusqu'aux yeux ; car il sentit que pour le moment il faisait une sotte figure.

Il en fut encore plus convaincu lorsque mistress Montreville, d'une voix dont la force répondait à son air impératif, l'apostropha en anglais, mais avec un accent qui sentait quelque peu le patois suisse : — Vous êtes venu à nous pien vite pour ne nous rien tire, monsieur ; êtes-vous pien sûr qu'on ne vous ait pas volé fotre langue en chemin?

— J'avais cru reconnaître dans cette dame une ancienne amie, madame, balbutia Hartley ; mais il paraît que je me suis trompé.

— Les ponnes gens me tisent que vous êtes un docteur Hartley, monsieur. Ni mon amie ni moi ne connaissons du tout le docteur Hartley.

— Je n'ai pas la présomption de prétendre être connu de vous, madame ; mais....

Ici Menie répéta le signe de telle façon que, bien que le mouvement fût rapide, Hartley ne put se méprendre sur l'intention qu'elle y mettait ; il changea donc la fin de sa phrase, et ajouta : Mais il ne me reste qu'à faire mon salut et à demander pardon de ma méprise.

Il rétrograda et se mêla à la compagnie, ne pouvant se résoudre à quitter la chambre, et questionnant ceux qu'il regardait comme les meilleurs débitants de nouvelles : — Quelle est cette superbe femme, monsieur Butler?

— Eh ! la reine de Saba.

— Et quelle est cette jolie jeune fille assise à côté d'elle?

— Ou plutôt derrière elle, repartit Butler, aumônier du régiment ; ma foi, je ne puis vous dire. — Vous dites qu'elle est jolie? (tournant son lorgnon vers elle) — oui, ma foi, elle est jolie, — très jolie. — Tudieu, ses yeux dardent des traits, derrière ce vieux pilier massif, comme Teucer derrière le bouclier d'Achille fils de Télamon.

— Mais pouvez-vous me dire qui elle est?

— Quelque peau blanche sur laquelle la vieille Montreville spécule, je suppose, soit qu'elle veuille la garder pour en faire son souffre-douleur, soit qu'elle veuille en pourvoir quelqu'un de ses amis les noirs. — Se peut-il que vous n'ayez jamais ouï parler de la vieille mère Montreville?

— Vous savez que j'ai été si long-temps absent de Madras...

— Hé bien, continua Butler, cette dame est la veuve d'un officier suisse au service de France, qui après la reddition de Pondichéry se retira dans l'intérieur et commença le métier de soldat pour son propre compte. Il se mit en possession d'un fort, sous prétexte de le garder pour un radjah ou pour un autre ; il réunit autour de lui une troupe de vagabonds, tous gens résolus, et de toutes les couleurs de l'arc-en-ciel ; il occupa un territoire considérable, dont il perçut les impôts en son propre nom, et se déclara indépendant. Mais Aïder Naig n'entendait pas cette espèce de commerce interlope ; il arriva un beau jour, assiégea le fort et le prit, quoique quelques personnes prétendent qu'il lui fut livré par cette femme que vous voyez là. Que ce soit vrai ou non, le pauvre Suisse fut trouvé mort sur les remparts. Ce qui est certain aussi, c'est qu'elle reçut des sommes considérables, sous prétexte de licencier ses troupes, de rendre ses forts des montagnes, et Dieu sait quoi encore. Il lui fut permis en outre de conserver quelques insignes de la royauté; et comme elle avait coutume de parler d'Aïder comme du Salomon de l'Orient, elle devint généralement connue sous le nom de reine de Saba. Elle quitte sa cour quand il lui plaît, et ce n'est pas la première fois qu'elle vient jusqu'au fort Saint-George. En un mot, elle fait à peu près ce qu'elle veut. Les grands personnages d'ici sont civils pour elle, quoiqu'on ne la regarde guère autrement que comme un espion. Quant à Aïder, on suppose qu'il s'est assuré de sa fidélité en lui empruntant la plus grande partie de ses trésors, ce qui fait qu'elle n'ose rompre avec lui, outre des causes d'une autre sorte dont parle la médisance.

— C'est une singulière histoire, dit Hartley, tandis que son cœur se demandait comment il pouvait se faire que la douce et simple Menie Grey se trouvât à la suite d'une femme telle que cette aventurière.

— Mais Butler ne vous en a pas dit le meilleur, ajouta le major Mercer, qui en ce moment vint lui-même reprendre la suite de sa propre histoire. Votre ancienne connaissance M. Tresham, ou M. Middlemas, ou n'importe quel nom il lui convienne de prendre, a eu l'honneur d'être placé très haut par le bruit public dans les bonnes grâces de cette Boadicée. Il est certain qu'il a commandé quelques troupes qu'elle conserve encore sur pied, et qu'il était à leur tête au service du Nabab, qui a eu l'astuce de l'employer à tout ce qui pouvait le rendre odieux à ses compatriotes. Les prisonniers anglais étaient sous sa garde, et si j'en juge par ce que j'ai éprouvé moi-même, le diable pourrait prendre de lui des leçons de sévérité.

— Et il était attaché à cette femme? il avait des liaisons avec elle?

— C'est ce que mistress Renommée nous dit dans notre prison. Le pauvre Jack Ward eut la bastonnade pour avoir célébré leurs mérites dans une parodie de cette chanson de comédie :

« Il est sûr qu'on ne vit jamais
Couple si bien formé pour vivre ensemble. »

Hartley ne put en écouter davantage. Le destin de Menie Grey, lié à un tel homme et à une telle femme, s'offrit à son imagination sous les plus horribles couleurs, et il s'efforçait de se faire jour à travers la foule pour gagner quelque endroit où il pourrait rassembler ses idées et réfléchir à ce qu'on pouvait faire pour la protéger, quand un domestique noir lui toucha le bras et en même temps lui glissa une carte dans la main. Elle portait « Miss Grey, chez mistress Montreville, maison de

Ram Sing Cottah, dans la Ville-Noire. » Au revers on avait écrit au crayon : Huit heures du matin.

Cet avis du lieu où elle résidait impliquait naturellement la permission, ou pour mieux dire l'invitation d'aller la voir à l'heure indiquée. Le cœur lui battit à l'idée de la revoir, et plus encore à la pensée de pouvoir lui être utile. — Du moins, se dit Hartley, si elle est entourée de quelque danger, comme il y a grandement lieu de le soupçonner, elle ne manquera pas de conseils, ni même de protection s'il en est besoin. Néanmoins il sentit en même temps la nécessité de mieux connaître les circonstances de sa position et les personnes avec lesquelles elle semblait en rapport. Butler et Mercer en avaient tous les deux parlé d'une manière peu honorable; mais Butler était un fat, et Mercer tenait grandement de la commère. Tandis qu'il réfléchissait à la foi que méritait leur témoignage, il rencontra inopinément une personne de sa profession, un chirurgien militaire, qui avait eu la mauvaise fortune d'habiter les prisons d'Aïder jusqu'à ce que la dernière paix lui eût rendu la liberté. M. Esdale, tel était son nom, était généralement estimé comme homme bien posé pour faire son chemin dans le monde, calme, ferme et réfléchi dans ses opinions. Hartley fit aisément rouler la conversation sur la reine de Saba, en lui demandant si Sa Majesté ne tenait pas quelque peu de l'aventurière.

— Sur ma parole, c'est ce que je ne saurais dire, répondit Esdale en souriant; nous cherchons tous les aventures dans l'Inde, plus ou moins, et je ne vois pas que la *begum* Montreville soit à cet égard différente des autres.

— Pourtant ce costume et ces manières d'amazone sentent un peu la *picaresca*.

— Vous ne pouvez vous attendre à trouver dans une femme qui a commandé des soldats, et qui peut en commander encore, l'air et le costume d'une femme ordinaire; néanmoins je vous assure que même à l'heure qu'il est, si elle voulait se marier, elle pourrait aisément trouver un parti respectable.

— Eh! j'ai ouï dire qu'elle avait livré la forteresse de son mari à Aïder.

— Ha, c'est un échantillon des commérages de Madras. Le fait est qu'elle défendit la place long-temps après la mort de son mari, et qu'ensuite elle la rendit par capitulation. Aïder, qui se pique d'observer les règles de la justice, ne l'aurait pas, s'il en eût été autrement, admise dans une telle intimité.

— Oui, j'ai ouï dire aussi que leur intimité était des plus grandes.

— Autre calomnie, si vous prenez cela dans le sens de la médisance. Aïder est trop zélé musulman pour avoir une maîtresse chrétienne; et d'ailleurs, pour jouir de l'espèce de rang accordé à une femme dans sa situation, il faut qu'elle s'abstienne, du moins en apparence, de toute liaison de galanterie. C'est ainsi qu'on disait que la pauvre femme avait des rapports avec Middlemas du *** régiment.

— Et était-ce aussi un faux bruit? dit Hartley avec une anxiété qui lui permettait à peine de respirer.

— Sur mon âme, je le pense, répondit M. Esdale. Ils étaient amis, tous deux Européens dans une cour de l'Inde, et conséquemment intimes; mais rien de plus, à ce que je crois. A propos, quoiqu'il y ait eu, je crois, quelques difficultés entre vous et Middlemas, le pauvre garçon, je suis pourtant sûr que vous serez bien aise d'apprendre qu'il y a chance que son affaire s'arrange.

— Vraiment! Ce fut le seul mot que Hartley put articuler.

— Oui, vraiment. Le duel est maintenant une vieille histoire, et on doit convenir que si ce pauvre Middlemas a été imprudent dans cette affaire-là, il y avait eu provocation.

— Mais sa désertion, — le commandement qu'il a accepté sous Aïder, — la manière dont il a traité nos prisonniers, — comment pourra-t-on passer sur tout cela?

— Eh! il est possible — je vous parle comme à un homme prudent et entre nous — il est possible qu'il nous soit plus utile dans la capitale d'Aïder ou dans le camp de Tippo qu'il ne l'aurait été en continuant de servir dans son régiment. Et puis, quant à la manière dont il a traité les prisonniers, il est sûr qu'à cet égard je ne puis dire de lui que du bien. Il fut obligé de se charger de la fonction qu'on lui donnait, parce qu'il faut que ceux qui servent Aïder Naig obéissent ou meurent. Mais lui-même m'a dit — et je le crois — qu'il accepta cette fonction principalement parce qu'en criant bien fort après nous devant ces coquins de noirauds, il pouvait nous être utile en sous-main. Quelques fous ne pouvaient comprendre cela, et lui répondaient par des injures et des quolibets; ceux-là il était obligé de les punir pour éviter le soupçon. Oui, oui, moi et d'autres nous pouvons prouver qu'il était disposé à être bon pour nous, si on voulait ne rien faire pour l'en empêcher. J'espère le remercier à Madras avant peu. — Tout ceci entre nous. — Au revoir.

Fort embarrassé de concilier les renseignements contradictoires qu'il avait reçus, Hartley fut de là questionner le vieux capitaine Capstern, ce capitaine de bâtiment de la Compagnie qu'il avait vu si empressé près de la *begum* Montreville. Lui ayant demandé quelles étaient les femmes qui avaient fait la traversée sur son bord, il entendit une assez longue kyrielle de noms, parmi lesquels celui qui l'intéressait tant ne se trouvait pas. Serré de plus près, Capstern se souvint que Menie Grey, une jeune Écossaise, avait fait la traversée en compagnie de mistress Duff, la femme du maître d'équipage. — Une bonne et honnête fille, continua Capstern, et qui savait tenir à distance respectueuse les autres passagers et les cochons d'Inde. — Elle avait émigré, à ce qu'il croyait, pour être une sorte de demoiselle de compagnie près de madame de Montreville, ou pour surveiller les domestiques. — C'est un assez bon poste, ajouta-t-il, pourvu qu'elle sache trouver la longueur du pied de la vieille poulette.

Ce fut tout ce que Hartley put tirer de Capstern ; de sorte qu'il lui fallut se résoudre à rester dans cet état d'incertitude jusqu'au lendemain matin, qu'il pourrait obtenir une explication de Menie Grey elle-même.

CHAPITRE XII.

L'heure précise assignée trouva Hartley à la porte du riche marchand indien, qui, ayant quelques raisons pour désirer obliger la *begum* Montreville, avait mis à sa disposition, pour elle et sa nombreuse suite, la presque totalité de sa vaste et somptueuse résidence dans la *ville noire* de Madras, ainsi qu'on nomme la partie de la ville occupée par les natifs du pays.

A l'arrivée de Hartley un domestique l'introduisit dans une salle où il pensa que miss Grey viendrait le rejoindre. Cette pièce s'ouvrait d'un côté sur un petit parterre rempli de fleurs brillant des vives couleurs des climats de l'Orient, au milieu desquelles les eaux d'une fontaine jaillissaient en gerbe étincelante et retombaient dans un bassin de marbre blanc.

Mille souvenirs confus se pressaient dans l'esprit de Hartley, dont les anciens sentiments pour la compagne de sa première jeunesse, s'ils avaient été assoupis par l'éloignement et les incidents variés d'une vie occupée, se réveillèrent en lui quand il se vit si près d'elle, et dans des circonstances dont l'inattendu et le caractère mystérieux augmentaient l'intérêt. Des pas se firent entendre, — la porte s'ouvrit, — une femme parut : — mais c'était la stature majestueuse de madame de Montreville.

— Que désirez-vous, monsieur? demanda la dame; — c'est-à-dire, si vous avez retrouvé ce matin votre langue, que vous aviez perdue hier.

— Je me proposais d'avoir l'honneur de rendre visite à la jeune personne que j'ai vue hier matin en compagnie de Votre Excellence, répondit Hartley en prenant les dehors du respect. J'ai eu long-temps l'honneur d'être connu d'elle en Europe, et je désire lui offrir mes services dans l'Inde.

— Fort obligée, — fort obligée; mais miss Grey n'est pas ici, et elle ne reviendra pas avant un ou deux jours. Vous pouvez me dire ce que vous avez à lui dire.

— Pardon, madame; mais j'ai quelque raison d'espérer qu'en ceci vous pouvez vous être trompée. — Voici miss Grey elle-même.

— Comment, ma chère? dit mistress Montreville d'un front imperturbable à Menie qui entrait; vous n'êtes donc pas partie pour deux ou trois jours, comme je le disais à monsieur? — Mais c'est égal; — c'est tout-à-fait la même chose Vous allez dire à monsieur, qui a la politesse de venir s'informer de notre santé, comment vous portez-vous? et puis adieu; et comme il voit que nous nous portons très bien l'une et l'autre, il va s'en retourner chez lui.

— Je crois, madame, dit Menie Grey, qui parut faire effort pour répondre ainsi, qu'il faut que j'aie avec monsieur un entretien particulier de quelques minutes, si vous voulez nous le permettre.

— Ce qui veut dire allez-vous-en! Mais c'est ce que je ne ferai pas. — Je n'aime pas les entretiens particuliers entre un jeune homme et une jeune et jolie personne; — cela n'est pas honnête. Cela ne peut pas avoir lieu chez moi.

— En ce cas, cela peut avoir lieu dehors, madame, répliqua miss Grey, non d'un ton d'humeur ou d'arrogance, mais avec la plus grande simplicité. — Monsieur Hartley, voulez-vous venir dans ce jardin? Et vous, madame, vous pouvez nous voir de la fenêtre, si c'est la mode du pays que l'on surveille de si près.

En même temps elle franchit une porte en treillage qui donnait sur le jardin, et cela d'un air si naturel, qu'il semblait seulement qu'elle voulût se conformer aux idées du décorum de son chaperon, quoique ces idées lui parussent étranges. La reine de Saba, malgré son assurance naturelle, fut déconcertée par le calme de miss Grey, et elle quitta la salle d'un air mécontent. Menie y rentra alors, et du même ton qu'auparavant, mais avec moins de nonchalance, elle dit à Hartley :

— Je ne voudrais assurément pas manquer aux règles d'un pays étranger, mais je ne puis me refuser au plaisir de parler à un si ancien ami; — si toutefois, ajouta-t-elle, s'interrompant et regardant Hartley, qui était fort embarrassé, — si toutefois le plaisir est aussi grand pour lui que pour moi.

— C'en aurait été un, répondit Hartley, sachant à peine ce qu'il disait; — ce doit être un plaisir pour moi dans toutes les circonstances possibles ; — mais cette rencontre extraordinaire, — mais votre père...

Menie Grey porta son mouchoir à ses yeux. — Je l'ai perdu, monsieur Hartley. Lorsqu'il fut laissé seul et sans aide, ses occupations devinrent trop fortes pour lui ; — il gagna un rhume qu'il ne soigna pas à temps, car vous savez qu'il était le dernier à faire attention à ses indispositions, de sorte que celle-ci prit un caractère dangereux, et qu'elle finit par être mortelle. — Je vous afflige, monsieur Hartley; mais vous avez raison d'être affecté. Mon père vous aimait bien.

— Oh, miss Grey! dit Hartley, mon excellent ami n'aurait pas dû se trouver ainsi isolé à la fin d'une vie si utile et si vertueuse. — Hélas! pourquoi — la question m'échappe involontairement — pourquoi n'avez-vous pu vous plier à ses désirs? Pourquoi...

— Ne me demandez pas cela, interrompit-elle, arrêtant la question qu'il avait sur les lèvres; ce n'est pas nous qui nous faisons notre destinée. Il est pénible de parler d'un tel sujet ; mais une fois pour toutes, qu'il me soit permis de dire que j'aurais fait injure à monsieur Hartley, si j'avais accepté sa main, même pour assurer son assistance à mon père, alors que je n'aurais pu lui apporter en même temps des affections dont je n'étais plus maîtresse.

— Mais pourquoi vous vois-je ici, Menie? — Pardonnez-moi, miss Grey : ma langue aussi bien que mon cœur revient à des scènes depuis long-temps oubliées. — Pourquoi êtes-vous ici? — pourquoi avec cette femme?

— Il est vrai qu'elle n'est pas précisément ce que j'attendais, répondit Menie Grey ; mais je ne dois pas me laisser prévenir défavorablement par des manières étrangères, après la démarche que j'ai faite. — Elle est d'ailleurs attentive et généreuse à sa manière, et je serai bientôt..... Elle s'arrêta un moment, puis elle reprit : Je serai bientôt sous une meilleure protection.

— Celle de Richard Middlemas? dit Hartley d'une voix mal assurée.

— Je ne devrais peut-être pas répondre à cette question ; mais je ne sais pas feindre, et ceux à qui je donne ma confiance, je la leur donne tout entière. — Vous avez deviné juste, monsieur Hartley, ajouta-t-elle en rougissant ; — je suis venue ici pour unir mon sort à celui de votre ancien camarade.

— Mes craintes ne me trompaient donc pas ! s'écria Hartley.

— Et que peut craindre monsieur Hartley? Je vous croyais trop généreux..... Sûrement une querelle maintenant si vieille ne devrait pas perpétuer le soupçon et le ressentiment.

— Du moins si un sentiment d'animosité vivait dans mon âme, ce serait le dernier que je vous laisserais apercevoir, miss Grey. Mais c'est pour vous, pour vous seule, que je suis inquiet. Cet homme — cette personne à qui vous allez confier votre bonheur, — savez-vous où elle est et à quel service?

— Je sais l'un et l'autre, mieux peut-être que ne peut le savoir monsieur Hartley. M. Middlemas a fait une grande faute, et il en a été sévèrement puni. Mais ce n'était pas au temps de son exil et de sa douleur que celle qui lui avait engagé sa foi devait lui tourner le dos, à l'exemple des flatteurs dont le monde est plein. D'ailleurs, vous n'avez sans doute pas entendu parler de l'espoir qu'il a d'être rendu à son pays et à son rang.

— Pardonnez-moi, dit Hartley, mis hors de garde ; mais je ne vois pas comment il peut le mériter autrement qu'en trahissant son nouveau maître, et en se rendant ainsi encore plus indigne de confiance que je ne l'en crois en ce moment.

— Il est heureux qu'il ne vous entende pas, repartit Menie Grey, qui ressentit vivement, ainsi qu'il était naturel, l'imputation faite à celui qu'elle aimait. Mais elle ajouta aussitôt d'un ton radouci : Ma voix devrait calmer, et non aigrir votre querelle. Monsieur Hartley, je vous atteste sur ma parole que vous êtes injuste envers Richard.

Elle prononça ces mots avec un calme touchant, et en écartant toute apparence du mécontentement qu'évidemment elle avait ressenti à cette dépréciation d'un objet aimé.

Hartley fit effort sur lui-même pour répondre du même ton.

— Miss Grey, dit-il, vos actions et vos motifs seront toujours ceux d'un ange; mais laissez-moi vous conjurer d'envisager une affaire aussi importante avec les yeux de la sagesse et de la prudence humaines. Avez-vous bien pesé les risques qui peuvent résulter de la démarche que vous faites en faveur d'un homme.... non, je ne veux pas vous offenser de nouveau — d'un homme qui peut, je l'espère, mériter vos bonnes grâces?

— Quand j'ai désiré vous voir de cette manière, monsieur Hartley, et que je me suis refusée à un entretien devant témoins, où nous eussions pu avoir moins de liberté, c'était dans le dessein de vous tout dire. Je pensais bien à la peine que d'anciens souvenirs pouvaient vous causer, mais je me flattais qu'elle ne serait que momentanée; et comme je désire conserver votre amitié, je dois vous montrer que je la mérite encore. Il me faut d'abord vous dire quelle fut ma situation après la mort de mon père. Dans l'opinion du monde nous fûmes toujours pauvres, vous le savez; mais dans l'acception propre du mot, je ne sus ce qu'est réellement la pauvreté que lorsque je me trouvai placée sous la dépendance d'une parente éloignée de mon pauvre père, qui fit de notre parenté un motif pour rejeter sur moi tous les travaux serviles de sa maison, sans paraître croire qu'elle me donnât droit à sa protection bienveillante, ni à rien autre chose qu'au soulagement de mes plus pressants besoins. Dans ces circonstances je reçus de M. Middlemas une lettre où il me faisait part de son fatal duel et de ses conséquences. Il n'avait pas osé m'écrire de venir partager sa misère; — maintenant qu'il était dans une position lucrative, sous le patronage d'un prince puissant dont la sagesse savait apprécier et protéger les Européens qui entraient à son service, — maintenant qu'il avait tout lieu d'espérer que son crédit près d'Aïder Ali le mettrait à même de rendre à notre gouvernement des services essentiels, et qu'il pouvait nourrir l'espoir qu'il lui serait permis de revenir faire juger son affaire relative à la mort de son colonel : — maintenant il me pressait de venir dans l'Inde partager la fortune qui commençait à lui sourire, en consommant l'engagement mutuel que nous avions pris autrefois. Une somme considérable accompagnait cette lettre. Mistress Duffer y était désignée comme une femme respectable qui me protégerait durant la traversée. Mistress Montreville, dame d'un rang élevé, ayant de vastes possessions et un grand crédit dans le Maïssour, me recevrait à mon arrivée au fort Saint-George et me conduirait en sûreté dans les Etats d'Aïder. Il m'était recommandé en outre, eu égard à la situation particulière de M. Middlemas, de ne pas faire paraître son nom dans l'affaire, et de donner pour motif ostensible de mon voyage un poste que je viendrais occuper dans la maison de cette dame. — Que devais-je faire? Je n'avais plus de devoirs à remplir près de mon pauvre père, et mes autres parents regardaient la proposition comme trop avantageuse pour qu'on pût la rejeter. Les personnes à la protection directe desquelles on me remettait, et l'argent envoyé, étaient considérés comme devant lever tout scrupule ; et la parente chez laquelle je demeurais me pressa si vivement d'accepter l'offre qui m'était faite, qu'elle fut jusqu'à me déclarer qu'elle ne m'encouragerait pas à demeurer dans la situation où je me trouvais, en continuant de me donner l'abri et la nourriture (elle ne me donnait guère au-delà), si j'étais assez folle pour me refuser à ce qu'on demandait de moi.

— Créature sordide! dit Hartley; combien peu elle méritait un tel dépôt!

— Permettez-moi un mot de présomption, monsieur Hartley, et peut-être alors ne blâmerez-vous plus autant mes parents. Toutes leurs instances, toutes leurs menaces même, n'auraient pu me décider à une démarche qui avait, du moins en apparence, quelque chose à l'idée de laquelle j'avais peine à me faire. Mais j'avais aimé Middlemas, — je l'aime encore, — pourquoi le nierai-je? — et je n'ai pas hésité à me fier à lui. N'eût-ce été la voix intérieure qui me rappelait mes engagements, j'aurais maintenu plus obstinément l'orgueil du sexe, et, comme vous me l'auriez peut-être recommandé, j'aurais du moins attendu que mon amant vînt lui-même en Angleterre. J'aurais pu avoir la vanité de penser, ajouta-t-elle en souriant à demi, que si je valais la peine qu'on me prît, je valais celle qu'on vînt me chercher.

— Maintenant, miss Grey, — même maintenant, soyez juste pour vous-même tandis que vous êtes généreuse pour votre amant. Ne me regardez pas d'un air irrité, mais écoutez-moi. Je doute qu'il soit convenable que vous restiez sous la conduite de cette femme, qui semble avoir abjuré son sexe, et qu'on ne peut plus qualifier d'Européenne. J'ai assez de crédit près des femmes du plus haut rang dans l'établissement; — ce climat est celui de la générosité et de l'hospitalité. — Il n'est pas une d'elles, connaissant votre caractère et votre histoire, qui ne désire vous avoir dans sa société et sous sa protection, jusqu'à ce que votre amant puisse proclamer à la face du monde son titre à votre main. Je ne serai ni un motif de soupçon pour lui ni une cause d'inconvénient pour vous, Menie. Consentez seulement à l'arrangement que je vous propose, et du moment où vous serez sous une protection honorable et non suspecte, je quitterai Madras pour n'y revenir que lorsque votre destinée sera décidément fixée d'une manière ou de l'autre.

— Non, Hartley, dit miss Grey. Comme ami vous pouvez, vous devez peut-être me conseiller ainsi ; mais il y aurait de la bassesse à moi d'avancer mes propres affaires aux dépens de votre avenir. Que serait-ce, d'ailleurs, sinon attendre l'événement en vue de partager la fortune du pauvre Middlemas si elle était prospère, et de m'y refuser s'il venait à en être autrement ? Dites-moi seulement si d'après votre connaissance personnelle et positive vous pouvez attester que vous regardez cette femme comme incapable et indigne de servir de protectrice à une personne aussi jeune que je le suis ?

— D'après ma connaissance personnelle je ne puis rien dire ; je dois même avouer que les rapports concernant la réputation de mistress Montreville ne s'accordent pas. Mais assurément le simple soupçon.....

— Le simple soupçon ne peut avoir de poids sur moi, monsieur Hartley, attendu que j'y puis opposer le témoignage de l'homme dont je suis disposée à partager la fortune à venir. Vous reconnaissez que la question est seulement douteuse ; or, dans une chose où il y a matière à doute, mon sentiment ne doit-il pas se décider sur l'affirmation de celui pour qui j'ai une si haute estime ? Que serait-il donc, lui, si cette dame Montreville n'était pas ce qu'il a dit ?

— Ce qu'il serait !... pensa intérieurement Hartley ; — mais ses lèvres n'articulèrent pas les mots. Il baissa les yeux et parut plongé dans une profonde rêverie, dont enfin la voix de miss Grey le tira tout-à-coup.

— Il est temps de vous rappeler, monsieur Hartley, que nous devons nous séparer. Que Dieu vous bénisse et vous protège !

— Et vous, ma chère Menie, s'écria Hartley mettant un genou à terre et pressant contre ses lèvres la main qu'elle lui tendait, que Dieu vous bénisse aussi ! — vous méritez toute sa bénédiction ; — que Dieu vous protège ! — vous devez avoir besoin de protection. Oh ! si les choses tournaient autrement que vous ne l'espérez, envoyez-moi chercher sur-le-champ, et si homme peut vous aider, Adam Hartley le fera !

Il lui remit une carte contenant son adresse, puis il sortit précipitamment. Il rencontra dans le vestibule la maîtresse de la maison, qui lui fit une révérence hautaine en signe d'adieu ; tandis qu'un domestique indien de classe supérieure qui la suivait s'inclinait profondément et lui faisait un *salam* révérencieux.

Hartlay se hâta de quitter la Ville-Noire, plus convaincu qu'auparavant que quelque machination se tramait contre Menie Grey, — plus résolu que jamais à faire tous ses efforts pour la sauver, et cependant dans une perplexité encore plus grande, lorsqu'il vint à réfléchir à la nature douteuse des dangers auxquels elle pouvait être exposée, et au peu de moyens de protection qu'il avait à leur opposer.

CHAPITRE XIII.

Tandis que Hartley quittait par une porte la maison de Ram Sing Cottah, miss Grey se retirait par une autre à l'appartement destiné à son usage particulier. Elle aussi avait en secret des motifs d'anxieuses réflexions, car tout son amour pour Middlemas et la pleine confiance qu'elle mettait en son honneur ne pouvaient entièrement surmonter ses doutes au sujet du caractère de celle qu'il lui avait choisie pour protectrice temporaire. Et cependant elle ne pouvait appuyer ces doutes sur rien de fixe et de positif; c'était de l'éloignement pour l'ensemble des manières de mistress Montreville, et une sorte de dégoût pour une manière de sentir et de s'exprimer qui n'avait presque rien de son sexe, plus que toute autre chose.

Cependant mistress Montreville, suivie de son domestique noir, entra dans le salon que Hartley et Menie Grey venaient de quitter. D'après la conversation qui suit, il paraît que de quelque endroit caché ils avaient entendu l'entretien rapporté au chapitre précédent.

— Il est heureux, Sadoc, dit la dame, qu'il y ait dans ce monde de grands fous.

— Et de grands misérables, répondit Sadoc en bon anglais, mais d'un ton sombre.

— Cette femme est ce que dans le Frangistan vous appelez un ange.

— Oui, et j'en ai vu dans l'Hindoustan qu'on pourrait bien appeler des diables.

— Une chose sûre c'est que ce... comment le nommez-vous? — ce Hartley est un de ces diables qui se mêlent de ce qui ne les regarde pas. Que lui importe tout cela? elle ne veut pas de lui. Que lui importe qui l'aura? Je voudrais nous revoir de l'autre côté des Ghâts, mon cher Sadoc.

— Quant à moi, repartit l'esclave, je suis à demi décidé à ne jamais repasser les Ghâts. Ecoutez, Adéla : je commence à me dégoûter de notre plan. La pureté si confiante de cette pauvre créature — appelez-la ange ou femme, comme vous voudrez — me fait paraître mes machinations sous un jour trop vil, même à mes propres yeux. Je me sens incapable de vous accompagner plus loin dans les sentiers audacieux que vous suivez. Séparons-nous, séparons-nous amis.

— Ainsi soit-il, lâche! mais cette femme reste avec moi [1].

[1] Pour ne pas nuire au ton de passion qui règne dans ce dialogue, nous avons cru devoir écarter du langage de la begum le *patois* de madame Montreville. (W. S.)

— Avec toi ! répliqua le prétendu noir ; — jamais ! Non, Adéla. Elle est à l'ombre du pavillon britannique, et elle en éprouvera la protection.

— Oui-dà ? — et quelle protection vous procurera-t-il à vous-même? répliqua l'amazone. Qu'arriverait-il si je frappais des mains et que j'ordonnasse à une vingtaine de mes domestiques noirs de vous lier comme un mouton, et qu'alors je fisse prévenir le gouverneur de la présidence qu'un certain Richard Middlemas, qui s'est rendu coupable de mutinerie, de meurtre, de désertion, et qui est passé à l'ennemi contre ses compatriotes, est ici, dans la maison de Ram Sing Cottah, sous le déguisement d'un domestique noir? Middlemas se couvrit le visage de ses deux mains, tandis que madame Montreville continuait de l'accabler de reproches. — Oui, poursuivit-elle, esclave et fils d'esclave ! puisque vous portez le costume des gens de ma maison, vous m'obéirez aussi ponctuellement que tous les autres : autrement, les verges et les fers, — l'échafaud, renégat, — le gibet, meurtrier ! Oses-tu bien réfléchir à l'abîme de misère d'où je t'ai tiré pour te faire partager mon opulence et mes affections? Ne te souviens-tu pas que le portrait de cette fille pâle, froide et sans passion t'était si indifférent alors, que tu le sacrifias comme un tribut dû à la bienveillance de celle qui te secourait, à l'affection de celle qui descendait jusqu'à t'aimer, tout misérable que tu étais ?

— Oui, femme barbare ; mais est-ce moi qui encourageai la passion du jeune tyran pour un portrait, et qui conçus l'abominable projet de lui livrer l'original?

— Non, — car cela exigeait de la tête et de l'esprit. Mais ce fut à toi, misérable à cœur de pierre, à exécuter le plan qu'un génie plus hardi avait conçu ; ce fut toi qui fus chargé d'attirer la jeune fille sur cette côte étrangère, en feignant un amour qui de ton côté, mécréant sans âme, n'avait jamais existé.

— Paix, oiseau de mauvais augure ! ne me pousse pas à un point de folie où je puisse oublier que tu es une femme.

— Une femme, lâche ! Est-ce là ton prétexte pour m'épargner ? — Qu'es-tu donc, toi que le regard d'une femme, que la parole d'une femme font trembler ? — Je suis une femme, renégat ; mais une femme qui porte un poignard, et qui méprise également ta force et ton courage. Je suis une femme qui a vu plus d'hommes mourants que tu n'as tué de daims et d'antilopes. — Tu veux arriver par l'intrigue ? — Tu t'es jeté, comme un enfant de cinq ans, au milieu des rudes exercices des hommes, et tu n'y gagneras que d'être renversé et foulé aux pieds. Tu voudrais être un double traître, vraiment ! — tu voudrais livrer ta fiancée au prince, afin d'obtenir les moyens de livrer le prince aux Anglais, et gagner ainsi le pardon de tes compatriotes? Mais moi tu ne me tromperas pas. Je ne serai pas l'instrument de ton ambition ; — je ne t'aiderai pas de mes trésors et de mes soldats pour être sacrifiée à la fin à ce glaçon du Nord. Non, j'aurai l'œil sur toi comme le démon a l'œil sur le sorcier. Laisse échapper le moindre indice de vouloir me trahir tandis que nous sommes ici, et je te dénonce aux Anglais, qui pourraient pardonner au scélérat qui leur serait utile, mais non à celui qui n'aurait à offrir que des prières pour sa vie, au lieu d'utiles services. Que je te voie broncher quand nous aurons repassé les Ghâts, et le Nabab connaîtra tes intrigues avec le Nizam et les Mahrattes, et ta résolution de livrer Bangalore aux Anglais quand l'imprudence de Tippo t'aura fait killedar. Va où tu voudras, esclave, et tu m'y trouveras ta maîtresse.

— Et une belle maîtresse, quoique peu indulgente, dit le faux Sadoc, qui changea de ton pour revenir à une affectation de tendresse. Il est vrai que j'ai pitié de cette malheureuse fille ; il est vrai que je voudrais la sauver s'il m'était possible : — mais il est souverainement injuste de supposer qu'en aucun cas je pourrais la préférer à ma Nourjehan, à ma lumière du monde, à ma Moûtî-Mahul, ma perle du palais...

— Tout cela est fausse monnaie et compliments vides., interrompit la begum. En deux mots et brièvement dites que vous laissez cette femme à ma disposition.

— Mais non pour être enterrée vivante sous votre siège, comme la Circassienne dont vous étiez jalouse, dit Middlemas en frissonnant.

— Eh non, fou que tu es ! le pire de son sort sera d'être la favorite d'un prince. Fugitif et criminel comme tu l'es, as-tu à lui en offrir un meilleur?

— Mais, repartit Middlemas, que le sentiment de sa conduite abjecte fit rougir même sous son ignoble déguisement, je ne veux pas que l'on force ses inclinations.

— Elle aura la trêve qu'accordent les lois du zenara, répliqua le tyran femelle. Une semaine lui suffira pour décider si elle veut être de plein gré la maîtresse d'un royal amant plein de générosité.

— Oui, dit Richard ; — et avant que cette semaine expire.... Il s'arrêta court.

— Qu'arrivera-t-il avant que la semaine expire? dit la begum Montreville.

— Peu importe, — rien de conséquence. Je vous laisse disposer du sort de la jeune fille.

— C'est bien ; — nous repartons ce soir, dès que la lune sera levée. Donnez des ordres à notre suite.

— Entendre est obéir, repartit le faux esclave ; et il quitta la salle.

Les yeux de la begum restèrent fixés sur la porte par laquelle il venait de sortir. — Scélérat, — scélérat à double face ! dit-elle, je vois ton projet ; tu voudrais trahir Tippo, en politique ainsi qu'en amour. Mais moi tu ne peux me tromper. — Holà ! quelqu'un ! Qui est de service?

Qu'un messager de confiance se tienne prêt à partir sur-le-champ avec des lettres que je vais préparer à l'instant même. Il faut que son départ soit un secret pour tout le monde. — Et maintenant ce pâle fantôme connaîtra bientôt son destin, et saura ce que c'est que d'avoir été la rivale d'Adéla Montreville.

Tandis que l'amazone méditait des plans de vengeance contre son innocente rivale et le coupable amant, celui-ci ne méditait pas des complots moins profonds pour arriver à ses fins. Il avait attendu que le court crépuscule dont on jouit dans l'Inde vînt rendre son déguisement complet; il prit alors en toute hâte le chemin de la partie de Madras qu'habitent les Européens, et que l'on nomme le fort Saint-George.

— Je la sauverai encore, se dit-il; avant que Tippo ait pu saisir sa proie, nous soulèverons autour de lui un orage qui arracherait le dieu de la guerre lui-même des bras de la déesse de la beauté. Ce tigre indien sera pris au piège avant qu'il n'ait eu le temps de dévorer l'appât qui l'y aura attiré.

Tout en caressant cet espoir, Middlemas approchait de la résidence. La sentinelle l'arrêta, comme cela devait être; mais il avait le mot de passe, et il entra sans opposition. Il fit le tour du bâtiment où résidait le président du conseil, homme capable et actif, mais sans conscience, et que l'on ne supposait pas s'embarrasser beaucoup, soit dans ses propres affaires, soit dans celles de la Compagnie, de la nature des moyens qu'il mettait en œuvre pour arriver à ses fins. Middlemas frappa doucement à une petite porte de derrière; un esclave noir vint ouvrir, et fit passer le visiteur par la dépendance nécessaire de toute résidence de gouverneur, — un escalier dérobé, qui le conduisit au cabinet du bramin Paupiah, le *dubash* ou intendant du grand homme, lequel employait principalement son entremise pour communiquer avec les princes du pays, et conduire nombre d'intrigues mystérieuses dont il ne faisait point part à ses collègues du conseil.

Pour être juste envers le coupable et malheureux Middlemas, il faut peut-être supposer que si c'eût été avec un officier anglais qu'il se fût trouvé en rapport, il aurait pu être amené à se mettre à sa merci et à lui expliquer l'ensemble de son marché infâme avec Tippo, et que, renonçant à ses criminels projets d'ambition, il aurait pu tourner toutes ses pensées vers les moyens de sauver Menie Grey, avant qu'elle ne fût transportée hors des limites de la protection britannique. Mais l'Indien maigre et basané qui était là devant lui, enveloppé de robes de mousseline brodées d'or, était Paupiah, connu comme grand-conseiller de projets ténébreux, Machiavel oriental dont les rides précoces étaient le résultat de mainte intrigue, où l'existence du pauvre, le bonheur du riche, l'honneur des hommes et la chasteté des femmes, avaient été sacrifiés sans scrupule pour obtenir quelque avantage politique ou privé.

— Il ne s'enquit même pas par quel moyen le renégat anglais se proposait d'acquérir près de Tippo cette influence qui pouvait le mettre à même de le trahir : — tout ce qu'il demanda fut d'être assuré que le fait était réel.

— Vous parlez au risque de votre tête, si vous abusez Paupiah ou que vous mettiez Paupiah dans le cas d'abuser son maître. Je sais — ainsi que tout Madras — que le Nabab a fait son jeune fils Tippo vice-régent du territoire récemment conquis de Bangalore, que Aïder a dernièrement ajouté à ses États. Mais que Tippo confie le gouvernement de cette place importante à un apostat féringi, voilà qui paraît plus douteux.

— Tippo est jeune, répondit Middlemas, et pour la jeunesse la tentation des passions est ce que sera pour l'enfance la fleur qui flotte à la surface du lac : — on risque sa vie pour avoir ce qui, une fois obtenu, n'a plus que peu de valeur. Tippo a l'astuce et les talents militaires de son père, mais il n'en a pas la prudence et la circonspection.

— Tu dis vrai ; — mais quand tu seras gouverneur de Bangalore, auras-tu des forces suffisantes pour te maintenir dans la place jusqu'à ce que tu sois soutenu par les Mahrattes ou par les Anglais ?

— N'en doutez pas ; — les soldats de la begum Moûtî Mahul, que les Européens appellent Montreville, sont moins les siens que les miens. Je suis son bukchî (général), et ses serdars sont à ma dévotion. Avec ces forces je pourrais tenir dans Bangalore pendant deux mois, et en huit jours l'armée anglaise peut être devant la ville. Que risquez-vous à faire avancer l'armée du général Smith plus près de la frontière ?

— Nous risquons une paix convenue avec Aïder, pour laquelle il a fait des offres avantageuses. Néanmoins je ne dis pas que ton plan ne puisse l'être davantage. Tu dis que les trésors de Tippo sont dans le fort ?

— Ses trésors et son zénana [1]. Il est même possible que je puisse m'assurer de sa personne.

— Ce serait un excellent gage.

— Et vous consentez à ce que les trésors soient partagés jusqu'à la dernière roupie, ainsi qu'il est spécifié dans cet écrit ?

— La part du maître de Paupiah y est trop faible, — et le nom de Paupiah y est omis.

— La part de la begum peut être partagée entre Paupiah et son maître.

— Mais la begum attendra ce qui devra lui revenir.

— Laissez-moi le soin de régler avec elle. Avant que le coup ne soit frappé, elle ne saura rien de notre traité secret ; après, son désappointement importera peu. Et maintenant, souvenez-vous de mes stipulations : — mon grade restitué, — et mon plein pardon accordé.

[1] Harem. (L. V.)

— Oui, si vous réussissez, répondit le prudent Paupiah. Mais si vous veniez à manquer à nos conventions, je saurais bien vous faire atteindre par le poignard d'un loutî, fussiez-vous abrité sous les plis de la robe du Nabab. En attendant prenez cette lettre, et quand vous serez en possession de Bangalore faites-la parvenir au général Smith, dont la division aura ordre de s'approcher des frontières du Maïssour autant qu'elle pourra le faire sans éveiller le soupçon.

Ainsi se sépara ce digne couple : Paupiah pour aller rendre compte à son maître du progrès de ces obscures machinations, Middlemas pour rejoindre la begum et reprendre avec elle le chemin du Maïssour. L'or et les diamants de Tippo, l'importance qu'il allait acquérir, le bonheur de se délivrer du même coup et de l'autorité capricieuse de l'irascible Tippo et des fâcheuses prétentions de la begum, étaient de si agréables sujets de méditation, qu'il donna à peine une pensée au sort de sa victime européenne, sauf pour calmer le cri de sa conscience en se flattant de l'espoir que tout le mal qu'elle pourrait éprouver se réduirait à quelques jours d'alarmes, puisque d'ici là il aurait les moyens de la délivrer du tyran, dans le zénana duquel elle allait être momentanément renfermée. Il résolut en même temps de s'abstenir de la voir jusqu'au moment où il pourrait la protéger, pensant avec raison au danger que pourraient courir tous ses plans s'il éveillait de nouveau la jalousie de la begum. Il se flattait qu'elle était assoupie ; et durant leur retour au camp de Tippo, près de Bangalore, il s'étudia à capter cette femme ambitieuse et rusée par les flatteries d'une tendresse affectée, et par la perspective la plus splendide des richesses et du pouvoir qu'allait leur procurer à tous deux, prétendait-il, la réussite de son entreprise actuelle.

Il est à peine nécessaire de dire que de telles choses ne pouvaient avoir lieu que dans les premiers temps de nos établissements dans l'Inde, alors que l'autorité modératrice des directeurs était imparfaite, et que celle de la couronne n'existait pas encore. Mon ami M. Fairscribe pense même qu'il y a un anachronisme dans l'introduction de Paupiah, le *dubash* bramin du gouverneur anglais.

CHAPITRE XIV.

Il paraît que la jalouse et impérieuse begum ne recula pas de long-temps son projet de désespérer sa rivale en l'informant du sort qui lui était destiné. A force de prières ou à prix d'argent, Menie Grey obtint d'un serviteur de Ram Sing Cottah qu'il remît à Hartley le billet suivant dicté par le désespoir :

« Tout est vrai dans ce que vos craintes avaient prévu.—Il m'a livrée à une femme cruelle, qui me menace de me vendre au tyran Tippo. — Sauvez-moi si vous pouvez ! — Si vous n'avez pas pitié, ou que vous ne puissiez me donner secours, il ne me reste plus d'espoir sur terre. — M. G. »

La hâte avec laquelle le docteur Hartley courut au fort demander une audience du gouverneur fut rendue inutile par les délais que lui opposa Paupiah.

Il ne convenait pas aux plans de cet artificieux Hindou qu'aucun obstacle fût mis au départ de la begum et de son favori, les projets de ce dernier s'accordant si bien avec les siens propres. Il joua l'incrédulité quand Hartley se plaignit qu'une Anglaise était retenue contre son consentement dans la suite de la begum, et affecta de regarder la plainte de miss Grey comme le résultat de quelque querelle de femmes, indigne d'une attention particulière ; et lorsque enfin il prit quelques mesures pour examiner la chose plus à fond, il s'arrangea de façon à les rendre assez tardives pour que la begum et sa suite fussent désormais hors d'atteinte.

Hartley ne put maîtriser son indignation ; il se répandit en reproches contre Paupiah, et le gouverneur n'y fut même pas épargné. Cette colère ne servit qu'à fournir à l'impassible bramin un prétexte pour lui interdire l'entrée de la résidence, en lui donnant à entendre que si son langage continuait d'avoir ce caractère imprudent il pouvait s'attendre à être éloigné de Madras et relégué dans quelque fort de l'intérieur ou dans quelque village des montagnes, où ses connaissances médicales trouveraient pleinement à s'exercer pour se protéger et protéger les autres contre l'insalubrité du climat.

Comme Hartley se retirait, agité d'une impuissante indignation, Esdale fut la première personne que le hasard lui fit rencontrer ; et encore tout bouillant de colère il lui raconta ce qu'il appelait la conduite infâme du *dubash* du gouverneur, sur laquelle, il n'avait que trop lieu de le supposer, le gouverneur lui-même fermait les yeux, se récriant contre la lâcheté qu'ils laissaient voir en abandonnant une sujette de l'Angleterre à l'astuce de deux renégats et aux violences d'un tyran.

Esdale l'écouta avec cette anxiété que laissent percer les hommes circonspects lorsqu'ils se voient exposés à être mis dans l'embarras par les paroles d'un ami imprudent.

— Si vous voulez que dans cette affaire on vous rende personnellement justice, dit-il enfin, il faut vous adresser à Leadenhall-Street, où je soupçonne — soit dit entre nous — que les plaintes s'accumulent tant contre Paupiah que contre son maître.

— Je me soucie aussi peu de l'un que de l'autre, répliqua Hartley ; — je n'ai pas à demander réparation de torts personnels ; — je n'en désire aucune : tout ce que je veux, c'est du secours pour Menie Grey.

— En ce cas, vous n'avez qu'une ressource : — c'est de vous adresser à Aïder lui-même.

— A Aïder ! — à l'usurpateur — au tyran Aïder ?

— Oui, c'est à cet usurpateur, à ce tyran, qu'il faut vous résoudre à vous adresser. Son orgueil est d'être regardé comme un strict dispensateur de la justice ; et peut-être en cette occasion, comme en d'autres, voudra-t-il se montrer juge impartial.

— En ce cas, je vais demander justice au pied de son trône, s'écria Hartley.

— Pas si vite, mon cher Hartley, repartit son ami ; réfléchissez d'abord au risque que vous courez. Aïder est juste par réflexion, et peut-être par des considérations politiques ; mais par tempérament, son sang est aussi bouillant que le fut jamais sang indien, et si vous ne le trouvez pas en veine de juger, il est assez probable qu'il sera en humeur de tuer. Il a aussi souvent en tête les poteaux et les verges que le juste maintien des balances de la justice.

— N'importe ; — je vais sur-le-champ me présenter à son durbar. Le gouverneur, ne serait-ce que par pudeur, ne peut me refuser des lettres de créance.

— Ne pensez pas à en demander, repartit son ami plus expérimenté ; il en coûterait peu à Paupiah de les rédiger de manière à engager Aïder à débarrasser d'un seul coup et pour jamais notre dubash à peau noire de l'opiniâtre docteur Adam Hartley et de sa langue trop libre. Un vâkil ou messager du gouvernement part demain pour Seringapatnam : arrangez-vous de façon à vous réunir à lui sur la route ; son passe-port vous protégera tous les deux. Ne connaissez-vous aucun des chefs qui approchent de la personne d'Aïder ?

— Aucun, à l'exception de son dernier émissaire ici, Bârak el Hadgi.

— Bien que ce ne soit qu'un fakir, son appui peut être aussi efficace que celui de personnages plus haut placés. Et à vrai dire, là où le caprice d'un despote est la seule loi, on ne saurait dire sur quoi on peut le mieux compter. — Suivez mon avis, mon cher Hartley ; abandonnez cette pauvre fille à son sort. Après tout, en vous mettant vous-même en attitude de vouloir la sauver, il y a cent contre un à parier que vous ne ferez qu'assurer votre propre perte.

Hartley secoua la tête et se hâta de faire ses adieux à Esdale, qu'il laissa dans cet heureux état d'esprit d'un homme qui s'applaudit d'avoir donné à un ami le meilleur avis possible, et qui peut en conscience se laver les mains de tout ce qui peut s'ensuivre.

S'étant muni d'argent, et accompagné de trois fidèles serviteurs du pays, montant ainsi que lui des chevaux arabes; n'emportant pas de tente et ne se chargeant que d'un très léger bagage, Hartley, excité par l'inquiétude, prit sans perdre un instant le chemin du Maïssour, cherchant en même temps à se rappeler tout ce qu'il avait ouï raconter de la justice et de la magnanimité d'Aïder, pour se confirmer dans l'assurance qu'il trouverait le Nabab disposé à protéger une femme sans appui même contre le futur héritier de son empire.

Il n'avait pas encore atteint la frontière du territoire de Madras, qu'il rejoignit le vâkil, ou messager du gouvernement britannique, dont Esdale lui avait parlé. Cet homme, accoutumé à permettre pour une somme d'argent aux marchands européens qui voulaient s'aventurer à visiter la capitale d'Aïder de partager la protection de son passe-port et de son escorte, ne se montra nullement disposé à refuser ce bon office à une personne en crédit à Madras; et confirmé encore dans ses bonnes dispositions par un présent de Hartley, il promit d'avancer avec toute la rapidité possible C'était un voyage qu'on ne pouvait faire sans de grandes fatigues et de grands dangers, attendu qu'ils avaient à traverser un pays fréquemment exposé à tous les maux de la guerre, surtout lorsqu'ils approchèrent des Ghâts, ces effrayantes montagnes dont les défilés conduisent au plateau du Maïssour, et à travers lesquelles les fleuves puissants qui ont leur source au centre de la péninsule hindoue se fraient un chemin vers l'Océan.

Le soleil était couché avant que la troupe n'atteignît le pied d'une de ces passes dangereuses au haut desquelles se déroule la route de Seringapatnam. Un étroit sentier, qui parfois ressemblait à un ravin à sec dont les détours sinueux gravissaient parmi d'énormes rochers et d'immenses précipices, tantôt se perdait complétement sous l'ombrage obscur de bois de tékéas, tantôt longeait d'impénétrables jungles, habitation des chacals et des tigres.

Les voyageurs suivaient silencieusement ce triste chemin, — Hartley, à qui l'impatience faisait prendre les devants sur le vâkil, s'enquérant avec inquiétude à quelle heure la lune dissiperait les ténèbres qui depuis le coucher du soleil s'épaississaient rapidement autour d'eux. Les Indiens lui répondirent, suivant leur expression ordinaire, que la lune était sur son côté obscur, et qu'il ne fallait pas espérer la voir percer un nuage pour éclairer les bois et les couches de rocs noirs ou grisâtres au milieu desquels leur chemin serpentait. Hartley n'eut donc d'autre ressource que de tenir les yeux constamment fixés sur la mèche allumée du *sowar*, ou cavalier qui chevauchait devant lui, mèche que pour de bonnes raisons on avait toujours soin de tenir prête à mettre le feu à l'amorce du mousquet. La vedette, de son côté, tenait un œil attentif sur le doûrah, guide fourni au dernier village, et qui, étant maintenant à mi-chemin et plus de sa maison, pouvait être grandement soupçonné de chercher les moyens d'échapper à l'embarras d'aller plus loin¹. Le doûrah, de son côté, sentant derrière lui la mèche allumée et le fusil chargé, poussait un cri de temps à autre pour montrer qu'il était à son affaire, et pour accélérer la marche des voyageurs, cri auquel répondait parfois l'exclamation *ullah!* proférée par les soldats indiens qui fermaient la marche, tout en rêvant à de précédentes aventures, telles que le pillage d'une kaffila (caravane de marchands), ou à quelque autre exploit du même genre, ou réfléchissant peut-être que dans la jungle voisine un tigre pouvait attendre patiemment après le dernier de la troupe, afin de s'élancer sur lui, selon son usage habituel.

Le soleil, qui reparut presque aussi soudainement qu'il les avait quittés, servit à éclairer les voyageurs dans la dernière partie de la montée, et appela les musulmans qui faisaient partie de la troupe à la prière du matin, *allah akbar*, dont les sons prolongés retentirent au milieu des rochers et des ravins ; puis les voyageurs reprirent avec moins de difficultés leur marche forcée, jusqu'à ce que le défilé qu'ils suivaient débouchât enfin sur une étendue illimitée de jungles, au milieu desquelles s'élevait isolément un fort construit en terre. Sur cette plaine la rapine et la guerre avaient interrompu les travaux de l'industrie, et la riche végétation du sol avait changé en peu d'années une fertile campagne en un hallier presque impénétrable. Aussi les berges d'un petit ruisseau, ou *nullah*, étaient-elles couvertes de traces de pas de tigres et d'autres animaux de proie.

Les voyageurs s'arrêtèrent en cet endroit pour se rafraîchir et abreuver leurs chevaux ; et ce fut non loin de là que Hartley vit un spectacle qui le força de comparer le sujet qui occupait toute sa pensée à la détresse dont d'autres avaient été frappés.

A un endroit peu distant du ruisseau, le guide appela leur attention sur un homme de l'aspect le plus misérable dont les traits étaient en

---

¹ Dans chaque village, le doûrah, ou guide, est un personnage officiel payé aux dépens du public, et qui reçoit une portion de la récolte ou quelque autre revenu, de même que le forgeron, le balayeur et le barbier. Comme il ne reçoit rien des voyageurs que son office est de conduire, il ne se fait pas scrupule de raccourcir son chemin et de prolonger le leur en les menant au plus proche village, sans s'inquiéter s'il est sur la ligne directe de leur route ; et quelquefois il les abandonne tout-à-fait. Si le doûrah en titre est malade ou absent, tout l'or du monde ne peut lui trouver un remplaçant. (W. S.)

partie cachés par l'épaisseur de ses cheveux et de sa barbe, et qui était assis sur une peau de tigre. Son corps était couvert de boue et de cendres, sa peau était brûlée du soleil, et pour tout vêtement il avait quelques misérables haillons. Il ne parut pas s'apercevoir de l'approche des étrangers, ne fit pas un mouvement, ne prononça pas un mot, et resta les yeux fixés sur une petite tombe d'apparence grossière, formée des pierres noirâtres répandues sur le sol environnant, et où une petite niche avait été ménagée pour une lampe. Lorsqu'ils furent arrivés plus près de cet homme, et tout en posant devant lui une ou deux roupies et un peu de riz, ils remarquèrent près de lui un crâne et des ossements de tigre, ainsi qu'un sabre presque rongé par la rouille.

Tandis qu'ils contemplaient cet objet misérable, le guide les mit au fait de sa tragique histoire. Sadhu Sing avait été cipaye, ou soldat, maraudeur, cela va sans dire, et l'orgueil du village où il était né, village à demi ruiné qu'ils avaient traversé la veille. Il était fiancé à la fille d'un autre cipaye en garnison dans le fort qu'ils avaient vu à quelque distance s'élever au-dessus de la jungle. Le temps arrivé, Sadhu et ses amis vinrent au fort pour y célébrer le mariage et ramener l'épousée chez son mari. Elle montait un de ces petits chevaux du pays qu'on nomme tatoù; Sadhu et ses amis la précédaient à pied, dans toute leur joie et leur orgueil. Comme ils approchaient du nullah près duquel les voyageurs se reposaient en ce moment, un épouvantable rugissement se fit entendre, accompagné d'un cri d'angoisse. Sadhu Sing, qui se détourna aussitôt, ne vit plus trace de sa femme, sauf que son cheval s'enfuyait épouvanté dans une direction, tandis que dans l'autre les hautes herbes et les roseaux de la jungle s'agitaient dans un long sillon pareil à la trace que le requin laisse après lui quand il nage à la surface de l'Océan. Sadhu tira son sabre et s'élança dans cette direction; les autres restèrent frappés d'immobilité jusqu'à ce qu'ils en fussent tirés par un court rugissement d'agonie. Ils s'enfoncèrent alors dans la jungle leurs sabres nus à la main, et ils ne tardèrent pas à y trouver Sadhu Sing tenant dans ses bras les restes inanimés de sa fiancée, tandis qu'un peu plus loin gisait le corps du tigre, tué d'un coup porté avec une force que le désespoir seul pouvait avoir donné. Le malheureux cipaye, veuf avant d'être époux, ne voulut permettre à personne de partager avec lui ses douloureux devoirs. Il creusa une fosse pour sa Mora, éleva au-dessus la tombe grossière que l'on y voyait, et depuis lors ne quitta pas la place. Les animaux sauvages eux-mêmes semblaient respecter ou craindre son désespoir. Ses amis lui apportaient de la nourriture et de l'eau du nullah; mais jamais il ne souriait ni ne remerciait, si ce n'est quand ils lui apportaient des fleurs pour orner la tombe de Mora. Quatre ou cinq ans, au rapport du guide, s'étaient déjà écoulés, et Sadhu Sing restait toujours là entouré des trophées de sa douleur et de sa vengeance, et montrant tous les symptômes d'un âge avancé, quoiqu'il fût encore dans la fleur de la jeunesse. Ce récit poussa les voyageurs à hâter leur départ, le vâkil parce qu'il lui rappelait les dangers de la jungle, et Hartley parce qu'il n'y voyait que trop de rapports avec le sort probable de sa bien-aimée, qui bientôt allait sentir l'étreinte d'un tigre plus formidable que celui dont le squelette gisait près de Sadhu Sing.

Ce fut au fort déjà mentionné que les voyageurs eurent les premières nouvelles de la marche de la begum et de sa troupe, nouvelles qu'ils recueillirent de la bouche d'un *péon* (soldat d'infanterie) qui avait été de son escorte et qui maintenant retournait à la côte. Elle avait marché, leur dit-il, avec une grande rapidité, jusqu'à ce qu'elle eût gravi les Ghâts, et là elle avait été rejointe par un détachement de ses propres troupes; alors on l'avait payé et congédié, ainsi que d'autres soldats qui comme lui avaient escorté la begum depuis Madras. Il avait su que l'intention de la begum Moutî Mahul était de continuer sa route à petites journées et avec des haltes fréquentes jusqu'à Bangalore, dont elle ne voulait atteindre le voisinage que lorsque le prince Tippo, avec qui elle désirait avoir une entrevue, serait de retour d'une expédition qu'il avait récemment entreprise dans la direction de Vandicotta.

D'après le résultat des questions que lui avaient inspirées ses inquiétudes, et bien que Seringapatnam fût à soixante-dix milles plus à l'est que Bangalore, Hartley avait lieu d'espérer qu'en faisant diligence il aurait encore le temps d'aller se jeter aux pieds d'Aïder et d'implorer son intervention, avant qu'une entrevue entre Tippo et la begum décidât du sort de Menie Grey. D'un autre côté, ce fut en tremblant qu'il entendit le péon lui rapporter que le *bukchi*, ou général de la begum, qui avait accompagné celle-ci à Madras sous un déguisement, avait maintenant repris le costume et l'autorité appartenant à son rang, et qu'on s'attendait à ce qu'il serait honoré par le prince musulman de quelque dignité éminente. Il apprit avec une anxiété encore plus vive qu'un palanquin, surveillé avec un soin scrupuleux par des eunuques, ministres de la jalousie orientale, contenait, disait-on tout bas, une Feringi ou femme franque, belle comme une houri, et que la begum avait fait venir d'Angleterre pour en faire présent à Tippo. L'infamie allait donc s'accomplir : il ne restait plus qu'à voir si la diligence de Hartley parviendrait à la prévenir.

Quand ce zélé protecteur de l'innocence trahie fut arrivé à la capitale d'Aïder, on peut bien croire qu'il ne perdit pas son temps à visiter le temple célèbre de Vischnou, non plus que les superbes jardins appelés Loll-Bang, monument de la magnificence d'Aïder, et qui maintenant renferment ses dépouilles mortelles. Il ne fut pas plus tôt arrivé dans la ville qu'il se rendit en toute hâte à la principale mosquée, ne doutant pas que ce ne fût là où il eût le plus de chances d'avoir des nouvelles de Bàrak el Hadgi. Il s'approcha donc du lieu consacré; et comme d'y entrer eût coûté la vie à un Feringi, il eut recours à l'intermédiaire d'un dévot musulman pour se procurer des informations sur celui qu'il cherchait. Il ne tarda pas à apprendre qu'ainsi qu'il l'avait prévu le fakir Bârak était dans la mosquée, absorbé dans son saint office de lire des passages du Koran et de ses meilleurs commentaires. L'interrompre dans ses dévotions était chose impossible, et ce ne fut que par un présent assez considérable qu'il put obtenir de ce même musulman qu'il avait déjà employé d'aller près du saint homme glisser dans la manche de sa robe un papier contenant le nom de Hartley et l'indication du khan où le vâkil était descendu. L'agent rapporta pour réponse que le fakir, tout entier, comme on devait s'y attendre, au saint office dont il s'acquittait, n'avait paru donner aucune attention au papier que le saheb feringi (l'honorable frank) lui envoyait. Désespéré de cette perte de temps, car les minutes étaient précieuses, Hartley fit tous ses efforts pour déterminer le musulman à aller interrompre les dévotions du fakir par un message verbal; la proposition seule transporta cet homme d'indignation.

— Chien de chrétien ! s'écria-t-il, qu'êtes-vous, toi et toute ta race, pour que Bârak el Hadgi perde une seule de ses pensées divines pour un infidèle tel que toi?

Exaspéré et hors de lui, le malheureux Hartley voulait franchir l'enceinte de la mosquée, dans l'espoir d'interrompre l'interminable lecture que l'on entendait du dehors, quand un vieillard lui mit la main sur l'épaule, et prévint une témérité que Hartley aurait pu payer de sa vie.
— Vous êtes un saheb angrezî (un gentleman anglais), lui dit-il en même temps; mais j'ai été télinga (simple soldat) au service de la Compagnie, et j'ai mangé son sel. Je ferai votre commission auprès du fakir Bârak el Hadgi.

A ces mots il entra dans la mosquée et revint au bout d'un moment, apportant pour réponse du fakir ces mots énigmatiques : Celui qui veut voir le soleil se lever doit attendre jusqu'à l'aube.

Avec ce faible sujet de consolation Hartley retourna à son hôtellerie, pour y méditer sur le peu de fonds qu'il y avait à faire sur les offres de service des naturels du pays, et pour songer à quelque autre moyen d'arriver jusqu'à Aïder, puisqu'il voyait lui échapper celui sur lequel il avait compté jusque là. Mais il perdit tout espoir de ce côté en apprenant de son compagnon de route, qu'il retrouva au khan, que le Nabab était absent de la ville pour une expédition secrète qui pourrait le retenir deux ou trois jours. C'était la réponse que le vâkil lui-même avait reçue du devan, avec l'avis de se tenir prêt à remettre quand il en serait requis ses lettres de créance au prince Tippo, au lieu du Nabab, l'affaire étant renvoyée au jeune prince d'une manière qui faisait mal augurer du succès de la mission.

Peu s'en fallut alors que Hartley ne s'abandonnât au désespoir. Il s'adressa à plusieurs officiers auxquels on supposait du crédit près du

Nabab; mais la plus légère allusion à la nature de son affaire semblait les frapper de terreur. Aucun d'eux ne voulut s'engager à le servir, ni même l'entendre jusqu'au bout; le dévan lui dit en propres termes que se mettre en opposition aux désirs du prince Tippo était le plus sûr moyen de courir à sa perte, et il l'exhorta à retourner à la côte. — L'esprit plein d'angoisses en voyant l'insuccès de toutes ses démarches, Hartley revint au khan vers la fin du jour. La voix tonnante des muezzins avait fait entendre son appel du haut des minarets pour inviter les fidèles à la prière, quand un domestique noir d'une quinzaine d'années parut devant Hartley, et prononça à demi voix et à deux reprises les paroles suivantes : Voici ce que dit Bârak el Hadgi, celui qui veille dans la mosquée : Que celui qui veut voir le soleil se lever se tourne vers l'orient. — Il sortit alors du caravanseraï; et on peut bien supposer que Hartley, quittant précipitamment la natte sur laquelle il s'était étendu pour y chercher quelque repos, suivit son jeune guide avec une nouvelle vigueur et le cœur palpitant d'espoir.

CHAPITRE XV.

> C'était l'heure où des rites impies appelaient chaque voix païenne à la prière; où les étoiles qui s'effaçaient lentement laissaient l'air rafraîchi à l'influence de la rosée.
> Les feux du jour s'étaient amortis ; la lune versait sur la terre sa clarté calme et froide. Vers le somptueux palais du visir un courageux chrétien s'avance seul. Thomas Campbell. *Cité de mémoire.*

Le crépuscule se changea si vite en une nuit obscure, que ce n'était qu'aux vêtements blancs de son guide que Hartley pouvait le distinguer et le suivre à travers le magnifique bazar de la ville. Pourtant cette obscurité était favorable en cela qu'elle prévenait l'attention incommode qu'autrement les habitants eussent pu donner à un Européen portant le costume de son pays, chose alors fort rare à Seringapatnam.

Les différents détours par lesquels il fut conduit aboutirent à une petite porte pratiquée dans un mur, qu'aux branches qui le dépassaient on pouvait juger entourer un jardin ou des bosquets.

A un léger coup du guide la petite porte s'ouvrit. L'esclave étant entré, Hartley se préparait à le suivre ; mais il recula de deux pas à la vue d'un gigantesque Africain qui lui brandissait à la tête un cimeterre de trois doigts de largeur. Le jeune esclave toucha son compatriote d'une baguette qu'il tenait à la main, et il sembla que ce simple attouchement paralysât les forces du géant, dont l'arme et le bras se baissèrent à l'instant même. Hartley entra sans autre opposition, et il se trouva dans un bosquet de mangoustans, que la lune, alors dans son premier quartier, éclairait d'une faible lueur, au milieu du murmure des eaux, du chant harmonieux du rossignol, et des parfums de la rose, du jasmin jaune, des orangers, des citronniers et du narcisse de Perse. Des dômes élevés et de larges portiques, que l'on ne distinguait qu'imparfaitement à la clarté vacillante, semblaient annoncer le voisinage de quelque édifice sacré, où sans doute le fakir avait établi sa résidence.

Hartley avança avec autant de hâte qu'il lui fut possible, et il passa sous une porte latérale donnant accès à un étroit passage voûté, à l'extrémité duquel était une autre porte. Là son guide s'arrêta ; mais il indiqua par signes que l'Européen devait entrer. Hartley obéit, et il se trouva dans une petite cellule pareille à celle que nous avons précédemment décrite; Bàrak el Hadgi y était avec un autre fakir, qui, à en juger par l'aspect imposant d'une barbe blanche qui de chaque côté lui remontait jusqu'aux yeux, devait être un homme de grande sainteté et de grande importance.

Hartley prononça la salutation habituelle, *salam alaikum*, du ton le plus modeste et le plus révérencieux; mais son ci-devant ami fut loin de répondre avec son air d'ancienne intimité, car il se borna, après avoir consulté des yeux son compagnon plus âgé, à désigner du doigt une troisième natte, sur laquelle Hartley s'assit les jambes croisées, à la manière du pays. Un profond silence régna alors durant plusieurs minutes. Hartley connaissait trop bien les habitudes de l'Orient pour compromettre par trop de précipitation le succès de sa démarche. Il attendit qu'on l'invitât à parler. Ce fut de Bàrak que l'invitation vint enfin.

— Quand le pèlerin Bàrak demeurait à Madras, dit-il, il avait des yeux et une langue; mais maintenant il est guidé par ceux de son père, le saint cheik Ali Ben Khaledoun, le supérieur de son couvent.

Cette extrême humilité parut à Hartley peu compatible avec la haute influence que Bàrak s'était attribuée pendant son séjour à la présidence; mais l'exagération de sa propre importance est un faible commun à ceux qui se trouvent sur une terre étrangère. S'adressant donc au fakir le plus âgé, il lui raconta aussi brièvement que possible l'infâme complot qui avait été tramé pour livrer Menie Grey aux mains du prince Tippo. Il sollicita dans les termes les plus persuasifs l'intercession du révérend père près du jeune prince lui-même et près du Nabab son père. Le fakir l'écouta d'un air impassible et sans que sa physionomie trahît plus d'émotions que celle du saint de bois auquel s'adressent d'ardentes supplications. Il y eut un second intervalle de silence, après que Hartley, ayant renouvelé ses instances à plusieurs reprises, eut enfin été obligé d'y mettre fin, faute de trouver de nouveaux arguments.

Le silence fut rompu par le vieux fakir, après qu'il eut jeté un coup d'œil de côté à son plus jeune compagnon, sans le moindre mouvement de corps ou de tête. — L'infidèle a parlé en poëte, dit-il. Mais pense-t-il que le Nabab Aïder Ali Khan Bahader disputera à son fils, Tippo le Victorieux, la possession d'une eslave chrétienne?

Hartley reçut en même temps de Bàrak un coup d'œil oblique, comme pour l'encourager à plaider lui-même sa cause. Il laissa s'écouler une minute, puis il reprit:

— Le Nabab est à la place du prophète, pour juger le faible aussi bien que le puissant. Il est écrit que quand le prophète décida une contestation entre les deux moineaux au sujet d'un grain de riz, son épouse Fatime lui dit: Celui qui tient sa mission d'Allah fait-il bien de consacrer son temps à distribuer la justice sur une chose de si peu d'importance et entre des êtres si méprisables? — Femme, répondit le prophète, sache que les moineaux et le grain de riz sont créés par Allah. Ils ne sont pas plus que tu n'as dit, mais la justice est un trésor d'un prix inestimable, et elle doit être rendue par celui qui tient le pouvoir à tous ceux qui la réclament de lui. Il fait la volonté d'Allah, le prince qui la rend également dans les petites choses comme dans les grandes, et au pauvre aussi bien qu'au puissant. Pour l'oiseau affamé, un grain de riz est autant qu'un collier de perles pour un souverain. — J'ai dit

— Bismallah ! — louange à Dieu ! il a parlé comme un mollâh, dit le vieux fakir d'un ton un peu moins impassible et en faisant vers Bàrak une légère inclination de tête; car pour Hartley il daignait à peine le regarder.

— Les lèvres qui l'ont dit ne peuvent mentir, repartit Bàrak ; et il y eut un nouveau silence.

Ce silence fut de nouveau rompu par le cheik Ali, qui cette fois s'adressa directement à Hartley. — Feringi, lui demanda-t-il, as-tu ouï dire quelque chose d'une trahison méditée par ce kafir (infidèle) contre le Nabab Bahader?

— D'un traître il faut attendre trahison, répondit Hartley ; mais pour parler d'après ma connaissance personnelle, je n'ai rien su d'un tel complot.

— La vérité est dans les paroles de celui qui n'accuse son ennemi que sur ce qu'il sait personnellement, dit le fakir. Les choses que tu nous as rapportées seront exposées au Nabab; et l'issue sera ce qu'il plaira au Nabab et à Allah. En attendant retourne à ton khan, et prépare-toi à accompagner le vàkil de ton gouvernement, qui se met en route avec l'aube pour Bangalore, la cité forte, heureuse et sainte. La paix soit avec toi ! — N'est-ce pas cela, mon fils ?

Bàrak, à qui cet appel était fait, répondit : Comme mon père l'a dit.

Il ne resta plus à Hartley qu'à se lever et à prendre congé avec la phrase habituelle : Salam ! — la paix de Dieu soit avec vous !

Son jeune guide, qui l'attendait au-dehors, le reconduisit à son khan par des rues de traverse où il n'aurait pu se retrouver sans pilote. En chemin sa pensée était tout occupée de l'entrevue qu'il venait d'avoir. Il savait qu'il ne fallait pas avoir une confiance aveugle dans les religieux musulmans. Toute la scène pouvait avoir été arrangée par Bàrak, pour se débarrasser de la peine d'avoir à servir un Européen dans une affaire délicate; aussi résolut-il de se laisser guider par ce qui semblerait confirmer ou démentir ce que le fakir lui avait dit.

A son arrivée au khan il y trouva le vàkil du gouvernement britannique fort affairé, et disposant tout pour obéir aux instructions transmises par le dévan ou trésorier du Nabab, et qui lui prescrivaient de partir pour Bangalore le lendemain matin au petit jour.

Il se montrait fort mécontent de cet ordre ; et quand Hartley lui annonça son dessein de l'accompagner, il sembla regarder cette détermination comme celle d'un fou, et lui donna à entendre que selon toute probabilité Aïder voulait se débarrasser d'eux au moyen des maraudeurs dont il leur faudrait traverser le pays avec une si faible escorte. Cette crainte fit place à une autre : ils virent arriver environ deux cents cavaliers des gardes du Nabab. Le serdar qui commandait cette troupe se présenta avec civilité, et leur dit qu'il avait ordre d'escorter les voyageurs, afin de pourvoir à leur sûreté et d'écarter d'eux les inconvénients de la route; néanmoins ses manières étaient froides et réservées, et le vâkil persista à croire que cette force était destinée à prévenir leur évasion plutôt qu'à les protéger. Ce fut sous ces auspices peu agréables que le voyage de Seringapatnam à Bangalore s'accomplit en deux jours et demi, la distance étant de près de quatre-vingts milles.

Lorsqu'ils arrivèrent en vue de cette belle et populeuse cité, ils trouvèrent un camp déjà établi à un mille de ses murailles. Ce camp occupait une petite éminence couverte d'arbres, et dominant les jardins que Tippo avait fait planter dans un quartier de la ville. La soie et l'or resplendissaient sur les pavillons des principaux personnages; des lances à pointe dorée et des pieux surmontés de globes d'or déployaient un grand nombre de petites bannières sur lesquelles était inscrit le nom du prophète. C'était le camp de la begum Moutî Mahul, qui, avec un détachement de ses troupes d'environ deux cents hommes, attendait le retour de Tippo sous les murs de Bangalore. Le lecteur connaît le motif particulier qui leur faisait désirer une entrevue; aux yeux du public, la visite de la begum était seulement un de ces actes de déférence que rendent fréquemment les princes inférieurs et subordonnés aux protecteurs dont ils dépendent.

Après s'être assuré de ces faits, le serdar du Nabab établit son propre campement en vue de celui de la begum, mais à la distance d'environ un demi-mille, et il expédia en ville un messager chargé d'annoncer au prince Tippo, aussitôt son arrivée, qu'il était auprès de Bangalore avec le vâkil anglais.

On eut bientôt dressé un petit nombre de tentes; Hartley put ensuite se promener, triste et solitaire, à l'ombre de deux ou trois mangoustans, les yeux tournés vers les flammes déployées au-dessus du camp de la begum, et songeant que Menie Grey se trouvait au milieu de ces insignes du mahométisme, destinée par la perfidie d'un indigne amant à devenir l'esclave d'un tyran païen. La pensée d'être si près d'elle ajoutait encore à l'amertume des réflexions que la situation de Menie inspirait à son protecteur, quand il songeait surtout au peu de chances qui lui restaient de l'en tirer par la seule force de la raison et de la justice, car c'était tout ce qu'il pouvait opposer aux passions et à l'égoïsme d'un tyran voluptueux. Un amant tel qu'on les trouve dans les romans aurait pu chercher dans son esprit les moyens de la délivrer par force ou par adresse; mais Hartley, bien qu'homme de courage, n'avait pas cet esprit aventureux, et il aurait regardé comme insensée toute tentative de cette nature.

Le seul rayon consolateur qui arrivât encore à son âme provenait de l'impression qu'il avait paru faire sur le vieux fakir, impression qui pourrait lui être utile, il ne pouvait s'empêcher de l'espérer. Une chose, au surplus, à laquelle il était fermement résolu, c'était de ne pas abandonner la cause qu'il avait embrassée tant que le moindre espoir lui resterait. Dans sa profession il avait vu l'œil du malade se ranimer et revenir à la vie, même quand la main de la mort semblait l'avoir à jamais fermé; et ses succès dans le soulagement des maux purement physiques lui avaient appris à ne pas désespérer de la guérison de ceux de l'âme.

Tandis que Hartley méditait ainsi, son attention fut attirée par une salve d'artillerie partant des bastions élevés de la ville; et portant les yeux dans cette direction, il put voir au nord de Bangalore un flot de troupes à cheval qui avançait tumultueusement, les cavaliers brandissant leurs lances dans toutes les directions et maintenant leurs chevaux au galop. Les nuages de poussière que laissait après elle cette avant-garde (car tel était ce corps), joints à la fumée du canon, ne permirent pas à Hartley de voir distinctement le gros des troupes qui venait ensuite; mais les éléphants surmontés de siéges, et les bannières royales qu'il apercevait confusément et par intervalles, annonçaient clairement le retour de Tippo à Bangalore, en même temps que les acclamations de la foule et les décharges irrégulières de la mousqueterie proclamaient la joie vraie ou feinte des habitants. Les portes de la ville reçurent le torrent vivant qui roulait vers elles; bientôt les nuages de poussière et de fumée se dissipèrent, et l'horizon fut rendu à la sérénité et au silence.

Une entrevue entre personnages importants, surtout quand ils sont de sang royal, est dans l'Inde chose de très grande conséquence, et généralement on déploie beaucoup d'adresse pour amener celui qui reçoit la visite à venir aussi loin que possible à la rencontre du visiteur. Depuis la simple action de se lever, ou d'aller jusqu'au bout du tapis, jusqu'à s'avancer à la porte du palais, à celle de la ville, ou enfin à un ou deux milles de la route, tout est sujet à négociation. Mais l'impatience qu'avait Tippo de posséder la belle Européenne le porta à montrer en cette occasion un bien plus grand degré de courtoisie que la begum n'avait osé s'y attendre. Pour théâtre de leur entrevue il désigna son jardin, adjacent aux murs de la ville, ou pour mieux dire compris dans l'enceinte fortifiée; et pour heure le lendemain de son arrivée à midi; car les Indiens quittent rarement leur demeure plus tôt le matin, ou avant leur premier repas. C'est ce que Tippo lui-même annonça au messager de la begum, tandis qu'à genoux devant le prince il présentait le *nazzur* (tribut consistant en trois, cinq ou sept mohurs d'or, toujours un nombre impair), et recevait en échange un khélat ou habit d'honneur. Le messager, en retour, dépeignit éloquemment l'importance de sa maîtresse, son dévouement et sa vénération pour le prince, et le plaisir que lui faisait éprouver la pensée de leur *motakul* ou entrevue, et il termina par un éloge plus modeste de ses talents extraordinaires et de la confiance que la begum avait en lui, puis il se retira ; et des ordres furent donnés pour que le lendemain tout fût prêt pour le *soudrri* ou grand cortége, au moment où le prince devait recevoir la begum avec honneur dans les jardins de sa maison de plaisance.

Long-temps avant l'heure indiquée, un nombreux concours de fakirs, de mendiants et d'oisifs réuni devant la porte du palais annonça l'attente impatiente de ceux qui forment l'accompagnement ordinaire de tout cortége ; tandis que des mendiants d'une autre classe et encore plus empressés, les courtisans, se hâtaient de se rendre sur le même point, montant des chevaux ou des éléphants, selon leurs moyens, toujours en grande hâte de montrer leur zèle, et avec une célérité proportionnée à leurs craintes ou à leurs espérances.

A midi précis, une salve de pièces d'artillerie placées dans les cours extérieures, et une décharge de mousquets et de fauconneaux portés par des chameaux (les pauvres animaux secouant leurs longues oreilles à chaque décharge), annoncèrent que Tippo venait de monter sur son éléphant. Le son grave et solennel du naggra ou tambour d'apparat, porté par un éléphant, se fit alors entendre en même temps que l'artillerie tonnait à distance, suivie d'un long roulement de mousqueterie ; et immédiatement après un grand nombre de trompettes et de tam-tam (tambours ordinaires) répondirent au naggra, le tout produisant un fracas discordant, qui cependant avait quelque chose de martial. Le bruit allait toujours croissant, tandis que le cortége traversait lentement les cours extérieures du palais et en franchissait les portes, ayant en tête les chobdars portant des bâtons et des verges d'argent, et proclamant de toute la force de leurs poumons les titres et les vertus de Tippo, — le grand, le généreux, l'invincible, — fort comme Roustem, — juste comme Nouschirvan, — avec une courte prière pour que le Ciel le maintînt en bonne santé.

Après eux et sans ordre venait un corps d'hommes à pied, portant des lances, des mousquets et des bannières, et entremêlés de cavaliers, les uns complétement vêtus de cottes de mailles, avec des bonnets d'acier sous leurs turbans, les autres couverts d'une sorte d'armure défensive consistant en un riche surtout de soie matelassé avec du coton pour le rendre à l'épreuve du sabre. Ces champions précédaient le prince, dont ils formaient la garde. Ce ne fut que plus tard que Tippo leva son célèbre régiment du Tigre, discipliné et armé à l'européenne. Immédiatement devant le prince et monté sur un éléphant de petite taille, venait un homme aux traits durs et à l'air farouche, par fonction distributeur d'aumônes, qu'il lançait sous forme de pluie de petite monnaie de cuivre au milieu des fakirs et des mendiants, dont le nombre semblait accru par le mouvement qu'ils se donnaient pour la ramasser; tandis que l'agent rébarbatif de la charité musulmane, ainsi que son éléphant, qui marchait l'œil à demi courroucé et la trompe levée, semblaient également prêts l'un et l'autre à châtier ceux que la pauvreté rendrait trop inopportuns.

Tippo parut ensuite, couvert de riches vêtements, et assis sur un éléphant qui portait la tête au-dessus de tous les autres éléphants du cortége, semblant ainsi avoir le sentiment et l'orgueil d'une dignité supérieure. Le haoudâ ou siége que le prince occupait était d'argent, relevé en bosse et doré, et avait par derrière une place pour un serviteur de confiance agitant le grand choûri, ou queue de vache, destiné à éloigner les mouches ; fonctionnaire qui pouvait aussi à l'occasion remplir la tâche d'orateur, tous les termes de la flatterie et du compliment lui étant familiers. Le caparaçon de l'éléphant royal était de drap écarlate richement brodé en or. Derrière Tippo venaient les courtisans et les divers officiers de la maison, montés pour la plupart sur des éléphants, tous parés de leurs plus brillants costumes et déployant la plus grande pompe.

Le cortége descendit ainsi la rue principale de la ville, jusqu'à la porte des jardins royaux. Les maisons étaient tendues d'étoffes précieuses, de châles de soie et de tapis brodés des plus riches couleurs, déployés à tous les *verandahs* et à toutes les fenêtres; jusqu'aux plus humbles maisons étaient ornées de quelque pièce d'étoffe, de sorte que la rue tout entière avait un aspect singulièrement riche et splendide.

Entré dans les jardins royaux, ce brillant cortége s'approcha, en suivant une longue avenue de grands arbres, d'une *chaboûtra* ou plateforme en marbre blanc, dont le centre était occupé par une sorte de dôme ou de pavillon également en marbre blanc, et dont le pourtour était formé d'arches cintrées. Cette plate-forme, élevée de quatre ou cinq pieds au-dessus du sol, était couverte de drap blanc et de tapis de Perse. Sous le pavillon était le *musnud* ou coussin d'apparat du prince, de six pieds en carré et recouvert en velours cramoisi richement brodé. Par grâce spéciale, un coussin plus petit et plus bas avait été placé à la droite de celui du prince pour la begum. En avant de cette plate-forme était un bassin carré en marbre blanc, de quatre pieds de profondeur, rempli jusqu'aux bords d'une eau pure comme le cristal, et du milieu duquel s'élançait un jet volumineux à une hauteur de vingt pieds.

Le prince Tippo, descendu de son éléphant, avait à peine pris place sur le musnud ou trône de coussins, qu'on vit s'avancer vers le lieu du rendez-vous la forme majestueuse de la begum. L'éléphant étant resté à la porte des jardins ouvrant sur la campagne, à l'opposite de celle par laquelle était entré le cortége de Tippo, elle était portée sur les épaules de six esclaves noirs dans une litière ouverte richement ornée d'argent. Sa personne était aussi somptueusement parée qu'avaient pu la rendre la soie et les pierres précieuses qu'elle y avait prodiguées.

Richard Middlemas, comme général ou bukchî de la begum, marchait près de la litière, dans un costume aussi magnifique que différent de la mise européenne, car c'était celui d'un banka ou courtisan hindou. Son turban était d'une riche étoffe de soie et d'or enroulée très serré; il était posé un peu de côté, et les bouts en tombaient sur l'épaule. Ses moustaches étaient relevées et frisées, et ses paupières teintes d'antimoine. La veste était de brocart d'or, et la ceinture pareille au turban. Il tenait à la main un long sabre dans un fourreau de velours écarlate, et un large ceinturon brodé lui serrait le milieu du corps. On ne pourrait dérouler sans frémir les pensées qui l'occupaient sous ce brillant costume et sous ces dehors de fierté en harmonie avec la richesse de sa mise. Ses espérances les moins détestables étaient peut-être celles qui avaient pour objet de sauver Menie Grey en trahissant le prince qui allait lui donner sa confiance, et la begum à l'entremise de laquelle il la devrait.

La litière s'arrêta à l'approche du bassin, de l'autre côté duquel le prince était assis sur son musnud. Middlemas aida la begum à descendre, et la conduisit vers la plate-forme de marbre; elle avait le front voilé d'un voile épais de mousseline brochée d'argent. Les autres personnes du cortége de la begum venaient après elle, revêtues de leurs costumes les plus riches et les plus splendides; mais c'étaient tous hommes, et on ne voyait pas une seule femme dans sa suite, sauf qu'une litière fermée, gardée par vingt esclaves noirs le sabre nu à la main, resta à quelque distance dans un bosquet d'arbustes en fleur.

Quand Tippo Saeb, à travers l'épais brouillard suspendu au-dessus du jet d'eau, vit s'avancer le magnifique cortége de la begum, il se leva de son musnud, vint la recevoir près du pied de son trône, et échangea avec elle des compliments de bienvenue, exprimant le plaisir que de part et d'autre ils avaient à se voir, et s'enquérant mutuellement de leur santé; puis il la conduisit au coussin placé près du sien, tandis que ses officiers s'empressaient de montrer leur courtoisie à ceux de la begum, en leur faisant place près d'eux sur les tapis étendus au pourtour de la plate-forme, où tous s'assirent les jambes croisées, — Richard Middlemas occupant une des places le plus en vue.

Les gens d'um ordre inférieur se tinrent derrière; parmi eux était le serdar d'Aïder Ali, avec Hartley et le vàkil de Madras. Il serait impossible de décrire la sensation avec laquelle Hartley reconnut l'apostat Middlemas et l'amazone Montreville. Leur vue lui inspira la résolution de faire contre eux en plein durbar un appel à la justice que Tippo était obligé de rendre à quiconque avait à se plaindre d'injures reçues. Le prince, cependant, qui jusque là avait parlé à voix basse à la begum, dont sans doute il louait les services et la fidélité, fit alors un signe à l'officier qui se tenait près de lui; et celui-ci, prenant la parole d'une voix élevée : C'est pourquoi, dit-il, pour reconnaître ces services, le puissant prince, sur la demande de la puissante begum Moùti Mahul, belle comme la lune et sage comme la fille de Djemchid, a résolu de prendre à son service le bukchî à qui elle avait confié le commandement de ses armées, et de l'investir, comme un homme digne de toute confiance, de la garde de Bangalore, sa capitale bien-aimée.

La voix de l'officier avait à peine cessé de se faire entendre, qu'une autre voix non moins élevée y répondit du milieu de la foule des assistants : Maudit soit celui qui prend pour trésorier le brigand Leith, dit cette voix, ou qui remet la vie des musulmans à la disposition d'un apostat!

Ce fut avec une inexprimable satisfaction, et cependant non sans éprouver une vive émotion causée par le doute et l'inquiétude, que Hartley reconnut dans cette voix celle du vieux fakir compagnon de Bàrak. Tippo ne parut pas prendre garde à l'interruption, qui fut attribuée à quelqu'un de ces dévots enthousiastes auxquels les princes musulmans permettent de grandes libertés. L'assemblée se remit donc de sa surprise; et en réponse à la proclamation, tous les assistants s'unirent aux acclamations dont on s'attend toujours à voir saluer toute annonce du bon plaisir royal.

Ces acclamations n'eurent pas plus tôt cessé que Middlemas se leva, s'inclina devant le musnud, et dans un discours préparé déclara que tout son zèle pour le service du prince était à peine digne de l'honneur éminent qui venait de lui être conféré. Il lui restait quelque chose à ajouter; mais il balbutia, un tremblement universel agita ses membres, et sa langue parut lui refuser son office.

La begum se leva vivement de son siége, quoique ce fût contraire à l'étiquette, et comme pour suppléer à ce qui manquait au discours de son officier, elle ajouta : Mon esclave voulait dire que j'ai si peu de moyens de reconnaître un si grand honneur conféré à mon bukchî, que tout ce que je puis faire est de prier Votre Hautesse de daigner accepter un lis du Frangistan, pour le planter dans les réduits secrets du jardin de vos plaisirs. Que les gardes de mon prince et seigneur conduisent cette litière au zénana.

Le cri perçant d'une femme se fit entendre au moment où sur un signal de Tippo les gardes de son sérail s'avancèrent pour recevoir la litière fermée des mains des gens de la begum. La voix du vieux fakir retentit alors plus haute et plus sévère que la première fois. — Maudit le prince qui sacrifie la justice à la luxure! Il mourra devant la porte de son palais par le glaive de l'étranger!

— C'est trop d'insolence ! s'écria Tippo. Traînez ce fakir devant moi, et mettez-lui sa robe en lambeaux sur le dos avec vos chabouks.

Mais il s'ensuivit une scène pareille à celle du palais de Seïd. Tous ceux qui avaient voulu obéir à l'ordre du despote irrité se reculèrent du fakir comme de l'ange de la mort. Il avait jeté à terre son bonnet et sa barbe postiche, et la physionomie irritée de Tippo changea d'expression en un instant quand il rencontra l'œil sévère et redoutable de son père. Un signe le fit descendre du trône, où Aïder lui-même vint s'asseoir, tandis que les officiers se hâtaient de le dépouiller de sa robe trouée qu'ils remplaçaient par une autre robe d'une splendeur royale, et plaçaient sur sa tête un turban orné de pierres précieuses. Le durbar retentit des acclamations dont on saluait Aïder Ali Khan Bahader, le bon, le sage, celui qui découvrait les choses cachées et qui venait au divan comme le soleil perçant les nuages.

Enfin un signe du Nabab réclama le silence, et il fut promptement obéi. Il promena autour de lui un regard plein de majesté, qu'il reporta enfin sur Tippo, dont les yeux baissés, tandis qu'il se tenait devant le trône les bras en croix sur la poitrine, offraient un singulier contraste avec l'air d'autorité altière répandu sur son front un moment auparavant. — Tu as voulu, dit le Nabab, troquer la sûreté de ta capitale contre la possession d'une esclave blanche. Mais la beauté d'une femme blanche fit trébucher dans son sentier Salomon ben David ; à combien plus forte raison le fils d'Aïder Naig devait-il donc demeurer ferme sous la tentation ! Pour que l'on puisse voir distinctement, il nous faut éloigner la lumière qui éblouit. Il faut que cette Feringi soit mise à ma disposition.

— Entendre est obéir, répondit Tippo ; mais le sombre nuage qui couvrait son front montrait combien sa soumission forcée coûtait à son esprit fier et passionné. Dans le cœur des courtisans présents à cette scène régnait la plus vive curiosité de voir quel en serait le dénoûment ; mais pas le moindre indice de cette impatience ne se laissait lire sur des traits accoutumés à dissimuler toute sensation intérieure. Celles de la begum étaient cachées sous son voile ; en même temps qu'en dépit des violents efforts que faisait Richard Middlemas pour déguiser ses alarmes, de larges gouttes de sueur se rassemblaient sur son front. Les premières paroles que prononça ensuite le Nabab résonnèrent à l'oreille de Hartley comme une musique harmonieuse.

— Emportez la femme feringi à la tente du serdar Belash Cassim (le chef qui avait été chargé d'escorter Hartley). Qu'elle soit traitée en tout honneur, et qu'il se prépare à l'escorter, avec le vâkil et le hakim [1] Hartley, jusqu'aux Payîn Ghâts (le pays au-delà des passes) : il répond de leur sûreté sur sa tête.

---

[1] Médecin. (L. V.)

La litière était en route pour la tente du serdar avant que le Nabab eût cessé de parler.

— Quant à toi, Tippo, continua Aïder, je ne suis pas venu ici pour te priver de ton autorité, ni pour t'humilier devant le durbar. — Ce que tu as promis à ce Feringi, exécute-le. Le soleil ne rappelle pas à lui l'éclat qu'il prête à la lune ; le père n'obscurcit pas la dignité qu'il a conférée au fils. Ce que tu as promis, tiens-le.

On reprit donc la cérémonie de l'investiture par laquelle le prince Tippo conférait à Middlemas l'important gouvernement de la ville de Bangalore, — probablement avec la résolution intérieure, puisque lui-même se voyait privé de la belle Européenne, de saisir bientôt une occasion de destituer le nouveau killedar ; tandis que Middlemas acceptait cette charge dans l'espoir que plus fin que le fils et le père il pourrait encore les tromper tous les deux. L'acte d'investiture fut lu à haute voix ; — on revêtit le nouveau killedar de la robe d'honneur, et cent voix s'élevèrent pour bénir le prudent choix de Tippo et souhaiter au gouverneur prospérité et victoire sur ses ennemis.

Un cheval fut amené au pied de la plate-forme, comme don du prince au nouveau killedar. C'était un beau coursier de la race du Cuttivar, portant la tête haute et large de croupe ; il était entièrement blanc, mais on lui avait teint en rouge l'extrémité de la queue et la crinière. Sa selle était en velours rouge ; la bride et la croupière étaient garnies d'ornements dorés. Deux serviteurs montés sur des chevaux de moindre prix conduisaient l'animal impatient ; l'un d'eux tenait la lance et l'autre la longue javeline de leur maître. Le cheval fut produit aux applaudissements des courtisans, puis on l'emmena pour le promener en cérémonie par les rues de la ville, tandis que le nouveau killedar le suivrait sur un éléphant (autre présent ordinaire en ces sortes d'occasions) qu'on devait faire approcher ensuite, afin que le monde pût admirer la munificence du prince.

L'énorme animal s'approcha en effet de la plate-forme en secouant sa grosse tête ridée, qu'il levait et baissait comme par un mouvement d'impatience, en même temps que de temps à autre il portait en l'air sa trompe à demi courbée, comme pour montrer le gouffre de sa bouche sans langue. Se retirant gracieusement avec le plus profond salut, le killedar, enchanté que l'audience fût terminée, se tint près du cou de l'éléphant, attendant que le conducteur de l'animal lui fît plier les genoux pour se placer sur le haoûdà doré préparé pour le recevoir.

— Un moment, Feringi, dit Aïder. Tu as reçu tout ce que t'avait promis la libéralité de Tippo. Reçois maintenant ce qui est le fruit de la justice d'Aïder.

En même temps il fit signe du doigt, et le cornac de l'éléphant transmit immédiatement à l'animal le bon plaisir du Nabab. Enroulant sa longue trompe autour du cou du malheureux Européen, le monstre le jeta soudainement étendu devant lui, et appuyant à plusieurs reprises sur la poitrine de l'infortuné Middlemas l'énorme masse de son pied informe, il mit fin du même coup à la vie et aux crimes du misérable. Le cri que proféra la victime trouva comme un double écho dans le rugissement du monstre et dans un son pareil à un rire convulsif mêlé à un cri perçant, qui partit de dessous le voile de la begum. L'éléphant leva de nouveau sa trompe, et ouvrit la bouche d'une manière effrayante.

Les courtisans gardaient un profond silence; mais Tippo, sur la robe de mousseline duquel une partie du sang de la victime avait jailli, montra ce sang au Nabab, en s'écriant d'un ton où le ressentiment se mêlait au chagrin : Mon père, — mon père, — était-ce ainsi que ma promesse devait être tenue?

— Sache, jeune insensé, repartit Aïder Ali, que le cadavre étendu là était d'un complot qui avait pour but de livrer Bangalore aux Feringis et aux Mahrattes. Cette begum (elle tressaillit en s'entendant nommer) nous a donné avis du complot, et a ainsi mérité son pardon, car elle y avait originairement trempé. — Qu'elle nous ait donné cet avis exclusivement par attachement pour nous, c'est ce que nous n'examinerons pas de trop près. — Éloignez cette masse d'argile sanglante, et que le hakim Hartley paraisse devant moi, ainsi que le vâkil anglais.

On les fit avancer l'un et l'autre, pendant que quelques serviteurs répandaient du sable sur les traces de sang, et que d'autres emportaient le cadavre broyé.

— Hakim, dit Aïder, tu vas repartir avec la Feringi, et avec l'or qu'elle emportera pour la dédommager de ce qu'on lui a fait souffrir, or auquel la begum contribuera pour sa part, ainsi qu'il est convenable. Tu diras à ta nation : Aïder agit avec justice. Le Nabab fit alors un salut gracieux à Hartley; puis se tournant vers le vâkil, qui paraissait fort décontenancé, il ajouta : Vous m'avez apporté des paroles de paix, tandis que vos maîtres méditaient une guerre de trahison. Mais ce n'est pas sur une tête telle que la vôtre que doit tomber ma vengeance. Dites seulement au kafîr Paupiah et à son indigne maître qu'Aïder Ali y voit trop clair pour se laisser enlever par la trahison les avantages qu'il a obtenus par la guerre. Jusqu'ici j'ai été dans le Carnatic comme un prince clément : — à l'avenir je serai la tempête qui détruit! — Jusqu'ici mes incursions ont été celles d'un conquérant compatissant et miséricordieux : — dorénavant je serai le messager qu'Allah envoie aux royaumes qu'il visite dans sa colère!

On sait avec quelle terrible fidélité le Nabab tint sa promesse, et comment lui et son fils succombèrent plus tard sous la discipline et la bravoure des Européens. L'exemple de juste châtiment qu'il donna en cette occasion pouvait être dû à sa politique, à son sens interne de juste, et au désir d'en faire parade devant un Anglais de bon sens et d'intelligence : peut-être à tous ces motifs mêlés ensemble; — dans quelles proportions, c'est ce que nous ne pouvons dire.

Hartley atteignit la côte en sûreté avec son précieux dépôt, sauvé d'un sort affreux au moment où il n'y avait presque plus pour elle d'espoir de salut. Mais la constitution nerveuse et délicate de Menie avait reçu un choc dont elle souffrit long-temps cruellement et dont elle ne put jamais complétement se remettre. Les dames les plus distinguées de l'établissement, touchées de l'histoire singulière de ses malheurs, l'accueillirent avec la bonté la plus empressée, et exercèrent envers elle l'hospitalité la plus attentive et la plus affectueuse. Le Nabab, fidèle à sa promesse, lui fit remettre une somme qui ne s'élevait pas à moins de dix mille *mohures* d'or, presque entièrement prélevée, ainsi qu'il l'avait annoncé, sur les trésors de la begum Moûti Mahul, ou Montreville. On ne sait rien de certain sur le sort ultérieur de cette aventurière, sauf qu'Aïder prit la garde de ses forts et de ses possessions; et le bruit public rapporta que voyant son pouvoir aboli et son importance perdue, elle mourut par le poison, soit qu'elle l'eût pris d'elle-même, soit qu'il lui eût été administré par quelque autre main.

On pourrait regarder comme la conclusion naturelle de l'histoire de Menie Grey qu'elle eût épousé Hartley, à l'héroïque intervention duquel elle devait tant. Mais ses affections avaient reçu un coup trop rude et trop douloureux, et sa santé en avait été trop ébranlée, pour qu'elle pût nourrir dans l'origine des pensées de mariage, même avec l'ami de ses jeunes années et le champion de sa liberté. Le temps aurait pu éloigner ces obstacles; mais deux années ne s'étaient pas écoulées depuis leurs aventures dans le Maïssour, que le courageux et désintéressé Hartley tomba victime de l'intrépidité qu'il déployait dans sa profession, en combattant les progrès d'une maladie contagieuse, qu'il finit par contracter et sous laquelle il succomba. Il laissa la principale partie de sa modique fortune à Menie Grey, qui, naturellement, ne manqua pas de recherches avantageuses. Mais elle respectait trop la mémoire de Hartley pour oublier en faveur d'un autre les raisons qui lui avaient fait lui refuser la main qu'il avait si bien méritée, on peut dire même qu'il avait si bien gagnée.

Elle revint en Angleterre — ce qui se présente rarement — non mariée, quoique riche; et s'étant fixée dans le bourg qui l'avait vue naître, elle parut trouver son unique plaisir dans des actes de bienfaisance qu'on aurait pu croire excéder les limites de sa fortune, si l'on n'avait pris en considération la vie très retirée qu'elle menait. Deux ou trois personnes avec lesquelles elle était intime pouvaient retrouver en elle cette générosité sans affectation et ce penchant aux affections désintéressées qui formaient la base de son caractère. Pour la généralité du monde, ses habitudes étaient celles de l'ancienne matrone romaine dont le tombeau les a retracées en quatre mots :

DOMUM MANSIT, — LANAM FECIT.

CHAPITRE XVI.

> Contez-vous une bonne histoire dont tout le monde s'amuse, voici venir Dingly qui vous demande : Qu'est-ce que c'est donc ? Et avant d'avoir tout écouté, la voilà qui vous plante là pour aller fouiller l'armoire, en quête de quelque vieille guenille.
> SWIFT.

PENDANT que je mettais par écrit l'intéressante histoire que mes lecteurs viennent de parcourir, on aurait pu dire que je m'exerçais à soutenir la critique, comme on exerce un cheval de guerre à soutenir le feu. Par quelqu'un de ces abus de confiance qui ne manquent jamais d'avoir lieu en ces sortes d'occasions et que l'on regarde comme péchés véniels, la cour secrète que je faisais à la muse de la fiction devint matière à chuchotements dans le cercle de miss Fairscribe, dont quelques jolies habituées prenaient, je le suppose, un vif intérêt aux progrès de l'affaire, tandis que d'autres pensaient « que réellement M. Chrystal Croftangry aurait pu à son âge avoir plus d'esprit. » Alors venaient les insinuations malignes, les remarques détournées, — toutes ces railleries mielleuses appropriées à la situation d'un homme sur le point de faire une folie, soit en publiant un livre, soit en se mariant, et cela accompagné des discrets signes de tête et des clignements d'yeux de ceux des amis qui sont dans le secret, et de l'obligeant empressement que mettent les autres à savoir ce dont il s'agit.

La chose devint enfin tellement publique, que je me décidai à affronter un thé mon manuscrit dans ma poche, d'un air aussi simple et aussi modeste que tout gentleman d'un certain âge a besoin de le paraître en semblable occasion. Quand le thé eut fait la ronde, que les mouchoirs et les flacons furent préparés, j'eus l'honneur de donner lecture de la *Fille du Chirurgien*, pour l'amusement de la soirée. Cela fut parfaitement bien ; mon ami M. Fairscribe, qui s'était laissé arracher à son pupitre pour venir se joindre au cercle littéraire, ne s'endormit que deux fois, et parvint sans trop de peine à soutenir son attention au moyen de sa tabatière. Les dames furent poliment attentives ; et quand le chat, ou le chien, ou une voisine, tentait une diversion individuelle, Katie Fairscribe était sur le qui-vive, de l'œil, de la main ou de la voix, pour les rappeler à ce dont on s'occupait. Cette activité de miss Katie avait-elle simplement pour objet de maintenir la discipline littéraire de sa coterie, ou s'intéressait-elle réellement aux beautés de la composition, et désirait-elle que les autres les sentissent comme elle? c'est ce que je ne me hasarderai pas à demander, de peur de finir par aimer la petite — et réellement c'est une charmante fille — plus que la prudence ne le permettrait, par égard pour moi comme pour elle.

Je dois avouer que çà et là l'intérêt de mon histoire se ralentit considérablement : — peut-être par la faute du lecteur ; car tandis que j'aurais dû m'attacher exclusivement à faire ressortir de mon mieux les expressions que j'avais employées, j'éprouvais la conviction glaciale qu'elles auraient dû et pu être bien meilleures. Cependant nous nous réchauffâmes à la fin, quand nous fûmes arrivés dans l'Inde ; bien qu'au moment où il est question de tigres, une vieille dame, à qui la langue démangeait depuis une heure, m'interrompît en s'écriant : Je voudrais bien savoir si M. Croftangry a jamais ouï l'histoire du tigre Tullideph? et en inséra la narration presque entière en guise d'épisode de mon récit. On parvint cependant à lui faire entendre raison, et les châles, les diamants, les turbans et les ceintures dont il est question ensuite tinrent en éveil comme de coutume l'imagination de mon joli cercle d'auditeurs. Au moment où l'amant sans foi finit d'une manière si horriblement nouvelle, j'eus, comme à la vérité je m'y attendais, la bonne fortune de provoquer cette expression de douloureux intérêt qui se manifeste par une forte aspiration de l'air à travers les lèvres comprimées ; et même une miss de quatorze ans poussa un grand cri.

Enfin j'arrivai à la fin de ma tâche, et mon charmant cercle fit pleuvoir sur moi le parfum de ses éloges, comme au carnaval on jette aux *beaux* une grêle de bonbons, ou on les inonde d'un déluge d'eaux de senteur. J'entendais de toutes parts : Charmant! — que d'intérêt! — oh, monsieur Croftangry! — que nous vous sommes obligées! — ou bien : Quelle délicieuse soirée! — oh, miss Katie! comment avez-vous pu garder si long-temps un pareil secret! Tandis que les chères âmes m'étouffaient ainsi sous des feuilles de rose, l'impitoyable vieille dame les entraîna toutes dans une dissertation sur les châles, qui, à ce qu'elle eut l'impudence de dire, se rattachait naturellement à mon histoire. — Miss Katie s'efforça vainement d'arrêter le fil de son éloquence; elle écarta tout autre thème, et elle passa tous les châles en revue dans sa digression, depuis le véritable cachemire de l'Inde jusqu'aux imitations qu'on en fait maintenant à Paisley avec la véritable laine du Tibet, et qu'on ne peut distinguer des véritables châles du pays qu'à quelques contre-points inimitables dans la bordure. — Il est heureux, continua la vieille dame en s'enveloppant d'un riche cachemire, qu'il y ait quelque moyen de distinguer une chose qui coûte cinquante guinées d'un article que l'on vend cinq ; quoique j'ose dire qu'il n'y a pas une personne sur dix mille qui sût en reconnaître la différence.

La politesse de quelques unes de nos belles dames voulut alors ramener la conversation au sujet oublié de notre réunion. — Comment avez-vous fait, monsieur Croftangry, pour rassembler tous ces mots de l'Inde si durs à prononcer? — vous n'y avez jamais été. — Non, madame, je n'ai pas eu cet avantage; mais, comme les artistes imitateurs de Paisley, j'ai composé mon tissu en incorporant dans la trame un peu de laine du Tibet, qu'a eu la bonté de me fournir mon excellent ami et voisin le colonel Mac Kerris, un des meilleurs garçons qui aient jamais traversé une lande highlandaise ou qui se soient jamais enfoncés dans une jungle de l'Inde.

Ma répétition, toutefois, sans m'avoir absolument et complétement satisfait, m'a préparé jusqu'à un certain point au jugement moins indulgent et moins réservé du monde. C'est ainsi qu'un homme doit apprendre à affronter un fleuret avant d'exposer sa poitrine à une épée; et pour revenir à ma première comparaison, il faut qu'un cheval soit accoutumé à un feu de joie avant que vous puissiez le pousser au milieu des balles. — Au surplus, la philosophie du caporal Nym n'est pas la plus mauvaise qu'on ait prêchée : Que les choses aillent comme elles pourront. Si mes élucubrations plaisent, je pourrai réclamer de nouveau l'attention du lecteur courtois; sinon, ici finissent

LES CHRONIQUES DE LA CANONGATE.

NOTES
DES
CHRONIQUES DE LA CANONGATE.

(A) Page 48.

HOLYROOD.

Le lecteur sera peut-être bien aise de voir ici comment Hector Boèce raconte la première fondation de la fameuse abbaye d'Holyrood, ou de Sainte-Croix :

« Après la mort d'Alexandre Ier, son frère David revint d'Angleterre, et fut couronné à Rome l'an de J.-C. 1124 ; et il rendit grande justice, après son couronnement, dans toutes les parties de son royaume. Il n'eut pas de guerres durant la vie du roi Henri ; et telle était sa piété qu'il siégeait tous les jours pour rendre la justice aux simples vassaux, faisant décider par d'autres juges les différends de ses nobles. Il ordonna que chaque juge réparerait le tort qui résulterait pour les parties d'une mauvaise sentence ; au moyen de quoi il dota son royaume de nombre de bonnes lois, et s'attacha à extirper la pernicieuse habitude des parties de débauches tumultueuses, habitude qui avait été introduite par les Anglais quand ils vinrent avec la reine Marguerite : car ladite coutume était nuisible aux bonnes mœurs, et tendait à rendre son peuple mou et efféminé.

» Dans la quatrième année de son règne, ce noble prince vint visiter le château d'Édimbourg. A cette époque, toutes les parties extrêmes de l'Ecosse étaient remplies de bois et de prairies, car le pays était plus adonné à la production des bestiaux qu'à celle des grains ; et aux environs de ce château il y avait une grande forêt pleine de lièvres, de daims, de renards, et d'autres animaux de même espèce. Le jour de l'Exaltation de la Croix approchait ; et comme ce jour était une fête de grande solennité, le roi le passait en oraisons. Après la messe, qu'on célébra avec beaucoup de pompe et de respect, comparurent devant lui plusieurs jeunes et arrogants barons d'Écosse, très désireux de se donner le plaisir et la jouissance d'une chasse au cerf dans ladite forêt. A cette époque était près du roi un homme de vie singulièrement pieuse nommé Alkwine, plus tard chanoine de l'ordre de saint Augustin, et qui depuis long-temps était le confesseur du roi David en Angleterre, dès le temps où le roi était seulement comte de Huntingdon et Northumberland. Ce religieux dissuada le roi, par mainte raison, de se rendre à cette chasse ; il allégua que la solennité du jour et le respect dû à la sainte croix lui commandaient ce jour-là d'être tout entier à la contemplation et de s'abstenir de tout exercice. Néanmoins ses représentations ne servirent pas à grand'chose ; car le roi finit par être tellement pressé par les importunes sollicitations de ses barons, que malgré la solennité du jour il partit pour la chasse. A la fin, quand il vint à passer le mur qui est du côté de l'est dudit château, là où est maintenant la Canongate, le cerf traversa le bois avec un tel bruit et un tel vacarme de branches et de broussailles, que tous les animaux sortirent de leurs terriers. En ce moment le roi arriva au haut du rocher, et tous ses nobles se trouvèrent dispersés çà et là loin de lui à leur chasse et à leur plaisir ; quand soudainement parut à sa vue le plus beau cerf que jamais jusque là eût vu créature vivante. Le bruit de la course de ce hart, au moment où il parut, avec ses énormes et terribles andouillers, effraya tellement le cheval du roi, qu'il fut impossible de le maîtriser ; il s'emporta et se mit à courir à travers les marais et les fondrières, emportant le roi avec lui. Néanmoins le hart suivait de si près, qu'il renversa à terre le roi et son cheval. Alors le roi jeta ses mains en arrière entre les bois de ce cerf pour éviter d'en être frappé ; et la sainte croix glissa incontinent dans ses mains. Le cerf s'enfuit avec grande violence, et disparut à la place même où surgit aujourd'hui la Grande Source. Les gens du roi très effrayés revinrent à lui de toutes les parties du bois, pour le rassurer après sa frayeur, et ils tombèrent à genoux, adorant dévotement la sainte croix ; car ce n'était pas une providence commune, mais bien un secours du Ciel, ainsi qu'il apparut bien ; puisqu'il n'y a pas un homme qui puisse dire de quelle matière est cette croix, métal ou bois. Bientôt après le roi revint à son château ; et dans la nuit suivante il fut averti, par une vision durant son sommeil, de bâtir une abbaye de chanoines réguliers à la place même où il avait reçu la croix. Aussitôt qu'il fut éveillé il raconta sa vision à Alkwine, son confesseur ; et bien loin d'arrêter sa bonne volonté, Alkwine enflamma au contraire son zèle par les plus ferventes dévotions. Le roi envoya incontinent des hommes de confiance en France et en Flandre, d'où ils ramenèrent de très habiles maçons pour bâtir cette abbaye, qui depuis fut dédiée à la Sainte Croix. La croix resta toujours dans ladite abbaye jusqu'au temps du roi David Bruce, auquel temps elle fut malheureusement emportée avec lui à Durham, où on la conserve encore en grande vénération. » — BOÈCE, liv. XII, ch. 16.

Il n'est nullement certain quel fut le roi d'Écosse qui le premier fit construire ce qu'on put proprement nommer un palais dans cette enceinte si renommée par sa sainteté. L'abbaye, à laquelle plusieurs princes et nombre de nobles puissants firent successivement des dons magnifiques de terres et de dîmes, devint par la suite du temps une des corporations ecclésiastiques les plus importantes de l'Écosse ; et dès l'époque de Robert Bruce le parlement y tenait de temps à autre ses séances. Nous avons des documents qui prouvent que Jacques IV eut un logement royal adjacent au cloître ; mais on convient généralement que le premier édifice considérable qu'on y ait élevé pour la famille royale fut celui de Jacques V, qui date de 1525, et dont une grande partie, encore subsistante, forme le côté nord-ouest du palais actuel. Les bâtiments plus modernes qui complètent le carré furent érigés par Charles II.

L'ancienne église du couvent porta depuis la réforme le titre d'église paroissiale de la Canongate, jusqu'à l'époque où Jacques II la réclama pour en faire sa chapelle royale, et la fit décorer, en conséquence, avec une splendeur dont ses sujets presbytériens furent grandement blessés. La toiture de ce reste de ce qui fut autrefois une magnifique église s'écroula en 1768, et depuis lors elle est toujours restée dans le même état de désolation. — Pour de plus amples détails, voyez les *Provincial Antiquities of Scotland*, ou l'*History of Holyrood* de M. Ch. Mackie.

La plus grande partie de cet ancien palais est maintenant occupée de nouveau par Sa Majesté Charles X de France [1] et par le reste de cette famille illustre, qui, si étroitement liée à la maison des Stuarts dans les siècles passés par des mariages et des alliances, semble avoir été destinée à parcourir une même carrière d'infortunes. *Requiescant in pace!*

(B) Page 75.

LE COVENANTAIRE STEELE TUÉ D'UN COUP DE FUSIL PAR LE CAPITAINE CREICHTON.

L'extrait suivant de la vie de Creichton par Swift donne les particularités de la scène sanglante à laquelle il est fait allusion dans le texte.

« Un soir que j'avais bu sec, je rêvais (c'est Creichton qui parle) que j'avais trouvé le capitaine David Steele, rebelle notoire, dans une des cinq fermes situées sur une hauteur du comté de Clydesdale, paroisse de Lismahago, à huit milles de Hamilton, endroit que je connaissais parfaitement. Cet homme était chef de rebelles depuis l'affaire d'Airs-Moss ; il avait succédé à Hackston qui y avait été fait prisonnier, et qui ensuite fut pendu, ainsi que je l'ai déjà raconté au lecteur. Quant à Robert Hamilton, qui alors commandait en chef à Bothwell Bridge, il ne parut plus parmi eux, et on croit qu'il se sauva en Hollande.

» Steele, et son père avant lui, tenaient une ferme dans le domaine de Hamilton, à deux ou trois milles de cette ville. Quand il prit les armes, la ferme resta inculte, et le duc ne put trouver personne autre qui voulût s'aventurer à la prendre ; sur quoi Sa Grâce envoya plusieurs messages à Steele pour savoir quelle raison il avait de laisser la ferme inculte. La seule réponse qu'il fit au duc fut qu'il la tiendrait inculte en dépit de lui et du roi aussi ; sur quoi Sa Grâce, à la table de qui j'avais toujours l'honneur d'être le bien reçu, me pria de faire tous mes efforts pour le débarrasser de ce coquin-là, m'assurant qu'il m'en serait à jamais obligé.

...... » Je reviens à mon histoire. Quand je me réveillai de mon rêve, ainsi que je l'avais déjà fait auparavant dans l'affaire de Wilson (et je désire que l'apologie que j'ai présentée dans l'introduction de ces Mémoires serve à toutes les deux), je me levai aussitôt et donnai l'ordre que trente-six dragons fussent à la pointe du jour au lieu désigné. Quand nous y arrivâmes, j'envoyai un détachement à chacune des cinq fermes. Ce scélérat de Steele avait précédemment tué de sang-froid quarante sujets du roi, et j'avais été informé qu'il avait souvent tendu des piéges pour me prendre ; pourtant il se trouva que bien qu'il eût d'habitude une bande autour de lui, il n'avait personne cette fois qu'il en aurait eu le plus grand besoin. Un des détachements le trouva dans une des fermes, précisément comme je l'avais rêvé. Les dragons fouillèrent d'abord sans succès toutes les pièces d'en bas ; mais deux d'entre eux ayant entendu quelqu'un remuer sur

---

[1] On sait que c'est à Holyrood que se retira la famille déchue après la Révolution de 1830. (L. V.)

leurs têtes, ils montèrent par un escalier tournant. Steele avait mis ses habits pendant qu'on cherchait en bas; la pièce où il se trouvait était appelée la *Chambre du deese*[1], nom que l'on donne à une chambre où couche le laird quand il vient chez un fermier. Steele ouvrant subitement la porte tira d'en-haut un coup d'arquebuse sur les deux dragons, tandis qu'ils montaient l'escalier; mais les balles rasant la muraille ne firent que les blesser et ne les tuèrent pas. Alors Steele s'élançant dans l'escalier se jeta brusquement entre eux, et se dirigea vers la porte pour sauver sa vie; mais il la perdit sur la place, car les dragons qui cernaient la maison le tuèrent à coups de sabre. Je n'étais pas là quand il fut tué, étant au même moment occupé à fouiller une des autres fermes; mais après avoir entendu le coup d'arquebuse j'appris bientôt ce qui était arrivé. De là je retournai droit à Lanark, et j'envoyai immédiatement un des dragons en exprès au général Drummond à Édimbourg. » (Swift's *Works*, vol. XII; — *Memoirs of captain John Creichton*, p. 57-59. Édit. d'Édimb., 1824.)

Wodrow rend un compte différent de cet exploit. — « En décembre de cette année (1686) David Steil, dans la paroisse de Lismahagow, fut surpris dans les champs par le lieutenant Creichton; il se rendit volontairement sur la promesse qu'il lui serait fait quartier, et il n'en fut pas moins, très peu de temps après, tué à coups d'arquebuse de la manière la plus barbare. Il est enterré dans le cimetière de Lismahagow. »

(C) Page 101.

RASP DE FER.

Le spirituel ouvrage de M. Chambers sur les traditions d'Édimbourg donne les détails suivants sur le *rasp* ou *risp*, aujourd'hui oublié.

« Cette maison avait à la porte un *pin* ou *risp*, au lieu de l'invention plus moderne, le marteau. Le pin, rendu intéressant par la figure qu'il fait dans les chansons d'Écosse, était formé d'une petite verge de fer, tordue ou entaillée, laquelle était placée perpendiculairement, un peu en saillie de la porte, et portait un petit anneau du même métal, que celui qui voulait qu'on lui ouvrît tirait et repoussait rapidement de manière à produire par le frottement sur les entailles ou les inégalités de la verge un bruit semblable à celui de la crécelle. Quelquefois la barre de fer était simplement posée en travers du judas ou *vizzying*, ouverture ménagée dans la porte pour reconnaître les personnes du dehors; auquel cas elle servait en même temps de barreau de sûreté. L'usage de ces *risp* fut presque universellement abandonné il y a une soixantaine d'années, époque où les marteaux leur furent généralement substitués comme ayant plus de distinction. Mais à cette époque les marteaux ne conservèrent pas long-temps leur vogue, quoiqu'ils n'aient jamais été complétement détrônés dans la Vieille Ville, même par les sonnettes. Le mérite comparatif des marteaux et des *pins* fut long-temps un sujet de doute, et dans le cours de la dispute bien des marteaux disparurent. »
— CHAMBERS, *Traditions of Edinburgh*.

---

[1] Ou chambre d'apparat; ainsi nommée du *dais*, c'est-à-dire du baldaquin et de l'élévation de plancher qui dans les anciens manoirs distinguent la salle qu'occupaient les personnes d'un haut rang. Cette expression, détournée de son sens direct, fut employée par la suite pour désigner la plus belle pièce de la maison. (W. S.)

NOTE D.

(D) Page 107.

COMTESSE D'ÉGLINTON.

Susannah Kennedy, fille de sir Archibald Kennedy de Cullean, une Bart par Élisabeth Lesly, fille de David lord Newark, troisième femme d'Alexandre neuvième comte d'Eglinton, et mère des dixième et onzième comtes. Elle survécut de cinquante-un ans à son époux, qu'elle perdit en 1729, et mourut en mars 1780, dans sa quatre-vingt-onzième année. Le *Gentil Berger* (*Gentle Shepherd*) d'Allan Ramsay, publié en 1726, lui est dédié en vers par Hamilton de Bangour.

La notice suivante sur cette dame distinguée est tirée de la *Vie de Johnson* de Boswell publiée par M. Croker.

« Lady Margaret Dalrymple, fille unique de John comte de Stair, épousa en 1700 Hugh troisième comte de Loudoun. Elle mourut en 1777, âgée de *cent ans*. Voici comment Jonhson parle, dans son Voyage, de cette vénérable dame et de la comtesse d'Eglintoun, qu'il visita le lendemain : « Une longue vie est également l'apanage de genres de vie très dissemblables, sous des climats très différents ; et les montagnes n'ont pas de plus grands exemples de longévité que les Basses-Terres, où j'ai été présenté à deux dames de haute qualité, l'une desquelles (lady Loudoun), dans sa quatre-vingt-quatorzième année, présidait à sa table avec le plein exercice de toutes ses facultés ; et dont l'autre (lady Eglintoun) avait atteint sa quatre-vingt-quatrième année sans avoir rien perdu de sa vivacité, et avec peu de motifs de se plaindre des ravages du temps.

* * * * * * * * * * * *

» Lady Eglintoun, bien qu'elle fût alors dans sa quatre-vingt-cinquième année, et que depuis près d'un demi-siècle elle vécût dans l'isolement de la province, était encore une très agréable femme. Elle était de la noble maison de Kennedy, et avait toute l'élévation d'âme qu'inspire le sentiment d'une telle naissance. Sa figure était majestueuse, ses manières pleines de distinction, sa lecture étendue, et sa conversation élégante. Elle avait été dans le monde l'admiration des cercles élégants, et la protectrice des poëtes. Le docteur Johnson fut enchanté de sa réception près d'elle. Leurs principes religieux et politiques étaient les mêmes. Elle connaissait tout son mérite, et avait beaucoup ouï parler de lui par son fils le comte Alexandre, qui aimait à cultiver la connaissance des hommes de talent en tout genre.

* * * * * * * * * * * *

» Dans le cours de la conversation ce jour-là, on vint à dire que lady Eglintoun s'était mariée un an avant la naissance du docteur Johnson : sur quoi elle lui dit gracieusement qu'elle aurait pu être sa mère, et que maintenant elle l'adoptait ; et au moment de nous retirer, elle l'embrassa en lui disant : « Mon cher fils, adieu ! Mon ami fut très satisfait de notre emploi de cette journée, et convint que j'avais bien fait de le forcer à sortir.

* * * * * * * * * * * *

» Chez sir Alexandre Dick, par une de ces distractions auxquelles tout le monde est parfois sujet, il m'arriva de faire une grosse bévue en racontant la gracieuse adoption que lady Eglintoun avait faite du docteur Johnson ; car je dis qu'elle l'avait adopté pour fils en considération de ce qu'il était né l'année d'*avant* son mariage. Le docteur Johnson me reprit sur-le-champ. — Monsieur, me dit-il, ne vous apercevez-vous pas que vous diffamez la comtesse? car en supposant que je sois son fils, et qu'elle ne soit mariée qu'un an après ma naissance, il faut que je sois son fils *naturel*. — Une jeune dame de qualité qui était présente repartit avec beaucoup d'à-propos : Le fils n'aurait-il pas pu faire excuser la faute? Mon ami fut très flatté de ce compliment, qu'il n'oublia jamais; et lorsque, plus joyeux que de coutume, il parlait de son voyage d'Écosse et me disait : Boswell, que disait de moi cette jeune dame chez Alexandre Dick? personne ne doutera que je ne fusse heureux de le répéter. »

(E) Page 110.

LE COMTE DE WINTON.

L'incident auquel il est fait allusion ici est ainsi raconté dans les *Progresses of James I*^{rst} (Voyages de Jacques Ier) de Nichols, t. III, p. 506 :

« La famille (de Winton) devait sa première élévation à l'union de sir Christopher Seton avec une sœur du roi Robert Bruce. Ils furent en grande faveur près du roi Jacques VI, qui, ayant créé son frère comte de Dumfermline en 1599, fit, en 1600, Robert, septième lord Seton, comte de Winton. Avant l'avènement du roi au trône d'Angleterre, Sa Majesté et la reine étaient fréquemment chez Seton, où l'hospitalité du comte tenait table ouverte pour tous les étrangers de distinction qui visitaient l'Écosse. Sa Seigneurie mourut en 1603, et fut enterrée le 5 avril, le jour même où le roi quitta Édimbourg pour l'Angleterre. Sa Majesté, dit-on, voulut s'arrêter près du verger de Seton, sur le grand chemin, jusqu'à ce que le cortége funèbre fût passé, afin de retarder d'autant la séparation, disant qu'il avait perdu un fidèle et loyal sujet. » (*Nichols, Progr. of K. James I.* T. III., p. 506.)

(F) Page 111.

M' CREGOR DE GLENSTRAE.

Le 2 octobre (1603) Allaster Mac Gregor de Glenstrae est pris par le laird d'Arkynles, mais il s'échappe; repris plus tard par le comte d'Argyll, le 4 janvier 1604, et amené à Édimbourg le 9 avec dix-huit de ses amis les Mac Grégors, il fut envoyé à Berwick sous escorte, conformément à la promesse du comte; car celui-ci avait promis de le mettre hors des terres d'Écosse. Mais il lui tint parole à la highlandaise, attendu qu'il l'envoya bien en effet sous escorte hors des terres d'Écosse, mais avec ordre à ses gardes de ne pas le relâcher et de le ramener avec eux. Le 18 janvier au soir il était de retour à Édimbourg, et le 20 il fut pendu à la Croix avec deux de ses amis, tous les trois à la même potence ; seulement, en sa qualité de chef, il fut pendu un peu plus haut que les autres. — BIRRELL'S Diary (dans Dalzell, *Fragments of Scottish history*, p. 60-61.)

(G) Page 118.

LOCH AWE.

« Le Loch Awe, sur les bords duquel l'action est placée, a trente-quatre milles de long. Le côté nord est bordé de vastes *muirs* et de collines peu élevées, qui occupent une étendue de pays dont la largeur varie de douze à vingt milles, et tout cet espace est enclos comme par un mur d'enceinte. Au nord il est fermé par le Loch Eitive, au sud par le Loch Awe, et à l'est par la redoutable passe de Brandir, à travers laquelle un bras du Loch Awe pénètre, à quatre milles environ de son extrémité orientale; la rivière d'Awe va se jeter dans le Loch Eitive. La passe a environ trois milles de long; son côté oriental est bordé par les escarpements presque inaccessibles qui forment la base de l'énorme et âpre montagne de Cruachan. En quelques endroits les rochers plongent presque verticalement dans le lac, et dans presque toute leur étendue il n'y a pas à leur pied d'espace uni, mais seulement une berge étroite et pierreuse. Sur toute l'étendue de ces rochers croissent d'épais halliers composés d'arbres de toute espèce, où l'on trouve à la fois du bois de construction, des arbrisseaux et du bois taillis; nulle route n'était tracée à travers ces solitudes, sauf un sentier sinueux qui tantôt se déroulait sur les cimes escarpées, et d'autres fois descendait, resserré en un étroit défilé, le long des bords du lac. Vers l'extrémité de la passe, un terrain uni de peu d'étendue s'ouvrait entre l'eau et le rocher; mais la plus grande partie de cet espace, aussi bien que des escarpements qui précèdent, était autrefois enveloppé de halliers d'un accès difficile à tout autre qu'aux martres et aux chats sauvages. Le long du côté occidental de la passe s'étend un mur de rochers arides et nus. De l'autre côté, ces rochers s'élèvent en pentes rudes, inégales et couvertes de bruyères, à partir du *muir* que nous avons mentionné, entre le Loch Eitive et le Loch Awe; mais en avant ils se terminent brusquement en d'effrayants précipices qui forment tout un côté de la passe, et descendent à pic dans le lac qui en baigne le pied. A l'extrémité nord de la barrière, au point où se termine la passe, s'élève cette partie du rocher qu'on nomme le Craiganuni; à ses pieds le bras du lac resserre graduellement ses eaux en un espace très étroit, qui vient se terminer à deux rochers appelés les rochers de Brandir, lesquels rétrécissent tellement le passage de l'eau qu'on pourrait les prendre pour les deux montants d'une écluse. De ce point on descend toujours jusqu'au Loch Eitive, et la rivière Awe s'échappe de ce dernier lac en un torrent fougueux dont les eaux écumeuses remplissent un lit plein de gouffres et encombré de cailloux et de masses de granit.

» Si jamais dans les anciens temps il y eut un pont près de Craiganuni, ce doit avoir été aux rochers de Brandir. Depuis l'époque de Wallace jusqu'à celle du général Wade, il n'y a jamais eu de passages de ce genre qu'aux endroits indispensables, trop étroits pour un bateau, et trop larges pour être franchis d'un saut; même alors ce n'était qu'une passerelle pour les piétons formée de troncs d'arbres jetés transversalement d'un roc à l'autre, troncs dont on n'avait pas enlevé l'écorce et auxquels on n'ajoutait nul appui pour la main. Le seul endroit où il y ait place pour une construction de ce genre au voisinage du Craiganuni est aux rochers ci-dessus mentionnés. Dans le lac et sur la rivière il y a beaucoup trop de largeur; mais au détroit l'intervalle peut aisément être traversé par un des grands pins de la montagne, et des deux côtés chaque rocher forme un pilier naturel. Que ce point ait toujours été un lieu de passage, c'est ce que rend probable sa facilité et l'usage des temps modernes. Il n'y a pas encore long-temps que c'était la porte commune du pays situé des deux côtés de la rivière et de la passe ; et des personnes vivantes se rappellent encore la manière dont on traversait d'une rive à l'autre. On employait à cet effet un petit *currach*[1] amarré aux deux rives et un fort câble également fixé des deux côtés de l'eau, câble au moyen duquel les voyageurs se passaient eux-mêmes, ainsi qu'il est encore pratiqué dans des endroits du même genre. Ce n'est pas un argument contre l'existence d'un pont en des temps antérieurs, que de voir l'usage d'un bac établi de notre temps plutôt qu'un moyen de passage à demeure, qui des deux méthodes semblerait être la meilleure. La contradiction est suffisamment expliquée par la disparition du bois de grandes dimensions dans le voisinage. Autrefois, des chênes et des sapins de très grande taille abondaient à très peu de distance ; mais il y a aujourd'hui bien des années que la destruction des forêts du Glen Eitive et du Glen Urcha a privé le pays de tous les arbres d'assez grandes dimensions pour être jetés en travers du détroit de Brandir ; et il est probable que le *currach* ne fut introduit que lorsque le manque de bois eut mis les habitants du pays dans l'impossibilité de conserver un pont. La seule chose qu'il nous reste à mentionner, c'est qu'à quelque distance au-dessous des rochers de Brandir il y avait autrefois un gué que des personnes encore vivantes se souviennent avoir vu pratiqué par les bestiaux ; toutefois, le rétrécissement du passage, la force du courant et l'inégalité du fond en faisaient un passage dangereux, qu'on ne pouvait tenter sans danger, qu'en y mettant du temps, et avec la parfaite connaissance des localités. » — *Notes to the Bridal of Caolchairn.*

(H) Page 118.

BATAILLE ENTRE LES ARMÉES DE BRUCE ET DE MAC-DOUGAL DE LORN.

« Mais le roi, à qui une expérience chèrement payée dans la guerre avait enseigné la circonspection, resta dans les Braes de Balquhidder jusqu'à ce qu'il eût acquis par ses espions et ses éclaireurs une parfaite connaissance des dispositions de l'armée de Lorn et des intentions de son chef. Il partagea alors ses forces en deux colonnes, et confia à sir James Douglas le commandement de la première, dans laquelle il plaça ses archers et ses troupes légères, tandis que lui-même prit le commandement de l'autre colonne, qui se composait principalement de ses chevaliers et de ses barons. Lorsqu'il fut près du défilé, Bruce ordonna à sir James Douglas d'avancer par un sentier que l'ennemi avait négligé d'occuper, en lui enjoignant de marcher silencieusement et de gagner les hauteurs qui dominent le terrain montueux où les gens de Lorn étaient embusqués ; puis, une fois certain que ce mouvement avait été exécuté avec succès, lui-même se mit à la tête de sa propre division et conduisit intrépidement ses hommes dans l'intérieur du défilé. Là, tout préparé qu'il fût à ce qui allait arriver, il lui fut difficile de prévenir une panique momentanée, quand les cris discordants qui alors préludaient invariablement à une attaque de montagnards partirent des âpres profondeurs du Ben Cruachan, et que les bois qui un moment auparavant se balançaient dans le silence et la solitude, vomissant des flots de combattants couverts d'acier, furent en un instant animés du terrible

---

[1] Le *currach*, ou, par corruption, *coracle*, est un petit bateau construit en osier et recouvert de peaux. (L. V.)

mouvement de la guerre. Mais bien qu'effrayé et arrêté un moment par la soudaineté de l'attaque et par les masses de rochers que l'ennemi roulait du haut des escarpements à pic, Bruce, à la tête de sa division, gravit rapidement le flanc de la montagne. Tandis que cette troupe attaquait ainsi les gens de Lorn avec la dernière furie, sir James Douglas et son détachement se montrèrent tout-à-coup en poussant de grands cris sur les hauteurs qui commandaient en front la position, et faisant pleuvoir sur eux des grêles de flèches; quand ces projectiles furent épuisés ils les attaquèrent à l'épée et à la hache. Le résultat de cette attaque simultanée en front et à l'arrière fut la déconfiture totale de l'armée de Lorn; et les circonstances sur lesquelles ce chef avait compté avec tant de confiance comme rendant presque inévitable la destruction de Bruce tournèrent alors contre lui et lui devinrent fatales. Sa grande supériorité numérique embarrassait et empêchait ses mouvements. Pressés entre cette double attaque et par la nature particulière du terrain dans l'espace très étroit que leur laissait le défilé, — furieux de se voir massacrer en détail sans qu'ils eussent la possibilité de résister, les gens de Lorn s'enfuirent vers le Loch Eitive, où un pont jeté sur l'Awe, et supporté par deux immenses rochers connus sous le nom de rochers de Brandir, formait l'unique communication entre le côté de la rivière où la bataille avait eu lieu et le pays de Lorn. Leur objet était de gagner le pont, qui était tout en bois, et de le détruire après en avoir profité pour leur retraite, mettant ainsi entre eux et leurs ennemis un torrent infranchissable, l'Awe. Mais leur intention fut sur-le-champ devinée par Douglas, qui, descendant au pas de course des hauteurs où il se trouvait, à la tête de ses archers et de ses troupes armées à la légère, attaqua le corps de montagnards qui avait occupé le pont et l'en délogea avec un grand carnage, de sorte que Bruce et sa division, arrivant sur ce point, le passèrent sans être inquiétés, et que l'armée de Lorn, privée de cette dernière ressource, fut en peu d'heures littéralement taillée en pièces, pendant que son chef, qui occupait le Loch Eitive avec sa flottille, voyait de ses barques la défaite de ses gens, sans qu'il lui fût possible de leur porter la moindre assistance. » — TYTLER, *Life of Bruce.*

(I) Page 141.

MASSACRE DE GLENCOE.

La relation succincte de ce trop célèbre événement que nous allons transcrire peut suffire ici.

« Au commencement de l'année 1692, une action de barbarie sans exemple déshonora le gouvernement de Guillaume III en Écosse. Dans le mois d'août précédent on avait publié une proclamation par laquelle on offrait l'amnistie à ceux des insurgents qui prêteraient serment au roi et à la reine jusques et y compris le dernier jour de décembre; et les chefs de celles des tribus qui avaient pris les armes pour Jacques ne tardèrent pas à profiter de cette proclamation. Mais Macdonald de Glencoe fut empêché par accident, plutôt qu'à dessein, de faire sa soumission dans la limite assignée. A la fin de décembre il se rendit près du colonel Hill, qui commandait la garnison du Fort-William, pour prêter le serment d'allégeance au gouvernement; et le colonel lui ayant donné une lettre pour sir Colin Campbell, sheriff du comté d'Argyle, lui recommanda d'aller immédiatement à Inverary faire sa soumission d'une manière légale devant ce magistrat. Mais le chemin d'Inverary traverse des montagnes presque impraticables; la saison était extrêmement rigoureuse, et tout le pays était couvert d'une épaisse couche de neige. Tel était, cependant, le désir de Macdonald de prêter serment avant l'expiration du délai, que, bien que le chemin passât à un demi-mille de chez lui, il ne s'arrêta pas à visiter sa famille; après divers retards il arriva à Inverary. Le délai était expiré, et le sheriff hésitait à recevoir sa soumission; mais à force d'importunités et même de larmes, Macdonald parvint à déterminer ce fonctionnaire à recevoir son serment d'allégeance et à certifier la cause du retard. A cette époque sir John Dalrymple, depuis comte de Stair, occupait le poste de secrétaire-d'État en Écosse pour le roi Guillaume; il profita de ce que Macdonald avait négligé de prêter serment dans le temps prescrit, et obtint du roi un *warrant* d'exécution militaire contre ce chef et tout son clan. Cette mesure fut prise à l'instigation du comte de Breadalbane, dont les hommes de Glencoe avaient dévasté les terres, et dont Macdonald avait fait connaître la trahison envers le gouvernement dans ses négociations avec les clans de l'Highland. Le roi fut persuadé en conséquence que Glencoe était le principal obstacle à la pacification des Highlands; et le fait de la soumission de l'infortuné chef lui ayant été caché, l'ordre sanguinaire de procéder à une exécution militaire contre son clan fut obtenu. Le warrant était signé et contresigné de la propre main du roi, et le secrétaire-d'État enjoignit aux officiers qui commandaient dans les Highlands d'exécuter leurs ordres avec la dernière rigueur. Campbell de Glenlyon, capitaine dans le régiment d'Argyle, et deux subalternes, reçurent l'ordre d'arriver à Glencoe le 1er février avec cent vingt hommes. Campbell, qui était l'oncle de la jeune femme de Macdonald, fut reçu par le père avec toutes les démonstrations de l'amitié et de l'hospitalité. Les hommes furent logés gratuitement dans les maisons de ses fermiers et y reçurent l'accueil le plus empressé. Jusqu'au 13 du mois les troupes vécurent dans la meilleure harmonie et dans la plus grande familiarité avec les habitants; et la nuit même du massacre, les officiers passèrent la soirée à jouer aux cartes chez Macdonald. Dans la nuit, le lieutenant Lindsay et un détachement de soldats vinrent frapper amicalement à sa porte et furent admis sur-le-champ. Macdonald, pendant qu'il se levait pour recevoir son hôte, fut frappé à mort par deux balles qu'on lui tira par derrière. Sa femme était déjà habillée; mais elle fut dépouillée de ses vêtements par les soldats, qui lui arrachèrent avec les dents les anneaux qu'elle avait aux doigts. Le carnage devint alors général, et ni l'âge ni les infirmités ne furent épargnés. Quelques femmes furent tuées en défendant leurs enfants; des enfants implorant merci furent massacrés par les officiers aux genoux desquels ils se suspendaient. Dans une maison, neuf personnes furent égorgées à table par les soldats. A Inverriggon, où logeait Campbell, neuf hommes furent enchaînés par les soldats, puis passés un à un par les armes. Près de quarante personnes furent massacrées par les troupes; plusieurs qui s'étaient enfuies dans les montagnes périrent de faim ou succombèrent à l'inclémence de la saison. Ceux qui échappèrent durent la vie à la tempête qui régna pendant cette nuit d'exécution. Le lieutenant-colonel Hamilton, que Dalrymple avait chargé de l'exécution, était en marche avec quatre cents hommes pour garder toutes les passes de la vallée de Glencoe; mais le mauvais temps l'obligea de s'arrêter, ce qui sauva le malheureux clan. Le lendemain il entra dans la vallée, réduisit les maisons en cendres, enleva les bestiaux et emporta le butin, qui fut partagé entre les officiers et les soldats. » — Article BRITAIN de l'*Encycl. britann.*, nouv. édit.

(J) Page 153.

FIDÉLITÉ DES HIGHLANDERS.

On trouve dans les intéressantes *Esquisses* que le général Stewart de Garth a tracées des Highlanders et des régiments de l'Highland (*Sketches of the Highlanders and Highland Regiments*) nombre d'exemples du profond et inaltérable attachement des Highlanders pour la personne de leurs chefs, et de leur déférence pour la volonté de leurs supérieurs, — de leur inébranlable fidélité à leurs devoirs et à leurs principes, — et de leur dévouement chevaleresque aux uns et aux autres en face du danger et de la mort ; exemples qui pourraient soutenir le parallèle avec les hauts faits des Romains eux-mêmes au temps où Rome était dans toute sa gloire. En voici quelques uns qui sont dignes d'être cités :

« Dans l'année 1795 des troubles sérieux éclatèrent à Glasgow parmi les *fencibles* du Breadalbane. Plusieurs hommes ayant été mis en prison et menacés de châtiments corporels, un grand mécontentement et une vive irritation se manifestèrent parmi leurs camarades, et ces symptômes acquirent une violence telle, qu'une grande partie du régiment se porta sur le corps-de-garde où étaient détenus les prisonniers et les mit en liberté. Cette violation de la discipline militaire n'était pas de nature à rester impunie ; et conséquemment des mesures furent immédiatement prises pour s'assurer des instigateurs. Mais un si grand nombre avaient pris une part égale à la faute, qu'il était difficile, sinon impossible, d'en désigner un nombre restreint comme étant plus coupables que les autres. On vit alors un trait digne d'une meilleure cause, et qui prit sa source dans le vif sentiment du déshonneur attaché à une punition infamante. Les soldats ayant senti la gravité de leur faute et la nécessité d'un exemple public, *plusieurs hommes s'offrirent d'eux-mêmes à passer en jugement*, et à supporter la sentence de la loi comme expiation pour tous. Ces hommes furent en conséquence dirigés sur le château d'Edimbourg, puis ils furent jugés, et quatre d'entre eux condamnés à être fusillés. Trois furent graciés, et le quatrième, Alexander Sutherland, subit sa sentence sur les sables de Musselburgh.

» Voici un rapport semi-officiel qui fut publié dans le temps sur ce malheureux événement :

« Dans l'après-midi du lundi, quand un soldat de la compagnie légère des *fencibles* de Breadalbane, qui avait été renfermé pour offense militaire, fut mis en liberté par cette compagnie et par quelques autres qui s'étaient rassemblés tumultueusement devant le corps-de-garde, personne ne fut blessé et aucune violence ne fut commise ; et quelque injustifiable que fût cet acte, il ne provenait aucunement ni de manque de respect ni de malveillance pour les officiers, mais seulement d'un point d'honneur mal entendu chez quelques hommes du bataillon, qui se crurent déshonorés par le châtiment dont un d'entre eux était menacé. Depuis lors les hommes se sont conduits à tous égards avec la plus grande régularité et la plus stricte subordination. Le bataillon tout entier semblait sentir vivement la faute de ceux qui avaient pris part au désordre, quelque regret que le corps pût éprouver d'ailleurs du sort du petit nombre d'individus qui s'étaient ainsi volontairement constitués prisonniers, pour supporter la peine de leur propre insubordination et de celle des autres.

» Une circonstance se présenta pendant que l'on était en marche pour Edimbourg, d'autant plus digne d'attention qu'elle montre jusqu'à quel point un simple soldat highlandais peut être fidèle à sa parole et aux principes de l'honneur. Un des hommes dit à l'officier commandant l'escorte qu'il savait quel sort l'attendait, mais qu'il avait laissé à Glasgow des affaires de la dernière importance pour un ami, et qu'il désirait les terminer avant de mourir ; que pour lui il était pleinement préparé à son sort, mais qu'à l'égard de son ami il ne mourrait pas en paix si les affaires n'étaient pas réglées ; que si l'officier voulait le laisser retourner à Glasgow, peu d'heures seraient suffisantes, qu'il le rejoindrait avant qu'on ne fût arrivé à Edimbourg, et qu'il y entrerait avec les autres prisonniers. — Vous me connaissez depuis mon enfance, ajouta le soldat ; vous connaissez mon pays et mes parents, et vous pouvez croire que je n'attirerai jamais sur vous aucun blâme, en manquant à la promesse que je vous fais de vous rejoindre à temps pour entrer au château avec les autres. Ce fut pour l'officier une proposition embarrassante, car c'était un homme humain, mais judicieux, et qui savait parfaitement à quel risque et à quelle responsabilité il s'exposait en accédant à une demande aussi extraordinaire. Néanmoins sa confiance fut telle qu'il accorda la requête du prisonnier ; celui-ci revint à Glasgow de nuit, régla ses affaires, et quitta la ville avant le jour pour aller dégager sa parole. Il fit un grand circuit pour éviter d'être vu, arrêté comme déserteur et renvoyé à Glasgow, attendu que probablement on ajouterait peu foi à ce qu'il pourrait dire de la permission de son officier. Par suite de cette précaution, et de la marche plus longue qu'il lui fallut faire à travers un pays boisé et montueux par une route peu fréquentée, il ne reparut pas à l'heure dite. On peut aisément se figurer l'inquiétude de l'officier quand il atteignit le voisinage d'Edimbourg. Il ralentit sa marche, à la vérité, mais le soldat n'arrivait pas ; enfin, ne pouvant retarder plus long-temps, il monta au château ; et comme il remettait les prisonniers, mais avant qu'il n'eût fait son rapport, Macmartin, le soldat absent, arriva en courant et hors d'haleine au milieu de ses compagnons de captivité, pâle d'anxiété et de fatigue, et tourmenté surtout par l'appréhension des conséquences que son retard aurait pu avoir pour son bienfaiteur.

» Sous quelque jour que puisse être envisagée la conduite de l'officier (mon respectable ami, le major Colin Campbell), soit par des militaires, soit par d'autres, dans ce mémorable exemple de fidélité à la parole donnée, qui caractérise ses compatriotes, on ne peut que désirer que le dévouement magnanime du soldat ait été considéré comme une expiation de sa faute et de celle de ses camarades, qui avaient fait aussi un bien grand sacrifice, en offrant volontairement leur vie pour leurs frères d'armes. Sont-ce là des gens que l'on puisse traiter comme des malfaiteurs, sans égard à leurs sentiments et à leurs principes ? et ne pourrait-on pas leur appliquer avec avantage une discipline quelque peu différente des règles communes ? (t. II, pag. 415-15. 5ᵉ édit.)

» Un soldat de ce régiment (les Highlanders d'Argyllshire) déserta, et émigra en Amérique, où il se fixa. Plusieurs années après sa désertion, on reçut de lui une lettre avec une somme d'argent à l'effet d'avoir un ou deux hommes pour le remplacer au régiment, comme le seul moyen qu'il eût de réparer sa violation du serment qu'il avait fait à son Dieu et de son allégeance à son roi, faute qui lui pesait sur la conscience au point qu'il n'avait de repos ni jour ni nuit.

» On avait de bonne heure inculqué de bons principes à cet homme, et la croyance dont on l'avait pénétré dès l'origine que toute violation de sa parole était un déshonneur produisait alors son plein effet. Le soldat du 42ᵉ qui en 1797 déserta à Gibraltar montra après sa faute le même remords de conscience. Dans des pays où de tels principes prévalent et règlent le caractère d'un peuple, on peut compter qu'aux moments d'épreuve la masse de la population sera non moins loyale et non moins digne de confiance. » (t. II, pag. 218, 5ᵉ édit.)

« Feu James Meuzies de Culdares, ayant pris part à la rébellion de 1715, et ayant été fait prisonnier à Preston, dans le comté de Lancastre, fut mené à Londres, où il fut jugé et condamné, mais ensuite amnistié. Reconnaissant de cette clémence, il resta chez lui en 1745; mais conservant de la prédilection pour la *vieille cause*, il envoya un beau cheval de bataille en présent au prince Charles, pendant que celui-ci traversait l'Angleterre. Le serviteur qui avait conduit et remis le cheval fut pris et mené à Carlisle, où il fut jugé et condamné. Pour arracher au fidèle messager le nom de la personne qui avait envoyé le cheval, on eut recours inutilement à la menace d'exécution immédiate en cas de refus, et à des offres de pardon s'il voulait parler. Il savait, dit-il, quelle serait pour son maître la conséquence d'une découverte, et sa vie à lui n'était rien en comparaison; mené sur le lieu de l'exécution, on le pressa de nouveau de nommer son maître. Il demanda si c'était sérieusement qu'on le regardât comme un tel misérable? S'il faisait ce qu'on désirait, et qu'il oubliât la confiance que son maître avait mise en lui, il ne pourrait plus retourner dans son pays natal, car Glenlyon ne serait plus rien pour lui, attendu qu'il serait méprisé et chassé du glen. En conséquence il garda fidèlement son secret, et fut exécuté. Le nom de ce fidèle serviteur était John Macnaughton, de Glenlyon, dans le comté de Perth; il mérite d'être mentionné, tant à cause de sa fidélité incorruptible que du témoignage qu'il rendait aux principes honorables de ses compatriotes et de l'horreur qu'ils auraient eu pour un manque de foi envers un bon et honorable maître, quelque grand que pût être le risque, et quelque fatales que fussent les conséquences pour l'individu lui-même. » (t. I, page 52-55, 5ᵉ édit.)

(K.) Page 210.

POEMES DE ROBERT DONN.

Je ne puis terminer cette histoire sans arrêter un moment l'attention sur le jour qu'a jeté sur le caractère des bouviers highlandais, depuis l'époque de sa première apparition, la notice sur un poëte bouvier nommé Robert Mackai, ou plus communément Rob Donn, c'est-à-dire Robert le Brun, et sur quelques échantillons de ses œuvres publiés dans le 91ᵉ numéro du *Quarterly Review*. Il y a un très haut degré d'intérêt dans la peinture que fait cet article des habitudes et des sentiments d'une classe d'hommes dont la mention ne réveille dans l'esprit de la généralité des lecteurs d'autres idées que celles d'une grossière superstition et de la rudesse des manières. Je ne puis résister à la tentation de citer deux des chansons de ce poëte jusqu'ici inconnu et dont le genre de vie fut si humble. Voici les réflexions dont l'auteur de l'article les fait précéder :

« Il paraît qu'en une occasion les soins que Rob avait à donner aux bestiaux de son maître le retinrent toute une année absent de chez lui, et qu'à son retour il trouva qu'une jolie fille à qui sa foi était engagée depuis long-temps avait oublié ses serments et était à la veille d'épouser un rival (charpentier de son état), qui avait mis à profit l'absence du jeune bouvier. La chanson suivante fut composée durant une nuit d'insomnie, au voisinage de Crieff, dans le Perthshire, et la *maladie du pays* qu'elle exprime semble presque autant appartenir à un chasseur qu'à un amoureux berger :

NOTE K.

« Ma couche est douce, douce est ma couche, mais le besoin que j'éprouve n'est pas celui du sommeil; le vent souffle vers le nord, c'est vers le nord qu'il siffle, et mes pensées s'en vont avec lui.

« Plus agréable c'était d'être avec toi dans le petit glen où paissent nos troupeaux, que d'être ici à compter du bétail dans les clos de Creiff.

» Ma couche est douce, etc.

» Grand est mon attachement pour la jeune fille dont le vent qui souffle vers le nord va caresser la cabane; toujours elle est gaie, bonne, enjouée, sans folie, sans vanité, sans orgueil. Fidèle est son cœur; — si je me cachais, et que cinquante hommes fussent sur mes traces, je trouverais protection dans les cachettes de sa chaumière, lorsqu'ils m'entoureraient et me serreraient de près.

» Ma couche est douce, etc.

» Oh! quand pourrai-je tourner mes pas vers le pays, pour aller revoir la belle jeune fille? — quelle joie ce sera pour moi d'être près de toi, jeune fille aux longs cheveux! De tous les endroits propres à chasser le daim, le meilleur est le rocher grisâtre et le haut des collines. Combien il est doux le soir de rapporter le daim tué, en descendant par le cairn du *piper*[1]!

» Ma couche est douce, etc.

» Grand est mon attachement pour la jeune fille, qui me quittait près du clos du champ, du côté qui regarde le couchant; plus d'une fois encore elle restera tard avec moi dans le parc, long-temps après que les vaches seront rentrées. Ce n'est pas moi qui t'aimerai moins, parce que je suis maintenant loin de toi. Pourtant c'est ta pensée qui fait fuir le sommeil de mes yeux, tant j'ai eu profit de ton baiser d'adieu!

» Ma couche est douce, etc.

» Les limites de la forêt me sont chères; loin de Creiff est mon cœur. Mes souvenirs sont avec les moutons de la colline, avec les bruyères de nos montagnes. Oh! combien j'aspire après les fissures rougeâtres du rocher, où les jeunes faons sautent au printemps! — oh! combien j'aspire après les montagnes vers lesquelles le vent souffle, et que je voudrais voir mon lit transporté là!

» Ma couche est douce, douce est ma couche, mais le besoin que j'éprouve n'est pas celui du sommeil; le vent souffle vers le nord, c'est vers le nord qu'il siffle, et mes pensées s'en vont avec lui. »

« Le morceau suivant dépeint les sentiments de Rob quand il vient à découvrir l'infidélité de sa belle. Les airs de ces deux chansons sont de Rob lui-même, et les highlandaises les disent fort beaux :

« La chaumière me pèse, le bruit qui s'y fait m'importune, puisque celle qui d'ordinaire venait y prêter l'oreille n'est plus là aux aguets. Où est Isabelle, l'aimable, la charmante Isabelle, la sœur de mes affections? Où est Anne, au front gracieux, à la poitrine rebondie, dont les cheveux luisants me plaisaient tant que je n'étais encore qu'un en-

---

[1] Joueur de cornemuse. — *Cairn*, tombeau gaélique. (L. V.)

fant? Hélas ! quelle heure a été celle du retour ! mais à quoi bon dire la peine que m'a apportée le coucher du soleil?

» J'ai traversé le clos, et je suis monté là haut dans le bois : — partout, près et loin, où j'avais l'habitude de rencontrer ma bien-aimée. Quand j'ai regardé du haut du rocher, et que j'ai vu l'étranger aux blonds cheveux folâtrant avec sa fiancée, j'aurais voulu n'être jamais revenu au glen de mes rêves. — Mais à quoi bon dire les pensées qui me vinrent au cœur pendant que le soleil descendait derrière la colline? à quoi bon parler d'une douleur qui ne me quittera jamais?

» Depuis qu'on a ouï dire que le charpentier t'a persuadée, mon sommeil est troublé; — la nuit, la folie s'empare de moi. L'amour qu'il y a eu entre nous, — je ne puis dans mes visions en chasser le souvenir. Tu ne m'appelles pas près de toi, mais l'amour est pour moi un messager. — Il y a une lutte en moi, et je m'agite pour retrouver ma liberté; et plus je m'agite plus la lutte s'attache à moi, et l'illusion grandit comme l'arbre de la forêt.

» Fille de Donald, Anne aux cheveux dorés, sûrement tu ne sais pas ce qui se passe en moi; — tu ne sais pas que c'est mon amour, mon amour mal payé, qui a usé mes forces; — que quand j'étais loin de toi, par delà bien des montagnes, mon cœur saignait toujours de sa blessure; que toujours mon amour s'agitait et te cherchait, comme lorsque j'étais assis près de toi sur le gazon. — Maintenant écoute-moi donc encore une fois, si pour jamais je dois te perdre. J'ai le cœur brisé : — donne-moi un baiser avant que je quitte ce pays !

» La jeune fille m'a regardé d'un air de hauteur et de mépris; jamais, m'a-t-elle dit, ce ne sera l'ouvrage de tes doigts de détacher le cordon qui retient mes cheveux [1]. Tu as été absent douze mois, et six prétendants me recherchaient avec empressement ; ta supériorité était-elle donc si grande, qu'il me fallût t'attendre sans fin? — Ha! ha! ha! es-tu enfin tombé malade? — est-ce l'amour qui doit te faire mourir? — assurément l'ennemi ne s'est pas trop pressé !

» Mais comment te haïrais-je, même maintenant que tu n'as pour moi que froideur? Quand en ton absence je m'emporte le plus contre ton nom, tout-à-coup ton image, avec tous les charmes qu'elle avait autrefois pour moi, revient s'offrir à mon esprit, et une voix secrète me dit tout bas que l'amour l'emportera encore ! — Et je le crois encore, ô ma bien-aimée, et à cette heure l'amour reprend le dessus et surmonte tout le reste ! »

» Tout grossier et tout mauvais que cela puisse paraître dans une version littérale, tout rude même que peut-être cela paraîtrait encore lors même que l'original serait intelligible, nous sommes disposés, nous l'avouons, à regarder ces deux morceaux comme justifiant le docteur Mackay (leur éditeur) d'avoir donné place à cet amoureux berger parmi les vrais enfants de la chanson. » — *Quarterly Review*, n° XC, juillet 1851.

[1] Le *snood*, symbole de virginité. (L. V.)

FIN DES NOTES.

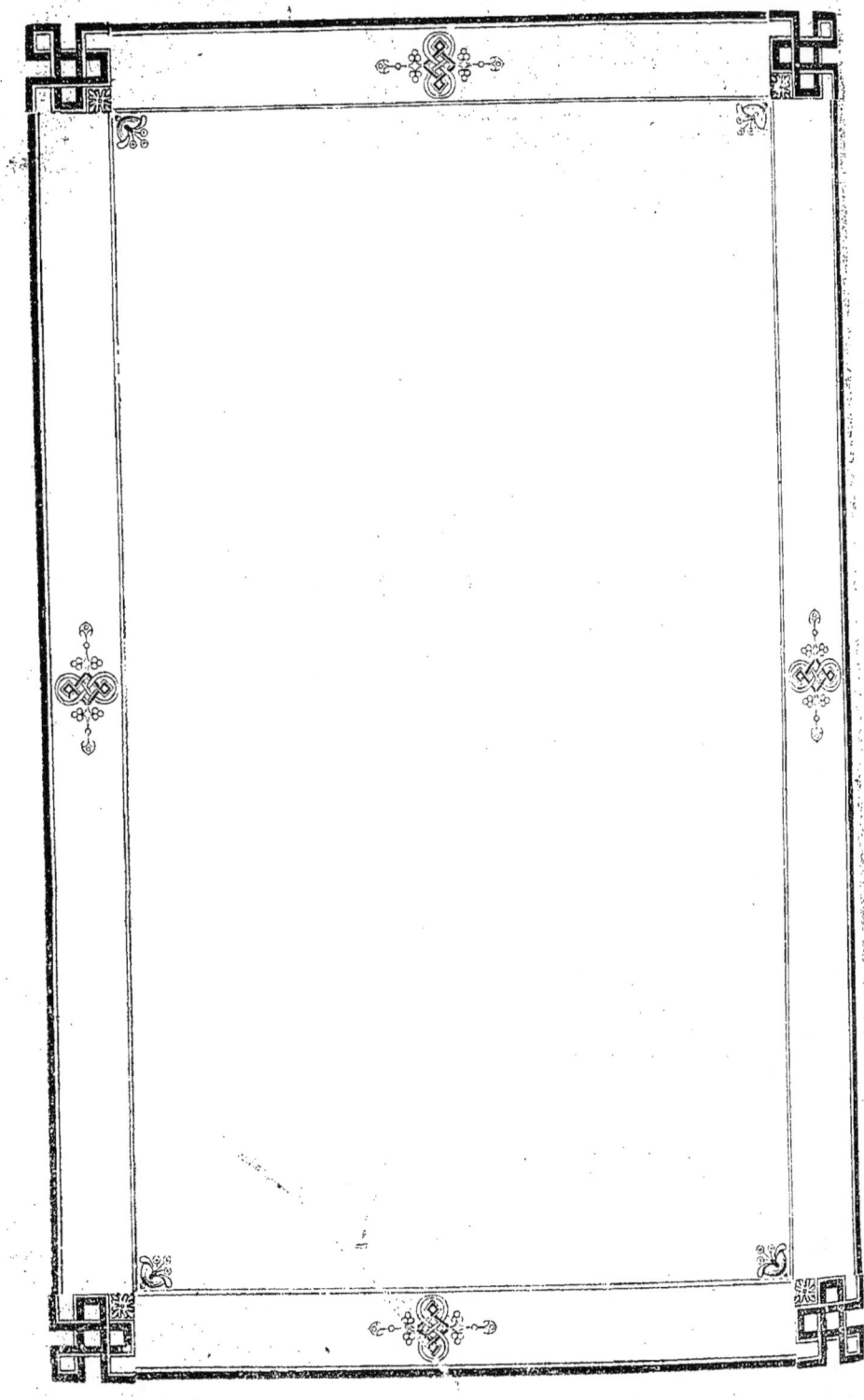

www.ingramcontent.com/pod-product-compliance
Lightning Source LLC
Chambersburg PA
CBHW070533230426
43665CB00014B/1670